SFV

DAS STEFAN ZWEIG BUCH

Mit einem Nachwort von
Max von der Grün

S. FISCHER VERLAG

Zusammengestellt von Knut Beck

© für diese Zusammenstellung 1981 S. Fischer Verlag GmbH, Frankfurt am Main
Satz: Hanseatische Druckanstalt GmbH, Hamburg
Druck und Bindung: May + Co. Nachf., Darmstadt
Printed in Germany 1981
ISBN 3-10-097034-9

INHALT

DAS WIEN VON GESTERN

Wenn ich zu Ihnen über das Wien von gestern spreche, soll dies kein Nekrolog, keine oraison funèbre sein. Wir haben Wien in unseren Herzen noch nicht begraben, wir weigern uns zu glauben, daß zeitweilige Unterordnung gleichbedeutend ist mit völliger Unterwerfung. Ich denke an Wien, so wie Sie an Brüder, an Freunde denken, die jetzt [1940] an der Front sind. Sie haben mit ihnen Ihre Kindheit verbracht, Sie haben Jahre mit Ihnen gelebt, Sie danken ihnen glückliche gemeinsame Stunden. Nun sind sie fern von Ihnen und Sie wissen sie in Gefahr, ohne ihnen beistehen, ohne diese Gefahr teilen zu können. Gerade in solchen Stunden erzwungener Ferne fühlt man sich den Nächsten am meisten verbunden. So will ich zu Ihnen von Wien sprechen, meiner Vaterstadt und einer der Hauptstädte unserer gemeinsamen europäischen Kultur.

Sie haben in der Schule gelernt, daß Wien von je die Hauptstadt von Österreich war. Das ist nun richtig, aber die Stadt Wien ist älter als Österreich, älter als die habsburgische Monarchie, älter als das frühere und das heutige deutsche Reich. Als Vindobona von den Römern gegründet wurde, die als bewährte Städtegründer einen wunderbaren Blick für geographische Lage hatten, gab es nichts, was man Österreich nennen konnte. Von keinem österreichischen Stamm ist jemals bei Tacitus oder bei den anderen römischen Geschichtsschreibern berichtet. Die Römer legten nur an den günstigsten Stellen der Donau ein castrum, eine militärische Siedlung an, um die Einfälle wilder Völkerschaften gegen ihr Imperium abzuwehren. Von dieser Stunde an war für Wien seine historische Aufgabe umschrieben, eine Verteidigungsstätte überlegener Kultur, damals der lateinischen, zu sein. Inmitten eines noch nicht zivilisierten und eigentlich niemandem gehörenden Landes werden die römischen Grundmauern gelegt, auf denen sich in späterer Zeit die Hofburg der Habsburger erheben wird. Und zu einer Zeit, wo rund

um die Donau die deutschen und slawischen Völkerschaften noch ungesittet und nomadisch schwärmen, schreibt in unserem Wien der weise Kaiser Marc Aurel seine unsterblichen Meditationen, eines der Meisterwerke der lateinischen Philosophie.
Die erste literarische, die erste kulturelle Urkunde Wiens ist also nahezu achtzehnhundert Jahre alt. Sie gibt Wien unter allen Städten deutscher Sprache den Rang geistiger Anciennität, und in diesen achtzehnhundert Jahren ist Wien seiner Aufgabe treugeblieben, der höchsten, die eine Stadt zu erfüllen hat: Kultur zu schaffen und diese Kultur zu verteidigen. Wien hat als Vorposten der lateinischen Zivilisation standgehalten bis zum Untergang des römischen Reiches, um dann wieder aufzuerstehen als das Bollwerk der römisch-katholischen Kirche. Hier war, als die Reformation die geistige Einheit Europas zerriß, das Hauptquartier der Gegenreformation. An Wiens Mauern ist zweimal der Vorstoß der Osmanen gescheitert. Und als in unseren Tagen abermals das Barbarentum vorbrach, härter und herrschwilliger als je, hat Wien und das kleine Österreich verzweifelt festgehalten an seiner europäischen Gesinnung. Fünf Jahre lang hat es standgehalten mit allen Kräften; und erst als sie verlassen wurde in der entscheidenden Stunde, ist diese kaiserliche Residenz, diese »capitale« unserer altösterreichischen Kultur, zu einer Provinzstadt Deutschlands degradiert worden, dem es nie zugehört hatte. Denn wenn auch eine Stadt deutscher Sprache – nie ist Wien eine Stadt oder die Hauptstadt eines nationalen Deutschland gewesen. Es war Hauptstadt eines Weltreiches, das weit über die Grenzen Deutschlands nach Osten und Westen, Süden und Norden reichte bis nach Belgien empor, bis nach Venedig und Florenz hinab, Böhmen und Ungarn und den halben Balkan umfassend. Seine Größe und seine Geschichte war nie gebunden an das deutsche Volk und nationale Grenzen, sondern an die Dynastie der Habsburger, die mächtigste Europas, und je weiter das Habsburgerreich sich entfaltete, um so mehr wuchs die Größe und Schönheit dieser Stadt. Von der Hofburg aus, ihrem Herzen, und nicht von München, nicht von Berlin, die damals belanglose Städtchen waren, wurde durch Hunderte von Jahren die Geschichte bestimmt. In ihr ist immer wieder der alte Traum eines geeinten Europas geträumt worden; ein übernationales Reich, ein »heiliges römisches Reich«, schwebte den Habsburgern vor – und nicht etwa eine Weltherrschaft des Germanentums. All diese Kaiser dachten, planten, sprachen kosmopolitisch. Aus Spanien hatten sie sich die Etikette mitgebracht, Italien, Frankreich

fühlten sie sich durch die Kunst verbunden, und durch Heirat allen Nationen Europas. Durch zwei Jahrhunderte ist am österreichischen Hofe mehr Spanisch, mehr Italienisch und Französisch gesprochen worden als Deutsch. Ebenso war der Adel, der sich rings um das Kaiserhaus scharte, vollkommen international; da waren die ungarischen Magnaten und die polnischen Großherren, da waren die alteingesessenen ungarischen, böhmischen, italienischen, belgischen, toscanischen, brabantischen Familien. Kaum einen deutschen Namen findet man unter all den prächtigen Barockpalästen, die sich um den Eugen von Savoyens reihen; diese Aristokraten heirateten untereinander und heirateten in ausländische Adelshäuser. Immer kam von außen neues fremdes Blut in diesen kulturellen Kreis, und ebenso mischte sich in ständigem Zustrom die Bürgerschaft. Aus Mähren, aus Böhmen, aus dem tirolerischen Gebirgsland, aus Ungarn, aus Italien kamen die Handwerker und Kaufleute: Slawen, Magyaren und Italiener, Polen und Juden strömten ein in den immer weiteren Kreis der Stadt. Ihre Kinder, ihre Enkel sprachen dann Deutsch, aber die Ursprünge waren nicht völlig verwischt. Die Gegensätze verloren nur durch die ständige Mischung ihre Schärfe, alles wurde hier weicher, verbindlicher, konziliant, entgegenkommender, liebenswürdiger – also österreichischer, wienerischer.
Weil aus sovielen fremden Elementen bestehend, wurde Wien der ideale Nährboden für eine gemeinsame Kultur. Fremdes galt nicht als feindlich, als antinational, wurde nicht überheblich als undeutsch, als unösterreichisch abgelehnt, sondern geehrt und gesucht. Jede Anregung von außen wurde aufgenommen und ihr die spezielle wienerische Färbung gegeben. Mag diese Stadt, dieses Volk wie jedes andere Fehler gehabt haben, einen Vorzug hat Wien besessen: daß es nicht hochmütig war, daß es nicht seine Sitten, seine Denkart diktatorisch der Welt aufzwingen wollte. Die wienerische Kultur war keine erobernde Kultur, und gerade deshalb ließ sich jeder Gast von ihr so gerne gewinnen. Gegensätze zu mischen und aus dieser ständigen Harmonisierung ein neues Element europäischer Kultur zu schaffen, das war das eigentliche Genie dieser Stadt. Darum hatte man in Wien ständig das Gefühl, Weltluft zu atmen und nicht eingesperrt zu sein in einer Sprache, einer Rasse, einer Nation, einer Idee. In jeder Minute wurde man in Wien daran erinnert, daß man im Mittelpunkt eines kaiserlichen, eines übernationalen Reiches stand. Man brauchte nur die Namen auf den

Schildern der Geschäfte zu lesen, der eine klang italienisch, der andere tschechisch, der dritte ungarisch, überall war noch ein besonderer Vermerk, daß man hier auch Französisch und Englisch spreche. Kein Ausländer, der nicht deutsch verstand, war hier verloren. Überall spürte man dank der Nationaltrachten, die frei und unbekümmert getragen wurden, die farbige Gegenwart der Nachbarländer. Da waren die ungarischen Leibgarden mit ihren Pallaschen und ihren verbrämten Pelzen, da waren die Ammen aus Böhmen mit ihren weiten bunten Röcken, die burgenländischen Bäuerinnen mit ihren gestickten Miedern und Hauben, genau denselben, mit denen sie im Dorf zum Kirchgang gingen, da waren die Marktweiber mit ihren grellen Schürzen und Kopftüchern, da waren die Bosniaken mit ihren kurzen Hosen und rotem Fes, die als Hausierer Tschibuks und Dolche verkauften, die Alpenländer mit ihren nackten Knien und dem Federhut, die galizischen Juden mit ihren Ringellocken und langen Kaftanen, die Ruthenen mit ihren Schafspelzen, die Weinbauern mit ihren blauen Schürzen, und inmitten all dessen als Symbol der Einheit die bunten Uniformen des Militärs und die Soutanen des katholischen Klerus. All das ging in seiner heimischen Tracht in Wien herum, genau so wie in der Heimat; keiner empfand es als ungehörig, denn sie fühlten sich hier zu Hause, es war ihre Hauptstadt, sie waren darin nicht fremd, und man betrachtete sie nicht als Fremde. Der erbeingesessene Wiener spottete gutmütig über sie, in den Couplets der Volkssänger war immer eine Strophe über den Böhmen, den Ungarn und den Juden, aber es war ein gutmütiger Spott zwischen Brüdern. Man haßte sich nicht, das gehörte nicht zur Wiener Mentalität.

Und es wäre auch sinnlos gewesen; jeder Wiener hatte einen Ungarn, einen Polen, einen Tschechen, einen Juden zum Großvater oder Schwager; die Offiziere, die Beamten hatten jeder ein paar Jahre in den Garnisonen der Provinz verbracht, sie hatten dort die Sprache erlernt, dort geheiratet; so waren aus den ältesten Wiener Familien immer wieder Kinder in Polen oder Böhmen oder im Trentino geboren worden; in jedem Hause waren tschechische oder ungarische Dienstmädchen und Köchinnen. So verstand jeder von uns von der Kindheit her ein paar Scherzworte der fremden Sprache, kannte die slawischen, die ungarischen Volkslieder, die Mädchen in der Küche sangen, und der wienerische Dialekt war durchfärbt von Vokabeln, die sich allmählich dem Deutschen angeschliffen hatten. Unser Deutsch wurde dadurch nicht so hart, nicht so akzentuiert, nicht so eckig und präzis wie das der Norddeutschen, es war weicher, nachlässiger, musikalischer, und so wurde es uns auch leichter, fremde Sprachen zu lernen. Wir hatten keine Feindseligkeit zu überwinden, keinen Widerstand, es war in den besseren Kreisen üblich, Französisch, Italienisch sich auszudrücken, und auch von diesen Sprachen nahm man die Musik in die unsere hinein. Wir alle in Wien waren genährt von den Eigenarten der nachbarlichen Völker – genährt, ich meine es auch im wörtlichsten, im materiellen Sinne, denn auch die berühmte Wiener Küche war ein Mixtum compositum. Sie hatte aus Böhmen die berühmten Mehlspeisen, aus Ungarn das Gulasch und die anderen Zaubereien aus Paprika mitgebracht, Gerichte aus Italien, aus dem Salzburgischen und vom Süddeutschen her; all das mengte sich und ging durcheinander, bis es eben das Neue war, das Österreichische, das Wienerische.

Alles wurde durch dieses ständige Miteinanderleben harmonischer, weicher, abgeschliffener, inoffensiver, und diese Konzilianz, die ein Geheimnis des wienerischen Wesens war, findet man auch in unserer Literatur. In Grillparzer, unserem größten Dramatiker, ist viel von der gestaltenden Kraft Schillers, aber das Pathetische fehlt glücklicherweise darin. Der Wiener ist zu selbstbeobachtend, um jemals pathetisch zu sein. In Adalbert Stifter ist das Kontemplative Goethes gewissermaßen ins Österreichische übersetzt, linder, weicher, harmonischer, malerischer. Und Hofmannsthal, ein Viertel Oberösterreicher, ein Viertel Wiener, ein Viertel Jude, ein Viertel Italiener, zeigt geradezu symbolisch, welche neuen Werte, welche Feinheiten und glücklichen Überraschungen sich durch solche Mischungen ergeben können. In seiner Sprache ist sowohl in Vers als auch in Prosa vielleicht die höchste Musikalität, die die deutsche Sprache erreicht hat, eine Harmonisation des deutschen Genius mit dem lateinischen, wie sie nur in Österreich, in diesem Lande zwischen den beiden, gelingen konnte. Aber dies ist ja immer das wahre Geheimnis Wiens gewesen: annehmen, aufnehmen, durch geistige Konzilianz verbinden und das Dissonierende lösen in Harmonie.

Deshalb und nicht durch einen bloßen Zufall ist Wien die klassische Stadt der Musik geworden. So wie Florenz die Gnade und den Ruhm hat, da die Malerei ihren Höhepunkt erreicht, in seinen Mauern alle die schöpferischen Gestalten im Raum eines Jahrhunderts zu versammeln, Giotto und Cimabue, Donatello und Brunelleschi, Lionardo und Michel-

angelo, so vereint Wien in seinem Bannkreis in dem einen Jahrhundert der klassischen Musik beinahe alle Namen. Metastasio, der König der Oper, läßt sich gegenüber der kaiserlichen Hofburg nieder, Haydn lebt im gleichen Hause, Gluck unterrichtet die Kinder Maria Theresias, und zu Haydn kommt Mozart, zu Mozart Beethoven, und neben ihnen sind Salieri und Schubert, und nach ihnen Brahms und Bruckner, Johann Strauß und Lanner, Hugo Wolf und Gustav Mahler. Keine einzige Pause durch hundert und hundertfünfzig Jahre, kein Jahrhundert, kein Jahr, wo nicht irgendein unvergängliches Werk der Musik in Wien entstanden wäre. Nie ist eine Stadt gesegneter gewesen vom Genius der Musik als Wien im 18., im 19. Jahrhundert.
Nun können Sie einwenden: von all diesen Meistern sei kein einziger außer Schubert ein wirklicher Wiener gewesen. Das denke ich nicht zu bestreiten. Gewiß, Gluck kommt aus Böhmen, Haydn aus Ungarn, Caldara und Salieri aus Italien, Beethoven aus dem Rheinland, Mozart aus Salzburg, Brahms aus Hamburg, Bruckner aus Oberösterreich, Hugo Wolf aus der Steiermark. Aber warum kommen sie aus allen Himmelsrichtungen gerade nach Wien, warum bleiben sie gerade dort und machen es zur Stätte ihrer Arbeit? Weil sie mehr verdienen? Durchaus nicht. Mit Geld ist weder Mozart noch Schubert besonders verwöhnt worden, und Joseph Haydn hat in London in einem Jahr mehr verdient als in Österreich in sechzig Jahren. Der wahre Grund, daß die Musiker nach Wien kamen und in Wien blieben, war: sie spürten, daß hier das kulturelle Klima der Entfaltung ihrer Kunst am günstigsten war. Wie eine Pflanze den gesättigten Boden, so braucht produktive Kunst zu ihrer Entfaltung das aufnehmende Element, die Kennerschaft weiter Kreise, sie braucht, wie jene Sonne und Licht, die fördernde Wärme einer weiten Anteilnahme – immer wird die höchste Stufe der Kunst dort erreicht, wo sie Passion eines ganzen Volkes ist. Wenn alle Bildhauer und Maler Italiens im 16. Jahrhundert sich in Florenz versammeln, so geschieht es nicht nur, weil dort die Mediçäer sind, die sie mit Geld und Aufträgen fördern, sondern weil das ganze Volk seinen Stolz in der Gegenwart der Künstler sieht, weil jedes neue Bild zum Ereignis wurde, wichtiger als Politik und Geschäft, und weil so ein Künstler den andern ständig zu überholen und zu übertreffen genötigt war.
So konnten auch die großen Musiker keine idealere Stadt für Schaffen und Wirken finden als Wien, weil Wien das ideale Publikum hatte, weil die Kennerschaft, weil der Fanatismus für die Musik dort alle Gesell-

schaftsschichten gleichmäßig durchdrang. Die Liebe zur Musik wohnte im Kaiserhause; Kaiser Leopold komponierte selbst, Maria Theresia überwachte die musikalische Erziehung ihrer Kinder, Mozart und Gluck spielten in ihrem Hause, Kaiser Joseph kennt jede Note der Opern, die er an seinem Theater aufführen läßt. Sie versäumen sogar ihre Politik über ihrer Liebe zur Kultur. Ihre Hofkapelle, ihr Hoftheater sind ihr Stolz, und nichts auf dem weiten Gebiet der Verwaltung erledigen sie so persönlich wie diese Angelegenheiten. Welche Oper gespielt wird, welcher Kapellmeister, welcher Sänger engagiert werden soll, ist die Lieblingssorge ihrer Sorgen.

In dieser Liebe für die Musik will der hohe Adel das Kaiserhaus womöglich noch übertreffen. Die Esterhazys, die Lobkowitz, die Waldsteins, die Rasumowskys, die Kinskys, alle verewigt in den Biographien Mozarts, Haydns, Beethovens, haben ihre eigene Kapelle oder zum mindesten ihre eigenen Streichquartette. All diese stolzen Aristokraten, deren Häuser sich sonst Bürgerlichen nie öffnen, subordinieren sich dem Musiker. Sie betrachten ihn nicht als ihren Angestellten, er ist nicht nur Gast, sondern der Ehrengast in ihrem Hause, und sie unterwerfen sich seinen Launen und Ansprüchen. Dutzende Male läßt Beethoven seinen kaiserlichen Schüler Erzherzog Rudolf vergeblich auf die Stunde warten, und der Erzherzog wagt nie, sich zu beschweren. Als Beethoven den ›Fidelio‹ vor der Aufführung zurückziehen will, wirft sich die Fürstin Lichnowsky vor ihm auf die Knie, und man kann sich heute nicht mehr vorstellen, was dies bedeutet, wenn damals eine Fürstin sich auf die Knie wirft vor dem Sohn eines trunksüchtigen Provinzkapellmeisters. Wie Beethoven sich einmal geärgert fühlt vom Fürsten Lobkowitz, geht er zur Tür seines Hauses und brüllt vor allen Lakaien hinein: Lobkowitzscher Esel! Der Fürst erfährt es, duldet es und trägt es ihm nicht nach. Als Beethoven Wien verlassen will, tun sich die Aristokraten zusammen, um ihm eine für die damalige Zeit enorme Lebensrente zu sichern ohne jede andere Verpflichtung, als in Wien zu bleiben und frei seinem Schaffen nachzugehen. Sie alle, sonst mittlere Leute, wissen, was große Musik ist und wie kostbar, wie verehrungswürdig ein großes Genie. Sie fördern die Musik nicht nur aus Snobismus, sondern, weil sie in Musik leben, fördern sie die Musik und geben ihr einen Rang über dem eigenen Rang.

Derselben Kennerschaft, derselben Leidenschaft begegnet im 18., im 19. Jahrhundert der Musiker im Wiener Bürgertum. Fast in jedem Hause wird einmal in der Woche Kammermusik abgehalten, jeder Gebildete spielt irgendein Instrument, jedes Mädchen aus gutem Hause kann ein Lied vom Blatt singen und wirkt mit in den Chören und Kapellen. Wenn der Wiener Bürger die Zeitung öffnet, ist sein erster Blick nicht, was in der Welt der Politik vorgeht; er schlägt das Repertoire der Oper und des Burgtheaters nach, welcher Sänger singt, welcher Kapellmeister dirigiert, welcher Schauspieler spielt. Ein neues Werk wird zum Ereignis, eine Premiere, das Engagement eines neuen Kapellmeisters, eines neuen Sängers an der Oper ruft endlose Diskussionen hervor, und der Kulissentratsch über die Hoftheater erfüllt die ganze Stadt. Denn das Theater, insbesondere das Burgtheater, bedeutet den Wienern mehr als eben bloß ein Theater; es ist der Mikrokosmos, der den Makrokosmos spiegelt, ein sublimiertes konzentriertes Wien innerhalb Wiens, eine Gesellschaft innerhalb der Gesellschaft. Das Hoftheater zeigt der Gesellschaft vorbildlich, wie man sich in Gesellschaft benimmt, wie man Konversation macht in einem Salon, wie man sich anzieht, wie man spricht und sich gebärdet, wie man eine Tasse Tee nimmt und wie man eintritt und wie man sich verabschiedet. Es ist eine Art Cortigiano, ein Sittenspiegel des guten Benehmens, denn im Burgtheater darf so wenig ein unpassendes Wort gesagt werden wie in der Comédie Française, in der Oper kein falscher Ton gesungen werden: es wäre eine nationale Schande. Wie in einen Salon geht man nach italienischem Vorbild in die Oper, in das Burgtheater. Man trifft sich, man kennt sich, man begrüßt sich, man ist bei sich, man ist zu Hause. Im Burgtheater und in der Oper fließen alle Stände zusammen, Aristokratie und Bürgertum und die neue Jugend. Sie sind das große Gemeinsame, und alles, was dort geschieht, gehört der ganzen Stadt an. Als das alte Gebäude des Burgtheaters abgerissen wird, dasselbe in dem die ›Hochzeit des Figaro‹ zum erstenmal erklang, ist ein Trauertag in ganz Wien. Um sechs Uhr morgens stellen sich die Enthusiasten vor den Türen an und stehen dreizehn Stunden bis abends, ohne zu essen, ohne zu trinken, nur um der letzten Vorstellung in diesem Hause beiwohnen zu können. Von der Bühne brechen sie sich Holzsplitter heraus und bewahren sie genau so wie einstmals Fromme die Splitter vom heiligen Kreuz. Nicht nur der Dirigent, der große Schauspieler, der gute Sänger wird wie ein Gott vergöttert, diese Leidenschaft geht über auf den unbeseelten Raum. Ich war selbst beim letzten Konzert in dem alten Bösendorfer-Saal. Es war gar kein besonders schöner Saal, der da abgerissen wurde, eine frühere Reitschule des

Fürsten Liechtenstein, einfach in Holz getäfelt. Aber er hatte die Resonanz einer alten Geige, und Chopin und Brahms hatten noch darin gespielt und Rubinstein und das Rosé-Quartett. Viele Meisterwerke waren dort zum erstenmal für die Welt erklungen, es war der Ort gewesen, wo alle Liebhaber von Kammermusik durch Jahre und Jahre Woche für Woche einander begegnet waren, eine einzige Familie. Und da standen wir nun nach dem letzten Beethoven-Quartett in dem alten Raum und wollten nicht, daß es zu Ende war. Man tobte, man schrie, einige weinten. Im Saal wurden die Lichter gelöscht. Es half nichts. Alle blieben im Dunkel, als wollten sie es erzwingen, daß auch dieser Saal bliebe, der alte Saal. So fanatisch empfand man in Wien nicht nur für die Kunst, die Musik, sondern sogar für die bloßen Gebäude, die mit ihr verbunden waren.
Übertreibung, werden Sie sagen, lächerliche Überschätzung! Und so haben wir selbst manchmal diesen geradezu irrwitzigen Enthusiasmus der Wiener für Musik und Theater empfunden. Ja, er war manchmal lächerlich, ich weiß es, wie zum Beispiel damals, als die guten Wiener sich als Kostbarkeit Haare von den Pferden aufhoben, die den Wagen von Fanny Elssler gezogen, und ich weiß auch, daß wir diesen Enthusiasmus gebüßt haben. Während sich Wien und Österreich in seine Theater, seine Kunst vernarrte, haben die deutschen Städte uns überholt in Technik und Tüchtigkeit und sind uns in manchen praktischen Dingen des Lebens vorausgekommen. Aber vergessen wir nicht: solche Überwertung schafft auch Werte. Nur wo wahrer Enthusiasmus für die Kunst besteht, fühlt sich der Künstler wohl, nur wo man viel fordert von der Kunst, gibt sie viel. Ich glaube, es gab kaum eine Stadt, wo der Musiker, der Sänger, der Schauspieler, der Dirigent, der Regisseur strenger kontrolliert und zu größerer Anspannung gezwungen war als in Wien. Denn hier gab es nicht nur die Kritik bei der Premiere, sondern eine ständige und unbeugsame Kritik durch das gesamte Publikum. In Wien wurde kein Fehler übersehen bei einem Konzert, jede einzelne Aufführung und auch die zwanzigste und hundertste war immer überwacht von einer geschulten Aufmerksamkeit von jedem Sitzplatz aus: wir waren ein hohes Niveau gewohnt und nicht bereit, einen Zoll davon nachzugeben. Diese Kennerschaft bildete sich in jedem Einzelnen von uns schon früh heraus. Als ich noch auf das Gymnasium ging, war ich nicht einer, sondern einer aus zwei Dutzend, die bei keiner wichtigen Vorstellung im Burgtheater oder in der Oper fehlten. Wir jungen Menschen kümmer-

ten uns als rechte Wiener nicht um Politik und nicht um Nationalökonomie, und wir hätten uns geschämt, etwas von Sport zu wissen. Noch heute kann ich Kricket nicht von Golf unterscheiden, und die Seite Fußballbericht in den Zeitungen ist für mich chinesisch. Aber mit vierzehn, mit fünfzehn Jahren merkte ich schon jede Kürzung und jede Flüchtigkeit bei einer Aufführung; wir wußten genau, wie dieser Kapellmeister das Tempo nahm und wie jener. Wir bildeten Parteien für einen Künstler und für den andern, wir vergötterten sie und haßten sie, wir zwei Dutzend in unserer Klasse. Aber nun denken Sie sich uns, diese zwei Dutzend einer einzigen Schulklasse multipliziert mit fünfzig Schulen, mit einer Universität, einer Bürgerschaft, einer ganzen Stadt, und Sie werden verstehen, welche Spannung bei uns in allen musikalischen und theatralischen Dingen entstehen mußte, wie stimulierend diese unermüdliche unerbittliche Kontrolle auf das Gesamtniveau des Musikalischen des Theatralischen wirkte. Jeder Musiker, jeder Künstler wußte, daß er in Wien nicht nachlassen durfte, daß er das Äußerste bieten müsse, um zu bestehen.
Diese Kontrolle aber ging tief hinab bis ins unterste Volk. Die Militärkapellen jedes einzelnen Regiments wetteiferten miteinander, und unsere Armee hatte – ich erinnere nur an die Anfänge Lehárs – bessere Kapellmeister als Generäle. Jede kleine Damenkapelle im Prater, jeder Klavierspieler beim Heurigen stand unter dieser unerbittlichen Kontrolle, denn daß die Kapelle beim Heurigen gut war, war dem durchschnittlichen Wiener ebenso wichtig wie die Güte des Weins, und so mußte der Musikant gut spielen, sonst war er verloren, sonst wurde er entlassen.
Ja, es war sonderbar: in der Verwaltung, im öffentlichen Leben, in den Sitten, überall gab es in Wien viel Nonchalance, viel Indifferenz, viel Weichheit, viel »Schlamperei«, wie wir sagen. Aber in dieser einen Sphäre der Kunst wurde keine Nachlässigkeit entschuldigt, keine Trägheit geduldet. Vielleicht hat diese Überschätzung der Musik, des Theaters, der Kunst, der Kultur Wien und Habsburg und Österreich viel politische Erfolge entgehen lassen. Aber ihr ist unser Imperium in der Musik zu danken.
In einer Stadt, die dermaßen in Musik lebte, die so wache Nerven für Rhythmus und Takt hatte, mußte auch der Tanz aus einer geselligen Angelegenheit zur Kunst werden. Die Wiener tanzten leidenschaftlich gern; sie waren Tanznarren, und das ging vom Hofball und Opernball bis hinab in die Vorstadtlokale und Gesindebälle. Aber man begnügte

sich nicht damit, gern zu tanzen. Es war gesellschaftliche Verpflichtung in Wien, gut zu tanzen, und wenn man von einem ganz unbedeutenden jungen Burschen sagen konnte, er ist ein famoser Tänzer, so hatte er damit schon eine gewisse gesellschaftliche Qualifikation. Er war in eine Sphäre der Kultur aufgerückt, weil man eben Tanz zur Kunst erhob. Und wieder umgekehrt, weil man Tanz als Kunst betrachtete, stieg er auf in eine höhere Sphäre, und die sogenannte leichte Musik, die Tanzmusik, wurde zur vollkommenen Musik. Das Publikum tanzte viel und wollte nicht immer dieselben Walzer hören. Darum waren die Musiker genötigt, immer Neues zu bieten und sich gegenseitig zu überbieten. So formte sich neben der Reihe der hohen Musiker Gluck und Haydn und Mozart, Beethoven und Brahms eine andere Linie von Schubert und Lanner und Johann Strauß Vater und Johann Strauß Sohn zu Lehár und den andern großen und kleinen Meistern der Wiener Operette. Eine Kunst, die das Leben leichter, belebter, farbiger, übermütiger machen wollte, die ideale leichte Musik für die leichten Herzen der Wiener.
Aber ich sehe, ich gerate in Gefahr, ein Bild von unserem Wien zu geben, das gefährlich jenem süßlichen und sentimentalen nahekommt, wie man es aus der Operette kennt. Eine Stadt, theaternärrisch und leichtsinnig, wo immer getanzt, gesungen, gegessen und geliebt wird, wo sich niemand Sorgen macht und niemand arbeitet. Ein gewisses Stück Wahrheit ist, wie in jeder Legende, darin. Gewiß, man hat in Wien gut gelebt, man hat leicht gelebt, man suchte mit einem Witz alles Unangenehme und Drückende abzutun. Man liebte Feste und Vergnügungen. Wenn die Militärmusik vorübermarschierte, ließen die Leute ihre Geschäfte und liefen auf die Straße ihr nach. Wenn im Prater der Blumenkorso war, waren dreimalhunderttausend Menschen auf den Beinen, und selbst ein Begräbnis wurde zu Pomp und Fest. Es wehte eine leichte Luft die Donau herunter, und die Deutschen sahen mit einer gewissen Verachtung auf uns herab wie auf Kinder, die durchaus nicht den Ernst des Lebens begreifen wollen. Wien war für sie der Falstaff unter den Städten, der grobe, witzige, lustige Genießer, und Schiller nannte uns Phäaken, das Volk, wo es immer Sonntag ist, wo sich immer am Herde der Spieß dreht. Sie alle fanden, daß man in Wien das Leben zu locker und leichtsinnig liebte. Sie warfen uns unsere »jouissance« vor und tadelten zwei Jahrhunderte lang, daß wir Wiener uns zu viel der guten Dinge des Lebens freuten.
Nun, ich leugne diese Wiener »jouissance« nicht, ich verteidige sie

sogar. Ich glaube, daß die guten Dinge des Lebens dazu bestimmt sind, genossen zu werden und daß es das höchste Recht des Menschen ist, unbekümmert zu leben, frei, neidlos und gutwillig, wie wir in Österreich gelebt haben. Ich glaube, daß ein Übermaß an Ambition in der Seele eines Menschen wie in der Seele eines Volkes kostbare Werte zerstört, und daß der alte Wahlspruch Wiens »Leben und leben lassen« nicht nur humaner, sondern auch weiser ist als alle strengen Maximen und kategorischen Imperative. Hier ist der Punkt, wo wir Österreicher, die wir immer Nicht-Imperialisten waren, uns mit den Deutschen nie verständigen konnten – und selbst nicht mit den Besten unter ihnen. Für das deutsche Volk ist der Begriff der »jouissance« verbunden mit Leistung, mit Tätigkeit, mit Erfolg, mit Sieg. Um sich selbst zu empfinden, muß jeder den andern übertreffen und womöglich niederdrücken. Selbst Goethe, dessen Größe und Weisheit wir ohne Grenzen verehren, hat in einem Gedicht dieses Dogma aufgestellt, das mir von meiner frühesten Kindheit an unnatürlich schien. Er ruft den Menschen an:

»Du mußt herrschen und gewinnen,
Oder dienen und verlieren,
Leiden oder triumphieren,
Amboß oder Hammer sein.«

Nun, ich hoffe, man wird es nicht impertinent finden, wenn ich dieser Alternative Goethes, »Du mußt herrschen oder dienen«, widerspreche. Ich glaube, ein Mensch – wie auch ein Volk – soll *weder* herrschen *noch* dienen. Er soll vor allem frei bleiben und jedem anderen die Freiheit lassen, er soll, wie wir es in Wien lernten, leben und leben lassen und sich seiner Freude an allen Dingen des Lebens nicht schämen. »Jouissance« scheint mir ein Recht und sogar eine Tugend des Menschen, solange sie ihn nicht verdummt oder schwächt. Und ich habe immer gesehen, daß gerade die Menschen, die, solange sie konnten, frei und ehrlich sich des Lebens freuten, in der Not und in der Gefahr dann die Tapfersten waren, so wie auch immer die Völker und Menschen, die nicht aus Lust am Militarismus kämpfen, sondern nur, wenn sie dazu gezwungen sind, schließlich die besten Kämpfer sind.

Wien hat das gezeigt in der Zeit seiner schwersten Prüfung. Es hat gezeigt, daß es arbeiten kann, wenn es arbeiten muß, und dieselben angeblich so Leichtsinnigen wußten, sobald es das Wesentliche galt, wunderbar ernst und entschlossen zu sein. Keine Stadt nach dem

Weltkriege war durch den Frieden von 1919 so tief getroffen worden wie Wien. Denken Sie es sich aus: die Hauptstadt einer Monarchie von vierundfünfzig Millionen hat plötzlich nur noch vier Millionen um sich. Es ist nicht die Kaiserstadt mehr, der Kaiser ist vertrieben und mit ihm all der Glanz von Festlichkeit. Alle Arterien zu den Provinzen, aus denen die Hauptstadt Nahrung zog, sind abgeschnitten, die Bahnen haben keine Waggons, die Lokomotiven keine Kohle, die Läden sind ausgeräumt, es ist kein Brot, kein Obst, kein Fleisch, kein Gemüse da, das Geld entwertet sich von Stunde zu Stunde. Überall prophezeit man, daß es mit Wien endgültig zu Ende ist. Gras werde in den Straßen wachsen. Zehntausende, Hunderttausende müßten wegziehen, um nicht Hungers zu sterben; und man erwägt ernstlich, ob man nicht die Kunstsammlungen verkaufen solle, um Brot zu schaffen, und einen Teil der Häuser niederreißen angesichts der drohenden Verödung.
Aber in dieser alten Stadt war eine Lebenskraft verborgen, die niemand vermutet hatte. Sie war eigentlich immer dagewesen, diese Kraft des Lebens, diese Kraft der Arbeit. Wir hatten uns ihrer nur nicht so laut und prahlerisch gerühmt wie die Deutschen, wir hatten uns selbst durch unseren Schein der Leichtlebigkeit täuschen lassen über die Leistungen, die im Handwerk, in den Künsten im stillen immer getan worden waren. Genau wie die Fremden gern Frankreich sehen als das Land der Verschwendung und des Luxus, weil sie nicht weit über die Läden der Juweliere in der Rue de la Paix und die internationalen Nachtlokale des Montmartre hinauskommen, weil sie nie Belleville betreten, nie die Arbeiter, nie die Bürgerschaft, nie die Provinz bei ihrer stillen, zähen, sparsamen Tätigkeit gesehen haben, so hatte man sich über Wien getäuscht. Jetzt aber war Wien herausgefordert, alles zu leisten, und wir vergeudeten nicht unsere Zeit. Wir verschwendeten nicht unsere seelischen Kräfte damit, wie drüben in Deutschland ununterbrochen, die Niederlage zu leugnen und zu erklären, wir seien verraten worden und niemals besiegt. Wir sagten ehrlich: der Krieg ist zu Ende. Fangen wir von neuem an! Bauen wir Wien, bauen wir Österreich noch einmal auf!
Und da geschah das Wunder. Drei Jahre, und alles war wiederhergestellt, fünf Jahre, und es wuchsen jene prachtvollen Gemeindehäuser auf, die ein soziales Vorbild für ganz Europa wurden. Die Galerien, die Gärten erneuerten sich, Wien wurde schöner als je. Der ganze Handel strömte wieder zurück, die Künste blühten, es entstanden neue Industrien, und

bald waren wir auf hundert Gebieten voran. Wir waren leichtlebig, leichtfertig gewesen, solange wir vom alten Kapital zehrten; jetzt, da alles verloren war, kam eine Energie zutage, die uns selbst überraschte. An die Universität dieser verarmten Stadt drängten Studenten aus aller Welt; um unseren großen Meister, Sigmund Freud, den wir eben im Exil begraben haben, bildete sich eine Schule, die in Europa und Amerika alle Formen geistiger Tätigkeit beeinflußte. Während wir früher im Buchhandel von Deutschland völlig abhängig gewesen waren, entstanden jetzt in Wien große Verlagshäuser; Kommissionen kamen aus England und Amerika, um die vorbildliche soziale Fürsorge der Gemeinde Wien zu studieren, das Kunstgewerbe schuf sich durch seine Eigenart und seinen Geschmack eine dominierende Stellung. Alles war plötzlich Aktivität und Intensität. Max Reinhardt verließ Berlin und organisierte das Wiener Theater. Toscanini kam aus Mailand, Bruno Walter aus München an die Wiener Oper, und Salzburg, wo Österreich all seine künstlerischen Kräfte repräsentativ zusammenfaßte, wurde die internationale Metropole der Musik und ein Triumph ohnegleichen. Vergeblich suchten die Kunstkammern Deutschlands mit ihren unbeschränkten Mitteln in München und anderen Städten diesen begeisterten Zustrom aus allen Ländern uns abzugraben. Es gelang nicht. Denn wir wußten, wofür wir kämpften, über Nacht war noch einmal Österreich eine historische Aufgabe zugefallen: die Freiheit des deutschen Worts, das in Deutschland schon geknechtet war, noch einmal vor der Welt zu bewähren, die europäische Kultur, unser altes Erbe, zu verteidigen. Das gab dieser Stadt, der angeblich so verspielten, eine wunderbare Kraft. Es war nicht ein Einzelner, der dieses Wunder der Auferstehung vollbrachte, nicht Seipel, der Katholik, nicht die Sozialdemokraten, nicht die Monarchisten; es waren alle zusammen, es war der Lebenswille einer zweitausendjährigen Stadt, und ich darf es wohl sagen ohne kleinlichen Patriotismus: nie hat Wien seine kulturelle Eigenart so glorreich bekundet, nie hat es dermaßen die Sympathie der ganzen Welt errungen wie eine Stunde vor dem großen Anschlag auf seine Unabhängigkeit.

Es war der schönste und ruhmreichste Tag seiner Geschichte. Dies war sein letzter Kampf. Wir hatten willig in allem resigniert, was Macht war, Reichtum und Besitz. Wir hatten die Provinzen geopfert, niemand trachtete danach, von einem Nachbarlande, von Böhmen, von Ungarn, von Italien, von Deutschland auch nur einen Zoll zurückzuerobern. Wir waren vielleicht immer schlechte Patrioten im politischen Sinne gewesen, aber nun fühlten wir: unsere wahre Heimat war unsere Kultur, unsere Kunst. Hier wollten wir nicht nachgeben, hier uns von niemandem übertreffen lassen, und ich wiederhole, es ist das ehrenvollste Blatt in der Geschichte Wiens, wie es diese seine Kultur verteidigt hat. Nur ein Beispiel dafür: ich bin viel gereist, ich habe viele wunderbare Aufführungen gesehen, in der Metropolitan Opera unter Toscanini und die Ballette von Leningrad und Mailand, ich habe die größten Sänger gehört, aber ich muß bekennen, daß ich niemals von einer Leistung innerhalb der Kunst so erschüttert war wie von der Wiener Oper in den Monaten unmittelbar nach dem Zusammenbruch 1919. Man tappte hin durch dunkle Gassen – die Beleuchtung der Straßen war eingeschränkt wegen der Kohlennot –, man zahlte sein Billet mit ganzen Stößen wertloser Banknoten, man trat endlich ein in das vertraute Haus und erschrak. Grau war der Raum mit seinen wenigen Lichtern und eiskalt; keine Farbe, kein Glanz, keine Uniformen, kein Abendanzug. Nur dicht aneinander gedrängt in der Kälte in alten zerschlissenen Winterröcken und umgeschneiderten Uniformen die Menschen, eine graue fahle Masse von Schatten und Lemuren. Dann kamen die Musiker und setzten sich an ihre Plätze im Orchester. Wir kannten jeden einzelnen von ihnen, und man erkannte sie doch kaum. Abgemagert, gealtert, ergraut saßen sie da in ihren alten Fräcken. Wir wußten, diese großen Künstler waren zur Zeit schlechter bezahlt als jeder Kellner, jeder Arbeiter. Ein Schauer fiel einem auf das Herz, es war soviel Armut und Sorge und Jammer in diesem Raum, eine Luft von Hades und Vergängnis. Dann hob der Dirigent den Taktstock, die Musik begann, das Dunkel fiel, und mit einmal war der alte Glanz wieder da. Nie wurde besser gespielt, nie wurde besser gesungen in unserer Oper als in jenen Tagen, da man nicht wußte, ob am nächsten Tage das Haus nicht schon geschlossen werden müßte. Keiner von den Sängern, keiner von unseren wunderbaren Musikern hatte sich weglocken lassen von den besseren Honoraren in anderen Städten, jeder hatte gespürt, daß es seine Pflicht war, gerade jetzt das Höchste, das Beste zu geben und das Gemeinsame zu bewahren, das uns das wichtigste war: unsere große Tradition. Das Reich war dahin, die Straßen waren verfallen, die Häuser sahen aus wie nach einer Beschießung, die Menschen wie nach schwerer Krankheit. Alles war vernachlässigt und halb schon verloren; aber dies eine, die Kunst, unsere Ehre, unseren Ruhm, die verteidigten wir in Wien, jeder Einzelne,

tausend und tausend Einzelne. Jeder arbeitete doppelt und zehnfach, und auf einmal spürten wir, daß die Welt auf uns blickte, daß man uns erkannte, so wie wir uns selbst erkannt hatten.
So haben wir durch diesen Fanatismus für die Kunst, durch diese so oft verspottete Leidenschaft Wien noch einmal gerettet. Weggestoßen aus der Reihe der großen Nationen, haben wir doch unseren altbestimmten Platz innerhalb der Kultur Europas bewahrt. Die Aufgabe, eine überlegene Kultur zu verteidigen gegen jeden Einbruch der Barbarei, diese Aufgabe, die die Römer uns in die Mauern unserer Stadt eingemeißelt, wir haben sie bis zur letzten Stunde erfüllt.
Wir haben sie erfüllt in dem Wien von gestern, und wir wollen, wir werden sie weiter erfüllen auch in der Fremde und überall. Ich habe von dem Wien von gestern gesprochen, dem Wien, in dem ich geboren bin, in dem ich gelebt habe und das ich vielleicht jetzt mehr liebe als je, seit es uns verloren ist. Von dem Wien von heute [1940] vermag ich nichts zu sagen. Wir wissen alle nicht genau, was dort geschieht, wir haben sogar Angst, es allzu genau uns vorzustellen. Ich habe in den Zeitungen gelesen, daß man Furtwängler berufen hat, das Wiener Musikleben zu reorganisieren, und sicher ist Furtwängler ein Musiker, an dessen Autorität niemand zweifelt. Aber schon daß das kulturelle Leben Wiens reorganisiert werden muß, zeigt, daß der alte wunderbare Organismus schwer gefährdet ist. Denn man ruft keinen Arzt zu einem Gesunden. Kunst wie Kultur kann nicht gedeihen ohne Freiheit, und gerade die Kultur Wiens kann ihr Bestes nicht entfalten, wenn sie abgeschnitten ist von dem lebendigen Quell europäischer Zivilisation. In dem ungeheuren Kampfe, der heute unsere alte Erde erschüttert, wird auch das Schicksal dieser Kultur entschieden, und ich brauche nicht zu sagen, auf welcher Seite unsere glühendsten Wünsche sind.

BRENNENDES GEHEIMNIS

Der Partner

Die Lokomotive schrie heiser auf: der Semmering war erreicht. Eine Minute rasteten die schwarzen Wagen im silbrigen Licht der Höhe, warfen ein paar bunte Menschen aus, schluckten andere ein, Stimmen gingen geärgert hin und her, dann quäkte vorne wieder die heisere Maschine und riß die schwarze Kette rasselnd in die Höhle des Tunnels hinab. Rein ausgespannt, mit klaren, vom nassen Wind hellgefegten Hintergründen lag wieder die hingebreitete Landschaft.

Einer der Angekommenen, jung, durch gute Kleidung und eine natürliche Elastizität des Schrittes sympathisch auffallend, nahm den andern rasch voraus einen Fiaker zum Hotel. Ohne Hast trappten die Pferde den ansteigenden Weg. Es lag Frühling in der Luft. Jene weißen, unruhigen Wolken flatterten am Himmel, die nur der Mai und der Juni hat, jene weißen, selbst noch jungen und flattrigen Gesellen, die spielend über die blaue Bahn rennen, um sich plötzlich hinter hohen Bergen zu verstekken, die sich umarmen und fliehen, sich bald wie Taschentücher zerknüllen, bald in Streifen zerfasern und schließlich im Schabernack den Bergen weiße Mützen aufsetzen. Unruhe war auch oben im Wind, der die mageren, noch vom Regen feuchten Bäume so unbändig schüttelte, daß sie leise in den Gelenken krachten und tausend Tropfen wie Funken von sich wegsprühten. Manchmal schien auch Duft von Schnee kühl aus den Bergen herüberzukommen, dann spürte man im Atem etwas, das süß und scharf war zugleich. Alles in Luft und Erde verriet Bewegung und gärende Ungeduld. Leise schnaubend liefen die Pferde den jetzt niedersteigenden Weg, die Schellen klirrten ihnen weit voraus.

Im Hotel war der erste Weg des jungen Mannes zu der Liste der anwesenden Gäste, die er – bald enttäuscht – durchflog. »Wozu bin ich

eigentlich hier«, begann es unruhig in ihm zu fragen. »Allein hier auf dem Berg zu sein, ohne Gesellschaft, ist ärger noch als das Bureau. Offenbar bin ich zu früh gekommen oder zu spät. Ich habe nie Glück mit meinem Urlaub. Keinen einzigen bekannten Namen unter all den Leuten. Wenn wenigstens ein paar Frauen da wären, irgendein kleiner, im Notfall sogar argloser Flirt, um diese Woche nicht gar zu trostlos zu verbringen.« Der junge Mann, ein Baron von nicht sehr klangvollem österreichischen Beamtenadel, in der Statthalterei angestellt, hatte sich diesen kleinen Urlaub ohne jegliches Bedürfnis genommen, eigentlich nur, weil sich all seine Kollegen eine Frühjahrswoche durchgesetzt hatten und er die seine dem Staate nicht schenken wollte. Er war, obwohl innerer Befähigung nicht entbehrend, eine durchaus gesellschaftliche Natur und als solche beliebt, in allen Kreisen gern gesehen und sich seiner Unfähigkeit zur Einsamkeit voll bewußt. In ihm war keine Neigung, sich selber allein gegenüberzustehen, und er vermied möglichst diese Begegnungen, weil er intimere Bekanntschaft mit sich selbst gar nicht wollte. Er wußte, daß er die Reibfläche von Menschen brauchte, um all seine Talente, die Wärme und den Übermut seines Herzens aufflammen zu lassen, und er allein frostig und sich selber nutzlos war wie ein Zündholz in der Schachtel.
Verstimmt ging er in der leeren Halle auf und ab, bald unschlüssig in den Zeitungen blätternd, bald wieder im Musikzimmer am Klavier einen Walzer antastend, bei dem ihm aber der Rhythmus nicht recht in die Finger sprang. Schließlich setzte er sich verdrossen hin, sah hinaus, wie das Dunkel langsam niederfiel, der Nebel als Dampf grau aus den Fichten brach. Eine Stunde zerbröselte er so, nutzlos und nervös. Dann flüchtete er in den Speisesaal.
Dort waren erst ein paar Tische besetzt, die er alle mit eiligem Blick überflog. Vergeblich! Keine Bekannten, nur dort – er gab lässig einen Gruß zurück – ein Trainer, den er vom Rennplatz kannte, dort wieder ein Gesicht von der Ringstraße her, sonst nichts. Keine Frau, nichts, was ein auch flüchtiges Abenteuer versprach. Sein Mißmut wurde ungeduldiger. Er war einer jener jungen Menschen, deren hübschem Gesicht viel geglückt ist und in denen nun beständig alles für eine neue Begegnung, ein neues Erlebnis bereit ist, die immer gespannt sind, sich ins Unbekannte eines Abenteuers zu schnellen, die nichts überrascht, weil sie alles lauernd berechnet haben, die nichts Erotisches übersehen, weil schon ihr erster Blick jeder Frau in das Sinnliche greift, prüfend und

ohne Unterschied, ob es die Gattin ihres Freundes ist oder das Stubenmädchen, das die Türe zu ihr öffnet. Wenn man solche Menschen mit einer gewissen leichtfertigen Verächtlichkeit Frauenjäger nennt, so geschieht es, ohne zu wissen, wieviel beobachtende Wahrheit in dem Worte versteinert ist, denn tatsächlich, alle leidenschaftlichen Instinkte der Jagd, das Aufspüren, die Erregtheit und die seelische Grausamkeit flackern in solchen Menschen. Sie leben beständig auf dem Anstand, immer bereit und entschlossen, die Spur eines Abenteuers bis hart an den Abgrund zu verfolgen. Sie sind immer geladen mit Leidenschaft, aber nicht jener edleren des Liebenden, sondern der des Spielers, der kalten, berechnenden und gefährlichen. Es gibt unter ihnen Beharrliche, denen weit über die Jugend hinaus das ganze Leben schon allein durch diese Erwartung zum ewigen Abenteuer wird, denen sich der einzelne Tag in hundert kleine, sinnliche Erlebnisse auflöst – ein Blick im Vorübergehen, ein weghuschendes Lächeln, ein im Gegenübersitzen gestreiftes Knie – und das Jahr wieder in hundert solche Tage, für die das sinnliche Erlebnis ewig fließende, nährende und anfeuernde Quelle des Lebens ist.

Hier waren keine Partner zu einem Spiele, das übersah der Suchende sofort. Und keine Gereiztheit ist ärgerlicher als die des Spielers, der mit den Karten in der Hand im Bewußtsein seiner Überlegenheit vor dem grünen Tisch sitzt und vergeblich den Partner erwartet. Der Baron rief nach einer Zeitung. Mürrisch ließ er die Blicke über die Zeilen rinnen, aber seine Gedanken waren lahm und stolperten wie betrunken den Worten nach.

Da hörte er hinter sich ein Kleid rauschen und eine Stimme leicht ärgerlich und mit affektiertem Akzent sagen: »Mais tais-toi donc, Edgar!«

An seinem Tisch knisterte im Vorüberschreiten ein seidenes Kleid, hoch und üppig schattete eine Gestalt vorbei und hinter ihr in einem schwarzen Samtanzug ein kleiner, blasser Bub, der ihn neugierig mit dem Blick anstreifte. Die beiden setzten sich gegenüber an den ihnen reservierten Tisch, das Kind sichtbar um eine Korrektheit bemüht, die der schwarzen Unruhe in seinen Augen zu widersprechen schien. Die Dame – und nur auf sie hatte der junge Baron acht – war sehr soigniert und mit sichtbarer Eleganz gekleidet, ein Typus überdies, den er sehr liebte, eine jener leicht üppigen Jüdinnen im Alter knapp vor der Überreife, offenbar auch leidenschaftlich, aber anderseits wohl erfahren,

ihr Temperament hinter einer vornehmen Melancholie zu verbergen. Er vermochte zunächst noch nicht in ihre Augen zu sehen und bewunderte nur die schön geschwungene Linie der Brauen, rein über einer zarten Nase gerundet, die ihre Rasse zwar verriet, aber doch durch edle Form das Profil scharf und interessant machte. Die Haare waren, wie alles Weibliche an diesem vollen Körper, von einer auffallenden Üppigkeit, ihre Schönheit schien im sichern Selbstgefühl vieler Bewunderungen satt und prahlerisch geworden zu sein. Sie bestellte mit sehr leiser Stimme, wies den Buben, der mit der Gabel spielend klirrte, zurecht – all dies mit anscheinender Gleichgültigkeit gegen den vorsichtig anschleichenden Blick des Barons, den sie nicht zu bemerken schien, während es doch in Wirklichkeit nur seine rege Wachsamkeit war, die ihr diese gebändigte Sorgfalt aufzwang.
Das Dunkel im Gesicht des Barons war mit einem Male aufgehellt, unterirdisch belebend liefen die Nerven, strafften die Falten, rissen die Muskeln auf, daß seine Gestalt aufschnellte und Lichter in den Augen flackerten. Er war selber den Frauen nicht unähnlich, die erst die Gegenwart eines Mannes brauchen, um aus sich ihre ganze Gewalt herauszuholen. Erst ein sinnlicher Reiz spannte seine Energie zu voller Kraft. Der Jäger in ihm witterte hier eine Beute. Herausfordernd suchte sein Blick ihrem Blick zu begegnen, der ihn manchmal mit einer glitzernden Unbestimmtheit des Vorbeisehens kreuzte, nie aber blank eine klare Antwort bot. Auch um den Mund glaubte er manchmal ein Fließen wie von beginnendem Lächeln zu spüren, aber all dies war unsicher, und eben diese Unsicherheit erregte ihn. Das einzige, was ihm versprechend schien, war dieses stete Vorbeischauen, weil es Widerstand war und Befangenheit zugleich, und dann die merkwürdig sorgfältige, sichtlich auf einen Zuschauer eingestellte Art der Konversation mit dem Kinde. Eben das aufdringlich Betonte dieser ostentativen Gelassenheit verbarg, das fühlte er, ein erstes Beunruhigtsein. Auch er war erregt: das Spiel hatte begonnen. Er verzögerte raffiniert sein Diner, hielt diese Frau eine halbe Stunde fast unablässig mit dem Blick fest, bis er jede Linie ihres Gesichtes nachgezeichnet, an jede Stelle ihres üppigen Körpers unsichtbar gerührt hatte. Draußen fiel drückend das Dunkel nieder, die Wälder seufzten in kindischer Furcht, als jetzt die großen Regenwolken graue Hände nach ihnen reckten, immer finstrer drängten die Schatten ins Zimmer herein, immer mehr schienen die Menschen hier zusammengepreßt durch das Schweigen. Das Gespräch der Mutter

mit ihrem Kinde wurde, das merkte er, unter der Drohung dieser Stille immer gezwungener, immer künstlicher; bald, fühlte er, würde es zu Ende sein. Da beschloß er eine Probe. Er stand als erster auf, ging langsam, mit einem langen Blick auf die Landschaft an ihr vorbeisehend, zur Türe. Dort zuckte er rasch, als hätte er etwas vergessen, mit dem Kopf herum. Und ertappte sie, wie sie ihm lebhaften Blickes nachsah.

Das reizte ihn. Er wartete in der Halle. Sie kam bald nach, den Buben an der Hand, blätterte im Vorübergehen unter den Zeitschriften, zeigte dem Kind ein paar Bilder. Aber als der Baron wie zufällig an den Tisch trat, anscheinend um auch eine Zeitschrift zu suchen, in Wahrheit, um tiefer in das feuchte Glitzern ihrer Augen zu dringen, vielleicht sogar ein Gespräch zu beginnen, wandte sie sich weg, klopfte ihrem Sohn leicht auf die Schulter: »Viens, Edgar! Au lit!« und rauschte kühl an ihm vorbei. Ein wenig enttäuscht sah ihr der Baron nach. Er hatte eigentlich noch an diesem Abend auf ein Bekanntwerden gerechnet, und diese schroffe Art enttäuschte ihn. Aber schließlich, in diesem Widerstand war Reiz, und gerade das Unsichere entzündete seine Begier. Immerhin: er hatte seinen Partner, und das Spiel konnte beginnen.

Rasche Freundschaft

Als der Baron am nächsten Morgen in die Halle trat, sah er dort das Kind der schönen Unbekannten in eifrigem Gespräch mit den beiden Liftboys, denen es Bilder in einem Buch von Karl May zeigte. Seine Mama war nicht zugegen, offenbar noch mit der Toilette beschäftigt. Jetzt erst besah sich der Baron den Buben. Es war ein scheuer, unentwickelter nervöser Junge von etwa zwölf Jahren mit fahrigen Bewegungen und dunkel herumjagenden Augen. Er machte, wie Kinder in diesen Jahren so oft, den Eindruck grundloser Verschrecktheit, gleichsam als ob er eben aus dem Schlaf gerissen und plötzlich in fremde Umgebung gestellt sei. Sein Gesicht war nicht unhübsch, aber noch ganz unentschieden, der Kampf des Männlichen mit dem Kindlichen schien eben erst einsetzen zu wollen; noch war alles darin nur wie geknetet und noch nicht geformt, nichts in reinen Linien ausgesprochen, nur blaß und unruhig gemengt. Überdies stand er gerade in jenem unvorteilhaften Alter, da Kinder nie in ihre Kleider passen, Ärmel und Hosen schlaff um die mageren Gelenke

schlottern und noch keine Eitelkeit sie mahnt, auf ihr Äußeres zu achten.
Der Junge machte hier, unschlüssig herumirrend, einen recht kläglichen Eindruck. Eigentlich stand er allen im Wege. Bald schob ihn der Portier beiseite, den er mit allerhand Fragen zu belästigen schien, bald verstellte er den Eingang; offenbar fehlte es ihm an freundschaftlichem Umgang. So suchte er in seinem kindlichen Schwatzbedürfnis sich an die Bediensteten des Hotels heranzumachen, die ihm, wenn sie gerade Zeit hatten, antworteten, das Gespräch aber sofort unterbrachen, wenn ein Erwachsener in Sicht kam oder etwas Dringlicheres getan werden mußte. Der Baron sah lächelnd und mit Interesse dem unglücklichen Buben zu, der auf alles mit Neugier schaute und dem alles unfreundlich entwich. Einmal faßte er einen dieser neugierigen Blicke fest an, aber die schwarzen Augen krochen sofort ängstlich in sich hinein, sobald sie sich auf der Suche ertappt sahen, und duckten sich hinter gesenkten Lidern. Das amüsierte den Baron. Der Bub begann ihn zu interessieren, und er fragte sich, ob ihm dieses Kind, das offenbar nur aus Furcht so scheu war, nicht als raschester Vermittler einer Annäherung dienen könnte. Jedenfalls: er wollte es versuchen. Unauffällig folgte er dem Buben, der eben wieder zur Türe hinauspendelte und in seinem kindlichen Zärtlichkeitsbedürfnis die rosa Nüstern eines Schimmels liebkoste, bis ihn – er hatte wirklich kein Glück – auch hier der Kutscher ziemlich barsch wegwies. Gekränkt und gelangweilt lungerte er jetzt wieder herum mit seinem leeren und ein wenig traurigen Blick. Da sprach ihn der Baron an.
»Na, junger Mann, wie gefällts dir da?« setzte er plötzlich ein, bemüht, die Ansprache möglichst jovial zu halten.
Das Kind wurde feuerrot und starrte ängstlich auf. Es zog die Hand irgendwie in Furcht an sich und wand sich hin und her vor Verlegenheit. Das geschah ihm zum erstenmal, daß ein fremder Herr mit ihm ein Gespräch begann.
»Ich danke, gut«, konnte er gerade noch herausstammeln. Das letzte Wort war schon mehr gewürgt als gesprochen.
»Das wundert mich«, sagte der Baron lachend, »es ist doch eigentlich ein fader Ort, besonders für einen jungen Mann, wie du einer bist. Was treibst du denn den ganzen Tag?« Der Bub war immer noch zu sehr verwirrt, um rasch zu antworten. War es wirklich möglich, daß dieser fremde, elegante Herr mit ihm, um den sich sonst keiner kümmerte, ein

Gespräch suchte? Der Gedanke machte ihn scheu und stolz zugleich. Mühsam raffte er sich zusammen.
»Ich lese, und dann gehen wir viel spazieren. Manchmal fahren wir auch im Wagen, die Mama und ich. Ich soll mich hier erholen, ich war krank. Ich muß darum auch viel in der Sonne sitzen, hat der Arzt gesagt.«
Die letzten Worte sagte er schon ziemlich sicher. Kinder sind immer stolz auf eine Krankheit, weil sie wissen, daß Gefahr sie ihren Angehörigen doppelt wichtig macht.
»Ja, die Sonne ist schon gut für junge Herren, wie du einer bist, sie wird dich schon braun brennen. Aber du solltest doch nicht den ganzen Tag dasitzen. Ein Bursch wie du sollte herumlaufen, übermütig sein und auch ein bißchen Unfug anstellen. Mir scheint, du bist zu brav, du siehst auch so aus wie ein Stubenhocker mit deinem großen dicken Buch unterm Arm. Wenn ich denke, was ich in deinem Alter für ein Galgenstrick war, jeden Abend bin ich mit zerrissenen Hosen nach Hause gekommen. Nur nicht zu brav sein!«
Unwillkürlich mußte das Kind lächeln, und das nahm ihm die Angst. Es hätte gern etwas erwidert, aber all dies schien ihm zu frech, zu selbstbewußt vor diesem lieben fremden Herrn, der so freundlich mit ihm sprach. Vorlaut war er nie gewesen und immer leicht verlegen; so kam er jetzt vor Glück und Scham in die ärgste Verwirrung. Er hätte so gern das Gespräch fortgesetzt, aber es fiel ihm nichts ein. Glücklicherweise kam gerade der große, gelbe Bernhardiner des Hotels vorbei, schnüffelte sie beide an und ließ sich willig liebkosen.
»Hast du Hunde gern?« fragte der Baron.
»O sehr, meine Großmama hat einen in ihrer Villa in Baden, und wenn wir dort wohnen, ist er immer den ganzen Tag mit mir. Das ist aber nur im Sommer, wenn wir dort zu Besuch sind.«
»Wir haben zu Hause, auf unserem Gut, ich glaube zwei Dutzend. Wenn du hier brav bist, kriegst du einen von mir geschenkt. Einen braunen mit weißen Ohren, einen ganz jungen. Willst du?«
Das Kind errötete vor Vergnügen.
»O ja.«
Es fuhr ihm so heraus, heiß und gierig. Aber gleich hinterher stolperte, ängstlich und wie erschrocken, das Bedenken.
»Aber Mama wird es nicht erlauben. Sie sagt, sie duldet keinen Hund zu Hause. Sie machen zuviel Schererei.«
Der Baron lächelte. Endlich hielt das Gespräch bei der Mama.

»Ist die Mama so streng?«
Das Kind überlegte, blickte eine Sekunde zu ihm auf, gleichsam fragend, ob man diesem fremden Herrn schon vertrauen dürfe. Die Antwort blieb vorsichtig:
»Nein, streng ist die Mama nicht. Jetzt, weil ich krank war, erlaubt sie mir alles. Vielleicht erlaubt sie mir sogar einen Hund.«
»Soll ich sie darum bitten?«
»Ja, bitte, tun Sie das«, jubelte der Bub. »Dann wird es die Mama sicher erlauben. Und wie sieht er aus? Weiße Ohren hat er, nicht wahr? Kann er apportieren?«
»Ja, er kann alles.« Der Baron mußte lächeln über die heißen Funken, die er so rasch aus den Augen des Kindes geschlagen hatte. Mit einem Male war die anfängliche Befangenheit gebrochen, und die von der Angst zurückgehaltene Leidenschaftlichkeit sprudelte über. In blitzschneller Verwandlung war das scheue, verängstigte Kind von früher ein ausgelassener Bub. Wenn nur die Mutter auch so wäre, dachte unwillkürlich der Baron, so heiß hinter ihrer Angst! Aber schon sprang der Bub mit zwanzig Fragen an ihm hinauf:
»Wie heißt der Hund?«
»Karo.«
»Karo«, jubelte das Kind. Er mußte irgendwie lachen und jubeln über jedes Wort, ganz betrunken von dem unerwarteten Geschehen, daß sich jemand seiner in Freundlichkeit angenommen hatte. Der Baron staunte selbst über seinen raschen Erfolg und beschloß, das heiße Eisen zu schmieden. Er lud den Knaben ein, mit ihm ein bißchen spazieren zu gehen, und der arme Bub, seit Wochen ausgehungert nach einem geselligen Beisammensein, war von diesem Vorschlag entzückt. Unbedacht plauderte er alles aus, was ihm sein neuer Freund mit kleinen, wie zufälligen Fragen entlockte. Bald wußte der Baron alles über die Familie, vor allem, daß Edgar der einzige Sohn eines Wiener Advokaten sei, offenbar aus der vermögenden jüdischen Bourgeoisie. Und durch geschickte Umfragen erkundete er rasch, daß die Mutter sich über den Aufenthalt am Semmering durchaus nicht entzückt geäußert und den Mangel an sympathischer Gesellschaft beklagt habe, ja er glaubte sogar, aus der ausweichenden Art, mit der Edgar die Frage beantwortete, ob die Mama den Papa sehr gern habe, entnehmen zu können, daß hier nicht alles zum besten stünde. Beinahe schämte er sich, wie leicht es ihm wurde, dem arglosen Buben all diese kleinen Familiengeheimnisse zu

entlocken, denn Edgar, ganz stolz, daß irgend etwas von dem, was er zu erzählen hatte, einen Erwachsenen interessieren konnte, drängte sein Vertrauen dem neuen Freunde geradezu auf. Sein kindisches Herz klopfte vor Stolz – der Baron hatte im Spazierengehen ihm seinen Arm um die Schulter gelegt –, in solcher Intimität öffentlich mit einem Erwachsenen gesehen zu werden, und allmählich vergaß er seine eigene Kindheit, schnatterte frei und ungezwungen wie zu einem Gleichaltrigen. Edgar war, wie sein Sprechen zeigte, sehr klug, etwas frühreif wie die meisten kränklichen Kinder, die mehr mit Erwachsenen beisammen waren als mit Schulkameraden, und von einer merkwürdig überreizten Leidenschaft der Zuneigung oder Feindlichkeit. Zu nichts schien er ein ruhiges Verhältnis zu haben, von jedem Menschen oder Ding sprach er entweder in Verzückung oder mit einem Hasse, der so heftig war, daß er sein Gesicht unangenehm verzerrte und es fast bösartig und häßlich machte. Etwas Wildes und Sprunghaftes, vielleicht noch bedingt durch die kürzlich überstandene Krankheit, gab seinen Reden fanatisches Feuer, und es schien, daß seine Linkischkeit nur mühsam unterdrückte Angst vor der eigenen Leidenschaft war.

Der Baron gewann mit Leichtigkeit sein Vertrauen. Eine halbe Stunde bloß, und er hatte dieses heiße und unruhig zuckende Herz in der Hand. Es ist ja so unsäglich leicht, Kinder zu betrügen, diese Arglosen, um deren Liebe so selten geworben wird. Er brauchte sich selbst nur in die Vergangenheit zu vergessen, und so natürlich, so ungezwungen wurde ihm das kindliche Gespräch, daß auch der Bub ihn ganz als seinesgleichen empfand und nach wenigen Minuten jedes Distanzgefühl verlor. Er war nur selig von Glück, hier in diesem einsamen Ort plötzlich einen Freund gefunden zu haben, und welch einen Freund! Vergessen waren sie alle in Wien, die kleinen Jungen mit ihren dünnen Stimmen, ihrem unerfahrenen Geschwätz, wie weggeschwemmt waren ihre Bilder von dieser einen neuen Stunde! Seine ganze schwärmerische Leidenschaft gehörte jetzt diesem neuen, seinem großen Freunde, und sein Herz dehnte sich vor Stolz, als dieser ihn jetzt zum Abschied nochmals einlud, morgen vormittags wiederzukommen, und der neue Freund ihm nun zuwinkte von der Ferne, ganz wie ein Bruder. Diese Minute war vielleicht die schönste seines Lebens. Es ist so leicht, Kinder zu betrügen. – Der Baron lächelte dem Davonstürmenden nach. Der Vermittler war nun gewonnen. Der Bub würde jetzt, das wußte er, seine Mutter mit Erzählungen bis zur Erschöpfung quälen, jedes einzelne Wort wiederholen – und dabei erinnerte er sich mit Vergnügen, wie geschickt er einige Komplimente an ihre Adresse eingeflochten, wie er immer nur von Edgars ›schöner Mama‹ gesprochen hatte. Es war ausgemachte Sache für ihn, daß der mitteilsame Knabe nicht früher ruhen würde, ehe er seine Mama und ihn zusammengeführt hätte. Er selbst brauchte nun keinen Finger zu rühren, um die Distanz zwischen sich und der schönen Unbekannten zu verringern, konnte nun ruhig träumen und die Landschaft überschauen, denn er wußte, ein paar heiße Kinderhände bauten ihm die Brücke zu ihrem Herzen.

Terzett

Der Plan war, wie sich einige Stunden später erwies, trefflich und bis in die letzten Einzelheiten gelungen. Als der junge Baron, mit Absicht etwas verspätet, den Speisesaal betrat, zuckte Edgar vom Sessel auf, grüßte eifrig mit einem beglückten Lächeln und winkte ihm zu. Gleichzeitig zupfte er seine Mutter am Ärmel, sprach hastig und erregt auf sie ein, mit auffälligen Gesten gegen den Baron hindeutend. Sie verwies ihm geniert und errötend sein allzu reges Benehmen, konnte es aber doch nicht vermeiden, einmal hinüberzusehen, um dem Buben seinen Willen zu tun, was der Baron sofort zum Anlaß einer respektvollen Verbeugung nahm. Die Bekanntschaft war gemacht. Sie mußte danken, beugte aber von nun ab das Gesicht tiefer über den Teller und vermied sorgfältig während des ganzen Diners, nochmals hinüberzublikken. Anders Edgar, der unablässig hinguckte, einmal sogar versuchte hinüberzusprechen, eine Unstatthaftigkeit, die ihm sofort von seiner Mutter energisch verwiesen wurde. Nach Tisch wurde ihm bedeutet, daß er schlafen zu gehen habe, und ein emsiges Wispern begann zwischen ihm und seiner Mama, dessen Endresultat war, daß es seinen heißen Bitten verstattet wurde, zum andern Tisch hinüberzugehen und sich bei seinem Freund zu empfehlen. Der Baron sagte ihm ein paar herzliche Worte, die wieder die Augen des Kindes zum Flackern brachten, plauderte mit ihm ein paar Minuten. Plötzlich aber, mit einer geschickten Wendung, drehte er sich, aufstehend, zum andern Tisch hinüber, beglückwünschte die etwas verwirrte Nachbarin zu ihrem klugen, aufgeweckten Sohn, rühmte den Vormittag, den er so vortrefflich mit ihm verbracht hatte – Edgar stand dabei, rot vor Freude und Stolz –, und

erkundigte sich schließlich nach seiner Gesundheit, so ausführlich und mit so viel Einzelfragen, daß die Mutter zur Antwort gezwungen war. So gerieten sie unaufhaltsam in ein längeres Gespräch, dem der Bub beglückt und mit einer Art Ehrfurcht lauschte. Der Baron stellte sich vor und glaubte zu bemerken, daß sein klingender Name auf die Eitle einen gewissen Eindruck machte. Jedenfalls war sie von außerordentlicher Zuvorkommenheit gegen ihn, wiewohl sie sich nichts vergab und sogar frühen Abschied nahm, des Buben halber, wie sie entschuldigend beifügte.
Der protestierte heftig, er sei nicht müde und gerne bereit, die ganze Nacht aufzubleiben. Aber schon hatte seine Mutter dem Baron die Hand geboten, der sie respektvoll küßte.
Edgar schlief schlecht in dieser Nacht. Es war eine Wirrnis in ihm von Glückseligkeit und kindischer Verzweiflung. Denn heute war etwas Neues in seinem Leben geschehn. Zum erstenmal hatte er in die Schicksale von Erwachsenen eingegriffen. Er vergaß, schon im Halbtraum, seine eigene Kindheit und dünkte sich mit einem Male groß. Bisher hatte er, einsam erzogen und oft kränklich, wenig Freunde gehabt. Für all sein Zärtlichkeitsbedürfnis war niemand dagewesen als die Eltern, die sich wenig um ihn kümmerten, und die Dienstboten. Und die Gewalt einer Liebe wird immer falsch bemessen, wenn man sie nur nach ihrem Anlaß wertet und nicht nach der Spannung, die ihr vorausgeht, jenem hohlen, dunkeln Raum von Enttäuschung und Einsamkeit, die vor allen großen Ereignissen des Herzens liegt. Ein überschweres, ein unverbrauchtes Gefühl hatte hier gewartet und stürzte nun mit ausgebreiteten Armen dem ersten entgegen, der es zu verdienen schien. Edgar lag im Dunkeln, beglückt und verwirrt, er wollte lachen und mußte weinen. Denn er liebte diesen Menschen, wie er nie einen Freund, nie Vater und Mutter und nicht einmal Gott geliebt hatte. Die ganze unreife Leidenschaft seiner frühen Jahre umklammerte das Bild dieses Menschen, dessen Namen er vor zwei Stunden noch nicht gekannt hatte.
Aber er war doch klug genug, um durch das Unerwartete und Eigenartige dieser neuen Freundschaft nicht bedrängt zu sein. Was ihn so sehr verwirrte, war das Gefühl seiner Unwertigkeit, seiner Nichtigkeit. »Bin ich denn seiner würdig, ich, ein kleiner Bub, zwölf Jahre alt, der noch die Schule vor sich hat, der abends vor allen andern ins Bett geschickt wird?« quälte er sich ab. »Was kann ich ihm sein, was kann ich ihm bieten?« Gerade dieses qualvoll empfundene Unvermögen, irgendwie sein Gefühl

zeigen zu können, machte ihn unglücklich. Sonst, wenn er einen Kameraden liebgewonnen hatte, war es sein erstes, die paar kleinen Kostbarkeiten seines Pultes, Briefmarken und Steine, den kindischen Besitz der Kindheit, mit ihm zu teilen, aber all diese Dinge, die ihm gestern noch von hoher Bedeutung und seltenem Reiz waren, schienen ihm mit einem Male entwertet, läppisch und verächtlich. Denn wie konnte er derlei diesem neuen Freunde bieten, dem er nicht einmal wagen durfte, das Du zu erwidern; wo war ein Weg, eine Möglichkeit, seine Gefühle zu verraten? Immer mehr und mehr empfand er die Qual, klein zu sein, etwas Halbes, Unreifes, ein Kind von zwölf Jahren, und noch nie hatte er so stürmisch das Kindsein verflucht, so herzlich sich gesehnt, anders aufzuwachen, so wie er sich träumte: groß und stark, ein Mann, ein Erwachsener wie die andern.
In diesen unruhigen Gedanken flochten sich rasch die ersten farbigen Träume von dieser neuen Welt des Mannseins. Edgar schlief endlich mit einem Lächeln ein, aber doch, die Erinnerung der morgigen Verabredung unterhöhlte seinen Schlaf. Er schreckte schon um sieben Uhr mit der Angst auf, zu spät zu kommen. Hastig zog er sich an, begrüßte die erstaunte Mutter, die ihn sonst nur mit Mühe aus dem Bette bringen konnte, in ihrem Zimmer und stürmte, ehe sie weitere Fragen stellen konnte, hinab. Bis neun Uhr trieb er sich ungeduldig umher, vergaß sein Frühstück, einzig besorgt, den Freund für den Spaziergang nicht lange warten zu lassen.
Um halb zehn kam endlich der Baron sorglos angeschlendert. Er hatte natürlich längst die Verabredung vergessen, jetzt aber, da der Knabe gierig auf ihn losschnellte, mußte er lächeln über so viel Leidenschaft und zeigte sich bereit, sein Versprechen einzuhalten. Er nahm den Buben wieder unterm Arm, ging mit dem Strahlenden auf und nieder, nur daß er sanft, aber nachdrücklich abwehrte, schon jetzt den gemeinsamen Spaziergang zu beginnen. Er schien auf irgend etwas zu warten, wenigstens deutete darauf sein nervös die Türen abgreifender Blick. Plötzlich straffte er sich empor. Edgars Mama war hereingetreten und kam, den Gruß erwidernd, freundlich auf beide zu. Sie lächelte zustimmend, als sie von dem beabsichtigten Spaziergang vernahm, den ihr Edgar als etwas zu Kostbares verschwiegen hatte, ließ sich aber rasch von der Einladung des Barons zum Mitgehen bestimmen.
Edgar wurde sofort mürrisch und biß die Lippen. Wie ärgerlich, daß sie gerade jetzt vorbeikommen mußte! Dieser Spaziergang sollte doch ihm

allein gehören, und wenn er seinen Freund auch der Mama vorgestellt hatte, so war das nur eine Liebenswürdigkeit von ihm gewesen; aber teilen wollte er ihn deshalb nicht. Schon regte sich in ihm etwas wie Eifersucht, als er die Freundlichkeit des Barons zu seiner Mutter bemerkte.

Sie gingen dann zu dritt spazieren, und das gefährliche Gefühl seiner Wichtigkeit und plötzlichen Bedeutsamkeit wurde in dem Kinde noch genährt durch das auffällige Interesse, das beide ihm widmeten. Edgar war fast ausschließlich Gegenstand der Konversation, indem sich die Mutter mit etwas erheuchelter Besorgnis über seine Blässe und Nervosität aussprach, während der Baron dies wieder lächelnd abwehrte und sich rühmend über die nette Art seines ›Freundes‹, wie er ihn nannte, erging. Es war Edgars schönste Stunde. Er hatte Rechte, die ihm niemals im Laufe seiner Kindheit zugestanden worden waren. Er durfte mitreden, ohne sofort zur Ruhe verwiesen zu werden, und sogar allerhand vorlaute Wünsche äußern, die ihm bislang übel aufgenommen worden wären. Und es war nicht verwunderlich, wenn immer selbstbewußter in ihm das trügerische Gefühl wuchernd wuchs, daß er ein Erwachsener sei. Schon lag die Kindheit in seinen hellen Träumen hinter ihm wie ein weggeworfenes entwachsenes Kleid.

Mittags saß der Baron, der Einladung der immer freundlicheren Mutter Edgars folgend, an ihrem Tisch. Aus dem vis-à-vis war ein Nebeneinander geworden, aus der Bekanntschaft eine Freundschaft. Das Terzett war im Gang, und die drei Stimmen der Frau, des Mannes und des Kindes klangen rein zusammen.

Angriff

Nun schien es dem ungeduldigen Jäger an der Zeit, sein Wild anzuschleichen. Das Familiäre, der Dreiklang in dieser Angelegenheit mißfiel ihm. Es war ja ganz nett, so zu dritt zu plaudern, aber schließlich, Plaudern war nicht seine Absicht. Und er wußte, daß das Gesellschaftliche mit dem Maskenspiel seiner Begehrlichkeit zwischen Mann und Frau das Erotische immer retardiert, den Worten die Glut, dem Angriff sein Feuer nimmt. Sie sollte über der Konversation nie seine eigentliche Absicht vergessen, die er – dessen war er sicher – von ihr bereits verstanden wußte.

Daß sein Bemühen bei dieser Frau nicht vergeblich sein würde, hatte viel Wahrscheinlichkeiten. Sie war in jenen entscheidenden Jahren, da eine Frau zu bereuen beginnt, einem eigentlich nie geliebten Gatten treu geblieben zu sein, und da das Abendlicht einer schon sinkenden Schönheit ihr noch eine letzte dringlichste Wahl zwischen dem Mütterlichen und dem Weiblichen gewährt. Das Leben, das schon längst beantwortet schien, wird in dieser Minute noch einmal zur Frage, zum letzten Male zittert die magnetische Nadel des Willens zwischen der Hoffnung auf erotisches Erleben und der endgültigen Resignation. Eine Frau hat dann die gefährliche Entscheidung, ihr eigenes Schicksal oder das ihrer Kinder zu leben, Frau oder Mutter zu sein. Und der Baron, scharfsichtig in diesen Dingen, glaubte bei ihr dieses gefährliche Schwanken zu bemerken. Sie vergaß beständig im Gespräch, ihren Gatten zu erwähnen, und wußte innerlich eigentlich herzlich wenig von ihrem Kinde. Ein Schatten von Langeweile, als Melancholie verschleiert, lag über ihren mandelförmigen Augen und verdunkelte nur unsicher deren Sinnlichkeit. Der Baron beschloß, rasch vorzugehen, aber gleichzeitig jeden Anschein von Eile zu vermeiden. Im Gegenteil, er wollte, wie der Angler den Haken lockend zurückzieht, dieser neuen Freundschaft seinerseits äußerliche Gleichgültigkeit entgegensetzen, wollte um sich werben lassen, während er doch in Wahrheit der Werbende war. Er nahm sich vor, einen gewissen Hochmut zu outrieren, den Unterschied ihres sozialen Standes scharf hervorzukehren, und der Gedanke reizte ihn, nur durch das Betonen seines Hochmutes, durch sein Äußeres, durch einen klingenden aristokratischen Namen und kalte Manieren diesen üppigen, vollen, schönen Körper gewinnen zu können.

Das heiße Spiel begann ihn schon zu erregen und darum zwang er sich zur Vorsicht. Den Nachmittag verblieb er in seinem Zimmer mit dem angenehmen Bewußtsein, gesucht und vermißt zu werden. Aber diese Abwesenheit wurde nicht so sehr von ihr bemerkt, gegen die sie eigentlich gezielt war, sondern gestaltete sich für den armen Buben zur Qual. Edgar fühlte sich den ganzen Nachmittag unendlich hilflos und verloren; mit der Knaben eigenen hartnäckigen Treue wartete er die ganzen langen Stunden unablässig auf seinen Freund. Es wäre ihm wie ein Vergehen erschienen, wegzugehen oder irgend etwas allein zu tun. Unnütz trollte er sich in den Gängen herum, und je später es wurde, desto mehr füllte sich sein Herz mit Unglück an. In der Unruhe seiner Phantasie träumte er schon von einem Unfall oder einer unbewußt

zugefügten Beleidigung und war schon nahe daran, zu weinen vor Ungeduld und Angst.
Als der Baron dann abends zu Tisch kam, wurde er glänzend empfangen. Edgar sprang, ohne auf den abmahnenden Ruf seiner Mutter und das Erstaunen der anderen Leute zu achten, ihm entgegen, umfaßte mit den mageren Ärmchen stürmisch seine Brust. »Wo waren Sie? Wo sind Sie gewesen?« rief er hastig. »Wir haben Sie überall gesucht.« Die Mutter errötete bei dieser unwillkommenen Einbeziehung und sagte ziemlich hart: »Sois sage, Edgar. Assieds toi!« (Sie sprach nämlich immer Französisch mit ihm, obwohl ihr diese Sprache gar nicht so sehr selbstverständlich war und sie bei umständlichen Erläuterungen leicht auf Sand geriet.) Edgar gehorchte, ließ aber nicht ab, den Baron auszufragen. »Aber vergiß doch nicht, daß der Baron tun kann, was er will. Vielleicht langweilt ihn unsere Gesellschaft.« Diesmal bezog sie sich selber ein, und der Baron fühlte mit raschem Vergnügen, wie dieser Vorwurf um ein Kompliment warb.
Der Jäger in ihm wachte auf. Er war berauscht, erregt, so rasch hier die richtige Fährte gefunden zu haben, das Wild nun ganz nahe vor dem Schuß zu fühlen. Seine Augen glänzten, das Blut flog ihm leicht durch die Adern, die Rede sprudelte ihm, er wußte selbst nicht wie, von den Lippen. Er war, wie jeder stark erotisch veranlagte Mensch, doppelt so gut, doppelt er selbst, wenn er wußte, daß er Frauen gefiel, so wie manche Schauspieler erst feurig werden, wenn sie die Hörer, die atmende Masse vor ihnen ganz im Bann spüren. Er galt bei seinen Freunden seit je als ein guter, mit sinnlichen Bildern begabter Erzähler, aber heute – er trank ein paar Gläser Champagner dazwischen, den er zu Ehren der neuen Freundschaft bestellt hatte – übertraf er sich selbst. Er erzählte von indischen Jagden, denen er als Gastfreund eines hohen aristokratischen englischen Freundes beigewohnt hatte, klug dies Thema wählend, weil es indifferent war und er anderseits spürte, wie alles Exotische und für sie Unerreichbare diese Frau erregte. Wen er aber damit bezauberte, das war vor allem Edgar, dessen Augen vor Begeisterung flammten. Er vergaß zu essen, zu trinken und starrte dem Erzähler die Worte von den Lippen weg. Nie hatte er gehofft, einen Menschen wirklich zu sehen, der diese ungeheuren Dinge erlebt hatte, von denen er in seinen Büchern las, die Tigerjagden, die braunen Menschen, die Hindus und das Dschaggernat, das furchtbare Rad, das tausend Menschen unter seinen Speichen begrub. Bislang hatte er nie daran gedacht,

daß es solche Menschen wirklich gäbe, so wenig wie er die Länder der Märchen für wahr hielt, und diese Sekunde sprengte in ihm ein ganzes riesiges Stück Welt zum erstenmal auf. Er konnte den Blick von seinem Freunde nicht wenden, starrte mit gepreßtem Atem auf die Hände da hart vor ihm, die einen Tiger getötet hatten. Kaum wagte er etwas zu fragen, und dann klang seine Stimme fiebrig erregt. Seine rasche Phantasie zauberte ihm immer das Bild zu den Erzählungen herauf, er sah den Freund hoch auf einem Elefanten mit purpurner Schabracke, braune Männer rechts und links mit kostbaren Turbans, und dann plötzlich den Tiger, der mit seinen gebleckten Zähnen aus dem Dschungel vorsprang und dem Elefanten die Pranke in den Rüssel schlug. Jetzt erzählte der Baron noch Interessanteres, wie listig man Elefanten fing, indem man durch alte, gezähmte Tiere die jungen, wilden und übermütigen in die Verschläge locken ließ: die Augen des Kindes sprühten Feuer. Da sagte – ihm war, als fiele blitzend ein Messer vor ihm nieder – die Mama plötzlich, mit einem Blick auf die Uhr: »Neuf heures! Au lit!«
Edgar wurde blaß vor Schreck. Für alle Kinder ist das zu-Bette-geschickt-Werden ein furchtbares Wort, weil es für sie die offenkundigste Demütigung vor den Erwachsenen ist, das Eingeständnis, das Stigma der Kindheit, des Kleinseins, der kindlichen Schlafbedürftigkeit. Aber wie furchtbar war solche Schmach in diesem interessanten Augenblick, da sie ihn solch unerhörte Dinge versäumen ließ.
»Nur das eine noch, Mama, das von den Elefanten, nur das laß mich hören!«
Er wollte zu betteln beginnen, besann sich aber rasch auf seine neue Würde als Erwachsener. Einen einzigen Versuch wagte er bloß. Aber seine Mutter war heute merkwürdig streng. »Nein, es ist schon spät. Geh nur hinauf! Sois sage, Edgar. Ich erzähl dir schon alle die Geschichten des Herrn Barons genau wieder.«
Edgar zögerte. Sonst begleitete ihn seine Mutter immer zu Bette. Aber er wollte nicht betteln vor dem Freunde. Sein kindischer Stolz wollte dem kläglichen Abgang wenigstens noch einen Schein von Freiwilligkeit retten.
»Aber wirklich, Mama, du erzählst mir alles, alles! Das von den Elefanten und alles andere!«
»Ja, mein Kind.«
»Und sofort! Noch heute!«
»Ja, ja, aber jetzt geh nur schlafen. Geh!«

Edgar bewunderte sich selbst, daß es ihm gelang, dem Baron und seiner Mama die Hand zu reichen, ohne zu erröten, obschon das Schluchzen ihm schon ganz hoch in der Kehle saß. Der Baron beutelte ihm freundschaftlich am Schopf, das zwang dem Kind noch ein Lächeln über sein gespanntes Gesicht. Aber dann mußte er rasch zur Türe eilen, sonst hätten sie gesehen, wie ihm die dicken Tränen über die Wangen liefen.

Die Elefanten

Die Mutter blieb noch eine Zeitlang mit dem Baron bei Tisch, aber sie sprachen nicht von Elefanten und Jagden mehr. Eine leise Schwüle, eine unruhig flattrige Verlegenheit kam in ihr Gespräch, seit der Bub sie verlassen hatte. Schließlich gingen sie hinüber in die Hall und setzten sich in eine Ecke. Der Baron war blendender als je, sie selbst befeuert durch die paar Glas Champagner, und so nahm die Konversation rasch gefährlichen Charakter an. Der Baron war eigentlich nicht hübsch zu nennen, er war nur jung und blickte sehr männlich aus seinem dunkelbraunen energischen Bubengesicht mit dem kurz geschorenen Haar und entzückte sie durch die frischen, fast ungezogenen Bewegungen. Sie sah ihn gern jetzt von der Nähe und fürchtete auch nicht mehr seinen Blick. Doch allmählich schlich sich in seine Reden eine Kühnheit, die sie leicht verwirrte, etwas, das wie Greifen an ihrem Körper war, ein Betasten und Wieder-Lassen, irgendein unfaßbar Begehrliches, das ihr das Blut in die Wangen trieb. Aber dann lachte er wieder leicht, ungezwungen, knabenhaft, und das gab all den kleinen Begehrlichkeiten den losen Schein kindlicher Scherze. Manchmal war ihr, als müßte sie ein Wort schroff zurückweisen, aber kokett von Natur, wurde sie durch diese kleinen Lüsternheiten nur gereizt, mehr abzuwarten. Und hingerissen von dem verwegenen Spiel versuchte sie am Ende sogar, ihm nachzutun. Sie warf kleine, flatternde Versprechungen auf den Blicken hinüber, gab sich in Worten und Bewegungen schon hin, duldete sogar sein Heranrücken, die Nähe dieser Stimme, deren Atem sie manchmal warm und zuckend an den Schultern spürte. Wie alle Spieler vergaßen sie die Zeit und verloren sich so gänzlich in dem gespannten Gespräch, daß sie erst aufschraken, als die Hall sich um Mitternacht abzudunkeln begann.

Sie sprang sofort empor, dem ersten Erschrecken gehorchend, und fühlte mit einem Male, wie verwegen weit sie sich vorgewagt hatte. Ihr war sonst das Spiel mit dem Feuer nicht fremd, aber jetzt spürte ihr aufgereizter Instinkt, wie nahe dieses Spiel schon dem Gefährlichen kam. Mit Schauern entdeckte sie, daß sie sich nicht mehr ganz sicher fühlte, daß irgend etwas in ihr zu gleiten begann und sie alles so erregt sah, wie man Dinge im Fieber empfindet. Im Kopf wogte ein Wirbel von Angst, von Wein und heißen Reden, und eine dumme, sinnlose Angst überfiel sie, jene Angst, die sie schon einige Male in ihrem Leben in solchen gefährlichen Sekunden gekannt hatte, aber nie so schwindelnd und gewalttätig. »Gute Nacht, gute Nacht. Auf morgen früh!« sagte sie hastig und wollte entlaufen. Entlaufen nicht ihm so sehr wie der Gefahr dieser Minute und einer neuen, fremdartigen Unsicherheit in sich selbst. Aber der Baron hielt die dargebotene Abschiedshand mit sanfter Gewalt, küßte sie, und nicht nur in Korrektheit ein einziges Mal, sondern vier- oder fünfmal mit den Lippen von den feinen Fingerspitzen bis hinauf zum Handgelenk, zitternd, wobei sie mit einem leichten Frösteln seinen rauhen Schnurrbart über den Handrücken kitzeln fühlte. Irgendein warmes und beklemmendes Gefühl flog von dort mit dem Blut durch den ganzen Körper, Angst schoß süß empor, hämmerte drohend an die Schläfen, ihr Kopf glühte, die Angst, die sinnlose Angst zuckte jetzt durch ihren ganzen Körper, und sie entzog ihm rasch die Hand.
»Bleiben Sie doch noch«, flüsterte der Baron. Aber schon eilte sie fort mit einer Ungelenkigkeit der Hast, die ihre Angst und Verwirrung augenfällig machte. In ihr war jetzt die Erregtheit, die der andere beabsichtigt hatte, sie fühlte, wie ihr Gefühl immer undeutbarer wurde. Die grausam brennende Angst jagte sie, der Mann hinter ihr könnte ihr folgen und sie fassen, gleichzeitig aber, noch im Entspringen, spürte sie schon ein Bedauern, daß er es nicht tat. In dieser Stunde hätte das geschehen können, was sie seit Jahren unbewußt ersehnte, das Abenteuer, dessen nahen Hauch sie wollüstig liebte, um ihm bisher immer im letzten Augenblick zu entweichen, das große und gefährliche, nicht nur der flüchtige, aufreizende Flirt. Aber der Baron war zu stolz, einer günstigen Sekunde nachzulaufen. Er war seines Sieges zu gewiß, um diese Frau räuberisch in einer schwachen, weintrunkenen Minute zu nehmen, im Gegenteil, den fairen Spieler reizte nur der Kampf und die Hingabe bei vollem Bewußtsein. Entrinnen konnte

sie ihm nicht. Ihr zuckte, das merkte er, das heiße Gift schon in den Adern.
Oben auf der Treppe blieb sie stehen, die Hand an das keuchende Herz gepreßt. Sie mußte eine Sekunde ausruhen. Ihre Nerven versagten. Ein Seufzer brach aus der Brust, halb Beruhigung, einer Gefahr entronnen zu sein, halb Bedauern; aber das alles war verworren und wirrte im Blut nur als leises Schwindligsein weiter. Mit halbgeschlossenen Augen wie eine Betrunkene tappte sie weiter zu ihrer Türe und atmete auf, da sie jetzt die kühle Klinke faßte. Nun empfand sie sich erst in Sicherheit!
Leise bog sie die Türe ins Zimmer. Und schrak schon zurück in der nächsten Sekunde. Irgend etwas hatte sich gerührt in dem Zimmer, ganz hinten im Dunkeln. Ihre erregten Nerven zuckten grell, schon wollte sie um Hilfe schreien, da kam es leise von drinnen, mit ganz schlaftrunkener Stimme:
»Bist du es, Mama?«
»Um Gottes willen, was machst du da?« Sie stürzte hin zum Diwan, wo Edgar zusammengeknüllt lag und sich eben vom Schlafe aufraffte. Ihr erster Gedanke war, das Kind müsse krank sein oder der Hilfe bedürftig.
Aber Edgar sagte, ganz verschlafen noch und mit leisem Vorwurf: »Ich habe so lange auf dich gewartet, und dann bin ich eingeschlafen.«
»Warum denn?«
»Wegen der Elefanten.«
»Was für Elefanten?«
Jetzt erst begriff sie. Sie hatte ja dem Kinde versprochen, alles zu erzählen, heute noch, von der Jagd und den Abenteuern. Und da hatte sich dieser Bub in ihr Zimmer geschlichen, dieser einfältige, kindische Bub, und im sicheren Vertrauen gewartet, bis sie kam, und war darüber eingeschlafen. Die Extravaganz empörte sie. Oder eigentlich, sie fühlte Zorn gegen sich selbst, ein leises Raunen von Schuld und Scham, das sie überschreien wollte. »Geh sofort zu Bett, du ungezogener Fratz«, schrie sie ihn an. Edgar staunte ihr entgegen. Warum war sie so zornig auf ihn, er hatte doch nichts getan? Aber diese Verwunderung reizte die schon Aufgeregte noch mehr. »Geh sofort in dein Zimmer«, schrie sie wütend, weil sie fühlte, daß sie ihm unrecht tat. Edgar ging ohne ein Wort. Er war eigentlich furchtbar müde und spürte nur stumpf durch den drückenden Nebel von Schlaf, daß seine Mutter ein Versprechen nicht gehalten hatte

und daß man in irgendeiner Weise gegen ihn schlecht war. Aber er revoltierte nicht. In ihm lag alles bleiern, alles stumpf durch die Müdigkeit; und dann, er ärgerte sich sehr, hier oben eingeschlafen zu sein, statt wach zu warten. »Ganz wie ein kleines Kind«, sagte er empört zu sich selber, ehe er wieder in Schlaf fiel.
Denn seit gestern haßte er seine eigene Kindheit.

Geplänkel

Der Baron hatte schlecht geschlafen. Es ist immer gefährlich, nach einem abgebrochenen Abenteuer zu Bette zu gehen: eine unruhige, von schwülen Träumen gefährdete Nacht ließ es ihn bald bereuen, die Minute nicht mit hartem Griff gepackt zu haben. Als er morgens, noch von Schlaf und Mißmut umwölkt, herunterkam, sprang ihm der Knabe aus einem Versteck entgegen, schloß ihn begeistert in die Arme und begann ihn mit tausend Fragen zu quälen. Er war glücklich, seinen großen Freund wieder eine Minute für sich zu haben und nicht mit der Mama teilen zu müssen. Nur ihm sollte er erzählen, nicht mehr Mama, bestürmte er ihn, denn die hätte trotz ihrem Versprechen ihm nichts von all den wunderbaren Dingen wiedergesagt. Er überschüttete den unangenehm Aufgeschreckten, der seine Mißlaune nur schlecht verbarg, mit hundert kindischen Belästigungen. In diese Fragen mengte er überdies stürmische Bezeugungen seiner Liebe, glückselig, wieder mit dem Langgesuchten und seit frühmorgens Erwarteten allein zu sein.
Der Baron antwortete unwirsch. Dieses ewige Auflauern des Kindes, die Läppischkeit der Fragen wie überhaupt die unbegehrte Leidenschaft begannen ihn zu langweilen. Er war es müde, nun tagaus, tagein mit einem zwölfjährigen Buben herumzuziehen und mit ihm Unsinn zu schwatzen. Ihm lag jetzt nur daran, das heiße Eisen zu schmieden und die Mutter allein zu fassen, was eben durch des Kindes unerwünschte Anwesenheit zum Problem wurde. Ein erstes Unbehagen vor dieser unvorsichtig geweckten Zärtlichkeit begann ihn zu bedrücken, denn vorläufig sah er keine Möglichkeit, den allzu anhänglichen Freund loszuwerden.
Immerhin: es kam auf den Versuch an. Bis zehn Uhr, der Stunde, die er mit der Mutter zum Spaziergang verabredet hatte, ließ er das eifrige Gerede des Buben achtlos über sich hinplätschern, warf hin und wieder

einen Brocken Gespräch hin, um ihn nicht zu beleidigen, durchblätterte aber gleichzeitig die Zeitung. Endlich, als der Zeiger fast senkrecht stand, bat er Edgar, wie sich plötzlich erinnernd, für ihn ins andere Hotel bloß einen Augenblick hinüberzugehen, um dort nachzufragen, ob der Graf Grundheim, sein Vetter, schon angekommen sei.
Das arglose Kind, glückselig, endlich einmal seinem Freund mit etwas dienlich sein zu können, stolz auf seine Würde als Bote, sprang sofort weg und stürmte so scharf den Weg hin, daß die Leute ihm verwundert nachstarrten. Aber ihm war daran gelegen zu zeigen, wie verläßlich er war, wenn man ihm Botschaften vertraute. Der Graf war, so sagte man ihm dort, noch nicht eingetroffen, ja zur Stunde gar nicht angemeldet. Diese Nachricht brachte er in neuerlichem Sturmschritt zurück. Aber in der Hall war der Baron nicht mehr zu finden. So klopfte er an seine Zimmertür – vergeblich! Beunruhigt rannte er alle Räume ab, das Musikzimmer und das Kaffeehaus, stürmte aufgeregt zu seiner Mama, um Erkundigungen einzuziehen: auch sie war fort. Der Portier, an den er sich schließlich ganz verzweifelt wandte, sagte ihm zu seiner Verblüffung, sie seien beide vor einigen Minuten gemeinsam weggegangen!
Edgar wartete geduldig. Seine Arglosigkeit vermutete nichts Böses. Sie konnten ja nur eine kurze Weile wegbleiben, dessen war er sicher, denn der Baron erwartete doch seinen Bescheid. Aber die Zeit streckte breit ihre Stunden, Unruhe schlich sich an ihn heran. Überhaupt, seit dem Tage, da sich dieser fremde, verführerische Mensch in sein kleines, argloses Leben gemengt hatte, war das Kind den ganzen Tag angespannt, gehetzt und verwirrt. In einen so feinen Organismus wie den der Kinder drückt jede Leidenschaft wie in weiches Wachs ihre Spuren. Das nervöse Zittern der Augenlider trat wieder auf, schon sah er blässer aus. Edgar wartete und wartete, geduldig zuerst, dann wild erregt und schließlich schon dem Weinen nah. Aber argwöhnisch war er noch immer nicht. Sein blindes Vertrauen in diesen wundervollen Freund vermutete ein Mißverständnis, und geheime Angst quälte ihn, er könnte vielleicht den Auftrag falsch verstanden haben.
Wie seltsam aber war erst dies, daß sie jetzt, da sie endlich zurückkamen, heiter plaudernd blieben und gar keine Verwunderung bezeigten. Es schien, als hätten sie ihn gar nicht sonderlich vermißt: »Wir sind dir entgegengegangen, weil wir hofften, dich am Weg zu treffen, Edi«, sagte der Baron, ohne sich nach dem Auftrag zu erkundigen. Und als das Kind,

ganz erschrocken, sie könnten ihn vergebens gesucht haben, zu beteuern begann, er sei auf dem geraden Wege der Hochstraße gelaufen, und wissen wollte, welche Richtung sie gewählt hätten, da schnitt die Mama kurz das Gespräch ab. »Schon gut, schon gut! Kinder sollen nicht so viel reden.«
Edgar wurde rot vor Ärger. Das war nun schon das zweite Mal so ein niederträchtiger Versuch, ihn vor seinem Freund herabzusetzen. Warum tat sie das, warum versuchte sie immer, ihn als Kind darzustellen, das er doch – er war davon überzeugt – nicht mehr war? Offenbar war sie ihm neidisch auf seinen Freund und plante, ihn zu sich herüberzuziehen. Ja, und sicherlich war sie es gewesen, die den Baron mit Absicht den falschen Weg geführt hatte. Aber er ließ sich nicht von ihr mißhandeln, das sollte sie sehen. Er wollte ihr schon Trotz bieten. Und Edgar beschloß, heute bei Tisch kein Wort mit ihr zu reden, nur mit seinem Freund allein.
Doch das wurde ihm hart: was er am wenigsten erwartet hatte, trat ein – man bemerkte seinen Trotz nicht. Ja sogar ihn selber schienen sie nicht zu sehen, ihn, der doch gestern Mittelpunkt ihres Beisammenseins gewesen war! Sie sprachen beide über ihn hinweg, scherzten miteinander und lachten, als ob er unter den Tisch gesunken wäre. Das Blut stieg ihm zu den Wangen, in der Kehle saß ein Knollen, der den Atem würgte. Mit steigender Erbitterung wurde er seiner entsetzlichen Machtlosigkeit bewußt. Er sollte also hier ruhig sitzen und zusehen, wie seine Mutter ihm den Freund wegnahm, den einzigen Menschen, den er liebte, und sollte sich nicht wehren können, nicht anders als durch Schweigen? Ihm war, als müsse er aufstehen und plötzlich mit beiden Fäusten auf den Tisch losschlagen. Nur damit sie ihn bemerkten. Aber er hielt sich zusammen, legte bloß Gabel und Messer nieder und rührte keinen Bissen mehr an. Aber auch dies hartnäckige Fasten bemerkten sie lange nicht; erst beim letzten Gang fiel es der Mutter auf, und sie fragte, ob er sich nicht wohl fühle. Widerlich, dachte er sich, immer denkt sie nur das eine, ob ich krank bin, sonst ist ihr alles einerlei. Er antwortete kurz, er habe keine Lust, und damit gab sie sich zufrieden. Nichts, gar nichts erzwang ihm Beachtung. Der Baron schien ihn vergessen zu haben, wenigstens richtete er nicht ein einziges Mal das Wort an ihn. Heißer und heißer quoll es ihm in die Augen, und er mußte die kindische List anwenden, rasch die Serviette zu heben, ehe es jemand sehen konnte, damit die verdammten, die kindischen Tränen nicht offen über seine

Wangen sprangen und ihm salzig die Lippen näßten. Er atmete auf, als das Essen zu Ende war.
Während des Diners hatte seine Mutter eine gemeinsame Wagenfahrt nach Maria-Schutz vorgeschlagen. Edgar hatte es gehört, die Lippe zwischen den Zähnen. Nicht eine Minute wollte sie ihn also mehr mit seinem Freunde allein lassen. Aber sein Haß stieg erst wild auf, als sie ihm jetzt beim Aufstehen sagte: »Edgar, du wirst noch alles für die Schule vergessen, du solltest doch einmal zu Hause bleiben, ein bißchen nachlernen!« Wieder ballte er die kleine Kinderfaust. Immer wollte sie ihn vor seinem Freund demütigen, immer öffentlich daran erinnern, daß er noch ein Kind war, daß er in die Schule gehen mußte und nur geduldet unter Erwachsenen war. Diesmal war die Absicht aber doch zu durchsichtig. Er gab gar keine Antwort, sondern drehte sich kurzweg um.
»Aha, wieder beleidigt«, sagte sie lächelnd, und dann zum Baron: »Wäre das wirklich so arg, wenn er einmal eine Stunde arbeitete?«
Und da – im Herzen des Kindes wurde etwas kalt und starr – sagte der Baron, er, der sich seinen Freund nannte, er, der ihn als Stubenhocker verhöhnt hatte: »Na, eine Stunde oder zwei könnten wirklich nicht schaden.«
War das ein Einverständnis? Hatten sie sich wirklich beide gegen ihn verbündet? In dem Blick des Kindes flammte Zorn. »Mein Papa hat verboten, daß ich hier lerne. Papa will, daß ich mich hier erhole«, schleuderte er heraus mit dem ganzen Stolz auf seine Krankheit, verzweifelt sich an das Wort, an die Autorität seines Vaters anklammernd. Wie eine Drohung stieß er es hervor. Und was das Merkwürdigste war: das Wort schien tatsächlich in den beiden ein Mißbehagen zu erwecken. Die Mutter sah weg und trommelte nur nervös mit den Fingern auf den Tisch. Ein peinliches Schweigen stand breit zwischen ihnen. »Wie du meinst, Edi«, sagte schließlich der Baron mit einem erzwungenen Lächeln. »Ich muß ja keine Prüfung machen, ich bin schon längst bei allen durchgefallen.«
Aber Edgar lächelte nicht zu dem Scherz, sondern sah ihn nur an mit einem prüfenden, sehnsüchtig eindringenden Blick, als wollte er ihm bis in die Seele greifen. Was ging da vor? Etwas war verändert zwischen ihnen, und das Kind wußte nicht, warum. Unruhig ließ es die Augen wandern. In seinem Herzen hämmerte ein kleiner, hastiger Hammer: der erste Verdacht.

»Was hat sie so verwandelt?« sann das Kind, das ihnen im rollenden Wagen gegenübersaß. »Warum sind sie nicht mehr zu mir wie früher? Weshalb vermeidet Mama immer meinen Blick, wenn ich sie ansehe? Warum sucht er immer vor mir Witze zu machen und den Hanswurst zu spielen? Beide reden sie nicht mehr zu mir wie gestern und vorgestern, mir ist beinahe, als hätten sie andere Gesichter bekommen. Mama hat heute so rote Lippen, sie muß sie gefärbt haben. Das habe ich nie gesehen an ihr. Und er zieht immer die Stirne kraus, als sei er beleidigt. Ich habe ihnen doch nichts getan, kein Wort gesagt, das sie verdrießen konnte? Nein, ich kann nicht die Ursache sein, denn sie sind selbst zueinander anders als vordem. Sie sind so, als ob sie etwas angestellt hätten, das sie sich nicht zu sagen getrauen. Sie plaudern nicht mehr wie gestern, sie lachen auch nicht, sie sind befangen, sie verbergen etwas. Irgendein Geheimnis ist zwischen ihnen, das sie mir nicht verraten wollen. Ein Geheimnis, das ich ergründen muß um jeden Preis. Ich kenne es schon, es muß dasselbe sein, vor dem sie mir immer die Türe verschließen, von dem in den Büchern die Rede ist und in den Opern, wenn die Männer und die Frauen mit ausgebreiteten Armen gegeneinander singen, sich umfassen und sich wegstoßen. Es muß irgendwie dasselbe sein wie das mit meiner französischen Lehrerin, die sich mit Papa so schlecht vertrug und die dann weggeschickt wurde. All diese Dinge hängen zusammen, das spüre ich, aber ich weiß nur nicht wie. Oh, es zu wissen, endlich zu wissen, dieses Geheimnis, ihn zu fassen, diesen Schlüssel, der alle Türen aufschließt, nicht länger mehr Kind sein, vor dem man alles versteckt und verhehlt, sich nicht mehr hinhalten lassen und betrügen! Jetzt oder nie! Ich will es ihnen entreißen, dieses furchtbare Geheimnis.« Eine Falte grub sich in seine Stirne, beinahe alt sah der schmächtige Zwölfjährige aus, wie er so ernst vor sich hin grübelte, ohne einen einzigen Blick an die Landschaft zu wenden, die sich in klingenden Farben rings entfaltete, die Berge im gereinigten Grün ihrer Nadelwälder, die Täler im noch zarten Glanz des verspäteten Frühlings. Er sah nur immer die beiden ihm gegenüber im Rücksitz des Wagens an, als könne er mit diesen heißen Blicken wie mit einer Angel das Geheimnis aus den glitzernden Tiefen ihrer Augen herausreißen. Nichts schärft Intelligenz mehr als ein leidenschaftlicher Verdacht, nichts entfaltet mehr alle Möglichkeiten eines unreifen Intellekts als eine Fährte, die ins Dunkel

läuft. Manchmal ist es ja nur eine einzige, dünne Tür, welche Kinder von der Welt, die wir die wirkliche nennen, abtrennt, und ein zufälliger Windhauch sprengt sie ihnen auf.
Edgar fühlte sich mit einem Male dem Unbekannten, dem großen Geheimnis, so greifbar nahe wie noch nie, er spürte es knapp vor sich, zwar noch verschlossen und unenträtselt, aber nah, ganz nah. Das erregte ihn und gab ihm diesen plötzlichen, feierlichen Ernst. Denn unbewußt ahnte er, daß er am Rand seiner Kindheit stand.
Die beiden gegenüber fühlten irgendeinen dumpfen Widerstand vor sich, ohne zu ahnen, daß er von dem Knaben ausging. Sie fühlten sich eng und gehemmt zu dritt im Wagen. Die beiden Augen ihnen gegenüber mit ihrer dunkel in sich flackernden Glut behinderten sie. Sie wagten kaum zu reden, kaum zu blicken. Zu ihrer vormaligen leichten, gesellschaftlichen Konversation fanden sie jetzt nicht mehr zurück, schon zu sehr verstrickt in dem Ton der heißen Vertraulichkeiten, jener gefährlichen Worte, in denen die schmeichelnde Unzüchtigkeit von heimlichen Betastungen zittert. Ihr Gespräch stieß immer auf Lücken und Stockungen. Es blieb stehen, wollte weiter, stolperte aber immer wieder über das hartnäckige Schweigen des Knaben.
Besonders für die Mutter war sein verbissenes Schweigen eine Last. Sie sah ihn vorsichtig von der Seite an und erschrak, als sie plötzlich in der Art, wie das Kind die Lippen verkniff, zum erstenmal eine Ähnlichkeit mit ihrem Mann erkannte, wenn er gereizt oder verärgert war. Der Gedanke war ihr unbehaglich, gerade jetzt an ihren Mann erinnert zu werden, da sie mit einem Abenteuer spielte. Ein Gespenst, ein Wächter des Gewissens, doppelt unerträglich hier in der Enge des Wagens, zehn Zoll gegenüber mit seinen dunkel arbeitenden Augen und dem Lauern hinter der blassen Stirn, schien ihr das Kind. Da schaute Edgar plötzlich auf, eine Sekunde lang. Beide senkten sie sofort den Blick: sie spürten, daß sie sich belauerten, zum erstenmal in ihrem Leben. Bisher hatten sie einander blind vertraut, jetzt aber war etwas zwischen Mutter und Kind, zwischen ihr und ihm plötzlich anders geworden. Zum erstenmal in ihrem Leben begannen sie, sich zu beobachten, ihre beiden Schicksale voneinander zu trennen, beide schon mit einem heimlichen Haß gegeneinander, der nur noch zu neu war, als daß sie sich ihn einzugestehen wagten.
Alle drei atmeten sie auf, als die Pferde wieder vor dem Hotel hielten. Es war ein verunglückter Ausflug gewesen, alle fühlten es, und keiner

wagte es zu sagen. Edgar sprang zuerst ab. Seine Mutter entschuldigte sich mit Kopfschmerzen und ging eilig hinauf. Sie war müde und wollte allein sein. Edgar und der Baron blieben zurück. Der Baron zahlte dem Kutscher, sah auf die Uhr und schritt gegen die Hall zu, ohne den Buben zu beachten. Er ging vorbei mit seinem feinen, schlanken Rücken, diesem rhythmisch leichten Wiegegang, der das Kind so bezauberte und den es gestern schon heimlich vor dem Spiegel nachzuahmen versucht hatte. Er ging vorbei, glatt vorbei. Offenbar hatte er den Knaben vergessen und ließ ihn stehen neben dem Kutscher, neben den Pferden, als gehörte er nicht zu ihm.

In Edgar riß irgend etwas entzwei, als er ihn so vorübergehen sah, ihn, den er trotz alldem noch immer so abgöttisch liebte. Verzweiflung brach aus seinem Herzen, als er so vorbeiging, ohne ihn mit dem Mantel zu streifen, ohne ihm ein Wort zu sagen, der sich doch keiner Schuld bewußt war. Die mühsam bewahrte Fassung zerriß, die künstlich erhöhte Last der Würde glitt ihm von den zu schmalen Schultern, er wurde wieder ein Kind, klein und demütig wie gestern und vordem. Es riß ihn weiter wider seinen Willen. Mit rasch zitternden Schritten ging er dem Baron nach, trat ihm, der eben die Treppe hinauf wollte, in den Weg und sagte gepreßt, mit schwer verhaltenen Tränen:

»Was habe ich Ihnen getan, daß Sie nicht mehr auf mich achten? Warum sind Sie jetzt immer so fremd zu mir? Und die Mama auch? Warum wollen Sie mich immer wegschicken? Bin ich Ihnen lästig oder habe ich etwas getan?«

Der Baron schrak auf. In der Stimme war etwas, das ihn verwirrte und weich stimmte. Mitleid überkam ihn mit dem arglosen Buben. »Edi, du bist ein Narr! Ich war nur schlechter Laune heute. Und du bist ein lieber Bub, den ich wirklich gern hab.« Dabei schüttelte er ihn am Schopf tüchtig hin und her, aber doch das Gesicht halb abgewendet, um nicht diese großen, feuchten, flehenden Kinderaugen sehen zu müssen. Die Komödie, die er spielte, begann ihm peinlich zu werden. Er schämte sich eigentlich schon, mit der Liebe dieses Kindes so frech gespielt zu haben, und diese dünne, von unterirdischem Schluchzen geschüttelte Stimme tat ihm weh.

»Geh jetzt hinauf, Edi, heute abend werden wir uns wieder vertragen, du wirst schon sehen«, sagte er begütigend.

»Aber Sie dulden nicht, daß mich Mama gleich hinaufschickt. Nicht wahr?«

»Nein, nein, Edi, ich dulde es nicht«, lächelte der Baron. »Geh nur jetzt hinauf, ich muß mich anziehen für das Abendessen.«
Edgar ging, beglückt für den Augenblick. Aber bald begann der Hammer im Herzen sich wieder zu rühren. Er war um Jahre älter geworden seit gestern; ein fremder Gast, das Mißtrauen, saß jetzt schon fest in seiner kindischen Brust.
Er wartete. Es galt ja die entscheidende Probe. Sie saßen zusammen bei Tisch. Es wurde neun Uhr, aber die Mutter schickte ihn nicht zu Bett. Schon wurde er unruhig. Warum ließ sie ihn gerade heute so lange hier bleiben, sie, die sonst so genau war? Hatte ihr am Ende der Baron seinen Wunsch und das Gespräch verraten? Brennende Reue überfiel ihn plötzlich, ihm heute mit seinem vollen, vertrauenden Herzen nachgelaufen zu sein. Um zehn erhob sich plötzlich seine Mutter und nahm Abschied vom Baron. Und seltsam, auch der schien durch diesen frühen Aufbruch keineswegs verwundert zu sein, suchte auch nicht, wie sonst immer, sie zurückzuhalten. Immer heftiger schlug der Hammer in der Brust des Kindes.
Nun galt es scharfe Probe. Auch er stellte sich nichtsahnend und folgte ohne Widerrede seiner Mutter zur Tür. Dort aber zuckte er plötzlich auf mit den Augen. Und wirklich, er fing in dieser Sekunde einen lächelnden Blick auf, der über seinen Kopf von ihr gerade zum Baron hinüberging, einen Blick des Einverständnisses, irgendeines Geheimnisses. Der Baron hatte ihn also verraten. Deshalb also der frühe Aufbruch: er sollte heute eingewiegt werden in Sicherheit, um ihnen morgen nicht mehr im Wege zu sein.
»Schuft«, murmelte er.
»Was meinst du?« fragte die Mutter.
»Nichts«, stieß er zwischen den Zähnen hervor. Auch er hatte jetzt ein Geheimnis. Es hieß Haß, grenzenloser Haß gegen sie beide.

Schweigen

Edgars Unruhe war nun vorbei. Endlich genoß er ein reines, klares Gefühl: Haß und offene Feindschaft. Jetzt, da er gewiß war, ihnen im Weg zu sein, wurde das Zusammensein für ihn zu einer grausam komplizierten Wollust. Er weidete sich im Gedanken, sie zu stören, ihnen nun endlich mit der ganzen geballten Kraft seiner Feindseligkeit

entgegenzutreten. Dem Baron wies er zuerst die Zähne. Als der morgens herabkam und ihn im Vorübergehen herzlich mit einem »Servus, Edi« begrüßte, knurrte Edgar, der, ohne aufzuschauen, im Fauteuil sitzen blieb, ihm nur ein hartes »Morgen« zurück.
»Ist die Mama schon unten?« Edgar blickte in die Zeitung: »Ich weiß nicht.«
Der Baron stutzte. Was war das auf einmal? »Schlecht geschlafen, Edi, was?« Ein Scherz sollte wie immer hinüberhelfen. Aber Edgar warf ihm nur wieder verächtlich ein »Nein« hin und vertiefte sich neuerdings in die Zeitung. »Dummer Bub«, murmelte der Baron vor sich hin, zuckte die Achseln und ging weiter. Die Feindschaft war erklärt.
Auch gegen seine Mama war Edgar kühl und höflich. Einen ungeschickten Versuch, ihn auf den Tennisplatz zu schicken, wies er ruhig zurück. Sein Lächeln, knapp an den Lippen aufgerollt und leise von Erbitterung gekräuselt, zeigte, daß er sich nicht mehr betrügen lasse. »Ich gehe lieber mit euch spazieren, Mama«, sagte er mit falscher Freundlichkeit und blickte ihr in die Augen. Die Antwort war ihr sichtlich ungelegen. Sie zögerte und schien etwas zu suchen. »Warte hier auf mich«, entschied sie endlich und ging zum Frühstück.
Edgar wartete. Aber sein Mißtrauen war rege. Ein unruhiger Instinkt arbeitete nun zwischen jedem Wort dieser beiden eine geheime feindselige Absicht heraus. Der Argwohn gab ihm jetzt manchmal eine merkwürdige Hellsichtigkeit der Entschlüsse. Und statt, wie ihm angewiesen war, in der Hall zu warten, zog Edgar es vor, sich auf der Straße zu postieren, wo er nicht nur den einen Hauptausgang, sondern alle Türen überwachen konnte. Irgend etwas in ihm witterte Betrug. Aber sie sollten ihm nicht mehr entwischen. Auf der Straße drückte er sich, wie er es in seinen Indianerbüchern gelernt hatte, hinter einen Holzstoß. Und lachte nur zufrieden, als er nach etwa einer halben Stunde seine Mutter tatsächlich aus der Seitentür treten sah, einen Buschen prachtvoller Rosen in der Hand und gefolgt vom Baron, dem Verräter.
Beide schienen sie sehr übermütig. Atmeten sie schon auf, ihm entgangen zu sein, allein für ihr Geheimnis? Sie lachten im Gespräch und schickten sich an, den Waldweg hinabzugehen.
Jetzt war der Augenblick gekommen. Edgar schlenderte gemächlich, als hätte ein Zufall ihn hergeführt, hinter dem Holzstoß hervor. Ganz, ganz gelassen ging er auf sie zu, ließ sich Zeit, sehr viel Zeit, um sich ausgiebig an ihrer Überraschung zu weiden. Die beiden waren verblüfft und

tauschten einen befremdeten Blick. Langsam, mit gespielter Selbstverständlichkeit kam das Kind heran und ließ seinen höhnischen Blick nicht von ihnen. »Ah, da bist du, Edi, wir haben dich schon drin gesucht«, sagte endlich die Mutter. Wie frech sie lügt, dachte das Kind. Aber die Lippen blieben hart. Sie hielten das Geheimnis des Hasses hinter den Zähnen.

Unschlüssig standen sie alle drei. Einer lauerte auf den andern.

»Also gehen wir«, sagte resigniert die verärgerte Frau und zerpflückte eine der schönen Rosen. Wieder dieses leichte Zittern um die Nasenflügel, das bei ihr Zorn verriet. Edgar blieb stehen, als ginge ihn das nichts an, sah ins Blaue, wartete, bis sie gingen, dann schickte er sich an, ihnen zu folgen. Der Baron machte noch einen Versuch. »Heute ist Tennisturnier, hast du das schon einmal gesehen?« Edgar blickte ihn nur verächtlich an. Er antwortete ihm gar nicht mehr, zog nur die Lippen krumm, als ob er pfeifen wollte. Das war sein Bescheid. Sein Haß wies die blanken Zähne.

Wie ein Alp lastete nun seine unerbetene Gegenwart auf den beiden. Sträflinge gehen so hinter dem Wärter, mit heimlich geballten Fäusten. Das Kind tat eigentlich gar nichts und wurde ihnen doch in jeder Minute mehr unerträglich mit seinen lauernden Blicken, die feucht waren von verbissenen Tränen, seiner gereizten Mürrischkeit, die alle Annäherungsversuche wegknurrte. »Geh voraus«, sagte plötzlich wütend die Mutter, beunruhigt durch sein fortwährendes Lauschen. »Tanz mir nicht immer vor den Füßen, das macht mich nervös!« Edgar gehorchte, aber immer nach ein paar Schritten wandte er sich um, blieb wartend stehen, wenn sie zurückgeblieben waren, sie mit seinem Blick wie der schwarze Pudel mephistophelisch umkreisend und einspinnend in dieses feurige Netz von Haß, in dem sie sich unentrinnbar gefangen fühlten.

Sein böses Schweigen zerriß wie eine Säure ihre gute Laune, sein Blick vergällte ihnen das Gespräch von den Lippen weg. Der Baron wagte kein einziges werbendes Wort mehr, er spürte mit Zorn diese Frau ihm wieder entgleiten, ihre mühsam angefachte Leidenschaftlichkeit jetzt auskühlen in der Furcht vor diesem lästigen, widerlichen Kind. Immer wieder versuchten sie zu reden, immer brach ihre Konversation zusammen. Schließlich trotteten sie alle drei schweigend über den Weg, hörten nur mehr die Bäume flüsternd gegeneinander schlagen und ihren eigenen verdrossenen Schritt. Das Kind hatte ihr Gespräch erdrosselt.

Jetzt war in allen dreien die gereizte Feindseligkeit. Mit Wollust spürte das verratene Kind, wie sich ihre Wut wehrlos gegen seine mißachtete Existenz wendete, aber er wartete auf ihren Ausbruch mit einer gehässigen Ungeduld. Mit zwinkernd höhnischem Blick streifte er ab und zu das verbissene Gesicht des Barons. Er sah, wie der zwischen den Zähnen Schimpfworte knirschte und an sich halten mußte, um sie nicht gegen ihn zu speien, merkte zugleich auch mit diabolischer Lust den aufsteigenden Zorn seiner Mutter und daß beide nur einen Anlaß ersehnten, sich auf ihn zu stürzen, ihn wegzuschieben oder unschädlich zu machen. Aber er bot keine Gelegenheit, sein Haß war in langen Stunden berechnet und gab sich keine Blößen.
»Gehen wir zurück!« sagte plötzlich die Mutter. Sie fühlte, daß sie nicht länger an sich halten könnte, daß sie etwas tun müßte, aufschrein zumindest unter dieser Folter. »Wie schade«, sagte Edgar ruhig, »es ist so schön.«
Beide merkten, daß das Kind sie verhöhnte. Aber sie wagten nichts zu sagen, dieser Tyrann hatte in zwei Tagen zu wundervoll gelernt, sich zu beherrschen. Kein Zucken im Gesicht verriet die schneidende Ironie. Ohne Worte gingen sie den langen Weg wieder heim. In ihr flackerte die Erregung noch nach, als sie dann beide allein im Zimmer waren. Sie warf den Sonnenschirm und ihre Handschuhe ärgerlich weg. Edgar merkte sofort, daß ihre Nerven erregt waren und nach Entladung verlangten, aber er wollte einen Ausbruch und blieb mit Absicht im Zimmer, um sie zu reizen. Sie ging auf und ab, setzte sich wieder hin, ihre Finger trommelten auf dem Tisch, dann sprang sie wieder auf. »Wie zerrauft du bist, wie schmutzig du umhergehst! Es ist eine Schande vor den Leuten. Schämst du dich nicht in deinem Alter?« Ohne ein Wort der Gegenrede ging das Kind hin und kämmte sich. Dieses Schweigen, dieses obstinate kalte Schweigen mit dem Zittern von Hohn auf den Lippen machte sie rasend. Am liebsten hätte sie ihn geprügelt. »Geh auf dein Zimmer«, schrie sie ihn an. Sie konnte seine Gegenwart nicht mehr ertragen. Edgar lächelte und ging.
Wie sie jetzt beide zitterten vor ihm, wie sie Angst hatten, der Baron und sie, vor jeder Stunde des Zusammenseins, dem unbarmherzig harten Griff seiner Augen! Je unbehaglicher sie sich fühlten, in desto satterem Wohlbehagen beglänzte sich sein Blick, desto herausfordernder wurde seine Freude. Edgar quälte die Wehrlosen jetzt mit der ganzen fast noch tierischen Grausamkeit der Kinder. Der Baron konnte seinen Zorn noch

dämmen, weil er immer hoffte, dem Buben noch einen Streich spielen zu können, und nur an sein Ziel dachte. Aber sie, die Mutter, verlor immer wieder die Beherrschung. Für sie war es eine Erleichterung, ihn anschreien zu können. »Spiel nicht mit der Gabel«, fuhr sie ihn bei Tisch an. »Du bist ein ungezogener Fratz, du verdienst noch gar nicht, unter Erwachsenen zu sitzen.« Edgar lächelte nur immer, lächelte, den Kopf ein wenig schief zur Seite gelegt. Er wußte, daß dieses Schreien Verzweiflung war, und empfand Stolz, daß sie sich so verrieten. Er hatte jetzt einen ganz ruhigen Blick wie den eines Arztes. Früher wäre er vielleicht boshaft gewesen, um sie zu ärgern, aber man lernt viel und rasch im Haß. Jetzt schwieg er nur, schwieg und schwieg, bis sie zu stöhnen begann unter dem Druck seines Schweigens.

Seine Mutter konnte es nicht länger ertragen. Als sie jetzt vom Essen aufstanden und Edgar wieder mit dieser selbstverständlichen Anhänglichkeit ihnen folgen wollte, brach es plötzlich los aus ihr. Sie vergaß alle Rücksicht und spie die Wahrheit aus. Gepeinigt von seiner schleichenden Gegenwart, bäumte sie sich wie ein von Fliegen gefoltertes Pferd. »Was rennst du mir immer nach wie ein dreijähriges Kind? Ich will dich nicht immer in der Nähe haben. Kinder gehören nicht zu Erwachsenen. Merk dir das! Beschäftige dich doch einmal eine Stunde mit dir selbst. Lies etwas oder tu, was du willst. Laß mich in Ruhe! Du machst mich nervös mit deinem Herumschleichen, deiner widerlichen Verdrossenheit.«

Endlich hatte er es ihr entrissen, das Geständnis! Edgar lächelte, während der Baron und sie jetzt verlegen schienen. Sie wandte sich ab und wollte weiter, wütend über sich selbst, daß sie ihr Unbehagen dem Kind verraten hatte. Aber Edgar sagte nur kühl: »Papa will nicht, daß ich allein hier herumgehe. Papa hat mir das Versprechen abgenommen, daß ich nicht unvorsichtig bin und bei dir bleibe.«

Er betonte das Wort ›Papa‹, weil er damals bemerkt hatte, daß es eine gewisse lähmende Wirkung auf die beiden übte. Auch sein Vater mußte also irgendwie verstrickt sein in dieses heiße Geheimnis. Papa mußte irgendeine geheime Macht über die beiden haben, die er nicht kannte, denn schon die Erwähnung seines Namens schien ihnen Angst und Unbehagen zu bereiten. Auch diesmal entgegneten sie nichts. Sie streckten die Waffen. Die Mutter ging voran, der Baron mit ihr. Hinter ihnen kam Edgar, aber nicht demütig wie ein Diener, sondern hart, streng und unerbittlich wie ein Wächter. Unsichtbar klirrte er mit der Kette, an der sie rüttelten und die nicht zu zersprengen war. Der Haß hatte seine kindische Kraft gestählt, er, der Unwissende, war stärker als sie beide, denen das Geheimnis die Hände band.

Die Lügner

Aber die Zeit drängte. Der Baron hatte nur mehr wenige Tage, und die wollten genützt sein. Widerstand gegen die Hartnäckigkeit des gereizten Kindes war, das fühlten sie, vergeblich, und so griffen sie zum letzten, zum schmählichsten Ausweg: zur Flucht, um nur für eine oder zwei Stunden seiner Tyrannei zu entgehen.

»Gib diese Briefe rekommandiert zur Post«, sagte die Mutter zu Edgar. Sie standen beide in der Hall, der Baron sprach draußen mit einem Fiaker.

Mißtrauisch übernahm Edgar die beiden Briefe. Er hatte bemerkt, daß früher ein Diener irgendeine Botschaft seiner Mutter übermittelt hatte. Bereiteten sie am Ende etwas gemeinsam gegen ihn vor?

Er zögerte. »Wo erwartest du mich?«

»Hier.«

»Bestimmt?«

»Ja.«

»Daß du aber nicht weggehst! Du wartest also hier in der Hall auf mich, bis ich zurückkomme?« Er sprach im Gefühl seiner Überlegenheit mit seiner Mutter schon befehlshaberisch. Seit vorgestern hatte sich viel verändert.

Dann ging er mit den beiden Briefen. An der Tür stieß er mit dem Baron zusammen. Er sprach ihn an, zum erstenmal seit zwei Tagen.

»Ich gebe nur die zwei Briefe auf. Meine Mama wartet auf mich, bis ich zurückkomme. Bitte gehen Sie nicht früher fort.«

Der Baron drückte sich rasch vorbei. »Ja, ja, wir warten schon.«

Edgar stürmte zum Postamt. Er mußte warten. Ein Herr vor ihm hatte ein Dutzend langweiliger Fragen. Endlich konnte er sich des Auftrags entledigen und rannte sofort mit den Aufgabescheinen zurück. Und kam eben zurecht, um zu sehen, wie seine Mutter und der Baron im Fiaker davonfuhren.

Er war starr vor Wut. Fast hätte er sich niedergebückt und ihnen einen

Stein nachgeschleudert. Sie waren ihm also doch entkommen, aber mit einer wie gemeinen, wie schurkischen Lüge! Daß seine Mutter log, wußte er seit gestern. Aber daß sie so schamlos sein konnte, ein offenes Versprechen zu mißachten, das zerriß ihm ein letztes Vertrauen. Er verstand das ganze Leben nicht mehr, seit er sah, daß die Worte, hinter denen er die Wirklichkeit vermutet hatte, nur farbige Blasen waren, die sich blähten und in nichts zersprangen. Aber was für ein furchtbares Geheimnis mußte das sein, das erwachsene Menschen so weit trieb, ihn, ein Kind, zu belügen, sich wegzustehlen wie Verbrecher? In den Büchern, die er gelesen hatte, mordeten und betrogen die Menschen, um Geld zu gewinnen oder Macht oder Königreiche. Was aber war hier die Ursache, was wollten diese beiden, warum versteckten sie sich vor ihm, was suchten sie unter hundert Lügen zu verhüllen? Er zermarterte sein Gehirn. Dunkel spürte er, daß dieses Geheimnis der Riegel der Kindheit sei, daß, es erobert zu haben, bedeutete, erwachsen zu sein, endlich, endlich ein Mann. Oh, es zu fassen! Aber er konnte nicht mehr klar denken. Die Wut, daß sie ihm entkommen waren, verbrannte und verqualmte ihm den klaren Blick.

Er lief hinaus in den Wald, gerade konnte er sich noch ins Dunkel retten, wo ihn niemand sah, und da brach es heraus, in einem Strom heißer Tränen. »Lügner, Hunde, Betrüger, Schurken« – er mußte diese Worte laut herausschreien, sonst wäre er erstickt. Die Wut, die Ungeduld, der Ärger, die Neugier, die Hilflosigkeit und der Verrat der letzten Tage, im kindischen Kampf, im Wahn seiner Erwachsenheit niedergehalten, sprengten jetzt die Brust und wurden Tränen. Es war das letzte Weinen seiner Kindheit, das letzte wildeste Weinen, zum letztenmal gab er sich weibisch hin an die Wollust der Tränen. Er weinte in dieser Stunde fassungsloser Wut alles aus sich heraus, Vertrauen, Liebe, Gläubigkeit, Respekt – seine ganze Kindheit.

Der Knabe, der dann zum Hotel zurückging, war ein anderer. Er war kühl und handelte vorbedacht. Zunächst ging er in sein Zimmer, wusch sorgfältig das Gesicht und die Augen, um den beiden nicht den Triumph zu gönnen, die Spuren seiner Tränen zu sehen. Dann bereitete er die Abrechnung vor. Und wartete geduldig ohne jede Unruhe.

Die Hall war recht gut besucht, als der Wagen mit den beiden Flüchtigen draußen wieder hielt. Ein paar Herren spielten Schach, andere lasen ihre Zeitung, die Damen plauderten. Unter ihnen hatte reglos, ein wenig blaß, mit zitternden Blicken das Kind gesessen. Als jetzt seine Mutter

und der Baron zur Türe hereinkamen, ein wenig geniert, ihn so plötzlich zu sehen, und schon die vorbereitete Ausrede stammeln wollten, trat er ihnen aufrecht und ruhig entgegen und sagte herausfordernd: »Herr Baron, ich möchte Ihnen etwas sagen.«
Dem Baron wurde es unbehaglich. Er kam sich irgendwie ertappt vor. »Ja, ja, später, gleich!«
Aber Edgar warf die Stimme hoch und sagte hell und scharf, daß alle rings es hören konnten: »Ich will aber jetzt mit Ihnen reden. Sie haben sich niederträchtig benommen. Sie haben mich angelogen. Sie wußten, daß meine Mama auf mich wartet, und sind ...«
»Edgar!« schrie die Mutter, die alle Blicke auf sich gerichtet sah, und stürzte gegen ihn los.
Aber das Kind kreischte jetzt, da es sah, daß sie seine Worte überschreien wollten, plötzlich gellend auf:
»Ich sage es Ihnen nochmals vor allen Leuten. Sie haben infam gelogen, und das ist gemein, das ist erbärmlich.«
Der Baron stand blaß, die Leute starrten auf, einige lächelten.
Die Mutter packte das vor Erregung zitternde Kind: »Komm sofort auf dein Zimmer oder ich prügle dich hier vor allen Leuten«, stammelte sie heiser.
Edgar aber stand schon wieder ruhig. Es tat ihm leid, so leidenschaftlich gewesen zu sein. Er war unzufrieden mit sich selbst, denn eigentlich wollte er ja den Baron kühl herausfordern; erst im letzten Augenblick war die Wut wilder gewesen als sein Wille. Ruhig, ohne Hast wandte er sich zur Treppe.
»Entschuldigen Sie, Herr Baron, seine Ungezogenheit. Sie wissen ja, er ist ein nervöses Kind«, stotterte sie noch, verwirrt von den ein wenig hämischen Blicken der Leute, die sie ringsum anstarrten. Nichts in der Welt war ihr fürchterlicher als Skandal, und sie wußte, daß sie nun Haltung bewahren mußte. Statt gleich die Flucht zu ergreifen, ging sie zuerst zum Portier, fragte nach Briefen und anderen gleichgültigen Dingen und rauschte dann hinauf, als ob nichts geschehen wäre. Aber hinter ihr wisperte ein leises Kielwasser von Zischeln und unterdrücktem Gelächter.
Unterwegs verlangsamte sich ihr Schritt. Sie war ernsten Situationen gegenüber immer hilflos und hatte eigentlich Angst vor dieser Auseinandersetzung. Daß sie schuldig war, konnte sie nicht leugnen, und dann: sie fürchtete sich vor dem Blick des Kindes, vor diesem neuen, fremden,

so merkwürdigen Blick, der sie lähmte und unsicher machte. Aus Furcht beschloß sie, es mit Milde zu versuchen. Denn bei einem Kampf war, das wußte sie, dieses gereizte Kind jetzt der Stärkere.
Leise klinkte sie die Türe auf. Der Bub saß da, ruhig und kühl. Die Augen, die er zu ihr aufhob, waren ganz ohne Angst, verrieten nicht einmal Neugierde. Er schien sehr sicher zu sein.
»Edgar«, begann sie möglichst mütterlich, »was ist dir eingefallen? Ich habe mich geschämt für dich. Wie kann man nur so ungezogen sein, schon gar als Kind zu einem Erwachsenen! Du wirst dich dann sofort beim Herrn Baron entschuldigen.«
Edgar schaute zum Fenster hinaus. Das »Nein« sagte er gleichsam zu den Bäumen gegenüber.
Seine Sicherheit begann sie zu befremden.
»Edgar, was geht denn vor mit dir? Du bist ja ganz anders als sonst? Ich kenne mich gar nicht mehr in dir aus. Du warst doch sonst immer ein kluges, artiges Kind, mit dem man alles besprechen konnte. Und auf einmal benimmst du dich so, als sei der Teufel in dich gefahren. Was hast du denn gegen den Baron? Du hast ihn doch sehr gern gehabt. Er war immer so lieb gegen dich.«
»Ja, weil er dich kennenlernen wollte.«
Ihr wurde unbehaglich. »Unsinn! Was fällt dir ein. Wie kannst du so etwas denken?«
Aber da fuhr das Kind auf.
»Ein Lügner ist er, ein falscher Mensch. Was er tut, ist Berechnung und Gemeinheit. Er hat dich kennenlernen wollen, deshalb war er freundlich zu mir und hat mir einen Hund versprochen. Ich weiß nicht, was er dir versprochen hat und warum er zu dir freundlich ist, aber auch von dir will er etwas, Mama, ganz bestimmt. Sonst wäre er nicht so höflich und freundlich. Er ist ein schlechter Mensch. Er lügt. Sieh dir ihn nur einmal an, wie falsch er immer schaut. Oh, ich hasse ihn, diesen erbärmlichen Lügner, diesen Schurken . . .«
»Aber Edgar, wie kann man so etwas sagen.« Sie war verwirrt und wußte nicht zu antworten. In ihr regte sich ein Gefühl, das dem Kind recht gab.
»Ja, er ist ein Schurke, das lasse ich mir nicht ausreden. Das mußt du selbst sehen. Warum hat er denn Angst vor mir? Warum versteckt er sich vor mir? Weil er weiß, daß ich ihn durchschaue, daß ich ihn kenne, diesen Schurken!«

»Wie kann man so etwas sagen, wie kann man so etwas sagen.« Ihr Gehirn war ausgetrocknet, nur die Lippen stammelten blutlos immer wieder die beiden Sätze. Sie begann jetzt plötzlich eine furchtbare Angst zu spüren und wußte eigentlich nicht, ob vor dem Baron oder vor dem Kinde.
Edgar sah, daß seine Mahnung Eindruck machte. Und es verlockte ihn, sie zu sich herüberzureißen, einen Genossen zu haben im Hasse, in der Feindschaft gegen ihn. Weich ging er auf seine Mutter zu, umfaßte sie, und seine Stimme wurde schmeichlerisch vor Erregung.
»Mama«, sagte er, »du mußt es doch selbst bemerkt haben, daß er nichts Gutes will. Er hat dich ganz anders gemacht. Du bist verändert und nicht ich. Er hat dich aufgehetzt gegen mich, nur um dich allein zu haben. Sicher will er dich betrügen. Ich weiß nicht, was er dir versprochen hat. Ich weiß nur, er wird es nicht halten. Du solltest dich hüten vor ihm. Wer einen belügt, belügt auch den andern. Er ist ein böser Mensch, dem man nicht trauen soll.«
Diese Stimme, weich und fast in Tränen, klang wie aus ihrem eigenen Herzen. In ihr war ohnehin schon ein Mißbehagen, das ihr dasselbe sagte: eindringlicher und eindringlicher. Aber sie schämte sich, dem eigenen Kinde recht zu geben. Und rettete sich, wie viele, aus der Verlegenheit eines überwältigenden Gefühls in die Rauheit des Ausdrucks. Sie reckte sich auf.
»Kinder verstehen so etwas nicht. Du hast in solche Sachen nicht dreinzureden. Du hast dich anständig zu benehmen. Das ist alles.«
Edgars Gesicht fror wieder kalt ein. »Wie du meinst«, sagte er hart, »ich habe dich gewarnt.«
»Also du willst dich nicht entschuldigen?«
»Nein.«
Sie standen sich schroff gegenüber. Sie fühlte, es ging um ihre Autorität.
»Dann wirst du hier oben speisen. Allein. Und nicht eher an unseren Tisch kommen, bis du dich entschuldigt hast. Ich werde dich noch Manieren lehren. Du wirst dich nicht vom Zimmer rühren, bis ich es dir erlaube. Hast du verstanden?«
Edgar lächelte. Dieses tückische Lächeln schien schon mit seinen Lippen verwachsen zu sein. Innerlich war er zornig gegen sich selbst. Wie töricht von ihm, daß er wieder einmal sein Herz hatte entlaufen lassen und sie, die Lügnerin, noch warnen wollte.

Die Mutter rauschte hinaus; ohne ihn noch einmal anzusehen. Sie fürchtete diese schneidenden Augen. Das Kind war ihr unbehaglich geworden, seit sie fühlte, daß es seine Augen offen hatte und ihr gerade das sagte, was sie nicht wissen und nicht hören wollte. Schreckhaft war es ihr, eine innere Stimme, ihr Gewissen, abgelöst von sich selber, als Kind verkleidet, als ihr eigenes Kind herumgehen und sie warnen, sie verhöhnen zu sehen. Bisher war dieses Kind neben ihrem Leben gewesen, ein Schmuck, ein Spielzeug, irgendein Liebes und Vertrautes, manchmal vielleicht eine Last, aber immer etwas, das in derselben Strömung, im gleichen Takt ihres Lebens lief. Zum erstenmal bäumte das sich heute auf und trotzte gegen ihren Willen. Etwas wie Haß mischte sich jetzt immer in die Erinnerung an ihr Kind.
Aber dennoch: jetzt, da sie die Treppe, ein wenig müde, niederstieg, klang die kindliche Stimme aus ihrer eigenen Brust. »Du solltest dich hüten vor ihm.« – Die Mahnung ließ sich nicht zum Schweigen bringen. Da glänzte ihr im Vorüberschreiten ein Spiegel entgegen, fragend blickte sie hinein, tiefer und immer tiefer, bis sich dort die Lippen leise lächelnd auftaten und sich rundeten wie zu einem gefährlichen Wort. Noch immer klang von innen die Stimme; aber sie warf die Achseln hoch, als schüttle sie all diese unsichtbaren Bedenken von sich herab, gab dem Spiegel einen hellen Blick, raffte das Kleid und ging hinab mit der entschlossenen Geste eines Spielers, der sein letztes Goldstück klingend über den Tisch rollen läßt.

Spuren im Mondlicht

Der Kellner, der Edgar das Essen in seinen Stubenarrest gebracht hatte, schloß die Türe. Hinter ihm knackte das Schloß. Das Kind fuhr wütend auf: das war offenbar im Auftrag seiner Mutter geschehen, daß man ihn einsperrte wie ein bösartiges Tier. Finster rang es sich aus ihm.
»Was geschieht nun da drunten, während ich hier eingeschlossen bin? Was mögen die beiden jetzt bereden? Geschieht am Ende jetzt dort das Geheime, und ich muß es versäumen? Oh, dieses Geheimnis, das ich immer und überall spüre, wenn ich unter Erwachsenen bin, vor dem sie die Türe zuschließen in der Nacht, das sie in leises Gespräch versenken, trete ich unversehens herein, dieses große Geheimnis, das mir jetzt seit Tagen nahe ist, hart vor den Händen, und das ich noch immer nicht

greifen kann! Was habe ich nicht schon getan, um es zu fassen! Ich habe Papa damals Bücher aus dem Schreibtisch gestohlen und sie gelesen, und alle diese merkwürdigen Dinge waren darin, nur daß ich sie nicht verstand. Es muß irgendwie ein Siegel daran sein, das erst abzulösen ist, um es zu finden, vielleicht in mir, vielleicht in den anderen. Ich habe das Dienstmädchen gefragt, sie gebeten, mir diese Stellen in den Büchern zu erklären, aber sie hat mich ausgelacht. Furchtbar, Kind zu sein, voll von Neugier, und doch niemand fragen zu dürfen, immer lächerlich zu sein vor diesen Großen, als ob man etwas Dummes und Nutzloses wäre. Aber ich werde es erfahren, ich fühle, ich werde es jetzt bald wissen. Ein Teil ist schon in meinen Händen, und ich will nicht früher ablassen, bis ich das Ganze besitze!«
Er horchte, ob jemand käme. Ein leichter Wind flog draußen durch die Bäume und brach den starren Spiegel des Mondlichtes zwischen dem Geäste in hundert schwanke Splitter.
»Es kann nichts Gutes sein, was die beiden vorhaben, sonst hätten sie nicht solche erbärmliche Lügen gesucht, um mich fortzukriegen. Gewiß, sie lachen jetzt über mich, die Verfluchten, daß sie mich endlich los sind, aber ich werde zuletzt lachen. Wie dumm von mir, mich hier einsperren zu lassen, statt an ihnen zu kleben und jede ihrer Bewegungen zu belauschen. Ich weiß, die Großen sind ja immer unvorsichtig, und auch sie werden sich verraten. Sie glauben immer von uns, daß wir noch ganz klein sind und abends immer schlafen, sie vergessen, daß man sich auch schlafend stellen kann und lauschen, daß man sich dumm geben kann und sehr klug sein. Jüngst, als meine Tante ein Kind bekam, haben sie es lange vorausgewußt und sich nur vor mir verwundert gestellt, als seien sie überrascht worden. Aber ich habe es auch gewußt, denn ich habe sie reden gehört, vor Wochen am Abend, als sie glaubten, ich schliefe. Und so werde ich auch diesmal sie überraschen, diese Niederträchtigen. Oh, wenn ich durch die Türe spähen könnte, sie heimlich jetzt beobachten, während sie sich sicher wähnen. Sollte ich nicht vielleicht jetzt läuten. Dann käme das Mädchen, sperrte die Tür auf und fragte, was ich wollte. Oder ich könnte poltern, könnte Geschirr zerschlagen, dann sperrte man auch auf. Und in dieser Sekunde könnte ich hinausschlüpfen und sie belauschen. Aber nein, das will ich nicht. Niemand soll sehen, wie niederträchtig sie mich behandeln. Ich bin zu stolz dazu. Morgen will ich es ihnen schon heimzahlen.«
Unten lachte eine Frauenstimme. Edgar schrak zusammen: das könnte

seine Mutter sein. Die hatte ja Grund zu lachen, ihn zu verhöhnen, den Kleinen, Hilflosen, hinter dem man den Schlüssel abdrehte, wenn er lästig war, den man in den Winkel warf wie ein Bündel nasser Kleider. Vorsichtig beugte er sich zum Fenster hinaus. Nein, sie war es nicht, sondern fremde übermütige Mädchen, die einen Burschen neckten.
Da, in dieser Minute bemerkte er, wie wenig hoch sich eigentlich sein Fenster über die Erde erhob. Und schon, kaum daß ers merkte, war der Gedanke da: hinausspringen, jetzt, da sie sich ganz sicher wähnten, sie belauschen. Er fieberte vor Freude über seinen Entschluß. Ihm war, als hielte er damit das große, das funkelnde Geheimnis der Kindheit in den Händen. »Hinaus, hinaus«, zitterte es in ihm. Gefahr war keine. Menschen gingen nicht vorüber, und schon sprang er. Es gab ein leises Geräusch von knirschendem Kies, das keiner vernahm.
In diesen zwei Tagen war ihm das Beschleichen, das Lauern zur Lust seines Lebens geworden. Und Wollust fühlte er jetzt gemengt mit einem leisen Schauer von Angst, als er auf ganz leisen Sohlen um das Hotel schlich, sorgsam den stark ausstrahlenden Widerschein der Lichter vermeidend. Zunächst blickte er, die Wange vorsichtig an die Scheiben pressend, in den Speisesaal. Ihr gewohnter Platz war leer. Er spähte dann weiter, von Fenster zu Fenster. Ins Hotel selbst wagte er sich nicht hinein aus Furcht, er könnte ihnen zwischen den Gängen unversehens in den Weg laufen. Nirgends waren sie zu finden. Schon wollte er verzweifeln, da sah er zwei Schatten aus der Türe vorfallen und – er zuckte zurück und duckte sich in das Dunkel – seine Mutter mit ihrem nun unvermeidlichen Begleiter heraustreten. Er war also gerade zurecht gekommen. Was sprachen sie? Er konnte es nicht verstehen. Sie redeten leise, und der Wind rumorte zu unruhig in den Bäumen. Jetzt aber zog deutlich ein Lachen vorüber, die Stimme seiner Mutter. Es war ein Lachen, das er an ihr gar nicht kannte, ein seltsam scharfes, wie gekitzeltes, gereiztes, nervöses Lachen, das ihn fremd anmutete und vor dem er erschrak. Sie lachte. Also konnte es nichts Gefährliches sein, nicht etwas ganz Großes und Gewaltiges, das man vor ihm verbarg. Edgar war ein wenig enttäuscht.
Aber warum verließen sie das Hotel? Wohin gingen sie jetzt allein in der Nacht? Hoch oben mußten mit riesigen Flügeln Winde dahinstreifen, denn der Himmel, eben noch rein und mondklar, wurde jetzt dunkel. Schwarze Tücher, von unsichtbaren Händen geworfen, wickelten manchmal den Mond ein, und die Nacht wurde dann so undurchdring-

lich, daß man kaum den Weg sehen konnte, um bald wieder hell zu glänzen, wenn sich der Mond befreite. Silber floß kühl über die Landschaft. Geheimnisvoll war dieses Spiel zwischen Licht und Schatten und aufreizend wie das Spiel einer Frau mit Blöße und Verhüllungen. Gerade jetzt entkleidete die Landschaft wieder ihren blanken Leib: Edgar sah schräg über dem Weg die wandelnden Silhouetten oder vielmehr die eine, denn so aneinander gepreßt gingen sie, als drängte sie eine innere Furcht zusammen. Aber wohin gingen sie jetzt, die beiden? Die Föhren ächzten, es atmete eine unheimliche Geschäftigkeit im Wald, als wühle die wilde Jagd darin. »Ich folge ihnen«, dachte Edgar, »sie können meinen Schritt nicht hören in diesem Aufruhr von Wind und Wald.« Und er sprang, indes die unten auf der breiten, hellen Straße gingen, oben im Gehölz von einem Baum zum anderen leise weiter, von Schatten zu Schatten. Er folgte ihnen zäh und unerbittlich, segnete den Wind, der seine Schritte unhörbar machte, und verfluchte ihn, weil er ihm immer die Worte von drüben wegtrug. Wenn er nur einmal ihr Gespräch hätte hören können, war er sicher, das Geheimnis zu halten.
Die beiden unten gingen ahnungslos. Sie fühlten sich selig allein in dieser weiten, verwirrten Nacht und verloren sich in ihrer wachsenden Erregung. Keine Ahnung warnte sie, daß oben im vielverzweigten Dunkel jedem ihrer Schritte gefolgt wurde und zwei Augen sie mit der ganzen Kraft von Haß und Neugier umkrallt hielten.
Plötzlich blieben sie stehen. Auch Edgar hielt sofort inne und preßte sich enge an einen Baum. Ihn befiel eine stürmische Angst. Wie, wenn sie jetzt umkehrten und vor ihm das Hotel erreichten, wenn er sich nicht retten konnte in sein Zimmer und die Mutter es leer fand? Dann war alles verloren, dann wußten sie, daß er sie heimlich belauerte, und er durfte nie mehr hoffen, ihnen das Geheimnis zu entreißen. Aber die beiden zögerten, offenbar in einer Meinungsverschiedenheit. Glücklicherweise war Mondlicht, und er konnte alles deutlich sehen. Der Baron deutete auf einen dunklen, schmalen Seitenweg, der in das Tal hinabführte, wo das Mondlicht nicht wie hier auf der Straße einen weiten, vollen Strom rauschte, sondern nur in Tropfen und seltsamen Strahlen durchs Dickicht sickerte. »Warum will er dort hinab?« zuckte es in Edgar. Seine Mutter schien »nein« zu sagen, er aber, der andere, sprach ihr zu. Edgar konnte an der Art seiner Gestikulation merken, wie eindringlich er sprach. Angst befiel das Kind. Was wollte dieser Mensch von seiner Mutter? Warum versuchte er, dieser Schurke, sie ins Dunkel

zu schleppen? Aus seinen Büchern, die für ihn die Welt waren, kamen plötzlich lebendige Erinnerungen von Mord und Entführung, von finsteren Verbrechen. Sicherlich, er wollte sie ermorden, und dazu hatte er ihn weggehalten, sie einsam hierher gelockt. Sollte er um Hilfe schreien? Mörder! Der Ruf saß ihm schon ganz oben in der Kehle, aber die Lippen waren vertrocknet und brachten keinen Laut heraus. Seine Nerven spannten sich vor Aufregung, kaum konnte er sich gerade halten, erschreckt vor Angst griff er nach einem Halt – da knackte ihm ein Zweig unter den Händen.

Die beiden wandten sich erschreckt um und starrten ins Dunkel. Edgar blieb stumm an den Baum gelehnt mit angepreßten Armen, den kleinen Körper tief in den Schatten geduckt. Es blieb Totenstille. Aber doch, sie schienen erschreckt. »Kehren wir um«, hörte er seine Mutter sagen. Es klang geängstigt von ihren Lippen. Der Baron, offenbar selbst beunruhigt, willigte ein. Die beiden gingen langsam und eng aneinandergeschmiegt zurück. Ihre innere Befangenheit war Edgars Glück. Auf allen vieren, ganz unten im Holz, kroch er, die Hände sich blutig reißend, bis zur Wendung des Waldes, von dort lief er mit aller Geschwindigkeit, daß ihm der Atem stockte, bis zum Hotel und da mit ein paar Sprüngen hinauf. Der Schlüssel, der ihn eingesperrt hatte, steckte glücklicherweise von außen, er drehte ihn um, stürzte ins Zimmer und schon hin aufs Bett. Ein paar Minuten mußte er rasten, denn das Herz schlug ungestüm an seine Brust wie ein Klöppel an die klingende Glockenwand.

Dann wagte er sich auf, lehnte am Fenster und wartete, bis sie kamen. Es dauerte lange. Sie mußten sehr, sehr langsam gegangen sein. Vorsichtig spähte er aus dem umschatteten Rahmen. Jetzt kamen sie langsam daher, Mondlicht auf den Kleidern. Gespensterhaft sahen sie aus in diesem grünen Licht, und wieder überfiel ihn das süße Grauen, ob das wirklich ein Mörder sei und welch furchtbares Geschehen er durch seine Gegenwart verhindert hatte. Deutlich sah er in die kreidehellen Gesichter. In dem seiner Mutter war ein Ausdruck von Verzücktheit, den er an ihr nicht kannte, er hingegen schien hart und verdrossen. Offenbar, weil ihm seine Absicht mißlungen war.

Ganz nahe waren sie schon. Erst knapp vor dem Hotel lösten sich ihre Gestalten voneinander. Ob sie hinaufsehen würden? Nein, keiner blickte hinauf. »Sie haben mich vergessen«, dachte der Knabe mit einem wilden Ingrimm, mit einem heimlichen Triumph, »aber ich nicht euch. Ihr denkt wohl, daß ich schlafe oder nicht auf der Welt bin, aber ihr sollt

eueren Irrtum sehen. Jeden Schritt will ich euch überwachen, bis ich ihm, dem Schurken, das Geheimnis entrissen habe, das furchtbare, das mich nicht schlafen läßt. Ich werde euer Bündnis schon zerreißen. Ich schlafe nicht.«
Langsam traten die beiden in die Türe. Und als sie jetzt, einer hinter dem anderen, hineingingen, umschlangen sich wieder für eine Sekunde die fallenden Silhouetten, als einziger schwarzer Streif schwand ihr Schatten in die erhellte Tür. Dann lag der Platz im Mondlicht wieder blank vor dem Hause wie eine weite Wiese voll Schnee.

Der Überfall

Edgar trat atmend zurück vom Fenster. Das Grauen schüttelte ihn. Noch nie war er in seinem Leben ähnlich Geheimnisvollem so nah gewesen. Die Welt der Aufregungen, der spannenden Abenteuer, jene Welt von Mord und Betrug aus seinen Büchern war in seiner Anschauung immer dort gültig, wo die Märchen waren, hart hinter den Träumen, im Unwirklichen und Unerreichbaren. Jetzt auf einmal aber schien er mitten hineingeraten in diese grauenhafte Welt, und sein ganzes Wesen wurde fieberhaft geschüttelt durch diese heiße Berührung. Wer war dieser Mensch, der geheimnisvolle, der plötzlich in ihr ruhiges Leben getreten war? War er wirklich ein Mörder, daß er immer das Entlegene suchte und seine Mutter dahinschleppen wollte, wo es dunkel war? Furchtbares schien bevorzustehen. Er wußte nicht, was tun. Morgen, das war sicher, wollte er dem Vater schreiben oder telegraphieren. Aber konnte das Böse, das Furchtbare, das Rätselhafte nicht noch jetzt geschehen, heute abend? Noch war ja seine Mutter nicht in ihrem Zimmer, noch war sie mit diesem verhaßten fremden Menschen.
Zwischen der inneren Tür und der äußeren leicht beweglichen Tapetentür war ein schmaler Zwischenraum, nicht größer als das Innere eines Kleiderschrankes. Dort in diese Handbreit Dunkel preßte er sich hinein, um auf ihre Schritte im Gang zu lauern. Denn nicht einen Augenblick, so hatte er beschlossen, wollte er sie allein lassen. Der Gang lag jetzt um Mitternacht leer, matt nur beleuchtet von einer einzelnen Flamme.
Endlich – die Minuten dehnten sich ihm fürchterlich – hörte er behutsame Schritte heraufkommen. Er horchte angestrengt. Es war nicht ein rasches Losschreiten, wie wenn jemand gerade in sein Zimmer

will, sondern schleifende, zögernde, sehr verlangsamte Schritte, wie einen unendlich schweren und steilen Weg empor. Dazwischen immer wieder Geflüster und ein Innehalten. Edgar zitterte vor Erregung. Waren es am Ende die beiden, blieb er noch immer mit ihr? Das Flüstern war zu entfernt. Aber die Schritte, wenn auch noch zögernd, kamen immer näher. Und jetzt hörte er auf einmal die verhaßte Stimme des Barons leise und heiser etwas sagen, das er nicht verstand, und dann gleich die seiner Mutter in rascher Abwehr: »Nein, nicht heute! Nein.«

Edgar zitterte, sie kamen näher, und er mußte alles hören. Jeder Schritt gegen ihn zu tat ihm, so leise er auch war, weh in der Brust. Und die Stimme, wie häßlich schien sie ihm, diese gierig werbende, widerliche Stimme des Verhaßten!

»Seien Sie nicht so grausam. Sie waren so schön heute abend.«

Und die andere wieder: »Nein, ich darf nicht, ich kann nicht, lassen Sie mich los.«

Es war so viel Angst in der Stimme seiner Mutter, daß das Kind erschrak. Was will er denn noch von ihr? Warum fürchtet sie sich? Sie sind immer näher gekommen und müssen jetzt schon ganz vor seiner Tür sein. Knapp hinter ihnen steht er, zitternd und unsichtbar, eine Hand weit, geschützt nur durch die dünne Scheibe Tuch. Die Stimmen sind jetzt atemnah.

»Kommen Sie, Mathilde, kommen Sie!« Wieder hörte er seine Mutter stöhnen, schwächer jetzt, in erlahmendem Widerstand.

Aber was ist dies? Sie sind ja weiter gegangen im Dunkeln. Seine Mutter ist nicht in ihr Zimmer, sondern daran vorbeigegangen! Wohin schleppt er sie? Warum spricht sie nicht mehr? Hat er ihr einen Knebel in den Mund gestopft, preßt er ihr die Kehle zu?

Die Gedanken machen ihn wild. Mit zitternder Hand stößt er die Türe eine Spannweite auf. Jetzt sieht er im dunkelnden Gang die beiden. Der Baron hat seiner Mutter den Arm um die Hüfte geschlungen und führt sie, die schon nachzugeben scheint, leise fort. Jetzt macht er halt vor seinem Zimmer. »Er will sie wegschleppen«, erschrickt das Kind, »jetzt will er das Furchtbare tun.«

Ein wilder Ruck, er schlägt die Türe zu und stürzt hinaus, den beiden nach. Seine Mutter schreit auf, als jetzt da aus dem Dunkel plötzlich etwas auf sie losstürzt, scheint in eine Ohnmacht gesunken, vom Baron nur mühsam gehalten. Der aber fühlt in dieser Sekunde eine kleine,

schwache Faust in seinem Gesicht, die ihm die Lippe hart an die Zähne schlägt, etwas, das sich katzenhaft an seinen Körper krallt. Er läßt die Erschreckte los, die rasch entflieht, und schlägt blind, ehe er noch weiß, gegen wen er sich wehrt, mit der Faust zurück.
Das Kind weiß, daß es der Schwächere ist, aber es gibt nicht nach. Endlich, endlich ist der Augenblick da, der lang ersehnte, all die verratene Liebe, den aufgestapelten Haß leidenschaftlich zu entladen. Er hämmerte mit seinen kleinen Fäusten blind darauflos, die Lippen verbissen in einer fiebrigen, sinnlosen Gereiztheit. Auch der Baron hat ihn jetzt erkannt, auch er steckt voll Haß gegen diesen heimlichen Spion, der ihm die letzten Tage vergällte und das Spiel verdarb; er schlägt derb zurück, wohin es eben trifft. Edgar stöhnt auf, läßt aber nicht los und schreit nicht um Hilfe. Sie ringen eine Minute stumm und verbissen in dem mitternächtigen Gang. Allmählich wird dem Baron das Lächerliche seines Kampfes mit einem halbwüchsigen Buben bewußt, er packt ihn fest an, um ihn wegzuschleudern. Aber das Kind, als es jetzt seine Muskeln nachlassen spürt und weiß, daß es in der nächsten Sekunde der Besiegte, der Geprügelte sein wird, schnappt in wilder Wut nach dieser starken, festen Hand, die ihn im Nacken fassen will. Unwillkürlich stößt der Gebissene einen dumpfen Schrei aus und läßt los – eine Sekunde, die das Kind benützt, um in sein Zimmer zu flüchten und den Riegel vorzuschieben.
Eine Minute nur hat dieser mitternächtige Kampf gedauert. Niemand rechts und links hat ihn gehört. Alles ist still, alles scheint in Schlaf ertrunken. Der Baron wischt sich die blutende Hand mit dem Taschentuch, späht beunruhigt in das Dunkel. Niemand hat gelauscht. Nur oben flimmert – ihm dünkt: höhnisch – ein letztes unruhiges Licht.

Gewitter

»War das Traum, ein böser, gefährlicher Traum?« fragte sich Edgar am nächsten Morgen, als er mit versträhntem Haar aus einer Wirrnis von Angst erwachte. Den Kopf quälte dumpfes Dröhnen, die Gelenke ein erstarrtes, hölzernes Gefühl, und jetzt, als er an sich hinabsah, merkte er erschreckt, daß er noch in den Kleidern stak. Er sprang auf, taumelte an den Spiegel und schauerte zurück vor seinem eigenen blassen, verzerrten Gesicht, das über der Stirne zu einem rötlichen Striemen verschwol-

len war. Mühsam raffte er seine Gedanken zusammen und erinnerte sich jetzt beängstigt an alles, an den nächtigen Kampf draußen im Gang, sein Zurückstürzen ins Zimmer, und daß er dann, zitternd im Fieber, angezogen und fluchtbereit sich auf das Bett geworfen habe. Dort mußte er eingeschlafen sein, hinabgestürzt in diesen dumpfen, verhangenen Schlaf, in dessen Träumen dann all dies noch einmal wiedergekehrt war, nur anders und noch furchtbarer, mit einem feuchten Geruch von frischem, fließendem Blut.
Unten gingen Schritte knirschend über den Kies, Stimmen flogen wie unsichtbare Vögel herauf, und die Sonne griff tief ins Zimmer hinein. Es mußte schon spät am Vormittag sein, aber die Uhr, die er erschreckt befragte, deutete auf Mitternacht, er hatte in seiner Aufregung gestern vergessen, sie aufzuziehen. Und diese Ungewißheit, irgendwo lose in der Zeit zu hängen, beunruhigte ihn, verstärkt durch das Gefühl der Unkenntnis, was eigentlich geschehen war. Er richtete sich rasch zusammen und ging hinab, Unruhe und ein leises Schuldgefühl im Herzen.
Im Frühstückszimmer saß seine Mama allein am gewohnten Tisch. Edgar atmete auf, daß sein Feind nicht zugegen war, daß er sein verhaßtes Gesicht nicht sehen mußte, in das er gestern im Zorn seine Faust geschlagen hatte. Und doch, als er nun an den Tisch herantrat, fühlte er sich unsicher.
»Guten Morgen«, grüßte er.
Seine Mutter antwortete nicht. Sie blickte nicht einmal auf, sondern betrachtete mit merkwürdig starren Pupillen in der Ferne die Landschaft. Sie sah sehr blaß aus, hatte die Augen leicht umrändert und um die Nasenflügel jenes nervöse Zucken, das so verräterisch für ihre Erregung war. Edgar verbiß die Lippen. Dieses Schweigen verwirrte ihn. Er wußte eigentlich nicht, ob er den Baron gestern schwer verletzt hatte und ob sie überhaupt um diesen nächtigen Zusammenstoß wissen konnte. Und diese Unsicherheit quälte ihn. Aber ihr Gesicht blieb so starr, daß er gar nicht versuchte, zu ihr aufzublicken, aus Angst, die jetzt gesenkten Augen könnten plötzlich hinter den verhangenen Lidern aufspringen und ihn fassen. Er wurde ganz still, wagte nicht einmal, Lärm zu machen, ganz vorsichtig hob er die Tasse und stellte sie wieder zurück, verstohlen hinblickend auf die Finger seiner Mutter, die sehr nervös mit dem Löffel spielten und in ihrer Gekrümmtheit geheimen Zorn zu verraten schienen. Eine Viertelstunde saß er so in dem

erdrosselnden Gefühl der Erwartung, auf etwas, das nicht kam. Kein Wort, kein einziges erlöste ihn. Und jetzt, da seine Mutter aufstand, noch immer, ohne seine Gegenwart bemerkt zu haben, wußte er nicht, was er tun sollte: allein hier beim Tisch sitzen bleiben oder ihr folgen. Schließlich erhob er sich doch, ging demütig hinter ihr her, die ihn geflissentlich übersah, und spürte dabei immer, wie lächerlich sein Nachschleichen war. Immer kleiner machte er seine Schritte, um mehr und mehr hinter ihr zurückzubleiben, die, ohne ihn zu beachten, in ihr Zimmer ging. Als Edgar endlich nachkam, stand er vor einer hart geschlossenen Türe.

Was war geschehen? Er kannte sich nicht mehr aus. Das sichere Bewußtsein von gestern hatte ihn verlassen. War er am Ende gestern im Unrecht gewesen mit diesem Überfall? Und bereiteten sie gegen ihn eine Strafe vor oder eine neue Demütigung? Etwas mußte geschehen, das fühlte er, etwas Furchtbares mußte sehr bald geschehen. Zwischen ihnen war die Schwüle eines aufziehenden Gewitters, die elektrische Spannung zweier geladener Pole, die sich im Blitz erlösen mußte. Und diese Last des Vorgefühls schleppte er durch vier einsame Stunden mit sich herum, von Zimmer zu Zimmer, bis sein schmaler Kindernacken niederbrach von unsichtbarem Gewicht und er mittags, nun schon ganz demütig, an den Tisch trat.

»Guten Tag«, sagte er wieder. Er mußte dieses Schweigen zerreißen, dieses furchtbar drohende, das über ihm als schwarze Wolke hing.

Wieder antwortete die Mutter nicht, wieder sah sie an ihm vorbei. Und mit neuem Erschrecken fühlte sich Edgar jetzt einem besonnenen, geballten Zorn gegenüber, wie er ihn bisher in seinem Leben noch nicht gekannt hatte. Bisher waren ihre Streitigkeiten immer nur Wutausbrüche mehr der Nerven als des Gefühls gewesen, rasch verflüchtigt in ein Lächeln der Begütigung. Diesmal aber hatte er, das spürte er, ein wildes Gefühl aus dem untersten Grund ihres Wesens aufgewühlt und erschrak vor dieser unvorsichtig beschworenen Gewalt. Kaum vermochte er zu essen. In seiner Kehle quoll etwas Trockenes auf, das ihn zu erwürgen drohte. Seine Mutter schien von alldem nichts zu merken. Nur jetzt, beim Aufstehen, wandte sie sich wie gelegentlich zurück und sagte:

»Komm dann hinauf, Edgar, ich habe mit dir zu reden.«

Es klang nicht drohend, aber doch so eisig kalt, daß Edgar die Worte schauernd fühlte, als hätte man ihm eine eiserne Kette plötzlich um den

Hals gelegt. Sein Trotz war zertreten. Schweigend wie ein geprügelter Hund folgte er ihr hinauf in das Zimmer.
Sie verlängerte ihm die Qual, indem sie einige Minuten schwieg. Minuten, in denen er die Uhr schlagen hörte und draußen ein Kind lachen und in sich selbst das Herz an die Brust hämmern. Aber auch in ihr mußte eine große Unsicherheit sein, denn sie sah ihn nicht an, während sie jetzt zu ihm sprach, sondern wandte ihm den Rücken.
»Ich will nicht mehr über dein Betragen von gestern reden. Es war unerhört, und ich schäme mich jetzt, wenn ich daran denke. Du hast dir die Folgen selber zuzuschreiben. Ich will dir jetzt nur sagen, es war das letzte Mal, daß du allein unter Erwachsenen sein durftest. Ich habe eben an deinen Papa geschrieben, daß du einen Hofmeister bekommst oder in ein Pensionat geschickt wirst, um Manieren zu lernen. Ich werde mich nicht mehr mit dir ärgern.«
Edgar stand mit gesenktem Kopf da. Er spürte, daß dies nur eine Einleitung, eine Drohung war, und wartete beunruhigt auf das Eigentliche.
»Du wirst dich jetzt sofort beim Baron entschuldigen.«
Edgar zuckte auf, aber sie ließ sich nicht unterbrechen.
»Der Baron ist heute abgereist, und du wirst ihm einen Brief schreiben, den ich dir diktieren werde.«
Edgar rührte sich wieder, aber seine Mutter war fest.
»Keine Widerrede. Da ist Papier und Tinte, setze dich hin.«
Edgar sah auf. Ihre Augen waren gehärtet von einem unbeugsamen Entschluß. So hatte er seine Mutter nie gekannt, so hart und gelassen. Furcht überkam ihn. Er setzte sich hin, nahm die Feder, duckte aber das Gesicht tief auf den Tisch.
»Oben das Datum. Hast du? Vor der Überschrift eine Zeile leer lassen! So. Sehr geehrter Herr Baron! Rufzeichen. Wieder eine Zeile freilassen. Ich erfahre soeben zu meinem Bedauern – hast du? – zu meinem Bedauern, daß Sie den Semmering schon verlassen haben – Semmering mit zwei m – und so muß ich brieflich tun, was ich persönlich beabsichtigt hatte, nämlich – etwas rascher, es muß nicht kalligraphiert sein! – Sie um Entschuldigung bitten für mein gestriges Betragen. Wie Ihnen meine Mama gesagt haben wird, bin ich noch Rekonvaleszent nach einer schweren Erkrankung und sehr reizbar. Ich sehe dann oft Dinge, die übertrieben sind und die ich im nächsten Augenblick bereue ...«

Der gekrümmte Rücken über dem Tisch schnellte auf. Edgar drehte sich um: sein Trotz war wieder wach.
»Das schreibe ich nicht, das ist nicht wahr!«
»Edgar!«
Sie drohte mit der Stimme.
»Es ist nicht wahr. Ich habe nichts getan, was ich zu bereuen habe. Ich habe nichts Schlechtes getan, weswegen ich mich zu entschuldigen hätte. Ich bin dir nur zu Hilfe gekommen, als du gerufen hast!«
Ihre Lippen wurden blutlos, die Nasenflügel spannten sich.
»Ich habe um Hilfe gerufen? Du bist toll!«
Edgar wurde zornig. Mit einem Ruck sprang er auf.
»Ja, du hast um Hilfe gerufen, da draußen im Gang, gestern nacht, als er dich angefaßt hat. ›Lassen Sie mich, lassen Sie mich‹, hast du gerufen. So laut, daß ichs bis ins Zimmer hinein gehört habe.«
»Du lügst, ich war nie mit dem Baron im Gang hier. Er hat mich nur bis zur Treppe begleitet ...«
In Edgar stockte das Herz bei dieser kühnen Lüge. Die Stimme verschlug sich ihm, er starrte sie an mit gläsernen Augensternen.
»Du ... warst nicht ... im Gang? Und er ... er hat dich nicht gehalten? Nicht mit Gewalt umfaßt?«
Sie lachte. Ein kaltes, trockenes Lachen.
»Du hast geträumt.«
Das war zuviel für das Kind. Er wußte jetzt ja schon, daß die Erwachsenen logen, daß sie kleine, kecke Ausreden hatten, Lügen, die durch enge Maschen schlüpften, und listige Zweideutigkeiten. Aber dies freche, kalte Ableugnen, Stirn gegen Stirn, machte ihn rasend.
»Und da diese Striemen habe ich auch geträumt?«
»Wer weiß, mit wem du dich herumgeschlagen hast. Aber ich brauche ja mit dir keine Diskussion zu führen, du hast zu parieren, und damit Schluß. Setze dich hin und schreib!«
Sie war sehr blaß und suchte mit letzter Kraft ihre Anspannung aufrecht zu halten.
Aber in Edgar brach irgendwie etwas jetzt zusammen, irgendeine letzte Flamme von Gläubigkeit. Daß man die Wahrheit so einfach mit dem Fuß ausstampfen konnte wie ein brennendes Zündholz, das ging ihm nicht ein. Eisig zogs sich in ihm zusammen, alles wurde spitz, boshaft, ungefaßt, was er sagte:
»So, das habe ich geträumt? Das im Gang und den Striemen da? Und daß

ihr beide gestern dort im Mondschein promeniert seid und daß er dich den Weg hinabführen wollte, das vielleicht auch? Glaubst du, ich lasse mich einsperren im Zimmer wie ein kleines Kind! Nein, ich bin nicht so dumm, wie ihr glaubt. Ich weiß, was ich weiß.«
Frech starrte er ihr in das Gesicht, und das brach ihre Kraft: das Gesicht ihres eigenen Kindes zu sehen, knapp vor sich und verzerrt von Haß. Ungestüm brach ihr Zorn heraus.
»Vorwärts, du wirst sofort schreiben! Oder ...«
»Oder was ...?« Herausfordernd frech war jetzt seine Stimme geworden.
»Oder ich prügle dich wie ein kleines Kind.«
Edgar trat einen Schritt näher, höhnisch und lachte nur.
Da fuhr ihm schon ihre Hand ins Gesicht. Edgar schrie auf. Und wie ein Ertrinkender, der mit den Händen um sich schlägt, nur ein dumpfes Brausen in den Ohren, rotes Flirren vor den Augen, so hieb er blind mit den Fäusten zurück. Er spürte, daß er in etwas Weiches schlug, jetzt gegen das Gesicht, hörte einen Schrei ...
Dieser Schrei brachte ihn zu sich. Plötzlich sah er sich selbst, und das Ungeheure wurde ihm bewußt: daß er seine Mutter schlug. Jähe Angst überfiel ihn, Scham und Entsetzen, das ungestüme Bedürfnis, jetzt weg zu sein, in den Boden zu sinken, fort zu sein, fort, nur nicht mehr unter diesen Blicken. Er stürzte zur Türe und die Treppe rasch hinab, durch das Haus auf die Straße, fort, nur fort, als hetze hinter ihm eine rasende Meute.

Erste Einsicht

Weiter unten am Weg blieb er endlich stehen. Er mußte sich an einem Baum festhalten, so sehr zitterten seine Glieder in Angst und Erregung, so röchelnd brach ihm der Atem aus der überhetzten Brust. Hinter ihm war das Grauen vor der eigenen Tat gerannt, nun faßte es seine Kehle und schüttelte ihn wie im Fieber hin und her. Was sollte er jetzt tun? Wohin fliehen? Denn hier schon, mitten im nahen Wald, eine Viertelstunde nur vom Haus, wo er wohnte, befiel ihn das Gefühl der Verlassenheit. Alles schien anders, feindlicher, gehässiger, seit er allein und ohne Hilfe war. Die Bäume, die gestern ihn noch brüderlich umrauscht hatten, ballten sich mit einem Male finster wie eine Drohung. Um wieviel aber mußte all dies, was noch vor ihm war, fremder und unbekannter sein? Dieses Alleinsein gegen die große, unbekannte Welt machte das Kind schwindlig. Nein, er konnte es noch nicht ertragen, noch nicht allein ertragen. Aber zu wem sollte er fliehen? Vor seinem Vater hatte er Angst, der war leicht erregbar, unzugänglich und würde ihn sofort zurückschicken. Zurück aber wollte er nicht, eher noch in die gefährliche Fremdheit des Unbekannten hinein; ihm war, als könnte er nie mehr das Gesicht seiner Mutter sehen, ohne zu denken, daß er mit der Faust hineingeschlagen hatte.

Da fiel ihm seine Großmutter ein, diese alte, gute, freundliche Frau, die ihn von Kindheit an verzärtelt hatte, immer sein Schutz gewesen war, wenn ihm zu Hause eine Züchtigung, ein Unrecht drohte. Bei ihr in Baden wollte er sich verstecken, bis der erste Zorn vorüber war, und dann von dort einen Brief an die Eltern schreiben und sich entschuldigen. In dieser Viertelstunde war er schon so gedemütigt, bloß durch den Gedanken, allein mit seinen unerfahrenen Händen in der Welt zu stehen, daß er seinen Stolz verwünschte, diesen dummen Stolz, den ihm ein fremder Mensch mit einer Lüge ins Blut gejagt hatte. Er wollte ja nichts sein als das Kind von vordem, gehorsam, geduldig, ohne die Anmaßung, deren lächerliche Übertriebenheit er jetzt fühlte.

Aber wie hinkommen nach Baden? Wie stundenweit das Land überfliegen? Hastig griff er in sein kleines, ledernes Portemonnaie, das er immer bei sich trug. Gott sei Dank, da blinkte es noch, das neue, goldene Zwanzigkronenstück, das ihm zum Geburtstag geschenkt worden war. Nie hatte er sich entschließen können, es auszugeben. Aber fast täglich hatte er nachgesehen, ob es noch da sei, sich an seinem Anblick geweidet, daran reich gefühlt und dann immer die Münze in dankbarer Zärtlichkeit mit seinem Taschentuch blank geputzt, bis sie funkelte wie eine kleine Sonne. Aber – der jähe Gedanke erschreckte ihn – würde das genügen? Er war oft schon in seinem Leben mit der Bahn gefahren, aber doch immer, ohne daran zu denken, daß man dafür bezahlen mußte, oder schon gar, wieviel das kosten könnte, ob eine Krone oder hundert. Zum erstenmal spürte er, daß es da Tatsachen des Lebens gab, an die er nie gedacht hatte, daß all die vielen Dinge, die ihn umringten, irgendwie mit einem eigenen Wert gefüllt waren, einem besonderen Gewicht. Er, der sich noch vor einer Stunde allwissend dünkte, war, das spürte er jetzt, an tausend Geheimnissen und Fragen achtlos vorbeigegangen und schämte sich, daß seine arme Weisheit schon über die erste Stufe ins Leben hinein stolperte. Immer verzagter wurde er, immer kleiner sein unsicherer

Schritt bis hinab zur Station. Wie oft hatte er geträumt von dieser Flucht, gedacht, ins Leben hinauszustürmen, Kaiser zu werden oder König, Soldat oder Dichter, und nun sah er zaghaft auf das kleine helle Haus hin und dachte nur einzig daran, ob die zwanzig Kronen ausreichen würden, ihn bis zu seiner Großmutter zu bringen.
Die Schienen glänzten weit ins Land hinaus, der Bahnhof war leer und verlassen. Schüchtern schlich sich Edgar an die Kasse hin und flüsterte, damit niemand anderer ihn hören könne, wieviel eine Karte nach Baden koste. Ein verwundertes Gesicht sah hinter dem dunklen Verschlag heraus, zwei Augen lächelten hinter den Brillen auf das zaghafte Kind.
»Eine ganze Karte?«
»Ja«, stammelte Edgar. Aber ganz ohne Stolz, mehr in Angst, es werde zuviel kosten.
»Sechs Kronen!«
»Bitte!«
Erleichtert schob er das blanke, vielgeliebte Stück hin, Geld klirrte zurück, und Edgar fühlte sich mit einem Male wieder unsäglich reich, nun, da er das braune Stück Pappe in der Hand hatte, das ihm die Freiheit verbürgte, und in seiner Tasche die gedämpfte Musik von Silber klang.
Der Zug sollte in zwanzig Minuten eintreffen, belehrte ihn der Fahrplan. Edgar drückte sich in eine Ecke. Ein paar Leute standen am Perron, unbeschäftigt und ohne Gedanken. Aber dem Beunruhigten war, als sähen alle nur ihn an, als wunderten sich alle, daß so ein Kind schon allein mit der Eisenbahn fahren wolle; immer mehr drückte er sich in die Ecke, als wäre ihm die Flucht und das Verbrechen sichtbar an die Stirne geheftet. Er atmete auf, als endlich von ferne der Zug zum erstenmal heulte und dann heranbrauste. Der Zug, der ihn in die Welt tragen sollte. Beim Einsteigen erst bemerkte er, daß seine Karte für die dritte Klasse galt. Bisher war er immer nur erster Klasse gefahren, und wiederum fühlte er, daß hier etwas verändert sei, daß es Verschiedenheiten gab, die ihm entgangen waren. Andere Leute hatte er zu Nachbarn als bisher. Ein paar italienische Arbeiter mit harten Händen und rauhen Stimmen, Spaten und Schaufel in den Händen, saßen gerade gegenüber und blickten mit dumpfen, trostlosen Augen vor sich hin. Sie mußten offenbar schwer am Weg gearbeitet haben, denn einige von ihnen waren müde und schliefen im ratternden Zug, an das harte und schmutzige Holz gelehnt, mit offenem Munde. Sie hatten gearbeitet, um Geld zu

verdienen, dachte Edgar, konnte sich aber nicht denken, wieviel es gewesen sein mochte; er fühlte aber wiederum, daß Geld eine Sache war, die man nicht immer hatte, sondern die irgendwie erworben werden mußte. Zum erstenmal kam ihm jetzt zum Bewußtsein, daß er eine Atmosphäre von Wohlbehagen selbstverständlich gewohnt war und daß rechts und links von seinem Leben Abgründe tief ins Dunkel hineinklafften, an die sein Blick nie gerührt hatte. Zum erstenmal ahnte er etwas davon, daß es Berufe gab und Bestimmungen, daß rings um sein Leben Geheimnisse geschart waren, nah zum Greifen und doch nie beachtet. Edgar lernte viel von dieser einen Stunde, seit er allein stand, er begann vieles zu sehn aus diesem engen Abteil mit den Fenstern ins Freie. Und leise begann in seiner dunklen Angst etwas aufzublühen, das noch nicht Glück war, aber doch schon ein Staunen vor der Mannigfaltigkeit des Lebens. Er war geflüchtet, aus Angst und Feigheit, das empfand er in jeder Sekunde, aber doch zum erstenmal hatte er selbständig gehandelt, etwas erlebt von dem Wirklichen, an dem er bisher vorbeigegangen war. Zum erstenmal war er vielleicht der Mutter und dem Vater selbst Geheimnis geworden, wie bislang die Welt ihm. Mit anderen Blicken sah er aus dem Fenster. Und es war ihm, als ob er zum erstenmal alles Wirkliche sähe, als ob ein Schleier von den Dingen gefallen sei und sie ihm nun alles zeigten, das Innere ihrer Absicht, den geheimen Nerv ihrer Tätigkeit. Häuser flogen vorbei wie vom Wind weggerissen, und er mußte an die Menschen denken, die drinnen wohnten, ob sie reich seien oder arm, glücklich oder unglücklich, ob sie auch die Sehnsucht hatten wie er, alles zu wissen, und ob vielleicht Kinder dort seien, die auch nur mit den Dingen bisher gespielt hatten wie er selbst. Die Bahnwächter, die mit wehenden Fahnen am Weg standen, schienen ihm zum erstenmal nicht, wie bisher, lose Puppen und totes Spielzeug, Dinge, hingestellt von gleichgültigem Zufall, sondern er verstand, daß das ihr Schicksal war, ihr Kampf gegen das Leben. Immer rascher rollten die Räder, nun ließen die runden Serpentinen den Zug zum Tale niedersteigen, immer sanfter wurden die Berge, immer ferner, schon war die Ebene erreicht. Einmal noch sah er zurück, da waren sie schon blau und schattenhaft, die Gebirge, weit und unerreichbar, und ihm war, als läge dort, wo sie langsam in dem nebligen Himmel sich lösten, seine eigene Kindheit.

Aber dann in Baden, als der Zug hielt und Edgar sich allein auf dem Perron befand, wo schon die Lichter entflammt waren, die Signale grün und rot in die Ferne glänzten, verband sich unversehens mit diesem bunten Anblick eine plötzliche Bangnis vor der nahen Nacht. Bei Tag hatte er sich noch sicher gefühlt, denn ringsum waren ja Menschen, man konnte sich ausruhen, auf eine Bank setzen oder vor den Läden in die Fenster starren. Wie aber würde er dies ertragen können, wenn die Menschen sich wieder in die Häuser verloren, jeder ein Bett hatte, ein Gespräch und dann eine beruhigte Nacht, während er im Gefühl seiner Schuld allein herumirren mußte, in einer fremden Einsamkeit. Oh, nur bald ein Dach über sich haben, nicht eine Minute mehr unter freiem, fremdem Himmel stehen: das war sein einziges klares Gefühl.
Hastig ging er den wohlbekannten Weg, ohne nach rechts und links zu blicken, bis er endlich vor die Villa kam, die seine Großmutter bewohnte. Das Haus lag schön an einer breiten Straße, aber nicht frei den Blicken dargeboten, sondern hinter Ranken und Efeu eines wohlbehüteten Gartens, ein Glanz hinter einer Wolke von Grün, ein weißes, altväterisch freundliches Haus. Edgar spähte durch das Gitter wie ein Fremder. Innen regte sich nichts, die Fenster waren verschlossen, offenbar waren alle mit Gästen rückwärts im Garten. Schon berührte er die kühle Klinke, als ein Seltsames geschah: mit einem Male schien ihm das, was er sich jetzt seit zwei Stunden so leicht, so selbstverständlich gedacht hatte, unmöglich. Wie sollte er eintreten, wie sie begrüßen, wie diese Fragen ertragen und wie beantworten? Wie diesen ersten Blick aushalten, wenn er berichten mußte, daß er heimlich seiner Mutter entflohen sei? Und wie gar das Ungeheuerliche seiner Tat erklären, die er selbst schon nicht mehr begriff! Innen ging jetzt eine Tür. Mit einem Male befiel ihn eine törichte Angst, es könnte jemand kommen, und er lief weiter, ohne zu wissen wohin.
Vor dem Kurpark hielt er an, weil er dort Dunkel sah und keine Menschen vermutete. Dort konnte er sich vielleicht niedersetzen und endlich, endlich ruhig denken, ausruhen und über sein Schicksal klar werden. Schüchtern trat er ein. Vorne brannten ein paar Laternen und gaben den noch jungen Blättern einen gespenstigen Wasserglanz von durchsichtigem Grün; weiter rückwärts aber, wo er den Hügel niedersteigen mußte, lag alles wie eine einzige dumpfe, schwarze, gärende

Masse in der wirren Finsternis einer verfrühten Frühlingsnacht. Edgar schlich scheu an den paar Menschen vorbei, die hier unter dem Lichtkreis der Laternen plaudernd oder lesend saßen: er wollte allein sein. Aber auch droben in der schattenden Finsternis der unbeleuchteten Gänge war keine Ruhe. Alles war da erfüllt von einem leisen, lichtscheuen Rieseln und Reden, das vielfach gemischt war mit dem Atem des Windes zwischen den biegsamen Blättern, dem Schlürfen ferner Schritte, dem Flüstern verhaltener Stimmen, mit irgendeinem wollüstigen, seufzenden, angstvoll stöhnenden Getön, das von Menschen und Tieren und der unruhig schlafenden Natur gleichzeitig ausgehen mochte. Es war eine gefährliche Unruhe, eine geduckte, versteckte und beängstigend rätselhafte, die hier atmete, irgendein unterirdisches Wühlen im Wald, das vielleicht nur mit dem Frühling zusammenhing, das ratlose Kind aber seltsam verängstigte.
Er preßte sich ganz klein auf eine Bank hin in dieses abgründige Dunkel und versuchte nun zu überlegen, was er zu Hause erzählen sollte. Aber die Gedanken glitten ihm glitschig weg, ehe er sie fassen konnte, gegen seinen eigenen Willen mußte er immer nur lauschen und lauschen auf das gedämpfte Tönen, die mystischen Stimmen des Dunkels. Wie furchtbar diese Finsternis war, wie verwirrend und doch wie geheimnisvoll schön! Waren es Tiere oder Menschen oder nur die gespenstige Hand des Windes, die all dieses Rauschen und Knistern, dieses Surren und Locken ineinanderwebte? Er lauschte. Es war der Wind, der unruhig durch die Bäume schlich, aber – jetzt sah er es deutlich – auch Menschen, verschlungene Paare, die von unten, von der hellen Stadt heraufkamen und die Finsternis mit ihrer rätselhaften Gegenwart belebten. Was wollten sie? Er konnte es nicht begreifen. Sie sprachen nicht miteinander, denn er hörte keine Stimmen, nur die Schritte knirschten unruhig im Kies, und hie und da sah er in der Lichtung ihre Gestalten flüchtig wie Schatten vorüberschweben, immer aber so in eins verschlungen, wie er damals seine Mutter mit dem Baron gesehen hatte. Dieses Geheimnis, das große, funkelnde und verhängnisvolle, es war also auch hier. Immer näher hörte er jetzt Schritte herankommen und nun auch ein gedämpftes Lachen. Angst befiel ihn, die Nahenden könnten ihn hier finden, und noch tiefer ins Dunkel drückte er sich hinein. Aber die beiden, die jetzt durch die undurchdringliche Finsternis den Weg heraufasteten, sahen ihn nicht. Verschlungen gingen sie vorbei, schon atmete Edgar auf, da stockte plötzlich ihr Schritt, knapp vor seiner Bank. Sie preßten die

Gesichter aneinander. Edgar konnte nichts deutlich sehen, er hörte nur, wie ein Stöhnen aus dem Munde der Frau brach, der Mann heiße, wahnsinnige Worte stammelte, und irgendein schwüles Vorgefühl durchdrang seine Angst mit einem wollüstigen Schauer. Eine Minute blieben sie so, dann knirschte wieder der Kies unter ihren weiterwandernden Schritten, die dann bald in der Finsternis verklangen.

Edgar schauerte zusammen. Das Blut stürzte ihm jetzt wieder in die Adern zurück, heißer und wärmer als zuvor. Und mit einem Male fühlte er sich unerträglich einsam in dieser verwirrenden Finsternis, urmächtig kam das Bedürfnis über ihn nach irgendeiner befreundeten Stimme, einer Umarmung, nach einem hellen Zimmer, nach Menschen, die er liebte. Ihm war, als wäre die ganze ratlose Dunkelheit dieser wirren Nacht nun in ihn gesunken und zersprenge ihm die Brust.

Er sprang auf. Nur heim, heim, irgendwo zu Hause sein im warmen, im hellen Zimmer, in irgendeinem Zusammenhang mit Menschen. Was konnte ihm denn geschehen? Mochte man ihn schlagen und beschimpfen, er fürchtete nichts mehr, seit er dieses Dunkel gespürt hatte und die Angst vor der Einsamkeit.

Es trieb ihn vorwärts, ohne daß er sich spürte, und plötzlich stand er neuerdings vor der Villa, die Hand wieder an der kühlen Klinke. Er sah, wie jetzt die Fenster erleuchtet durch das Grün glimmerten, sah in Gedanken hinter jeder hellen Scheibe den vertrauten Raum mit seinen Menschen darin. Schon dieses Nahsein gab ihm Glück, schon dieses erste, beruhigende Gefühl, daß er nah sei zu Menschen, von denen er sich geliebt wußte. Und wenn er noch zögerte, so war es nur, um dieses Vorgefühl inniger zu genießen.

Da schrie hinter ihm eine Stimme mit gellem Erschrecken:

»Edgar, da ist er ja!«

Das Dienstmädchen seiner Großmama hatte ihn gesehen, stürzte auf ihn los und faßte ihn bei der Hand. Die Türe wurde innen aufgerissen, bellend sprang ein Hund an ihm empor, aus dem Hause kam man mit Lichtern, er hörte Stimmen mit Jubel und Schreck rufen, einen freudigen Tumult von Schreien und Schritten, die sich näherten, Gestalten, die er jetzt erkannte. Vorerst seine Großmutter mit ausgestrecktem Arm und hinter ihr – er glaubte zu träumen – seine Mutter. Mit verweinten Augen, zitternd und verschüchtert, stand er selbst inmitten dieses heißen Ausbruchs überschwenglicher Gefühle, unschlüssig, was er tun, was er sagen sollte, und selber unklar, was er fühlte: Angst oder Glück.

Das war so geschehen: man hatte ihn hier längst schon gesucht und erwartet. Seine Mutter, trotz ihrem Zorn erschreckt durch das rasende Wegstürzen des erregten Kindes, hatte ihn am Semmering suchen lassen. Schon war alles in furchtbarster Aufregung und voll gefährlicher Vermutungen, als ein Herr die Nachricht brachte, er habe das Kind gegen drei Uhr am Bahnschalter gesehen. Dort erfuhr man rasch, daß Edgar eine Karte nach Baden genommen hatte, und sie fuhr, ohne zu zögern, ihm sofort nach. Telegramme nach Baden und Wien an seinen Vater liefen ihr voran, Aufregung verbreitend, und seit zwei Stunden war alles in Bewegung nach dem Flüchtigen.

Jetzt hielten sie ihn fest, aber ohne Gewalt. In einem unterdrückten Triumph wurde er hineingeführt ins Zimmer; aber wie seltsam war ihm dies, daß er alle die harten Vorwürfe, die sie ihm sagten, nicht spürte, weil er in ihren Augen doch die Freude und die Liebe sah. Und sogar dieser Schein, dieser geheuchelte Ärger dauerte nur einen Augenblick. Dann umarmte ihn wieder die Großmutter mit Tränen, niemand sprach mehr von seiner Schuld, und er fühlte sich von einer wundervollen Fürsorge umringt. Da zog ihm das Mädchen den Rock aus und brachte ihm einen wärmeren, da fragte ihn die Großmutter, ob er nicht Hunger habe oder irgend etwas wolle, sie drängten und umhüllten ihn mit zärtlicher Besorgnis, sobald sie aber dann seine Befangenheit sahen, fragten sie nicht mehr. Wollüstig empfand er das so mißachtete und doch entbehrte Gefühl, wieder ganz Kind zu sein, und Scham befiel ihn über die Anmaßung der letzten Tage, all dies bevorrechtete Dasein einzutauschen für die trügerische Lust einer eigenen Einsamkeit.

Nebenan klingelte das Telephon. Er hörte die Stimme seiner Mutter, hörte einzelne Worte: »Edgar... zurück... herkommen... letzter Zug«, und wunderte sich, daß sie ihn nicht wild angefahren hatte, nur umfaßt mit so merkwürdig verhaltenem Blick. Immer wilder wurde die Reue in ihm, und am liebsten hätte er sich hier all der Sorgfalt seiner Großmutter und seiner Tante entwunden und wäre hineingegangen, sie um Verzeihung zu bitten, ihr ganz in Demut, ganz allein zu sagen, er wolle wieder Kind sein und gehorchen. Aber als er jetzt leise aufstand, sagte die Großmutter leise erschreckt:

»Wohin willst du?«

Da stand er beschämt. Sie hatten schon Angst um ihn, wenn er sich regte. Er hatte sie alle verschreckt, nun fürchteten sie, er wolle wieder entfliehen. Wie würden sie begreifen können, daß niemand diese Flucht mehr bereute als er selbst!

Der Tisch war gedeckt, und man brachte ihm ein eiliges Abendessen. Die Großmutter saß bei ihm und wandte keinen Blick. Sie und die Tante und das Mädchen schlossen ihn in einen stillen Kreis, und er fühlte sich von dieser Wärme wundersam beruhigt. Nur daß seine Mutter nicht ins Zimmer trat, machte ihn wirr. Wenn sie hätte ahnen können, wie demütig er war, sie wäre bestimmt gekommen!

Da ratterte draußen ein Wagen und hielt vor dem Haus. Die anderen schreckten so sehr auf, daß auch Edgar unruhig wurde. Die Großmutter ging hinaus, Stimmen flogen laut hin und her durch das Dunkel, und auf einmal wußte er, daß sein Vater gekommen war. Scheu merkte Edgar, daß er jetzt wieder allein im Zimmer stand, und selbst dieses kleine Alleinsein verwirrte ihn. Sein Vater war streng; er war der einzige, den er wirklich fürchtete. Edgar horchte hinaus, sein Vater schien erregt zu sein, er sprach laut und geärgert. Dazwischen klangen begütigend die Stimmen seiner Großmutter und der Mutter, offenbar wollten sie ihn milder stimmen. Aber die Stimme blieb hart, hart wie die Schritte, die jetzt herankamen, näher und näher, nun schon im Nebenzimmer waren, knapp vor der Türe, die jetzt aufgerissen wurde.

Sein Vater war sehr groß. Und unsäglich klein fühlte sich jetzt Edgar vor ihm, als er eintrat, nervös und anscheinend wirklich im Zorn.

»Was ist dir eingefallen, du Kerl, davonzulaufen? Wie kannst du deine Mutter so erschrecken?«

Seine Stimme war zornig und in den Händen eine wilde Bewegung. Hinter ihm war mit leisem Schritt jetzt die Mutter hereingetreten. Ihr Gesicht war verschattet.

Edgar antwortete nicht. Er hatte das Gefühl, sich rechtfertigen zu müssen; aber doch, wie sollte er das erzählen, daß man ihn betrogen hatte und geschlagen? Würde der Vater es verstehen?

»Nun, kannst du nicht reden? Was war los? Du kannst es ruhig sagen! War dir etwas nicht recht? Man muß doch einen Grund haben, wenn man davonläuft! Hat dir jemand etwas zuleide getan?« Edgar zögerte. Die Erinnerung machte ihn wieder zornig, schon wollte er anklagen. Da sah er – und sein Herz stand still dabei – wie seine Mutter hinter dem Rücken des Vaters eine sonderbare Bewegung machte. Eine Bewegung, die er erst nicht verstand. Aber jetzt sah sie ihn an, in ihren Augen war eine flehende Bitte. Und leise, ganz leise hob sie den Finger zum Mund zum Zeichen des Schweigens.

Da brach, das Kind fühlte es, plötzlich etwas Warmes, eine ungeheure wilde Beglückung durch seinen ganzen Körper. Er verstand, daß sie ihm ein Geheimnis zu hüten gab, daß auf seinen kleinen Kinderlippen ein Schicksal lag. Und ein sein ganzes Wesen durchbrausender Stolz erfüllte ihn, daß sie ihm vertraute. Jäh überkam ihn ein Opfermut, ein Wille, seine eigene Schuld noch zu vergrößern, nur um zu zeigen, wie verläßlich und wie sehr er schon Mann war. Er raffte sich zusammen:

»Nein, nein ... es war kein Anlaß. Mama war sehr gut zu mir, aber ich war ungezogen, ich habe mich schlecht benommen ... und da ... da bin ich davongelaufen, weil ich mich gefürchtet habe.«

Sein Vater sah ihn verdutzt an. Er hatte alles erwartet, nur nicht dieses Geständnis. Sein Zorn war entwaffnet.

»Na, wenn es dir leid tut, dann ists schon gut. Dann will ich heute nichts mehr darüber reden. Ich glaube, du wirst dirs ein anderes Mal doch überlegen! Daß so etwas nicht mehr vorkommt.«

Er blieb stehen und sah ihn an. Seine Stimme wurde jetzt milder.

»Wie blaß du aussiehst. Aber mir scheint, du bist schon wieder ein Stück größer geworden. Ich hoffe, du wirst solche Kindereien nicht mehr tun; du bist ja wirklich kein Bub mehr und könntest schon vernünftig sein!«

Edgar blickte die ganze Zeit über nur auf seine Mutter. Ihm war, als funkelte etwas in ihren Augen. Oder war dies nur der Widerschein der Flamme? Nein, es glänzte dort feucht und hell, und ein Lächeln war um ihren Mund, das ihm Dank sagte. Man schickte ihn jetzt zu Bett, aber er war nicht traurig darüber, daß sie alle ihn allein ließen. Er hatte ja so viel zu überdenken, so viel Buntes und Reiches. All der Schmerz der letzten Tage verging in dem gewaltigen Gefühl dieses seines ersten Erlebnisses, und er fühlte sich wie berauscht von einem geheimnisvollen Vorgefühl künftiger Geschehnisse. Draußen rauschten im Dunkel die Bäume in der verfinsterten Nacht, aber er kannte kein Bangen mehr. Er hatte alle Ungeduld vor dem Leben verloren, seit er wußte, wie reich es war. Ihm war, als hätte er das Wirkliche zum erstenmal heute nackt gesehen, nicht mehr verhüllt von tausend Lügen der Kindheit, sondern in seiner ganzen unvorstellbar gefährlichen Schönheit. Er hatte nie gedacht, daß Tage so voll gepreßt sein konnten vom vielfältigen Übergang des Schmerzes und der Lust, und der Gedanke beglückte ihn, daß noch viele solche Tage ihm bevorständen und ein ganzes Leben unausgefaltet warte, ihm seine Überraschungen zu entschleiern. Eine erste Ahnung der Vielfältigkeit des Wirklichen hatte ihn überkommen, zum erstenmal glaubte er das Wesen der Menschen verstanden zu haben, daß sie einander brauchten, selbst wenn sie sich feindlich schienen, und daß es sehr süß sei, von ihnen geliebt zu werden. Er war unfähig, an irgend etwas oder irgend jemanden mit Haß zu denken, er bereute nichts, und selbst für den Baron, den Verführer, seinen bittersten Feind, fand er ein neues Gefühl der Dankbarkeit, weil er ihm die Tür aufgetan hatte zu dieser Welt der ersten Gefühle.

Das alles war sehr süß und schmeichlerisch nun im Dunkel zu denken, leise schon verworren mit Bildern aus Träumen, und beinahe war es schon Schlaf. Da war ihm, als ob plötzlich die Türe ginge und leise etwas käme. Er glaubte sich zunächst nicht recht, war auch schon zu schlafbefangen, um die Augen aufzutun. Da spürte er atmend über sich ein Gesicht weich, warm und mild das seine streifen, und wußte, daß seine Mutter es war, die ihn jetzt küßte und ihm mit der Hand übers Haar fuhr. Er fühlte die Küsse und fühlte die Tränen, sanft die Liebkosung erwidernd, und nahm es nur als Versöhnung, als Dankbarkeit für sein Schweigen. Erst später, viele Jahre später erkannte er in diesen stummen Tränen ein Gelöbnis der alternden Frau, daß sie von nun ab nur ihm, nur ihrem Kinde gehören wolle, eine Absage an das Abenteuer, ein Abschied von allen eigenen Begehrlichkeiten. Er wußte nicht, daß auch sie ihm dankbar war, aus einem unfruchtbaren Abenteuer gerettet zu sein, und ihm nun mit dieser Umarmung die bitter-süße Last der Liebe für sein zukünftiges Leben wie ein Erbe überließ. All dies verstand das Kind von damals nicht, aber es fühlte, daß es sehr beseligend sei, so geliebt zu sein, und daß es durch diese Liebe schon verstrickt war mit dem großen Geheimnis der Welt.

Als sie dann die Hand von ihm ließ, die Lippen sich den seinen entwanden und die leise Gestalt entrauschte, blieb noch ein Warmes zurück, ein Hauch über seinen Lippen. Und schmeichlerisch flog ihn Sehnsucht an, oft noch solche weiche Lippen zu spüren und so zärtlich umschlungen zu werden, aber dieses ahnungsvolle Vorgefühl des so ersehnten Geheimnisses war schon umwölkt vom Schatten des Schlafes. Noch einmal zogen all die Bilder der letzten Stunden farbig vorbei, noch einmal blätterte sich das Buch seiner Jugend verlockend auf. Dann schlief das Kind ein, und es begann der tiefere Traum seines Lebens.

ANTON

Ich lernte diesen einzigartigen Menschen auf ganz einfache Weise kennen. Eines Nachmittags – ich wohnte damals in einer Kleinstadt – nahm ich meinen Hund auf einen Spaziergang mit. Plötzlich begann der Hund sich recht merkwürdig zu gebärden. Er wälzte sich am Boden, scheuerte sich an den Bäumen und jaulte und knurrte dabei fortwährend.

Noch ganz verwundert darüber, was er nur haben könne, gewahrte ich, daß jemand neben mir ging: ein Mann von ungefähr dreißig Jahren, ärmlich gekleidet und ohne Kragen und Hut. Ein Bettler, dachte ich, und war schon dabei, in die Tasche zu greifen. Aber der Fremde lächelte mich ganz ruhig mit seinen klaren, blauen Augen an wie ein alter Bekannter.

»Dem armen Tier fehlt was«, sagte er und zeigte auf den Hund.

»Komm mal her, wir werden das gleich haben!«

Dabei duzte er mich, als wären wir gute Freunde; aus seinem Wesen sprach eine solche warmherzige Freundlichkeit, daß ich gar keinen Anstoß an dieser Vertraulichkeit nahm. Ich folgte ihm zu einer Bank und setzte mich neben ihn. Er rief den Hund mit einem scharfen Pfiff heran. Nun kommt das Merkwürdige: Mein Kaspar, sonst Fremden gegenüber äußerst mißtrauisch, kam heran und legte gehorsam seinen Kopf auf die Knie des Unbekannten. Der machte sich daran, mit seinen langen, empfindsamen Fingern das Fell des Hundes zu untersuchen. Endlich ließ er ein befriedigtes »Aha« hören und nahm eine anscheinend recht schmerzhafte Operation vor; denn Kaspar jaulte mehrmals auf. Trotzdem machte er keine Miene wegzulaufen. Plötzlich ließ ihn der Mann wieder frei.

»Da haben wir's«, meinte er lächelnd und hielt etwas in die Höhe.

»Nun kannst du wieder springen, Hundchen.« Während sich der Hund davonmachte, erhob sich der Fremde, sagte mit einem Kopfnicken:

»Grüß Gott!« und ging seines Weges. Er entfernte sich so rasch, daß ich nicht einmal daran denken konnte, ihm für seine Bemühung etwas zu geben, geschweige denn, mich zu bedanken. Mit der gleichen selbstverständlichen Bestimmtheit, mit der er aufgetaucht war, verschwand er wieder.
Zu Hause angelangt, mußte ich noch immer an das seltsame Gehabe des Mannes denken und berichtete meiner alten Köchin von der Begegnung.
»Das war der Anton«, sagte sie. »Der hat ein Auge für solche Sachen.«
Ich fragte sie, was der Mann von Beruf sei und was er treibe, um seinen Lebensunterhalt zu verdienen. Erstaunt antwortete sie: »Gar nichts! Einen Beruf? Was sollte er auch mit einem Beruf?« – »Na, schön und gut«, meinte ich, »aber schließlich muß doch jeder von irgendeiner Beschäftigung leben.«
»Der Anton nicht«, sagte sie. »Dem gibt jeder von sich aus, was er nötig hat. Dem ist Geld ganz gleichgültig. Das braucht er gar nicht.«
Tatsächlich ein seltsamer Fall. In dieser kleinen Stadt, wie in jeder anderen kleinen Stadt auf der Welt, mußte man jedes Stück Brot und jedes Glas Bier mit Geld bezahlen. Man mußte sein Nachtquartier bezahlen und seine Kleidung. Wie brachte es dieser unscheinbare Mann in seinen abgerissenen Hosen fertig, ein so festgefügtes Gesetz zu umgehen und glücklich und frei von Sorgen dahinzuleben?
Ich beschloß, hinter das Geheimnis seines Tuns zu kommen, und stellte dabei sehr bald fest, daß meine Köchin recht gehabt hatte. Dieser Anton hatte wirklich keine bestimmte Beschäftigung. Er begnügte sich damit, von früh bis abends in der Stadt umherzuschlendern – scheinbar ziellos –, aber mit seinen wachen Augen beobachtete er alles. So hielt er den Kutscher des Wagens an und machte ihn darauf aufmerksam, daß sein Pferd schlecht angeschirrt sei. Oder er bemerkte, daß ein Pfosten in einem Zaun morsch geworden war. Dann rief er den Besitzer und riet ihm, den Zaun ausbessern zu lassen. Meistens übertrug man ihm dann die Arbeit; denn man wußte, daß er niemals aus Habgier Ratschläge erteilte, sondern aus aufrichtiger Freundlichkeit.
An wie vieler Leute Arbeit habe ich ihn nicht Hand anlegen sehen! Einmal fand ich ihn in einem Schusterladen Schuhe ausbessern, ein andermal als Aushilfskellner bei einer Gesellschaft, wieder ein andermal führte er Kinder spazieren. Ich entdeckte, daß alle Leute sich in Notfällen an Anton wandten. Ja, eines Tages sah ich ihn auf dem Markt unter den

Marktweibern sitzen und Äpfel verkaufen und erfuhr, daß die Eigentümerin des Standes krank geworden war und ihn gebeten hatte, sie zu vertreten.
Es gibt sicher in allen Städten viele Leute, die jede Arbeit verrichten.
Das Einzigartige bei Anton aber war, daß er sich, wie hart seine Arbeit auch war, immer ganz entschieden weigerte, mehr Geld anzunehmen, als er für einen Tag brauchte. Wenn es ihm gerade gut ging, dann nahm er überhaupt keine Bezahlung an. »Ich sehe Sie schon noch mal wieder«, sagte er, »wenn ich wirklich was brauchen sollte.«
Man brauchte Anton nur auf der Straße zu sehen, um zu erkennen, auf welch besondere Art man ihn schätzte. Alle Welt grüßte ihn herzlich, jedermann gab ihm die Hand. Der einfache, freimütige Mann in seinem schäbigen Anzug wandelte durch die Stadt wie ein Grundeigentümer, der mit großzügigem und freundlichem Wesen seine Besitzungen überwacht. Alle Türen standen ihm offen, und er konnte sich an jedem Tisch niederlassen: Alles stand zu seiner Verfügung. Nie habe ich so gut begriffen, welche Macht ein Mensch ausüben kann, der nicht für morgen sorgt, sondern einfach auf Gott vertraut.
Ich muß ehrlich gestehen, daß es mich zuerst ärgerte, wenn der Anton nach der Sache mit meinem Hund mich nur im Vorbeigehen mit einem kleinen Kopfnicken grüßte, als wäre ich ein beliebiger Fremder für ihn. Offensichtlich wünschte er keinen Dank für seinen Dienst. Ich aber fühlte mich für diese höfliche Unbefangenheit aus einer großen und freundschaftlichen Gemeinschaft ausgeschlossen. Als nun eine Reparatur im Hause zu machen war – aus einer undichten Dachrinne tropfte Wasser –, bat ich meine Köchin, Anton holen zu lassen.
»Den kann man nicht einfach holen. Er hält sich nie lange am gleichen Ort auf. Aber ich kann ihn benachrichtigen.« Das war ihre Antwort.
So erfuhr ich, daß dies sonderbare Menschenwesen gar kein Zuhause hatte. Trotzdem war nichts leichter, als ihn zu erreichen: Eine Art drahtlose Telegraphie schien ihn mit der ganzen Stadt zu verbinden. Man konnte dem ersten besten, den man traf, sagen: »Ich könnte jetzt den Anton gut brauchen.« Die Bestellung lief dann von Mund zu Mund, bis ihn zufällig jemand traf. Tatsächlich kam er auch noch am selben Nachmittag zu mir. Er ließ seinen prüfenden Blick rundherumgehen, meinte beim Gang durch den Garten, daß hier eine Hecke gestutzt werden müsse und dort ein junger Baum das Umpflanzen nötig hätte. Endlich sah er sich die Dachrinne an und machte sich an die Arbeit.

Nach zwei Stunden erklärte er, nun sei die Sache in Ordnung, und ging weg, wieder bevor ich ihm danken konnte. Aber diesmal hatte ich wenigstens die Köchin beauftragt, ihn anständig zu bezahlen. So erkundigte ich mich, ob Anton zufrieden gewesen sei.
»Aber natürlich«, gab sie zur Antwort, »der ist immer zufrieden. Ich wollte ihm sechs Schilling geben, aber er nahm nur zwei. Damit käme er für heute und morgen gut aus. Aber, wenn der Herr Doktor vielleicht einen alten Mantel für ihn übrig hätte – meinte er.«
Ich kann nur schwer mein Vergnügen beschreiben, diesem Mann – übrigens dem ersten Menschen in meiner Bekanntschaft, der weniger nahm, als man ihm anbot – einen Wunsch erfüllen zu können.
»Anton, Anton«, rief ich den Abhang hinunter, »ich habe einen Mantel für dich.« Wieder begegneten meine Augen seinem leuchtenden ruhigen Blick. Er war nicht im geringsten erstaunt, daß ich hinter ihm hergelaufen kam. Es war für ihn nur natürlich, daß ein Mensch, der einen überzähligen Mantel besitzt, ihn einem anderen schenkt, der ihn bitter nötig hat.
Meine Köchin mußte nun alle meine alten Sachen heraussuchen. Anton sah den Haufen durch, nahm sich dann einen Mantel heraus, probierte ihn an und sagte ganz ruhig: »Der hier wäre recht für mich!« Er hatte das mit der Miene eines Herrn gesagt, der in einem Geschäft aus vorgelegten Waren seine Auswahl trifft. Dann warf er noch einen Blick auf die anderen Kleidungsstücke.
»Diese Schuhe könntest du dem Fritz in der Salsergasse schenken, der braucht nötig ein Paar, und die Hemden da dem Joseph aus der Hauptstraße, die könnte er sich ändern. Wenn's dir recht ist, bringe ich die Sachen für dich hin.« Dies brachte er im hochherzigen Ton eines Menschen vor, der einem eine Gunst erweist. Ich hatte das Gefühl, ihm dafür danken zu müssen, daß er meine Sachen an Leute verteilen wollte, die ich überhaupt nicht kannte. Er packte Schuhe und Hemden zusammen und fügte hinzu: »Du bist ein anständiger Kerl, das alles so wegzuschenken!« Und er verschwand.
Tatsächlich hat mir aber niemals ein Lob für eines meiner Bücher so viel Freude gemacht wie dies. Ich habe in späteren Jahren noch oft voll Dankbarkeit an Anton denken müssen; denn kaum jemand hat mir so viel moralische Hilfe geleistet. Häufig, wenn ich mich über kleine Geldscherereien aufregte, habe ich mich an diesen Mann erinnert, der ruhig und vertrauensvoll in den Tag hineinlebte, weil er nie mehr wollte,

als was für einen Tag reichte. Immer führte mich das zu der gleichen Überlegung: wenn alle Welt sich gegenseitig vertrauen würde, gäbe es keine Polizei, keine Gerichte, keine Gefängnisse und – kein Geld. Wäre es nicht vielleicht besser um unser Leben bestellt, wenn alle lebten wie dieser Mensch, der sich immer ganz und gar einsetzte und doch nur annahm, was er unbedingt brauchte?

Viele Jahre habe ich nichts mehr von Anton gehört. Aber ich kann mir kaum jemand vorstellen, um den es einem weniger bange zu sein braucht: Er wird niemals von Gott verlassen werden und, was viel seltener ist, auch niemals von den Menschen.

DIE FRAU UND DIE LANDSCHAFT

Es war in jenem heißen Sommer, der durch Regennot und Dürre verhängnisvolle Mißernte im ganzen Lande verschuldete und noch für lange Jahre im Andenken der Bevölkerung gefürchtet blieb. Schon in den Monaten Juni und Juli waren nur vereinzelte flüchtige Schauer über die dürstenden Felder hingestreift, aber seit der Kalender zum August übergeschlagen, fiel überhaupt kein Tropfen mehr, und selbst hier oben, in dem Hochtale Tirols, wo ich, wie viele andere, Kühlung zu finden gewähnt hatte, glühte die Luft safranfarben von Feuer und Staub. Frühmorgens schon starrte die Sonne gelb und stumpf wie das Auge eines Fiebernden vom leeren Himmel auf die erloschene Landschaft, und mit den steigenden Stunden quoll dann allmählich ein weißlicher drückender Dampf aus dem messingenen Kessel des Mittags und überschwülte das Tal. Irgendwo freilich in der Ferne hoben sich die Dolomiten mächtig empor, und Schnee glänzte von ihnen, rein und klar, aber nur das Auge fühlte erinnernd diesen Schimmer der Kühle, und es tat weh, sie schmachtend anzusehen und an den Wind zu denken, der sie vielleicht zur gleichen Stunde rauschend umflog, während hier im Talkessel sich eine gierige Wärme nachts und tags zudrängte und mit tausend Lippen einem die Feuchte entsog. Allmählich erstarb in dieser sinkenden Welt welkender Pflanzen, hinschmachtenden Laubes und versiegender Bäche auch innen alle lebendige Bewegung, müßig und träge wurden die Stunden. Ich wie die andern verbrachte diese endlosen Tage fast nur noch im Zimmer, halb entkleidet, bei verdunkelten Fenstern, in einem willenlosen Warten auf Veränderung, auf Kühlung, in einem stumpfen, machtlosen Träumen von Regen und Gewitter. Und bald wurde auch dieser Wunsch welk, ein Brüten, dumpf und willenlos wie das der lechzenden Gräser und der schwüle Traum des reglosen, dunstumwölkten Waldes.

Es wurde nur noch heißer von Tag zu Tag, und der Regen wollte noch

immer nicht kommen. Von früh bis abends brannte die Sonne nieder, und ihr gelber, quälender Blick bekam allmählich etwas von der stumpfen Beharrlichkeit eines Wahnsinnigen. Es war, als ob das ganze Leben aufhören wollte, alles stand stille, die Tiere lärmten nicht mehr, von weißen Feldern kam keine andere Stimme als der leise singende Ton der schwingenden Hitze, das surrende Brodeln der siedenden Welt. Ich hatte hinausgehen wollen in den Wald, wo Schatten blau zwischen den Bäumen zitterten, um dort zu liegen, um nur diesem gelben, beharrlichen Blick der Sonne zu entgehen; aber auch schon diese wenigen Schritte wurden mir zu viel. So blieb ich sitzen auf einem Rohrsessel vor dem Eingang des Hotels, eine Stunde oder zwei, eingepreßt in den schmalen Schatten, den der schirmende Dachrand in den Kies zog. Einmal rückte ich weiter, als das dünne Viereck Schatten sich verkürzte und die Sonne schon heran an meine Hände kroch, dann blieb ich wieder hingelehnt, stumpf brütend ins stumpfe Licht, ohne Gefühl von Zeit, ohne Wunsch, ohne Willen. Die Zeit war zerschmolzen in dieser furchtbaren Schwüle, die Stunden zerkocht, zergangen in heißer, sinnloser Träumerei. Ich fühlte nichts als den brennenden Andrang der Luft außen an meinen Poren und innen den hastigen Hammerschlag des fiebrig pochenden Blutes.
Da auf einmal war mir, als ob durch die Natur ein Atmen ginge, leise, ganz leise, als ob ein heißer, sehnsüchtiger Seufzer sich aufhübe von irgendwo. Ich raffte mich empor. War das nicht Wind? Ich hatte schon vergessen, wie das war, zu lange hatten die verdorrenden Lungen dies Kühle nicht getrunken, und noch fühlte ich ihn nicht bis an mich heranziehen, eingepreßt in meinen Winkel Dachschatten; aber die Bäume dort drüben am Hang mußten eine fremde Gegenwart geahnt haben, denn mit einem Male begannen sie ganz leise zu schwanken, als neigten sie sich flüsternd einander zu. Die Schatten zwischen ihnen wurden unruhig. Wie ein Lebendiges und Erregtes huschten sie hin und her, und plötzlich hob es sich auf, irgendwo fern, ein tiefer, schwingender Ton. Wirklich: Wind kam über die Welt, ein Flüstern, ein Wehen, ein Weben, ein tiefes, orgelndes Brausen und jetzt ein stärkerer, mächtiger Stoß. Wie von einer jähen Angst getrieben, liefen plötzlich qualmige Wolken von Staub über die Straße, alle in gleicher Richtung; die Vögel, die irgendwo im Dunkel gelagert hatten, zischten auf einmal schwarz durch die Luft, die Pferde schnupperten sich den Schaum von den Nüstern, und fern im Tale blökte das Vieh. Irgend etwas Gewaltiges

war aufgewacht und mußte nahe sein, die Erde wußte es schon, der Wald und die Tiere, und auch über den Himmel schob sich jetzt ein leichter Flor von Grau.
Ich zitterte vor Erregung. Mein Blut war von den feinen Stacheln der Hitze aufgereizt, meine Nerven knisterten und spannten sich, nie hatte ich so wie jetzt die Wollust des Windes geahnt, die selige Lust des Gewitters. Und es kam, es zog heran, es schwoll und kündete sich an. Langsam schob der Wind weiche Knäuel von Wolken herüber, es keuchte und schnaubte hinter den Bergen, als rollte jemand eine ungeheure Last. Manchmal hielten diese schnaubenden, keuchenden Stöße wie ermüdet wieder inne. Dann zitterten sich die Tannen langsam still, als ob sie horchen wollten, und mein Herz zitterte mit. Wo überallhin ich blickte, war die gleiche Erwartung wie in mir, die Erde hatte ihre Sprünge gedehnt: wie kleine, durstige Mäuler waren sie aufgerissen, und so fühlte ich es auch am eigenen Leibe, daß Pore an Pore sich auftat und spannte, Kühle zu suchen und die kalte, schauernde Lust des Regens. Unwillkürlich krampften sich meine Finger, als könnten sie die Wolken fassen und sie rascher herreißen in die schmachtende Welt.
Aber schon kamen sie, von unsichtbarer Hand geschoben, träge herangedunkelt, runde, wulstige Säcke, und man sah: sie waren schwer und schwarz von Regen, denn sie polterten murrend wie feste, wuchtige Dinge, wenn sie aneinander stießen, und manchmal fuhr ein leiser Blitz über ihre schwarze Fläche wie ein knisterndes Streichholz. Blau flammten sie dann auf und gefährlich, und immer dichter drängte es sich heran, immer schwärzer wurden sie an ihrer eigenen Fülle. Wie der eiserne Vorhang eines Theaters senkte sich allmählich bleierner Himmel nieder und nieder. Jetzt war schon der ganze Raum schwarz überspannt, zusammengepreßt die warme, verhaltene Luft, und nun setzte noch ein letztes Innehalten der Erwartung ein, stumm und grauenhaft. Erwürgt war alles von dem schwarzen Gewicht, das sich über die Tiefe senkte, die Vögel zirpten nicht mehr, atemlos standen die Bäume, und selbst die kleinen Gräser wagten nicht mehr zu zittern; ein metallener Sarg, umschloß der Himmel die heiße Welt, in der alles erstarrt war vor Erwartung nach dem ersten Blitz. Atemlos stand ich da, die Hände ineinandergeklammt, und spannte mich zusammen in einer wundervollen süßen Angst, die mich reglos machte. Ich hörte hinter mir die Menschen umhereilen, aus dem Walde kamen sie, aus der Tür des

Hotels, von allen Seiten flüchteten sie; die Dienstmädchen ließen die Rolläden herunter und schlossen krachend die Fenster. Alles war plötzlich tätig und aufgeregt, rührte sich, bereitete sich, drängte sich. Nur ich stand reglos, fiebernd, stumm, denn in mir war alles zusammengepreßt zu dem Schrei, den ich schon in der Kehle fühlte, den Schrei der Lust bei dem ersten Blitz.

Da hörte ich auf einmal knapp hinter mir einen Seufzer, stark aufbrechend aus gequälter Brust und noch mit ihm flehentlich verschmolzen das sehnsüchtige Wort: »Wenn es doch nur schon regnen wollte!« So wild, so elementar war diese Stimme, war dieser Stoß aus einem bedrückten Gefühl, als hätte es die dürstende Erde selbst gesagt mit ihren aufgesprungenen Lippen, die gequälte, erdrosselte Landschaft unter dem Bleidruck des Himmels. Ich wendete mich um. Hinter mir stand ein Mädchen, das offenbar die Worte gesagt, denn ihre Lippen, die blassen und fein geschwungenen, waren noch im Lechzen aufgetan, und ihr Arm, der sich an der Tür hielt, zitterte leise. Nicht zu mir hatte sie gesprochen und zu niemandem. Wie über einen Abgrund bog sie sich in die Landschaft hinein, und ihr Blick starrte spiegellos hinaus in das Dunkel, das über den Tannen hing. Er war schwarz und leer, dieser Blick, starr als eine grundlose Tiefe gegen den tiefen Himmel gewandt. Nur nach oben griff seine Gier, griff tief in die geballten Wolken, in das überhängende Gewitter, und an mich rührte er nicht. So konnte ich ungestört die Fremde betrachten und sah, wie ihre Brust sich hob, wie etwas würgend nach oben schütterte, wie jetzt um die Kehle, die zartknochig aus dem offenen Kleide sich löste, ein Zittern ging, bis endlich auch die Lippen bebten, dürstend sich auftaten und wieder sagten: »Wenn es doch nur schon regnen wollte.« Und wieder war es mir Seufzer der ganzen verschwülten Welt. Etwas Nachtwandlerisches und Traumhaftes war in ihrer statuenhaften Gestalt, in ihrem gelösten Blick. Und wie sie so dastand, weiß in ihrem lichten Kleide gegen den bleifarbnen Himmel, schien sie mir der Durst, die Erwartung der ganzen schmachtenden Natur.

Etwas zischte leise neben mir ins Gras. Etwas pickte hart auf dem Gesims. Etwas knirschte leise im heißen Kies. Überall war plötzlich dieser leise surrende Ton. Und plötzlich begriff ichs, fühlte ichs, daß dies Tropfen waren, die schwer niederfielen, die ersten verdampfenden Tropfen, die seligen Boten des großen, rauschenden, kühlenden Regens. Oh, es begann! Es hatte begonnen. Eine Vergessenheit, eine selige

Trunkenheit kam über mich. Ich war wach wie nie. Ich sprang vor und fing einen Tropfen in der Hand. Schwer und kalt klatschte er mir an die Finger. Ich riß die Mütze ab, stärker die nasse Lust auf Haar und Stirn zu fühlen, ich zitterte schon vor Ungeduld, mich ganz umrauschen zu lassen vom Regen, ihn an mir zu fühlen, an der warmen knisternden Haut, in den offenen Poren, bis tief hinein in das aufgeregte Blut. Noch waren sie spärlich, die platschenden Tropfen, aber ich fühlte ihre sinkende Fülle schon voraus, ich hörte sie schon strömen und rauschen, die aufgetanen Schleusen, ich spürte schon das selige Niederbrechen des Himmels über dem Walde, über das Schwüle der verbrennenden Welt.

Aber seltsam: die Tropfen fielen nicht schneller. Man konnte sie zählen. Einer, einer, einer, einer, fielen sie nieder, es knisterte, es zischte, es sauste leise rechts und links, aber es wollte nicht zusammenklingen zur großen rauschenden Musik des Regens. Zaghaft tropfte es herab, und statt schneller zu werden, ward der Takt langsam und immer langsamer und stand dann plötzlich still. Es war, wie wenn das Ticken eines Sekundenzeigers in einer Uhr plötzlich aufhört und die Zeit erstarrt. Mein Herz, das schon vor Ungeduld glühte, wurde plötzlich kalt. Ich wartete, wartete, aber es geschah nichts. Der Himmel blickte schwarz und starr nieder mit umdüsterter Stirn, minutenlang blieb es totenstill, dann aber schien es, als ob ein leises, höhnisches Leuchten über sein Antlitz ginge. Von Westen her hellte sich die Höhe auf, die Wand der Wolken löste sich mählich, leise polternd rollten sie weiter. Seichter und seichter ward ihre schwarze Unergründlichkeit, und in ohnmächtiger, unbefriedigter Enttäuschung lag unter dem erglänzenden Horizont die lauschende Landschaft. Wie von Wut lief noch ein leises, letztes Zittern durch die Bäume, sie beugten und krümmten sich, dann aber fielen die Laubhände, die schon gierig aufgereckt waren, schlaff zurück, wie tot. Immer durchsichtiger ward der Wolkenflor, eine böse, gefährliche Helle stand über der wehrlosen Welt. Es war nichts geschehen. Das Gewitter hatte sich verzogen.

Ich zitterte am ganzen Körper. Wut war es, was ich fühlte, eine sinnlose Empörung der Ohnmacht, der Enttäuschung, des Verrats. Ich hätte schreien können oder rasen, eine Lust kam mich an, etwas zu zerschlagen, eine Lust am Bösen und Gefährlichen, ein sinnloses Bedürfnis nach Rache. Ich fühlte in mir die Qual der ganzen verratenen Natur, das Lechzen der kleinen Gräser war in mir, die Hitze der Straßen, der Qualm

des Waldes, die spitze Glut des Kalksteines, der Durst der ganzen betrogenen Welt. Meine Nerven brannten wie Drähte: ich fühlte sie zucken von elektrischer Spannung weit hinaus in die geladene Luft, wie viele feine Flammen glühten sie mir unter der gespannten Haut. Alles tat mir weh, alle Geräusche hatten Spitzen, alles war wie umzüngelt von kleinen Flammen, und der Blick, was immer er faßte, verbrannte sich. Das tiefste Wesen in mir war aufgereizt, ich spürte, wie viele Sinne, die sonst stumm und tot im dumpfen Hirne schliefen, sich auftaten wie viele kleine Nüstern, und mit jeder spürte ich Glut. Ich wußte nicht mehr, was davon meine Erregung war und was die der Welt; die dünne Membran des Fühlens zwischen ihr und mir war zerrissen, alles einzig erregte Gemeinschaft der Enttäuschung, und als ich fiebernd hinabstarrte in das Tal, das sich allmählich mit Lichtern füllte, spürte ich, daß jedes einzelne Licht in mich hineinflimmerte, jeder Stern brannte bis in mein Blut. Es war die gleiche maßlose, fiebernde Erregung außen und innen, und in einer schmerzhaften Magie empfand ich alles, was um mich schwoll, gleichsam in mich gepreßt und dort wachsend und glühend. Mir war, als brenne der geheimnisvolle, lebendige Kern, der in alle Vielfalt einzeln eingetan ist, aus meinem innersten Wesen, alles spürte ich, in magischer Wachheit der Sinne den Zorn jedes einzelnen Blattes, den stumpfen Blick des Hundes, der mit gesenktem Schweife jetzt um die Türen schlich, alles fühlte ich, und alles, was ich spürte, tat mir weh. Fast körperlich begann dieser Brand in mir zu werden, und als ich jetzt mit den Fingern nach dem Holz der Tür griff, knisterte es leise unter ihnen wie Zunder, brenzlig und trocken.
Der Gong lärmte zur Abendmahlzeit. Tief in mich schlug der kupferne Klang hinein, schmerzhaft auch er. Ich wendete mich um. Wo waren die Menschen hin, die früher hier in Angst und Erregung vorbeigeeilt? Wo war sie, die hier gestanden als lechzende Welt und die ich ganz vergessen in den wirren Minuten der Enttäuschung? Alles war verschwunden. Ich stand allein in der schweigenden Natur. Noch einmal umgriff ich Höhe und Ferne mit dem Blick. Der Himmel war jetzt ganz leer, aber nicht rein. Über den Sternen lag ein Schleier, ein grünlich gespannter, und aus dem aufsteigenden Mond glitzerte der böse Glanz eines Katzenauges. Fahl war alles da oben, höhnisch und gefährlich, tief drunten aber unter dieser unsicheren Sphäre dämmerte dunkel die Nacht, phosphoreszierend wie ein tropisches Meer und mit dem gequälten wollüstigen Atem einer enttäuschten Frau. Oben stand noch hell und höhnisch eine letzte

Helle, unten müde und lastend eine schwüle Dunkelheit, feindlich war eines dem andern, unheimlich stummer Kampf zwischen Himmel und Erde. Ich atmete tief und trank nur Erregung. Ich griff ins Gras. Es war trocken wie Holz und knisterte blau in meinen Fingern.
Wieder rief der Gong. Widerlich war mir der tote Klang. Ich hatte keinen Hunger, kein Verlangen nach Menschen, aber diese einsame Schwüle hier draußen war zu fürchterlich. Der ganze schwere Himmel lastete stumm auf meiner Brust, und ich fühlte, ich könnte seinen bleiernen Druck nicht länger mehr ertragen. Ich ging hinein in den Speisesaal. Die Leute saßen schon an ihren kleinen Tischen. Sie sprachen leise, aber doch, mir war es zu laut. Denn mir ward alles zur Qual, was an meine aufgereizten Nerven rührte: das leise Lispeln der Lippen, das Klirren der Bestecke, das Rasseln der Teller, jede einzelne Geste, jeder Atem, jeder Blick. Alles zuckte in mich hinein und tat mir weh. Ich mußte mich bemeistern, um nicht etwas Sinnloses zu tun, denn ich fühlte es an meinem Pulse: alle meine Sinne hatten Fieber. Jeden einzelnen dieser Menschen mußte ich ansehen, und gegen jeden fühlte ich Haß, als ich sie so friedlich dasitzen sah, gefräßig und gemächlich, indessen ich glühte. Irgendein Neid überkam mich, daß sie so satt und sicher in sich ruhten, anteillos an der Qual einer Welt, fühllos für die stille Raserei, die sich in der Brust der verdurstenden Erde regte. Alle griff ich an mit dem Blick, ob nicht einer wäre, der sie mitfühlte, aber alle schienen stumpf und unbesorgt. Nur Ruhende und Atmende, Gemächliche waren hier, Wache, Fühllose, Gesunde, und ich der einzige Kranke, der einzige im Fieber der Welt. Der Kellner brachte mir das Essen. Ich versuchte einen Bissen, vermochte aber nicht, ihn hinabzuwürgen. Alles widerstrebte mir, was Berührung war. Zu voll war ich von der Schwüle, dem Dunst, dem Brodem der leidenden, kranken, zerquälten Natur.
Neben mir rückte ein Sessel. Ich fuhr auf. Jeder Laut streifte jetzt an mich wie heißes Eisen. Ich sah hin. Fremde Menschen saßen dort, neue Nachbarn, die ich noch nicht kannte. Ein älterer Herr und seine Frau, bürgerliche ruhige Leute mit runden gelassenen Augen und kauenden Wangen. Aber ihnen gegenüber, halb mit dem Rücken zu mir, ein junges Mädchen, ihre Tochter offenbar. Nur den Nacken sah ich, weiß und schmal und darüber wie einen Stahlhelm schwarz und fast blau das volle Haar. Sie saß reglos da, und an ihrer Starre erkannte ich sie als dieselbe, die früher auf der Terrasse lechzend und aufgetan vor dem Regen gestanden wie eine weiße, durstende Blume. Ihre kleinen,

kränklich schmalen Finger spielten unruhig mit dem Besteck, aber doch ohne daß es klirrte; und diese Stille um sie tat mir wohl. Auch sie rührte keinen Bissen an, nur einmal griff ihre Hand hastig und gierig nach dem Glas. Oh, sie fühlt es auch, das Fieber der Welt, spürte ich beglückt an diesem durstigen Griff, und eine freundliche Teilnahme legte meinen Blick weich auf ihren Nacken. Einen Menschen, einen einzigen empfand ich jetzt, der nicht ganz abgeschieden war von der Natur, der auch mitglühte im Brande einer Welt, und ich wollte, daß sie wisse von unserer Bruderschaft. Ich hätte ihr zuschreien mögen: »Fühle mich doch! Fühle mich doch! Auch ich bin wach wie du, auch ich leide! Fühle mich! Fühle mich!« Mit der glühenden Magnetik des Wunsches umfing ich sie. Ich starrte in ihren Rücken, umschmeichelte von fern ihr Haar, bohrte mich ein mit dem Blick, ich rief sie mit den Lippen, ich preßte sie an, ich starrte und starrte, warf mein ganzes Fieber aus, damit sie es schwesterlich fühle. Aber sie wendete sich nicht um. Starr blieb sie, eine Statue, sitzen, kühl und fremd. Niemand half mir. Auch sie fühlte mich nicht. Auch in ihr war nicht die Welt. Ich brannte allein.

Oh, diese Schwüle außen und innen, ich konnte sie nicht mehr ertragen. Der Dunst der warmen Speisen, fett und süßlich, quälte mich, jedes Geräusch bohrte sich den Nerven ein. Ich spürte mein Blut wallen und wußte mich einer purpurnen Ohnmacht nahe. Alles lechzte in mir nach Kühle und Ferne, und dieses Nahsein der Menschen, das dumpfe, erdrückte mich. Neben mir war ein Fenster. Ich stieß es auf, weit auf. Und wunderbar: dort war es ganz geheimnisvoll wieder, dieses unruhige Flackern in meinem Blute, nur aufgelöst in das Unbegrenzte eines nächtigen Himmels. Weißgelb flimmerte oben der Mond wie ein entzündetes Auge in einem roten Ring von Dunst, und über die Felder schlich geisterhaft ein blasser Brodem hin. Fieberhaft zirpten die Grillen; mit metallenen Saiten, die schrillten und gellten, schien die Luft durchspannt. Dazwischen quäkte manchmal leise und sinnlos ein Unkenruf, Hunde schlugen an, heulend und laut; irgendwo in der Ferne brüllten die Tiere, und ich entsann mich, daß das Fieber in solchen Nächten den Kühen die Milch vergifte. Krank war die Natur, auch dort diese stille Raserei der Erbitterung, und ich starrte aus dem Fenster wie in einen Spiegel des Gefühls. Mein ganzes Sein bog sich hinaus, meine Schwüle und die der Landschaft flossen ineinander in eine stumme, feuchte Umarmung.

Wieder rückten neben mir die Sessel, und wieder schrak ich zusammen.

Das Diner war zu Ende, die Leute standen lärmend auf: meine Nachbarn erhoben sich und gingen an mir vorbei. Der Vater zuerst, gemächlich und satt, mit freundlichem, lächelndem Blick, dann die Mutter und zuletzt die Tochter. Jetzt erst sah ich ihr Gesicht. Es war gelblich bleich, von derselben matten, kranken Farbe wie draußen der Mond, die Lippen waren noch immer, wie früher, halb geöffnet. Sie ging lautlos und doch nicht leicht. Irgend etwas Schlaffes und Mattes war an ihr, das mich seltsam gemahnte an das eigene Gefühl. Ich spürte sie näher kommen und war gereizt. Etwas in mir wünschte eine Vertraulichkeit mit ihr, sie möge mich anstreifen mit ihrem weißen Kleide, oder daß ich den Duft ihres Haares spüren könnte im Vorübergehen. In diesem Augenblick sah sie mich an. Starr und schwarz stieß ihr Blick in mich hinein und blieb in mir festgehakt, tief und saugend, daß ich nur ihn spürte, ihr helles Gesicht darüber entschwand und ich einzig dieses düsternde Dunkel vor mir fühlte, in das ich stürzte wie in einen Abgrund. Sie trat noch einen Schritt vor, aber der Blick ließ mich nicht los, blieb in mich gebohrt wie eine schwarze Lanze, und ich spürte sein Eindringen tiefer und tiefer. Nun rührte seine Spitze bis an mein Herz, und es stand still. Ein, zwei Augenblicke hielt sie so den Blick an und ich den Atem, Sekunden, während deren ich mich machtlos weggerissen fühlte von dem schwarzen Magneten dieser Pupille. Dann war sie an mir vorbei. Und sofort fühlte ich mein Blut vorstürzen wie aus einer Wunde und erregt durch den ganzen Körper gehen.

Was – was war das? Wie aus einem Tode wachte ich auf. War das mein Fieber, das mich so wirr machte, daß ich im flüchtigen Blick einer Vorübergehenden mich gleich ganz verlor? Aber mir war gewesen, als hätte ich in diesem Anschauen die gleiche stille Raserei gespürt, die schmachtende, sinnlose, verdurstende Gier, die sich mir jetzt in allem auftat, im Blick des roten Mondes, in den lechzenden Lippen der Erde, in der schreienden Qual der Tiere, dieselbe, die in mir funkelte und bebte. Oh, wie wirr alles durcheinander ging in dieser phantastischen schwülen Nacht, wie alles zergangen war in dies eine Gefühl von Erwartung und Ungeduld! War es mein Wahnsinn, war es der der Welt? Ich war erregt und wollte Antwort wissen, und so ging ich ihr nach in die Halle. Sie hatte sich dort niedergesetzt neben ihre Eltern und lehnte still in einem Sessel. Unsichtbar war der gefährliche Blick unter den verhangenen Lidern. Sie las ein Buch, aber ich glaubte ihr nicht, daß sie lese. Ich war gewiß, daß, wenn sie fühlte wie ich, wenn sie litt mit der sinnlosen Qual der verschwülten Welt, daß sie nicht rasten könnte im stillen Betrachten, daß dies ein Verstecken war, ein Verbergen vor fremder Neugier. Ich setzte mich gegenüber und starrte sie an, ich wartete fiebernd auf den Blick, der mich bezaubert hatte, ob er nicht wiederkommen wolle und mir sein Geheimnis lösen. Aber sie rührte sich nicht. Die Hand schlug gleichgültig Blatt für Blatt im Buche um, der Blick blieb verhangen. Und ich wartete gegenüber, wartete heißer und heißer, irgendeine rätselhafte Macht des Willens spannte sich, muskelhaft stark, ganz körperlich, diese Verstellung zu zerbrechen. Inmitten all der Menschen, die dort gemächlich sprachen, rauchten und Karten spielten, hub nun ein stummes Ringen an. Ich spürte, daß sie sich weigerte, daß sie es sich versagte aufzuschauen, aber je mehr sie widerstrebte, desto stärker wollte es mein Trotz, und ich war stark, denn in mir war die Erwartung der ganzen lechzenden Erde und die dürstende Glut der enttäuschten Welt. Und so wie an meine Poren noch immer die feuchte Schwüle der Nacht, so drängte sich mein Wille gegen den ihren, und ich wußte, sie müsse mir nun bald einen Blick hergeben, sie müsse es. Hinten im Saale begann jemand Klavier zu spielen. Die Töne perlten leise herüber, auf und ab in flüchtigen Skalen, drüben lachte jetzt eine Gesellschaft lärmend über irgendeinen albernen Scherz, ich hörte alles, fühlte alles, was geschah, ohne aber für eine Minute nachzulassen. Ich zählte jetzt laut vor mich hin die Sekunden, während ich an ihren Lidern zog und sog, während ich von fern durch die Hypnose des Willens ihren störrisch niedergebeugten Kopf aufheben wollte. Minute auf Minute rollte vorüber – immer perlten die Töne von drüben dazwischen – und schon spürte ich, daß meine Kraft nachließ – da plötzlich hob sie mit einem Ruck sich auf und sah mich an, gerade hin auf mich. Wieder war es der gleiche Blick, der nicht endete, ein schwarzes, furchtbares, saugendes Nichts, ein Durst, der mich einsog, ohne Widerstand. Ich starrte in diese Pupillen hinein wie in die schwarze Höhlung eines photographischen Apparates und spürte, daß er zuerst mein Gesicht nach innen zog in das fremde Blut hinein und ich wegstürzte von mir; der Boden schwand unter meinen Füßen, und ich empfand die ganze Süße des schwindelnden Sturzes. Hoch oben über mir hörte ich noch die klingenden Skalen auf und nieder rollen, aber schon wußte ich nicht mehr, wo mir dies geschah. Mein Blut war weggeströmt, mein Atem stockte. Schon spürte ich, wie es mich würgte, diese Minute oder Stunde oder Ewigkeit – da schlugen ihre Lider wieder zu. Ich tauchte auf wie ein

Ertrinkender aus dem Wasser, frierend, geschüttelt von Fieber und Gefahr.
Ich sah um mich. Mir gegenüber saß unter den Menschen, still über ein Buch gebeugt, wieder nur mehr ein schlankes, junges Mädchen, regungslos bildhaft, nur leise unter dem dünnen Gewand wippte das Knie. Auch meine Hände zitterten. Ich wußte, daß jetzt dieses wollüstige Spiel von Erwartung und Widerstand wieder beginnen sollte, daß ich Minuten angespannt fordern mußte, um dann plötzlich wieder so in schwarze Flammen getaucht zu werden von einem Blick. Meine Schläfen waren feucht, in mir siedete das Blut. Ich konnte es nicht mehr ertragen. Ich stand auf, ohne mich umzuwenden, und ging hinaus.
Weit war die Nacht vor dem glänzenden Haus. Das Tal schien versunken, und der Himmel glänzte feucht und schwarz wie nasses Moos. Auch hier war keine Kühlung, noch immer nicht, überall auch hier das gleiche, gefährliche Sichgatten von Dürsten und Trunkenheit, das ich im Blute spürte. Etwas Ungesundes, Feuchtes, wie die Ausdünstung eines Fiebernden, lag über den Feldern, die milchweißen Dunst brauten, ferne Feuer zuckten und geisterten durch die schwere Luft, und um den Mond lag ein gelber Ring und machte seinen Blick bös. Ich fühlte mich unendlich müde. Ein geflochtener Stuhl, noch vom Tag her vergessen, stand da: ich warf mich hinein. Die Glieder fielen von mir ab, regungslos streckte ich mich hin. Und da, nur nachgebend angeschmiegt an das weiche Rohr, empfand ich mit einem Male die Schwüle als wunderbar. Sie quälte nicht mehr, sie drängte sich nur an, zärtlich und wollüstig, und ich wehrte ihr nicht. Nur die Augen hielt ich geschlossen, um nichts zu sehen, um stärker die Natur zu fühlen, das Lebendige, das mich umfing. Wie ein Polyp, ein weiches, glattes, saugendes Wesen umdrängte mich jetzt, berührte mich mit tausend Lippen die Nacht. Ich lag und fühlte mich nachgeben, hingeben an irgend etwas, das mich umfaßte, umschmiegte, umringte, das mein Blut trank, und zum erstenmal empfand ich in dieser schwülen Umfassung sinnlich wie eine Frau, die sich auflöst in der sanften Ekstase der Hingebung. Ein süßes Grauen war es mir, mit einem Male widerstandslos zu sein und ganz meinen Leib nur der Welt hinzugeben, wunderbar war es, wie dies Unsichtbare meine Haut zärtlich anrührte und allmählich unter sie drang, mir die Gelenke lockerer löste, und ich wehrte mich nicht gegen dieses Laßwerden der Sinne. Ich ließ mich hingleiten in das neue Gefühl, und dunkel, traumhaft empfand ich nur, daß dies: die Nacht und jener Blick von

früher, die Frau und die Landschaft, daß dies eins war, in dem es süß war, verloren zu sein. Manchmal war mir, als wäre diese Dunkelheit nur sie, und jene Wärme, die meine Glieder rührte, ihr eigener Leib, gelöst in Nacht wie der meine, und noch im Traume sie empfindend, schwand ich hin in dieser schwarzen, warmen Welle von wollüstiger Verlorenheit.
Irgend etwas schreckte mich auf. Mit allen Sinnen griff ich um mich, ohne mich zu finden. Und dann sah ichs, erkannte ichs, daß ich da gelehnt hatte mit geschlossenen Augen und in Schlaf gesunken war. Ich mußte geschlummert haben, eine Stunde oder Stunden vielleicht, denn das Licht in der Halle des Hotels war schon erloschen und alles längst zur Ruhe gegangen. Das Haar klebte mir feucht an den Schläfen, wie ein heißer Tau schien dieser traumhaft traumlose Schlummer über mich gesunken zu sein. Ganz wirr stand ich auf, mich ins Haus zurückzufinden. Dumpf war mir zumute, aber diese Wirrnis war auch um mich. Etwas gröhlte in der Ferne, und manchmal funkelte ein Wetterleuchten gefährlich über den Himmel hin. Die Luft schmeckte nach Feuer und Funken, es glänzten verräterische Blitze hinter den Bergen, und in mir phosphoreszierte Erinnerung und Vorgefühl. Ich wäre gern geblieben, mich zu besinnen, den geheimnisvollen Zustand genießend aufzulösen: aber die Stunde war spät, und ich ging hinein.
Die Halle war schon leer, die Sessel standen noch zufällig durcheinandergerückt im fahlen Schein eines einzelnen Lichtes. Gespenstisch war ihre unbelebte Leere, und unwillkürlich formte ich in den einen die zarte Gestalt des sonderbaren Wesens hinein, das mich mit seinen Blicken so verwirrt gemacht. Ihr Blick in der Tiefe meines Wesens war noch lebendig. Er rührte sich, und ich spürte, wie er mich aus dem Dunkel anglänzte, eine geheimnisvolle Ahnung witterte ihn noch irgendwo wach in diesen Wänden, und seine Verheißung irrlichterte mir im Blut. Und so schwül war es noch immer! Kaum daß ich die Augen schloß, fühlte ich purpurne Funken hinter den Lidern. Noch glänzte in mir der weiße glühende Tag, noch fieberte in mir diese flirrende, feuchte, funkelnde, phantastische Nacht.
Aber ich konnte hier im Flur nicht bleiben, es war alles dunkel und verlassen. So ging ich die Treppe hinauf und wollte doch nicht. Irgendein Widerstand war in mir, den ich nicht zu zähmen wußte. Ich war müde, und doch fühlte ich mich zu früh für den Schlaf. Irgendeine geheimnisvolle, hellsüchtige Witterung verhieß mir noch Abenteuerliches, und meine Sinne streckten sich vor, Lebendiges, Warmes zu erspähen. Wie

mit feinen, gelenkigen Fühlern drang es aus mir in den Treppengang, rührte an alle Gemächer, und wie früher hinaus in die Natur, so warf ich jetzt mein ganzes Fühlen in das Haus, und ich spürte den Schlaf, das gemächliche Atemgehen vieler Menschen darin, das schwere, traumlose Wogen ihres dicken schwarzen Blutes, ihre einfältige Ruhe und Stille, aber doch auch das magnetische Ziehen irgendeiner Kraft. Ich ahnte irgend etwas, das wach war wie ich. War es jener Blick, war es die Landschaft, die diesen feinen purpurnen Wahnsinn in mich getan? Ich glaubte irgend etwas Weiches durch Wall und Wand zu spüren, eine kleine Flamme von Unruhe in mir zitterte und lockte im Blut und brannte nicht aus. Widerwillig ging ich die Treppe hinauf und blieb noch immer stehen auf jeder Stufe und horchte aus mir heraus; nicht mit dem Ohr nur, sondern mit allen Sinnen. Nichts wäre mir wunderlich gewesen, alles in mir lauerte noch auf ein Unerhörtes, Seltsames, denn ich wußte, die Nacht konnte nicht enden ohne ein Wunderbares, diese Schwüle nicht enden ohne den Blitz. Noch einmal war ich, als ich da horchend auf dem Treppengeländer stand, die ganze Welt draußen, die sich reckte in ihrer Ohnmacht und nach dem Gewitter schrie. Aber nichts rührte sich. Nur leiser Atem zog durch das windstille Haus. Müde und enttäuscht ging ich die letzten Stufen hinauf, und mir graute vor meinem einsamen Zimmer wie vor einem Sarg.
Die Klinke schimmerte unsicher aus dem Dunkel, feucht und warm zu fassen. Ich öffnete die Tür. Hinten stand das Fenster offen und tat ein schwarzes Viereck von Nacht auf, gedrängte Tannenwipfel drüben vom Wald und dazwischen ein Stück des verwölkten Himmels. Dunkel war alles außen und innen, die Welt und das Zimmer, nur – seltsam und unerklärlich – am Fensterrahmen glänzte etwas Schmales, Aufrechtes wie ein verlorener Streifen Mondschein. Ich trat verwundert näher, zu sehen, was da so hell schimmerte in mondverhangener Nacht. Ich trat näher, und da regte sichs. Ich erstaunte: aber doch, ich erschrak nicht, denn etwas war in dieser Nacht in mir wunderlich dem Phantastischesten bereit, alles schon vorher gedacht und traumbewußt. Keine Begegnung wäre mir sonderbar gewesen und diese am wenigsten, denn wirklich: sie war es, die dort stand, sie, an die ich unbewußt gedacht, bei jeder Stufe, bei jedem Schritt in dem schlafenden Haus, und deren Wachheit meine aufgefunkelten Sinne durch Diele und Tür gespürt. Nur als einen Schimmer sah ich ihr Gesicht, und wie ein Dunst lag um sie das weiße Nachtgewand. Sie lehnte am Fenster, und wie sie dastand,

ihr Wesen hinausgewandt in die Landschaft, von dem schimmernden Spiegel der Tiefe geheimnisvoll angezogen in ihr Schicksal, schien sie märchenhaft, Ophelia über dem Teiche.
Ich trat näher, scheu und erregt zugleich. Das Geräusch mußte sie erreicht haben, sie wendete sich um. Ihr Gesicht war im Schatten. Ich wußte nicht, ob sie mich wirklich erblickte, ob sie mich hörte, denn nichts Jähes war in ihrer Bewegung, kein Erschrecken, kein Widerstand. Alles war ganz still um uns. An der Wand tickte eine kleine Uhr. Ganz still blieb es, und dann sagte sie plötzlich leise und unvermutet: »Ich fürchte mich so.«
Zu wem sprach sie? Hatte sie mich erkannt? Meinte sie mich? Redete sie aus dem Schlaf? Es war die gleiche Stimme, der gleiche zitternde Ton, der heute nachmittag draußen vor den nahen Wolken geschauert, da mich ihr Blick noch gar nicht bemerkt. Seltsam war dies, und doch war ich nicht verwundert, nicht verwirrt. Ich trat auf sie zu, sie zu beruhigen, und faßte ihre Hand. Wie Zunder fühlte sie sich an, heiß und trocken, und der Griff der Finger zerbröckelte weich in meiner Umfassung. Lautlos ließ sie mir die Hand. Alles an ihr war schlaff, wehrlos, abgestorben. Und nur von den Lippen flüsterte es nochmals wie aus einer Ferne: »Ich fürchte mich so! Ich fürchte mich so.« Und dann in einem Seufzer hinsterbend wie aus einem Ersticken: »Ach, wie schwül es ist!« Das klang von fern und war doch leise geflüstert wie ein Geheimnis zwischen uns beiden. Aber ich fühlte dennoch: sie sprach nicht zu mir.
Ich faßte ihren Arm. Sie zitterte nur leise wie die Bäume nachmittags vor dem Gewitter, aber sie wehrte sich nicht. Ich faßte sie fester: sie gab nach. Schwach, ohne Widerstand, eine warme, stürzende Welle, fielen ihre Schultern gegen mich. Nun hatte ich sie ganz nahe an mir, daß ich die Schwüle ihrer Haare atmen konnte und den feuchten Dunst ihres Haares. Ich bewegte mich nicht, und sie blieb stumm. Seltsam war all dies, und meine Neugier begann zu funkeln. Allmählich wuchs meine Ungeduld. Ich rührte mit meinen Lippen an ihr Haar – sie wehrte ihnen nicht. Dann nahm ich ihre Lippen. Sie waren trocken und heiß, und als ich sie küßte, taten sie sich plötzlich auf, um von den meinen zu trinken, aber nicht dürstend und leidenschaftlich, sondern mit dem stillen, schlaffen, begehrlichen Saugen eines Kindes. Eine Verschmachtende, so fühlte ich sie, und so wie ihre Lippen sog sich ihr schlanker, durch das dünne Gewand warm wogender Körper mir ganz so an wie früher draußen die Nacht, ohne Kraft, aber voll einer stillen, trunkenen Gier.

Und da, als ich sie hielt – meine Sinne funkelten noch grell durcheinander – spürte ich die warme feuchte Erde an mir, wie sie heute dalag, dürstend nach dem Schauer der Entspannung, die heiße, machtlose, glühende Landschaft. Ich küßte und küßte sie und empfand, als genösse ich die große, schwüle, harrende Welt in ihr, als wäre diese Wärme, die von ihren Wangen glühte, der Brodem der Felder, als atmete von ihren weichen, warmen Brüsten das schauernde Land.

Doch da, als meine wandernden Lippen zu ihren Lidern empor wollten, zu den Augen, deren schwarze Flammen ich so schaudernd gefühlt, da ich mich hob, ihr Gesicht zu schauen und im Anschauen stärker zu genießen, sah ich, überrascht, daß ihre Lider fest geschlossen waren. Eine griechische Maske aus Stein, augenlos, ohnmächtig, lag sie da, Ophelia nun, die tote, auf den Wassern treibend, bleich das fühllose Antlitz gehoben aus der dunklen Flut. Ich erschrak. Zum erstenmal fühlte ich Wirklichkeit in dem phantastischen Begeben. Schaudernd überfiel mich die Erkenntnis, daß ich da eine Unbewußte nahm, eine Trunkene, eine Kranke, eine Schlafwandlerin ihrer Sinne in den Armen hielt, die mir nur die Schwüle der Nacht hergetrieben wie ein roter, gefährlicher Mond, ein Wesen, das nicht wußte, was es tat, das mich vielleicht nicht wollte. Ich erschrak, und sie ward mir im Arme schwer. Leise wollte ich die Willenlose hingleiten lassen auf den Sessel, auf das Bett, um nicht aus einem Taumel Lust zu stehlen, nicht etwas zu nehmen, was sie vielleicht selbst nicht wollte, sondern nur jener Dämon in ihr, der Herr ihres Blutes war. Aber kaum fühlte sie, daß ich nachließ, begann sie leise zu stöhnen: »Laß mich nicht! Laß mich nicht!« flehte sie, und heißer sogen ihre Lippen, drängte ihr Körper sich an. Schmerzhaft war ihr Gesicht mit den verschlossenen Augen gespannt, und schaudernd spürte ich, daß sie wach werden wollte und nicht konnte, daß ihre trunkenen Sinne aus dem Gefängnis dieser Umnachtung schrien und wissend werden wollten. Aber gerade dies, daß unter dieser bleiernen Maske von Schlaf etwas rang, das aus seiner Bezauberung wollte, war gefährliche Lockung für mich, sie zu erwecken. Meine Nerven brannten vor Ungeduld, sie wach, sie sprechend, sie als wirkliches Wesen zu sehen, nicht bloß als Traumwandlerin, und um jeden Preis wollte ich aus ihrem dumpf genießenden Körper diese Wahrheit zwingen. Ich riß sie an mich, ich schüttelte sie, ich klemmte die Zähne in ihre Lippen und meine Finger in ihre Arme, damit sie endlich die Augen aufschlüge und nun besonnen täte, was hier nur dumpf ein Trieb in ihr genoß. Aber sie bog sich nur und stöhnte unter der schmerzhaften Umklammerung. »Mehr! Mehr!« stammelte sie mit einer Inbrunst, mit einer sinnlosen Inbrunst, die mich erregte und selbst sinnlos machte. Ich spürte, daß das Wache bereits nahe in ihr war, daß es aufbrechen wollte unter den geschlossenen Lidern, denn sie zuckten schon unruhig. Näher faßte ich sie, tiefer grub ich mich in sie ein, und plötzlich fühlte ich, wie eine Träne die Wange hinabrollte, die ich salzig trank. Furchtbar wogte es, je mehr ich sie preßte, in ihrer Brust, sie stöhnte, ihre Glieder krampften sich, als wollten sie etwas Ungeheures sprengen, einen Reif, der sie mit Schlaf umschloß, und plötzlich – wie ein Blitz war es durch die gewitternde Welt – brach es in ihr entzwei. Mit einem Male ward sie wieder schweres, lastendes Gewicht in meinen Armen, ihre Lippen ließen mich, die Hände sanken, und als ich sie zurücklehnte auf das Bett, blieb sie liegen gleich einer Toten. Ich erschrak. Unwillkürlich fühlte ich sie an und tastete ihre Arme und ihre Wangen. Sie waren ganz kalt, erfroren, steinern. Nur an den Schläfen oben tickte leise in zitternden Schlägen das Blut. Marmor, eine Statue, lag sie da, feucht die Wangen von Tränen, den Atem leise spielend um die gespannten Nüstern. Manchmal überrann sie noch leise ein Zucken, eine verebbende Welle des erregten Blutes, doch die Brust wogte immer leiser und leiser. Immer mehr schien sie Bild zu werden. Immer menschlicher und kindlicher, immer heller, entspannter wurden ihre Züge. Der Krampf war entflogen. Sie schlummerte. Sie schlief.

Ich blieb sitzen am Bettrand, zitternd über sie gebeugt. Ein friedliches Kind, lag sie da, die Augen geschlossen und den Mund leise lächelnd, belebt von innerem Traum. Ganz nahe beugte ich mich hinab, daß ich jede Linie ihres Antlitzes einzeln sah und den Hauch ihres Atems an der Wange fühlte, und von je näher ich auf sie blickte, desto ferner ward sie mir und geheimnisvoller. Denn wo war sie jetzt mit ihren Sinnen, die da steinern lag, hergetrieben von der heißen Strömung einer schwülen Nacht, zu mir, dem Fremden, und nun wie tot gespült an den Strand? Wer war es, die hier in meinen Händen lag, wo kam sie her, wem gehörte sie zu? Ich wußte nichts von ihr und fühlte nur immer, daß nichts mich ihr verband. Ich blickte sie an, einsame Minuten, während nur die Uhr eilfertig von oben tickte, und suchte in ihrem sprachlosen Antlitz zu lesen, und doch ward nichts von ihr vertraut. Ich hatte Lust, sie aufzuwecken aus diesem fremden Schlaf hier in meiner Nähe, in meinem Zimmer, hart an meinem Leben, und hatte doch gleichzeitig

Furcht vor dem Erwachen, vor dem ersten Blick ihrer wachen Sinne. So saß ich da, stumm, eine Stunde vielleicht oder zwei über den Schlaf dieses fremden Wesens gebeugt, und allmählich ward mirs, als sei es keine Frau mehr, kein Mensch, der hier abenteuerlich sich mir genaht, sondern die Nacht selbst, das Geheimnis der lechzenden, gequälten Natur, das sich mir aufgetan. Mir war, als läge hier unter meinen Händen die ganze heiße Welt mit ihren entschwülten Sinnen, als hätte sich die Erde aufgebäumt in ihrer Qual und sie als Boten gesandt aus dieser seltsamen, phantastischen Nacht.

Etwas klirrte hinter mir. Ich fuhr auf wie ein Verbrecher. Nochmals klirrte das Fenster, als rüttele eine riesige Faust daran. Ich sprang auf. Vor dem Fenster stand ein Fremdes: eine verwandelte Nacht, neu und gefährlich, schwarzfunkelnd und voll wilder Regsamkeit. Ein Sausen war dort, ein furchtbares Rauschen, und schon baute sichs auf zum schwarzen Turm des Himmels, schon warf sichs mir entgegen aus der Nacht, kalt, feucht und mit wildem Stoß: der Wind. Aus dem Dunkel sprang er, gewaltig und stark, seine Fäuste rissen an den Fenstern, hämmerten gegen das Haus. Wie ein furchtbarer Schlund war das Finstere aufgetan, Wolken fuhren heran und bauten schwarze Wände in rasender Eile empor, und etwas sauste gewalttätig zwischen Himmel und Welt. Weggerissen war die beharrliche Schwüle von dieser wilden Strömung, alles flutete, dehnte, regte sich, eine rasende Flucht war von einem Ende zum andern des Himmels, und die Bäume, die in der Erde festgewurzelten, stöhnten unter der unsichtbaren, sausenden, pfeifenden Peitsche des Sturmes. Und plötzlich riß dies weiß entzwei: ein Blitz, den Himmel spaltend bis zur Erde hinab. Und hinter ihm knatterte der Donner, als krachte das ganze Gewölk in die Tiefe. Hinter mir rührte sichs. Sie war aufgefahren. Der Blitz hatte den Schlaf von ihren Augen gerissen. Verwirrt starrte sie um sich. »Was ists«, sagte sie, »wo bin ich?« Und ganz anders war die Stimme als vordem. Angst bebte noch darin, aber der Ton klang jetzt klar, war scharf und rein wie die neugegorene Luft. Wieder riß ein Blitz den Rahmen der Landschaft auf: im Flug sah ich den erhellten Umriß der Tannen, geschüttelt vom Sturm, die Wolken, die wie rasende Tiere über den Himmel liefen, das Zimmer kalkweiß erhellt und weißer als ihr blasses Gesicht. Sie sprang empor. Ihre Bewegungen waren mit einem Male frei, wie ich sie nie an ihr gesehen. Sie starrte mich an in der Dunkelheit. Ich spürte ihren Blick schwärzer als die Nacht. »Wer sind Sie ... Wo bin ich?« stammelte sie und raffte erschreckt das aufgesprengte Gewand über der Brust zusammen. Ich trat näher, sie zu beruhigen, aber sie wich aus. »Was wollen Sie von mir?« schrie sie mit voller Kraft, da ich ihr nahe kam. Ich wollte ein Wort suchen, um sie zu beruhigen, sie anzusprechen, aber da merkte ich erst, daß ich ihren Namen nicht kannte. Wieder warf ein Blitz Licht über das Zimmer. Wie mit Phosphor bestrichen, blendeten kalkweiß die Wände, weiß stand sie vor mir, die Arme im Schrecken gegen mich gestemmt, und in ihrem nun wachen Blick war grenzenloser Haß. Vergebens wollte ich im Dunkel, das mit dem Donner auf uns niederfiel, sie fassen, beruhigen, ihr etwas erklären, aber sie riß sich los, stieß die Türe auf, die ein neuer Blitz ihr wies, und stürzte hinaus. Und mit der Tür, die zufiel, krachte der Donner nieder, als seien alle Himmel auf die Erde gefallen.

Und dann rauschte es, Bäche stürzten von unendlicher Höhe wie Wasserfälle, und der Sturm schwenkte sie als nasse Taue prasselnd hin und her. Manchmal schnellte er Büschel eiskalten Wassers und süßer, gewürzter Luft zum Fensterrahmen herein, wo ich schauend stand, bis das Haar mir naß war und ich troff von den kalten Schauern. Aber ich war selig, das reine Element zu fühlen, mir war, als löste nun auch meine Schwüle sich in den Blitzen los, und ich hätte schreien mögen vor Lust. Alles vergaß ich in dem ekstatischen Gefühl, wieder atmen zu können und frisch zu sein, und ich sog diese Kühle in mich wie die Erde, wie das Land: ich fühlte den seligen Schauer des Durchrütteltseins wie die Bäume, die sich zischend schwangen unter der nassen Rute des Regens. Dämonisch schön war der wollüstige Kampf des Himmels mit der Erde, eine gigantische Brautnacht, deren Lust ich mitfühlend genoß. Mit Blitzen griff der Himmel herab, mit Donner stürzte er auf die Erbebende nieder, und es war in diesem stöhnenden Dunkel ein rasendes Ineinandersinken von Höhe und Tiefe, wie von Geschlecht zu Geschlecht. Die Bäume stöhnten vor Wollust, und mit immer glühenderen Blitzen flocht sich die Ferne zusammen, man sah die heißen Adern des Himmels offenstehen, sie sprühten sich aus und mengten sich mit den nassen Rinnsalen der Wege. Alles brach auseinander und stürzte zusammen, Nacht und Welt – ein wunderbarer neuer Atem, in den sich der Duft der Felder vermengte mit dem feurigen Odem des Himmels, drang kühl in mich ein. Drei Wochen zurückgehaltener Glut rasten sich in diesem Kampf aus, und auch in mir fühlte ich die Entspannung. Es war mir, als rausche der Regen in meine Poren hinein, als durchsause reinigend der

Wind meine Brust, und ich fühlte mich und mein Erleben nicht mehr einzeln und beseelt, ich war nur Welt, Orkan, Schauer, Wesen und Nacht im Überschwang der Natur. Und dann, als alles mählich stiller ward, die Blitze bloß blau und ungefährlich den Horizont umschweiften, der Donner nur noch väterlich mahnend grollte und das Rauschen des Regens rhythmisch ward im ermattenden Wind, da kam auch mich ein Leiserwerden und Müdigkeit an. Wie Musik fühlte ich meine schwingenden Nerven erklingen, und sanfte Gelöstheit sank in meine Glieder. Oh, schlafen jetzt mit der Natur und dann aufwachen mit ihr! Ich warf die Kleider ab und mich ins Bett. Noch waren weiche, fremde Formen darin. Ich spürte sie dumpf, das seltsame Abenteuer wollte sich noch einmal besinnen, aber ich verstand es nicht mehr. Der Regen draußen rauschte und rauschte und wusch mir meine Gedanken weg. Ich fühlte alles nur noch als Traum. Immer wollte ich noch etwas zurückdenken von dem, was mir geschehen war, aber der Regen rauschte und rauschte, eine wunderbare Wiege war die sanfte, klingende Nacht, und ich sank in sie hinein, einschlummernd in ihrem Schlummer.
Am nächsten Morgen, als ich ans Fenster trat, sah ich eine verwandelte Welt. Klar, mit festen Umrissen, heiter lag das Land in sicherem, sonnigem Glanz, und hoch über ihm, ein leuchtender Spiegel dieser Stille, wölbte der Horizont sich blau und fern. Klar waren die Grenzen gezogen, unendlich fern stand der Himmel, der gestern sich tief hinab in die Felder gewühlt und sie fruchtbar gemacht. Jetzt aber war er fern, weltenweit und ohne Zusammenhang, nirgends rührte er sie mehr an, die duftende, atmende, gestillte Erde, sein Weib. Ein blauer Abgrund schimmerte kühl zwischen ihm und der Tiefe, wunschlos blickten sie einander an und fremd, der Himmel und die Landschaft.
Ich ging hinab in den Saal. Die Menschen waren schon beisammen. Anders war auch ihr Wesen als in diesen entsetzlichen Wochen der Schwüle. Alles regte und bewegte sich. Ihr Lachen klang hell, ihre Stimmen melodisch, metallen, die Dumpfheit war entflogen, die sie behinderte, das schwüle Band gesunken, das sie umflocht. Ich setzte mich zwischen sie, ganz ohne Feindseligkeit, und irgendeine Neugier suchte nun auch die andere, deren Bild mir der Schlaf fast entwunden. Und wirklich, zwischen Vater und Mutter am Nebentisch saß sie dort, die ich suchte. Sie war heiter, ihre Schultern leicht, und ich hörte sie lachen, klingend und unbesorgt. Neugierig umfaßte ich sie mit dem Blick. Sie bemerkte mich nicht. Sie erzählte irgend etwas, das sie froh

machte, und zwischen die Worte perlte ein kindliches Lachen hinein. Endlich sah sie gelegentlich auch zu mir herüber, und bei dem flüchtigen Anstreifen stockte unwillkürlich ihr Lachen. Sie sah mich schärfer an. Etwas schien sie zu befremden, die Brauen schoben sich hoch, streng und gespannt umfragte mich ihr Auge, und allmählich bekam ihr Gesicht einen angestrengten, gequälten Zug, als ob sie sich durchaus auf etwas besinnen wolle und es nicht vermöge. Ich blieb erwartungsvoll mit ihr Blick in Blick, ob nicht ein Zeichen der Erregung oder der Beschämung mich grüßen würde, aber schon sah sie wieder weg. Nach einer Minute kam ihr Blick noch einmal, um sich zu vergewissern, zurück. Noch einmal prüfte er mein Gesicht. Eine Sekunde nur, eine lange gespannte Sekunde, fühlte ich seine harte, stechende, metallene Sonde tief in mich dringen, doch dann ließ ihr Auge mich beruhigt los, und an der unbefangenen Helle ihres Blickes, der leichten, fast frohen Wendung ihres Kopfes spürte ich, daß sie wach nichts mehr von mir wußte, daß unsere Gemeinschaft versunken war mit der magischen Dunkelheit. Fremd und weit waren wir wieder einander wie Himmel und Erde. Sie sprach zu ihren Eltern, wiegte unbesorgt die schlanken, jungfräulichen Schultern, und heiter glänzten im Lächeln die Zähne unter den schmalen Lippen, von denen ich doch vor Stunden den Durst und die Schwüle einer ganzen Welt getrunken.

UNVERMUTETE BEKANNTSCHAFT MIT EINEM HANDWERK

Herrlich an jenem merkwürdigen Aprilmorgen 1931 war schon die nasse, aber bereits wieder durchsonnte Luft. Wie ein Seidenbonbon schmeckte sie süß, kühl, feucht und glänzend, gefilterter Frühling, unverfälschtes Ozon, und mitten auf dem Boulevard de Strasbourg atmete man überrascht einen Duft von aufgebrochenen Wiesen und Meer. Dieses holde Wunder hatte ein Wolkenbruch vollbracht, einer jener kapriziösen Aprilschauer, mit denen der Frühling sich oftmals auf ungezogenste Weise anzukündigen pflegt. Unterwegs schon war unser Zug einem dunklen Horizont nachgefahren, der vom Himmel schwarz in die Felder schnitt; aber erst bei Meaux – schon streuten sich die Spielzeugwürfel der Vorstadthäuser ins Gelände, schon bäumten sich schreiend die ersten Plakattafeln aus dem verärgerten Grün, schon raffte die betagte Engländerin mir gegenüber im Coupé ihre vierzehn Taschen und Flaschen und Reiseetuis zusammen – da platzte sie endlich auf, jene schwammige, vollgesogene Wolke, die bleifarben und böse seit Epernay mit unserer Lokomotive um die Wette lief. Ein kleiner blasser Blitz gab das Signal, und sofort stürzten mit Trompetengeprassel kriegerische Wassermassen herab, um unseren fahrenden Zug mit nassem Maschinengewehrfeuer zu bestreichen. Schwer getroffen weinten die Fensterscheiben unter den klatschenden Schlägen des Hagels, kapitulierend senkte die Lokomotive ihre graue Rauchfahne zur Erde. Man sah nichts mehr, man hörte nichts als dies erregt triefende Geprassel auf Stahl und Glas, und wie ein gepeinigtes Tier lief der Zug, dem Wolkenbruch zu entkommen, über die blanken Schienen. Aber siehe da, noch stand man, glücklich angelangt, unter dem Vorbau des Gare de l'Est und wartete auf den Gepäckträger, da blitzte hinter dem grauen Schnürboden des Regens schon wieder hell der Prospekt des Boulevards auf; ein scharfer Sonnenstrahl stieß seinen Dreizack durch das entflüchtende Gewölk, und sofort blinkten die Häuserfassaden wie poliertes Messing und der Himmel

leuchtete in ozeanischem Blau. Goldnackt wie Aphrodite Anadyomene aus den Wogen, so stieg die Stadt aus dem niedergestreiften Mantel des Regens, ein göttlicher Anblick. Und sofort, mit einem Flitz, stoben rechts und links aus hundert Unterschlupfen und Verstecken die Menschen auf die Straße, schüttelten sich, lachten und liefen ihren Weg, der zurückgestaute Verkehr rollte, knarrte, schnarrte und pfauchte wieder mit hundert Vehikeln quirlend durcheinander, alles atmete und freute sich des zurückgegebenen Lichtes. Selbst die hektischen Bäume des Boulevards, festgerammt im harten Asphalt, griffen, noch ganz begossen und betropft, wie sie waren, mit ihren kleinen, spitzen Knospenfingern in den neuen, sattblauen Himmel und versuchten ein wenig zu duften. Wahrhaftig, es gelang ihnen. Und Wunder über Wunder: man spürte deutlich ein paar Minuten das dünne, ängstliche Atmen der Kastanienblüten mitten im Herzen von Paris, mitten auf dem Boulevard de Strasbourg.
Und zweite Herrlichkeit dieses gesegneten Apriltages: ich hatte, frisch angekommen, keine einzige Verabredung bis tief hinein in den Nachmittag. Niemand von den viereinhalb Millionen Stadtbürgern von Paris wußte von mir oder wartete auf mich, ich war also göttlich frei, zu tun, was ich wollte. Ich konnte ganz nach meinem Belieben entweder spazieren schlendern oder Zeitung lesen, konnte in einem Café sitzen oder essen oder in ein Museum gehen, Auslagen anschauen oder die Bücher des Quais, ich konnte Freunde antelephonieren oder bloß in die laue, süße Luft hineinstarren. Aber glücklicherweise tat ich aus wissendem Instinkt das Vernünftigste: nämlich nichts. Ich machte keinerlei Plan, ich gab mich frei, schaltete jeden Kontakt auf Wunsch und Ziel ab und stellte meinen Weg ganz auf die rollende Scheibe des Zufalls, das heißt, ich ließ mich treiben, wie mich die Straße trieb, locker vorbei an den blitzenden Ufern der Geschäfte und rascher über die Stromschnellen der Straßenübergänge. Schließlich warf mich die Welle hinab in die großen Boulevards; ich landete wohlig müde auf der Terrasse eines Cafés, Ecke Boulevard Haussmann und Rue Drouot.
Da bin ich wieder, dachte ich, locker in den nachgiebigen Strohsessel gelehnt, während ich mir eine Zigarre anzündete, und da bist du, Paris! Zwei ganze Jahre haben wir alten Freunde einander nicht gesehen, jetzt wollen wir uns fest in die Augen schauen. Also vorwärts, leg los, Paris, zeig, was du seitdem dazugelernt hast, vorwärts, fang an, laß deinen unübertrefflichen Tonfilm ›Les Boulevards de Paris‹ vor mir abrollen,

dies Meisterwerk von Licht und Farbe und Bewegung mit seinen tausend und tausend unbezahlten und unzählbaren Statisten, und mach dazu deine unnachahmliche, klirrende, ratternde, brausende Straßenmusik! Spar nicht, gib Tempo, zeig, was du kannst, zeig, wer du bist, schalte dein großes Orchestrion ein mit atonaler, pantonaler Straßenmusik, laß deine Autos fahren, deine Camelots brüllen, deine Plakate knallen, deine Hupen dröhnen, deine Geschäfte funkeln, deine Menschen laufen – hier sitze ich, aufgetan wie nur je, und habe Zeit und Lust dir zuzuschauen, dir zuzuhören, bis mir die Augen schwirren und das Herz dröhnt. Vorwärts, vorwärts, spar nicht, verhalte dich nicht, gib mehr und immer mehr, wilder und immer wilder, immer andere und immer neue Schreie und Rufe, Hupen und zersplitterte Töne, mich macht es nicht müd, denn alle Sinne stehen dir offen, vorwärts und vorwärts, gib dich ganz mir hin, so wie ich bereit bin, ganz mich dir hinzugeben, du unerlernbare und immer wieder neu bezaubernde Stadt!
Denn – und dies war die dritte Herrlichkeit dieses außerordentlichen Morgens – ich fühlte schon an einem gewissen Prickeln in den Nerven, daß ich wieder einmal meinen Neugiertag hatte, wie meist nach einer Reise oder einer durchwachten Nacht. An solchen Neugiertagen bin ich gleichsam doppelt und sogar vielfach ich selbst; ich habe dann nicht genug an meinem eigenen umgrenzten Leben, mich drängt, mich spannt etwas von innen, als müßte ich aus meiner Haut herausschlüpfen wie der Schmetterling aus seiner Puppe. Jede Pore dehnt sich, jeder Nerv krümmt sich zu einem feinen, glühenden Enterhaken, eine fanatische Hellhörigkeit, Hellsichtigkeit überkommt mich, eine fast unheimliche Luzidität, die mir Pupille und Trommelfell schärfer spannt. Alles wird mir geheimnisvoll, was ich mit dem Blick berühre. Stundenlang kann ich einem Straßenarbeiter zusehen, wie er mit dem elektrischen Bohrer den Asphalt aufstemmt, und so stark spüre ich aus dem bloßen Beobachten sein Tun, daß jede Bewegung seiner durchschütterten Schulter unwillkürlich in die meine übergeht. Endlos kann ich vor irgendeinem fremden Fenster stehen und mir das Schicksal des unbekannten Menschen ausphantasieren, der vielleicht hier wohnt oder wohnen könnte, stundenlang irgendeinem Passanten zusehen und nachgehen, von Neugier magnetisch sinnlos nachgezogen und voll bewußt dabei, daß dieses Tun völlig unverständlich und narrhaft wäre für jeden anderen, der mich zufällig beobachtete, und doch ist diese Phantasie und Spiellust berauschender für mich als jedes schon gestaltete Theaterstück oder das

Abenteuer eines Buches. Mag sein, daß dieser Überreiz, diese nervöse Hellsichtigkeit sehr natürlich mit der plötzlichen Ortsveränderung zusammenhängt und nur Folge ist der Umstellung des Luftdruckes und der dadurch bedingten chemischen Umschaltung des Blutes – ich habe nie versucht, mir diese geheimnisvolle Erregtheit zu erklären. Aber immer, wenn ich sie fühle, scheint mir mein sonstiges Leben wie ein blasses Hindämmern und alle anderen durchschnittlichen Tage nüchtern und leer. Nur in solchen Augenblicken spüre ich mich und die phantastische Vielfalt des Lebens völlig.

So ganz aus mir herausgebeugt, so spiellüstern und angespannt saß ich auch damals an jenem gesegneten Apriltag auf meinem Sesselchen am Ufer des Menschenstromes und wartete, ich wußte nicht worauf. Aber ich wartete mit dem leisen fröstelnden Zittern des Anglers auf jenen gewissen Ruck, ich wußte instinkthaft, daß mir irgend etwas, irgend jemand begegnen mußte, weil ich so tauschgierig, so rauschgierig war, meiner Neugierlust etwas zum Spielen heranzuholen. Aber die Straße warf mir vorerst nichts zu, und nach einer halben Stunde wurden meine Augen der vorbeigewirbelten Massen müde, ich nahm nichts einzelnes mehr deutlich wahr. Die Menschen, die der Boulevard vorbeispülte, begannen für mich ihre Gesichter zu verlieren, sie wurden ein verschwommener Schwall von gelben, braunen, schwarzen, grauen Mützen, Kappen und Käppis, leeren und schlecht geschminkten Ovalen, ein langweiliges Spülicht schmutzigen Menschenwassers, das immer farbloser und grauer strömte, je ermüdeter ich blickte. Und schon war ich erschöpft, wie von einem undeutlich zuckenden und schlecht kopierten Film, und wollte aufstehen und weiter. Da endlich, da endlich entdeckte ich ihn.

Er fiel mir zuerst auf, dieser fremde Mensch, dank der simplen Tatsache, daß er immer wieder in mein Blickfeld kam. Alle die andern tausende und tausende Menschen, welche mir diese halbe Stunde vorüberschwemmte, stoben wie von unsichtbaren Bändern weggerissen fort, sie zeigten hastig ein Profil, einen Schatten, einen Umriß, und schon hatte die Strömung sie für immer mitgeschleppt. Dieser eine Mensch aber kam immer wieder und immer an dieselbe Stelle; deshalb bemerkte ich ihn. So wie die Brandung manchmal mit unbegreiflicher Beharrlichkeit eine einzige schmutzige Alge an den Strand spült und sofort mit ihrer en Zunge wieder zurückschluckt, um sie gleich wieder hinzuwerfen zurückzunehmen, so schwemmte diese eine Gestalt immer wieder

mit dem Wirbel heran, und zwar jedesmal in gewissen, fast regelmäßigen Zeitabständen und immer an derselben Stelle und immer mit dem gleichen geduckten, merkwürdig überdeckten Blick. Ansonsten erwies sich dieses Stehaufmännchen als keine große Sehenswürdigkeit; ein dürrer, ausgehungerter Körper, schlecht eingewickelt in ein kanariengelbes Sommermäntelchen, das ihm sicher nicht eigens auf den Leib geschneidert war, denn die Hände verschwanden ganz unter den überhängenden Ärmeln; es war in lächerlichem Maße zu weit, überdimensional, dieses kanariengelbe Mäntelchen einer längstverschollenen Mode, für dies dünne Spitzmausgesicht mit den blassen, fast ausgelöschten Lippen, über denen ein blondes Bürstchen wie ängstlich zitterte. Alles an diesem armen Teufel schlotterte falsch und schlapp – schiefschultrig mit dünnen Clownbeinen schlich er bekümmerten Gesichts bald von rechts, bald von links aus dem Wirbel, blieb dann anscheinend ratlos stehen, sah ängstlich auf wie ein Häschen aus dem Hafer, schnupperte, duckte sich und verschwand neuerdings im Gedränge. Außerdem – und dies war das zweite, das mir auffiel – schien dieses abgeschabte Männchen, das mich irgendwie an einen Beamten aus einer Gogolschen Novelle erinnerte, stark kurzsichtig oder besonders ungeschickt zu sein, denn zweimal, dreimal, viermal beobachtete ich, wie eiligere, zielbewußtere Passanten dies kleine Stückchen Straßenelend anrannten und beinahe umrannten. Aber dies schien ihn nicht sonderlich zu bekümmern; demütig wich er zur Seite, duckte sich und schlüpfte neuerdings vor und war immer da, immer wieder, jetzt vielleicht schon zum zehnten- oder zwölftenmal in dieser knappen halben Stunde.
Nun, das interessierte mich. Oder vielmehr, ich ärgerte mich zuerst, und zwar über mich selbst, daß ich, neugierig, wie ich an diesem Tage war, nicht gleich erraten konnte, was dieser Mensch hier wollte. Und je vergeblicher ich mich bemühte, desto ärgerlicher wurde meine Neugier. Donnerwetter, was suchst du eigentlich, Kerl? Auf was, auf wen wartest du da? Ein Bettler, das bist du nicht, der stellt sich nicht so tolpatschig mitten ins dickste Gewühl, wo niemand Zeit hat, in die Tasche zu greifen. Ein Arbeiter bist du auch nicht, denn die haben Schlag elf Uhr vormittags keine Gelegenheit, hier so lässig herumzulungern. Und auf ein Mädchen wartest du schon gar nicht, mein Lieber, denn solch einen armseligen Besenstiel sucht sich nicht einmal die Älteste und Abgetakeltste aus. Also Schluß, was suchst du da? Bist du vielleicht einer jener obskuren Fremdenführer, die, von der Seite leise anschleichend, unter

dem Ärmel obszöne Photographien herausvoltigieren und dem Provinzler alle Herrlichkeiten Sodoms und Gomorras für einen Bakschisch versprechen? Nein, auch das nicht, denn du sprichst ja niemanden an, im Gegenteil, du weichst jedem ängstlich aus mit deinem merkwürdig geduckten und gesenkten Blick. Also zum Teufel, was bist du, Duckmäuser? Was treibst du da in meinem Revier? Schärfer und schärfer nahm ich ihn aufs Korn, in fünf Minuten war es für mich schon Passion, schon Spiellust geworden, herauszubekommen, was dieses kanariengelbe Stehaufmännchen hier auf dem Boulevard wollte. Und plötzlich wußte ich es: es war ein Detektiv.

Ein Detektiv, ein Polizist in Zivil, ich erkannte das instinktiv an einer ganz winzigen Einzelheit, an jenem schrägen Blick, mit dem er jeden einzelnen Vorübergehenden hastig visitierte, jenem unverkennbaren Agnoszierungsblick, den die Polizisten gleich im ersten Jahr ihrer Ausbildung lernen müssen. Dieser Blick ist nicht einfach, denn einerseits muß er rapid wie ein Messer die Naht entlang von unten den ganzen Körper herauflaufen bis zum Gesicht und mit diesem erhellenden Blickfeuer einerseits die Physiognomie erfassen und anderseits innerlich mit dem Signalement bekannter und gesuchter Verbrecher vergleichen. Zweitens aber – und das ist vielleicht noch schwieriger – muß dieser Beobachtungsblick ganz unauffällig eingeschaltet werden, denn der Spähende darf sich nicht als Späher vor dem andern verraten. Nun, dieser mein Mann hatte seinen Kurs ausgezeichnet absolviert; duselig wie ein Träumer schlich und strich er scheinbar gleichgültig durch das Gedränge, ließ sich lässig stoßen und schieben, aber zwischendurch schlug er dann immer plötzlich – es war wie der Blitz eines photographischen Verschlusses – die schlaffen Augenlider auf und stieß zu wie mit einer Harpune. Niemand ringsum schien ihn bei seinem amtlichen Handwerk zu beobachten, und auch ich selber hätte nichts bemerkt, wäre dieser gesegnete Apriltag nicht glücklicherweise auch mein Neugiertag gewesen und ich so lange und ingrimmig auf der Lauer gelegen.

Aber auch sonst mußte dieser heimliche Polizist ein besonderer Meister seines Faches sein, denn mit wie raffinierter Täuschungskunst hatte er es verstanden, Gehaben, Gang, Kleidung oder vielmehr die Lumpen eines richtigen Straßentrotters für seinen Vogelfängerdienst nachzuahmen. Ansonsten erkennt man Polizisten in Zivilkleidung unweigerlich auf hundert Schritte Distanz, weil diese Herren sich in allen Verkleidungen nicht entschließen können, den letzten Rest ihrer amtlichen Würde

abzulegen, niemals lernen sie bis zur täuschenden Vollkommenheit jenes scheue, ängstliche Geducktsein, das all den Menschen ganz natürlich in den Gang fällt, denen jahrzehntelange Armut die Schultern drückt. Dieser aber, Respekt, hatte die Verlotterung eines Stromers geradezu stinkend wahrgemacht und bis ins letzte Detail die Vagabundenmaske durchgearbeitet. Wie psychologisch richtig schon dies, daß der kanariengelbe Überzieher, der etwas schiefgelegte braune Hut mit letzter Anstrengung eine gewisse Eleganz markierte, während unten die zerfransten Hosen und oben der abgestoßene Rock das nackte Elend durchschimmern ließen: als geübter Menschenjäger mußte er beobachtet haben, daß die Armut, diese gefräßige Ratte, jedes Kleidungsstück zunächst an den Rändern anknabbert. Auf eine derart triste Garderobe war auch die verhungerte Physiognomie vortrefflich charakteristisch abgestimmt, das dünne Bärtchen (wahrscheinlich angeklebt), die schlechte Rasur, die künstlich verwirrten und zerknitterten Haare, die jeden Unvoreingenommenen hätten schwören lassen, dieser arme Teufel habe die letzte Nacht auf einer Bank verbracht oder auf einer Polizeipritsche. Dazu noch ein kränkliches Hüsteln mit vorgehaltener Hand, das frierende Zusammenziehen des Sommermäntelchens, das schleicherisch leise Gehen, als stecke Blei in den Gliedern; beim Zeus: hier hatte ein Verwandlungskünstler ein vollendetes klinisches Bild von Schwindsucht letzten Grades geschaffen.
Ich schäme mich nicht einzugestehen: ich war begeistert von der großartigen Gelegenheit, hier einen offiziellen Polizeibeobachter privat zu beobachten, obwohl ich es in einer anderen Schicht meines Gefühls zugleich niederträchtig fand, daß an einem solchen gesegneten Azurtag mitten unter Gottes freundlicher Aprilsonne hier ein verkleideter pensionsberechtigter Staatsangesteller nach irgendeinem armen Teufel angelte, um ihn aus diesem sonnenzitternden Frühlingslicht in irgendeinen Kotter zu schleppen. Immerhin, es war erregend, ihm zu folgen, immer gespannter beobachtete ich jede seiner Bewegungen und freute mich jedes neuentdeckten Details. Aber plötzlich zerfloß meine Entdekkungsfreude wie Gefrorenes in der Sonne. Denn etwas stimmte mir nicht in meiner Diagnose, etwas paßte mir nicht. Ich wurde wieder unsicher. War das wirklich ein Detektiv? Je schärfer ich diesen sonderbaren Spaziergänger aufs Korn nahm, desto mehr bestärkte sich der Verdacht, diese seine zur Schau getragene Armseligkeit sei doch um einen Grad *zu* echt, *zu* wahr, um bloß eine Polizeiattrappe zu sein. Da

war vor allem, erstes Verdachtsmoment, der Hemdkragen. Nein, etwas dermaßen Verdrecktes hebt man nicht einmal vom Müllhaufen auf, um sichs mit eigenen nackten Fingern um den Hals zu legen; so etwas trägt man nur in wirklicher verzweifeltster Verwahrlosung. Und dann – zweite Unstimmigkeit – die Schuhe, sofern es überhaupt erlaubt ist, derlei kümmerliche, in völliger Auflösung befindliche Lederfetzen noch Schuhe zu nennen. Der rechte Stiefel war statt mit schwarzen Senkeln bloß mit grobem Bindfaden zugeschnürt, während beim linken die abgelöste Sohle bei jedem Schritt aufklappte wie ein Froschmaul. Nein, auch ein solches Schuhwerk erfindet und konstruiert man sich nicht zu einer Maskerade. Vollkommen ausgeschlossen, schon gab es keinen Zweifel mehr, diese schlotterige, schleichende Vogelscheuche war kein Polizist und meine Diagnose ein Fehlschluß. Aber wenn kein Polizist, was dann? Wozu dieses ewige Kommen und Gehen und Wiederkommen, dieser von unten her geschleuderte, hastig spähende, suchende, kreisende Blick? Eine Art Zorn packte mich, daß ich diesen Menschen nicht durchschauen konnte, und am liebsten hätte ich ihn an der Schulter gefaßt: Kerl, was willst du? Kerl, was treibst du hier?

Aber mit einemmal, wie eine Zündung schlug es die Nerven entlang, ich zuckte auf, so kernschußhaft fuhr die Sicherheit in mich hinein – auf einmal wußte ich alles und nun ganz bestimmt, nun endgültig und unwiderleglich. Nein, das war kein Detektiv – wie hatte ich mich so narren lassen können? – das war, wenn man so sagen darf, das Gegenteil eines Polizisten: es war ein Taschendieb, ein echter und rechter, ein geschulter, professioneller, veritabler Taschendieb, der hier auf dem Boulevard nach Brieftaschen, Uhren, Damentaschen und anderen Beutestücken krebsen ging. Diese seine Handwerkszugehörigkeit stellte ich zuerst fest, als ich merkte, daß er gerade dort dem Gedränge zutrieb, wo es am dicksten war, und nun verstand ich auch seine scheinbare Tolpatschigkeit, sein Anrennen und Anstoßen an fremde Menschen. Immer klarer, immer eindeutiger wurde mir die Situation. Denn daß er sich gerade diesen Posten vor dem Kaffeehaus und ganz nahe der Straßenkreuzung ausgesucht, hatte seinen Grund in dem Einfall eines klugen Ladenbesitzers, der sich für sein Schaufenster einen besonderen Trick ausgesonnen hatte. Die Ware dieses Geschäftes bestand an sich zwar bloß aus ziemlich uninteressanten und wenig verlockenden Gegenständen, aus Kokosnüssen, türkischen Zuckerwaren und verschiedenen bunten Karamels, aber der Besitzer hatte die glänzende Idee gehabt, die

Schaufenster nicht nur mit falschen Palmen und tropischen Prospekten orientalisch auszustaffieren, sondern mitten in dieser südlichen Pracht ließ er – vortrefflicher Einfall – drei lebendige Äffchen sich herumtreiben, die in den possierlichsten Verrenkungen hinter der Glasscheibe voltigierten, die Zähne fletschten, einander Flöhe suchten, grinsten und spektakelten und sich nach echter Affenart ungeniert und unanständig benahmen. Der kluge Verkäufer hatte richtig gerechnet, denn in dicken Trauben blieben die Vorübergehenden vor diesem Fenster kleben, insbesondere die Frauen schienen nach ihren Ausrufen und Schreien an diesem Schauspiel unermeßliches Ergötzen zu haben. Jedesmal nun, wenn sich ein gehöriges Bündel neugieriger Passanten vor diesem Schaufenster besonders dicht zusammenschob, war mein Freund schnell und schleicherisch zur Stelle. Sanft und in falsch bescheidener Art drängte er sich mitten hinein unter die Drängenden; so viel aber wußte ich immerhin schon von dieser bisher nur wenig erforschten und meines Wissens nie recht beschriebenen Kunst des Straßendiebstahls, daß Taschendiebe zum guten Griff ein gutes Gedränge ebenso notwendig brauchen wie die Heringe zum Laichen, denn nur im Gepreßt- und Geschobensein spürt das Opfer nicht die gefährliche Hand, indes sie die Brieftasche oder die Uhr mardert. Außerdem aber – das lernte ich erst jetzt zu – gehört offenbar zum rechten Coup etwas Ablenkendes, etwas, das die unbewußte Wachsamkeit, mit der jeder Mensch sein Eigentum schützt, für eine kurze Pause chloroformiert. Diese Ablenkung besorgten in diesem Falle die drei Affen mit ihrem possierlichen und wirklich amüsanten Gebaren auf unüberbietbare Art. Eigentlich waren sie, die feixenden, grinsenden, nackten Männchen, ahnungsloserweise die ständig tätigen Hehler und Komplicen dieses meines neuen Freundes, des Taschendiebes.
Ich war, man verzeihe es mir, von dieser meiner Entdeckung geradezu begeistert. Denn noch nie in meinem Leben hatte ich einen Taschendieb gesehen. Oder vielmehr, um ganz ehrlich zu bleiben, einmal in meiner Londoner Studentenzeit, als ich, um mein Englisch zu verbessern, öfters in Gerichtsverhandlungen des Zuhörens halber ging, kam ich zurecht, wie man einen rothaarigen, pickligen Burschen zwischen zwei Policemen vor den Richter führte. Auf dem Tisch lag eine Geldbörse, Corpus delicti, ein paar Zeugen redeten und schworen, dann murmelte der Richter einen englischen Brei und der rothaarige Bursche verschwand – wenn ich recht verstand, für sechs Monate. Das war der erste Taschen-

dieb, den ich sah, aber – dies der Unterschied – ich hatte dabei keineswegs feststellen können, daß dies wirklich ein Taschendieb sei. Denn nur die Zeugen behaupteten seine Schuld, ich hatte eigentlich nur der juristischen Rekonstruktion der Tat beigewohnt, nicht der Tat selbst. Ich hatte bloß einen Angeklagten, einen Verurteilten gesehen und nicht wirklich den Dieb. Denn ein Dieb ist doch Dieb nur eigentlich in dem Augenblick, da er diebt, und nicht zwei Monate später, da er für seine Tat vor dem Richter steht, so wie der Dichter wesenhaft nur Dichter ist, während er schafft, und nicht etwa, wenn er ein paar Jahre hernach am Mikrophon sein Gedicht vorliest; wirklich und wahrhaft ist der Täter einzig nur im Augenblick seiner Tat. Jetzt aber war mir Gelegenheit dieser seltensten Art gegeben, ich sollte einen Taschendieb in seinem charakteristischesten Augenblick erspähen, in der innersten Wahrheit seines Wesens, in jener knappen Sekunde, die sich so selten belauschen läßt wie Zeugung und Geburt. Und schon der Gedanke dieser Möglichkeit erregte mich.
Selbstverständlich war ich entschlossen, eine so gloriose Gelegenheit nicht zu verpassen, nicht eine Einzelheit der Vorbereitung und der eigentlichen Tat zu versäumen. Ich gab sofort meinen Sessel am Kaffehaustisch preis, hier fühlte ich mich zu sehr im Blickfeld behindert. Ich brauchte jetzt einen übersichtlichen, einen sozusagen ambulanten Posten, von dem ich ungehemmt zuspähen konnte, und wählte nach einigen Proben einen Kiosk, auf dem Plakate aller Theater von Paris buntfarbig klebten. Dort konnte ich unauffällig in die Ankündigungen vertieft scheinen, während ich in Wahrheit hinter dem Schutz der gerundeten Säule jede seiner Bewegungen auf das genaueste verfolgte. Und so sah ich mit einer mir heute kaum mehr begreiflichen Zähigkeit zu, wie dieser arme Teufel hier seinem schweren und gefährlichen Geschäft nachging, sah ihm gespannter zu, als ich mich entsinnen kann, je im Theater oder bei einem Film einem Künstler gefolgt zu sein. Denn in ihrem konzentriertesten Augenblick übertrifft und übersteigert die Wirklichkeit jede Kunstform. Vive la réalité!
Diese ganze Stunde von elf bis zwölf Uhr vormittags mitten auf dem Boulevard von Paris verging mir demnach auch wirklich wie ein Augenblick, obwohl – oder vielmehr weil – sie derart erfüllt war von unablässigen Spannungen, von unzähligen kleinen aufregenden Entscheidungen und Zwischenfällen; ich könnte sie stundenlang schildern, diese eine Stunde, so geladen war sie mit Nervenenergie, so aufreizend

durch ihre Spielgefährlichkeit. Denn bis zu diesem Tage hatte ich niemals und nie auch nur in annähernder Weise geahnt, ein wie ungemein schweres und kaum erlernbares Handwerk – nein, was für eine furchtbare und grauenhaft anspannende Kunst der Taschendiebstahl auf offener Straße und bei hellem Tageslicht ist. Bisher hatte ich mit der Vorstellung: ›Taschendieb‹ nichts verbunden als einen undeutlichen Begriff von großer Frechheit und Handfertigkeit, ich hatte dies Metier tatsächlich nur für eine Angelegenheit der Finger gehalten, ähnlich der Jongliertüchtigkeit oder der Taschenspielerei. Dickens hat einmal im ›Oliver Twist‹ geschildert, wie dort ein Diebmeister die kleinen Jungen anlernt, ganz unmerkbar ein Taschentuch aus einem Rock zu stehlen. Oben an dem Rock ist ein Glöckchen befestigt, und wenn, während der Neuling das Tuch aus der Tasche zieht, dieses Glöckchen klingelt, dann war der Griff falsch und zu plump getan. Aber Dickens, das merkte ich jetzt, hatte nur auf das Grobtechnische der Sache geachtet, auf die Fingerkunst, wahrscheinlich hatte er einen Taschendiebstahl niemals am lebendigen Objekt beobachtet – er hatte wahrscheinlich nie Gelegenheit gehabt, zu bemerken (wie es mir jetzt durch einen glückhaften Zufall gegeben war), daß bei einem Taschendieb, der am hellichten Tage arbeitet, nicht nur eine wendige Hand im Spiele sein muß, sondern auch geistige Kräfte der Bereitschaft, der Selbstbeherrschung, eine sehr geübte, gleichzeitig kalte und blitzgeschwinde Psychologie und vor allem ein unsinniger, ein geradezu rasender Mut. Denn ein Taschendieb, dies begriff ich jetzt schon nach sechzig Minuten Lehrzeit, muß die entscheidende Raschheit eines Chirurgen besitzen, der – jede Verzögerung um eine Sekunde ist tödlich – eine Herznaht vornimmt; aber dort, bei einer solchen Operation, liegt der Patient wenigstens schön chloroformiert, er kann sich nicht rühren, er kann sich nicht wehren, indes hier der leichte jähe Zugriff an den völlig wachen Leib eines Menschen fahren muß – und gerade in der Nähe ihrer Brieftasche sind die Menschen besonders empfindlich. Während der Taschendieb aber seinen Griff ansetzt, während seine Hand unten blitzhaft vorstößt, in eben diesem angespanntesten, aufregendsten Moment der Tat muß er überdies noch gleichzeitig in seinem Gesicht alle Muskeln und Nerven völlig beherrschen, er muß gleichgültig, beinahe gelangweilt tun. Er darf seine Erregung nicht verraten, darf nicht, wie der Gewalttäter, der Mörder, während er mit dem Messer zustößt, den Grimm seines Stoßes in der Pupille spiegeln – er muß, der Taschendieb, während seine Hand schon vorfährt, seinem Opfer klare, freundliche Augen hinhalten und demütig beim Zusammenprall sein »Pardon, Monsieur« mit unauffälliger Stimme sagen. Aber noch nicht genug an dem, daß er im Augenblick der Tat klug und wach und geschickt sein muß – schon *ehe* er zugreift, muß er seine Intelligenz, seine Menschenkenntnis bewähren, er muß als Psychologe, als Physiologe seine Opfer auf die Tauglichkeit prüfen. Denn nur die Unaufmerksamen, die Nichtmißtrauischen sind überhaupt in Rechnung zu stellen und unter diesen abermals bloß jene, die den Oberrock nicht zugeknöpft tragen, die nicht zu rasch gehen, die man unauffällig anschleichen kann; von hundert, von fünfhundert Menschen auf der Straße, ich habe es in jener Stunde nachgezählt, kommen kaum mehr als einer oder zwei ins Schußfeld. Nur bei ganz wenigen Opfern wird sich ein vernünftiger Taschendieb überhaupt an die Arbeit wagen und bei diesen wenigen mißlingt der Zugriff infolge der unzähligen Zufälle, die zusammenwirken müssen, meist noch in letzter Minute. Eine riesige Summe von Menschenerfahrung, von Wachsamkeit und Selbstbeherrschung ist (ich kann es bezeugen) für dieses Handwerk vonnöten, denn auch dies ist zu bedenken, daß der Dieb, während er bei seiner Arbeit mit angespannten Sinnen seine Opfer wählen und beschleichen muß, gleichzeitig mit einem anderen Sinn seiner krampfhaft angestrengten Sinne darauf zu achten hat, daß er nicht zugleich selbst bei seiner Arbeit beobachtet werde. Ob nicht ein Polizist oder ein Detektiv um die Ecke schielt oder einer der ekelhaft vielen Neugierigen, die ständig die Straße bevölkern; all dies muß er stets im Auge behalten, und ob nicht eine in der Hast übersehene Auslage seine Hand spiegelt und ihn entlarvt, ob nicht von innen aus einem Geschäft oder aus einem Fenster jemand sein Treiben überwacht. Ungeheuer ist also die Anstrengung und kaum in vernünftiger Proportion zur Gefahr, denn ein Fehlgriff, ein Irrtum kann drei Jahre, vier Jahre Pariser Boulevard kosten, ein kleines Zittern der Finger, ein vorschneller nervöser Griff die Freiheit. Taschendiebstahl am hellichten Tage auf einem Boulevard, ich weiß es jetzt, ist eine Mutleistung höchsten Ranges, und ich empfinde es seitdem als gewisse Ungerechtigkeit, wenn die Zeitungen diese Art Diebe gleichsam als die Belanglosen unter den Übeltätern in einer kleinen Rubrik mit drei Zeilen abtun. Denn von allen Handwerken, den erlaubten und unerlaubten unserer Welt, ist dies eines der schwersten, der gefährlichsten: eines, das in seinen Höchstleistungen beinahe Anspruch hat, sich Kunst zu nennen. Ich darf dies aussprechen, ich kann

es bezeugen, denn ich habe es einmal, an jenem Apriltage, erlebt und mitgelebt.
Mitgelebt: ich übertreibe nicht, wenn ich dies sage, denn nur anfangs, nur in den ersten Minuten gelang es mir, rein sachlich kühl diesen Mann bei seinem Handwerk zu beobachten; aber jedes leidenschaftliche Zuschauen erregt unwiderstehlich Gefühl, Gefühl wiederum verbindet und so begann ich mich allmählich, ohne daß ich es wußte und wollte, mit diesem Dieb zu identifizieren, gewissermaßen in seine Haut, in seine Hände zu fahren, ich war aus dem bloßen Zuschauer seelisch sein Komplice geworden. Dieser Umschaltungsprozeß begann damit, daß ich nach einer Viertelstunde Zuschauens zu meiner eigenen Überraschung bereits alle Passanten auf Diebstauglichkeit oder -untauglichkeit abmusterte. Ob sie den Rock zugeknöpft trugen oder offen, ob sie zerstreut blickten oder wach, ob sie eine beleibte Brieftasche erhoffen ließen, kurzum, ob sie arbeitswürdig für meinen neuen Freund waren oder nicht. Bald mußte ich mir sogar eingestehen, daß ich längst nicht mehr neutral war in diesem beginnenden Kampfe, sondern innerlich unbedingt wünschte, ihm möge endlich ein Griff gelingen, ja ich mußte sogar den Drang, ihm bei seiner Arbeit zu helfen, beinahe mit Gewalt niederhalten. Denn so wie der Kiebitz heftig versucht ist, mit einem leichten Ellbogenstoß den Spieler zur richtigen Karte zu mahnen, so juckte es mich geradezu, wenn mein Freund eine günstige Gelegenheit übersah, ihm zuzublinzeln: den dort geh an! Den dort, den Dicken, der den großen Blumenstrauß im Arm trägt. Oder als einmal, da mein Freund wieder einmal im Geschiebe untergetaucht war, unvermutet um die Ecke ein Polizist segelte, schien es mir meine Pflicht, ihn zu warnen, denn der Schreck fuhr mir so sehr ins Knie, als sollte ich selber gefaßt werden, ich spürte schon die schwere Pfote des Polizisten auf seiner, auf meiner Schulter. Aber – Befreiung! Da schlüpfte schon das dünne Männchen wieder herrlich schlicht und unschuldig aus dem Gedränge heraus und an der gefährlichen Amtsperson vorbei. All das war spannend, aber mir noch nicht genug, denn je mehr ich mich in diesen Menschen einlebte, je besser ich aus nun schon zwanzig vergeblichen Annäherungsversuchen sein Handwerk zu verstehen begann, desto ungeduldiger wurde ich, daß er noch immer nicht zugriff, sondern immer nur tastete und versuchte. Ich begann mich über sein tölpisches Zögern und ewiges Zurückweichen ganz redlich zu ärgern. Zum Teufel, faß doch endlich einmal straff zu, Hasenfuß! Hab

doch mehr Mut! Den dort nimm, den dort! Aber nur endlich einmal los!
Glücklicherweise ließ sich mein Freund, der von meiner unerwünschten Anteilnahme nichts wußte und ahnte, keineswegs durch meine Ungeduld beirren. Denn dies ist ja allemal der Unterschied zwischen dem wahren, bewährten Künstler und dem Neuling, dem Amateur, dem Dilettanten, daß der Künstler aus vielen Erfahrungen um das notwendig Vergebliche weiß, das vor jedes wahrhafte Gelingen schicksalhaft gesetzt ist, daß er geübt ist im Warten und Sichgedulden auf die letzte, die entscheidende Möglichkeit. Genau wie der dichterisch Schaffende an tausend scheinbar lockenden und ergiebigen Einfällen gleichgültig vorübergeht (nur der Dilettant faßt gleich mit verwegener Hand zu), um alle Kraft für den letzten Einsatz zu sparen, so ging auch dieses kleine, miekrige Männchen an hundert einzelnen Chancen vorbei, die ich, der Dilettant, der Amateur in diesem Handwerk, schon als erfolgversprechend ansah. Er probte und tastete und versuchte, er drängte sich heran und hatte sicher gewiß schon hundertmal die Hand an fremden Taschen und Mänteln. Aber er griff niemals zu, sondern, unermüdlich in seiner Geduld, pendelte er mit der gleichen gut gespielten Unauffälligkeit immer wieder die dreißig Schritte zur Auslage hin und zurück, immer dabei mit einem wachen, schrägen Blick alle Möglichkeiten ausmessend und mit irgendwelchen mir, dem Anfänger, gar nicht wahrnehmbaren Gefahren vergleichend. In dieser ruhigen, unerhörten Beharrlichkeit war etwas, das mich trotz aller Ungeduld begeisterte und mir Bürgschaft bot für ein letztes Gelingen, denn gerade seine zähe Energie verriet, daß er nicht ablassen würde, ehe er nicht den siegreichen Griff getan. Und ebenso ehern war ich entschlossen, nicht früher wegzugehen, ehe ich seinen Sieg gesehen, und müßte ich warten bis Mitternacht.
So war es Mittag geworden, die Stunde der großen Flut, da plötzlich alle die kleinen Gassen und Gäßchen, die Treppen und Höfe viele kleine einzelne Wildbäche von Menschen in das breite Strombett des Boulevards schwemmen. Aus den Ateliers, den Werkstuben, den Bureaux, den Schulen, den Ämtern stürzten mit einem Stoß die Arbeiter und Nähmädchen und Verkäufer der unzähligen im zweiten, im dritten, im vierten Stock zusammengepreßten Werkstätten ins Freie; wie ein dunkler, zerflatternder Dampf quillt dann die gelöste Menge auf die Straße, Arbeiter in weißen Blusen oder Werkmänteln, die Midinettes zu zweien und dreien sich im Schwatzen unterfassend, Veilchensträußchen

ans Kleid gespendelt, die kleinen Beamten mit ihren glänzenden Bratenröcken und der obligaten Ledermappe unter dem Arm, die Packträger, die Soldaten in bleu d'horizon, alle die unzähligen, undefinierbaren Gestalten der unsichtbaren und unterirdischen Großstadtgeschäftigkeit. All das hat lange und allzulange in stickigen Zimmern gesessen, jetzt reckt es die Beine, läuft und schwirrt durcheinander, schnappt nach Luft, bläst sie mit Zigarrenrauch voll, drängt heraus-herein, eine Stunde lang bekommt die Straße von ihrer gleichzeitigen Gegenwart einen starken Schuß freudiger Lebendigkeit. Denn eine Stunde nur, dann müssen sie wieder hinauf hinter die verschlossenen Fenster, drechseln oder nähen, an Schreibmaschinen hämmern und Zahlenkolonnen addieren oder drucken oder schneidern und schustern. Das wissen die Muskeln, die Sehnen im Leib, darum spannen sie sich so froh und stark, und das weiß die Seele, darum genießt sie so heiter und voll die knapp bemessene Stunde; neugierig tastet und greift sie nach Helle und Heiterkeit, alles ist ihr willkommen für einen rechten Witz und eiligen Spaß. Kein Wunder, daß vor allem die Affenauslage von diesem Wunsch nach kostenloser Unterhaltung kräftig profitierte. Massenhaft scharten sich die Menschen um die verheißungsvolle Glasscheibe, voran die Midinettes, man hörte ihr Zwitschern wie aus einem zänkischen Vogelkäfig, spitz und scharf, und an sie drängten sich mit salzigen Witzen und festem Zugriff Arbeiter und Flaneure, und je dicker und dichter die Zuschauerschaft sich zum festen Klumpen ballte, desto munterer und geschwinder schwamm und tauchte mein kleiner Goldfisch im kanariengelben Überzieher bald da, bald dort durch das Geschiebe. Jetzt hielt es mich nicht länger auf meinem passiven Beobachtungsposten – jetzt galt es, ihm scharf und von nah auf die Finger zu blicken, um den eigentlichen Herzgriff des Handwerks kennenzulernen. Dies aber gab harte Mühe, denn dieser geübte Windhund hatte eine besondere Technik, sich glitschig zu machen und sich wie ein Aal durch die kleinsten Lücken eines Gedränges durchzuschlängeln – so sah ich ihn jetzt plötzlich, während er noch eben neben mir ruhig abwartend gestanden hatte, magisch verschwinden und im selben Augenblick schon ganz vorn an der Fensterscheibe. Mit einem Stoß mußte er sich durchgeschoben haben durch drei oder vier Reihen.

Selbstverständlich drängte ich ihm nach, denn ich befürchtete, er könnte, ehe ich meinerseits bis vorne ans Schaufenster gelangt sei, bereits wieder nach rechts oder links auf die ihm eigentümliche taucheri-

sche Art verschwunden sein. Aber nein, er wartete dort ganz still, merkwürdig still. Aufgepaßt! das muß einen Sinn haben, sagte ich mir sofort und mustere seine Nachbarin. Neben ihm stand eine ungewöhnlich dicke Frau, eine sichtlich arme Person. An der rechten Hand hielt sie zärtlich ein etwa elfjähriges blasses Mädchen, am linken Arm trug sie eine offene Einkaufstasche aus billigem Leder, aus der zwei der langen französischen Weißbrotstangen unbekümmert herausstießen; ganz offensichtlich war in dieser Tragtasche das Mittagessen für den Mann verstaut. Diese brave Frau aus dem Volk – kein Hut, ein greller Schal, ein kariertes selbstgeschneidertes Kleid aus grobem Kattun – war von dem Affenschauspiel in kaum zu beschreibender Weise entzückt, ihr ganzer breiter, etwas schwammiger Körper schüttelte sich dermaßen vor Lachen, daß die weißen Brote hin und her schwankten, sie schmetterte so kollernde, juchzende Stöße von Lachen aus sich heraus, daß sie bald den andern ebensoviel Spaß bereitete wie die Äffchen. Mit der naiven Urlust einer elementaren Natur, mit der herrlichen Dankbarkeit all jener, denen im Leben wenig geboten ist, genoß sie das seltene Schauspiel: ach, nur die Armen können so wahrhaft dankbar sein, nur sie, denen es höchster Genuß des Genusses ist, wenn er nichts kostet und gleichsam vom Himmel geschenkt wird. Immer beugte sich die Gutmütige zwischendurch zu dem Kind herab, ob es nur recht genau sehe und ihm keine der Possierlichkeiten entgehe. »Rrregarrde doonc, Maargueriete«, munterte sie in ihrem breiten, meridionalen Akzent das blasse Mädchen immer wieder auf, das unter so viel fremden Menschen zu scheu war, sich laut zu freuen. Herrlich war diese Frau, diese Mutter anzusehen, eine wahre Gäatochter, Urstamm der Erde, gesunde, blühende Frucht des französischen Volkes, und man hätte sie umarmen können, diese Treffliche, für ihre schmetternde, heitere, sorglose Freude. Aber plötzlich wurde mir etwas unheimlich. Denn ich merkte, wie der Ärmel des kanariengelben Überziehers immer näher an die Einkaufstasche heranpendelte, die sorglos offen stand (nur die Armen sind sorglos).
Um Gottes willen! Du willst doch nicht dieser armen, braven, dieser unsagbar gutmütigen und lustigen Frau die schmale Börse aus dem Einkaufskorb klauen? Mit einemmal revoltierte etwas in mir. Bisher hatte ich diesen Taschendieb mit Sportfreude beobachtet, ich hatte, aus seinem Leib, aus seiner Seele heraus denkend und mitfühlend, gehofft, ja gewünscht, es möge ihm endlich für einen so ungeheuren Einsatz an Mühe, Mut und Gefahr ein kleiner Coup gelingen. Aber jetzt, da ich zum

erstenmal nicht nur den Versuch des Stehlens, sondern auch den Menschen leibhaftig sah, der bestohlen werden sollte, diese rührend naive, diese selig ahnungslose Frau, die wahrscheinlich für ein paar Sous stundenlang Stuben scheuerte und Stiegen schrubbte, da kam mich Zorn an. Kerl, schieb weg! hätte ich ihm am liebsten zugeschrien, such dir jemand anderen als diese arme Frau! Und schon drängte ich mich scharf vor und an die Frau heran, um den gefährdeten Einkaufskorb zu schützen. Aber gerade während meiner vorstoßenden Bewegung wandte sich der Bursche um und drängte glatt an mir vorbei. »Pardon, Monsieur«, entschuldigte sich beim Anstreifen eine sehr dünne und demütige Stimme (zum erstenmal hörte ich sie), und schon schlüpfte das gelbe Mäntelchen aus dem Gedränge. Sofort, ich weiß nicht warum, hatte ich das Gefühl: er hat bereits zugegriffen. Nur ihn jetzt nicht aus den Augen lassen! Brutal – ein Herr fluchte hinter mir, ich hatte ihn hart auf den Fuß getreten – drückte ich mich aus dem Quirl und kam gerade noch zurecht, um zu sehen, wie das kanariengelbe Mäntelchen bereits um die Ecke des Boulevards in eine Seitengasse wehte. Ihm nach jetzt, ihm nach! Festbleiben an seinen Fersen! Aber ich mußte scharfe Schritte einschalten, denn – ich traute zuerst kaum meinen Augen –: dieses Männchen, das ich eine Stunde lang beobachtet hatte, war mit einemmal verwandelt. Während es vordem scheu und beinahe beduselt zu torkeln schien, flitzte es jetzt leicht wie ein Wiesel die Wand entlang mit dem typischen Angstschritt eines mageren Kanzlisten, der den Omnibus versäumt hat und sich eilt, ins Bureau zurecht zu kommen. Nun bestand kein Zweifel mehr für mich. Das war die Gangart nach der Tat, die Diebsgangart Nummer zwei, um möglichst schnell und unauffällig dem Tatort zu entflüchten. Nein, es bestand kein Zweifel: der Schuft hatte dieser hundearmen Person die Geldbörse aus der Einkaufstasche geklaut.

In erster Wut hätte ich beinahe Alarmsignal gegeben: ›Au voleur!‹ Aber dann fehlte mir der Mut. Denn immerhin, ich hatte den faktischen Diebstahl nicht beobachtet, ich konnte ihn nicht voreilig beschuldigen. Und dann – es gehört ein gewisser Mut dazu, einen Menschen anzupakken und in Vertretung Gottes Justiz zu spielen: diesen Mut habe ich nie gehabt, einen Menschen anzuklagen und anzugeben. Denn ich weiß genau, wie gebrechlich alle Gerechtigkeit ist und welche Überheblichkeit es ist, von einem problematischen Einzelfall das Recht ableiten zu wollen in unserer verworrenen Welt. Aber während ich noch mitten im scharfen Nacheilen überlegte, was ich tun solle, wartete meiner eine neue Überraschung, denn kaum zwei Straßen weiter schaltete plötzlich dieser erstaunliche Mensch eine dritte Gangart ein. Er stoppte mit einemmal den scharfen Lauf, er duckte und drückte sich nicht mehr zusammen, sondern ging plötzlich ganz still und gemächlich, er promenierte gleichsam privat. Offenbar wußte er die Zone der Gefahr überschritten, niemand verfolgte ihn, also konnte niemand mehr ihn überweisen. Ich begriff, nun wollte er nach der ungeheuren Spannung locker atmen, er war gewissermaßen Taschendieb außer Dienst, Rentner seines Berufes, einer von den vielen Tausenden Menschen in Paris, die still und gemächlich mit einer frisch angezündeten Zigarette über das Pflaster gehen; mit einer unerschütterlichen Unschuld schlenderte das dünne Männchen ganz ausgeruhten, bequemen, lässigen Ganges über die Chaussée d'Antin dahin, und zum erstenmal hatte ich das Gefühl, es mustere sogar die vorübergehenden Frauen und Mädchen auf ihre Hübschheit oder Zugänglichkeit.

Nun, und wohin jetzt, Mann der ewigen Überraschungen? Siehe da: in den kleinen, von jungem, knospendem Grün umbuschten Square vor der Trinité? Wozu? Ach, ich verstehe! Du willst dich ein paar Minuten ausruhen auf einer Bank, und wie auch nicht? Dieses unablässige Hin- und Herjagen muß dich gründlich müde gemacht haben. Aber nein, der Mann der unablässigen Überraschungen setzte sich nicht hin auf eine der Bänke, sondern steuerte zielbewußt – ich bitte jetzt um Verzeihung! – auf ein kleines, für allerprivateste Zwecke öffentlich bestimmtes Häuschen zu, dessen breite Tür er sorgfältig hinter sich schloß.

Im ersten Augenblick mußte ich blank herauslachen: endet Künstlertum an solch allmenschlicher Stelle? Oder ist dir der Schreck so arg in die Eingeweide gefahren? Aber wieder sah ich, daß die ewig possentreibende Wirklichkeit immer die amüsanteste Arabeske findet, weil sie mutiger ist als der erfindende Schriftsteller. Sie wagt unbedenklich, das Außerordentliche neben das Lächerliche zu setzen und boshafterweise das unvermeidbar Menschliche neben das Erstaunliche. Während ich – was blieb mir übrig? – auf einer Bank auf sein Wiederkommen aus dem grauen Häuschen wartete, wurde mir klar, daß dieser erfahrene und gelernte Meister seines Handwerks hierin nur mit der selbstverständlichen Logik seines Metiers handelte, wenn er vier sichere Wände um sich stellte, um seinen Verdienst abzuzählen, denn auch dies (ich hatte es vorhin nicht bedacht) gehörte zu den von uns Laien gar nicht erwägbaren

Schwierigkeiten für einen berufsmäßigen Dieb, daß er rechtzeitig daran denken muß, sich der Beweisstücke seiner Beute völlig unkontrollierbar zu entledigen. Und nichts ist ja in einer so ewig wachen, mit Millionen Augen spähenden Stadt schwerer zu finden als vier schützende Wände, hinter denen man sich völlig verbergen kann; auch wer nur selten Gerichtsverhandlungen liest, erstaunt jedesmal, wie viele Zeugen bei dem nichtigsten Vorfall, bewaffnet mit einem teuflisch genauen Gedächtnis, prompt zur Stelle sind. Zerreiße auf der Straße einen Brief und wirf ihn in die Gosse: Dutzende schauen dir dabei zu, ohne daß du es ahnst, und fünf Minuten später wird irgendein müßiger Junge sich vielleicht den Spaß machen, die Fetzen wieder zusammenzusetzen. Mustere deine Breiftasche in einem Hausflur: morgen, wenn irgendeine in dieser Stadt als gestohlen gemeldet ist, wird eine Frau, die du gar nicht gesehen hast, zur Polizei laufen und eine so komplette Personsbeschreibung von dir geben wie ein Balzac. Kehr ein in ein Gasthaus, und der Kellner, den du gar nicht beachtest, merkt sich deine Kleidung, deine Schuhe, deinen Hut, deine Haarfarbe und die runde oder flache Form deiner Fingernägel. Hinter jedem Fenster, jeder Auslagenscheibe, jeder Gardine, jedem Blumentopf blicken dir ein paar Augen nach, und wenn du hundertmal selig meinst, unbeobachtet und allein durch die Straßen zu streifen, überall sind unberufene Zeugen zur Stelle, ein tausendmaschiges, täglich erneuertes Netz von Neugier umspannt unsere ganze Existenz. Vortrefflicher Gedanke darum, du gelernter Künstler, für fünf Sous dir vier undurchsichtige Wände für ein paar Minuten zu kaufen. Niemand kann dich bespähen, während du die gepaschte Geldbörse ausweidest und die anklägerische Hülle verschwinden läßt, und sogar ich, dein Doppelgänger und Mitgänger, der hier gleichzeitig erheitert und enttäuscht wartet, wird dir nicht nachrechnen können, wieviel du erbeutet hast.

So dachte ich zumindest, aber abermals kam es anders. Denn kaum daß er mit seinen dünnen Fingern die Eisentür aufgeklinkt hatte, wußte ich schon um sein Mißgeschick, als hätte ich innen das Portemonnaie mitgezählt: erbärmlich magere Beute! An der Art, wie er die Füße enttäuscht vorschob, ein müder, ausgeschöpfter Mensch, schlaff und dumpf die Augenlider über dem gesenkten Blick, erkannte ich sofort: Pechvogel, du hast umsonst gerobotet den ganzen langen Vormittag. In jener geraubten Geldtasche war zweifellos (ich hätte es dir voraussagen können) nichts Rechtes gewesen, im besten Falle zwei oder drei zerknit-

terte Zehnfrancsscheine – viel, viel zu wenig für diesen ungeheuren Einsatz an handwerklicher Leistung und halsbrecherischer Gefahr – viel nur leider für die unselige Aufwartefrau, die jetzt wahrscheinlich weinend in Belleville schon zum siebentenmal den herbeigeeilten Nachbarsfrauen von ihrem Mißgeschick erzählte, auf die elende Diebskanaille schimpfte und immer wieder mit zitternden Händen die ausgeraubte Einkaufstasche verzweifelt vorzeigte. Aber für den gleichfalls armen Dieb, das merkte ich mit einem Blick, war der Fang eine Niete, und nach wenigen Minuten sah ich meine Vermutung bereits bestätigt. Denn dieses Häufchen Elend, zu dem er jetzt, körperlich wie seelisch ermüdet, zusammengeschmolzen war, blieb vor einem kleinen Schuhgeschäft sehnsüchtig stehen und musterte lange die billigsten Schuhe in der Auslage. Schuhe, neue Schuhe, die brauchte er doch wirklich statt der zerlöcherten Fetzen an seinen Füßen, er brauchte sie notwendiger als die hunderttausend anderen, die heute mit guten, ganzen Sohlen oder leisem Gummidruck über das Pflaster von Paris flanierten, er benötigte sie doch geradezu für sein trübes Handwerk. Aber der hungrige und zugleich vergebliche Blick verriet deutlich: zu einem solchen Paar, wie es da, blankgewichst und mit vierundfünfzig Francs angezeichnet, in der Auslage stand, hatte jener Griff nicht gereicht: mit bleiernen Schultern bog er sich weg von dem spiegelnden Glas und ging weiter.
Weiter, wohin? Wieder auf solch halsbrecherische Jagd? Noch einmal die Freiheit wagen für eine so erbärmliche, unzulängliche Beute? Nein, du Armer, ruh wenigstens ein bißchen aus. Und wirklich, als hätte er meinen Wunsch magnetisch gefühlt, bog er jetzt ein in eine Seitengasse und blieb endlich stehen vor einem billigen Speisehaus. Für mich war es selbstverständlich, ihm nachzufolgen. Denn alles wollte ich von diesem Menschen wissen, mit dem ich jetzt seit zwei Stunden mit pochenden Adern, mit bebender Spannung lebte. Zur Vorsicht kaufte ich mir rasch noch eine Zeitung, um mich besser hinter ihr verschanzen zu können, dann trat ich, den Hut mit Absicht tief in die Stirn gedrückt, in die Gaststube ein und setzte mich einen Tisch hinter ihn. Aber unnötige Vorsicht – dieser arme Mensch hatte zur Neugier keine Kraft mehr. Ausgeleert und matt starrte er mit einem stumpfen Blick auf das weiße Gedeck, und erst als der Kellner das Brot brachte, wachten seine mageren, knochigen Hände auf und griffen gierig zu. An der Hast, mit der er zu kauen begann, erkannte ich erschüttert alles: dieser arme

Mensch hatte Hunger, richtigen, ehrlichen Hunger, einen Hunger seit frühmorgens und vielleicht seit gestern schon, und mein plötzliches Mitleid für ihn wurde ganz brennend, als ihm der Kellner das bestellte Getränk brachte: eine Flasche Milch. Ein Dieb, der Milch trinkt! Immer sind es ja einzelne Kleinigkeiten, die wie ein aufflammendes Zündholz mit einem Blitz die ganze Tiefe eines Seelenraumes erhellen, und in diesem einen Augenblick, da ich ihn, den Taschendieb, das unschuldigste, das kindlichste aller Getränke, da ich ihn weiße, sanfte Milch trinken sah, hörte er sofort für mich auf, Dieb zu sein. Er war nur mehr einer von den unzähligen Armen und Gejagten und Kranken und Jämmerlichen dieser schief gezimmerten Welt, mit einmal fühlte ich mich in einer viel tieferen Schicht als jener der Neugierde ihm verbunden. In allen Formen der gemeinsamen Irdischkeit, in der Nacktheit, im Frost, im Schlaf, in der Ermüdung, in jeder Not des leidenden Leibes fällt zwischen Menschen das Trennende ab, die künstlichen Kategorien verlöschen, welche die Menschheit in Gerechte und Ungerechte, in Ehrenwerte und Verbrecher teilen, nichts bleibt übrig als das arme ewige Tier, die irdische Kreatur, die Hunger hat, Durst, Schlafbedürfnis und Müdigkeit wie du und ich und alle. Ich sah ihm zu wie gebannt, während er mit vorsichtigen kleinen und doch gierigen Schlucken die dicke Milch trank und schließlich noch die Brotkrumen zusammenscharrte, und gleichzeitig schämte ich mich dieses meines Zuschauens, ich schämte mich, jetzt schon zwei Stunden diesen unglücklichen gejagten Menschen wie ein Rennpferd für meine Neugier seinen dunklen Weg laufen zu lassen, ohne den Versuch, ihn zu halten oder ihm zu helfen. Ein unermeßliches Verlangen ergriff mich, auf ihn zuzutreten, mit ihm zu sprechen, ihm etwas anzubieten. Aber wie dies beginnen? Wie ihn ansprechen? Ich forschte und suchte bis aufs schmerzhafteste nach einer Ausrede, nach einem Vorwand, und fand ihn doch nicht. Denn so sind wir! Taktvoll bis zur Erbärmlichkeit, wo es ein Entscheidendes gilt, kühn im Vorsatz und doch jämmerlich mutlos, die dünne Luftschicht zu durchstoßen, die einen von einem anderen Menschen trennt, selbst wenn man ihn in Not weiß. Aber was ist, jeder weiß es, schwerer, als einem Menschen zu helfen, solange er nicht um Hilfe ruft, denn in diesem Nichtanrufen hat er noch einen letzten Besitz: seinen Stolz, den man nicht zudringlich verletzen darf. Nur die Bettler machen es einem leicht, und man sollte ihnen danken dafür, weil sie einem nicht den Weg zu sich sperren – dieser aber war einer von den Trotzigen, die lieber ihre persönliche

Freiheit in gefahrvollster Weise einsetzen, statt zu betteln, die lieber stehlen, statt Almosen zu nehmen. Würde es ihn nicht seelenmörderisch erschrecken, drängte ich mich unter irgendeinem Vorwand und ungeschickt an ihn heran? Und dann, er saß so maßlos müde da, daß jede Störung eine Roheit gewesen wäre. Er hatte den Sessel ganz an die Mauer geschoben, so daß gleichzeitig der Körper am Sesselrücken und der Kopf an der Wand lehnte, die bleigrauen Lider für einen Augenblick geschlossen: ich verstand, ich fühlte, am liebsten hätte er jetzt geschlafen, nur zehn, nur fünf Minuten lang. Geradezu körperlich drang seine Ermüdung und Erschöpfung in mich ein. War diese fahle Farbe des Gesichtes nicht weißer Schatten einer gekalkten Gefängniszelle? Und dieses Loch im Ärmel, bei jeder Bewegung aufblitzend, verriet es nicht, daß keine Frau besorgt und zärtlich in seinem Schicksal war? Ich versuchte mir sein Leben vorzustellen: irgendwo im fünften Mansardenstock ein schmutziges Eisenbett im ungeheizten Zimmer, eine zerbrochene Waschschale, ein kleines Köfferchen als ganzen Besitz und in diesem engen Zimmer noch immer die Angst vor dem schweren Schritt des Polizisten, der die knarrenden Stufen treppauf steigt; alles sah ich in diesen zwei oder drei Minuten, da er erschöpft seinen dünnen knochigen Körper und seinen leicht greisenhaften Kopf an die Mauer lehnte. Aber der Kellner scharrte bereits auffällig die gebrauchten Gabeln und Messer zusammen: er liebte derart späte und langwierige Gäste nicht. Ich zahlte als erster und ging rasch, um seinen Blick zu vermeiden; als er wenige Minuten später auf die Straße trat, folgte ich ihm; um keinen Preis wollte ich mehr diesen armen Menschen sich selbst überlassen.

Denn jetzt war es nicht mehr wie vormittags eine spielerische und nervenmäßige Neugier, die mich an ihn heftete, nicht mehr die verspielte Lust, ein unbekanntes Handwerk kennenzulernen, jetzt spürte ich bis in die Kehle eine dumpfe Angst, ein fürchterlich drückendes Gefühl, und würgender wurde dieser Druck, sobald ich merkte, daß er den Weg abermals zum Boulevard hin nahm. Um Gottes willen, du willst doch nicht wieder vor dieselbe Auslage mit den Äffchen? Mach keine Dummheiten! Überlegs doch, längst muß die Frau die Polizei verständigt haben, gewiß wartet sie dort schon, dich gleich an deinem dünnen Mäntelchen zu fassen. Und überhaupt: laß für heute von der Arbeit! Versuch nichts Neues, du bist nicht in Form. Du hast keine Kraft mehr in dir, keinen Elan, du bist müde, und was man in der Kunst mit Müdigkeit beginnt, ist immer schlecht getan. Ruh dich lieber aus, leg dich ins Bett, armer Mensch: nur heute nichts mehr, nur nicht heute! Unmöglich zu erklären, wieso dieser Angstgedanke über mich kam, diese geradezu halluzinatorische Gewißheit, daß er beim ersten Versuch heute unbedingt ertappt werden müßte. Immer stärker wurde meine Besorgnis, je mehr wir uns dem Boulevard näherten, schon hörte man das Brausen seines ewigen Katarakts. Nein, um keinen Preis mehr vor jene Auslage, ich dulde es nicht, du Narr! Schon war ich hinter ihm und hatte die Hand bereit, ihn am Arm zu fassen, ihn zurückzureißen. Aber als hätte er abermals meinen inneren Befehl verstanden, machte mein Mann unvermuteterweise eine Wendung. Er überquerte in der Rue Drouot, eine Straße vor dem Boulevard, den Fahrdamm und ging mit einer plötzlich sicheren Haltung, als hätte er dort seine Wohnung, auf ein Haus zu. Ich erkannte sofort dieses Haus: es war das Hôtel Drouot, das bekannte Versteigerungsinstitut von Paris.

Ich war verblüfft, nun, ich weiß nicht mehr zum wievielten Mal, durch diesen erstaunlichen Mann. Denn indes ich sein Leben zu erraten mich bemühte, mußte gleichzeitig eine Kraft in ihm meinen geheimsten Wünschen entgegenkommen. Von den hunderttausend Häusern dieser fremden Stadt Paris hatte ich mir heute morgens vorgenommen, gerade in dieses eine Haus zu gehen, weil es mir immer die anregendsten, kenntnisreichsten und zugleich amüsantesten Stunden schenkt. Lebendiger als ein Museum und an manchen Tagen ebenso reich an Schätzen, jederzeit abwechslungsvoll, immer anders, immer dasselbe, liebe ich dieses äußerlich so unscheinbare Hôtel Drouot als eines der schönsten Schaustücke, denn es stellt in überraschender Verkürzung die ganze Sachwelt des Pariser Lebens dar. Was sonst in den verschlossenen Wänden einer Wohnung sich zu einem organischen Ganzen bindet, liegt hier zu zahllosen Einzeldingen zerhackt und aufgelöst wie in einem Fleischerladen der zerstückelte Leib eines riesigen Tieres, das Fremdeste und Gegensätzlichste, das Heiligste und das Alltäglichste ist hier durch die gemeinste aller Gemeinsamkeiten gebunden: alles, was hier zur Schau liegt, will zu Geld werden. Bett und Kruzifix und Hut und Teppich, Uhr und Waschschüssel, Marmorstatuen von Houdon und Tombakbestecke, persische Miniaturen und versilberte Zigarettendosen, schmutzige Fahrräder neben Erstausgaben von Paul Valéry, Grammophone neben gotischen Madonnen, Bilder von Van Dyck Wand an Wand mit schmierigen Öldrucken, Sonaten Beethovens neben zerbrochenen

Öfen, das Notwendigste und das Überflüssigste, der niedrigste Kitsch und die kostbarste Kunst, groß und klein und echt und falsch und alt und neu, alles, was je von Menschenhand und Menschengeist erschaffen wurde, das Erhabenste wie das Stupideste, strömt in diese Auktionsretorte, die grausam gleichgültig alle Werte dieser riesigen Stadt in sich zieht und wieder ausspeit. Auf diesem unbarmherzigen Umschlagplatz aller Werte zu Münze und Zahl, auf diesem riesigen Krammarkt menschlicher Eitelkeiten und Notwendigkeiten, an diesem phantastischen Ort spürt man stärker als irgendwo sonst die ganze verwirrende Vielfalt unserer materiellen Welt. Alles kann der Notstand hier verkaufen, der Besitzende erkaufen, aber nicht Gegenstände allein erwirbt man hier, sondern auch Einblicke und Kenntnisse. Der Achtsame kann hier durch Zuschauen und Zuhören jede Materie besser verstehen lernen, Kenntnis der Kunstgeschichte, Archäologie, Bibliophilie, Briefmarkenbewertung, Münzkunde und nicht zum mindesten auch Menschenkunde. Denn ebenso vielfältig wie die Dinge, die aus diesen Sälen in andere Hände wandern wollen und sich nur für eine kurze Frist ausruhen von der Knechtschaft des Besitzes, ebenso vielfältig sind die Menschenrassen und -klassen, die neugierig und kaufgierig sich um die Versteigerungstische drängen, die Augen unruhig von der Leidenschaft des Geschäftes, dem geheimnisvollen Brand der Sammelwut. Hier sitzen die großen Händler in ihren Pelzen und sauber gebürsteten Melonenhüten neben kleinen schmutzigen Antiquaren und Bric-à-brac-Trödlern der Rive Gauche, die billig ihre Buden füllen wollen, zwischendurch schwirren und schwatzen die kleinen Schieber und Zwischenhändler, die Agenten, die Aufbieter, die ›Raccailleurs‹, die unvermeidlichen Hyänen des Schlachtfeldes, um rasch ein Objekt, ehe es billiger zu Boden fällt, aufzuhaschen oder, wenn sie einen Sammler in ein kostbares Stück richtig verbissen sehen, ihn mit gegenseitigem Augenzwinkern hochzuwippen. Selber zu Pergament gewordene Bibliothekare schleichen hier bebrillt herum wie schläfrige Tapire, dann rauschen wieder bunte Paradiesvögel, hochelegante, beperlte Damen herein, die ihre Lakaien vorausgeschickt haben, um ihnen einen Vorderplatz am Auktionstisch freizuhalten, in einer Ecke stehen unterdes wie Kraniche still und mit zurückhaltendem Blick die wirklichen Kenner, die Freimaurerschaft der Sammler. Hinter all diesen Typen aber, die das Geschäft oder die Neugier oder die Kunstliebe aus wirklicher Anteilnahme heranlockt, wogt jedesmal eine zufällige Masse von bloß Neugierigen, die sich einzig an der kostenlos gegebenen Heizung wärmen wollen oder sich an den funkelnden Fontänen der emporgeschleuderten Zahlen freuen. Jeden aber, der hierher kommt, treibt eine Absicht, jene des Sammelns, des Spielens, des Verdienens, des Besitzenwollens oder bloß des Sichwärmens, Sicherhitzens an fremder Hitze, und dieses gedrängte Menschenchaos teilt und ordnet sich in eine ganz unwahrscheinliche Fülle von Physiognomien. Eine einzige Spezies aber hatte ich niemals hier vertreten gesehen oder gedacht: die Gilde der Taschendiebe. Doch jetzt, da ich meinen Freund mit sicherem Instinkt einschleichen sah, verstand ich sofort, daß dieser eine Ort auch das ideale, ja vielleicht das idealste Revier von Paris für seine hohe Kunst sein müsse. Denn hier sind alle notwendigen Elemente aufs wunderbarste vereinigt, das gräßliche und kaum erträgliche Gedränge, die unbedingt erforderliche Ablenkung durch die Gier des Schauens, des Wartens, des Lizitierens. Und drittens: ein Versteigerungsinstitut ist, außer dem Rennplatz, beinahe der letzte Ort unserer heutigen Welt, wo alles noch bar auf den Tisch bezahlt werden muß, so daß anzunehmen ist, unter jedem Rock runde sich die weiche Geschwulst einer gefüllten Brieftasche. Hier oder niemals wartet große Gelegenheit für eine flinke Pfote, und wahrscheinlich, jetzt begriff ichs, war die kleine Probe am Vormittag für meinen Freund bloß eine Fingerübung gewesen. Hier aber rüstete er zum eigentlichen Meisterstreich.

Und doch: am liebsten hätte ich ihn am Ärmel zurückgerissen, als er jetzt lässig die Stufen zum ersten Stock hinaufstieg. Um Gottes willen, siehst du denn nicht dort das Plakat in drei Sprachen: ›Beware of pickpockets!‹, ›Attention aux pickpockets!‹, ›Achtung vor Taschendieben!‹? Siehst du das nicht, du leichtfertiger Narr? Man weiß hier um deinesgleichen, gewiß schleichen Dutzende von Detektiven hier durchs Gedränge, und nochmals, glaub mir, du bist heute nicht in Form! Aber kühlen Blickes das ihm anscheinend wohlbekannte Plakat streifend, stieg der ausgepichte Kenner der Situation ruhig die Stufen empor, ein taktischer Entschluß, den ich an sich nur billigen konnte. Denn in den unteren Sälen wird meist nur grober Hausrat verkauft, Wohnungseinrichtungen, Kasten und Schränke, dort drängt und quirlt die unergiebige und unerfreuliche Masse der Altwarenhändler, die vielleicht noch nach guter Bauernsitte sich die Geldkatze sicher um den Bauch schnüren und die anzugehen weder ergiebig noch ratsam sein dürfte. In den Sälen des ersten Stockes aber, wo die subtileren Gegenstände versteigert werden,

Bilder, Schmuck, Bücher, Autographen, Juwelen, dort sind zweifellos die volleren Taschen und sorgloseren Käufer.

Ich hatte Mühe, hinter meinem Freund zu bleiben, denn kreuz und quer paddelte er vom Haupteingang aus in jeden einzelnen Saal, vor und wieder zurück, um in jedem die Chancen auszumessen; geduldig und beharrlich wie ein Feinschmecker ein besonderes Menü las er zwischendurch die angeschlagenen Plakate. Endlich entschied er sich für den Saal sieben, wo ›La célèbre collection de porcelaine chinoise et japonaise de Mme. la Comtesse Yves de G ...‹ versteigert wurde. Zweifellos, hier gab es heute sensationell kostspielige Ware, denn die Leute standen derart dicht gedrängt, daß man vom Eingang zunächst den Auktionstisch hinter den Mänteln und Hüten überhaupt nicht wahrnehmen konnte. Eine enggeschlossene, vielleicht zwanzig- oder dreißigreihige Menschenmauer sperrte jede Sicht auf den langen, grünen Tisch, und von unserem Platz an der Eingangstür erhaschte man gerade noch die amüsanten Bewegungen des Auktionators, des Commissaire-priseur, der von seinem erhöhten Pult aus, den weißen Hammer in der Hand, wie ein Orchesterchef das ganze Versteigerungsspiel dirigierte und über beängstigend lange Pausen immer wieder zu einem Prestissimo führte. Wahrscheinlich wie andere kleine Angestellte irgendwo in Ménilmontant oder sonst einer Vorstadt wohnhaft, zwei Zimmer, ein Gasherdchen, ein Grammophon als köstlichste Habe und ein paar Pelargonien vor dem Fenster, genoß er hier vor einem illustren Publikum, mit einem schnittigen Cutaway angetan, das Haar mit Pomade sorgfältig gescheitelt, sichtbar selig die unerhörte Lust, jeden Tag durch drei Stunden mit einem kleinen Hammer die kostbarsten Werte von Paris zu Geld zerschlagen zu dürfen. Mit der eingelernten Liebenswürdigkeit eines Akrobaten fing er von links, von rechts, vom Tisch und von der Tiefe des Saales die verschiedenen Angebote – »six-cents, six-cents-cinq, six-cents-dix« – graziös auf wie einen bunten Ball und schleuderte, die Vokale rundend, die Konsonanten auseinanderziehend, dieselben Ziffern gleichsam sublimiert zurück. Zwischendurch spielte er das Animiermädchen, mahnte, wenn ein Angebot ausblieb und der Zahlenwirbel stockte, mit einem verlockenden Lächeln, »Personne à droite?, Personne à gauche?«, oder er drohte, eine kleine dramatische Falte zwischen die Augenbrauen schiebend und den entscheidenden Elfenbeinhammer mit der rechten Hand erhebend: »J'adjuge«, oder er lächelte ein »Voyons, Messieurs, c'est pas du tout cher«. Dazwischen

grüßte er kennerisch einzelne Bekannte, blinzelte manchen Bietern schlau aufmunternd zu, und während er die Ansage jedes neuen Auktionsstückes mit einer sachlich notwendigen Feststellung, »le numéro trente-trois«, ganz trocken begann, stieg mit dem wachsenden Preis sein Tenor immer bewußter ins Dramatische empor. Er genoß es sichtlich, daß durch drei Stunden drei- oder vierhundert Menschen atemlos gierig bald seine Lippen anstarrten, bald das magische Hämmerchen in seiner Hand. Dieser trügerische Wahn, er selbst habe zu entscheiden, indes er nichts als das Instrument der zufälligen Angebote war, gab ihm ein berauschendes Selbstbewußtsein; wie ein Pfau schlug er seine vokalischen Räder, was mich aber keineswegs hinderte, innerlich festzustellen, daß er mit all seinen übertriebenen Gesten meinem Freunde eigentlich nur denselben notwendigen Ablenkedienst erwies wie die drei possierlichen Äffchen des Vormittags.
Vorläufig konnte mein wackerer Freund aus dieser Komplicenhilfe noch keinen Vorteil ziehen, denn wir standen noch immer hilflos in der letzten Reihe, und jeder Versuch, sich durch diese kompakte, warme und zähe Menschenmasse bis zum Auktionstisch vorzukeilen, schien mir vollkommen aussichtslos. Aber wieder bemerkte ich, wie sehr ich noch Eintagsdilettant war in diesem interessanten Gewerbe. Mein Kamerad, der erfahrene Meister und Techniker, wußte längst, daß immer im Augenblick, da der Hammer endgültig niederfiel – siebentausendzweihundertsechzig Francs jubelte eben der Tenor –, daß sich in dieser kurzen Sekunde der Entspannung die Mauer lockerte. Die aufgeregten Köpfe sanken nieder, die Händler notierten die Preise in die Kataloge, ab und zu entfernte sich ein Neugieriger, für einen Augenblick kam Luft in die gepreßte Menge. Und diesen Moment benutzte er genial geschwind, um mit niedergedrücktem Kopf wie ein Torpedo sich vorzustoßen. Mit einem Ruck hatte er sich durch vier, fünf Menschenreihen gezwängt, und ich, der ich mir doch geschworen hatte, den Unvorsichtigen nicht sich selbst zu überlassen, stand plötzlich allein und ohne ihn. Ich drängte zwar jetzt gleichfalls vor, aber schon nahm die Auktion wieder ihren Gang, schon schloß sich die Mauer wieder zusammen, und ich blieb im prallsten Gedränge hilflos stecken wie ein Karren im Sumpf. Entsetzlich war diese heiße, klebrige Presse, hinter, vor mir, links, rechts fremde Körper, fremde Kleider und so nah heran, daß jedes Husten eines Nachbars in mich hineinschütterte. Unerträglich dazu noch die Luft, es roch nach Staub, nach Dumpfem und Saurem und vor allem nach

Schweiß wie überall, wo es um Geld geht; dampfend vor Hitze, versuchte ich den Rock zu öffnen, um mit der Hand nach meinem Taschentuch zu fassen. Vergeblich, zu eng war ich eingequetscht. Aber doch, aber doch, ich gab nicht nach, langsam und stetig drängte ich weiter nach vorn, eine Reihe weiter und wieder eine. Jedoch zu spät! Das kanariengelbe Mäntelchen war verschwunden. Es steckte irgendwo unsichtbar in der Masse, niemand wußte von seiner gefährlichen Gegenwart, nur ich allein, dem alle Nerven bebten von einer mystischen Angst, diesem armen Teufel müsse heute etwas Entsetzliches zustoßen. Jede Sekunde erwartete ich, jemand würde aufschreien: ›Au voleur‹, ein Getümmel, ein Wortwechsel würde entstehen, und man würde ihn hinausschleifen, an beiden Ärmeln seines Mäntelchens gepackt – ich kann es nicht erklären, wieso diese grauenhafte Gewißheit in mich kam, es müsse ihm heute und gerade heute sein Zugriff mißlingen.
Aber siehe, nichts geschah, kein Ruf, kein Schrei; im Gegenteil, das Gerede, Gescharre und Gesurre hörte jählings auf. Mit einemmal wurde es merkwürdig still, als preßten diese zwei-, dreihundert Menschen alle auf Verabredung den Atem nieder, alle blickten sie jetzt mit verdoppelter Spannung zu dem Commissaire-priseur, der einen Schritt zurücktrat unter den Leuchter, so daß seine Stirn besonders feierlich erglänzte. Denn das Hauptstück der Auktion war an die Reihe gekommen, eine riesige Vase, die der Kaiser von China höchst persönlich vor dreihundert Jahren dem König von Frankreich mit einer Gesandtschaft als Präsent geschickt und die wie viele andere Dinge während der Revolution auf geheimnisvolle Weise Urlaub aus Versailles genommen hatte. Vier livrierte Diener hoben das kostbare Objekt – weißleuchtende Rundung mit blauem Adernspiel – mit besonderer und zugleich demonstrativer Vorsicht auf den Tisch, und nach einem feierlichen Räuspern verkündete der Auktionator den Ausrufpreis: »Einhundertunddreißigtausend Francs! Einhundertunddreißigtausend Francs« – ehrfürchtige Stille antwortete dieser durch vier Nullen geheiligten Zahl. Niemand wagte sofort daraufloszubieten, niemand zu sprechen oder nur den Fuß zu rühren; die dicht und heiß ineinandergekeilte Menschenmasse bildete einen einzigen starren Block von Respekt. Dann endlich hob ein kleiner weißhaariger Herr am linken Ende des Tisches den Kopf und sagte schnell, leise und fast verlegen: »Einhundertfünfunddreißigtausend«, worauf sofort der Commissaire-priseur entschlossen »Einhundertvierzigtausend« zurückschlug.

Nun begann aufregendes Spiel: Der Vertreter eines großen amerikanischen Auktionshauses beschränkte sich darauf, immer nur den Finger zu heben, worauf wie bei einer elektrischen Uhr die Ziffer des Anbotes sofort um fünftausend vorsprang, vom anderen Tischende bot der Privatsekretär eines großen Sammlers (man raunte leise den Namen) kräftig Paroli; allmählich wurde die Auktion zum Dialog zwischen den beiden Bietern, die einander quer gegenübersaßen und störrisch vermieden, sich gegenseitig anzublicken: beide adressierten sie einzig ihre Mitteilungen an den Commissaire-priseur, der sie mit sichtlicher Befriedigung empfing. Endlich, bei zweihundertsechzigtausend, hob der Amerikaner zum erstenmal nicht mehr den Finger; wie ein eingefrorener Ton blieb die ausgerufene Zahl leer in der Luft hängen. Die Erregung wuchs, viermal wiederholte der Commissaire-priseur: »Zweihundertsechzigtausend ... zweihundertsechzigtausend ...« Wie einen Falken nach Beute warf er die Zahl hoch in den Raum. Dann wartete er, blickte gespannt und leise enttäuscht nach rechts und links (ach, er hätte noch gern weitergespielt!): »Bietet niemand mehr?« Schweigen und Schweigen. »Bietet niemand mehr?« Es klang fast wie Verzweiflung. Das Schweigen begann zu schwingen, eine Saite ohne Ton. Langsam erhob sich der Hammer. Jetzt standen dreihundert Herzen still ... »Zweihundertsechzigtausend Francs zum ersten ... zum zweiten ... zum ...«
Wie ein einziger Block lag das Schweigen auf dem verstummten Saal, niemand atmete mehr. Mit fast religiöser Feierlichkeit hob der Commissaire-priseur den Elfenbeinhammer über die verstummte Menge. Noch einmal drohte er: »J'adjuge.« Nichts! Keine Antwort. Und dann: »Zum drittenmal.« Der Hammer fiel mit trockenem und bösem Schlag. Vorbei! Zweihundertsechzigtausend Francs! Die Menschenmauer schwankte und zerbrach von diesem kleinen, trockenen Schlag wieder in einzelne lebendige Gesichter, alles regte sich, atmete, schrie, stöhnte, räusperte sich. Wie ein einziger Leib rührte und entspannte sich die zusammengekeilte Menge in einer erregten Welle, in einem einzigen fortgetragenen Stoß.
Auch zu mir kam dieser Stoß, und zwar von einem fremden Ellbogen mitten in die Brust. Zugleich murmelte jemand mich an: »Pardon, Monsieur.« Ich zuckte auf. Diese Stimme! O freundliches Wunder, er war es, der schwer Vermißte, der Langgesuchte, die auflockernde Welle hatte ihn – welch glücklicher Zufall – gerade zu mir hergeschwemmt. Jetzt hatte ich ihn, gottlob, wieder ganz nahe, jetzt konnte ich ihn

endlich, endlich genau überwachen und beschirmen. Natürlich hütete ich mich wohl, ihm offen ins Antlitz zu sehen; nur von der Seite schielte ich leise hinüber, und zwar nicht nach seinem Gesicht, sondern nach seinen Händen, nach seinem Handwerkszeug, aber die waren merkwürdigerweise verschwunden: er hatte, bald merkte ichs, die beiden Unterärmel seines Mäntelchens dicht an den Leib gelegt und wie ein Frierender die Finger unter ihren schützenden Rand gezogen, damit sie unsichtbar würden. Wenn er jetzt ein Opfer antasten wollte, so konnte es nichts anderes als eine zufällige Berührung von weichem, ungefährlichem Stoff spüren, die stoßbereite Diebshand lag unter dem Ärmel verdeckt wie die Kralle in der samtenen Katzenpfote. Ausgezeichnet gemacht, bewunderte ich. Aber gegen wen zielte dieser Griff? Ich schielte vorsichtig zu seiner Rechten hin, dort stand ein hagerer, durchaus zugeknöpfter Herr und vor ihm, mit breitem und uneinnehmbarem Rücken, ein zweiter; so war mir zunächst nicht klar, wie er an einen dieser beiden erfolgreich herankommen könnte. Aber plötzlich, als ich jetzt einen leisen Druck an meinem eigenen Knie fühlte, packte mich der Gedanke – und wie ein Schauer rann es eisig durch mich: am Ende gilt diese Vorbereitung mir selbst? Am Ende willst du Narr hier den einzigen im Saale angehen, der von dir weiß, und ich soll jetzt – letzte und verwirrendste Lektion! – dein Handwerk am eigenen Leibe ausproben? Wahrhaftig, es schien mir zu gelten, gerade mich, gerade mich hatte der heillose Unglücksvogel sich anscheinend ausgesucht, gerade mich, seinen Gedankenfreund, den einzigen, der ihn kannte bis in die Tiefe seines Handwerks!

Ja, zweifellos galt es mir, jetzt durfte ich mich nicht länger täuschen, denn ich spürte bereits unverkennbar, wie sich der nachbarliche Ellbogen leise mir in die Seite drückte, wie Zoll um Zoll der Ärmel mit der verdeckten Hand sich vorschob, um wahrscheinlich bei der ersten erregten Bewegung innerhalb des Gedränges mit flinkem Griff mir wippend zwischen Rock und Weste zu fahren. Zwar: mit einer kleinen Gegenbewegung hätte ich mich jetzt noch völlig sichern können; es hätte genügt, mich zur Seite zu drehen oder den Rock zuzuknöpfen, aber sonderbar, dazu hatte ich keine Kraft mehr, denn mein ganzer Körper war hypnotisiert von Erregung und Erwartung. Wie angefroren stockte mir jeder Muskel, jeder Nerv, und während ich unsinnig aufgeregt wartete, überdachte ich rasch, wieviel ich in der Brieftasche hatte, und während ich an die Brieftasche dachte, spürte ich (jeder Teil unseres

Körpers wird ja sofort gefühlsempfindlich, sobald man ihn denkt, jeder Zahn, jede Zehe, jeder Nerv) den noch warmen und ruhigen Druck der Brieftasche gegen die Brust. Sie war also vorläufig noch zur Stelle, und derart vorbereitet konnte ich seinen Angriff unbesorgt bestehen. Aber ich wußte merkwürdigerweise gar nicht, ob ich diesen Angriff wollte oder nicht wollte. Mein Gefühl war völlig verwirrt und wie zweigeteilt. Denn einerseits wünschte ich um seinetwillen, der Narr möge von mir ablassen, anderseits wartete ich mit der gleichen fürchterlichen Spannung wie beim Zahnarzt, wenn der Bohrer sich der gepeinigten Stelle nähert, auf seine Kunstprobe, auf den entscheidenden Stoß. Er aber, als ob er mich für meine Neugierde strafen wollte, beeilte sich keineswegs mit seinem Zustoß. Immer wieder hielt er inne und blieb doch warm nahe. Zoll um Zoll schob er sich bedächtig näher, und obwohl meine Sinne ganz an diese drängende Berührung gebunden waren, hörte ich gleichzeitig mit einem ganz anderen Sinn vollkommen deutlich die steigenden Anbote der Auktion vom Tisch herüber: »Dreitausendsiebenhundertfünfzig ... bietet niemand mehr? Dreitausendsiebenhundertsechzig ... siebenhundertsiebzig ... siebenhundertachtzig ... bietet niemand mehr? Bietet niemand mehr?« Dann fiel der Hammer. Abermals ging der leichte Stoß der Auflockerung nach erfolgtem Zuschlag durch die Masse, und im selben Moment fühlte ich eine Welle davon an mich herankommen. Es war kein wirklicher Griff, sondern etwas wie das Laufen einer Schlange, ein gleitender körperlicher Hauch, so leicht und schnell, daß ich ihn nie gefühlt hätte, wäre nicht alle meine Neugier an jener bedrohten Stelle Posten gestanden; nur eine Falte wie von zufälligem Wind kräuselte meinen Mantel, etwas spürte ich zart wie das Vorüberstreifen eines Vogels und ...

Und plötzlich geschah, was ich nie erwartet hatte: meine eigene Hand war von unten stoßhaft heraufgefahren und hatte die fremde Hand unter meinem Rock gepackt. Niemals hatte ich diese brutale Abwehr geplant. Es war eine mich selbst überrumpelnde Reflexbewegung meiner Muskeln. Aus rein körperlichem Abwehrinstinkt war meine Hand automatisch emporgestoßen. Und jetzt hielt – entsetzlich – zu meinem eigenen Erstaunen und Erschrecken meine Faust eine fremde, eine kalte, eine zitternde Hand um das Gelenk gepreßt: nein, das hatte ich nie gewollt!

Diese Sekunde kann ich nicht beschreiben. Ich war ganz starr vor Schreck, plötzlich ein lebendiges Stück kalten Fleisches eines fremden

Menschen gewaltsam zu halten. Und genau so schreckgelähmt war er. So wie ich nicht die Kraft, nicht die Geistesgegenwart hatte, seine Hand loszulassen, so hatte er keinen Mut, keine Geistesgegenwart, sie wegzureißen. »Vierhundertfünfzig... vierhundertsechzig... vierhundertsiebzig...« schmetterte oben pathetisch der Commissaire-priseur – ich hielt noch immer die fremde kaltschauernde Diebshand. »Vierhundertachtzig... vierhundertneunzig...« – noch immer merkte niemand, was zwischen uns beiden vorging, niemand ahnte, daß hier zwischen zwei Menschen ein ungeheures Spannungsschicksal bestand: einzig zwischen uns zweien, nur zwischen unseren fürchterlich angestrafften Nerven ging diese namenlose Schlacht. »Fünfhundert... fünfhundert zehn... fünfhundertzwanzig...« immer geschwinder sprudelten die Zahlen, »fünfhundertdreißig... fünfhundertvierzig... fünfhundertfünfzig...« Endlich – das Ganze hatte kaum mehr als zehn Sekunden gedauert – kam mir der Atem wieder. Ich ließ die fremde Hand los. Sie glitschte sofort zurück und verschwand im Ärmel des gelben Mäntelchens.

»Fünfhundertsechzig... fünfhundertsiebzig... fünfhundertachtzig... sechshundert... sechshundertzehn...« rasselte es oben weiter und weiter, und wir standen noch immer nebeneinander, Komplicen der geheimnisvollen Tat, beide gelähmt von dem gleichen Erlebnis. Noch spürte ich seinen Körper ganz warm angedrückt an den meinen, und als jetzt in gelöster Erregung die erstarrten Knie mir zu zittern begannen, meinte ich zu fühlen, wie dieser leichte Schauer in die seinen überlief. »Sechshundertzwanzig... dreißig... vierzig... fünfzig... sechzig... siebzig...« immer höher schnellten sich die Zahlen, und immer noch standen wir, durch diesen eisigen Ring des Grauens aneinandergekettet. Endlich fand ich die Kraft, wenigstens den Kopf zu wenden und zu ihm hinüberzusehen. Im gleichen Augenblick schaute er zu mir herüber. Ich stieß mitten in seinen Blick. »Gnade, Gnade! Nicht mich anzeigen!« schienen die kleinen wässerigen Augen zu betteln, die ganze Angst seiner zerpreßten Seele, die Urangst aller Kreatur strömte aus diesen runden Pupillen heraus, und das Bärtchen zitterte mit im Sturm seines Entsetzens. Nur diese aufgerissenen Augen nahm ich deutlich wahr, das Gesicht dahinter war vergangen in einem so unerhörten Ausdruck von Schreck, wie ich ihn niemals vorher und nachher bei einem Menschen wahrgenommen. Ich schämte mich unsagbar, daß jemand so sklavisch, so hündisch zu mir aufblickte, als ob ich Macht hätte über Leben und

Tod. Und diese seine Angst erniedrigte mich; verlegen drückte ich den Blick wieder zur Seite.

Er aber hatte verstanden. Er wußte jetzt, daß ich ihn nie und nimmer anzeigen würde; das gab ihm seine Kraft zurück. Mit einem kleinen Ruck bog er seinen Körper von mir fort, ich spürte, daß er sich für immer von mir loslösen wollte. Zuerst lockerte sich unten das angedrängte Knie, dann fühlte mein Arm die angepreßte Wärme vergehen, und plötzlich – mir war, als schwände etwas fort, was zu mir gehörte – stand der Platz neben mir leer. Mit einem Taucherstoß hatte mein Unglücksgefährte das Feld geräumt. Erst atmete ich auf im Gefühl, wieder Luft um mich zu haben. Aber im nächsten Augenblick erschrak ich: der Arme, was wird er jetzt beginnen? Er braucht doch Geld, und ich, ich schulde ihm doch Dank für diese Stunden der Spannung, ich, sein Komplice wider Willen, muß ihm doch helfen! Hastig drängte ich ihm nach. Aber Verhängnis! Der Unglücksvogel mißverstand meinen guten Eifer und fürchtete mich, da er mich von der Ferne des Gangs erspähte. Ehe ich ihm beruhigend zuwinken konnte, flatterte das kanariengelbe Mäntelchen schon die Treppe hinab in die Unerreichbarkeit der menschendurchfluteten Straße, und unvermutet, wie sie begonnen, war meine Lehrstunde zu Ende.

DAS GENIE EINER NACHT

Die Marseillaise, 25. April 1792

1792. Zwei Monate, drei Monate schon schwankt in der französischen Nationalversammlung die Entscheidung: Krieg gegen die Koalition der Kaiser und Könige oder Frieden. Ludwig XVI. ist selbst unentschlossen; er ahnt die Gefahr eines Sieges der Revolutionäre, er ahnt die Gefahr ihrer Niederlage. Ungewiß sind auch die Parteien. Die Girondisten drängen zum Kriege, um die Macht zu behalten, Robespierre und die Jakobiner fechten für den Frieden, um inzwischen selbst die Macht an sich zu reißen. Von Tag zu Tag wird die Lage gespannter, die Journale lärmen, die Klubs diskutieren, immer wilder schwirren die Gerüchte, und immer mehr wird die öffentliche Meinung durch sie erregt. Wie immer eine Entscheidung, wird es darum eine Art von Befreiung, wie am 20. April der König von Frankreich endlich den Krieg an den Kaiser von Österreich und den König von Preußen erklärt.
Lastend und seelenverstörend hat in diesen Wochen und Wochen die elektrische Spannung über Paris gelegen; aber noch drückender, noch drohender schwült die Erregung in den Grenzstädten. In allen Biwaks sind schon die Truppen versammelt, in jedem Dorf, in jeder Stadt werden Freiwillige und Nationalgarden ausgerüstet, überall die Festungen instand gesetzt, und vor allem im Elsaß weiß man, daß auf seiner Scholle, wie immer zwischen Frankreich und Deutschland, die erste Entscheidung fallen wird. An den Ufern des Rheins ist der Feind, der Gegner, nicht wie in Paris ein verschwommener, ein pathetisch-rhetorischer Begriff, sondern sichtbare, sinnliche Gegenwart; denn an dem befestigten Brückenkopf, von dem Turm der Kathedrale, kann man die heranrückenden Regimenter der Preußen mit freiem Auge wahrnehmen. Nachts trägt der Wind das Rollen der feindlichen Artilleriewagen, das Klirren der Waffen, die Trompetensignale über den gleichgültig im Mondlicht glitzernden Strom. Und alle wissen: nur ein einziges Wort, nur ein einziges Dekret ist vonnöten, und aus dem schweigenden Mund

der preußischen Kanonen fährt Donner und Blitz, und der tausendjährige Kampf zwischen Deutschland und Frankreich hat abermals begonnen – diesmal im Namen der neuen Freiheit auf der einen Seite und im Namen der alten Ordnung auf der andern.
Unvergleichlicher Tag darum, da am 25. April 1792 Stafetten die Nachricht der erfolgten Kriegserklärung aus Paris nach Straßburg bringen. Sofort strömt aus allen Gassen und Häusern das Volk auf die offenen Plätze, kriegsbereit marschiert die ganze Garnison zur letzten Parade, Regiment nach Regiment. Auf dem Hauptplatz erwartet sie der Bürgermeister Dietrich, die dreifarbige Schärpe um den Leib, die Kokarde auf dem Hut, den er grüßend den Soldaten entgegenschwenkt. Fanfarenruf und Trommelwirbel mahnt zur Stille. Mit lauter Stimme liest Dietrich an diesem und allen andern Plätzen der Stadt französisch und deutsch den Wortlaut der Kriegserklärung vor. Nach seinen letzten Worten intonieren die Regimentsmusiker das erste, das vorläufige Kriegslied der Revolution, das »Ça ira«, eigentlich eine prickelnde, übermütige, spöttische Tanzmelodie, aber die klirrenden, die donnernden Schritte der ausmarschierenden Regimenter geben ihr martialischen Takt. Dann zerstreut sich die Menge und trägt die angefachte Begeisterung in alle Gassen und Häuser; in den Cafés, in den Klubs werden zündende Ansprachen gehalten und Proklamationen verteilt. »Aux armes, citoyens! L'étendard de la guerre est déployé! Le signal est donné!«; so und mit ähnlichen Anrufen beginnen sie, und überall, in allen Reden, in allen Zeitungen, auf allen Plakaten, auf allen Lippen wiederholen sich solche schlagkräftige, rhythmische Rufe wie »Aux armes, citoyens! Qu'ils tremblent donc, les despotes couronnés! Marchons, enfants de la liberté!«, und jedesmal jubelt und jubelt die Masse den feurigen Worten zu.
Immer jubelt die große Masse auf den Straßen und Plätzen bei einer Kriegserklärung, immer aber regen sich in solchen Augenblicken des Straßenjubels auch andere Stimmen, leisere, abseitige; auch die Angst, auch die Sorge wacht auf bei einer Kriegserklärung, nur daß sie heimlich in den Stuben flüstert oder mit blasser Lippe schweigt. Ewig und überall sind Mütter, die sich sagen: Werden die fremden Soldaten nicht meine Kinder hinmorden, in allen Ländern sind die Bauern, die um ihre Habe sorgen, ihre Felder, ihre Hütten, ihr Vieh und ihre Ernte. Wird ihre Saat nicht zerstampft werden, ihr Haus nicht geplündert von den brutalen Horden, nicht mit Blut die Felder ihrer Arbeit gedüngt? Aber der

Bürgermeister von Straßburg, Friedrich Baron Dietrich, eigentlich ein Aristokrat, aber wie die beste Aristokratie Frankreichs damals der Sache der neuen Freiheit mit ganzer Seele hingegeben, will nur die lauten, die klingenden Stimmen der Zuversicht zu Wort kommen lassen; bewußt verwandelt er den Tag der Kriegserklärung in ein öffentliches Fest. Die Schärpe quer um die Brust, eilt er von einer Versammlung zur andern, um die Bevölkerung anzufeuern. Er läßt Wein und Zehrung an die abmarschierenden Soldaten verteilen, und am Abend versammelt er in seinem geräumigen Hause auf der Place de Broglie die Generalität, die Offiziere und wichtigsten Amtspersonen zu einem Abschiedsfest, dem Begeisterung schon im vornherein den Charakter eines Siegesfestes gibt. Die Generäle, siegessicher wie immer Generäle, präsidieren, die jungen Offiziere, die im Krieg den Sinn ihres Lebens erfüllt sehen, haben freies Wort. Einer feuert den andern an. Man schwingt die Säbel, man umarmt sich, man trinkt sich zu, man hält bei gutem Wein leidenschaftliche und immer leidenschaftlichere Reden. Und abermals kehren dieselben stimulierenden Worte der Journale und Proklamationen in allen Ansprachen wieder: »Auf zu den Waffen, Bürger! Marschieren wir! Retten wir das Vaterland! Bald werden sie zittern, die gekrönten Despoten. Jetzt, da sich die Fahne des Sieges entrollt hat, ist der Tag gekommen, die Trikolore über die Welt zu tragen! Jeder muß jetzt sein Bestes geben, für den König, für die Fahne, für die Freiheit!« Das ganze Volk, das ganze Land will in solchen Augenblicken eine heilige Einheit werden durch den Glauben an den Sieg und durch Begeisterung für die Sache der Freiheit.

Plötzlich, mitten im Reden und Toastieren, wendet sich der Bürgermeister Dietrich einem jungen Hauptmann vom Festungskorps, namens Rouget, zu, der an seiner Seite sitzt. Er hat sich erinnert, daß dieser nette, nicht gerade hübsche, aber sympathische Offizier vor einem halben Jahr anläßlich der Proklamierung der Konstitution eine recht nette Hymne an die Freiheit geschrieben hat, die der Regimentsmusikus Pleyel gleich vertonte. Die anspruchslose Arbeit hatte sich sangbar erwiesen, die Militärkapelle hatte sie eingelernt, man hatte sie am öffentlichen Platz gespielt und im Chor gesungen. Wären jetzt die Kriegserklärung und der Abmarsch nicht gegebener Anlaß, eine ähnliche Feier zu inszenieren? So fragt Bürgermeister Dietrich ganz lässig, wie man eben einen guten Bekannten um eine Gefälligkeit bittet, den Kapitän Rouget (der sich völlig unberechtigterweise selbst geadelt hat

und Rouget de Lisle nennt), ob er nicht den patriotischen Anlaß wahrnehmen wolle und für die ausmarschierenden Truppen etwas dichten, ein Kriegslied für die Rheinarmee, die morgen gegen den Feind ausrücken soll.
Rouget, ein bescheidener, unbedeutender Mann, der sich nie für einen großen Komponisten hielt – seine Verse wurden nie gedruckt, seine Opern refüsiert – weiß, daß ihm Gelegenheitsverse leicht in die Feder fließen. Um der hohen Amtsperson und dem guten Freunde gefällig zu sein, erklärt er sich bereit. Ja, er wolle es versuchen. »Bravo, Rouget«, trinkt ein General von gegenüber ihm zu und mahnt ihn, er solle ihm dann gleich das Lied ins Feld nachschicken; irgendeinen schrittbeflügelnden, patriotischen Marschgesang könne die Rheinarmee wirklich brauchen. Inzwischen beginnt ein anderer eine Rede zu schwingen. Wieder wird toastiert, gelärmt, getrunken. Mit starker Woge geht die allgemeine Begeisterung über die kleine zufällige Zwiesprache hinweg. Immer ekstatischer, immer lauter, immer frenetischer wird das Gelage, und die Stunde steht schon bedenklich spät nach Mitternacht, da die Gäste das Haus des Bürgermeisters verlassen.
Es ist spät nach Mitternacht. Der 25. April, der für Straßburg so erregende Tag der Kriegserklärung, ist zu Ende, eigentlich hat der 26. April schon begonnen. Nächtliches Dunkel liegt über den Häusern; aber trügerisch ist dieses Dunkel, denn noch fiebert die Stadt vor Erregung. In den Kasernen rüsten die Soldaten zum Ausmarsch und manche der Vorsichtigen hinter verschlossenen Läden vielleicht schon heimlich zur Flucht. Auf den Straßen marschieren einzelne Pelotons, dazwischen jagen die klappernden Hufe der Meldereiter, dann rasselt wieder ein schwerer Zug Artillerie heran, und immer wieder hallt monoton der Ruf der Schildwache von Posten zu Posten. Zu nahe ist der Feind, zu unsicher und zu erregt die Seele der Stadt, als daß sie Schlaf fände in so entscheidendem Augenblick.
Auch Rouget, der jetzt in sein bescheidenes Zimmerchen in der Grande Rue 126 die runde Treppe hinaufgeklettert ist, fühlt sich merkwürdig erregt. Er hat sein Versprechen nicht vergessen, möglichst rasch ein Marschlied, ein Kriegslied für die Rheinarmee zu versuchen. Unruhig stapft er in seinem engen Zimmer auf und nieder. Wie beginnen? Wie beginnen? Noch schwirren ihm alle anfeuernden Rufe der Proklamationen, der Reden, der Toaste chaotisch durch den Sinn. »Aux armes, citoyens! ... Marchons, enfants de la liberté! ... Ecrasons la tyrannie! ...

L'étendard de la guerre est déployé!...« Aber auch der andern Worte entsinnt er sich, die er im Vorübergehen gehört, der Stimmen der Frauen, die um ihre Söhne zittern, der Sorge der Bauern, Frankreichs Felder könnten zerstampft werden und mit Blut gedüngt von den fremden Kohorten. Halb unbewußt schreibt er die ersten beiden Zeilen hin, die nur Widerhall, Widerklang, Wiederholung sind jener Anrufe.

»Allons, enfants de la patrie,
Le jour de gloire est arrivé!«

Dann hält er inne und stutzt. Das sitzt. Der Ansatz ist gut. Jetzt nur gleich den rechten Rhythmus finden, die Melodie zu den Worten. Er nimmt seine Geige vom Schrank, er probiert. Und wunderbar: gleich in den ersten Takten paßt sich der Rhythmus vollkommen den Worten an. Hastig schreibt er weiter, nun schon getragen, nun schon mitgerissen von der Kraft, die in ihn gefahren ist. Und mit einem Mal strömt alles zusammen: alle die Gefühle, die sich in dieser Stunde entladen, alle die Worte, die er auf der Straße, die er bei dem Bankett gehört, der Haß gegen die Tyrannen, die Angst um die Heimaterde, das Vertrauen zum Siege, die Liebe zur Freiheit. Rouget braucht gar nicht zu dichten, zu erfinden, er braucht nur in Reime zu bringen, in den hinreißenden Rhythmus seiner Melodie die Worte zu setzen, die heute, an diesem einzigen Tage, von Mund zu Mund gegangen, und er hat alles ausgesprochen, alles ausgesagt, alles ausgesungen, was die Nation in innerster Seele empfand. Und er braucht nicht zu komponieren, denn durch die verschlossenen Fensterläden dringt der Rhythmus der Straße, der Stunde herein, dieser Rhythmus des Trotzes und der Herausforderung, der in dem Marschschritt der Soldaten, dem Schmettern der Trompeten, dem Rasseln der Kanonen liegt. Vielleicht vernimmt er ihn nicht selbst, nicht sein eigenes waches Ohr, aber der Genius der Stunde, der für diese einzige Nacht Hausung genommen hat in seinem sterblichen Leibe, hat ihn vernommen. Und immer fügsamer gehorcht die Melodie dem hämmernden, dem jubelnden Takt, der Herzschlag eines ganzen Volkes ist. Wie unter fremdem Diktat schreibt hastig und immer hastiger Rouget die Worte, die Noten hin – ein Sturm ist über ihn gekommen, wie er nie seine enge, bürgerliche Seele durchbrauste. Eine Exaltation, eine Begeisterung, die nicht die seine ist, sondern magische Gewalt, zusammengeballt in eine einzige explosive Sekunde, reißt den armen Dilettanten hunderttausendfach über sein eigenes Maß hinaus und schleudert ihn wie eine Rakete – eine Sekunde lang Licht und strahlende Flamme – bis zu den Sternen. Eine Nacht ist es dem Kapitänleutnant Rouget de Lisle gegönnt, Bruder der Unsterblichen zu sein: aus den übernommenen, der Straße, den Journalen abgeborgten Rufen des Anfangs formt sich ihm schöpferisches Wort und steigt empor zu einer Strophe, die in ihrer dichterischen Formulierung so unvergänglich ist wie die Melodie unsterblich.

»Amour sacré de la patrie,
Conduis, soutiens nos bras vengeurs!
Liberté, liberté chérie,
Combats avec tes défenseurs!«

Dann noch eine fünfte Strophe, die letzte, und aus einer Erregung und in einem Guß gestaltet, vollkommen das Wort der Melodie verbindend, ist noch vor dem Morgengrauen das unsterbliche Lied vollendet. Rouget löscht das Licht und wirft sich hin auf sein Bett. Irgend etwas, er weiß nicht was, hat ihn aufgehoben in eine nie gefühlte Helligkeit seiner Sinne, irgend etwas schleudert ihn jetzt nieder in eine dumpfe Erschöpfung. Er schläft einen abgründigen Schlaf, der wie ein Tod ist. Und tatsächlich ist schon wieder der Schöpfer, der Dichter, der Genius in ihm gestorben. Auf dem Tische aber liegt, losgelöst von dem Schlafenden, den dies Wunder wahrhaft im heiligen Rausch überkommen, das vollendete Werk. Kaum ein zweites Mal in der Geschichte aller Völker ist ein Lied so rasch und so vollkommen gleichzeitig Wort und Musik geworden.

Dieselben Glocken vom Münster verkünden wie immer den neuen Morgen. Ab und zu trägt der Wind vom Rhein her Schüsse herüber, die ersten Geplänkel haben begonnen. Rouget erwacht. Mit Mühe tastet er sich aus dem Abgrund seines Schlafes empor. Etwas ist geschehen, fühlt er dumpf, etwas mit ihm geschehen, an das er nur dumpf sich erinnert. Dann erst bemerkt er auf dem Tisch das frisch beschriebene Blatt. Verse? Wann habe ich die geschrieben? Musik, in meiner eigenen Handschrift? Wann habe ich das komponiert? Ach ja, das Lied, das Freund Dietrich gestern erbeten, das Marschlied für die Rheinarmee! Rouget liest seine Verse, summt dazu die Melodie, fühlt aber, wie immer der Schöpfer vor dem eben geschaffenen Werk, sich völlig ungewiß. Aber nebenan wohnt ein Regimentskamerad, dem zeigt und singt er es vor. Der Freund scheint zufrieden und schlägt nur einige kleine Änderungen vor. An dieser ersten Zustimmung gewinnt Rouget ein gewisses Zutrauen. Mit der ganzen Ungeduld eines Autors und stolz auf sein rasch erfülltes Versprechen, fällt er gleich dem Bürgermeister Dietrich ins Haus, der im Garten seinen Morgenspaziergang macht und dabei eine neue Rede meditiert. Wie, Rouget? Schon fertig? Nun, da wollen wir gleich eine Probe abhalten. Die beiden gehen aus dem Garten in den Salon des Hauses, Dietrich setzt sich ans Klavier und spielt die Begleitung, Rouget singt den Text. Angelockt von der unerwarteten morgendlichen Musik kommt die Frau des Bürgermeisters ins Zimmer und verspricht, Kopien von dem neuen Lied zu machen und als gelernte Musikerin, die sie ist, gleich die Begleitung auszuarbeiten, damit man schon heute nacht bei der Abendgesellschaft es den Freunden des Hauses zwischen allerhand andern Liedern vorsingen könne. Der Bürgermeister Dietrich, stolz auf seine nette Tenorstimme, übernimmt es, das Lied nun gründlicher zu studieren, und am 26. April, am Abend desselben Tages, in dessen Morgenstunden das Lied gedichtet und komponiert war, wird es zum erstenmal einer zufällig gewählten Gesellschaft im Salon des Bürgermeisters vorgesungen.

Die Zuhörer scheinen freundlich applaudiert zu haben, und wahrscheinlich hat es an allerhand höflichen Komplimenten für den anwesenden Autor nicht gefehlt. Aber selbstverständlich hat nicht die leiseste Ahnung die Gäste des Hôtel de Broglie an dem großen Platz von Straßburg überkommen, daß mit unsichtbaren Flügeln eine ewige Melodie sich niedergeschwungen in ihre irdische Gegenwart. Selten begreifen die Zeitgenossen auf den ersten Blick die Größe eines Menschen oder die Größe eines Werkes, und wie wenig sich die Frau Bürgermeisterin jenes erstaunlichen Augenblicks bewußt wurde, beweist sie mit dem Brief an ihren Bruder, in dem sie ein Wunder zu einem gesellschaftlichen Ereignis banalisiert. »Du weißt, daß wir viele Leute im Haus empfangen und man immer etwas erfinden muß, um Abwechslung in die Unterhaltung zu bringen. Und so hat mein Mann die Idee gehabt, irgendein Gelegenheitslied komponieren zu lassen. Der Kapitän vom Ingenieurkorps, Rouget de Lisle, ein liebenswürdiger Dichter und Kompositeur, hat sehr schnell diese Musik eines Kriegsliedes gemacht. Mein Mann, der eine gute Tenorstimme hat, hat das Stück gleich gesungen, das sehr anziehend ist und eine gewisse Eigenart zeigt. Es ist ein besserer Gluck, lebendiger und belebter. Ich für mein Teil habe meine Begabung für Orchestrierung dabei angewandt und arrangierte die Partitur für Klavier und andere Instrumente, so daß ich viel zu

arbeiten habe. Das Stück ist bei uns gespielt worden, zur großen Zufriedenheit der ganzen Gesellschaft.«
»Zur großen Zufriedenheit der ganzen Gesellschaft« – das scheint uns heute überraschend kühl. Aber der bloß freundliche Eindruck, die bloß laue Zustimmung ist verständlich, denn noch hat sich bei dieser ersten Darbietung die Marseillaise nicht wahrhaft in ihrer Kraft enthüllen können. Die Marseillaise ist kein Vortragsstück für eine behagliche Tenorstimme und nicht bestimmt, in einem kleinbürgerlichen Salon zwischen Romanzen und italienischen Arien mit einer einzelnen Singstimme vorgetragen zu werden. Ein Lied, das aufrauscht zu den hämmernden, federnden, fordernden Takten »Aux armes citoyens«, wendet sich an eine Masse, eine Menge, und seine wahre Orchestrierung sind klirrende Waffen, schmetternde Fanfaren, marschierende Regimenter. Nicht für Zuhörer, für kühl sitzende und behaglich genießende, war sie gedacht, sondern für Mittäter, Mitkämpfer. Nicht einem einzelnen Sopran, einem Tenor ist sie zugesungen, sondern der tausendkehligen Masse, das vorbildliche Marschlied, Siegeslied, Todeslied, Heimatlied, Nationallied eines ganzen Volkes. Erst Begeisterung, aus der es zuerst geboren ward, wird dem Lied Rougets die begeisternde Gewalt verleihen. Noch hat das Lied nicht gezündet, noch haben in magischer Resonanz nicht die Worte, nicht die Melodie die Seele der Nation erreicht, noch kennt die Armee nicht ihr Marschlied, ihr Siegeslied, noch kennt die Revolution nicht ihren ewigen Päan.

Auch er selbst, dem über Nacht dieses Wunder geschehen, Rouget de Lisle, ahnt ebensowenig wie die andern, was er traumwandlerisch und von einem treulosen Genius geführt, in jener einen Nacht geschaffen. Er freut sich natürlich herzhaft, der brave, liebenswürdige Dilettant, daß die eingeladenen Gäste kräftig applaudieren, daß man ihn als Autor höflich komplimentiert. Mit der kleinen Eitelkeit eines kleinen Menschen sucht er diesen kleinen Erfolg in seinem kleinen Provinzkreise fleißig auszunützen. Er singt in den Kaffeehäusern seinen Kameraden die neue Melodie vor, er läßt Abschriften herstellen und schickt sie an die Generäle der Rheinarmee. Inzwischen hat auf Befehl des Bürgermeisters und Empfehlung der Militärbehörden das Straßburger Musikkorps das »Kriegslied für die Rheinarmee« einstudiert, und vier Tage später, beim Abmarsch der Truppen, spielt das Musikkorps der Straßburger Nationalgarde auf dem großen Platz den neuen Marsch. In patriotischer Weise

erklärt sich auch der Straßburger Verleger bereit, den »Chant de guerre pour l'armée du Rhin« zu drucken, der respektvoll dem General Luckner von seinem militärischen Untergebenen gewidmet wird. Aber nicht ein einziger der Generäle der Rheinarmee denkt daran, die neue Weise beim Vormarsch wirklich spielen oder singen zu lassen, und so scheint, wie alle bisherigen Versuche Rougets, der Salonerfolg des »Allons, enfants de la patrie«, ein Eintagserfolg, eine Provinzialangelegenheit zu bleiben und als solche vergessen zu werden.
Aber nie läßt sich die eingeborene Kraft eines Werkes auf die Dauer verbergen oder verschließen. Ein Kunstwerk kann vergessen werden von der Zeit, es kann verboten werden und versargt, immer aber erzwingt sich das Elementare den Sieg über das Ephemere. Einen Monat, zwei Monate hört man nichts vom Kriegslied der Rheinarmee. Die gedruckten und handgeschriebenen Exemplare liegen und wandern herum in gleichgültigen Händen. Aber immer genügt es, wenn ein Werk auch nur einen einzigen Menschen wirklich begeistert, denn jede echte Begeisterung wird selber schöpferisch. Am andern Ende von Frankreich, in Marseille, gibt der Klub der Verfassungsfreunde am 22. Juni ein Bankett für die abmarschierenden Freiwilligen. An langer Tafel sitzen fünfhundert junge, feurige Menschen in ihren neuen Uniformen der Nationalgarde; in ihrem Kreise fiebert genau die gleiche Stimmung wie an dem 25. April in Straßburg, nur noch heißer, hitziger und leidenschaftlicher, dank dem südlichen Temperament der Marseiller, und nicht mehr so eitel siegesgewiß wie in jener ersten Stunde der Kriegserklärung. Denn nicht wie jene Generäle flunkerten, sind die revolutionären französischen Truppen gleich über den Rhein marschiert und überall mit offenen Armen empfangen worden. Im Gegenteil, der Feind ist tief ins französische Land vorgestoßen, die Freiheit ist bedroht, die Sache der Freiheit in Gefahr.
Plötzlich, inmitten des Festmahls, schlägt einer – er heißt Mireur und ist ein Medizinstudent von der Universität in Montpellier – an sein Glas und erhebt sich. Alle verstummen und blicken auf ihn. Man erwartet eine Rede und eine Ansprache. Aber statt dessen schwingt der junge Mensch die Rechte empor und stimmt ein Lied an, ein neues Lied, das sie alle nicht kennen und von dem niemand weiß, wie es in seine Hand geraten ist, »Allons, enfants de la patrie«. Und nun zündet der Funke, als wäre er in ein Pulverfaß gefallen. Gefühl und Gefühl, die ewigen Pole, haben sich berührt. Alle diese jungen Menschen, die morgen ausrücken,

die für die Freiheit kämpfen wollen und für das Vaterland zu sterben bereit sind, empfinden ihren innersten Willen, ihren ureigensten Gedanken in diesen Worten ausgedrückt; unwiderstehlich reißt der Rhythmus sie auf in eine einhellige, ekstatische Begeisterung. Strophe um Strophe wird bejubelt, noch einmal, noch ein zweites Mal muß das Lied wiederholt werden, und schon ist die Melodie ihr eigen geworden, schon singen sie, erregt aufgesprungen, die Gläser erhoben, den Refrain donnernd mit. »Aux armes, citoyens! Formez vos bataillons!« Neugierig drängen von der Straße Menschen heran, um zu hören, was hier mit solcher Begeisterung gesungen wird, und schon singen sie selber mit; am nächsten Tage ist die Melodie auf tausend und zehntausend Lippen. Ein Neudruck verbreitet sie, und wie die fünfhundert Freiwilligen am 2. Juli abmarschieren, wandert das Lied mit ihnen. Wenn sie müde werden auf der Landstraße, wenn ihr Schritt schlapp wird, braucht nur einer die Hymne anzustimmen, und schon gibt ihr mitreißender Takt ihnen allen erneuten Schwung. Wenn sie durch ein Dorf marschieren und staunend die Bauern, neugierig die Einwohner sich versammeln, stimmen sie es im Chore an. Es ist ihr Lied geworden, sie haben, ohne es zu wissen, daß es für die Rheinarmee bestimmt war, ohne zu ahnen, von wem und wann es gedichtet war, den Hymnus als den ihres Bataillons, als Bekenntnis ihres Lebens und Sterbens übernommen. Es gehört zu ihnen wie die Fahne, und in leidenschaftlichem Vormarsch wollen sie ihn über die Welt tragen.

Der erste große Sieg der Marseillaise – denn so wird die Hymne Rougets bald sich nennen – ist Paris. Am 30. Juni marschiert das Bataillon durch die Faubourgs ein, die Fahne voran und das Lied. Tausende und Zehntausende stehen und warten in den Straßen, um sie festlich zu empfangen, und wie die Marseiller nun anrücken, fünfhundert Männer, gleichsam aus einer Kehle zum Taktschritt das Lied singend und immer wieder singend, horcht die Menge auf. Was ist das für eine herrliche, hinreißende Hymne, welche die Marseiller da singen? Was für ein Fanfarenruf dies, der in alle Herzen fährt, begleitet vom prasselnden Trommelschlag, dies »Aux armes, citoyens!« Zwei Stunden später, drei Stunden später, und schon klingt der Refrain in allen Gassen wider. Vergessen ist das »Ça ira«, vergessen die alten Märsche, die abgebrauchten Couplets: die Revolution hat ihre eigene Stimme erkannt, die Revolution hat ihr Lied gefunden.

Lawinenhaft wird nun die Verbreitung, unaufhaltsam der Siegeslauf.

Auf den Banketten wird die Hymne gesungen, in den Theatern und Klubs, dann sogar in den Kirchen nach dem Tedeum und bald anstatt des Tedeum. In einem, in zwei Monaten ist die Marseillaise das Lied des Volkes geworden und der ganzen Armee. Servan, der erste republikanische Kriegsminister, erkennt mit klugem Blick die tonische, die exaltierende Kraft eines so einzigartigen nationalen Schlachtgesanges. In eiliger Ordre befiehlt er, daß hunderttausend Exemplare an alle Kommandos überstellt werden sollen, und in zwei oder drei Nächten ist das Lied des Unbekannten mehr verbreitet als alle Werke Molières, Racines und Voltaires. Kein Fest, das nicht mit der Marseillaise schließt, keine Schlacht, wo nicht vorerst die Regimentsmusiker das Kriegslied der Freiheit intonieren. Bei Jemappes und Nerwinden ordnen sich die Regimenter im Chorgesang zum entscheidenden Sturme, und die feindlichen Generäle, die nur mit dem alten Rezept der verdoppelten Branntweinration ihre Soldaten stimulieren können, sehen erschreckt, daß sie nichts der explosiven Kraft dieser »fürchterlichen« Hymne entgegenzusetzen haben, wenn sie, gleichzeitig von Tausenden und Tausenden gesungen, wie eine klingende, klirrende Welle gegen ihre eigenen Reihen stürmt. Über allen Schlachten Frankreichs schwebt nun, Unzählige mitreißend in Begeisterung und Tod, die Marseillaise, wie Nike, die geflügelte Göttin des Sieges.

Unterdessen sitzt in der kleinen Garnison von Hüningen ein höchst unbekannter Hauptmann des Festungswesens, Rouget, und entwirft brav Wälle und Verschanzungen. Vielleicht hat er schon das »Kriegslied der Rheinarmee« vergessen, das er in jener verschollenen Nacht des 26. April 1792 geschaffen, und wagt gar nicht zu ahnen, wenn er in den Gazetten von jener andern Hymne, jenem andern Kriegslied liest, das im Sturm Paris erobert, daß dieses sieghafte »Lied der Marseiller« Wort für Wort und Takt für Takt nichts anderes ist als das in ihm und an ihm geschehene Wunder jener Nacht. Denn grausame Ironie des Schicksals – in alle Himmel rauschend, zu den Sternen brausend, trägt diese Melodie nur einen einzigen Menschen nicht hoch, nämlich den Menschen, der sie ersonnen. Niemand in ganz Frankreich kümmert sich um den Hauptmann Rouget de Lisle, der riesigste Ruhm, den je ein Lied gekannt, bleibt dem Liede, und nicht ein Schatten davon fällt auf seinen Schöpfer Rouget. Sein Name wird nicht mitgedruckt auf den Texten, und er selbst bliebe völlig unbeachtet bei den Herren der Stunde, brächte er sich nicht selbst in ärgerliche Erinnerung. Denn – geniale Paradoxie, wie sie nur die Geschichte erfinden kann – der Schöpfer der Revolutionshymne ist kein Revolutionär; im Gegenteil: der wie kein anderer die Revolution durch sein unsterbliches Lied fortgetrieben, möchte sie mit allen Kräften nun wieder zurückdämmen. Als die Marseiller und der Pariser Pöbel – seinen Gesang auf den Lippen – die Tuilerien stürmen und man den König absetzt, hat Rouget de Lisle genug von der Revolution. Er weigert sich, den Eid auf die Republik zu leisten, und quittiert lieber seinen Dienst, als den Jakobinern zu dienen. Das Wort von der »Liberté chérie«, der geliebten Freiheit in seiner Hymne ist diesem aufrechten Manne kein leeres Wort: er verabscheut die neuen Tyrannen und Despoten im Konvent nicht minder, als er die gekrönten und gesalbten jenseits der Grenzen haßte. Offen macht er seinem Unmut gegen den Wohlfahrtsausschuß Luft, als sein Freund, der Bürgermeister Dietrich, der Pate der Marseillaise, als der General Luckner, dem sie gewidmet war, als alle die Offiziere und Adeligen, die an jenem Abend ihre ersten Zuhörer waren, auf die Guillotine geschleppt werden, und bald ereignet sich die groteske Situation, daß der Dichter der Revolution als Konterrevolutionär gefangengesetzt wird, daß man ihm, und gerade ihm den Prozeß macht mit der Anschuldigung, sein Vaterland verraten zu haben. Nur der 9. Thermidor, der mit dem Sturz Robespierres die Gefängnisse öffnet, hat der Französischen Revolution die Schmach erspart, den Dichter ihres unsterblichsten Liedes dem »nationalen Rasiermesser« überantwortet zu haben.

Immerhin, es wäre ein heldischer Tod gewesen und nicht ein so klägliches Verdämmern im Dunkel, wie es Rouget verhängt ist. Denn um mehr als vierzig Jahre, um Tausende und Tausende von Tagen überlebt der unglückliche Rouget den einzigen wirklich schöpferischen Tag seines Lebens. Man hat ihm die Uniform ausgezogen, man hat ihm die Pension gestrichen; die Gedichte, die Opern, die Texte, die er schreibt, werden nicht gedruckt, nicht gespielt. Das Schicksal verzeiht es dem Dilettanten nicht, sich unberufen in die Reihe der Unsterblichen eingedrängt zu haben. Mit allerhand kleinen und nicht immer sauberen Geschäften fristet der kleine Mann sein kleines Leben. Vergebens versuchen aus Mitleid Carnot und später Bonaparte, ihm zu helfen. Aber etwas in dem Charakter Rougets ist rettungslos vergiftet und verschroben geworden durch die Grausamkeit jenes Zufalls, der ihn Gott und Genius sein ließ drei Stunden lang und dann verächtlich wieder zurückwarf in die eigene Nichtigkeit. Er zankt und queruliert mit allen Mächten, er schreibt an Bonaparte, der ihm helfen wollte, freche und pathetische Briefe, er rühmt sich öffentlich, bei der Volksabstimmung gegen ihn gestimmt zu haben. Seine Geschäfte verwickeln ihn in dunkle Affären, und wegen eines unbezahlten Wechsels muß er sogar mit dem Schuldgefängnis Saint Pelargie Bekanntschaft machen. Unbeliebt an allen Stellen, von Schuldnern gejagt, von der Polizei ständig bespitzelt, verkriecht er sich schließlich irgendwo in der Provinz, und wie aus einem Grabe, abgeschieden und vergessen, lauscht er von dort dem Schicksal seines unsterblichen Liedes; er erlebt es noch, daß die Marseillaise mit den siegreichen Armeen über alle Länder Europas stürmt, dann noch, daß Napoleon, kaum Kaiser geworden, sie als zu revolutionär aus allen Programmen streichen läßt, daß die Bourbonen sie dann gänzlich verbieten. Nur ein Staunen kommt den verbitterten Greis an, wie nach einem Menschenalter die Julirevolution 1830 seine Worte, seine Melodie in alter Kraft auferstehen läßt an den Barrikaden von Paris und der Bürgerkönig Louis Philippe ihm als dem Dichter ein kleines Pensiönchen verleiht. Wie ein Traum scheint es dem Verschollenen, dem Vergessenen, daß man sich seiner überhaupt noch erinnert, aber es ist nur ein kleines Erinnern mehr, und als der Sechsundsiebzigjährige endlich in Choisy-le-Roi 1836 stirbt, nennt und kennt niemand seinen Namen mehr. Abermals muß ein Menschenalter vergehen: erst im Weltkrieg, da die Marseillaise, längst Nationalhymnus geworden, an allen Fronten Frankreichs wieder kriegerisch erklingt, wird angeordnet, daß der Leichnam des kleinen Hauptmanns Rouget an derselben Stelle im Invalidendom bestattet werde wie der des kleinen Leutnants Bonaparte, und so ruht endlich der höchst unberühmte Schöpfer eines ewigen Liedes in der Ruhmeskrypta seines Vaterlandes von der Enttäuschung aus, nichts gewesen zu sein als der Dichter einer einzigen Nacht.

DIE WELTMINUTE VON WATERLOO

Napoleon, 18. Juni 1815

Das Schicksal drängt zu den Gewaltigen und Gewalttätigen. Jahrelang macht es sich knechtisch gehorsam einem einzelnen hörig: Caesar, Alexander, Napoleon; denn es liebt den elementaren Menschen, der ihm selber ähnlich wird, dem unfaßbaren Element.
Manchmal aber, ganz selten in allen Zeiten, wirft es in sonderbarer Laune irgendeinem Gleichgültigen sich hin. Manchmal – und dies sind die erstaunlichsten Augenblicke der Weltgeschichte – fällt der Faden des Fatums für eine zuckende Minute in eines ganz Nichtigen Hand. Immer sind dann solche Menschen mehr erschreckt als beglückt von dem Sturm der Verantwortung, der sie in heroisches Weltspiel mengt, und fast immer lassen sie das zugeworfene Schicksal zitternd aus den Händen. Selten nur reißt einer die Gelegenheit mächtig empor und sich selber mit ihr. Denn bloß eine Sekunde lang gibt sich das Große hin an den Geringen; wer sie versäumt, den begnadet sie nie mehr ein zweites Mal.

Grouchy

Zwischen Tanz, Liebschaften, Intrigen und Streit des Wiener Kongresses fährt als schmetternde Kanonenkugel sausend die Nachricht, Napoleon, der gefesselte Löwe, sei ausgebrochen aus seinem Käfig in Elba; und schon jagen andere Stafetten nach; er hat Lyon erobert, er hat den König verjagt, die Truppen gehen mit fanatischen Fahnen zu ihm über, er ist in Paris, in den Tuilerien, vergeblich waren Leipzig und zwanzig Jahre menschenmörderischen Krieges. Wie von einer Kralle gepackt, fahren die eben noch quengelnden streitenden Minister zusammen, ein englisches, ein preußisches, ein österreichisches, ein russisches Heer wird eilig aufgeboten, noch einmal und nun endgültig den Usurpator der Macht niederzuschmettern: nie war das legitime Europa der Kaiser und

Könige einiger als in dieser Stunde ersten Entsetzens. Von Norden rückt Wellington gegen Frankreich, an seiner Seite schiebt sich eine preußische Armee unter Blücher hilfreich heran, am Rhein rüstet Schwarzenberg, und als Reserve marschieren quer durch Deutschland langsam und schwer die russischen Regimenter.
Napoleon übersieht mit einem Ruck die tödliche Gefahr. Er weiß, keine Zeit bleibt, zu warten, bis die Meute sich sammelt. Er muß sie zerteilen, muß sie einzeln anfallen, die Preußen, die Engländer, die Österreicher, ehe sie zur europäischen Armee werden und zum Untergang seines Kaiserreichs. Er muß eilen, weil sonst die Mißvergnügten im eigenen Lande erwachen, er muß schon Sieger sein, ehe die Republikaner erstarken und sich mit den Royalisten verbünden, bevor Fouché, der Zweizüngige und Unfaßbare, im Bunde mit Talleyrand seinem Gegenspieler und Spiegelbild, ihm hinterrücks die Sehnen zerschneidet. In einem einzigen Elan muß er, den rauschenden Enthusiasmus der Armee nützend, gegen seine Feinde los; jeder Tag ist Verlust, jede Stunde Gefahr. So wirft er hastig den klirrenden Würfel auf das blutigste Schlachtfeld Europas, nach Belgien. Am 15. Juni, um drei Uhr morgens, überschreiten die Spitzen der großen – und nun auch einzigen – Armee Napoleons die Grenze. Am 16. schon rennen sie bei Ligny gegen die preußische Armee an und werfen sie zurück. Es ist der erste Prankenschlag des ausgebrochenen Löwen, ein furchtbarer, aber kein tödlicher. Geschlagen, aber nicht vernichtet, zieht sich die preußische Armee gegen Brüssel zurück.
Nun holt Napoleon aus zum zweiten Schlage, gegen Wellington. Er darf nicht Atem holen, nicht Atem lassen, denn jeder Tag bringt dem Gegner Verstärkung, und das Land hinter ihm, das ausgeblutete, unruhige französische Volk muß berauscht werden mit dem feurigen Fusel der Siegesbulletins. Noch am 17. marschiert er mit seiner ganzen Armee bis an die Höhen von Quatre-Bras, wo Wellington, der kalte, stahlnervige Gegner, sich verschanzt hat. Nie waren Napoleons Dispositionen umsichtiger, seine militärischen Befehle klarer als an diesem Tage: er erwägt nicht nur den Angriff, sondern auch seine Gefahren, nämlich, daß die geschlagene, aber nicht vernichtete Armee Blüchers sich mit jener Wellingtons vereinigen könnte. Dies zu verhindern, spaltet er einen Teil seiner Armee ab, damit sie Schritt für Schritt die preußische Armee vor sich her jage und die Vereinigung mit den Engländern verhindere.

Den Befehl dieser Verfolgungsarmee übergibt er dem Marschall Grouchy. Grouchy: ein mittlerer Mann, brav, aufrecht, wacker, verläßlich, ein Reiterführer, oftmals bewährt, aber ein Reiterführer und nicht mehr. Kein heißer, mitreißender Kavallerieberserker wie Murat, kein Stratege wie Saint-Cyr und Berthier, kein Held wie Ney. Kein kriegerischer Küraß schmückt seine Brust, kein Mythus umrankt seine Gestalt, keine sichtbare Eigenheit gibt ihm Ruhm und Stellung in der heroischen Welt der Napoleonischen Legende: nur sein Unglück, nur sein Mißgeschick hat ihn berühmt gemacht. Zwanzig Jahre hat er gekämpft in allen Schlachten, von Spanien bis Rußland, von Holland bis Italien, langsam ist er die Staffel bis zur Marschallswürde aufgestiegen, nicht unverdient, aber ohne sonderliche Tat. Die Kugeln der Österreicher, die Sonne Ägyptens, die Dolche der Araber, der Frost Rußlands haben ihm die Vorgänger weggeräumt, Desaix bei Marengo, Kléber in Kairo, Lannes bei Wagram: den Weg zur obersten Würde, er hat ihn nicht erstürmt, sondern er ist ihm freigeschossen worden durch zwanzig Jahre Krieg.

Daß er in Grouchy keinen Heros hat und keinen Strategen, nur einen verläßlichen, treuen, braven, nüchternen Mann, weiß Napoleon wohl. Aber die Hälfte seiner Marschälle liegt unter der Erde, die andern sind verdrossen auf ihren Gütern geblieben, müde des unablässigen Biwaks. So ist er genötigt, einem mittleren Mann entscheidende Tat zu vertrauen.

Am 17. Juni, um elf Uhr vormittags, einen Tag nach dem Siege bei Ligny, einen Tag vor Waterloo, übergibt Napoleon dem Marschall Grouchy zum erstenmal ein selbständiges Kommando. Für einen Augenblick, für einen Tag tritt der bescheidene Grouchy aus der militärischen Hierarchie in die Weltgeschichte. Für einen Augenblick nur, aber für welch einen Augenblick! Napoleons Befehle sind klar. Während er selbst auf die Engländer losgeht, soll Grouchy mit einem Drittel der Armee die preußische Armee verfolgen. Ein einfacher Auftrag anscheinend dies, grade und unverkennbar, aber doch auch biegsam und zweischneidig wie ein Schwert. Denn gleichzeitig mit jener Verfolgung ist Grouchy geboten, ständig in Verbindung mit der Hauptarmee zu bleiben.

Zögernd übernimmt der Marschall den Befehl. Er ist nicht gewohnt, selbständig zu wirken, seine Besonnenheit ohne Initiative fühlt sich nur sicher, wenn der geniale Blick des Kaisers ihr die Tat zuweist. Außerdem

spürt er im Rücken die Unzufriedenheit seiner Generäle, vielleicht auch, vielleicht, den dunklen Flügelschlag des Schicksals. Nur die Nähe des Hauptquartiers beruhigt ihn: denn bloß drei Stunden Eilmarsch trennen seine Armee von der kaiserlichen.
Im strömenden Regen nimmt Grouchy Abschied. Langsam rücken im schwammigen, lehmigen Grund seine Soldaten den Preußen nach, oder in die Richtung zumindest, in der sie Blücher und die Seinen vermuten.

Die Nacht in Caillou

Der nordische Regen strömt ohne Ende. Wie eine nasse Herde trotten im Dunkel die Regimenter Napoleons heran, jeder Mann zwei Pfund Schmutz an seinen Sohlen; nirgends Unterkunft, kein Haus und kein Dach. Das Stroh, zu schwammig, um sich darauf hinzulegen – so drücken sich immer zehn oder zwölf Soldaten zusammen und schlafen, aufrecht sitzend, Rücken an Rücken, im strömenden Regen. Auch der Kaiser selbst hält keine Rast. Eine fiebrige Nervosität jagt ihn auf und nieder, denn die Rekognoszierungen versagen an der Undurchdringlichkeit des Wetters, Kundschafter melden höchst verworrenen Bericht. Noch weiß er nicht, ob Wellington die Schlacht annimmt, und von Grouchy fehlt Nachricht über die Preußen. So schreitet er selbst um ein Uhr nachts – gleichgültig gegen den sausenden Wolkenbruch – die Vorposten entlang bis auf Kanonenschußweite an die englischen Biwaks heran, die ab und zu ein dünnes, rauchiges Licht im Nebel zeigen, und entwirft den Angriff. Erst mit Tagesgrauen kehrt er in die kleine Hütte Caillou, in sein ärmliches Hauptquartier, zurück, wo er die ersten Depeschen Grouchys findet; unklare Nachrichten über den Rückzug der Preußen, immerhin aber das beruhigende Versprechen, ihnen zu folgen. Allmählich hört der Regen auf. Ungeduldig geht der Kaiser im Zimmer auf und ab und starrt gegen den gelben Horizont, ob nicht endlich sich die Ferne enthüllen wolle und damit die Entscheidung.
Um fünf Uhr morgens – der Regen hat aufgehört – klärt sich auch das innere Gewölk des Entschließens. Der Befehl wird gegeben, um neun Uhr habe sturmbereit die ganze Armee anzutreten. Die Ordonnanzen sprengen in alle Richtungen. Bald knattern die Trommeln zur Sammlung. Nun erst wirft sich Napoleon auf sein Feldbett, um zwei Stunden zu schlafen.

Neun Uhr morgens. Aber die Truppen sind noch nicht vollzählig beisammen. Der von dreitägigem Regen durchweichte Grund erschwert jede Bewegung und hemmt das Nachrücken der Artillerie. Erst allmählich erscheint die Sonne und leuchtet unter scharfem Wind: aber es ist nicht die Sonne von Austerlitz, blankstrahlend und glückverheißend, sondern nur falben Scheins glitzert mißmutig dieses nordische Licht. Endlich sind die Truppen bereit, und nun, ehe die Schlacht beginnt, reitet noch einmal Napoleon auf seiner weißen Stute die ganze Front entlang. Die Adler auf den Fahnen senken sich nieder wie unter brausendem Wind, die Reiter schütteln martialisch ihre Säbel, das Fußvolk hebt zum Gruß seine Bärenmützen auf die Spitzen der Bajonette. Alle Trommeln rollen frenetischen Wirbel, die Trompeten stoßen ihre scharfe Lust dem Feldherrn entgegen, aber alle diese funkelnden Töne überwogt donnernd der über die Regimenter hinrollende, aus siebzigtausend Soldatenkehlen sonor brausende Jubelschrei: »Vive l'Empereur!«

Keine Parade der zwanzig Napoleonjahre war großartiger und enthusiastischer als diese seine letzte. Kaum sind die Rufe verhallt, um elf Uhr – zwei Stunden später als vorausgesehen, um zwei verhängnisvolle Stunden zu spät! –, ergeht an die Kanoniere der Befehl, die Rotröcke am Hügel niederzukartätschen. Dann rückt Ney, »le brave des braves«, mit dem Fußvolk vor; die entscheidende Stunde Napoleons beginnt. Unzählige Male ist diese Schlacht geschildert worden, aber man wird nicht müde, ihre aufregenden Wechselfälle zu lesen, bald in der großartigen Darstellung Walter Scotts, bald in der episodischen Darstellung Stendhals. Sie ist groß und vielfältig von nah und fern gesehen, ebenso vom Hügel des Feldherrn wie vom Sattel des Kürassiers. Sie ist ein Kunstwerk der Spannung und Dramatik mit ihrem unablässigen Wechsel von Angst und Hoffnung, der plötzlich sich löst in einem äußersten Katastrophenmoment, Vorbild einer echten Tragödie, weil in diesem Einzelschicksal das Schicksal Europas bestimmt war und das phantastische Feuerwerk der Napoleonischen Existenz prachtvoll wie eine Rakete noch einmal aufschießt in alle Himmel, ehe es in zuckendem Sturz für immer erlischt.

Von elf bis ein Uhr stürmen die französischen Regimenter die Höhen, nehmen Dörfer und Stellungen, werden wieder verjagt, stürmen wieder empor. Schon bedecken zehntausend Tote die lehmigen, nassen Hügel des leeren Landes, und noch nichts ist erreicht als

Erschöpfung hüben und drüben. Beide Heere sind ermüdet, beide Feldherren beunruhigt. Beide wissen, daß dem der Sieg gehört, der zuerst Verstärkung empfängt, Wellington von Blücher, Napoleon von Grouchy. Immer wieder greift Napoleon nervös zum Teleskop, immer neue Ordonnanzen jagt er hinüber; kommt sein Marschall rechtzeitig heran, so leuchtet über Frankreich noch einmal die Sonne von Austerlitz.

Der Fehlgang Grouchys

Grouchy, der unbewußt Napoleons Schicksal in Händen hält, ist indessen befehlsgemäß am 17. Juni abends aufgebrochen und folgt in der vorgeschriebenen Richtung den Preußen. Der Regen hat aufgehört. Sorglos wie in Friedensland schlendern die jungen Kompanien dahin, die gestern zum erstenmal Pulver geschmeckt haben: noch immer zeigt sich nicht der Feind, noch immer ist keine Spur zu finden von der geschlagenen preußischen Armee.

Da plötzlich, gerade als der Marschall in einem Bauernhaus ein rasches Frühstück nimmt, schüttert leise der Boden unter ihren Füßen. Sie horchen auf. Wieder und wieder rollt dumpf und schon verlöschend der Ton heran: Kanonen sind das, feuernde Batterien von ferne, doch nicht gar zu ferne, höchstens drei Stunden weit. Ein paar Offiziere werfen sich nach Indianerart auf die Erde, um deutlich die Richtung zu erlauschen. Stetig und dumpf dröhnt dieser ferne Schall. Es ist die Kanonade von Saint-Jean, der Beginn von Waterloo. Grouchy hält Rat. Heiß und feurig verlangt Gérard, sein Unterbefehlshaber, »il faut marcher au canon«, rasch hin in die Richtung des Geschützfeuers! Ein zweiter Offizier stimmt zu: hin, nur rasch hinüber! Es ist für sie alle zweifellos, daß der Kaiser auf die Engländer gestoßen ist und eine schwere Schlacht begonnen hat. Grouchy wird unsicher. An Gehorchen gewöhnt, hält er sich ängstlich an das geschriebene Blatt, an den Befehl des Kaisers, die Preußen auf ihrem Rückzug zu verfolgen. Gérard wird heftiger, als er sein Zögern sieht. »Marchez aux canon!« – Wie ein Befehl klingt die Forderung des Unterkommandanten vor zwanzig Offizieren und Zivilisten, nicht wie eine Bitte. Das verstimmt Grouchy. Er erklärt härter und strenger, nicht abweichen zu dürfen von seiner Pflicht, solange keine Gegenordre vom Kaiser eintreffe.

Die Offiziere sind enttäuscht, und die Kanonen poltern in ein böses Schweigen.
Da versucht Gérard sein Letztes: er bittet flehentlich, wenigstens mit seiner Division und etwas Kavallerie hinüber auf das Schlachtfeld zu dürfen, und verpflichtet sich, rechtzeitig zur Stelle zu sein. Grouchy überlegt. Er überlegt eine Sekunde lang.

Weltgeschichte in einem Augenblick

Eine Sekunde überlegt Grouchy, und diese eine Sekunde formt sein eigenes Schicksal, das Napoleons und das der Welt. Sie entscheidet, diese Sekunde im Bauernhaus von Walhaim, über das ganze neunzehnte Jahrhundert, und sie hängt an den Lippen – Unsterblichkeit – eines recht braven, recht banalen Menschen, sie liegt flach und offen in den Händen, die nervös die verhängnisvolle Ordre des Kaisers zwischen den Fingern knittern. Könnte Grouchy jetzt Mut fassen, kühn sein, ungehorsam der Ordre aus Glauben an sich und das sichtliche Zeichen, so wäre Frankreich gerettet. Aber der subalterne Mensch gehorcht immer dem Vorgeschriebenen und nie dem Anruf des Schicksals.
So winkt Grouchy energisch ab. Nein, das wäre unverantwortlich, ein so kleines Korps noch einmal zu teilen. Seine Aufgabe gebietet, die Preußen zu verfolgen, nichts als dies. Und er weigert sich, gegen den Befehl des Kaisers zu handeln. Die Offiziere schweigen verdrossen. Es entsteht eine Stille um ihn. Und in ihr entschwebt unwiderruflich, was Worte und Taten dann nie mehr fassen können – die entscheidende Sekunde. Wellington hat gesiegt.
So marschieren sie weiter, Gérard, Vandamme, mit zornigen Fäusten, Grouchy, bald beunruhigt und von Stunde zu Stunde unsicherer: denn sonderbar, noch immer zeigen sich die Preußen nicht, offenbar haben sie die Richtung auf Brüssel verlassen. Bald melden Botschafter verdächtige Anzeichen, daß ihr Rückzug sich in einen Flankenmarsch zum Schlachtfeld verwandelt habe. Noch wäre es Zeit, mit letzter Eile dem Kaiser zu Hilfe zu kommen, und immer ungeduldiger wartet Grouchy auf die Botschaft, auf den Befehl, zurückzukehren. Aber keine Nachricht kommt. Nur dumpf rollen immer ferner von drüben die Kanonen über die schauernde Erde: die eisernen Würfel von Waterloo.

Unterdessen ist es ein Uhr geworden. Vier Attacken sind zwar zurückgeworfen, aber sie haben das Zentrum Wellingtons empfindlich aufgelokkert; schon rüstet Napoleon zum entscheidenden Sturm. Er läßt die Batterien vor Belle-Alliance verstärken, und ehe der Kampf der Kanonade seinen wolkigen Vorhang zwischen die Hügel zieht, wirft Napoleon noch einen letzten Blick über das Schlachtfeld.

Da bemerkt er nordöstlich einen dunkel vorrückenden Schatten, der aus den Wäldern zu fließen scheint: neue Truppen! Sofort wendet sich jedes Fernglas hin: ist es schon Grouchy, der kühn den Befehl überschritten hat und nun wunderbar zur rechten Stunde kommt? Nein, ein eingebrachter Gefangener meldet, es sei die Vorhut der Armee des Generals von Blücher, preußische Truppen. Zum erstenmal ahnt der Kaiser, jene geschlagene preußische Armee müsse sich der Verfolgung entzogen haben, um sich vorzeitig mit den Engländern zu vereinigen, indes ein Drittel seiner eigenen Truppen nutzlos im Leeren herummanövriere. Sofort schreibt er einen Brief an Grouchy mit dem Auftrag, um jeden Preis die Verbindung aufrechtzuerhalten und die Einmengung der Preußen in die Schlacht zu verhindern.

Zugleich erhält der Marschall Ney die Ordre zum Angriff. Wellington muß geworfen werden, ehe die Preußen eintreffen: kein Einsatz scheint mehr zu verwegen bei so plötzlich verringerten Chancen. Nun folgen den ganzen Nachmittag jene furchtbaren Attacken auf das Plateau mit immer frisch vorgeworfener Infanterie. Immer erstürmt sie die zerschossenen Dörfer, immer wieder wird sie herabgeschmettert, immer wieder erhebt sich mit flatternden Fahnen die Welle gegen die schon zerhämmerten Karrees. Aber noch hält Wellington stand, und noch immer kommt keine Nachricht von Grouchy. »Wo ist Grouchy? Wo bleibt Grouchy?« murmelt der Kaiser nervös, als er den Vortrab der Preußen allmählich eingreifen sieht. Auch die Befehlshaber unter ihm werden ungeduldig. Und entschlossen, gewaltsam ein Ende zu machen, schleudert Marschall Ney – ebenso tollkühn wie Grouchy allzu bedächtig (drei Pferde wurden ihm schon unter dem Leibe weggeschossen) – mit einem Wurf die ganze französische Kavallerie in einer einzigen Attacke heran. Zehntausend Kürassiere und Dragoner versuchen diesen fürchterlichen Todesritt, zerschmettern die Karrees, hauen die Kanoniere nieder und sprengen die ersten Reihen. Zwar werden sie selbst wieder herabgedrängt, aber die Kraft der englischen Armee ist im Erlöschen, die Faust, die jene Hügel umkrallt, beginnt sich zu lockern. Und als nun die dezimierte französische Kavallerie vor den Geschützen zurückweicht, rückt die letzte Reserve Napoleons, die alte Garde, schwer und langsamen Schrittes heran, um den Hügel zu stürmen, dessen Besitz das Schicksal Europas verbürgt.

Die Entscheidung

Vierhundert Kanonen donnern ununterbrochen seit Morgen auf beiden Seiten. An der Front klirren die Kavalkaden der Reiterei gegen die feuernden Karrees, Trommelschläge prasseln auf das dröhnende Fell, die ganze Ebene bebt vom vielfältigen Schall! Aber oben, auf den beiden Hügeln, horchen die beiden Feldherren über das Menschengewitter hinweg. Sie horchen beide auf leiseren Laut.
Zwei Uhren ticken leise wie Vogelherzen in ihrer Hand über die gewitternden Massen. Napoleon und Wellington, beide greifen sie ununterbrochen nach dem Chronometer und zählen die Stunden, die Minuten, die ihnen jene letzte entscheidende Hilfe bringen müssen. Wellington weiß Blücher nah, und Napoleon hofft auf Grouchy. Beide haben sie keine Reserven mehr, und wer zuerst eintrifft, hat die Schlacht entschieden. Beide spähen sie mit dem Teleskop nach dem Waldrand, wo jetzt wie ein leichtes Gewölk der preußische Vortrab zu erscheinen beginnt. Aber sind es nur Plänkler oder die Armee selbst, auf ihrer Flucht vor Grouchy? Schon leisten die Engländer nur noch letzten Widerstand, aber auch die französischen Truppen ermatten. Wie zwei Ringer keuchend, stehen sie mit schon gelähmten Armen einander gegenüber, atemholend, ehe sie einander zum letztenmal fassen: die unwiderrufliche Runde der Entscheidung ist gekommen.
Da endlich donnern Kanonen an der Flanke der Preußen: Geplänkel, Füsilierfeuer! »Enfin Grouchy!« Endlich Grouchy! atmet Napoleon auf. Im Vertrauen auf die nun gesicherte Flanke sammelt er seine letzte Mannschaft und wirft sie noch einmal gegen Wellingtons Zentrum, den englischen Riegel vor Brüssel zu zerbrechen, das Tor Europas aufzusprengen.
Aber jenes Gewehrfeuer war bloß ein irrtümliches Geplänkel, das die anrückenden Preußen, durch die andere Uniform verwirrt, gegen die

Hannoveraner begonnen: bald stellen sie das Fehlfeuer ein, und ungehemmt, breit und mächtig, quellen jetzt ihre Massen aus der Waldung hervor. Nein, es ist nicht Grouchy, der mit seinen Truppen anrückt, sondern Blücher, und damit das Verhängnis. Die Botschaft verbreitet sich rasch unter den kaiserlichen Truppen, sie beginnen zurückzuweichen, in leidlicher Ordnung noch. Aber Wellington erfaßt den kritischen Augenblick. Er reitet bis an den Rand des siegreich verteidigten Hügels, lüftet den Hut und schwenkt ihn über dem Haupt gegen den weichenden Feind. Sofort verstehen die Seinen die triumphierende Geste. Mit einem Ruck erhebt sich, was von englischen Truppen noch übrig ist, und wirft sich auf die gelockerte Masse. Von der Seite stürzt gleichzeitig preußische Kavallerie in die ermattete, zertrümmerte Armee: der Schrei gellt auf, der tödliche: »Sauve qui peut!« Ein paar Minuten nur, und die Grande Armée ist nichts mehr als ein zügellos jagender Angststrom, der alles, auch Napoleon selbst, mitreißt. Wie in wehrloses, fühlloses Wasser schlägt die nachspornende Kavallerie in diesen rasch und flüssig rückrennenden Strom, mit lockerem Zug fischen sie die Karosse Napoleons, den Heerschatz, die ganze Artillerie aus dem schreienden Schaum von Angst und Entsetzen, und nur die einbrechende Nacht rettet dem Kaiser Leben und Freiheit. Aber der dann mitternachts, verschmutzt und betäubt, in einem niedern Dorfwirtshaus müde in den Sessel fällt, ist kein Kaiser mehr. Sein Reich, seine Dynastie, sein Schicksal ist zu Ende: die Mutlosigkeit eines kleinen, unbedeutenden Menschen hat zerschlagen, was der Kühnste und Weitblickendste in zwanzig heroischen Jahren erbaut.

Rücksturz ins Tägliche

Kaum schmettert der englische Angriff Napoleon nieder, so jagt ein damals fast Namenloser auf einer Extrakalesche die Straße nach Brüssel und von Brüssel an das Meer, wo ein Schiff seiner wartet. Er segelt hinüber nach London, um dort vor den Stafetten der Regierung einzutreffen, und es gelingt ihm, dank der noch unbekannten Nachricht, die Börse zu sprengen: es ist Rothschild, der mit diesem genialen Zug ein anderes Kaiserreich begründet, eine neue Dynastie. Am nächsten Tage weiß England um den Sieg und weiß in Paris Fouché, der ewige Verräter,

um die Niederlage: schon dröhnen in Brüssel und Deutschland die Siegesglocken.
Nur einer weiß am nächsten Morgen noch nichts von Waterloo, obzwar nur vier Stunden weit von dem Schicksalsort: der unglückselige Grouchy; beharrlich und planmäßig ist er, genau nach dem Befehl, den Preußen nachgerückt. Aber sonderbar, er findet sie nirgends, das wirft Unsicherheit in sein Gefühl. Und immer noch poltern von nahe her die Kanonen lauter und lauter, als schrien sie um Hilfe. Sie spüren die Erde beben und spüren jeden Schuß bis ins Herz. Alle wissen nun, das gilt keinem Geplänkel, sondern eine gigantische Schlacht ist entbrannt, die Schlacht der Entscheidung.
Nervös reitet Grouchy zwischen seinen Offizieren. Sie vermeiden, mit ihm zu diskutieren: ihr Ratschlag ist ja verworfen.
Erlösung darum, wie sie bei Wavre endlich auf ein einzelnes preußisches Korps stoßen, auf Blüchers Nachhut. Gleich Rasenden stürmen sie gegen die Verschanzungen, Gérard allen voran, als suche er, von düsterer Ahnung getrieben, den Tod. Eine Kugel schlägt ihn nieder: der lauteste der Mahner ist nun stumm. Mit Nachteinbruch stürmen sie das Dorf, aber sie fühlen's, dieser kleine Nachhutsieg hat keinen Sinn mehr, denn mit einmal ist es von drüben, vom Schlachtfeld her, vollkommen still geworden. Beängstigend stumm, grauenhaft friedlich, ein gräßliches, totes Schweigen. Und alle spüren sie, daß das Rollen der Geschütze noch besser war als diese nervenzerfressende Ungewißheit. Die Schlacht muß entschieden sein, die Schlacht bei Waterloo, von der endlich Grouchy (zu spät!) jenes hilfedrängende Billet Napoleons erhalten hat. Sie muß entschieden sein, die gigantische Schlacht, doch für wen? Sie warten die ganze Nacht. Vergeblich! Keine Botschaft kommt von drüben. Es ist, als hätte die Große Armee sie vergessen, und sie ständen leer und sinnlos im undurchsichtigen Raum. Am Morgen brechen sie die Biwaks ab und nehmen den Marsch wieder auf, todmüde und längst bewußt, daß all ihr Marschieren und Manövrieren ganz zwecklos geworden ist. Da endlich, um zehn Uhr vormittags, sprengt ein Offizier des Generalstabes heran. Sie helfen ihm vom Pferde und überschütten ihn mit Fragen. Aber er, das Antlitz verwüstet von Grauen, die Haare naß an den Schläfen und zitternd von übermenschlicher Anstrengung, stammelt nur unverständliche Worte, Worte, die sie nicht verstehen, nicht verstehen können und wollen. Für einen Wahnsinnigen, für einen Trunkenen halten sie ihn, wie er sagt, es gäbe

keinen Kaiser mehr, keine kaiserliche Armee, Frankreich sei verloren. Aber nach und nach entreißen sie ihm die ganze Wahrheit, den niederschmetternden, tödlich lähmenden Bericht. Grouchy steht bleich und stützt sich zitternd auf seinen Säbel: er weiß, daß jetzt das Martyrium seines Lebens beginnt. Aber er nimmt entschlossen die undankbare Aufgabe der vollen Schuld auf sich. Der subalterne, zaghafte Untergebene, der in der großen Sekunde der unsichtbaren Entscheidung versagte, wird jetzt, Blick in Blick mit einer nahen Gefahr, wieder Mann und beinahe Held. Er versammelt sofort alle Offiziere und hält – Tränen des Zorns und der Trauer in den Augen – eine kurze Ansprache, in der er sein Zögern rechtfertigt und gleichzeitig beklagt. Schweigend hören ihn seine Offiziere an, die ihm gestern noch grollten. Jeder könnte ihn anklagen und sich rühmen, besserer Meinung gewesen zu sein. Aber keiner wagt und will es. Sie schweigen und schweigen. Die rasende Trauer macht sie alle stumm.

Und gerade in jener Stunde nach seiner versäumten Sekunde zeigt Grouchy – nun zu spät – seine ganze militärische Kraft. Alle seine großen Tugenden, Besonnenheit, Tüchtigkeit, Umsicht und Gewissenhaftigkeit werden klar, seit er wieder sich selbst vertraut und nicht mehr geschriebenem Befehl. Von fünffacher Übermacht umstellt, führt er – eine meisterhafte taktische Leistung – mitten durch die Feinde seine Truppen zurück, ohne eine Kanone, ohne einen Mann zu verlieren, und rettet Frankreich, rettet dem Kaiserreich sein letztes Heer. Aber kein Kaiser ist, wie er heimkehrt, mehr da, ihm zu danken, kein Feind, dem er die Truppen entgegenstellen kann. Er ist zu spät gekommen, zu spät für immer; und wenn nach außen sein Leben noch aufsteigt und man ihn zum Oberkommandanten ernennt, zum Pair von Frankreich, und er in jedem Amt sich mannhaft-tüchtig bewährt, nichts kann ihm mehr diesen einen Augenblick zurückkaufen, der ihn zum Herrn des Schicksals gemacht und dem er nicht gewachsen war.

So furchtbar rächt sich die große Sekunde, sie, die selten in das Leben der Irdischen niedersteigt, an dem zu Unrecht Gerufenen, der sie nicht zu nützen weiß. Alle bürgerlichen Tugenden, Vorsicht, Gehorsam, Eifer und Bedächtigkeit, sie alle schmelzen ohnmächtig in der Glut des großen Schicksalsaugenblicks, der immer nur den Genius fordert und zum dauernden Bildnis formt. Verächtlich stößt er den Zaghaften zurück; einzig den Kühnen hebt er, ein anderer Gott der Erde, mit feurigen Armen in den Himmel der Helden empor.

HEROISCHER AUGENBLICK

Dostojewski, Petersburg, Semenowskplatz
22. Dezember 1849

Nachts haben sie ihn aus dem Schlaf gerissen,
Säbel durchklirren die Kasematten,
Stimmen befehlen; im Ungewissen
Zucken gespenstisch drohende Schatten.
Sie stoßen ihn vorwärts, tief gähnt ein Gang,
Lang und dunkel, dunkel und lang.
Ein Riegel kreischt, eine Türe klirrt;
Dann spürt er Himmel und eisige Luft
Und ein Karren harrt, eine rollende Gruft,
In die er eilig gestoßen wird.

Neben ihm, hart in Eisen geschlossen,
Schweigend und mit verblaßtem Gesicht
Die neun Genossen;
Keiner spricht,
Denn jeder spürt,
Wohin der Karren ihn vorwärtsführt,
Und daß dies unten rollende Rad
Ihr Leben zwischen den Speichen hat.

Da hält
Der ratternde Karren, die Türe knarrt:
Durch das geöffnete Gitter starrt
Sie ein dunkles Stück Welt
Mit trüb-verschlafenem Blicke an.
Ein Häuserkarree,
Die Dächer niedrig und schmutzig bereift,
Umschließt einen Platz voll Dunkel und Schnee.

Nebel umfloren mit grauem Tuch
Das Hochgericht,
Und nur um die goldene Kirche streift
Der Morgen mit frostig blutendem Licht.
Schweigend treten sie alle an.
Ein Leutnant liest ihren Urteilsspruch:
Tod für Verrat durch Pulver und Blei,
Tod!
Das Wort fällt wie ein wuchtiger Stein
In den frostigen Spiegel der Stille hinein,
Es klingt
Hart, als schlüge etwas entzwei,
Dann sinkt
Der leere Schall ins lautlose Grab
Der eisigen Morgenstille hinab.

Wie im Traum
Fühlt er alles mit sich geschehen
Und weiß nur, daß er jetzt sterben muß.
Einer tritt vor und wirft ihm stumm
Ein weißes, wallendes Sterbehemd um.
Ein letztes Wort grüßt die Gefährten,
Und heißen Blicks,
Mit stummem Schrei,
Küßt er den Heiland am Kruzifix,
Den der Pope ihm ernst und mahnend hinbietet;
Dann werden
Sie alle zehn, je drei und drei,
Mit Stricken an ihre Pfähle genietet.

Schon
Kommt ein Kosake eilig heran,
Die Augen ihm vor dem Gewehr zu verbinden.
Da greift – er weiß es: zum letzten Male! –
Der Blick vor seinem großen Erblinden
Gierig nach jenem kleinen Stück Welt,
Das der Himmel ihm drüben entgegenhält:
Im Frühschein sieht er die Kirche lohn:

Wie zum letzten seligen Abendmahle
Glüht ihre Schale,
Gefüllt mit heiligem Morgenrot.
Und er greift nach ihr mit plötzlichem Glück
Wie nach Gottes Leben hinter dem Tod...

Da schnüren sie ihm die Nacht um den Blick.

Aber innen
Beginnt das Blut nun farbig zu rinnen.
In spiegelnder Flut
Steigt aus dem Blut
Gestaltetes Leben,
Und er fühlt,
Daß diese Sekunde, die todgeweihte,
Alle verlornen Vergangenheiten
Wieder durch seine Seele spült:
Sein ganzes Leben wird wieder wach
Und geistert in Bildern durch seine Brust;
Die Kindheit, bleich, verloren und grau,
Vater und Mutter, der Bruder, die Frau,
Drei Brocken Freundschaft, zwei Becher Lust
Einen Traum von Ruhm, ein Bündel Schmach;
Und feurig rollt der bildernde Drang
Verlorene Jugend die Adern entlang,
Sein ganzes Sein fühlt er nochmals tief innen
Bis zur Sekunde,
Da sie ihn an den Pfahl gebunden.
Dann wirft ein Besinnen,
Schwarz und schwer
Seine Schatten über die Seele her.

Und da
Spürt er, wie einer auf ihn zutritt,
Spürt einen schwarzen, schweigenden Schritt,
Nah, ganz nah,
Und wie er die Hand ihm aufs Herz hinlegt,
Daß es schwächer... und schwächer... und gar nicht mehr schlägt –

Noch eine Minute – – dann ist es vorbei.
Die Kosaken
Formen sich drüben zur funkelnden Reih ...
Die Riemen schwingen ... die Hähne knacken ...
Trommeln rasseln die Luft entzwei.
Die Sekunde macht Jahrtausende alt.

Da ein Schrei:
Halt!
Der Offizier
Tritt vor, weiß flackt ein Papier,
Seine Stimme schneidet hell und klar
In die harrende Stille:
Der Zar
Hat in der Gnade seines heiligen Willens
Das Urteil kassiert,
Das in mildere Strafe verwandelt wird.

Die Worte klingen
Noch fremd: er kann ihren Sinn nicht erdenken,
Aber das Blut
In seinen Adern wird wieder rot,
Steigt auf und beginnt ganz leise zu singen.
Der Tod
Kriecht zögernd aus den erstarrten Gelenken,
Und die Augen spüren, noch schwarz verhängt,
Daß sie Gruß vom ewigen Lichte umfängt.

Der Profos
Schnürt ihm schweigend die Stricke los,
Zwei Hände schälen die weiße Binde
Wie eine rissige Birkenrinde
Von seinen brennenden Schläfen ab.
Taumelnd entsteigen die Augen dem Grab
Und tasten linkisch, geblendet und schwach
In das schon abgeschworene Sein
Wieder hinein.

Und da sieht
Er das gleiche goldene Kirchendach,
Das nun im steigenden Frührotschein
Mystisch erglüht.

Die reifen Rosen der Morgenröte
Umschlingen es wie mit frommen Gebeten,
Der glitzernde Knauf
Deutet mit seiner gekreuzigten Hand,
Ein heiliges Schwert, hoch in den Rand
Der freudig errötenden Wolken hinauf.
Und dort, aufrauschend in Morgenhelle,
Wächst über die Kirche der Gottesdom.
Ein Strom
Von Licht wirft seine glühende Welle
In alle klingenden Himmel empor.
Die Nebelschwaden
Steigen qualmend, wie mit der Last
Allen irdischen Dunkels beladen,
In den göttlichen Morgenglast,
Und Tönen schwillt empor aus den Tiefen,
Als riefen
Tausend Stimmen in einem Chor.
Und da hört er zum erstenmal,
Wie die ganze irdische Qual
Ihr brennendes Leid
Brünstig über die Erde hinschreit.
Er hört die Stimmen der Kleinen und Schwachen,
Der Frauen, die sich vergebens verschenkten,
Der Dirnen, die sich selber verlachen,
Den finstern Groll der immer Gekränkten,
Die Einsamen, die kein Lächeln berührte,
Er hört die Kinder, die schluchzenden, klagen
Und die schreiende Ohnmacht der heimlich Verführten,

Er hört sie alle, die die Leiden tragen,
Die Ausgesetzten, die Dumpfen, Verhöhnten,
Die ungekrönten

Märtyrer aller Gassen und Tage,
Er hört ihre Stimme und hört, wie sie
In einer urmächtigen Melodie
sich in die offenen Himmel erheben.
Und er sieht,
Daß einzig das Leiden zu Gott aufschwebt,
Indes die andern das schwere Leben
Mit bleiernem Glück an die Erde klebt.
Aber endlos weitet sich oben das Licht
Unter dem Schwalle
Der steigenden Chöre
Von irdischem Leid;
Und er weiß, sie alle, sie alle
Wird Gott erhören,
Seine Himmel klingen Barmherzigkeit!
Über die Armen
Hält Gott nicht Gericht,
Unendlich Erbarmen
Durchflammt seine Hallen mit ewigem Licht.
Die Apokalyptischen Reiter entstieben,
Leiden wird Lust, und Glück wird zur Qual
Für den, der im Tode das Leben erlebt.
Und schon schwebt
Ein feuriger Engel bodenwärts
Und bohrt ihm den Strahl
Der heiligen, schmerzgeborenen Liebe
Tief und strahlend ins schauernde Herz.

Da bricht
Er ins Knie wie gefällt.
Er fühlt mit einmal die ganze Welt
Wahr und in ihrem unendlichen Leid.
Sein Körper bebt,
Weißer Schaum umspült seine Zähne,
Krampf hat seine Züge entstellt,
Doch Tränen
Tränken selig sein Sterbekleid.
Denn er fühlt, daß, erst seit

Er die bittern Lippen des Todes berührt,
Sein Herz die Süße des Lebens spürt.
Seine Seele glüht nach Martern und Wunden,
Und ihm wird klar,
Daß er in dieser einen Sekunde
Jener andere war,
Der vor tausend Jahren am Kreuze stand,
Und daß er, wie Er,
Seit jenem brennenden Todeskuß
Um des Leidens das Leben liebhaben muß.

Soldaten reißen ihn weg vom Pfahl.
Fahl
Und wie verloschen ist sein Gesicht.
Schroff
Stoßen sie ihn in den Zug zurück.
Sein Blick
Ist fremd und ganz nach innen gesenkt,
Und um seine zuckenden Lippen hängt
Das gelbe Lachen der Karamasow.

FRAGMENT EINER NOVELLE

Draußen schrillte ein Pfiff, der Zug hub wieder an zu rollen, und seine schwingende Monotonie schaukelte, stählerne Wiege, ihn wieder in Erinnerung zurück. O dunkle Unendlichkeit der Jahre zwischen damals und heute, graues Meer zwischen Ufern und Ufern, den dauernd unsichtbaren, zwischen Herz und Herz! Wie war es nur gewesen? Irgend ein dorniges Stück Erinnerung stak irgendwo in der Dunkelwand der Seele, an das wollte er nicht rühren, so weh tat schon der Gedanke, nein, nur nicht sich besinnen an jene Stunde des letzten Abschieds, die Stunde am Perron der gleichen Stadt, wo er heute aufgeweiteten Herzens ihrer gewartet. Nein, weg damit, vorbei, nicht mehr daran denken an diesen letzten schneidenden Riß, es war zu fürchterlich. Lieber gleich hinüber über Meer und Zeit, hinüber in die andere Landschaft der Erinnerung, weltweit und neu. Er war damals zerrissener Seele nach Mexiko gegangen und die ersten Monate, die ersten entsetzlichen Wochen, ehe briefliche Nachricht, ein Zeichen ihrer Hand ihm nachkam, er vermochte sie nicht anders zu ertragen, als daß er das Gehirn vollstopfte mit Zahlen und Entwürfen, den Körper matt müdete mit weiten Ritten ins Land, daß er die Sinne, die wie von einer Explosion zersprengten, zwanghaft sammelte zu unablässigen Unterhandlungen und Konferenzen, gieriger, entschlossener Geschäftsmann aus Verzweiflung. Von früh bis nachts sperrte er sich ein in diese zahlenhämmernde, redende, schreibende, telephonierende, pausenlos werkende Maschinenklammer des Betriebs, nur um dieses Pochen im Blut zu überhören, um es zu übersausen und zu überbrausen mit Regsamkeit, wenn die innere Stimme einen Namen, ihren Namen verzweifelt aufrief. Er übertäubte, er betäubte sich mit tollwütiger Arbeit wie mit Alkohol oder Gift, um die Gefühle, die übermächtigen, dumpf zu machen und zu chloroformieren. Er verzehn-, er verzwanzigfachte seine Tätigkeit einzig um der gnadenspendenden Erschöpfung willen, die ihn schließlich wie einen schwarzen

Sack nachts schwer hin aufs Bett schlug. Jeden Abend aber, wie müde er auch sein mochte, setzte er sich zuvor noch hin, um Blatt auf Blatt, Stunde um Stunde alles tagebuchhaft zu verzeichnen, was er tagsüber getan, geleistet, vereinbart hatte, und mit jedem Postschiff sandte er ganze Stöße solcher hastig geschriebener Blätter an die vordem beredete Deckadresse, damit sie in der Ferne genau so wie vordem im Hause an jeder Einzelheit seines Lebens stündlich teilnehmen könnte und er derart ihr mildes Zuschauen, ihr freundliches Entgegenhören über tausend Meermeilen, Hügel und Horizonte auf seinem Tagwerk ahnungsvoll fühlen könnte. Dank dafür, spät empfangenen freilich, boten dann die Briefe, die sechs Wochen alten, die er regelmäßig als Antwort erhielt. Aufrechter Schrift und ruhigen Wortes, Leidenschaft verratend, aber doch in klar gebändigter Form erzählten sie jeden Tages Gang in dem von ferne ersehnten Haus, und in diesen hell errichteten Rahmen stellte sich Einzelheit um Einzelheit, ihr Gang und Schritt, ihr ganzes, immer gegenwärtiges Bild. Dank diesem geschriebenen Wort trat ihr Wesen, traumhaft gewandet und noch schöner dadurch, täglich begütigend an ihn heran, nur das Lächeln fehlte darin, das zutrauliche und beschwichtigende, aber wie wohl tat sie ihm, diese edle, leise Melancholie ihrer Briefe, war sie doch nichts anderes als um ihn leidende Liebe! Diese Briefe waren Trank und Speise des Einsamen geworden. Er nahm sie mit auf Reisen und Expeditionen; in den Reitsattel hatte er eine eigene Tasche nähen lassen, inwendig mit glattem Gummi geschützt, damit sie gesichert blieben gegen die plötzlichen Wolkenbrüche oder wenn auf diesen mühsamen Ritten ins Unbetretene hüfthoch die Pferde die Flüsse durchqueren mußten. So oft hatte er diese Briefe gelesen, so oft entfaltet, daß die Bugstellen des Papieres durchsichtig geworden waren und manche Zeilen unleserlich. Aber doch wenn er allein im Zelte war, niemand um ihn, nur Nacht und die leise sausende Azetylenlampe mit dem Lichtkreis neugieriger Mückenwolke, dann nahm er nochmals und nochmals jeden einzelnen vor, um zu versuchen, sie Wort für Wort im Tonfall ihrer Stimme zu sprechen und so in dem unsicher flackernden Dämmerlicht des Zeltes ihr Bild magisch zu beschwören. Manchmal stand er plötzlich auf in der Nacht, wenn ihm beim Sagen und Wiedersagen ein Wort, ein Satzteil, eine Grußformel entfallen war, entzündete hastig ein Streichholz, um die vergessene Stelle richtig sich wieder einzulernen und an die steile feste Schrift sich die zarten, mit blaßgelben Nägeln bedeckten Finger hinzudenken, die diese Feder

geführt, an die Finger die Hand, an die Hand den Arm, an den Arm die Schulter, das Haupt und die ganze Gestalt, die magisch über Meer und Land durch Traumwillen immer wieder hergeführte.
Aber was half dies Geringe, diese gewaltsam erzwungene Täuschung gegen das Ungeheure an Raum, das noch zwischen ihnen stand, zwei Jahre, jedes mit dreihundertfünfundsechzig Tagen und dreihundertfünfundsechzig noch längeren Nächten. Wie ein Holzfäller im Urwald hieb er mit Berserkerwut hinein in diese wilde und undurchdringliche Zeit, gierig, nur von ferne schon die erste Lichtung zu sehen, den Augenblick der Rückkehr, die Stunde der Abreise. In dem rasch gezimmerten, wellblechgedeckten Holzhaus der neugeschaffenen Arbeiterkolonie hatte er über dem rohgezimmerten Bett sich einen Kalender aufgehängt, darin strich er abends hastig den gewerkten Tag ab, manchmal ungeduldig und voreilig sogar schon des Mittags und zählte und überzählte täglich die immer kürzer werdende schwarzrote Reihe der noch zu ertragenden. Fünfhundertzwanzig Tage, fünfhundertneunzehn, fünfhundertachtzehn, fünfhundertsiebzehn noch bis zur Wiederkehr, denn er zählte nicht wie die anderen Menschen von einem Anfang an, sondern nur auf das Ende des Exils zu, auf die Stunde des Wiederumfangens. Und immer wenn in dieser eigenwilligen Arithmetik die Zeitspanne zu einer runden Zahl sich formte, zu einem fünfhundert, vierhundert, dreihundertfünfzig, dreihundert, immer wenn ihr Geburtstag oder Namenstag oder einer jener heimlichen Festtage, der etwa, da er sie zum erstenmal sah, oder jener rotfarbene, da sie zum erstenmal ihm ihr Gefühl verriet, künstlich errechnet war, immer gab er dann seinen unwissend staunenden Leuten eine Art Fest. Er beschenkte die schmierigen Kinder der Mestizen mit Zuckerwerk, daß sie johlten und sprangen wie wilde Fohlen, er schmiß den Arbeitern Geld zu und hatte eine Freude, wenn sie sich vollsoffen mit Branntwein und Tollheiten trieben, er warf den Weibern Tombakohrgehänge hin und falsche Steine, daß die Zähne unter ihrem stolzen Lachen breit aufsprangen in dem beglückten Gesicht. Er zog sein Sonntagskleid an und ließ Wein holen und die besten Konserven auf den weißgedeckten Tisch, ließ eine Fahne flattern, Flamme der Freude von eigens aufgestockter Stange. Kamen dann Nachbarn und weiße Kameraden neugierig heran, welchen Heiligen oder festlichen Anlaß er feiere, dann lächelte er nur still in sich hinein: »Was geht's euch an, freut euch mit mir!«
Von solchem starken Willensstrom genährt, wuchs das Unternehmen

mit unvermuteter Geschwindigkeit, Felsen wurden gesprengt, Steine gebohrt, Dämme gebaut, Stollen gegründet, Transporte gerüstet, und immer wieder bestätigte von der Heimat her die Direktion mit besonderem Dank beifällig jede geleistete Maßnahme. Auch die Zeit wurde allmählich bewältigt, die böse und feindselige, Woche und Woche zerrieben in der unerbittlichen Mühle der Arbeit, ein Jahr werkte sich tot und wieder ein halbes Jahr und schon waren es – Triumph! – nur mehr sieben winzige, armselige Wochen bis zur erbebten Stunde der Rückkehr. Als Erster hatte er sich die Abfahrtspläne der Dampferlinie Monate vorauskommen lassen, als Erster zum Staunen der Kompagnie einen Kabinenplatz auf der »Arkansas« nicht weniger als hundert Tage früher bestellt und bezahlt, schon war alles gerüstet und geregelt, der Vertreter gefunden, das mächtig vorstrebende Werk im Gang zu halten, da kam jener Tag, unvergeßlich verhängnisvoller Katastrophentag: frühmorgens war er mit dem Geometer und zwei eingeborenen Vorarbeitern aus der schwefelgelben Ebene hinauf ins Gebirge geritten, die neue Bohrstelle zu untersuchen, wo man Magnesit vermutete. Zwei Tage hämmerten, gruben, pochten und forschten die Mestizen unter dem senkrechten Stich einer unerbittlichen Sonne, die, rechtwinkelig vom nackten Gestein reflektiert, von unten auf noch ein zweitesmal gegen sie sprang. Aber sonst human gegen seine Leute, trieb er diesmal wie ein Besessener die schweißströmenden Schipper an, holte selbst ihnen von rasch gegrabener Grube Eimer auf Eimer Wasser, teilte die Nahrung und versprach Geld über Geld, wenn sie nur eilten, denn er wollte unbedingt in die Station zurück zur morgen eintreffenden Post, einen neuen Brief von ihr zu empfangen, neues, für zwei Wochen wieder stählendes und berauschendes Wort. Die Erde aber verschloß ihr Metall, noch ein dritter Tag war vonnöten, doch so unsinnig hetzte die maßlose Leidenschaft ihn nach ihrem Brief, ihrer Botschaft, daß er beschloß, allein die ganze Nacht zurückzureiten, nur um dies eine Briefblatt einen Tag früher in Händen zu halten. Ein Diener bloß begleitete ihn, und so, auf gefährlich dunklem Saumpfad ritt und stolperte er den Weg zurück bis zur Eisenbahnstation. Aber als sie spät morgens auf dampfenden Pferden, durchfroren von der eisigen Gebirgskälte, endlich in den kleinen Ort einritten, überraschte sie ungewohnter Anblick. Die Ansiedler hatten sämtlich ihre Arbeit verlassen und umstanden inmitten eines schreienden, fragenden, dummglotzenden Wirbels von Mestizen und Eingeborenen das Telegraphenamt. Es kostete Mühe, den aufgeregten Knäuel zu durchstoßen, die

paar angeschlagenen Blätter mit der groß plakatierten Nachricht zu lesen, und diese Telegramme meldeten, Europa stehe im Kriege, Deutschland gegen Frankreich, Österreich gegen Rußland. Er wollte es nicht glauben, stieß dem stolpernden Gaul die Sporen in die Weichen, daß das erschrockene Tier schmerzwiehernd aufbäumte, und so, quer durch die wegstiebenden Leute, jagte er zum Regierungsgebäude, um dort zu erfahren, es war richtig und noch ärger: England hatte gleichfalls den Krieg erklärt, das Weltmeer war für die Deutschen verschlossen, ein eiserner Vorhang zwischen einem Kontinent und dem anderen für unberechenbare Zeit niedergefallen.
Vergebens, daß er in erster Wut mit geballten Fäusten auf den Tisch schlug, als wollte er damit das Unsichtbare treffen: so wüteten ja Millionen machtlose Menschen damals gegen die Kerkerwände des Schicksals. Dann überlegte er alle Möglichkeiten, sich hinüberzuschmuggeln, fragte nach dem nächsten Schiff, aber der englische, zufällig anwesende Konsul, bisher sein Freund, deutete ihm in vorsichtiger Warnung an, er sei gezwungen, von nun an jeden seiner Schritte zu bewachen und so leid es ihm tue, müsse er ihm dringend abraten, etwa mit falschem Paß das Meer überqueren zu wollen. So blieb nur eines, die Hoffnung, die bald betrogene, obzwar von Millionen anderen Menschen geteilte, ein solcher Wahnwitz könne nicht lange dauern, in einigen Wochen, einigen Monaten müsse dieser Tölpelstreich entfesselter Diplomaten und kriegsgieriger Generäle entlarvt und erledigt sein. Und diesem dünnen Fusel Hoffnung gab bald noch ein anderes Element, ein noch stärker betäubendes, neue Rauschkraft: die ihm zugewiesene Arbeit und Verantwortung. Durch Kabeldepeschen über Schweden und New York erhielt er von Deutschland her von seiner Firma den Auftrag, er möge, um einer möglichen Sequestration vorzubeugen, das Unternehmen selbständig machen und als mexikanische Kompagnie mit einigen Strohmännern organisieren. Das erforderte äußerste Energie und Umblick, Verhandlungen und Konferenzen, nachts geführte und mit heimlichen Boten, um dem wachsamen Blick des englischen Konsuls zu entgehen. Gleichzeitig begann der Betrieb unvermutet zu prosperieren, bedurfte doch der Krieg, dieser herrische Unternehmer, mit einmal Erz aus allen Gruben, Erdkraft zur Vernichtung der Menschenkraft. Das spannte alle Sinne und Sehnen, überdrängte jeden eigenmächtigen Gedanken. Er arbeitete in diesen Tagen zwölf, vierzehn Stunden hintereinander mit fanatischer Verbissenheit, um dann abends, zer-

schlagen von diesem Katapult der Zahlen, traumlos und unbewußt auf sein Lager zu sinken.
Er dachte noch immer an sie, immer noch glühend und voll zorniger Ungeduld. Aber doch, indes er noch unverwandt zu fühlen vermeinte, lockerte sich von innen her allmählich die leidenschaftliche Spannung. Denn es liegt nicht im Wesen der menschlichen Natur, einzig von Erinnerungen zu leben. Wie jedes irdische Gebilde, wie der Mensch, wie die Pflanze selbst Nährkraft des Lebendigen, so brauchen nach dem unerschütterlichen Gesetz dauernder Umschaltung der Kraft selbst Träume, auch sie, die scheinbar unirdischen und substanzlosen, einer gewissen Nahrung vom Sinnlichen her, einer zarten und bildhaften Nachhilfe, sonst blaßt ihre Leuchtkraft. So geschah es auch diesem Leidenschaftlichen, längst ehe er selbst es bemerkte. Aber als Wochen, Monate und schließlich ein Jahr und dann ein zweites keine einzige Botschaft, kein Brief, kein geschriebenes Wort, kein Zeichen von ihr mehr über das gesperrte Meer herüberkam, begann allmählich ihr Bild zu verdämmern. Jeder in Arbeit verbrannte Tag ließ ein paar Stäubchen Asche hinfallen in die unterirdisch wogende Glut, schließlich war der graue Belag schon dichter und dichter und nur selten sprang der Funke Erinnerung vor. Noch nahm er manchmal die Briefe pietätvoll vor, aber die Tinte war blaß geworden, die Worte schlugen nicht mehr hinein in sein Herz, und wenn er versuchte, sie mit ihrer Stimme zu lesen, so merkte er erschreckt, daß er mancher Einzelheit nicht mehr sicher war, daß er die Silben nicht immer mehr richtig nachbetonte, nicht mehr mit ihrem ureigensten Klang. Und einmal erschrak er geradezu beim Anblick ihrer Photographie, weil er sich nicht mehr der Farbe ihrer Augen entsinnen konnte, nicht mehr gewiß war, ob sie dunkelblau leuchteten oder in einem unruhig getönten Grau. Die Zeit hatte, wie die Schrift, auch die Worte ausgelaugt, die vor Jahren und Jahren geschriebenen, immer seltener zog er die Blätter, die einst so magisch belebenden heran, müde schon eines Gespräches mit einem Schatten, der immer Schatten blieb und niemals Antwort gab. Dazu kam, daß die rasch aufblühende Unternehmung viele neue Menschen heranbrachte, daß die Ungeduld, von den Kriegsereignissen zu reden und über sie zu hören, ihn der allgemeinen Erregung vermengte, er suchte Gesellschaft, suchte Freunde, suchte Frauen. Und als ihn eine Geschäftsreise im dritten Jahre des Krieges in das Haus eines ehemals deutschen, nun längst naturalisierten Großkaufmannes nach Vera Cruz führte und er dort seine

Tochter kennenlernte, still, blond, von häuslicher Art, da überwältigte ihn plötzlich die Angst vor diesem unablässigen, mörderischen Alleinsein inmitten einer in Haß, Krieg und Tollheit wüst sich hinwälzenden Welt. Er entschloß sich mit jener Schnelligkeit, wie man dort sich zu allem entschließt, und heiratete das Mädchen. Dann kam ein Kind, ein zweites folgte, lebende Blumen über dem längst zugeschütteten Grab seiner Liebe: nun war der Kreis wohltätig geschlossen, außen anspannende Tätigkeit, innen häusliches Ruhen und von dem früheren Menschen, der er gewesen, wußte er nach vier oder fünf Jahren nichts mehr.

DER ZWANG

Die Frau schlief noch fest mit runden starken Atemzügen. Ihr Mund, halb aufgetan, schien ein Lächeln beginnen zu wollen oder ein Wort, und weich hob unter der Decke Beruhigung die jung gewölbte Brust. Von den Fenstern dämmerte erste Helligkeit. Aber der winterliche Morgen hatte nur armes Licht. Zwitterschein von Dunkel und Tag wogte unsicher über dem Schlaf der Dinge und hüllte ihre Gestalt.
Ferdinand war leise aufgestanden, er wußte selbst nicht warum. Das geschah ihm jetzt oft, daß er mitten in der Arbeit plötzlich zum Hut griff und rasch aus dem Hause ging, in die Felder hinein, rascher und immer rascher forteilend, bis er sich mattgelaufen und plötzlich irgendwo weitab in fremder Gegend stand, ein Zittern in den Knien und mit springendem Puls an den Schläfen. Oder daß er jählings in belebtem Gespräch aufstarrte, die Worte nicht mehr verstand, an Fragen vorüberhörte und sich gewaltsam zurechtschütteln mußte. Oder daß er sich abends im Auskleiden vergaß und, den abgestreiften Schuh starr in Händen, auf dem Bettrand sitzen blieb, bis ein Rufwort seiner Frau ihn aufschreckte oder plötzlich der Stiefel polternd zu Boden fiel.
Wie er jetzt aus dem leicht durchschwülten Gemach auf den Balkon trat, fröstelte ihn. Unwillkürlich drückte er die Ellbogen wärmer an den Leib. Die tiefe Landschaft unter ihm war noch ganz nebelverfangen. Über dem Zürichsee, den er sonst von seinem hochgelegenen Häuschen wie einen geschliffenen Spiegel sah, in dem jede Himmelswolke weiß eilend widerglitt, wogte ein dicker milchiger Schaum. Alles war feucht, dunkel, glitschig und grau, wo seine Blicke, seine Hände hintasteten, Wasser troff von den Bäumen, Feuchte rieselte von den Balken. Wie ein Mensch, der eben sich der Flut entwunden und von dem in Strähnen das Wasser abtropft, war die aufsteigende Welt. Menschenstimmen kamen durch die Nebelnacht, aber gurgelnd und dumpf wie das Röcheln von Ertrunkenen, manchmal auch Hammerschlag und ferner Kirchturmruf, doch

feucht und rostig der sonst so klare Ton. Ein nasses Dunkel stand zwischen ihm und seiner Welt.
Ihn fröstelte. Und doch, er blieb und stand, die Hände tiefer in die Taschen geschmiegt, den ersten freien Ausblick zu erwarten. Wie graues Papier begannen die Nebel sich langsam von unten aufzurollen, und unendliche Sehnsucht überkam ihn nach der geliebten Landschaft, die er unten in geordnetem Bestand und nur vom morgendlichen Rauche verborgen wußte und deren klare Linien sein eigenes Wesen sonst ordnend erhellten. Wie oft, aus der Wirrnis seiner selbst an dies Fenster tretend, hatte er am gefriedeten Ausblick hier Beruhigung gefunden; die Häuser drüben am andern Ufer, freundlich eines zum andern gestellt, ein Dampfboot zierlich sicher das blaue Wasser zerteilend, die Möven, heiter das Ufer überschwärmend, der Rauch in silberner Schraube aus rotem Schorne aufsteigend ins Mittagsgeläut, alles das sagte ihm so sichtlich: Friede! Friede! daß er, gegen sein eigenes Wissen um den Wahnsinn der Welt, diesen schönen Zeichen glaubte und für Stunden der eigenen Heimat über dieser neugewählten vergaß. Vor Monaten war er, ein Flüchtling vor der Zeit und den Menschen, aus Kriegsland in die Schweiz gekommen und spürte, wie sein zerknittertes, zerfurchtes, von Grauen und Entsetzen aufgepflügtes Wesen hier sich glättete und narbte, wie die Landschaft ihn weich in sich aufnahm und die reinen Linien und Farben seine Kunst in die Arbeit riefen. Darum fühlte er immer sich entfremdet und wieder fortgestoßen, wenn dieser Blick ihm verdunkelt war, und so in dieser Morgenstunde, da der Nebel ihm alles hüllte. Unendliches Mitleid kam ihn an mit all denen, die da unten im Dunkel verschlossen waren, mit den Menschen seiner heimatlichen Welt, die auch so in eine Ferne versunken waren, unendliches Mitleid und unendliche Sehnsucht nach Verbundenheit mit ihnen und ihrem Geschick.
Irgendwo aus dem Rauche schlug die Kirchturmglocke viermal und dann, sich selber die Stunde erklärend, helleren Tones achtmal in den Märzmorgen. Und selbst wie auf einer Turmspitze fühlte er sich unsäglich allein, die Welt vor sich und seine Frau hinter sich im Dunkel ihres Schlafs. Sein innerster Wille spannte sich an, diese weiche Wand von Nebel zu zerreißen und irgendwo Botschaft des Wachens, Gewißheit des Lebens zu spüren. Und wie er die Blicke gleichsam aus sich forttrieb, war ihm, als ob dort unten im Grau, wo das Dorf endete und der Weg in kurzatmigen Serpentinen hier herauf zum Hügel stieg, etwas

sich langsam regte, Mensch oder Tier. Weich verhüllt, klein kam es heran, eine Freude zuerst, daß noch etwas wach war außer ihm, und doch eine Neugier zugleich, brennend und ungesund. Dort, wo sich die graue Gestalt jetzt hinschob, war ein Kreuzweg, zum Nachbarort führend oder hier empor: einen Augenblick schien das Fremde dort aufatmend zu zögern. Dann klomm es langsam den Saumpfad hinauf.
Unruhe überkam Ferdinand. Wer ist dieser fremde Mensch, fragte er sich, welcher Zwang treibt ihn aus der Wärme seines dunkeln Gemaches wie mich in den Morgen hinaus? Will er zu mir und was will er von mir? Jetzt, durch den lockeren Nebel der Nähe erkannte er ihn: es war der Postbote. Jeden Morgen, von den acht Glockenschlägen getrieben, klomm er hier empor, und Ferdinand wußte und sah in sich sein hölzernes Gesicht mit dem roten Seemannsbart, der an den Enden weiß wurde, und den blauen Brillen. Nußbaum hieß er, und er nannte ihn Nußknacker wegen seiner harten Bewegungen und der Würde, mit der er die Tasche, die große, schwarzlederne Tasche, immer rechtsherum warf, ehe er gewichtig seine Briefschaften abgab. Ferdinand mußte lächeln, wie er ihn da stapfen sah, Schritt für Schritt, die Tasche links übergeworfen und bemüht, mit seinen kurzbeinigen Schritten recht würdevoll zu gehen.
Aber plötzlich spürte er seine Knie zittern. Seine Hand, über die Augen gehoben, fiel ab wie lahm. Die Unruhe von heute, von gestern, von all diesen Wochen, die war mit einemmal wieder da. Er meinte zu spüren, daß dieser Mensch auf ihn zukäme, Schritt um Schritt, und zu ihm allein. Ohne selbst um sich zu wissen, klinkte er die Türe auf, schlich an seiner schlafenden Frau vorbei und hastete die Treppen hinab, den Zaunweg hinunter, dem Kommenden entgegen. An der Gartentür stieß er mit ihm zusammen. »Haben Sie … haben Sie …« dreimal mußte er ansetzen. »Haben Sie etwas für mich?«
Der Briefträger schob die feuchten Brillen hoch, ihn anzusehen. »Woll, woll.« Er warf mit einem Ruck die schwarze Tasche rechtsherum, tappte mit den Fingern – wie große Regenwürmer waren sie, feucht und rot vom Nebelfrost – in den Briefen herum. Ferdinand zitterte. Endlich griff er einen heraus. Es war ein großes braunes Kuvert, »amtlich« stand breit gedruckt darauf und darunter sein Name. »Zu unterschriebe«, sagte er, feuchtete den Tintenstift und hielt ihm das Buch hin. Mit einem Riß, unleserlich vor Erregung, schrieb Ferdinand seinen Namen.
Dann griff er nach dem Brief, den die dicke rote Hand ihm bot. Aber

seine Finger waren so starr, daß das Blatt ihnen entglitt und zu Boden fiel, in nasse Erde und feuchtes Laub. Und wie er sich bückte, es aufzuheben, drang in seinen Atem ein bitterer Geruch von Fäulnis und Verwesung ein.

Das war es gewesen, nun wußte er es klar, was seit Wochen unterirdisch seine Ruhe verstörte, dieser Brief, den er wider Willen erwartet hatte, der aus einer sinnlosen, formlosen Ferne auf ihn zuging, nach ihm tastete, mit seinen starren maschinengeschriebenen Worten nach seinem warmen Leben, seiner Freiheit griff. Er hatte ihn kommen gefühlt von irgendwoher, wie ein Reiter auf Patrouille zwischen dem grünen Walddickicht ein kaltes Stahlrohr unsichtbar auf sich gerichtet fühlt und das kleine Stück Blei darin, das hinein will in das Dunkel unter seiner Haut. Vergebens war also die Gegenwehr gewesen, die kleinen Schliche, mit denen er nächtelang sein Denken erfüllt: nun hatten sie ihn erreicht. Acht Monate kaum waren es, daß er nackt, vor Kälte und Ekel zitternd, drüben vor einem Militärarzt gestanden, der nach den Muskeln an seinen Armen griff wie ein Pferdehändler, daß er an dieser Erniedrigung die Menschenunwürde der Zeit erkannt und die Sklaverei, in die Europa verfallen. Zwei Monate lang ertrug er es noch, in dieser Stickluft der patriotischen Phrase zu leben, aber allmählich ward ihm der Atem zu eng, und wenn die Menschen um ihn die Lippen auftaten zur Rede, meinte er das Gelbe der Lüge auf ihrer Zunge zu sehen. Was sie sprachen, widerte ihn an. Der Anblick der frierenden Frauen, die mit ihren leeren Kartoffelsäcken im Morgendämmer auf den Stufen des Marktes saßen, preßte ihm die Seele entzwei: mit geballten Fäusten schlich er umher und fühlte, wie er böse und gehässig wurde, sich selbst widerwärtig in seiner ohnmächtigen Wut. Endlich war es ihm dank einer Fürsprache gelungen, mit seiner Frau in die Schweiz hinüberzukommen: als er die Grenze überschritt, sprang ihm plötzlich das Blut in die Wangen. Er mußte sich an den Pfosten festhalten, so taumelte er. Mensch, Leben, Tat, Wille, Kraft fühlte er sich zum erstenmal wieder. Und seine Lungen taten sich auf, Freiheit aus der Luft zu spüren. Vaterland, das hieß ihm jetzt nur mehr Gefängnis und Zwang. Fremde, sie war ihm Weltheimat, Europa die Menschheit.
Aber das dauerte nicht lange, dies frohe leichte Gefühl; dann kam wieder die Angst. Er spürte, daß er rückwärts mit seinem Namen noch irgendwie in diesem blutigen Dickicht verhakt war. Daß etwas, das er

nicht wußte, nicht kannte, und das doch um ihn wußte, ihn nicht freigab. Daß ein schlafloses kaltes Auge irgendwo aus dem Unsichtbaren lauernd auf ihn gerichtet war. Er duckte sich tief in sich hinein, las keine Zeitungen, um die Stellungsbefehle nicht zu finden, wechselte die Wohnung, um seine Spuren zu verwischen, ließ sich Briefe nur an seine Frau postlagernd senden, mied die Menschen, um nicht gefragt zu sein. Nie betrat er die Stadt, sandte seine Frau um Leinwand und Farben. Ganz ins Namenlose hinein verkroch sich seine Existenz, in dies kleine Dörfchen am Zürichsee, wo er bei Bauern ein Häuschen gemietet hatte. Aber immer doch wußte er: in irgendeiner Lade lag zwischen Hunderttausenden von Blättern ein Blatt. Und er wußte: eines Tages würden sie, irgendwo, irgendwann diese Lade aufziehen – er hörte, wie man schob, hörte das Hämmern einer Schreibmaschine, die seinen Namen schrieb, und wußte, daß dieser Brief dann wandern und wandern würde, bis er ihn endlich fand.
Und nun knisterte er, kalt und körperlich, zwischen seinen Fingern. Ferdinand mühte sich, ruhig zu bleiben. »Was ist mir dieses Blatt hier?« sagte er sich. »Morgen, übermorgen blühen hier tausend, zehntausend, hunderttausend Blätter an den Sträuchen, und jedes ist mir fremd wie dieses. Was heißt dies ›amtlich‹? Daß ich es lesen muß? Ich habe kein Amt unter den Menschen, und keines ist über mir. Was ist dies mein Name da – bin das Ich schon? Wer kann mich zwingen, zu sagen, ich bin es, wer mich zwingen, zu lesen, was darin geschrieben steht? Wenn ich es ungelesen durchreiße, flattern die Fetzen bis an den See, und ich weiß nichts, und nichts weiß die Welt, kein Tropfen fällt rascher vom Baume zu Boden, kein Atemzug geht anders von meiner Lippe! Wie konnte dies mich unruhig machen, dies Blatt, von dem ich nur weiß, wenn ich will? Und ich will nicht. Ich will nichts als meine Freiheit.«
Die Finger spannten sich, das harte Kuvert durchzureißen und in Fetzen zu zerpflücken. Aber seltsam: die Muskeln gehorchten ihm nicht. Irgend etwas war wider seinen eigenen Willen in seinen eigenen Händen, denn sie gehorchten nicht. Und indes er mit seiner ganzen Seele wollte, daß sie die Hülle zerfetzten, taten sie ganz behutsam das Kuvert auf, falteten zitternd das weiße Blatt auseinander. Und darauf stand, was er schon wußte: »Zahl 34.729 F. Auf Veranlassung des Bezirkskommandos zu M. werden Euer Hochwohlgeboren hiemit diensthöflichst ersucht, sich zur erneuten Untersuchung über Ihre militärische Tauglichkeit spätestens 22. März zu M. im Bezirkskommando, Zimmer Nr. 8, zu gestellen. Die

Militärpapiere folgt Ihnen das Konsulat Zürich aus, zu dem Sie sich dieszwecks zu begeben haben.«

Als er wieder in das Zimmer trat, eine Stunde später, kam seine Frau ihm lächelnd entgegen, in der Hand ein loses Bündel Frühlingsblumen. Ihr Antlitz strahlte Sorglosigkeit. »Sieh«, sagte sie, »was ich gefunden habe! Dort auf der Wiese hinter dem Hause blühen sie schon, und im Schatten zwischen den Bäumen liegt noch der Schnee.« Ihr gefällig zu sein, nahm er die Blumen, beugte sich in sie hinein, um nicht die unbesorgten Augen der Geliebten sehen zu müssen, und flüchtete eilig hinauf in den kleinen Dachraum, den er sich als Atelier eingerichtet hatte.
Aber es ging nicht mit der Arbeit. Kaum daß er seine leere Leinwand vor sich nahm, standen plötzlich darauf maschinengehämmert die Worte des Briefes. Die Farben auf der Palette schienen ihm Schlamm und Blut. Er mußte an Eiter und Wunden denken. Sein Selbstporträt, im Halbschatten stehend, zeigte ihm einen Militärkragen unter dem Kinn. »Wahnsinn! Wahnsinn!« sagte er ganz laut und stampfte mit dem Fuße, um diese irren Bilder zu verscheuchen. Aber die Hände zitterten, und unter den Knien schwankte der Boden. Er mußte sich niederlegen. Und saß dann auf dem kleinen Schemel, in sich eingestürzt, bis seine Frau ihn zu Mittag rief.
Jeder Bissen würgte ihn. Hoch oben im Hals saß etwas Bitteres, das mußte immer erst hinab, und immer stieg es wieder empor. Gebeugt und stumm, wie er saß, merkte er, daß seine Frau ihn beobachtend ansah. Plötzlich fühlte er ihre Hand leise auf der seinen. »Was ist dir, Ferdinand?« Er antwortete nicht. »Hast du schlechte Nachrichten bekommen?« Er nickte nur und würgte. »Vom Militär?« Er nickte wieder. Sie schwieg. Er schwieg auch. Dick und drückend stand der Gedanke mit einemmal im Zimmer zwischen den Dingen und stieß sie alle zur Seite. Breit und klebrig saß er auf den angebrochenen Speisen. Er kroch, eine feuchte Schnecke, über ihren Nacken und machte sie schauern. Sie wagten einander nicht anzuschauen und saßen nur gebückt und stumm, die Last, die unerträgliche, dieses Gedankens über sich.
Etwas war zerbrochen in ihrer Stimme, als sie endlich fragte: »Haben sie dich auf das Konsulat bestellt?« – »Ja.« – »Und wirst du gehen?« Er zitterte. »Ich weiß nicht, aber ich muß doch.« – »Warum mußt du? Sie können dir in der Schweiz nicht befehlen. Hier bist du frei.« Bös stieß er

aus den gepreßten Zähnen: »Frei! Wer ist denn noch heute frei?« – »Jeder, der frei sein will. Und du am meisten. Was ist das? –« Sie riß das Papier, das er vor sich gelegt hatte, verächtlich weg. – »Was hat das für Kraft über dich, dieser Fetzen, beschmiert von einem armseligen Kanzleischreiber, über dich, den Lebendigen, den Freien? Was kann dir das anhaben?« – »Das Blatt nicht, aber der es sendet.« – »Wer sendet das? Welcher Mensch? Eine Maschine, die große Menschenmordmaschine. Aber dich kann sie nicht fassen.« – »Sie hat Millionen gefaßt, warum gerade nicht mich?« – »Weil du nicht willst.« – »Auch sie haben nicht gewollt.« – »Aber sie waren nicht frei. Sie standen zwischen den Gewehren, und darum gingen sie. Aber keiner freiwilllig. Keiner wäre aus der Schweiz in diese Hölle zurückgegangen.«
Sie hielt an in ihrer Erregung, weil sie sah, daß er sich quälte. Mitleid wie zu einem Kinde wogte in ihr auf. »Ferdinand«, sagte sie, indem sie sich an ihn lehnte, »versuche jetzt ganz klar zu denken. Du bist verschreckt, und ich verstehe, daß es verstört, wenn diese heimtückische Bestie einen plötzlich anspringt. Bedenke, wir haben diesen Brief doch erwartet. Hundertmal haben wir diese Möglichkeit beschlossen, und ich war stolz auf dich, weil ich wußte, du würdest ihn in Fetzen reißen und dich nicht hergeben dazu, Menschen zu morden. Weißt du nicht?« – »Ich weiß, Paula, ich weiß, aber ...« – »Nicht jetzt sprechen«, drängte sie. »Du bist irgendwie schon gepackt. Besinne dich an unsere Gespräche, an das Konzept, das du aufsetztest – links liegt es in der Schreibtischlade – und wo du erklärtest, nie eine Waffe zur Hand zu nehmen. Du warst ganz fest entschlossen ...« Er warf sich auf. »Nie war ich fest! Nie war ich sicher. Alles das war Lüge, ein Verstecken vor meiner Angst. Ich habe mich berauscht mit diesen Worten. Aber das war alles nur wahr, solange ich frei war, und ich habe immer gewußt, wenn sie mich rufen, so werde ich schwach. Meinst du, ich habe vor ihnen gezittert? Sie sind doch nichts – solange sie nicht in mir wirklich sind, sonst sind sie ja Luft, Wort, ein Nichts. Aber vor mir habe ich gezittert, denn ich wußte immer, sobald sie mich rufen, würde ich gehn.« – »Ferdinand, du willst gehn?« – »Nein, nein, nein«, stampfte er auf, »ich will nicht, ich will nicht, nichts will in mir. Aber gegen meinen eigenen Willen werde ich gehn. Das ist ja das Entsetzliche ihrer Macht, daß man ihnen dient gegen seinen Willen, gegen seine Überzeugung. Wenn man noch Willen hätte – aber kaum, daß man so ein Blatt in Händen hat, dann ist der Wille aus einem fort. Man gehorcht. Man ist der Schulknabe: der Lehrer ruft, man

steht auf und zittert.« – »Aber Ferdinand, wer ruft denn? Das Vaterland? Ein Schreiber! Ein gelangweilter Bureauknecht! Und dann, selbst der Staat hat kein Recht, einen zum Mord zu zwingen, kein Recht ...« – »Ich weiß, ich weiß. Jetzt zitiere noch Tolstoi! Ich weiß doch alle Argumente: verstehst du denn nicht, ich glaube ja nicht, daß sie ein Recht haben, mich zu rufen, nicht, daß ich eine Pflicht habe, ihnen zu folgen. Ich kenne nur eine Pflicht, die heißt, ein Mensch zu sein und zu arbeiten. Ich habe kein Vaterland jenseits der Menschheit, keinen Ehrgeiz, Menschen zu töten, ich weiß alles, Paula, ich sehe alles so klar wie du – nur, sie haben mich eben schon, sie rufen mich, und ich weiß, trotz allem und allem ich werde kommen.« – »Warum? Warum? Ich frage dich: warum?« Er stöhnte: »Ich weiß nicht. Vielleicht weil der Wahnsinn jetzt in der Welt stärker ist als die Vernunft. Vielleicht weil ich kein Held bin, eben deshalb wage ich nicht zu fliehen ... Man kann das nicht erklären. Es ist irgendein Zwang: ich kann nicht die Kette zerbrechen, die zwanzig Millionen Menschen erwürgt. Ich kann nicht.«
Er barg das Gesicht in den Händen. Die Uhr ging über ihnen schrittauf, schrittab, ein Wachtposten vor dem Schilderhaus der Zeit. Sie zitterte leise. »Es ruft dich, das verstehe ich, obwohl ich es nicht verstehe. Aber hörst du einen Ruf nicht auch von hier? Hält dich hier nichts?« Er fuhr auf. »Meine Bilder? Meine Arbeit? Nein! Ich kann nicht mehr malen. Ich habe das heute gespürt. Ich lebe schon drüben und nicht mehr hier. Es ist Verbrechen, jetzt für sich zu arbeiten, während eine Welt in Trümmer geht. Man darf nicht mehr für sich fühlen, für sich allein leben!«
Sie stand auf und wandte sich ab. »Ich habe es nicht geglaubt, daß du für dich allein lebst. Ich glaubte ... ich glaubte, ich sei für dich auch ein Stück Welt.« Sie konnte nicht weiter sprechen, ihre Tränen drängten sich zwischen die Worte. Er wollte sie beruhigen. Aber ein Zorn stand hinter ihren Tränen, vor dem er zurückschrak. »Geh«, sagte sie, »geh doch! Was bin ich dir? Nicht soviel wie ein Fetzen Papier. So geh doch, wenn du willst.«
»Ich will ja nicht«, schlug er auf mit den Fäusten in ohnmächtiger Wut. »Ich will ja nicht. Aber sie wollen. Und sie sind stark, und ich bin schwach. Sie haben ihren Willen seit tausenden Jahren gehärtet, sie sind organisiert und raffiniert, sie haben sich vorbereitet, und auf uns fällt es wie ein Donner. Sie haben Willen, und ich habe Nerven. Es ist ein ungleicher Kampf. Man kann sich wehren. Aber es ist eine Maschine,

eine Metzgermaschine, ein seelenloses Werkzeug ohne Herz und Vernunft. Man kann nicht wider sie.«

»Ja, man kann, wenn man muß.« Sie schrie jetzt wie eine Rasende. »Ich kann, wenn du nicht kannst! Bist du schwach, ich bin es nicht, ich knicke nicht ein vor so einem Wisch, ich gebe nichts Lebendiges gegen ein Wort. Du wirst nicht gehen, solange ich Macht habe über dich. Du bist krank, ich kann es beschwören. Du bist ein Nervenmensch. Wenn ein Teller klirrt, zuckst du zusammen. Jeder Arzt muß das sehen. Laß dich hier untersuchen, ich werde mit dir gehen, ich werde ihm alles sagen. Man gibt dich gewiß frei. Man muß sich nur wehren, nur den Willen fest zwischen die Zähne nehmen. Erinnere dich an Jeannot, deinen Pariser Freund: drei Monate hat er sich im Irrenhaus beobachten lassen, sie haben ihn gefoltert mit ihrer Untersuchung, aber er hat durchgehalten, bis sie ihn freiließen. Man muß nur zeigen, daß man nicht will. Man darf sich nicht ergeben. Es geht doch um das Ganze: vergiß nicht, man will an dein Leben, an deine Freiheit, an alles. Da muß man sich wehren.«

»Wehren! Wie kann man sich wehren? Sie sind stärker als alle, sie sind die Stärksten der ganzen Welt.«

»Das ist nicht wahr! Nur solange die Welt will, sind sie stark. Der einzelne ist immer stärker als der Begriff, aber er muß nur er selbst bleiben, sein eigener Wille. Er muß nur wissen, daß er Mensch ist und es bleiben will, dann sind diese Worte um ihn, mit denen man die Leute jetzt chloroformiert, dann sind: Vaterland, Pflicht, Heldentum bloß Phrasen, die nach Blut stinken, nach warmem, lebendigem Menschenblut. Sei aufrichtig, ist dir dein Vaterland so wichtig wie dein Leben? Eine Provinz, die den erlauchten Monarchen wechselt, so lieb wie deine rechte Hand, mit der du malst? Glaubst du an eine Gerechtigkeit außer an die unsichtbare, die wir in uns bauen mit unsern Gedanken und unserm Blut? Nein, ich weiß es, nein! Darum bist du ein Lügner gegen dich selbst, wenn du gehen willst...«

»Ich will ja nicht...«

»Nicht genug! Du willst überhaupt nicht mehr. Du läßt dich wollen, und das ist dein Verbrechen. Du gibst dich hin an etwas, was du verabscheust, und setzt dafür dein Leben ein. Warum nicht lieber für etwas, das du bekennst? Das Blut für den eigenen Gedanken – gut! Aber warum für den fremden? Ferdinand, vergiß nicht, wenn du genug willst, um frei zu bleiben, was sind sie da drüben: böse Narren! Willst du nicht

genug und kriegen sie dich, bist du selbst der Narr. Du hast mir immer gesagt ...«
»Ja, gesagt habe ich, alles gesagt, geschwätzt und geschwätzt, um mir selbst Mut zu machen. Ich habe groß geredet, wie die Kinder im finstern Wald singen aus Furcht vor ihrer Furcht. Lüge war das alles, jetzt spür' ich's grauenhaft klar. Denn ich habe immer gewußt, wenn sie mich rufen, so gehe ich ...«
»Du gehst? Ferdinand! Ferdinand!«
»Nicht ich! Nicht ich! Etwas in mir geht – es ist schon gegangen. Irgend etwas steht auf in mir wie der Schulknabe vor dem Lehrer, ich sagte es dir ja, und zittert und gehorcht! Und dabei höre ich alles, was du sagst, und ich weiß, es ist richtig und wahr und menschlich und notwendig – es ist das einzige, was ich tun soll und muß – ich weiß es und weiß es, und darum ist es ja so niederträchtig, daß ich gehe. Aber ich gehe, irgend etwas hat mich! Verachte mich nur! Ich verachte mich ja selbst. Aber ich kann nicht anders, ich kann nicht!«
Er hämmerte mit beiden Fäusten auf den Tisch vor sich hin. Etwas Stumpfes, Tierisches, Gefangenes war in seinem Blick. Sie konnte ihn nicht ansehen. Ihre Liebe fürchtete sich, ihn zu verachten. Auf dem noch gedeckten Tisch stand das Fleisch, kalt und wie totes Aas, das Brot schwarz und zerkrümmt wie Schlacken. Schwüler Dunst von Speisen füllte das Zimmer. Ekel stieg ihr in die Kehle, Ekel vor allem. Sie stieß das Fenster auf. Luft brach ein; über ihre Schultern, die leise zuckenden, hob sich der märzblaue Himmel, und weiße Wolken streiften um ihr Haar.
»Sieh«, sagte sie leiser, »sieh da hinaus! Einmal nur, ich bitte dich darum. Vielleicht ist alles, was ich sage, nicht ganz wahr. Worte gehen ja immer daneben. Aber das, was ich sehe, ist doch wahr. Das lügt nicht. Da drunten geht ein Bauer hinter dem Pflug, er ist jung und stark. Warum läßt er sich nicht morden? Weil sein Land nicht Krieg hat, weil sein Acker um sechs Striche weiter drüben liegt, gilt das Gesetz nicht für ihn. Und du bist jetzt in diesem Land, so gilt es auch nicht für dich. Kann ein Gesetz, ein unsichtbares, wahr sein, das nur bis zu ein paar Meilensteinen gilt und jenseits ihrer nicht mehr? Spürst du nicht das Sinnlose, wenn du in diesen Frieden da blickst? Ferdinand, sieh, wie klar der Himmel ist über dem See, die Farben, sieh, wie sie warten, daß man ihrer sich freue, komm her ans Fenster und sag' mir dann noch einmal, du willst gehen ...«

»Ich will ja nicht! Ich will ja nicht! Du weißt es ja! Warum soll ich das noch sehen! Ich weiß doch alles, alles, alles! Du quälst mich ja nur! Jedes Wort tut mir weh, das du sagst. Und nichts, nichts, nichts hilft mir doch!«
Sie fühlte sich schwach werden vor seinem Schmerz. Mitleid zerbrach ihre Kraft. Leise wandte sie sich um.
»Und wann ... Ferdinand ... wann ... sollst du auf das Konsulat?«
»Morgen! Eigentlich gestern schon. Aber der Brief hat mich nicht gefunden. Erst heute haben sie mich aufgespürt. Morgen muß ich kommen.«
»Und wenn du morgen nicht kommst? Laß sie doch warten. Sie können dir hier nichts tun. Uns eilt es ja nicht. Laß sie acht Tage warten. Ich schreibe ihnen, du seiest krank, du lägest im Bett. Mein Bruder hat es auch so gemacht und hat vierzehn Tage so gewonnen. Im ärgsten Falle glauben sie dir nicht und schicken den Konsulatsarzt herauf. Mit dem kann man vielleicht reden. Menschen, die keine Uniform anhaben, sind immer mehr Menschen. Vielleicht sieht er deine Bilder und sieht ein, daß so jemand nicht an die Front gehört. Und hilft es nichts, so sind wenigstens acht Tage gewonnen.«
Er schwieg, und sie spürte, das Schweigen war wider sie.
»Ferdinand, versprich mir's, daß du nicht schon morgen gehst! Laß sie warten. Man muß innerlich vorbereitet sein. Jetzt bist du verstört, und sie machen mit dir, was sie wollen. Morgen wären sie die Stärkeren. In acht Tagen wirst du es sein. Denke an die guten Tage, die wir dann haben werden. Ferdinand, Ferdinand, hörst du?«
Sie rüttelte ihn auf. Leeren Blickes sah er sie an. Nichts von ihren Worten stand in diesem stumpfen verlorenen Blick. Nur Grauen und Angst aus einer Tiefe, die sie nicht kannte. Allmählich erst faßte er sich zusammen.
»Du hast recht«, sagte er endlich. »Du hast recht. Es eilt ja nicht. Was können sie mir tun? Du hast recht. Ich gehe bestimmt morgen nicht hin. Auch übermorgen nicht. Du hast recht. Muß der Brief mich denn gefunden haben? Kann ich nicht einen Ausflug gemacht haben? Darf ich nicht krank sein? Nein – ich habe dem Postboten ja unterschrieben. Aber das macht nichts. Du hast recht. Man muß sich besinnen! Du hast recht. Du hast recht!«
Er war aufgestanden und begann im Zimmer auf und ab zu gehen. »Du hast recht, du hast recht«, wiederholte er mechanisch, aber es war keine

Überzeugung darin. »Du hast recht, du hast recht« – ganz abwesend, ganz stumpfsinnig wiederholte er immer das Wort. Sie spürte, seine Gedanken waren anderswo, ganz weit von hier, immer schon bei denen drüben, immer schon im Verhängnis. Sie konnte es nicht mehr hören, dieses ewige »Du hast recht, du hast recht«, das nur von den Lippen kam. Leise ging sie hinaus. Und hörte ihn noch stundenlang innen auf und ab gehen wie einen Gefangenen in seinem Kerker.
Auch abends rührte er das Essen nicht an. Etwas Starres, ganz Abwesendes war in ihm. Und erst nachts, an ihrer Seite fühlte sie das Lebendige seiner Angst; er klammerte sich an ihren weichen warmen Leib, als wollte er sich an ihn flüchten, umpreßte sie heiß und zuckend. Aber sie wußte, es war nicht Liebe, sondern Flucht. Ein Krampf war es, und unter seinen Küssen spürte sie eine Träne, bitter und salzig. Dann lag er wieder stumm. Manchmal hörte sie ihn stöhnen. Dann hielt sie ihm die Hand herüber, und er faßte sie, als könnte er sich daran halten. Sie sprach nicht; nur einmal, da sie ihn schluchzen hörte, versuchte sie ihn zu trösten. »Du hast noch acht Tage. Denke nicht daran.« Aber sie schämte sich selbst, daß sie ihm riet, anderes zu denken, denn sie spürte an dem Kalten seiner Hand, an dem springenden Gang seines Herzens, daß nur dieser eine Gedanke ihn besaß und befehligte. Und daß es kein Wunder gab, ihn davon zu erlösen.
Nie war das Schweigen, nie das Dunkel so schwer gewesen in diesem Hause. Das Grauen der ganzen Welt stand kalt zwischen den Wänden. Nur die Uhr ging unbeirrt weiter, der eiserne Wachtposten, schrittauf, schrittab, und sie wußte, daß mit jedem Schritt der Mensch, der geliebte lebendige Mensch an ihrer Seite ihr ferner wurde. Sie konnte es nicht mehr ertragen, sprang auf und hielt den Pendel an. Jetzt gab es keine Zeit mehr, nur Grauen und Schweigen. Und sie lagen beide stumm und wach bis in den neuen Tag, einer neben dem andern, und der Gedanke ging auf und nieder in ihren Herzen.

Es war noch winterhaft dämmrig, Rauhreif überschwebte in schweren Schwaden den See, als er aufstand, rasch die Kleider umwarf, zögernd und ungewiß von einem Zimmer in das andere hastete und wieder zurück, bis er plötzlich nach Hut und Mantel griff und leise die Tür des Hauses auftat. Später erinnerte er sich noch oftmals des Zitterns seiner Hand, wie sie an den frostkalten Riegel rührte und er sich scheu dabei umwandte, ob keiner ihn erspähe. Und wirklich, wie gegen einen

schleichenden Dieb sprang der Hund gegen ihn auf, duckte sich aber, ihn erkennend, zärtlich unter seiner Liebkosung, umwedelte ihn dann wild, der Begleitung begierig. Aber er scheuchte ihn zurück mit der Hand – zu sprechen wagte er nicht. Und dann, selbst unwissend um seine Hast, eilte er plötzlich den Saumweg hinab. Manchmal blieb er noch stehen, sah zurück zu dem Haus, das langsam im Nebel sich verlor, aber dann riß es ihn weiter, er lief, stolperte über Steine, als ob jemand ihn jagte, zur Station hinab, und dort erst blieb er stehen, aus den nassen Kleidern dampfend und Schweiß auf der Stirne.
Ein paar Bauern und kleine Leute standen dort, die ihn kannten. Sie grüßten ihn, einer oder der andere schien nicht übel gelaunt, ein Gespräch mit ihm anzuknüpfen, aber er bog sich vor ihnen zurück. Eine schamhafte Angst war in ihm, mit Menschen jetzt sprechen zu müssen, und doch tat dies leere Warten vor den nassen Schienen ihm weh. Ohne zu wissen, was er begann, stellte er sich auf die Waage, warf ein Geldstück ein, starrte auf dem kleinen Spiegel über den Zeigern in sein fahles, schweißnaß dampfendes Gesicht, und erst wie er niederstieg und das Geldstück innen niederklirrte, merkte er, daß er vergessen, nach der Zahl zu schauen. »Ich bin wahnsinnig, ganz wahnsinnig«, murmelte er leise. Ein Grauen kam ihn an vor sich selbst. Er setzte sich nieder auf eine Bank und wollte sich zwingen, alles klar zu überdenken. Aber da hämmerte hart neben ihm die Signalglocke, er fuhr auf. Und schon schrie die Lokomotive aus der Ferne. Der Zug brauste her, er warf sich in ein Coupé. Eine Zeitung lag schmutzig auf der Erde. Er hob sie auf, starrte hinein, ohne zu wissen, was er las, und sah nur seine eigenen Hände, die sie hielten und immer mehr zitterten.
Der Zug hielt. Zürich. Er schwankte hinaus. Er wußte, wohin es ihn riß, und spürte den eigenen Willen dawider, aber schwach und immer schwächer. Hie und da versuchte er noch kleine Kraftproben. Er stellte sich vor ein Plakat und zwang sich, es zu lesen von oben bis unten, um sich zu beweisen, daß er frei sich gebiete. »Ich habe ja keine Eile«, sagte er sich halblaut, aber noch das Wort zwischen den murmelnden Lippen, riß es ihn schon fort. Wie ein Motor war in ihm diese brennende Nervosität, diese stoßende Ungeduld, die ihn vorwärts trieb. Hilflos sah er sich um nach einem Auto. Die Beine zitterten ihm. Eines stieß vorbei. Er rief es an. Wie ein Selbstmörder in den Fluß warf er sich hinein. Und nannte noch den Namen: die Straße des Konsulats.

Das Auto surrte. Er lehnte sich zurück, die Augen geschlossen. Ihm war, als sause er in einen Abgrund, und fühlte doch eine leise Wollust in der Geschwindigkeit, mit der ihn das Fahrzeug in sein Schicksal riß. Es tat ihm wohl, passiv dabei zu sein. Schon hielt er, der Wagen. Er stieg aus, zahlte und stieg in den Lift, irgendwie wiederholte sich das Lustgefühl, so mechanisch gefahren und gehoben zu sein. Als wäre er nicht er selbst, der all dies tat, sondern sie, die Macht, die unbekannte, unfaßbare, die ihn zwang.
Die Tür des Konsulats war versperrt. Er läutete. Keine Antwort. Heiß zuckte es in ihm auf: zurück, rasch fort, die Treppen hinunter! Aber er läutete nochmals. Ein Schritt kam langsam von innen geschlurft. Ein Diener tat umständlich auf, hemdärmlig, das Staubtuch in der Hand. Offenbar räumte er die Bureaus zusammen. »Was wollen Sie denn ...«, fuhr er ihn unwirsch an. »In das Konsulat ... ich ... ich bin bestellt«, stammelte er, schon rückstürzend in seine Scham, vor dem Diener zu stottern.
Der Diener drehte sich frech beleidigt um. »Können Sie nicht lesen unten an der Tafel: ›Amtsstunden von 10–12.‹ Jetzt ist niemand da.« Und ohne ein Wort abzuwarten, schlug er die Türe zu.
Ferdinand stand da und zuckte in sich zusammen. Grenzenlose Scham fiel ihm ins Herz. Er sah auf die Uhr. Es war sieben Uhr zehn Minuten. »Wahnsinnig! Ich bin wahnsinnig«, stammelte er. Und zitterte die Treppen hinab wie ein Greis.

Zweieinhalb Stunden – entsetzlich war ihm diese tote Zeit, denn er spürte, daß mit jeder Minute des Wartens ihm etwas von seiner Kraft entglitt. Jetzt war er gespannt gewesen und bereit, er hatte alles vorberechnet, jedes Wort an seinen Platz gestellt, die ganze Szene innerlich vorgebaut, und jetzt fiel zwischen ihn und seine bereite Kraft dieser eiserne Vorhang zweier Stunden. Schreckhaft spürte er, wie die ganze Hitze in ihm verrauchte, Wort für Wort aus seinem Gedächtnis wegwischte, wie sie einander überstürzten und sich stießen in nervöser Flucht.
So hatte er es sich gedacht: er würde auf das Konsulat gehen und sich dort sofort dem Referenten für Militärangelegenheiten melden lassen, den er flüchtig kannte. Einmal hatte er ihn bei Freunden kennengelernt und mit ihm über Gleichgültiges gesprochen. Immerhin aber, er kannte seinen Widerpart, einen Aristokraten, elegant, weltmännisch und eitel

auf seine Bonhomie, der gerne großmütig tat und es sich angelegen sein ließ, nicht als Beamter zu scheinen. Diesen Ehrgeiz hatten sie ja alle, sie wollten irgendwie als Diplomaten, als souveräne Persönlichkeiten genommen werden, und hier beabsichtigte er einzusetzen: sich anmelden lassen, gesellschaftlich höflich, zuerst von allgemeinen Dingen sprechen und nach der Frau Gemahlin sich erkundigen. Der Referent würde ihm gewiß Platz anbieten und eine Zigarette und dann schließlich in sein Schweigen höflich fragen: »Womit kann ich Ihnen dienen?« Der andere müßte ihn fragen, das war wichtig und nicht zu vergessen. Und darauf würde er antworten, ganz kühl und indifferent: »Ich habe da ein Schreiben erhalten, ich möchte zur Untersuchung nach M. hinüberfahren. Das muß wohl ein Irrtum sein, ich bin seinerzeit ausdrücklich für dienstuntauglich erklärt worden.« Ganz kühl müßte er das sagen, man sollte gleich sehen, daß er die ganze Sache als eine Bagatelle betrachte. Der Referent würde darauf – er kannte schon seine lässige Art – das Papier nehmen und ihm erklären, es handle sich da um eine neue Überprüfung, er hätte doch in den Zeitungen längst die Aufforderung lesen müssen, daß auch die seinerzeit Zurückgestellten sich abermals zu melden hätten. Darauf würde er dann, wieder ganz kühl, gleichsam achselzuckend sagen: »Ach so! Ich lese ja keine Zeitungen, ich habe keine Zeit dazu. Ich habe zu arbeiten.« Gleich müßte der andere sehen, wie gleichgültig ihm der ganze Krieg sei, wie souverän und frei er sich empfinde. Natürlich würde ihm der Referent dann erklären, er müsse dieser Aufforderung Folge leisten, es sei ihm ja persönlich leid, aber die Militärbehörden und so weiter... Jetzt wäre es dann an der Zeit, energisch zu werden. »Ich verstehe«, müßte er sagen, »aber mir ist es jetzt ganz unmöglich, meine Arbeit zu unterbrechen. Ich habe eine Gesamtausstellung meiner Bilder vereinbart und darf den Mann nicht im Stiche lassen. Mein Wort ist verpfändet.« Und würde dann dem Referenten vorschlagen, entweder ihm den Termin zu verlängern oder sich hier vom Konsulatsarzt neuerlich untersuchen zu lassen.
Bis hierher war alles ganz sicher. Erst von hier an gabelten sich die Möglichkeiten. Entweder würde der Referent glatt darauf eingehen, dann war jedenfalls Zeit gewonnen. Wenn er aber höflich – mit jener kalten, ausweichenden und plötzlich amtlich werdenden Höflichkeit – ihm erklären sollte, dies sei jenseits seiner Kompetenz und nicht statthaft, dann galt es, entschlossen zu sein. Er müßte zunächst aufstehen, an den Tisch treten und mit fester Stimme sagen, aber ganz, ganz

fest, mit unbeugsamer, von innen kommender Entschlossenheit: »Ich nehme es zur Kenntnis, bitte aber protokollarisch zu vermerken, daß ich durch meine ökonomischen Verpflichtungen gehindert bin, der Einberufung sofort Folge zu leisten, und sie auf meine eigene Gefahr um drei Wochen verschiebe, bis ich diesem moralischen Zwange Genüge getan habe. Ich denke selbstverständlich nicht daran, mich meiner vaterländischen Pflicht zu entziehen.« Auf diese mühsam ausgedachten Sätze war er ganz besonders stolz. »Protokollarisch zu vermerken«, »ökonomische Verpflichtungen« – das klang so sachlich und amtlich. Sollte der Referent ihn dann auf die Rechtsfolgen noch aufmerksam machen, dann wäre es Zeit, den Ton noch etwas schärfer zu spannen und die Sache kühl zu erledigen: »Ich kenne das Gesetz und bin mir der Rechtsfolgen bewußt. Aber mein gegebenes Wort ist mir das oberste Gesetz, und um es einzulösen, muß ich jede Schwierigkeit auf mich nehmen.« Dann rasch sich verbeugen, das Gespräch damit quer durchschneiden und zur Türe gehen! Sie mußten sehen, daß er kein Arbeiter oder Lehrjunge sei, der warte, bis man ihn verabschiede, sondern einer, der selbst bestimme, wann für ihn eine Konversation zu Ende sei.
Dreimal sagte er sich im Aufundabgehen diese Szene her. Der ganze Aufbau, der Ton gefiel ihm ausgezeichnet, er war schon ungeduldig auf die Stunde wie der Schauspieler auf sein Stichwort. Nur die eine Stelle sagte ihm noch nicht recht zu: »Ich denke nicht, mich der vaterländischen Pflicht zu entziehen.« Irgendeine patriotische Höflichkeit müßte ja unbedingt im Gespräch sein, unbedingt, damit man sehen solle, er sei nicht renitent, aber doch nicht bereit, er erkenne zwar – vor ihnen natürlich nur – die Notwendigkeit an, aber nicht für sich. »Vaterländische Pflicht« – das Wort war aber doch zu papieren, zu abgelesen. Er überlegte. Vielleicht: »Ich weiß, daß das Vaterland meiner bedarf.« Nein, das war noch lächerlicher. Oder besser: »Ich gedenke nicht, mich dem Ruf des Vaterlandes zu entziehen.« Das war besser. Aber doch, diese Stelle gefiel ihm nicht. Sie war zu servil, die Verbeugung um einige Zentimeter zu tief. Er überlegte weiter. Am besten ganz einfach: »Ich weiß, was meine Pflicht ist« – ja, das war das Richtige, das konnte man nach innen und nach außen wenden, verstehen oder mißverstehen. Und das klang knapp und klar. Das konnte man ganz diktatorisch sagen: »Ich weiß, was meine Pflicht ist« – wie eine Drohung fast. Jetzt war alles richtig. Aber doch: er sah wieder nervös auf die Uhr. Die Zeit wollte nicht vorwärts gehen. Es war erst acht Uhr.

Die Straße stieß ihn herum, er wußte nicht, wohin mit sich. So ging er in ein Café, versuchte die Zeitungen zu lesen. Aber er fühlte, wie die Worte ihn störten, auch da stand überall von Vaterland und Pflicht, und diese Phrasen verwirrten sein Konzept. Er trank einen Kognak und noch einen zweiten, um den bitteren Geschmack in der Kehle loszuwerden. Krampfhaft dachte er nach, wie er die Zeit überrennen könnte, und preßte dabei die Brocken des imaginären Gesprächs immer wieder zusammen. Plötzlich griff er sich an die Wange: »Unrasiert, ich bin ja unrasiert!« Er eilte hinüber zum Friseur, ließ sich die Haare schneiden und waschen, das nahm eine halbe Stunde Warten weg. Und dann, es war ihm eingefallen, elegant müsse er aussehen. Das war wichtig dort. Nur gegen arme Teufel waren sie hochmütig, die schnauzten sie an, aber wenn man elegant auftrat, weltmännisch und leicht, dann legten sie gleich die andere Walze ein. Der Gedanke berauschte ihn. Er ließ sich den Rock bürsten, ging sich Handschuhe kaufen. Bei der Wahl überlegte er lange. Gelbe, das war irgendwie zu provokant, zu gigerlhaft; diskret perlgrau, das wirkte eher. Dann irrte er wieder auf der Straße. Vor dem Spiegel eines Schneiders sah er sich an, rückte die Kravatte zurecht. Die Hand war noch zu leer, ein Spazierstock, fiel ihm ein, das gibt einem Besuch so etwas Gelegentliches, etwas Gleichgültiges. Rasch lief er noch hinüber und wählte einen aus. Als er aus dem Laden trat, schlug es dreiviertel zehn vom Turm. Noch einmal memorierte er seine Lektion. Ausgezeichnet. Die neue Fassung: »Ich weiß, was meine Pflicht ist«, war jetzt die stärkste Stelle. Ganz sicher, ganz fest schritt er aus und lief die Treppen hinauf, leicht wie ein Knabe.

Eine Minute später, kaum daß der Diener die Tür geöffnet hatte, beklemmte ihn schon das jäh aufsteigende Gefühl, seine Rechnung möchte eine irrige sein. Nichts geschah nach seiner Erwartung. Als er nach dem Referenten fragte, wurde ihm bedeutet, der Herr Sekretär habe Besuch. Er müsse warten. Und eine wenig höfliche Gebärde deutete auf einen Sessel inmitten der Reihe, wo schon drei andere mit gedrückten Gesichtern saßen. Unwillig nahm er Platz, er spürte feindselig, daß er hier Angelegenheit sei, eine Erledigung, ein Fall. Die nebenan erzählten einander ihre kleinen Schicksale; der eine, mit einer weinerlichen und ganz zerkneteten Stimme, wie er in Frankreich zwei Jahre interniert gewesen wäre und daß man ihm hier kein Geld zur Heimreise vorstrecken wolle, der andere klagte, man sei ihm nirgends behilflich zu einem Posten, und er habe drei Kinder. Ferdinand erbebte innerlich vor Zorn; auf eine Bittstellerbank hatte man ihn gesetzt, und er merkte, daß die gedrückte und doch aufmuckerische Art dieser kleinen Menschen ihn irgendwie irritierte. Er wollte das Gespräch noch einmal überdenken, aber diese dummen Redereien querten ihm mitten durch die Gedanken. Am liebsten hätte er sie angeschrien: »Schweigt, Gesindel!« oder Geld aus der Tasche geholt, sie heimzuschicken, aber sein Wille war ganz lahm, und den Hut in der Hand wie sie alle, saß er mit ihnen. Dazu verwirrte ihn das ewige Kommen und Gehen von Leuten türaus und türein, er fürchtete bei jedem, ein Bekannter möchte ihn hier auf der Bittstellerbank sehen, und sprang doch innerlich schon auf in Bereitschaft, wann immer ein Türflügel sich auftat, und duckte sich dann wieder enttäuscht. Immer deutlicher war ihm, er müsse jetzt fortgehen, rasch flüchten, ehe seine Energie ihm ganz entglitt. Einmal raffte er sich zusammen, stand auf und sagte zu dem Diener, der wie ein Wachtposten neben ihm stand: »Ich kann ja morgen wieder kommen.« Aber der Diener beruhigte ihn: »Der Herr Sekretär wird gleich frei sein«, und schon knickten ihm die Knie ein. Er war gefangen hier, es gab keinen Widerstand.

Endlich rauschte eine Dame heraus, lächelnd und eitel, mit einem überlegenen Blick vorbei an den Wartenden, und schon rief der Diener: »Der Herr Sekretär sind jetzt frei.« Ferdinand stand auf, zu spät bemerkte er, daß er den Spazierstock und die Handschuhe auf das Fensterbrett gelegt hatte, aber zurückgehen konnte er nicht mehr, die Türe war schon offen, und den Blick halb zurück, verwirrt von den äußerlichen Gedanken, trat er ein. Der Referent saß lesend am Schreibtisch, jetzt sah er flüchtig auf, nickte ihm zu, und ohne den Wartenden zum Sitzen einzuladen, lächelte er höflich kalt: »Ah, unser Magister artium. Gleich, gleich«, stand auf, rief ins Nebenzimmer: »bitte den Akt Ferdinand R..., der vorgestern erledigt wurde, Sie wissen ja, Stellungsbefehl nachgesandt« und sagte, schon wieder sich setzend: »Auch Sie verlassen uns wieder! Nun, hoffentlich haben Sie hier in der Schweiz eine schöne Zeit gehabt. Sehen übrigens prächtig aus«, und schon den Akt, den ihm der Schreiber brachte, flüchtig durchblätternd: Einrükkung M... ja... ja... stimmt... alles in Ordnung... ich habe schon die Papiere ausstellen lassen... Vergütung der Reisekosten erheben Sie wohl nicht?« Ferdinand stand unsicher und hörte seine Lippen stammeln: »Nein... nein.« Der Referent unterschrieb das Blatt, reichte es ihm hin. »Eigentlich sollten Sie ja schon morgen fahren, aber so hitzig wird es wohl nicht sein. Lassen Sie nur die Farben trocknen auf dem letzten Meisterwerk. Wenn Sie noch ein oder zwei Tage zum Ordnen Ihrer Angelegenheiten brauchen, das nehme ich auf meine Kappe. Darauf kommt es dem Vaterland ja nicht an.« Ferdinand spürte, daß das ein Witz war, zu dem man lächeln müßte, und spürte wirklich schon mit innerm Entsetzen, daß sich seine Lippen höflich krümmten. »Etwas sagen, ich muß jetzt etwas sagen«, arbeitete es in ihm, »nicht so dastehen wie ein Stock«, und endlich rang es sich ihm heraus: »Die Einberufungsorder genügt ... ich brauche sonst ... keinen Paß?« »Nein, nein«, lächelte der Referent, »man wird Ihnen keine Schwierigkeiten an der Grenze machen. Sie sind übrigens schon angemeldet. Nun, gute Reise!« Er reichte ihm die Hand. Ferdinand spürte, daß er verabschiedet sei. Es wurde dunkel vor seinen Augen, rasch tastete er zur Türe, der Ekel erwürgte ihn. »Rechts, bitte rechts«, sagte die Stimme hinter ihm. Er war zur falschen Türe gegangen, und schon hielt ihm – mit einem leisen Lächeln, wie er mitten im Dunkel seiner Sinne zu erkennen glaubte – der Referent die richtige Ausgangstüre auf. »Danke, danke ... bitte bemühen Sie sich nicht«, stammelte er noch, selber rasend über seine überflüssige Höflichkeit. Und kaum draußen, als der Diener ihm Stock und Handschuhe reichte, fiel es ihm ein: »Ökonomische Verpflichtung ... protokollarisch zu vermerken.« Er schämte sich wie nie in seinem Leben: noch gedankt hatte er ihm, höflich gedankt! Aber selbst zu Zorn schwoll sein Gefühl nicht mehr auf. Blaß stieg er die Treppen hinab und fühlte nur, daß es nicht er selber war, der da ging. Daß schon die Macht, die fremde, die mitleidlose, ihn hatte, die eine ganze Welt unter ihre Füße getreten.

Spätnachmittags erst kam er nach Hause. Die Sohlen brannten ihm, stundenlang war er ziellos umhergerirrt und vor seiner eigenen Türe dreimal zurückgewichen; schließlich versuchte er von rückwärts her durch die Weinberge auf verdecktem Wege sich einzuschleichen. Aber der Hund, der getreue, hatte ihn erspäht. Mit wildem Gebell sprang er an ihm auf und umwedelte ihn leidenschaftlich. An der Tür stand seine Frau, und er sah auf den ersten Blick, daß sie alles wußte. Ohne Wort folgte er ihr, die Scham drückte ihm den Nacken.

Aber sie war nicht hart. Sie sah ihn nicht an, sichtlich vermied sie, ihn zu quälen. Sie stellte etwas kaltes Fleisch auf den Tisch, und als er sich

folgsam hinsetzte, trat sie an seine Seite. »Ferdinand«, sagte sie, und ihre Stimme zitterte sehr, »du bist krank. Man kann jetzt nicht sprechen mit dir. Ich will dir keine Vorwürfe machen, du handelst doch jetzt nicht aus dir selbst heraus, und ich fühle, wie sehr du leidest. Aber das eine versprich mir, daß du nichts mehr unternimmst in dieser Sache, ohne dich vorher mit mir zu beraten.«
Er schwieg. Ihre Stimme wurde erregter.
»Ich habe mich nie in deine persönlichen Angelegenheiten gemengt, es war mein Ehrgeiz, dir immer die volle Freiheit deiner Entschließungen zu lassen. Aber du spielst jetzt nicht nur mit deinem Leben, sondern auch mit meinem. Wir haben Jahre gebraucht für unser Glück, und ich gebe es nicht so leicht her wie du, nicht an den Staat, nicht an den Mord, nicht an deine Eitelkeit und deine Schwäche. An niemanden, hörst du, an niemanden! Bist du schwach vor ihnen, ich bin es nicht. Ich weiß, um was es geht. Und ich gebe nicht nach.«
Er schwieg noch immer, und sein sklavisch schuldbewußtes Schweigen erbitterte sie allmählich. »Ich lasse mir nichts nehmen von einem Wisch Papier, ich erkenne kein Gesetz an, das im Mord endet. Ich lasse mich nicht ins Rückgrat knicken von einem Amt. Ihr Männer seid jetzt alle verderbt von Ideologien, ihr denkt Politik und Ethik, wir Frauen, wir fühlen noch geradeaus. Ich weiß auch, was Vaterland bedeutet, aber ich weiß, was es heute ist: Mord und Sklaverei. Man kann seinem Volke gehören, aber wenn die Völker wahnsinnig geworden sind, muß man es nicht mit ihnen sein. Bist du ihnen schon Zahl, Nummer, Werkzeug, Kanonenfutter, ich fühle dich noch als lebendigen Menschen, und ich verweigere dich ihnen. Ich gebe dich nicht her. Nie habe ich mir angemaßt, für dich zu bestimmen, aber jetzt ist es meine Pflicht, dich zu schützen; bisher warst du ja noch ein klarer, mündiger Mensch, der wußte, was er wollte, jetzt bist du schon so eine verstörte zerbrochene Pflichtmaschine mit abgetötetem Willen wie die Millionen Opfer draußen. Sie haben dich an den Nerven gefaßt, um dich zu kriegen, aber mich haben sie vergessen; nie war ich so stark wie jetzt.«
Er schwieg immer nur dumpf in sich hinein. In ihm war kein Widerstand, nicht gegen das andere, nicht gegen sie.
Sie reckte sich auf, wie einer, der sich zum Kampfe rüstet. Ihre Stimme war hart, straff, gespannt.
»Was haben sie dir gesagt auf dem Konsulat? Ich will es wissen.« Schon war es ein Befehl. Er nahm müde das Blatt und reichte es ihr hin. Sie las

mit gefalteten Brauen und biß die Zähne zusammen. Dann warf sie es verächtlich auf den Tisch.
»Eilig haben es die Herrschaften! Gleich morgen! Und du hast dich wahrscheinlich noch bedankt bei ihnen, die Hacken zusammengeklappt, schon ganz gehorsamst. ›Morgen sich stellig zu machen.‹ Stellig! Besser gesagt sklavisch. Nein, so weit ist es noch nicht! Noch lange nicht!«
Ferdinand stand auf. Er war blaß, und seine Hand krampfte sich an den Sessel. »Paula, täuschen wir uns nicht. Es ist so weit! Man kann nicht aus sich heraus. Ich habe versucht, mich zu wehren. Es ging nicht. Ich bin eben – dieses Blatt. Und wenn ich es auch zerreiße, ich bin es doch. Mache mir's nicht schwer. Es wäre ja doch keine Freiheit hier. Jede Stunde würde ich spüren, daß drüben etwas ruft, nach mir tastet, an mir zieht und zerrt. Drüben wird mir leichter sein; es gibt eine Freiheit wieder im Kerker selbst. Solange man noch draußen ist und sich flüchtig fühlt, nur so lange ist man noch unfrei. Und dann, warum gleich das Ärgste denken? Sie haben mich das erste Mal zurückgeschickt, warum nicht diesmal? Oder vielleicht geben sie mir keine Waffe, ich bin sogar dessen gewiß, ich bekomme irgendeinen leichten Dienst. Warum gleich das Ärgste denken? Es ist vielleicht gar nicht so gefährlich, vielleicht ziehe ich das weiße Los.«
Sie blieb hart. »Darum handelt es sich jetzt nicht mehr, Ferdinand. Nicht darum, ob sie dir leichten Dienst geben oder schweren. Sondern ob du jemandes Dienst zu nehmen hast, den du verabscheust, ob du mithelfen willst wider deine Überzeugung an dem größten Verbrechen der Welt. Denn jeder ist Mithelfer, der sich nicht weigert. Und du kannst es, darum mußt du es tun.«
»Ich kann es? Nichts kann ich! Nichts mehr! Alles, was mich früher stark machte, mein Abscheu, mein Haß, meine Empörung gegen diesen Widersinn, das drückt mich jetzt nieder. »Quäl' mich nicht, ich bitte, quäle mich nicht, sage mir das nicht.«
»Nicht ich sage es. Du selbst mußt dir sagen, daß sie kein Recht haben über den lebendigen Menschen.«
»Recht! Ein Recht! Wo ist jetzt ein Recht in der Welt? Die Menschen haben es ermordet. Jeder einzelne hat sein Recht, aber sie, sie haben die Macht, und das ist jetzt alles.«
»Warum haben sie die Macht? Weil ihr sie ihnen gebt. Und nur solange ihr feig seid, haben sie die Macht. Dies alles, was eine Menschheit jetzt das Ungeheure nennt, besteht aus zehn Menschen voll Willen in allen

Ländern, und zehn Menschen können es wieder zerstören. Ein Mensch, ein einziger lebendiger Mensch, der sie verneint, tötet die Macht. Aber solange ihr euch niederduckt und sagt: vielleicht rutsche ich durch, solange ihr ausbiegt und ihr durch die Finger gleiten wollt, statt sie ins Herz zu treffen, so lange seid ihr Knechte und verdient es nicht besser. Man darf nicht sich verkriechen, wenn man ein Mann ist; man muß ›nein‹ sagen, das ist heute die einzige Pflicht und nicht die, sich schlachten zu lassen.«

»Aber Paula . . . was denkst du . . . ich soll . . .«

»Du sollst ›nein‹ sagen, wenn es in dir nein sagt. Du weißt, ich liebe dein Leben, ich liebe deine Freiheit, ich liebe deine Arbeit. Aber wenn du mir heute sagst, ich muß hinüber, mit dem Revolver Recht sprechen, und wenn ich weiß, du mußt es, so werde ich dir sagen: Geh! Aber wenn du gehst um einer Lüge willen, an die du selbst nicht glaubst, aus Schwäche und Nervosität, und aus Hoffnung, durchzurutschen, dann verachte ich dich, ja, ich verachte dich! Willst du gehen, ein Mensch für die Menschheit, für das, woran du glaubst, dann halte ich dich nicht. Aber um Bestie unter Bestien zu sein, Sklave unter Sklaven, da werfe ich mich wider dich. Man darf sich opfern für die eigene Idee, aber nicht für den Wahn der andern. Sollen die für das Vaterland sterben, die daran glauben . . .«

»Paula!« Unwillkürlich hob er sich auf.

»Rede ich dir schon zu frei? Spürst du schon den Korporalstock hinter dir? Fürchte dich nicht! Wir sind noch in der Schweiz. Du möchtest, daß ich schweige oder dir sage: es wird dir nichts passieren. Aber jetzt ist keine Zeit mehr für Sentimentalitäten. Jetzt geht es um das Ganze und um mich und dich!«

»Paula!« Wieder versuchte er zu unterbrechen.

»Nein, ich habe kein Mitleid mehr mit dir. Ich habe dich als einen freien Menschen gewählt und geliebt. Und ich verachte Schwächlinge und Selbstbelüger. Warum soll ich Mitleid haben? Was bin ich dir denn? Ein Feldwebel schmiert einen Wisch Papier voll, und schon wirfst du mich weg und läufst ihm nach. Aber ich lasse mich nicht wegwerfen und dann wieder aufheben: jetzt entscheide dich! Sie oder ich! Verachtung wider sie oder wider mich! Ich weiß, daß Schweres über uns kommt, wenn du bleibst, ich werde nie mehr meine Eltern und Geschwister sehn, man sperrt uns die Rückkehr, aber ich nehme es auf mich, wenn du mit mir bist. Aber reißt du uns jetzt entzwei, so ist es für immer.«

Er stöhnte nur. Aber sie funkelte von zorniger Kraft.
»Ich oder sie! Ein drittes gibt es nicht! Ferdinand, besinne dich, solange es noch Zeit ist. Ich habe mich oft gekränkt, daß wir kein Kind hatten. Jetzt bin ich zum erstenmal dessen froh. Ich will von einem Schwächling kein Kind und mag keine Kriegswaise aufziehn. Nie habe ich mehr zu dir gestanden als jetzt, da ich dir's schwer mache. Aber ich sage dir: das ist kein Gehen auf Probe. Das ist ein Abschied. Verläßt du mich, um einzurücken, um diesen uniformierten Mördern zu folgen, so gibt es keine Rückkehr. Ich teile nicht mit Verbrechern, ich teile einen Menschen nicht mit diesem Vampir, dem Staat. Er oder ich – du hast jetzt zu wählen.«
Er stand noch zitternd, als sie schon zur Tür schritt und sie hinter sich zuschlug. Der krachende Ruck stieß ihm bis in die Knie. Er mußte sich setzen und knickte in sich zusammen, dumpf und ratlos. Der Kopf fiel matt über die geballten Fäuste. Und endlich brach es aus ihm: er weinte wie ein kleines Kind.

Sie kam nicht mehr ins Zimmer den ganzen Nachmittag, aber er fühlte, daß außen ihr Wille stand, feindlich und bewehrt. Und wußte gleichzeitig um jenen andern Willen, der, ein stählernes Triebrad kalt unter die Brust getan, ihn von sich vorwärts trieb. Manchmal versuchte er einzelnes zu überdenken, aber die Gedanken glitten ihm weg, und während er starr und scheinbar nachdenklich saß, zerfloß das Letzte seiner Ruhe in eine brennende Nervosität. Er fühlte beide Enden seines Lebens gefaßt von übermenschlich zerrenden Kräften und wünschte nur: er risse inmitten entzwei.
Um sich zu beschäftigen, kramte er in den Tischladen, zerriß Briefe, starrte andere an, ohne ein Wort zu fassen, taumelte durch das Zimmer, setzte sich wieder hin, von Unrast auf-, von Müdigkeit wieder niedergedrängt. Und plötzlich ertappte er seine Hände, wie sie die notwendigen Dinge der Reise zusammenlegten, unter dem Sofa den Rucksack herausschleppten, und er starrte auf seine eigenen Hände, die alles dies zweckmäßig taten ohne seinen Willen. Er begann zu zittern, als der Rucksack dann plötzlich gepackt auf dem Tische stand, und die Schultern wurden ihm schwer, als lastete er schon auf ihnen und darin das ganze Gewicht der Zeit.
Die Tür ging. Seine Frau trat ein, die Petroleumlampe in der Hand. Auf den Tisch gestellt, überzitterte ihr runder Schein den vorbereiteten Sack.

Schroff beleuchtet stand die verborgene Schmach jetzt aus dem Dunkel auf. Er stammelte: »Es ist nur für alle Fälle ... ich habe ja noch Zeit ... ich ...«, aber ein Blick, starr, steinern und maskenhaft, fiel über sein Wort und zerstieß es. Minuten starrte sie ihn an, grausam hart die gepreßte Lippe zwischen den Zähnen. Unbeweglich und schließlich leise schwankend wie vor einer Ohnmacht stieß sie den Blick in ihn hinein. Um ihre Lippen löste sich die Spannung. Aber sie wandte sich, ein Zucken lief ihre Schultern nieder, und ohne sich zurückzuwenden, ging sie von ihm.

Ein paar Minuten später kam das Mädchen und brachte das Essen für ihn allein. Der gewohnte Platz ihm zur Seite blieb frei, und als er, ungewissen Gefühles voll, hinblickte, erkannte er grausames Symbol: der Rucksack lag dort am Sessel. Ihm war, als sei er schon fort, schon gegangen, schon abgestorben für dieses Haus: dunkel standen die Wände, die der Lichtkreis der Lampe nicht mehr erfaßte, und draußen, hinter fremden Lichtern, drückte föhnige Nacht. Alles war still in der Ferne, und die Höhe des Himmels, unsäglich ausgespannt über die Tiefe, vermehrte nur das Gefühl der Einsamkeit. Er fühlte, wie Stück um Stück all dies ringsum, Haus, Landschaft, Werk und Weib in ihm abstarb, wie sein breitwogendes Leben plötzlich eintrocknete und um das schlagende Herz sich preßte. Bedürfnis nach Liebe, nach warmen gütigen Worten überkam ihn. Er fühlte sich bereit, allem Zuspruch nachzugeben, nur irgendwie wieder zurückzugleiten in das Vergangene. Wehmut überwogte die zuckende Unrast, und des Abschieds großes Gefühl erlosch in kindhafter Sehnsucht nach einer kleinen Zärtlichkeit.

Er ging zur Tür und rührte leise die Klinke. Sie gab nicht nach. Sie war verschlossen. Er klopfte zaghaft. Keine Antwort. Er klopfte nochmals. Sein Herz schlug mit. Alles schwieg. Nun wußte er: es war alles verspielt. Kalt fiel es ihn an. Er löschte das Licht, warf sich in den Kleidern auf das Sofa, hüllte sich in seine Decke: alles in ihm ersehnte jetzt Absturz und Vergessenheit. Einmal noch lauschte er auf. Ihm war, als hätte er Nahes vernommen. Er horchte nach der Türe. Starr stand sie im Holz. Das Haupt stürzte ihn wieder nieder.

Da rührte ihn leise von unten etwas an. Er fuhr auf in Schreck, der rasch zu Rührung schwand. Der Hund, der mit der Magd hereingeschlichen und unter dem Sofa gelegen, drängte sich an ihn und leckte mit warmer Zunge die Hand. Und des Tieres unwissende Liebe durchdrang ihn groß, weil sie aus abgestorbenem Weltall kam, weil dies das Letzte war, was noch zu ihm gehörte von vergangenem Leben. Er beugte sich nieder und umschlang ihn wie einen Menschen. Irgend etwas auf Erden liebt mich noch und verachtet mich nicht, fühlte er, ihm bin ich noch nicht Maschine, nicht Mordwerkzeug, nicht williger Schwächling, sondern nur Wesen, durch Liebe verwandt. Immer wieder fuhr seine Hand zärtlich über das weiche Fell. Der Hund drängte sich enger an ihn, als wüßte er um seine Einsamkeit, beide atmeten sie leise und allmählich schon aus beginnendem Schlaf.

Als er aufwachte, war Frische in ihm und draußen vor dem spiegelnden Fenster Helligkeit eines blanken Morgens: der Föhnwind hatte das Dunkle von den Dingen genommen, und über dem See glänzte, weißer Umriß, die Kette der fernen Berge. Ferdinand sprang auf, ein wenig noch taumlig von den verschlafenen Stunden, und war ganz wach, da sein Blick den geschnürten Rucksack traf. Mit einemmal fiel ihm alles ein, aber es wog leicht jetzt im hellen Tag.
»Wozu habe ich das gepackt?« sagte er sich.
»Wozu? Ich denke doch nicht zu reisen. Es fängt ja jetzt der Frühling an. Ich will malen. So eilig wird es nicht sein. Er selbst hat mir doch gesagt, es hat einige Tage Zeit. Nicht einmal ein Tier läuft zur Schlachtbank. Meine Frau hat recht: es ist ein Verbrechen gegen sie, gegen mich, gegen alle. Es kann mir im letzten doch nichts geschehen. Ein paar Wochen Arrest vielleicht, wenn ich später einrücke, aber ist Dienst nicht auch Gefängnis? Ich bin nicht sozial ambitioniert, ja, ich empfinde es als eine Ehre, in dieser Zeit der Sklaverei ungehorsam gewesen zu sein. Ich denke nicht mehr daran, zu reisen. Ich bleibe da. Ich will die Landschaft mir erst malen, damit ich einmal weiß, wo ich glücklich war. Und ehe es nicht im Rahmen hängt, gehe ich nicht. Ich lasse mich nicht treiben wie eine Kuh. Ich habe keine Eile.«
Er nahm den Rucksack, schwenkte ihn hoch und warf ihn in die Ecke. Es war ihm Wollust, dabei seine Kraft zu spüren. Ein Bedürfnis nach rascher Probe seines Willens sprang auf aus seiner Frische. Er nahm den Zettel aus der Brieftasche, ihn zu zerreißen, und entfaltete ihn.
Aber seltsam, die Magie der militärischen Worte überwältigte ihn von neuem. Er begann zu lesen: »Sie haben« ... das Wort griff ihm an das Herz. Es war wie ein Befehl, der Widerrede nicht duldete. Irgendwie spürte er sich wanken. Wieder stieg es in ihm auf, das Unbekannte. Seine Hände begannen zu zittern. Die Kraft verflog. Von irgendwo kam es

kalt, wie wenn Zugluft wehte, Unruhe stieg auf, innen begann das stählerne Uhrwerk des fremden Willens sich zu regen, alle Nerven zu spannen und zu federn bis in die Gelenke. Unwillkürlich sah er auf die Uhr. »Noch Zeit«, murmelte er, wußte aber nicht mehr, was er selber meinte, den Morgenzug an die Grenze oder die selbstgegebene Frist. Schon kam es wieder, dies geheimnisvolle Ziehen von innen, die wegreißende Ebbe, stärker als je, weil vor letztem Widerstand, und gleichzeitig die Angst, die gewisse ratlose Angst, zu unterliegen. Er wußte: wenn ihn jetzt niemand hielt, war er verloren.
Er tastete an die Tür zum Zimmer seiner Frau und horchte gierig. Nichts regte sich. Zaghaft pochte sein Knöchel an. Schweigen. Er pochte nochmals. Wiederum Schweigen. Behutsam klinkte er auf. Die Tür war offen, aber leer das Zimmer, leer und zerwühlt das Bett. Er erschrak. Leise rief er ihren Namen und als nichts antwortete, unruhiger: »Paula!« Und dann ganz laut durch das Haus, wie ein Überfallener schreit: »Paula! Paula! Paula!« Nichts regte sich. Er tastete in die Küche. Sie war leer. Das grauenhafte Gefühl des Verlorenseins bestätigte sich zitternd in ihm. Er tappte hinauf in das Atelier, unwissend, was er wollte: Abschied nehmen oder sich zurückhalten lassen. Aber auch hier war niemand. Selbst von dem Hund, dem getreuen, keine Spur. Alles ließ ihn im Stich, Einsamkeit warf sich gewaltsam wider ihn und zerbrach seine letzte Kraft.
Er ging zurück durch das leere Haus in sein Zimmer, faßte den Rucksack. Irgendwie fühlte er sich vor sich selbst entlastet, daß er dem Zwange nachgab. »Es ist ihre Schuld«, sagte er sich, »ihre Schuld allein. Warum ist sie fort? Sie hätte mich zurückhalten müssen, es war ihre Pflicht. Sie hätte mich retten können vor mir selbst, aber sie wollte nicht mehr. Sie verachtet mich. Ihre Liebe ist vergangen. Sie hat mich fallen lassen: so falle ich. Mein Blut über sie! Es ist ihre Schuld, nicht meine, ihre Schuld allein.«
Noch einmal vor dem Haus wandte er sich um. Ob nicht ein Ruf käme von irgendwo, ein Wort der Liebe. Ob nicht irgend etwas diese stählerne Maschine des Gehorsams in ihm mit den Fäusten zerschlagen wollte. Aber nichts sprach. Nichts rief. Nichts zeigte sich. Alles verließ ihn, und schon spürte er sich ins Bodenlose stürzen. Und der Gedanke überfiel ihn, ob es nicht besser wäre, noch zehn Schritte weiter zu gehen an den See und von der Brücke sich in den großen Frieden zu senken.

Da schlug die Uhr vom Kirchturm hart und schwer. Aus dem hellen Himmel, dem einst so geliebten, fiel dieser harte Ruf und trieb ihn auf wie ein Peitschenschlag. Zehn Minuten noch: dann kam der Zug, dann war alles vorbei, endgültig, rettungslos. Zehn Minuten noch: aber er spürte nicht mehr, daß sie Freiheit waren, wie ein Gehetzter warf er sich vorwärts, taumelte, stockte, lief, keuchte weiter in rasender Angst eines Versäumens, hastiger und immer hastiger, bis er plötzlich, knapp vor dem Bahnsteig beinahe mit jemandem zusammenstieß, der quer vor der Schranke stand.
Er schrak zusammen. Der Rucksack fiel aus seiner zitternden Hand. Es war seine Frau, die vor ihm stand, blaß und übernächtigt, den Blick voll ernster Traurigkeit wider ihn gerichtet.
»Ich wußte, daß du kommen würdest. Seit drei Tagen weiß ich es. Aber ich denke nicht daran, dich zu verlassen. Seit frühmorgens warte ich hier, seit dem ersten Zuge, und werde hier warten bis zum letzten. Solange ich atme, werden sie dich nicht fassen. Ferdinand, besinn dich doch! Du selbst hast doch gesagt, es sei noch Zeit, was drängst du dich so?«
Er sah sie unsicher an.
»Es ist nur ... ich bin schon angemeldet ... sie erwarten mich ...«
»Wer erwartet dich? Die Sklaverei und der Tod vielleicht, sonst niemand! Wach' doch auf, Ferdinand, spür's doch, du bist frei, ganz frei, niemand hat Macht über dich, niemand kann dir befehlen, hörst du, du bist frei, du bist frei, du bist frei! Ich werde es dir tausendmal sagen, zehntausendmal, jede Stunde, jede Minute, bis du es selbst fühlst. Du bist frei! Du bist frei! Du bist frei!«
»Ich bitte dich«, sagte er leise, als zwei Bauern im Vorbeigehen sich neugierig umkehrten, »sprich nicht so laut. Die Leute schauen schon ...«
»Die Leute! Die Leute«, schrie sie wütend, »was kümmern mich die Leute? Was werden sie mir helfen, wenn du zerschossen liegst oder zerbrochen heimhumpelst? Ich pfeife auf die Leute, auf ihr Mitleid, auf ihre Liebe, auf ihre Dankbarkeit – ich will dich als Menschen, als freien lebendigen Menschen. Frei will ich dich, frei, wie es einem Menschen geziemt, nicht als Kanonenfutter ...«
»Paula!« Er suchte die Rasende zu begütigen. Sie stieß ihn fort.
»Laß mich mit deiner feigen blödsinnigen Furcht! Ich bin in freiem Land, ich kann sagen, was ich will, ich bin kein Knecht und gebe dich nicht in

die Knechtschaft! Ferdinand, wenn du fährst, werfe ich mich vor die Lokomotive...«
»Paula!« Er faßte sie wieder an. Aber ihr Antlitz war plötzlich bitter. »Nein«, sagte sie, »ich will nicht lügen. Ich werde vielleicht auch zu feig sein. Millionen Weiber waren zu feig, als man ihre Männer, ihre Kinder wegschleppte – keine einzige hat getan, was sie hätte tun müssen. Wir sind vergiftet von eurer Feigheit. Was werde ich tun, wenn du wegfährst? Flennen und heulen, in die Kirche laufen und Gott bitten, daß du einen leichten Dienst bekommst. Und vielleicht dann noch die verspotten, die nicht gegangen sind. Es ist alles möglich in dieser Zeit.«
»Paula«, er hielt ihre Hände, »warum machst du mir es so schwer, wenn es doch sein muß.«
»Soll ich dir es leicht machen? Nein, schwer soll es dir werden, unendlich schwer, so schwer, als ich es nur machen kann. Hier stehe ich: mit Gewalt mußt du mich wegstoßen, mit deinen Fäusten, du mußt mich zertreten mit deinen Füßen. Ich gebe dich nicht frei.«
Die Signale hämmerten. Er fuhr auf, blaß und erregt, griff nach seinem Rucksack. Aber schon hatte sie den Sack an sich gerissen und stellte sich quer wider ihn. »Gib her«, stöhnte er. »Nie! Nie!« keuchte sie, mit ihm ringend. Die Bauern ringsum sammelten sich und lachten laut. Zurufe, hetzend und übermütig, flogen her, spielende Kinder liefen heran. Aber die beiden rangen mit der ganzen Kraft ihrer Erbitterung um den Sack wie um ein Leben.
In diesem Augenblick dröhnte die Lokomotive, der Zug brauste ein. Plötzlich ließ er den Sack und ohne sich umzuwenden, in rasender Hast, über die Schienen stolpernd zum Zug und auf einen Waggon zu, stürzte sich hinein. Schallendes Gelächter brach ringsum aus, die Bauern johlten vor Freude. Mit lauten Zurufen: »Muescht furtschpringe, suscht hätt's dich«, »Schpring, schpring, sie verwütscht dich«, jagten sie ihn vorwärts, und hinter ihm peitschte knallendes Lachen in seine Scham. Und schon rollte der Zug.
Sie stand, den Rucksack in Händen, übergossen vom Gelächter der Leute, und starrte auf den Zug, der immer schneller verschwand. Kein Gruß wehte aus dem Fenster, kein Zeichen kam. Und plötzlich drängten sich ihr Tränen über den Blick, und sie sah nichts mehr.
Er saß geduckt in der Ecke und wagte, als der Zug nun rascher rollte, nicht einen Blick aus dem Fenster. Draußen flog, von der Geschwindigkeit der Fahrt in tausend Fetzen zerrissen, alles vorbei, was er besaß, das

kleine Haus am Hügel mit seinen Bildern und Tisch und Stuhl und Bett, mit Frau und Hund und vieler Tage Glück. Und die Landschaft stob geschleudert weg, in deren Weite er sich oft strahlenden Blicks geworfen, seine Freiheit und sein ganzes Leben. Ihm war, als sei er ausgeströmt mit allen Adern seines Lebens und nichts mehr sein, als dies weiße Blatt, dies knisternde Blatt in seiner Tasche, mit dem er hinwehte, vom bösen Wink des Schicksals getrieben.

Dumpf und verworren nur fühlte er, was ihm geschah. Der Schaffner verlangte sein Billett, er hatte keines, traumwandlerisch nannte er den Grenzort als Ziel, willenlos stieg er um in einen anderen Zug: die Maschine in ihm tat alles, und es schmerzte nicht mehr. Im Schweizer Grenzhaus verlangten sie seine Papiere. Er gab sie: nichts blieb ihm als dies leere Blatt. Manchmal suchte sich noch etwas Verlorenes in ihm leise zu besinnen und murmelte aus einer Tiefe wie aus einem Traum: »Kehr' um! Du bist noch frei! Du mußt ja nicht.« Aber die Maschine in seinem Blut, die nicht sprach und doch gewaltig Nerv und Glieder regte, sie stieß ihn ehern vorwärts mit ihrem unsichtbaren »Du mußt.«

Er stand auf dem Perron der Übergangsstation in seine Heimat. Drüben, deutlich im matten Licht, überkreuzte eine Brücke den Fluß: das war die Grenze. Seine müßigen Sinne versuchten das Wort zu verstehen; hier drüben also durfte man noch leben, atmen, frei sprechen, nach seinem Willen tun, ernstem Werk dienen, und achthundert Schritte hinter jener Brücke wurde einem der Wille aus dem Leib getan wie dem Tier seine Eingeweide, man mußte fremden Menschen gehorchen, und fremden Menschen, andern wieder, ein Messer in die Brust rennen. Und all das war diese kleine Brücke da, zehn Dutzend Holzpfosten über zwei Traversen gespannt. Und zwei Männer, jeder in einer andern bunten sinnlosen Tracht, standen deshalb dort mit Gewehren und behüteten sie. Etwas Dumpfes quälte ihn, er spürte, daß er nicht mehr deutlich denken konnte, aber die Gedanken rollten weiter. Was behüteten sie an diesem Stück Holz? Daß keiner herüberkäme von einem Land zum andern, daß keiner entwiche aus dem Lande, wo einem der Wille ausgeweidet wurde, in jenes andere hinüber. Aber er selbst, er wollte doch hinüber? Ja, aber in anderem Sinne, aus der Freiheit in die ...

Er stockte im Denken. Der Gedanke der Grenze hypnotisierte ihn. Seit er sie sinnlich sah, wesenhaft, bewacht von den beiden gelangweilten Bürgern in Soldatentracht, verstand er etwas in sich nicht mehr ganz. Er

versuchte auszuholen: es war Krieg. Aber Krieg nur in dem Land drüben – einen Kilometer weiter war Krieg oder eigentlich einen Kilometer weniger zweihundert Meter weiter drüben begann der Krieg. Vielleicht, fiel es ihm ein, noch zehn Meter näher, also tausendachthundert Meter weniger zehn schon. Irgendein wahnsinniges Verlangen zuckte in ihm auf, zu untersuchen, ob diese letzten zehn Meter Erde noch Krieg hatten oder nicht. Das Spaßige des Gedankens belustigte ihn. Irgendwo mußte da ein Strich sein, die Trennung. Wie, wenn man an die Grenze ginge, mit einem Fuß auf der Brücke und mit einem noch auf der Erde, was war man da – noch frei oder schon Soldat? Ein Bein durfte Zivilstiefel tragen, das andere Militärstiefel. Immer kindischer wirrte es ihm durch den Kopf. Wenn man auf der Brücke stände, schon drüben, und zurückliefe, war man da Deserteur? Und das Wasser, war das kriegerisch oder friedlich? Und war da auch irgendwo am Grunde ein Strich dazwischen in den Landesfarben? Und die Fische, durften die eigentlich ins Kriegsgebiet hinüberschwimmen? Überhaupt die Tiere! Er dachte an seinen Hund. Wäre er mitgekommen, so hätte man ihn wahrscheinlich auch mobilisiert, er hätte Maschinengewehre ziehen müssen oder Verwundete im Kugelregen suchen. Gott sei Dank, er war zu Hause geblieben ...
Gott sei Dank! Er erschrak selbst bei dem Gedanken und schüttelte sich auf. Er spürte, wie, seit er die Grenze körperlich sah, diese Brücke zwischen Tod und Leben, etwas in ihm zu arbeiten begann, das nicht die Maschine war, daß ein Wissen in ihm wach werden wollte und ein Widerstand. Auf dem anderen Geleise stand der Zug noch, mit dem er gekommen, nur daß die Lokomotive inzwischen verschoben, mit ihren riesigen Glasaugen jetzt nach der andern Richtung sah, bereit, die Wagen wieder zurück in die Schweiz zu ziehen. Eine Mahnung war diese Möglichkeit, daß es noch Zeit sei: er fühlte, wie der abgestorbene Nerv der Sehnsucht nach dem verlorenen Hause sich schmerzhaft in ihm regte, wie der vergangene Mensch in ihm wieder begann. Drüben sah er, jenseits der Brücke, den Soldaten stehn, in fremdes Kleid verschnürt, das Gewehr schwer über der Schulter, sah ihn schrittauf und schrittab sinnlos wandern und sich selbst im Spiegel dieses fremden Menschen. Jetzt erst ward ihm sein Schicksal klar, und seit er es verstand, sah er die Vernichtung darin. Und das Leben schrie auf in seiner Seele.
Da hämmerten die Signale, und der harte Schlag zerbrach das noch unsichere Gefühl. Jetzt, wußte er, war alles verloren. Wenn er in diesen Zug sich setzte und drei Minuten, die zwei Kilometer, fuhr bis zur

Brücke und hinüber. Und er wußte, daß er fahren würde. Eine Viertelstunde noch, und er wäre gerettet gewesen. Taumelnd stand er da.
Aber nicht von der Ferne, in die er zitternd spähte, kam der Zug, sondern drüben über die Brücke polterte er langsam heran. Und mit einemmal wogte die Halle von Bewegung. Menschen strömten aus den Wartesälen, Frauen stürzten schreiend und drängend vor, Schweizer Soldaten ordneten sich eilig zur Reihe. Und plötzlich hub Musik an zu spielen – er horchte, staunte, glaubte sich nicht. Aber es schmetterte laut, unverkennbar; die Marseillaise. Die Hymne der Feinde für einen Zug aus deutschem Land!
Der Zug donnerte heran, keuchte und hielt. Und schon stürmte alles vor, die Türen der Waggons wurden aufgerissen, bleiche Gesichter taumelten heraus, einen ekstatischen Glanz in den glühenden Augen – Franzosen in Uniform, verwundete Franzosen, Feinde, Feinde! Traumhaft war es einige Sekunden, ehe er begriff, daß dies ein Zug mit verwundeten Austauschgefangenen sei, die hier aus der Gefangenschaft erlöst waren, aus dem Wahn des Krieges gerettet. Und sie ahnten, sie wußten, sie spürten es alle; wie sie winkten und riefen und lachten, ob manchem auch das Lachen noch schmerzhaft war! Einer, taumelnd und stockend, stolperte auf seinem Stelzfuß hinaus, hielt sich an einen Pfosten und schrie: »La Suisse! La Suisse! Dieu soit béni!« Frauen stürzten schluchzend von Fenster zu Fenster, bis sie den Gesuchten, Geliebten fanden, alle Stimmen flogen durcheinander in Rufen, Schluchzen und Schreien, aber hochgespannt alles in der goldenen Seite des Jubels. Die Musik schwieg. Minuten hörte man nichts als die große Brandung des Gefühls, die schreiend und rufend über die Menschen schlug.
Dann ward es allmählich stiller, Gruppen bildeten sich, selig gebunden in leiser Freude und raschem Gespräch. Ein paar Frauen irrten noch rufend hin und her, Pflegeschwestern brachten Labung und Geschenke. Man trug die Schwerkranken auf ihren Bahren heraus, blaß in ihren weißen Linnen, zärtlich umdrängt von Fürsorge und tröstender Vorsicht. Der ganze Auswurf des Elends drängte sich in Gestalt: Verstümmelte mit leeren Ärmeln, Abgezehrte und Halbverbrannte, Überreste einer Jugend, verwildert und gealtert. Aber von allen Augen glänzte es beruhigt in den Himmel hinein: sie fühlten alle der Pilgerschaft Ende.
Ferdinand stand wie gelähmt inmitten der unerwarteten Ankunft: das

Herz schlug mit einemmal wieder mächtig unter dem papierenen Blatt aus der Brust. Abseits der andern, allein, von keinem gewartet, sah er eine Tragbahre stehn. Er ging hin zu dem Vergessenen dieser fremden Freude, langsam, unsichern Schritts. Kalkweiß war des Verwundeten Gesicht im verwilderten Bart, lahm hing sein zerschossener Arm von der Bahre nieder. Die Augen waren geschlossen, die Lippen blaß. Ferdinand zitterte. Leise hob er den hängenden Arm empor und bettete ihn sorgsam über des Leidenden Brust. Da schlug der fremde Mensch die Augen auf, sah ihn an, und aus unendlicher Ferne unbekannter Qual stieg ein Lächeln dankbar auf und grüßte ihn.

Da kam es über den Zitternden wie ein Blitz. Das sollte er tun? Menschen so schänden, Brüdern nicht mehr ins Auge zu blicken als mit Haß, teilhaftig werden an dem großen Verbrechen durch freien Willen? Mächtig sprang die große Wahrheit des Gefühls in ihm auf und zerbrach die Maschine in seiner Brust, Freiheit stieg hoch, selig und groß, und zerriß den Gehorsam. Niemals! Niemals! schrie es in ihm auf, eine Stimme, urmächtig und unerkannt. Und schon schlug es ihn hin. Schluchzend brach er vor der Tragbahre zusammen.

Menschen stürzten auf ihn zu. Man meinte ihn von einem epileptischen Anfall getroffen, der Arzt eilte her. Aber schon stand er langsam auf und wehrte die Hilfe ab, ruhige Heiterkeit in den Zügen. Er griff nach der Brieftasche, holte seine letzte Banknote heraus, legte sie auf des Verwundeten Bett; dann nahm er den Zettel, las ihn noch einmal langsam und bewußt. Dann riß er ihn mitten durch und streute die Fetzen auf den Bahnsteig. Die Leute starrten ihn an wie einen Wahnsinnigen. Er aber fühlte nichts mehr von Scham. Er fühlte nur: genesen. Die Musik begann wieder zu spielen. Und sein Herz überrauschte alle Töne mit klingendem Getön.

Spätabends kam er zurück in sein Haus. Es war dunkel und verschlossen wie ein Sarg. Er klopfte an. Schritte schlurften: seine Frau tat auf. Wie sie ihn sah, schrak sie zusammen. Aber er faßte sie mild und lenkte sie in die Tür. Sie sprachen nichts. Sie bebten nur beide vor Glück. Er trat in sein Zimmer: seine Bilder standen da, sie hatte alle vom Atelier herabgeholt, um ihm nahe zu sein durch sein Werk. Unendliche Liebe fühlte er an diesem Zeichen und verstand, wieviel er sich gerettet. Schweigend preßte er ihre Hand. Aus der Küche stürmte der Hund, sprang hoch an ihm auf: alles hatte ihn erwartet, er fühlte, nie war er mit

seinem wirklichen Wesen hier weggegangen, und doch war ihm wie einem, der aus dem Tod wieder ins Leben tritt.
Noch immer sprachen sie nichts. Aber sie faßte ihn sacht, führte ihn zum Fenster: draußen stand, unberührt von der selbstgeschaffenen Qual einer verwirrten Menschheit, die ewige Welt und glänzte für ihn, unendliche Sterne unter unendlichem Himmel. Er sah hinauf und erkannte gläubig bewegt, daß es kein Gesetz für den Menschen auf Erden gibt als das ihre, daß nichts ihn wahrhaft bindet als Verbundensein. Nah seinen Lippen wogte selig der Atem seiner Frau, und manchmal zitterten ihre beiden Körper leise aneinander in der Wollust des Sichfühlens. Aber sie schwiegen: frei schwang sich ihr Herz in die ewige Freiheit der Dinge, erlöst von der Wirrnis der Worte und der Menschen Gesetz.

DIE MONDSCHEINGASSE

Das Schiff hatte, durch Sturm verzögert, erst spät abends in der kleinen französischen Hafenstadt landen können, der Nachtzug nach Deutschland war versäumt. So blieb ein unerwarteter Tag an fremdem Ort, ein Abend ohne andere Lockung als die einer melancholischen Damenmusik in einem vorstädtischen Vergnügungslokal oder eines eintönigen Gespräches mit den ganz zufälligen Reisegenossen. Unerträglich schien mir die Luft in dem kleinen Speiseraum des Hotels, fettig von Öl, dumpf von Rauch, und ich fühlte doppelt ihre trübe Unreinlichkeit, weil noch der reine Atem des Meeres mir salzig-kühl auf den Lippen lag. So ging ich hinaus, aufs Geratewohl die helle breite Straße entlang zu einem Platz, wo eine Bürgergardenkapelle spielte, und wieder weiter inmitten der lässig fortflutenden Woge der Spaziergänger. Anfangs tat es mir gut, dieses willenlose Geschaukeltsein in der Strömung gleichgültiger und provinziell geputzter Menschen, aber bald ertrug ich es doch nicht mehr, dieses Anwogen von fremden Leuten und ihr abgerissenes Gelächter, diese Augen, die mich angriffen, erstaunt, fremd oder grinsend, diese Berührungen, die mich unmerklich weiterschoben, dies aus tausend kleinen Quellen brechende Licht und unaufhörliche Scharren von Schritten. Die Seefahrt war bewegt gewesen, und noch gärte in meinem Blut ein taumeliges und sanft trunkenes Gefühl: noch immer spürte ich Gleiten und Wiegen unter meinen Füßen, die Erde schien wie atmend sich zu bewegen und die Straße bis hinauf in den Himmel zu schwingen. Schwindelig ward mir mit einem Male von diesem lauten Gewirr, und um mich zu retten, bog ich, ohne nach ihrem Namen zu blicken, in eine Seitenstraße ein und von da wieder in eine kleinere, in der dies sinnlose Lärmen allmählich verebbte, und ging nun ziellos weiter ins Gewirr dieser wie Adern sich verästelnden Gassen, die immer dunkler wurden, je mehr ich mich vom Hauptplatz entfernte. Die großen elektrischen Bogenlampen, diese Monde der breiten Boulevards, flammten hier nicht

mehr, und über die spärliche Beleuchtung hin begann man endlich wieder die Sterne zu sehen und einen schwarzen verhangenen Himmel.
Ich mußte nahe dem Hafen sein, im Matrosenviertel, das fühlte ich an dem faulen Fischgeruch, an diesem süßlichen Duft von Tang und Fäulnis, wie ihn auch die von der Brandung ans Land gerissenen Algen haben, an dem eigentümlichen Dunst verdorbener Gerüche und ungelüfteter Stuben, der sich dumpfig in diese Winkel legt, bis einmal der große Sturm kommt und ihnen Atem bringt. Das ungewisse Dunkel tat mir wohl und die unerwartete Einsamkeit, ich verlangsamte meinen Schritt, betrachtete nun Gasse um Gasse, eine immer anders als die Nachbarin, hier eine friedfertige, dort eine buhlerische, alle aber dunkel und mit einem gedämpften Geräusch von Musik und Stimmen, das aus dem Unsichtbaren, aus der Brust ihrer Gewölbe so geheimnisvoll aufquoll, daß kaum die unterirdische Quelle zu erraten war. Denn alle waren sie verschlossen und blinzelten nur mit einem roten oder gelben Licht.
Ich liebte diese Gassen in fremden Städten, diesen schmutzigen Markt aller Leidenschaften, diese heimliche Anhäufung aller Verführungen für die Matrosen, die von einsamen Nächten auf fremden und gefährlichen Meeren hier für eine Nacht einkehren, ihre vielen und sinnlichen Träume in einer Stunde zu erfüllen. Sie müssen sich verstecken irgendwo in einer Niederung der großen Stadt, diese kleinen Seitengassen, weil sie so frech und aufdringlich sagen, was die hellen Häuser mit blanken Scheiben und vornehmen Menschen in hundert Masken verbergen. Musik klingt und lockt hier aus kleinen Stuben, Kinematographen verheißen mit grellen Plakaten ungeahnte Prächte, kleine viereckige Lichter ducken sich unter die Tore und zwinkern mit vertraulichem Gruß eine sehr deutliche Einladung zu, zwischen dem aufgetanen Spalt einer Tür schimmert nacktes Fleisch unter vergoldetem Flitter. Aus den Cafés gröhlen die Stimmen der Berauschten und poltert der Zank der Spieler. Die Matrosen grinsen, wenn sie hier einander begegnen, ihre stumpfen Blicke werden grell und von vieler Verheißung, denn hier ist alles, Weiber und Spiel, Trunk und Schau, das Abenteuer, das schmutzige und das große. All dies aber ist scheu und doch verräterisch gedämpft hinter den heuchlerisch gesenkten Fensterläden, alles nur innen, und diese scheinbare Verschlossenheit reizt durch die doppelte Verführung von Verborgenheit und Zugänglichkeit. Diese Straßen sind gleich in

Hamburg und Colombo und Havanna, gleich da und dort wie auch die großen Avenuen des Luxus, denn das Oben und Unten des Lebens hat die gleiche Form. Letzte phantastische Reste einer sinnlich ungeregelten Welt, wo sich die Triebe noch brutal und ungezügelt entladen, ein finsterer Wald von Leidenschaften und Dickicht und voll triebhaften Getiers sind diese unbürgerlichen Straßen, erregend durch das, was sie verraten, und verlockend durch das, was sie verbergen. Man kann von ihnen träumen.

Und so war auch diese, in der ich mich mit einem Male gefangen fühlte. Aufs Geratewohl war ich ein paar Kürassieren nachgegangen, die mit ihrem nachschleifenden Säbel über das holprige Pflaster klirrten. Aus einer Bar riefen Weiber sie an, sie lachten und schrien ihnen grobe Scherze zu, einer klopfte an das Fenster, dann fluchte eine Stimme irgendwo, sie gingen weiter, das Gelächter wurde ferner, und bald hörte ich sie nicht mehr. Stumm war wieder die Gasse, ein paar Fenster blinkten unklar in einem Nebelglanz von mattem Mond. Ich stand und sog atmend diese Stille ein, die mir seltsam schien, weil hinter ihr etwas surrte von Geheimnis, Wollust und Gefahr. Deutlich spürte ich, daß dieses Schweigen eine Lüge war und unter dem trüben Dunst dieser Gasse etwas glimmerte von der Fäulnis der Welt. Aber ich stand, blieb und lauschte ins Leere. Ich fühlte die Stadt nicht mehr und die Gasse, nicht ihren Namen und nicht den meinen, empfand nur, daß ich hier fremd war, wunderbar losgelöst in einem Unbekannten stand, daß keine Absicht in mir war, keine Botschaft und keine Beziehung und ich doch all dies dunkle Leben um mich so voll fühlte wie das Blut unter der eigenen Haut. Dies Gefühl nur empfand ich, daß nichts für mich geschah und doch alles mir zugehörte, dieses seligste Gefühl des durch Anteilslosigkeit tiefsten und wahrsten Erlebens, das zu den lebendigen Quellen meines innern Wesens gehört und mich im Unbekannten immer überfällt wie eine Lust. Da plötzlich, als ich horchend in der einsamen Gasse stand, gleichsam erwartungsvoll auf irgend etwas, das geschehen müßte, etwas, das mich fortschöbe aus diesem mondsüchtigen Gefühl des Lauschens ins Leere, hörte ich, gedämpft durch Ferne oder eine Wand, sehr trübe von irgendwo ein deutsches Lied singen, jenen ganz einfältigen Reigen aus dem ›Freischütz‹: »Schöner, grüner Jungfernkranz«. Eine Frauenstimme sang ihn, sehr schlecht, aber es war doch eine deutsche Melodie, deutsch hier in einem fremden Winkel der Welt und darum verwandt in einem so eigenen Sinne. Es war von irgendwoher gesungen, aber doch, wie einen Gruß fühlte ichs, seit Wochen das erste heimatliche Wort. Wer, fragte ich mich, spricht hier meine Sprache, wen treibt eine Erinnerung von innen, in verwinkelt-verwilderter Gasse dies arme Lied sich wieder aus dem Herzen zu heben? Ich tastete der Stimme nach, ein Haus nach dem andern von all denen, die halbschlafend hier standen, mit geschlossenen Fensterläden, hinter denen es aber verräterisch blinzelte von Licht und manchmal von einer winkenden Hand. Außen klebten grelle Überschriften, schreiende Plakate, und Ale, Whisky, Bier verhieß hier eine versteckte Bar, aber alles war verschlossen, abweisend und doch wieder einladend. Und dazwischen – ein paar Schritte tönten von fern – immer wieder die Stimme, die jetzt den Refrain heller trillerte und immer näher war: schon erkannte ich das Haus. Einen Augenblick zögerte ich, dann trat ich gegen die innere Tür, die mit weißen Gardinen dicht verhangen war. Da aber, als ich mich entschlossen hinbeugte, ward etwas im Schatten des Flurs jäh lebendig, eine Gestalt, die offenbar eng an die Scheibe gepreßt dort gelauert hatte, zuckte erschrocken auf, ein Gesicht, begossen vom Rot der überhängenden Laterne und doch blaß im Entsetzen, ein Mann starrte mich mit aufgerissenen Augen an, murmelte etwas wie eine Entschuldigung und verschwand im Zwielicht der Gasse. Seltsam war dieser Gruß. Ich sah ihm nach. Etwas schien sich noch im entschwindenden Schatten der Gasse von ihm zu regen, aber undeutlich. Innen klang die Stimme noch immer, heller sogar, wie mirs schien. Das lockte mich. Ich klinkte auf und trat rasch ein.

Wie von einem Messer zerschnitten fiel das letzte Wort des Gesanges herab. Und erschrocken spürte ich eine Leere vor mir, eine Feindlichkeit des Schweigens, gleichsam als ob ich etwas zertrümmert hätte. Mählich erst fand mein Blick sich in der Stube zurecht, die fast leer war, ein Schank und ein Tisch, das Ganze offenbar nur Vorgemach zu andern Zimmern rückwärts, die mit halbgeöffneten Türen, gedämpftem Lampenschein und bereiten Betten ihre eigentliche Bestimmung rasch verrieten. Vorn am Tisch lehnte, auf den Ellbogen gestützt, ein Mädchen, geschminkt und müd, hinten am Schank die Wirtin, beleibt und schmutziggrau, mit einem andern nicht unhübschen Mädchen. Mein Gruß fiel hart in den Raum, ganz spät kam ein gelangweiltes Echo zurück. Mir wars unbehaglich, so ins Leere getreten zu sein, in ein so gespanntes ödes Schweigen, und gern wäre ich sofort wieder gegangen, doch fand meine Verlegenheit keinen Vorwand, und so setzte ich mich resigniert an den vorderen Tisch. Das Mädchen, jetzt sich seiner Pflicht besinnend, fragte mich, was ich zu trinken wünschte, und an ihrem harten Französisch erkannte ich sofort die Deutsche. Ich bestellte Bier, sie ging und kam wieder mit jenem schlaffen Gang, der noch mehr Gleichgültigkeit verriet als das Seichte ihrer Augen, die schlaff unter den Lidern glommen wie verlöschende Lichter. Ganz mechanisch stellte sie nach dem Brauch jener Stuben neben das meine ein zweites Glas für sich. Ihr Blick ging, als sie mir zutrank, leer an mir vorbei: so konnte ich sie betrachten. Ihr Gesicht war eigentlich noch schön und ebenmäßig in den Zügen, aber wie durch eine innere Ermattung maskenhaft und gemein geworden, alles fiel schlaff nieder, die Lider waren schwer, locker das Haar; die Wangen, fleckig von schlechter Schminke und verschwemmt, begannen schon nachzugeben und warfen sich mit breiter Falte bis an den Mund. Auch das Kleid war ganz lässig umgehängt, ausgebrannt die Stimme, rauh von Rauch und Bier. In allem spürte ich einen Menschen, der müde ist und nur aus Gewohnheit, gleichsam fühllos, weiterlebt. Mit Befangenheit und Grauen warf ich eine Frage hin. Sie antwortete, ohne mich anzusehen, gleichgültig und stumpf mit kaum bewegten Lippen. Unwillkommen spürte ich mich. Rückwärts gähnte die Wirtin, das andere Mädchen saß in einer Ecke und sah her, gleichsam wartend, bis ich sie riefe. Gern wäre ich gegangen, aber alles an mir war schwer, ich saß in dieser satten, schwelenden Luft, dumpf torkelnd wie die Matrosen, gefesselt von Neugier und Grauen; denn diese Gleichgültigkeit war irgendwie aufreizend.

Da plötzlich fuhr ich auf, erschreckt von einem grellen Gelächter neben mir. Und gleichzeitig schwankte die Flamme: am Luftzug spürte ich, daß jemand die Tür hinter meinem Rücken geöffnet haben mußte. »Kommst du schon wieder?« höhnte grell und auf deutsch die Stimme neben mir. »Kriechst du schon wieder ums Haus, du Knauser du? Na, komm nur herein, ich tu dir nichts.«

Ich fuhr herum, zuerst ihr zu, die so grell diesen Gruß schrie, als bräche ihr Feuer aus dem Leib, und dann zur Tür. Und noch ehe sie ganz aufgetan war, erkannte ich die schlotternde Gestalt, erkannte den demütigen Blick dieses Menschen, der vorhin an der Tür gleichsam geklebt hatte. Er hielt den Hut verschüchtert in der Hand wie ein Bettler und zitterte unter dem grellen Gruß, unter dem Lachen, das wie ein Krampf ihre schwere Gestalt mit einem Male zu erschüttern schien und

von rückwärts, vom Schanktisch, mit raschem Geflüster der Wirtin begleitet wurde.
»Dort setz dich hin, zur Françoise«, herrschte sie den Armen an, als er jetzt mit einem feigen, schlurfenden Schritt näher trat. »Du siehst, ich habe einen Herrn.«
Deutsch schrie sie ihm das zu. Die Wirtin und das Mädchen lachten laut, obwohl sie nichts verstehen konnten, aber sie schienen den Gast schon zu kennen.
»Gib ihm Champagner, Françoise, den teuern, eine Flasche!« schrie sie lachend hinüber, und wieder höhnisch zu ihm: »Ists dir zu teuer, so bleib draußen, du elender Knicker! Möchtest mich wohl umsonst anstarren, ich weiß, du möchtest alles umsonst.«
Die lange Gestalt schmolz gleichsam zusammen unter diesem bösen Lachen, der Buckel schob sich schief empor, es war, als wolle das Gesicht sich hündisch verkriechen, und seine Hand zitterte, als er nach der Flasche griff, und verschüttete den Wein im Eingießen. Sein Blick, der immer aufwollte zu ihrem Gesicht, konnte nicht weg vom Boden und tastete dort im Kreise den Kacheln nach. Und jetzt sah ich erst deutlich unter der Lampe dies ausgemergelte Gesicht, zermürbt und fahl, die Haare feucht und dünn auf beinernem Schädel, die Gelenke lose und wie zerbrochen, eine Jämmerlichkeit ohne Kraft und doch nicht ohne Bösartigkeit. Schief, verschoben war alles in ihm und geduckt, und der Blick, den er jetzt einmal hob und gleich wieder erschreckt zurückwarf, gekreuzt von einem bösen Licht.
»Kümmern Sie sich nicht um ihn!« herrschte mich das Mädchen auf französisch an und faßte derb meinen Arm, als wolle sie mich herumreißen. »Das ist eine alte Sache zwischen mir und ihm, ist nicht von heute.« Und wieder mit blanken Zähnen, wie zum Bisse bereit, laut zu ihm hinüber: »Horch nur her, du alter Luchs! Möchtest hören, was ich rede. Daß ich eher ins Meer gehe als mit dir, habe ich gesagt.«
Wieder lachten die Wirtin und das andere Mädchen, breit und blöde. Es schien ein gewohnter Spaß für sie, ein alltäglicher Scherz. Aber mir wars unheimlich, jetzt zu sehen, wie sich dies andere Mädchen plötzlich in falscher Zärtlichkeit an ihn drängte und ihn mit Schmeicheleien abgriff, vor denen er erschauerte, ohne den Mut, sie abzuwehren, und ich erschrak, wenn sein Blick im Auftaumeln mich traf, ängstlich verlegen und kriecherisch. Und mir graute vor der Frau neben mir, die plötzlich aus ihrer Schlaffheit aufgewacht war und so voll Bosheit funkelte, daß

ihre Hände zitterten. Ich warf Geld auf den Tisch und wollte fort, aber sie nahm es nicht.

»Geniert er dich, dann werfe ich ihn hinaus, den Hund. Der muß parieren. Trink noch ein Glas mit mir. Komm!«

Sie drängte sich heran mit einer jähen, fanatischen Art von Zärtlichkeit, von der ich sofort wußte, daß sie nur gespielt war, um den andern zu quälen. Bei jeder dieser Bewegungen sah sie rasch schief hinüber, und es war mir widerwärtig zu sehen, wie es in ihm bei jeder ihrer Gesten zu mir zu zucken begann, als spüre er Brandstahl an seinen Gliedern. Ohne auf sie zu achten, starrte ich einzig ihn an und schauerte, wie etwas jetzt in ihm wuchs von Wut, Zorn, Neid und Gier und sich doch gleich niederduckte, wandte sie nur den Kopf. Ganz nahe drängte sie sich nun zu mir, ich spürte ihren Körper, der zitterte von der bösen Lust dieses Spiels, und mir graute vor ihrem grellen Gesicht, das nach schlechtem Puder roch, vor dem Dunst ihres mürben Fleisches. Sie von meinem Gesicht abzuwehren, griff ich nach einer Zigarre, und während mein Blick noch den Tisch nach einem Streichholz absuchte, herrschte sie ihn schon an: »Bring Feuer her!«

Ich erschrak mehr noch als er vor dieser gemeinen Zumutung, mich zu bedienen, und mühte mich rasch, mir selbst eines zu finden. Aber schon von ihrem Worte wie mit einer Peitsche aufgeknallt, kam er mit seinen schiefen Schritten torkelnd herüber und legte rasch, als könnte er sich mit einer Berührung des Tisches verbrennen, sein Feuerzeug auf den Tisch. Eine Sekunde kreuzte ich seinen Blick: unendliche Scham lag darin und eine knirschende Erbitterung. Und dieser geknechtete Blick traf den Mann, den Bruder, in mir. Ich fühlte die Erniedrigung durch das Weib und schämte mich mit ihm.

»Ich danke Ihnen sehr«, sagte ich auf deutsch – sie zuckte auf – »Sie hätten sich nicht bemühen sollen.« Dann bot ich ihm die Hand. Ein Zögern, ein langes, dann spürte ich feuchte, knochige Finger und plötzlich krampfartig einen jähen Druck des Dankes. Eine Sekunde leuchteten seine Augen in die meinen, dann duckten sie sich wieder unter die schlaffen Lider. Aus Trotz wollte ich ihn bitten, bei uns Platz zu nehmen, und die einladende Geste mußte wohl schon in meine Hand geglitten sein, denn sie herrschte ihn eilig an: »Setz dich wieder hin und störe hier nicht!«

Da packte mich plötzlich der Ekel vor ihrer ätzenden Stimme und vor dieser Quälerei. Was sollte mir diese verräucherte Spelunke, diese

widrige Dirne, dieser Schwachsinnige, dieser Qualm von Bier und Rauch und schlechtem Parfüm? Mich dürstete nach Luft. Ich schob ihr das Geld hin, stand auf und rückte energisch ab, als sie mir schmeichelnd näher kam. Es ekelte mich, mitzuspielen bei dieser Erniedrigung eines Menschen, und deutlich ließ ich durch die Entschlossenheit meiner Abwehr spüren, wie wenig sie mich sinnlich verlocken konnte. Jetzt zuckte ihr Blut bös, eine Falte kroch ihr gemein um den Mund, aber sie hütete sich doch, das Wort auszusprechen, und wandte sich mit einem Ruck unverstellten Hasses gegen ihn, der aber, des Ärgsten gewärtig, eilig und wie gejagt von ihrer Drohung in die Tasche griff und mit zitternden Fingern eine Geldbörse herauszog. Er hatte Angst, jetzt allein mit ihr zu bleiben, das war ersichtlich, und in der Hast konnte er die Knoten der Börse nicht gut lösen – eine Börse war es, gestrickt und mit Glasperlen besetzt, wie die Bauern sie tragen und die kleinen Leute. Mühelos war es zu merken, daß er ungewohnt war, Geld rasch auszugeben, sehr im Gegensatz zu den Matrosen, die es mit einem Handschwung aus den klimpernden Taschen hervorholen und auf den Tisch werfen; er mußte offenbar gewohnt sein, sorglich zu zählen und die Münzen zwischen den Fingern zu wägen. »Wie er zittert um seine lieben, süßen Pfennige! Gehts zu langsam? Wart!« höhnte sie und trat einen Schritt näher. Er schrak zurück, und sie, als sie sein Erschrecken sah, sagte, die Schultern hochziehend und mit einem unbeschreiblichen Ekel im Blick: »Ich nehm dir nichts, ich spei auf dein Geld. Weiß ja, sie sind gezählt, deine guten kleinen Pfennige, darf keiner zuviel in die Welt. Aber erst« – und sie tippte ihm plötzlich gegen die Brust – »die Papierchen, die du da eingenäht hast, daß sie dir keiner stiehlt!«
Und wirklich, wie ein Herzkranker im Krampf sich plötzlich an die Brust greift, so faßte fahl und zitternd seine Hand an eine bestimmte Stelle des Rockes, unwillkürlich tasteten seine Finger dort an das heimliche Nest und fielen dann beruhigt zurück. »Geizhals!« spie sie aus. Aber da flog plötzlich eine Glut in das Gesicht des Gemarterten, er warf die Geldbörse mit einem Ruck dem andern Mädel zu, das erst aufschrie im Schreck, dann hell lachte, und stürmte vorbei an ihr, zur Tür hinaus wie aus einem Brand.
Einen Augenblick stand sie noch aufgerichtet, hell funkelnd in ihrer bösen Wut. Dann fielen die Lider wieder schlaff herab, Mattigkeit bog den Körper aus der Spannung. Alt und müde schien sie in einer Minute zu werden. Etwas Unsicheres und Verlorenes dämpfte den Blick, der

mich jetzt traf. Wie eine Trunkene, die aufwacht, dumpf mit dem Gefühl einer Schande stand sie da. »Draußen wird er jammern um sein Geld, vielleicht zur Polizei laufen, wir hätten ihn bestohlen. Und morgen ist er wieder da. Aber mich soll er doch nicht haben. Alle, nur gerade er nicht!«
Sie trat zum Schank, warf Geldstücke hin und stürzte mit einem Schwung ein Glas Branntwein hinunter. Das böse Licht glimmerte wieder in ihren Augen, aber trüb wie unter Tränen von Wut und Scham. Ekel faßte mich vor ihr und zerriß mein Mitleid. »Guten Abend«, sagte ich und ging. »Bonsoir«, antwortete die Wirtin. Sie sah sich nicht um und lachte bloß, grell und höhnisch.
Die Gasse, sie war nur Nacht und Himmel, als ich hinaustrat, eine einzige schwüle Dunkelheit mit verwölktem, unendlich fernem Glanz von Mond. Gierig trank ich die laue und doch starke Luft, und das Gefühl des Grauens löste sich in das große Erstaunen vor der Mannigfaltigkeit der Geschicke, und ich spürte wieder – ein Gefühl, das mich selig machen kann bis zu Tränen –, daß immer hinter jeder Fensterscheibe Schicksal wartet, jede Tür sich in Erlebnis auftut, allgegenwärtig das Mannigfaltige dieser Welt ist und selbst der schmutzigste Winkel noch so wimmelnd von schon gestaltetem Erleben wie die Verwesung vom eifrigen Glanz der Käfer. Fern war das Widerliche der Begegnung und das gespannte Gefühl wohltuend gelöst in eine süße Müdigkeit, die sich sehnte, all dies Gelebte in schöneren Traum zu verwandeln. Unwillkürlich blickte ich suchend um mich, den Weg nach Hause durch diese Wirrnis verwinkelter Gäßchen zu finden. Da schob sich – unhörbar mußte er nahe getreten sein – ein Schatten an mich heran.
»Verzeihen Sie« – ich erkannte sogleich die demütige Stimme – »aber ich glaube, Sie finden sich hier nicht zurecht. Darf ich ... darf ich Ihnen den Weg weisen? Der Herr wohnt ...?«
Ich nannte mein Hotel.
»Ich begleite Sie ... Wenn Sie erlauben«, fügte er sogleich demütig hinzu.
Das Grauen faßte mich wieder. Dieser schleichende, gespenstische Schritt an meiner Seite, unhörbar fast und doch hart an mir, das Dunkel der Matrosengasse und die Erinnerung des Erlebten wich allmählich einem traumhaft wirren Gefühl ohne Wertung und Widerstand. Ich spürte die Demut seiner Augen, ohne sie zu sehen, und merkte das Zucken seiner Lippen; ich wußte, daß er mit mir reden wollte, tat

aber nichts dafür und nichts dagegen aus der Taumligkeit meines Empfindens, in dem die Neugier des Herzens sich mit einer körperlichen Benommenheit wogend mengte. Er räusperte sich mehrmals, ich merkte den erstickten Ansatz zum Wort, aber irgendeine Grausamkeit, die von diesem Weib geheimnisvoll auf mich übergegangen war, freute sich dieses Ringens der Scham und seelischen Not: ich half ihm nicht, sondern ließ dieses Schweigen schwarz und schwer zwischen uns. Und unsere Schritte klangen, der seine leise schlurfend und alt, der meine mit Absicht stark und rauh, dieser schmutzigen Welt zu entrinnen, wirr zusammen. Immer stärker spürte ich die Spannung zwischen uns: schrill, voll inneren Schreis war dieses Schweigen und schon wie eine übermäßig gespannte Saite, bis er es endlich – und wie entsetzlich zagend zuerst – durchriß mit einem Wort.

»Sie haben ... Sie haben ... mein Herr ... da drinnen eine merkwürdige Szene gesehen ... verzeihen Sie ... verzeihen Sie, wenn ich noch einmal davon rede ... aber sie mußte Ihnen merkwürdig sein ... und ich sehr lächerlich ... diese Frau ... es ist nämlich ...«

Er stockte wieder. Etwas würgte ihm dick die Kehle. Dann wurde seine Stimme ganz klein, und er flüsterte hastig: »Diese Frau ... es ist nämlich meine Frau.« Ich mußte aufgefahren sein im Erstaunen, denn er sprach hastig weiter, als wolle er sich entschuldigen: »Das heißt ... es war meine Frau ... vor fünf, vor vier Jahren ... in Geratzheim drüben in Hessen, wo ich zu Hause bin ... Ich will nicht, Herr, daß Sie schlecht von ihr denken ... es ist vielleicht meine Schuld, daß sie so ist. Sie war nicht immer so ... Ich ... ich habe sie gequält ... Ich habe sie genommen, obwohl sie sehr arm war, nicht einmal die Leinwand hatte sie, nichts, gar nichts ... und ich bin reich ... das heißt, vermögend ... nicht reich ... oder ich war es wenigstens damals ... und, wissen Sie, mein Herr ... ich war vielleicht – sie hat recht – sparsam ... aber früher war ich es, mein Herr, vor dem Unglück, und ich verfluche es ... aber mein Vater war so und die Mutter, alle waren so ... und ich habe hart gearbeitet um jeden Pfennig ... und sie war leicht, sie hatte gern schöne Sachen ... und war doch arm, und ich habe es ihr immer wieder vorgehalten ... Ich hätte es nicht tun sollen, ich weiß es jetzt, mein Herr, denn sie ist stolz, sehr stolz ... Sie dürfen nicht glauben, daß sie so ist, wie sie sich gibt ... das ist Lüge, und sie tut sich selber weh ... nur ... nur, um mir wehe zu tun, um mich zu quälen ... und ... weil ... weil sie sich schämt ... Vielleicht

ist sie auch schlecht geworden, aber ich... ich glaube es nicht... denn, mein Herr, sie war sehr gut, sehr gut...«
Er wischte sich die Augen und blieb stehen in seiner übermächtigen Erregung. Unwillkürlich blickte ich ihn an, und er schien mir mit einem Male nicht mehr lächerlich, und selbst diese merkwürdige unterwürfige Anrede ›mein Herr‹, die in Deutschland nur niederen Ständen zu eigen ist, spürte ich nicht mehr. Sein Antlitz war ganz von der inneren Bemühung zum Wort durchgebildet, und der Blick starrte, als er schwer jetzt wieder vorwärts taumelte, unverwandt auf das Pflaster, als läse er dort im schwankenden Lichte mühsam ab, was sich dem Krampf seiner Kehle so quälend entriß.
»Ja, mein Herr«, stieß er jetzt tiefatmend heraus, und mit einer ganz anderen, dunklen Stimme, die wie aus einer weicheren Welt seines Innern kam: »Sie war sehr gut... auch zu mir, sie war sehr dankbar, daß ich sie aus ihrem Elend erlöst hatte... und ich wußte es auch, daß sie dankbar war... aber... ich... wollte es hören... immer wieder... immer wieder... es tat mir gut, diesen Dank zu hören... mein Herr, es war so, so unendlich gut, zu spüren, zu spüren, daß man besser ist... wenn... wenn man doch weiß, daß man der Schlechtere ist... ich hätte all mein Geld dafür gegeben, es immer wieder zu hören... und sie war sehr stolz und wollte es immer weniger, als sie merkte, daß ich ihn forderte, diesen Dank... Darum... nur darum, mein Herr, ließ ich sie immer bitten... nie gab ich freiwillig... es tat mir wohl, daß sie um jedes Kleid, um jedes Band kommen mußte und betteln... drei Jahre habe ich sie so gequält, immer mehr... aber, mein Herr, es war nur, weil ich sie liebte... Ich hatte ihren Stolz gern, und doch wollte ich ihn immer knechten, ich Wahnsinniger, und wenn sie etwas begehrte, so war ich böse... aber, mein Herr, ich war es gar nicht... ich war selig jeder Gelegenheit, sie demütigen zu können, denn... denn ich wußte gar nicht, wie ich sie liebte...«
Wieder stockte er. Ganz torkelnd ging er. Offenbar hatte er mich vergessen. Mechanisch sprach er, wie aus dem Schlaf, mit immer lauterer Stimme.
»Das... das habe ich erst gewußt, als ich damals... an jenem verfluchten Tag... ich hatte ihr Geld verweigert für ihre Mutter, ganz, ganz wenig... das heißt, ich hatte es schon bereitgelegt, aber ich wollte, daß sie noch einmal käme... noch einmal mich bitten... ja, was sage ich? ...ja, damals habe ich es gewußt, als ich abends nach Hause kam und sie

fort war und nur ein Zettel auf dem Tisch ... ›Behalte Dein verfluchtes Geld, ich will nichts mehr von Dir‹ ... das stand darauf, sonst nichts ... Herr, ich bin drei Tage, drei Nächte gewesen wie ein Rasender. Den Fluß habe ich absuchen lassen und den Wald, Hunderte habe ich der Polizei gegeben ... zu allen Nachbarn bin ich gelaufen, aber sie haben nur gelacht und gehöhnt ... Nichts, nichts war zu finden ... Endlich hat mir einer Nachricht gesagt vom andern Dorf ... er habe sie gesehen ... in der Bahn mit einem Soldaten ... sie sei nach Berlin gefahren ... am selben Tage bin ich ihr nachgereist ... ich habe meinen Verdienst gelassen ... Tausende habe ich verloren ... man hat mich bestohlen, meine Knechte, mein Verwalter, alle, alle ... aber, ich schwöre es Ihnen, mein Herr, es war mir gleichgültig ... Ich bin in Berlin geblieben, eine Woche hat es gedauert, bis ich sie auffand in diesem Wirbel von Menschen ... und bin zu ihr gegangen ...« Er atmete schwer.
»Mein Herr, ich schwöre es Ihnen ... kein hartes Wort habe ich ihr gesagt ... ich habe geweint ... auf den Knien habe ich gelegen ... ich habe ihr Geld geboten ... mein ganzes Vermögen, sie sollte es verwalten, denn damals wußte ich es schon ... ich kann nicht leben ohne sie. Ich liebe jedes Haar an ihr ... ihren Mund ... ihren Leib, alles, alles ... und ich bin es ja, der sie hinabgestoßen hat, ich allein ... Sie war blaß wie der Tod, als ich hereinkam, plötzlich ... ich hatte ihre Wirtin bestochen, eine Kupplerin, ein schlechtes, gemeines Weib ... wie der Kalk war sie an der Wand ... Sie hörte mich an. Herr, ich glaube, sie war ... ja, sie war beinahe froh, mich zu sehen ... aber als ich vom Gelde sprach ... und ich habe es doch nur getan, ich schwöre es Ihnen, um ihr zu zeigen, daß ich nicht mehr daran denke ... da hat sie ausgespien ... und dann ... weil ich noch immer nicht gehen wollte ... da hat sie ihren Liebhaber gerufen, und sie haben mich verlacht ... Aber, mein Herr, ich bin immer wiedergekommen, Tag für Tag. Die Hausleute haben mir alles erzählt, ich wußte, daß der Lump sie verlassen hatte und sie in Not war, und da ging ich noch einmal hin ... noch einmal, Herr, aber sie fuhr mich an und zerriß einen Schein, den ich heimlich auf den Tisch gelegt hatte, und als ich doch wiederkam, war sie fort ... Was habe ich nicht getan, mein Herr, sie wieder auszuforschen! Ein Jahr, ich schwöre es Ihnen, habe ich nicht gelebt, nur immer gespürt, habe Agenturen besoldet, bis ichs endlich erfuhr, daß sie drüben in Argentinien ... in ... in einem schlechten Hause ...« Er zögerte einen Augenblick. Wie ein Röcheln war das letzte Wort. Und dunkler wurde seine Stimme.

»Ich erschrak sehr ... zuerst ... aber dann besann ich mich, daß ich, nur ich es sei, der sie da hinabgestoßen hatte ... und ich dachte, wie sehr sie leiden müsse, die Arme ... denn stolz ist sie vor allem ... Ich ging zu meinem Anwalt, der schrieb an den Konsul und sandte Geld ... ohne daß sie erfuhr, wer es gab ... nur daß sie zurückkäme. Man telegraphierte mir, daß alles gelungen sei ... ich wußte das Schiff ... und in Amsterdam wartete ich ... drei Tage zu früh war ich gekommen, so brannte ich vor Ungeduld ... Endlich kam es, ich war selig, als nur der Rauch vom Dampfer am Horizont war, und ich glaubte es nicht erwarten zu können, bis er heranfuhr und anlegte, so langsam, langsam, und dann die Passagiere über den Steg kamen und endlich, endlich sie ... Ich erkannte sie nicht gleich ... sie war anders ... geschminkt ... und schon so ... so, wie Sie es gesehen haben ... und als sie mich warten sah ... wurde sie fahl ... Zwei Matrosen mußten sie halten, sonst wäre sie vom Steg gefallen ... Sobald sie an Land war, trat ich an ihre Seite ... ich sagte nichts ... meine Kehle war zu ... Auch sie sprach nichts ... und sah mich nicht an ... Der Träger trug das Gepäck voran, wir gingen und gingen ... Da plötzlich blieb sie stehen und sagte ... Herr, wie sie es sagte ... so schmerzend weh tat es mir, so traurig klang es ... ›Willst du mich noch immer zu deiner Frau, jetzt auch noch?‹ ... Ich faßte sie bei der Hand ... Sie zitterte, aber sie sagte nichts. Doch ich fühlte, daß nun alles wieder gut war ... Herr, wie selig ich war! Ich tanzte wie ein Kind um sie, als ich sie im Zimmer hatte, ich fiel ihr zu Füßen ... törichte Dinge muß ich gesagt haben ... denn sie lächelte unter Tränen und liebkoste mich ... ganz zaghaft natürlich nur ... aber, Herr ... wie es mir wohltat ... mein Herz zerfloß. Ich lief treppauf, treppab, bestellte ein Diner im Hotel ... unser Vermählungsmahl ... ich half ihr, sich anzuziehen ... und wir gingen hinab, wir aßen und tranken und waren fröhlich ... Oh, so heiter war sie, ein Kind, so warm und gut, und sie sprach von Hause ... und wie wir alles nun wieder besorgen wollten ... Da ...« Seine Stimme wurde plötzlich rauh, und er machte mit der Hand eine Geste, als ob er jemanden zerbrechen wollte. »Da ... da war ein Kellner ... ein schlechter, gemeiner Mensch ... der glaubte, ich sei trunken, weil ich toll war und tanzte und mich überkollerte beim Lachen ... während ich doch nur so glücklich war ... oh, so glücklich, und da ... als ich bezahlte, gab er mir zwanzig Francs zu wenig zurück ... Ich fuhr ihn an und verlangte den Rest ... er war verlegen und legte das Goldstück hin ... Da ... da begann sie auf einmal grell zu lachen ... Ich starrte sie an, aber es war ein

anderes Gesicht ... höhnisch, hart und böse mit einem Male ... ›Wie genau du noch immer bist ... selbst an unserem Vermählungstag!‹ sagte sie ganz kalt, so scharf, so ... mitleidig. Ich erschrak und verfluchte meine Peinlichkeit ... ich gab mir Mühe, wieder zu lachen ... aber ihre Heiterkeit war weg ... war tot ... Sie verlangte ein eigenes Zimmer ... was hätte ich ihr nicht gewährt ... und ich lag allein die Nacht und sann nur nach, was ihr kaufen am nächsten Morgen ... sie beschenken ... ihr zeigen, daß ich nicht geizig sei ... nie mehr gegen sie. Und am Morgen ging ich aus, ein Armband kaufte ich, ganz früh, und als ich in ihr Zimmer trat ... da war ... da war es leer ... ganz wie damals. Und ich wußte, auf dem Tisch würde ein Zettel liegen ... ich lief weg und betete zu Gott, es möge nicht wahr sein ... aber ... aber ... er lag doch dort ... Und darauf stand ...« Er zögerte. Unwillkürlich war ich stehengeblieben und sah ihn an. Er duckte den Kopf. Dann flüsterte er heiser:
»Es stand darauf ... ›Laß mich in Frieden. Du bist mir widerlich ...‹«
Wir waren beim Hafen angelangt, und plötzlich rauschte in das Schweigen der grollende Atem der nahen Brandung. Mit blinkenden Augen wie große schwarze Tiere lagen die Schiffe da, nah und ferne, und von irgendwo kam Gesang. Nichts war deutlich und doch vieles zu fühlen, ein ungeheurer Schlaf und der schwere Traum einer starken Stadt.
Neben mir spürte ich den Schatten dieses Menschen, er zuckte gespenstisch vor meinen Füßen, floß bald auseinander, bald kroch er zusammen im wandelnden Licht der trüben Laternen. Ich vermochte nichts zu sagen, nicht Trost, und hatte keine Frage, spürte aber sein Schweigen an mir kleben, lastend und dumpf. Da faßte er mich plötzlich zitternd am Arm.
»Aber ich gehe nicht fort von hier ohne sie ... Nach Monaten habe ich sie wiedergefunden ... Sie martert mich, aber ich will nicht müde werden ... Ich beschwöre Sie, mein Herr, reden Sie mit ihr ... Ich muß sie haben, sagen Sie es ihr ... mich hört sie nicht ... Ich kann nicht mehr so leben ... Ich kann es nicht mehr sehen, wie Männer zu ihr gehen ... und draußen warten vor dem Haus, bis sie wieder herunterkommen ... lachend und trunken ... Die ganze Gasse kennt mich schon ... sie lachen, wenn sie mich warten sehen ... wahnsinnig werde ich davon ... und doch, jeden Abend stehe ich wieder dort ... Mein Herr, ich beschwöre Sie ... sprechen Sie mit ihr ... ich kenne Sie ja nicht, aber tun Sie es um Gottes Barmherzigkeit ... sprechen Sie mit ihr ...«
Unwillkürlich wollte ich meinen Arm befreien. Mir graute. Aber er, wie

ers spürte, daß ich mich gegen sein Unglück wehrte, fiel plötzlich mitten auf der Straße in die Knie und faßte meine Füße.
»Ich beschwöre Sie, mein Herr ... Sie müssen mit ihr sprechen ... Sie müssen ... sonst ... sonst geschieht etwas Furchtbares ... Ich habe mein ganzes Geld verbraucht, sie zu suchen, und ich lasse sie nicht hier ... nicht lebendig ... Ich habe mir ein Messer gekauft ... Ich habe ein Messer, mein Herr ... Ich lasse sie hier nicht mehr ... nicht lebendig ... ich ertrage es nicht ... Sprechen Sie mit ihr, mein Herr ...«
Er wälzte sich wie rasend vor mir. In diesem Augenblick kamen zwei Polizisten die Straße her. Ich riß ihn mit Gewalt auf. Einen Augenblick starrte er mich entgeistert an. Dann sagte er mit ganz fremder, trockener Stimme:
»Die Gasse dort biegen Sie ein. Dann sind Sie bei Ihrem Hotel.« Einmal noch starrte er mich an mit Augen, in denen die Pupillen zerschmolzen schienen in ein grauenhaft Weißes und Leeres. Dann verschwand er.
Ich wickelte mich in meinen Mantel. Mich fröstelte. Nur Müdigkeit spürte ich, eine wirre Trunkenheit, gefühllos und schwarz, einen wandelnden, purpurnen Schlaf. Ich wollte etwas denken und all das besinnen, aber immer hob sich diese schwarze Welle von Müdigkeit aus mir und riß mich mit. Ich tastete ins Hotel, fiel hin ins Bett und schlief dumpf wie ein Tier.
Am nächsten Morgen wußte ich nicht mehr, was davon Traum oder Erlebnis war, und irgend etwas in mir wehrte sich dagegen, es zu wissen. Spät war ich erwacht, fremd in fremder Stadt, und ging, eine Kirche zu besehen, in der antike Mosaiken von großem Ruhme sein sollten. Aber meine Augen starrten sie leer an, immer deutlicher stieg die Begegnung der vergangenen Nacht auf, und ohne Widerstand triebs mich weg, ich suchte die Gasse und das Haus. Aber diese seltsamen Gassen leben nur des Nachts, am Tage tragen sie graue, kalte Masken, unter denen nur der Vertraute sie erkennt. Ich fand sie nicht, so sehr ich suchte. Müde und enttäuscht kam ich heim, verfolgt von den Bildern des Wahns oder der Erinnerung.
Um neun Uhr abends ging mein Zug. Mit Bedauern ließ ich die Stadt. Ein Träger hob mein Gepäck auf und trug es vor mir her dem Bahnhof zu. Da plötzlich, an einer Kreuzung, riß michs herum; ich erkannte die Quergasse, die zu jenem Hause führte, hieß den Träger warten und ging – während er zuerst erstaunt und dann frech-vertraulich lachte – noch einen Blick zu tun in diese Gasse des Abenteuers.

Dunkel lag sie da, dunkel wie gestern, und im matten Mond sah ich die Türscheibe jenes Hauses glänzen. Noch einmal wollte ich näher treten, da raschelte eine Gestalt aus dem Dunkel. Schauernd erkannte ich ihn, der dort auf der Schwelle hockte und mir winkte, ich möge näher kommen. Doch ein Grauen faßte mich, ich flüchtete rasch, aus der feigen Angst, hier verstrickt zu werden und meinen Zug zu versäumen.
Aber dann, an der Ecke, ehe ich mich wandte, sah ich noch einmal zurück. Als mein Blick ihn traf, gab er sich einen Ruck, raffte sich auf und sprang gegen die Tür. Metall blitzte in seiner Hand, da er sie jetzt eilig aufriß: ich konnte aus der Ferne nicht unterscheiden, ob es Geld war oder das Messer, das im Mondlicht zwischen seinen Fingern verräterisch glitzerte . . .

DIE UNTERIRDISCHEN BÜCHER BALZACS

Die Natur- und Kunstwerke lernt man nicht kennen, wenn sie fertig sind. Man muß sie im Entstehen aufhaschen, um sie einigermaßen zu begreifen.
Goethe an Zelter

Die Bewunderung Balzacs, die in den letzten Jahrzehnten sich nicht nur in seiner Heimat, sondern auch bei uns mächtig gesteigert hat, wendet sich nicht wie bei den meisten Dichtern einzelnen erlesenen Meisterwerken entgegen, sondern in erster Linie der Gesamtheit, der ungeheuern und fast unbegreiflichen Breite seines Werkes. Balzac ist ein Genie der Fülle und der vielleicht größte Heros der dichterischen Arbeit. Solange man ihn bloß qualitativ einschätzt, findet man Analogien; wendet man aber die Einstellung des Blickes und läßt ihn rein numerisch die Anzahl der Menschen umschauen, die jener aus seinem einzig wachen Gehirn in die Welt gestellt – es sind über zweitausend –, die Millionen einzelner tatsächlicher Kenntnisse des praktischen Lebens und der Zeitgeschichte, die unvergleichliche Kenntnis aller städtischen und landschaftlichen Eigenarten Frankreichs, faßt man schließlich bloß äußerlich die sechzig bis siebzig Bände zusammen, die er in einem Vierteljahrhundert aus seinem kolossalischen Körper in die Welt geschleudert, so steht man vor diesem Phänomen in Bewunderung ohnegleichen. Nicht als literarisches Phänomen wertet man dann seine Erscheinung, sondern als elementares wie den Ausbruch eines Vulkans, den unablässigen, stets aus sich selbst gespeisten Niedersturz eines gigantischen Wasserfalls, und begreift an diesem Beispiel zum erstenmal in seinem wörtlichen Sinn das Wort von der »unerschöpflichen« Phantasie. Zu Balzacs Lebzeiten verbreiteten seine Gegner, daß er, ähnlich wie der ältere Dumas, nur den geringsten Teil seiner Romane selbst schreibe und die meisten von mißbrauchten jungen, begabten Schriftstellern stammten, die er dann bloß revidiere und um des besseren Verkaufs willen mit seinem hochbezahlten Namen versehe: so unfaßbar war das Phänomen seiner Produktivität. Glücklicherweise sind Balzac aber Zeugen erstanden in seinen eigenen Manuskripten, die etwas noch viel Ungeheuerlicheres offenbart haben, nämlich daß Balzac sein Riesenwerk nicht einmal, sondern drei-, vier-, fünf- oder sechsmal geschrieben und überarbeitet hat, daß sein dichterisches Werk mit allen seinen Urformen und Zwischenformen auf Hunderttausende beschriebener und von lebendigem Geiste erfüllter Blätter zu veranschlagen ist.

Die Romanmanuskripte Balzacs gehören zu den wertvollsten Offenbarungen des episch dichterischen Prozesses, es sind Phänomene einzigartiger Natur, weil in ihnen der dichterische Reinigungs- und Gestaltungsprozeß, der sich doch sonst meist im Unbewußten, im Unsichtbaren vollzieht, dokumentarisch in allen Stadien des Überganges niedergelegt ist. Schon zu Balzacs Lebzeiten gingen dunkle Gerüchte von diesem seltsamen Zwischenwesen der Korrekturexemplare um, die, halb Manuskript und halb schon Druck, sich proteusartig verwandelten und immer mehr dem definitiven Bild entgegenformten. Aus den Druckereien trugen's die Setzer klagend den anderen Autoren zu, Vertraute sahen im Arbeitszimmer Balzacs von einem einzigen Roman zehn bis zwölf sorgfältig gebundene, voluminöse Bände mit Korrekturen in seiner Bibliothek stehen, und schon damals sagte Théophile Gautier, daß die Vergleichung der Manuskriptrevisionen Balzacs in all ihren einzelnen Schöpfungszuständen nicht nur eine interessante literarische Studie, sondern auch eine höchst ergiebige Lektion für alle jüngeren Schriftsteller sein würde.

Für diese zukünftige Studie, die einmal ein ganzes Geschlecht von Philologen an die Arbeit rufen wird, ist inzwischen das Material bereitgestellt. Balzac, der Schöpfer zahlloser monomanischer Figuren, hat (sein Schicksal ist reich an solchen Analogien zwischen Leben und Dichtung) noch als Toter eine der merkwürdigsten Monomanenfiguren durch seinen dichterischen Genius in die Welt gesetzt, nämlich den »Balzacomanen«, den Menschen, der seine ganze Lebensarbeit einzig darin suchte, allen Manuskripten, Briefen, Artikeln Balzacs nachzuspüren und sie in seinen Händen zu vereinigen. Dieser fanatische Sammler, der Comte Spoelbergh van Loevenjoul, wohlbekannt allen Antiquaren von Brüssel und Paris, wohlbekannt auch den Philologen durch ausgezeichnete Studien, hat mit einem Eifer ohnegleichen alles, was handschriftlich von Balzac erreichbar war, aufgespürt und in seinem Besitz vereinigt. Er machte Tagereisen, um irgendwo einen Brief, einen verlorenen Korrekturbogen aufzutreiben, er durchforschte die Druckereien, wo je ein Werk Balzacs in Arbeit gewesen war, er schnüffelte allen Redakteuren nach, die je mit ihm Beziehung hatten, und als bei jener berühmten Versteigerung der Möbel von Balzacs Witwe ein paar Kisten mit Handschriften zerbrachen und zahllose Blätter verschleudert wurden, sah man diesen seltsamen Mann durch Wochen bei allen Käsehändlern und kleinen Krämern der Umgegend nach einzelnen Blättern jagen, um sie zu erhaschen, ehe sie zu Düten gedreht und als Packpapier verwendet würden. So entstand allmählich eine Sammlung, welche in ihrer Einzigkeit sich vielleicht nur mit dem weimarischen Goethe-Museum vergleichen läßt, und als sie Spoelberg van Loevenjoul der französischen Akademie hinterließ, wurde ihr in Chantilly, in einem kleinen Schloß, endlich eine würdige Heimstatt bereitet. Dort in der stillen Straße, nahe den schönen Wäldern und den gepflegten Wiesen, inmitten der sanften Stille einer französischen Kleinstadt, ist nun das fiebrige titanische Werk für alle Zeiten bewahrt, zugänglich nur jenen, die ernstes Interesse an Balzac zu dokumentieren vermögen, und unvergeßlich allen, denen staunend davor zu verweilen jemals vergönnt war. Denn hier ist jedes einzelne Werk Balzacs in allen seinen Niederschriften und Entstehungsformen zu sehen, von der ersten flüchtigen Skizze an durch ein Höllenlabyrinth von Korrekturen, Revisionen bis zur endgültigen Fassung, und eben dadurch, daß man hier von Epoche zu Epoche das Werk im eigenen Material werden sah, empfand man wunderbar stark das Gefühl seiner schöpferischen persönlichen Gegenwart.

Nur wer ein solches Korrekturexemplar eines Werkes von Balzac gesehen hat, kann seine Arbeit und die Art seiner Arbeit wirklich ermessen. Sie sind die eigentlich wirklichen Manuskripte, weil die erste Niederschrift nur Skizze war, Brouillon, gleichsam das Sprungbrett für seinen gewaltigen Anlauf. Diese erste Skizze sendete er meistens noch mit feuchter Tinte in die Druckerei, dort mußten dann ganz besondere »placards«, das sind Fahnen, auf denen immer nur ein kleines Stück Text innerhalb eines gewaltigen weißen Raumes stand, für ihn angefertigt werden. Bis dahin war die Arbeit für Balzac und die Setzer verhältnismäßig leicht. Sie hatten nur die leichtfließende, ein wenig weibische Schrift Balzacs, die in ihrer Hast oft das Wort abkürzte, zu entziffern und in Lettern zu setzen. Aber die Hölle begann für sie mit den Korrekturen. Denn nun, wenn der bewußte Künstler in ihm das Gedruckte vor sich sah, die Phantasmagorie, die der wütige Träumer in ihm im Fieber der Nacht hingeschrieben, so überkam ihn eine Art stilistischer Wut. Mit wilden Schlangenlinien stellte er die Worte um, schaufelte ganze Sätze weg, stopfte Absätze zwischen die Zeilen, überschüttete mit sechs oder sieben Seiten neuen Manuskriptes die einzelnen Fahnen, ließ hundert Einschiebungen, die vergebens mit Ziffern und Zeichen versehen wurden, auf einem Blatt wirr durcheinander wirbeln, quer zwischen die einzelnen Fahnen wurde neues Manuskript gestopft, und was schließlich dem erschreckten Auge sich darbot, war ein hieroglyphisches Durcheinander, anscheinend sinnlos, von Zeichen und Zahlen. Kein Wunder, daß diese Korrekturbogen der Schrecken der Pariser Setzer wurden! Und es ist nicht eine freundliche Legende, sondern tatsächlich verbürgt und durch Dokumente belegt, daß die Arbeiter sich weigerten, mehr als eine Stunde Balzac zu setzen, und für diese eine Stunde doppelten Tarif verlangten. Einer schob die grausame Arbeit auf den anderen, und es dauerte Jahre, ehe auch die Besten und Geübtesten von ihnen begannen, sich in diesem Hexensabbat der Worte und Zeichen wirklich zurechtzufinden. Aber wenn sie wirklich unter furchtbarster Mühe den neuen Druck hergestellt hatten (selbstverständlich mußte ein neuer Satz begonnen werden, denn der erste war rettungslos im wilden Durcheinander untergegangen), so begann dasselbe Spiel zum zweitenmal. Noch einmal brach der heilige Zorn Balzacs über die eigene Arbeit herein, noch einmal schüttete er Zusätze, Ergänzungen, Verdeutlichungen in das gegossene Manuskript, noch einmal zerriß die zornige Tatze das lebendige Fleisch der schon gestalteten Arbeit, und so ging es drei- und viermal, bis schließlich in der Zeitschrift die endgültige Fassung erschien. Endgültig aber nur wieder für die Zeitungsveröffentlichung, denn für die Buchausgabe kämmte und krempelte der ewig Ungenügsame von neuem jedes einzelne seiner Werke um, und sogar dann noch, als sie schon in Buchform erschienen waren, erneuerte er seine Arbeit von Neuauflage zu Neuauflage. Zwanzig gedruckte Seiten bedeuten also immer hundert unterirdische bei ihm, jedes Buch eigentlich zehn Bücher. Balzac hat als echter Sammler, der er war, von manchen Romanen alle diese Korrekturbogen vom ursprünglichen Manuskript bis zur Vollendung aufbewahrt und zusammenbinden lassen, und selbst die kleinste seiner Arbeiten gab dann einen oder mehrere voluminöse

Bände, die er seinen liebsten Freunden zum Geschenk machte und die auch wirklich einzige Kostbarkeiten bilden, weil sie gleichsam sieben Texte übereinander sind. Diese unterirdischen Bücher Balzacs stellen die merkwürdigsten Amphibien zwischen Buch und Manuskript, zwischen Schrift und Druck dar, die man auszudenken vermag, sie sind das Lebendigste, was man vielleicht je an dichterischer und künstlerischer Arbeit in sinnlicher Form sehen kann. Denn alle die geheimnisvollen Zwischenstadien der werdenden Form, der allmählichen Gestaltung, die sonst im Unsichtbaren sich vollziehen, in Gehirngängen sich spurlos verflüchtigen, hier sind sie schwarz auf weiß chronologisch und psychologisch festgehalten, und jedes dieser Schriftbücher ist nicht nur ein persönliches Dokument zur Arbeitsweise Balzacs, sondern überhaupt zum Kampf um die epische Form von der Genesis bis zur Schöpfung. Wir müssen dankbar sein, daß er sie nicht zerstörte, denn nie hat ein Dichter die Tür seiner Arbeitsstube für die spätere Welt weiter aufgetan als Balzac durch diese einzigartigen Dokumente, die, solange sie noch unbenutzt und vereinzelt sind, bloß ein liebhaberisches Kuriosum, eine bibliophile Kostbarkeit darstellen, später aber einmal ein wichtiges Kapitel zur Genesis unseres Romans und der epischen Kunst aller Zeiten bilden werden. Hier wie überall sind eben die heroischen Leistungen der Vergangenheit die werdende Wissenschaft der Zukunft, und was wir, erschauernd und bewundernd, in diesen Hieroglyphen der Korrekturen jetzt kaum zu enträtseln vermögen, wird später einmal vielleicht ein klares Gesetz der Kunst und die kristallene Formel für die wundervoll komplexe Substanz seiner Erscheinung sein.

HYDEPARK

Der Hydepark Londons, wohl der seltsamste aller Großstadtparke, ist im eigentlichen Sinne nicht schön. Ihm fehlt fast alles, was den Garten zum Kunstwerk macht. Er ist flach, arm, eine englische Heide, nur an den Pforten ein wenig als Garten hergerichtet. Aber seine Schönheit liegt nicht so sehr im Sinnfälligen, als im Sinnhaften. Da gibt es zum Beispiel ein paar Stellen, auf denen man ganz ausruht. Man steht auf einer weiten Wiese, die sich ins Unendliche beugt, ein grüner stiller Teich, auf dem die Bäume, von der leisen Brise angerührt, wie verankerte Schiffe ganz, ganz sacht schaukeln. Rechts, links ein paar unregelmäßige Alleen, deren Ende nicht Ausblick ist, sondern die sanft in die graue Kulisse des Nebels zurücktreten. Atmende Stille, kaum ab und zu ein paar Leute. Nur weidende Hammelherden, die käuend das Gras rupfen. Man vergißt für den Augenblick an alles, so still ist es rings. Wo mag man sein? Ist dies die Lüneburger Heide, die vielberühmte? Oder Cornwall, Herrn Tristans dunkles Land, und wird nicht plötzlich die traurige Weise des Schäfers anheben? Wuchtig packt einen dann der Gedanke an, daß diese grauen Ballen am Rand, daß diese weichen Grenzen der Ferne ungeheure Häuserblöcke sind, daß diese weite stille Heide rechts und links von Städten umgürtet ist, jede so groß wie Mailand oder Lyon oder Marseille. Von diesen Riesenstädten, die alle in die zwei Silben London eingeschlossen sind. Die fiebernde Vision Verhaerens der »villes tentaculaires«, der Städte, die mit den Polypenarmen das Grün des Landes aufsaugen und die Heiden in die graue Gallert ihrer Steinmassen ziehen, dieser wilde Traum ist ja hier in dieser zyklopischen Stadt Wirklichkeit geworden. Tausend Schiffe auf verlorenen Meeren dampfen ihr zu, Millionen rühren ihre Hände für sie, unter der Erde fliegt die Hast unterirdischer Bahnen, über die Dächer stürmen Züge, jedes Jahr speit neue Häuser ins Grüne aus – und mitten darin ruht weit, wie träumend, eine Heide mit blökenden Schafen, einem stillen, ruhigen Himmel für

sich, zu dem nicht mehr der keuchende Atem der Tausende quillt. Wie Londons Schönheit, so liegt die des Hydeparks in dem unfaßbar Überdimensionalen.
Nein – Hydepark bezwingt nicht auf den ersten Blick. Es ist nicht englische Art, sich dem Fremden vorschnell zu vertrauen, nicht die Art der Menschen, nicht die der Landschaft. Hat man sich ihr erst mit Liebe genähert, so sieht man, wie viel heimliche Eigenart in der eintönigen Armut der Heide ist. Die Gräser haben hier einen ganz unvergleichlich weichen, vorfrühlingshaften Farbton, die Blätter, die sich nur schmal entfalten, ein helles und wie von Silber durchwirktes Leuchten. Und dann ist ja diese Landschaft unter die Mattscheibe des englischen Himmels gestellt, der alle Lichtwerte linder tönt und mit seinem ewigen Schleierspiele alle Heimlichkeiten des clair-obscur entfaltet. Der Äther ist hier ein kühles, fast bleiernes Blau, sofern nicht Wolken es überjagen, Sonnenschein, nicht wie in Italien ein weißglühendes Lichtbündel, das so grell auf die Steine brennt, daß sie erschreckt und geblendet die Glut zurückwerfen, sondern nur ein flauer, fließender Schimmer, den rasch das Schmetterlingsnetz einer fliegenden Wolke fängt. Und Schatten, das ist nicht Kühle, schwarzes Versteck, scharfe Kontur, sondern ein graues Gerinnsel hin über das Gras. Bildhaft gesprochen hat der Hydepark in seinen hellen Stunden die vorsichtig zarten Farben der Präraffaeliten, um dann mit der Neige des Abends in die mystischen Dämpfe Carrières zu tauchen. Und seltsam färbt hier auch die Luft, die Klang, Licht, Kolorit und den tastenden Blick gleich unwillig trägt, diese schwere, vom Salz des Meeres satte, vom Nebel gegilbte, vom Rauch zahlloser Schornsteine grau getönte Londoner Atmosphäre. Sie verschleiert die Formen, macht sie rund und trüb, die Ferne läßt sie unsicher werden und vorzeitig biegt sie den nahen Himmel in die verschattenden Konturen des Horizonts hinab. Zwischen den Bäumen läßt sie am Mittag einen feinen blauen Nebel geistern wie den kräuselnden Rauch von Zigaretten; und abends dunkelt aschgrauer Dunst alles zusammen, Nibelheim öffnet sein finsteres Tor. Eine graue Wolke liegt dann über Stadt und Heide, die lange Wochen die Menschen vergessen läßt, daß am Himmelsbogen ein ewiger Reigen zitternder Sterne glänzt. Aber dafür zeichnet sie tagsüber wunderbare Rauchbilder an des Blickes Rand; Fabriken und Zinshäuser locken in diesem grauzitternden Schattenriß verklärt wie die sagenhaften Schlösser des heiligen Gral, alle Nuancen des Halbdunkels mildern die herben und unschönen Formen der Wirklichkeit.

Aber all dies machte diesen Park der Liebe noch nicht wert. Denn diese Schönheit ist nur die aller Dinge, die frei und rein unter dem Himmel liegen und gewissermaßen näher dessen geheimen Quellen, aus denen Licht und Schatten, das Gold der Sonne und der Qualm des Nebels strömen. Das ist nur die Schönheit eines Stückes englischen Heidelandes. Aber eben: der Hydepark ist Heideland inmitten der Stadt, er ist nicht so sehr selbst ein Schauspiel, sondern teils Bühne, darauf sich ein eigenartiges Leben abrollt, teils das Parkett der ruhigen Betrachter. Seine eigentlichste Schönheit ist die der Menschen, die ihn beleben, dieser wunderbaren Rasse, die sich nicht schon in der leichten Anmut der Grazie, sondern erst in der kraftvollen Erregung, in Sport und Spiel ganz gibt. Und so wie man die Engländer nicht im Gespräch schon liebt, sondern erst im Verkehr, so liebt man ihre Schönheit nicht im leichten Gang, sondern in alledem, was sich hier entfaltet, im Lauf, im Sprung, im Sattel, im Boot, im Bad, im Spiel, in ihrer wunderbaren, wohltemperierten Kraft. Und der Hydepark hat ihr ganzes Leben, soweit es sich nicht innerhalb der vier Wände abspielt. Denn die Straße ist in London ganz vom Geschäft beschlagnahmt, sie hat nicht Raum für die Schaustellungen der Flaneurs, für die abenteuernde Faulenzerei der gelassenen Selbstgefälligkeit. Darum flüchtet alles, was Genuß im Anblick oder in der Bewegung selbst begehrt, in den Park, der, seine grünen Arme unendlich ausgebreitet, alle aufnimmt. So strömt Abwechslung in seine träumerische Ruhe, und doch ist wieder Gleichtakt in diesen Schauspielen: er hat sie regelmäßig wie Geschäftsstunden von Tag zu Tag, als wären sie sein »business«, seine Beschäftigung.
Früh beginnt dieses Leben. Ganz früh. Oft schweben noch Dunstwolken über den Himmel und die Bäume sind wie mit Watte geflockt. Da sausen ein paar Bicycles zum Teich hin, der glatt und unbewegt zu warten scheint, und Burschen, Arbeiter, Schuljungen sammeln sich am Ufer. Flink sind die Kleider abgestreift und in den Sand geworfen, und die nackten Körper stoßen sich durch die Flut mit kräftigen Stößen vorwärts. Und dann stürmen sie über das Gras hin, turnen, boxen, lassen Sonne über die tauglänzenden nackten Körper rinnen, all dies ohne Aufsicht, ohne Taxen, ganz in einer freien Natur, die in die Ferne verhangen ist wie ein Märchenwald. Ein wunderbarer Augenblick Natur innerhalb einer Großstadt, wie man ihn anderswo kaum noch findet, ein helles, unvergeßliches Bild ist das, eines der schönsten Erlebnisse in London. Und dann – um 8 Uhr ist alles vorbei und das freie Baden wieder

bis zum Abend verboten. Aber andere schön bewegte Bilder stellen sich rasch in den Rahmen des erwachenden Parkes. Ruderer schnellen, den Körper in raschem Rhythmus gebeugt und wieder gestreckt, schmale Boote über den See, daß sie wie flirrend fliegen, ein lautloser Pfeil, nur das Ruder knattert im regelmäßigen Rückglätten über das Wasser. Und dann die ersten Reiter auf diesen prachtvollen englischen Pferden, die im Galopp durch die Alleen sprengen, die Menschengestalten von der gleichen stählernen Rasse wie die Pferde, die hier, wollüstig und von der eigenen Kraft berauscht, hinwettern, von Schaum bis an die Kruppe besprengt. So geht der Vormittag rasch hin, bis die Sonne wärmer über den Blättern zittert, ein schillernder Dunst über die Heide quillt. Dann kommt noch jene eine Stunde der Ruhe, die über allen Gärten zu Mittag liegt, jener Augenblick, wo er nur selbst zu atmen scheint mit seinen Blumen und Gräsern, die gierig sich aufspreizen, um Sonne zu trinken. Die Menschen, die diese Stunde beherbergt, sind stumm: Faulenzer liegen im Gras, wie von den Bäumen gefallene schwere Frucht, auf den Bänken räkeln sich zeitunglesend ein paar überflüssige Leute. Alles scheint auf einen großen Augenblick zu warten. Und der kommt bald. Die Kinder, die die Wiesen nach Tisch durchstürmen, die Mädchen, die mit ganz jugendlicher Kraft einander aus schmalen Gelenken den Ball zuschleudern, die Burschen, die wild über die Flächen rennen, die Nachmittagswanderer mit Büchern und Blättern, das ist alles nur Vorspiel. Aber gegen vier Uhr beginnt, von Piccadilly her kommend, beim Hydepark-Corner jener lange Wagenzug, jene Schaustellung von Londons Reichtum, Eleganz und Schönheit, eines jener Schauspiele, wie sie nur die Städte mit alter eingewurzelter Kultur haben, vielleicht Wien allein an den Maitagen im Prater und Madrid im Buen-Retiro. Was einen hier so überrascht, ist die Fülle und Verschiedenheit der Wagentypen. Während in Wien der leichtfedernde Fiaker vorherrscht und in Madrid der schwere Ochsentrott der gravitätischen Staatskarossen, fließen hier alle möglichen Formen zusammen, schon dem Laien ein äußerst anziehender Anblick. Da gibt es schwere Equipagen, die aus alten Stahlstichen geschnitten zu sein scheinen, so ungelenk und feierlich sind sie mit ihren gepuderten Lakaien, und dann flirren wieder ganz leichte Zweiräder vorbei, Automobile surren dazwischen: alle Takte klingen zusammen, vom verhaltenen Schritt, in dem die feurigen Pferde zu fiebern scheinen, bis zu dem alle anderen Wagen heftig überkreuzenden Eiltempo, mit dem ein geschulter Sportsmann seine

Traber durch die Masse jagt. Besonders aber fesselt einen das merkwürdige Format der spezifisch Londoner »Handsoms«, die durch die leise, geräuschlos gleitende Bewegung und die dem schwarzen Kasten übergebeugte Gestalt des Lenkers irgendwie an den Wiegegang der Gondeln Venedigs erinnern. Und dann diese Fülle schöner und schön gerahmter Menschenbilder in Ruhe und Bewegung, die betrachtend zurückgelehnten Frauen, die kerzengrad aufrechten Lenker, die wie erfrorenen Gestalten der Diener, die neugierigen Kinder und rings – in einem ungeheuren Umkreis auf Stühlen – das wohlwollende Publikum, für das dieses Schauspiel gespielt zu werden scheint. Eine wandelnde Fülle von Glanz, Farbe und rascher Bewegung, ungeordnet und doch nicht unruhig, unablässig erregt und doch nicht laut. Denn das ist jene eigene Energie des Landes, daß sie selbst die lebhaftesten Anspannungen leise macht, daß jenes Riesengetriebe der Stadt auf den Schienen der Ordnung läuft, daß jene Stille atmet wie in den ganz großen Maschinenhäusern, die Umwechslung ungeheuerster Kraft auf geölten Rädern lautlos geschehen lassen. Und diese Bezwungenheit scheint hier schon vererbt zu werden, denn selbst die Kinder – diese entzückend altklug-stillen Kinder – haben nur stummes Interesse für das bunte Spiel, das da durch Stunden auf und nieder rinnt bis in den Abend hinein. Aber noch ruht der Park nicht. Während hier die Flut langsam versickert, stauen sich am anderen Ende bei Marble-Arch gänzlich anders geartete Massen. Improvisierte Rednertribünen sind dort errichtet – jeder hat das Recht, über ein beliebiges Thema zu sprechen –, und da es in England an Sektierern nie fehlte, sieht man dort seltsame Gestalten, oft verlottert und schmutzig, ihre Ansichten unter freiem Himmel vor den willigen Zuhörern entwickeln. Ungewählte Volkstribunen, Agitatoren der verschiedensten Ideen, sprechen sie im flackernden Licht einer Kerze, auf irgendeinen Schemel gestellt, fanatisch auf die Leute und über sie hinaus ins Dunkel hinein, das schon drohend aus den Baumkronen zu sinken scheint. Religiöse Vereine sammeln Gläubige um sich und intonieren fromme Gesänge, die machtvoll über die erlöschende Heide wehen. Noch einmal reckt sich hier das von der Arbeit erlöste Leben empor, um Glut von seiner überhitzten Wärme zu entzünden, und wilde Worte flattern auf, wie drüben die pfeilgeschwinden Wagen durch das Getümmel liefen, vorbei und schon wieder verloren. Und dann, wenn über der Heide das Gespinst von Nebel und Mondlicht hängt, dann summt noch eines auf, das abendliche Finale aller Parke: die Liebe. Verschlungene Paare gleiten

ins Dunkel hinein, Flüstern zittert aus tausend Verstecken, der Schatten scheint sich zu beleben und im Vorüberschreiten sieht man das oft verwegene Spiel der »ombres chinoises«. In einem Mollakkord schließt die verschlungene Melodie.
So lebt der Park Tag für Tag regelmäßig wie ein englischer Geschäftsmann, der seine Stunden besonnen zählt und wertet. Und wie jeder Engländer hat er seinen Sonntag, an welchem er sich das reichbestickte Feiertagskleid vieler Menschen anlegt. Da promeniert nach der Frühmesse in der »church-parade« Englands vornehme Gesellschaft in der großen Allee, wo sonst die Wagen sausen, und wer es liebt, auch ein gleichgültiges Gesicht in die Hülse eines Namens gesteckt zu wissen, kann sich von einem gütigen Freund alle möglichen Earls und Counts zeigen lassen, die da in unheimlicher Korrektheit mit Kind und Kegel auf- und abschreiten. Und nachmittags beherbergt Hydepark die Massen, lockt sie mit blühendem Grün und heiterer Musik in seine Tore. Aber was so eigen ist in diesem Parke: er schluckt alle Massen restlos auf. Es wird keine Fülle, nicht wie in Berlin der Grunewald ein einziger Vespertisch, nicht wie in Wien beim Heimgang aus dem Prater ein flutendes Menschenheer, gehüllt in eine fast alttestamentarische Staubsäule. Hydepark zerbricht, zerschlägt irgendwie alle Massen. Ich habe das bei der großen Arbeiterdemonstration so ganz gefühlt. In den Straßen war es ein endloser Gang, ein flatterndes Heer von Fahnen, ein Qualm von rotem Licht, ein rastloses Gehen, unendliche Flut. Und dann im Parke, da schmolz alles in einen runden Kreis, und rings lagen weite Flächen, die von all dem nichts wußten, und wo die eingehürdeten Lämmer friedlich weideten. Denn das ist das Seltsame an diesem Parke, daß er unübersichtlich ist. Ein Teil weiß vom andern nichts. Selbst die große »Rotten Row« biegt mehrmals um und läuft nicht wie unsere Praterallee, ein eleganter scharfer Kreidestrich, klar durch das Grün. Nie hat man den Hydepark ganz – nie, wie London selbst. Man kann nicht wie in Paris, wenn man von Sacré-Coeur den Montmartre hinab, an den großen Boulevards vorbei über den Boulevard d'Opéra und über die Seine zum Panthéon oder Luxembourg fährt, sagen, daß man eigentlich schon alles gesehen hat. Nie hat man hier auf einmal die Essenz, nicht in London, nicht im Hydepark. Nach und nach muß man sich an die Dimensionen und die entlegene Fülle gewöhnen, wie Gulliver in der Riesen Land an die ungefüge Größe. Er gibt zu viel an alle und an den einzelnen zu wenig.

Und vor allem: der Hydepark gibt eigentlich nichts, man muß ihm alles bringen. Er ist kein Park, wo Träume aufwachen und in den Hecken unvergeßliche Erinnerungen wie geheimnisvolle Prinzessinnen warten. Kein Dichter hat ihn, glaube ich, je besungen, denn keinem hat er mit all seiner Fülle etwas gegeben. Er ist nicht wie jene kleinen Parke, in denen sich jede Stunde unvergeßlich in das Buch der Erinnerungen einschreibt, nicht wie jener schmucke Park Monceau, den die Pariser so gern den »parc des amoureux« nennen, wo die weißen Statuetten der Dichter dankbar aus dem tiefen, wohlgepflegten Grün glänzen, nicht wie jener kleine »giardino Giusti« in Verona, wo schwarze Zypressen riesenhaft wie finstere Gedanken den Sinn umfassen, nicht wie jener helle kleine Garten der Päpste hoch auf der Burg in Avignon, wo wilde Schwäne auf einem blauen Teich zittern und unvergeßlicher Ausblick ins provençalische Land einen erwartet. Er schenkt keine Erinnerung, wie jener wunderbare Ulmengang, der zur Alhambra führt, nicht die exotischen Träume, wie in den königlichen Gärten in Sevilla, und nicht wie Schönbrunn an einem sonnigen Septembertag, wenn es goldenes Laub über die Wege schüttet und irgendwie an eine leise Heiterkeit des Lebens noch im Sterben mahnt. Nein – Hydepark lockt nicht zu Träumen, er lockt zum Leben, zu Sport, Eleganz, freier Bewegung. Wäre er nur zu diesen sanften, hindämmernden Träumen und nicht auch nützlich, längst hätte man ihn hierzulande mit Häusern bespickt, mit Bahnen durchschnürt, mit Lärm durchschüttert. Hier liebt man nur Träume, die bald Wirklichkeit werden. Und Englands wahrer Traum heißt nicht Hydepark, sondern immer noch Italien.

DIE MONOTONISIERUNG DER WELT

Monotonisierung der Welt. Stärkster geistiger Eindruck von jeder Reise in den letzen Jahren, trotz aller einzelnen Beglückung: ein leises Grauen vor der Monotonisierung der Welt. Alles wird gleichförmiger in den äußeren Lebensformen, alles nivelliert sich auf ein einheitliches kulturelles Schema. Die individuellen Gebräuche der Völker schleifen sich ab, die Trachten werden uniform, die Sitten international. Immer mehr scheinen die Länder gleichsam ineinandergeschoben, die Menschen nach einem Schema tätig und lebendig, immer mehr die Städte einander äußerlich ähnlich. Paris ist zu drei Vierteln amerikanisiert, Wien verbudapestet: immer mehr verdunstet das feine Aroma des Besonderen in den Kulturen, immer rascher blättern die Farben ab und unter der zersprungenen Firnisschicht wird der stahlfarbene Kolben des mechanischen Betriebes, die moderne Weltmaschine, sichtbar.

Dieser Prozeß ist schon lange im Gange: schon vor dem Kriege hat Rathenau diese Mechanisierung des Daseins, die Präponderanz der Technik als wichtigste Erscheinung unseres Lebensalters prophetisch verkündet, aber nie war dieser Niedersturz in die Gleichförmigkeit der äußeren Lebensformen so rasch, so launenhaft wie in den letzten Jahren. Seien wir uns klar darüber! Es ist wahrscheinlich das brennendste, das entscheidendste Phänomen unserer Zeit.

Symptome: Man könnte, um das Problem deutlich zu machen, Hunderte aufzählen. Ich wähle nur schnell ein paar der geläufigsten, die jedem gewärtig sind, um zu zeigen, wie sehr sich Sitten und Gebräuche im letzten Jahrzehnt monotonisiert und sterilisiert haben.

Das Sinnfälligste: der Tanz. Vor zwei, drei Jahrzehnten noch war er an die einzelnen Nationen gebunden und an die persönliche Neigung des Individuums. Man tanzte in Wien Walzer, in Ungarn den Csardas, in Spanien den Bolero nach unzähligen verschiedenen Rhythmen und Melodien, in denen sich der Genius eines Künstlers ebenso wie der Geist einer Nation sichtbarlich formten. Heute tanzen Millionen Menschen von Kapstadt bis Stockholm, von Buenos Aires bis Kalkutta denselben Tanz, nach denselben fünf oder sechs kurzatmigen, unpersönlichen Melodien. Sie beginnen um die gleiche Stunde: so wie die Muezzim im orientalischen Lande Zehntausende um die gleiche Stunde des Sonnenunterganges zu einem einzigen Gebet, so wie dort zwanzig Worte, so rufen jetzt zwanzig Takte um fünf Uhr nachmittags die ganze abendländische Menschheit zu dem gleichen Ritus. Niemals außer in gewissen Formeln und Formen der Kirche haben zweihundert Millionen Menschen eine solche Gleichzeitigkeit und Gleichförmigkeit des Ausdrucks gefunden wie die weiße Rasse Amerikas, Europas und aller Kolonien in dem modernen Tanze.

Ein zweites Beispiel: die Mode. Sie hat niemals eine solche blitzhafte Gleichheit gehabt in allen Ländern wie in unserer Epoche. Früher dauerte es Jahre, ehe eine Mode aus Paris in die anderen Großstädte, wiederum Jahre, ehe sie aus den Großstädten auf das Land drang, und es gab eine gewisse Grenze des Volkes und der Sitte, die sich ihren tyrannischen Forderungen sperrte. Heute wird ihre Diktatur im Zeitraume eines Pulsschlages universell. New York diktiert die kurzen Haare der Frauen: innerhalb eines Monats fallen, wie von einer einzigen Sense gemäht, fünfzig oder hundert Millionen weiblicher Haarmähnen. Kein Kaiser, kein Khan der Weltgeschichte hatte ähnliche Macht, kein Gebot des Geistes ähnliche Geschwindigkeit erlebt. Das Christentum, der Sozialismus brauchten Jahrhunderte und Jahrzehnte, um eine Gefolgschaft zu gewinnen, um ihre Gebote über so viel Menschen wirksam zu machen, wie ein Pariser Schneider sie sich heute in acht Tagen hörig macht.

Ein drittes Beispiel: das Kino. Wiederum unermeßliche Gleichzeitigkeit über alle Länder und Sprachen hin, Ausbildung gleicher Darbietung, gleichen Geschmackes (oder Ungeschmackes) auf Tausend-Millionen-Massen. Vollkommene Aufhebung jeder individuellen Note, obwohl die Fabrikanten triumphierend ihre Filme als national anpreisen: die Nibelungen siegen in Italien und Max Linder aus Paris in den allerdeutschesten, völkischesten Wahlkreisen. Auch hier ist der Instinkt der Massenhaftigkeit stärker und selbstherrlicher als der Gedanke. Jackie Coogans Triumph und Kommen war stärkeres Erlebnis für die Gegenwart als vor zwanzig Jahren Tolstois Tod.

Ein viertes Beispiel: das Radio. Alle diese Erfindungen haben nur einen

Sinn: Gleichzeitigkeit. Der Londoner, Pariser und der Wiener hören in der gleichen Sekunde dasselbe, und diese Gleichzeitigkeit, diese Uniformität berauscht durch das Überdimensionale. Es ist eine Trunkenheit, ein Stimulans für die Masse und zugleich in allen diesen neuen technischen Wundern eine ungeheure Ernüchterung des Seelischen, eine gefährliche Verführung zur Passivität für den einzelnen. Auch hier fügt sich das Individuum, wie beim Tanz, der Mode und dem Kino, dem allgleichen herdenhaften Geschmack, es wählt nicht mehr vom inneren Wesen her, sondern es wählt nach der Meinung einer Welt.
Bis ins Unzählige könnte man diese Symptome vermehren, und sie vermehren sich von selbst von Tag zu Tag. Der Sinn für Selbständigkeit im Genießen überflutet die Zeit. Schon wird es schwieriger, die Besonderheiten bei Nationen und Kulturen aufzuzählen als ihre Gemeinsamkeiten.
Konsequenzen: Aufhören aller Individualität bis ins Äußerliche. Nicht ungestraft gehen alle Menschen gleich angezogen, gehen alle Frauen gleich gekleidet, gleich geschminkt: die Monotonie muß notwendig nach innen dringen. Gesichter werden einander ähnlicher durch gleiche Leidenschaft, Körper einander ähnlicher durch gleichen Sport, die Geister ähnlicher durch gleiche Interessen. Unbewußt entsteht eine Gleichhaftigkeit der Seelen, eine Massenseele durch den gesteigerten Uniformierungstrieb, eine Verkümmerung der Nerven zugunsten der Muskeln, ein Absterben des Individuellen zugunsten des Typus. Konversation, die Kunst der Rede, wird zertanzt und zersportet, das Theater brutalisiert im Sinne des Kinos, in die Literatur wird die Praxis der raschen Mode, des »Saisonerfolges« eingetrieben. Schon gibt es, wie in England, nicht mehr Bücher für die Menschen, sondern immer nur mehr das »Buch der Saison«, schon breitet sich gleich dem Radio die blitzhafte Form des Erfolges aus, der an allen europäischen Stationen gleichzeitig gemeldet und in der nächsten Sekunde abgekurbelt wird. Und da alles auf das Kurzfristige eingestellt ist, steigert sich der Verbrauch: so wird Bildung, die durch ein Leben hin waltende, geduldig sinnvolle Zusammenfassung, ein ganz seltenes Phänomen in unserer Zeit, so wie alles, das sich nur durch individuelle Anstrengung erzwingt.
Ursprung: woher kommt diese furchtbare Welle, die uns alles Farbige, alles Eigenförmige aus dem Leben wegzuschwemmen droht? Jeder, der drüben gewesen ist, weiß es: von Amerika. Die Geschichtsschreiber der Zukunft werden auf dem nächsten Blatt nach dem großen europäischen

Kriege einmal einzeichnen für unsere Zeit, daß in ihr die Eroberung Europas durch Amerika begonnen hat. Oder mehr noch, sie ist schon in vollem reißenden Zuge, und wir merken es nur nicht (alle Besiegten sind immer Zu-langsam-Denker). Noch jubelt bei uns jedes Land mit allen seinen Zeitungen und Staatsmännern, wenn es einen Dollarkredit bekommt. Noch schmeicheln wir uns Illusionen vor über philanthropische und wirtschaftliche Ziele Amerikas: in Wirklichkeit werden wir Kolonien seines Lebens, seiner Lebensführung, Knechte einer der europäischen im tiefsten fremden Idee, der maschinellen.
Aber solche wirtschaftliche Hörigkeit scheint mir noch gering gegen die geistige Gefahr. Eine Kolonisation Europas wäre politisch nicht das Furchtbarste, knechtischen Seelen scheint jede Knechtschaft milde, und der Freie weiß überall seine Freiheit zu wahren. Die wahre Gefahr für Europa scheint mir im Geistigen zu liegen, im Herüberdringen der amerikanischen Langeweile, jener entsetzlichen, ganz spezifischen Langeweile, die dort aus jedem Stein und Haus der numerierten Straßen aufsteigt, jener Langeweile, die nicht, wie früher die europäische, eine der Ruhe, eines des Bierbanksitzens und Dominospielens und Pfeifenrauchens ist, also eine zwar faulenzerische, aber doch ungefährliche Zeitvergeudung: die amerikanische Langeweile aber ist fahrig, nervös und aggressiv, überrennt sich mit eiligen Hitzigkeiten, will sich betäuben in Sport und Sensationen. Sie hat nichts Spielhaftes mehr, sondern rennt mit einer tollwütigen Besessenheit, in ewiger Flucht vor der Zeit: sie erfindet sich immer neue Kunstmittel, wie Kino und Radio, um die hungrigen Sinne mit einer Massennahrung zu füttern, und verwandelt die Interessengemeinschaft des Vergnügens zu so riesenhaften Konzernen wie ihre Banken und Trusts.
Von Amerika kommt jene furchtbare Welle der Einförmigkeit, die jedem Menschen dasselbe gibt, denselben Overallanzug auf die Haut, dasselbe Buch in die Hand, dieselbe Füllfeder zwischen die Finger, dasselbe Gespräch auf die Lippe und dasselbe Automobil statt der Füße. In verhängnisvoller Weise drängt von der anderen Seite unserer Welt, von Rußland her, derselbe Wille zur Monotonie in verwandelter Form: der Wille zur Parzellierung des Menschen, zur Uniformität der Weltanschauung, derselbe fürchterliche Wille zur Monotonie. Noch ist Europa jetzt das letzte Bollwerk des Individualismus, und vielleicht ist der überspannte Krampf der Völker, jener aufgetriebene Nationalismus, bei all seiner Gewalttätigkeit doch eine gewissermaßen fieberhafte unbe-

wußte Auflehnung, ein letzter verzweifelter Versuch, sich gegen die Gleichmacherei zu wehren. Aber gerade die krampfige Form der Abwehr verrät unsere Schwäche. Schon ist der Genius der Nüchternheit am Werke, um Europa, das letzte Griechenland der Geschichte, von der Tafel der Zeit auszulöschen.

Gegenwehr: Was nun tun? Das Kapitol stürmen, die Menschen anrufen: »Auf die Schanzen, die Barbaren sind da, sie zerstören unsere Welt!« Noch einmal die Cäsarenworte ausschreien, nun aber in einem ernsteren Sinne: »Völker Europas, wahrt eure heiligsten Güter!« Nein, wir sind nicht mehr so blindgläubig, um zu glauben, man könne noch mit Vereinen, mit Büchern und Proklamationen gegen eine Weltbewegung ungeheuerlicher Art aufkommen und diesen Trieb zur Monotonisierung niederschlagen. Was immer man auch schriebe, es bliebe ein Blatt Papier, gegen einen Orkan geworfen. Was immer wir auch schrieben, es erreichte die Fußballmatcher und Shimmytänzer nicht, und wenn es sie erreichte, sie verstünden uns nicht mehr. In all diesen Dingen, von denen ich nur einige wenige andeutete, im Kino, im Radio, im Tanze, in all diesen neuen Mechanisierungsmitteln der Menschheit liegt eine ungeheure Kraft, die nicht zu überwältigen ist. Denn sie alle erfüllen das höchste Ideal des Durchschnittes: Vergnügen zu bieten, ohne Anstrengung zu fordern. Und ihre nicht zu besiegende Stärke liegt darin, daß sie unerhört bequem sind. Der neue Tanz ist von dem plumpsten Dienstmädchen in drei Stunden zu erlernen, das Kino ergötzt Analphabeten und erfordert von ihnen nicht einen Gran Bildung, um den Radiogenuß zu haben, braucht man nur gerade den Hörer vom Tisch zu nehmen und an den Kopf zu hängen und schon walzt und klingt es einem ins Ohr – gegen eine solche Bequemlichkeit kämpfen selbst die Götter vergebens. Wer nur das Minimum an geistiger und körperlicher Anstrengung und sittlicher Kraftaufbietung fordert, muß notwendigerweise in der Masse siegen, denn die Mehrzahl steht leidenschaftlich zu ihm und wer heute noch Selbständigkeit, Eigenwahl, Persönlichkeit selbst im Vergnügen verlangte, wäre lächerlich gegen so ungeheure Übermacht. Wenn die Menschheit sich jetzt zunehmend verlangweiligt und monotonisiert, so geschieht ihr eigentlich nichts anderes, als was sie im Innersten will. Selbständigkeit in der Lebensführung und selbst im Genuß des Lebens bedeutet jetzt nur so wenigen mehr ein Ziel, daß die meisten es nicht mehr fühlen, wie sie Partikel werden, mitgespülte Atome einer gigantischen Gewalt. So baden sie sich warm in dem

Strome, der sie wegreißt ins Wesenlose; wie Tacitus sagte: »ruere in servitium«, sich selbst in die Knechtschaft stürzen, diese Leidenschaft zur Selbstauflösung hat alle Nationen zerstört. Nun ist Europa an der Reihe: der Weltkrieg war die erste Phase, die Amerikanisierung ist die zweite. Darum keine Gegenwehr! Es wäre eine ungeheure Anmaßung, wollten wir versuchen, die Menschen von diesen (im Innersten leeren) Vergnügungen wegzurufen. Denn wir – um ehrlich zu sein –, was haben wir ihnen noch zu geben? Unsere Bücher erreichen sie nicht mehr, weil sie längst nicht mehr das an kalter Spannung, an kitzliger Erregung zu leisten vermögen, was der Sport und das Kino ihnen verschwenderisch geben, sie sind sogar so unverschämt, unsere Bücher, geistige Anstrengung zu fordern und Bildung als Vorbedingung, eine Mitarbeit des Gefühles und eine Anspannung der Seele. Wir sind – gestehen wir es nur zu – allen diesen Massenfreuden und Massenleidenschaften und damit dem Geist der Epoche furchtbar fremd geworden, wir, denen geistige Kultur Lebensleidenschaft ist, wir, die wir uns niemals langweilen, denen jeder Tag zu kurz wird um sechs Stunden, wir, die wir keine Totschlageapparate brauchen für die Zeit und keine Amüsiermaschinen, weder Tanz noch Kino noch Radio noch Bridge noch Modenschau. Wir brauchen nur bei einer Plakatsäule in einer Großstadt vorüberzugehen oder eine Zeitung zu lesen, in der Fußballkämpfe mit der Ausführlichkeit von homerischen Schlachten geschildert werden, um zu fühlen, daß wir schon solche Outsider geworden sind wie die letzten Enzyklopädisten während der Französischen Revolution, etwas so Seltenes, Aussterbendes im heutigen Europa wie die Gemsen und das Edelweiß. Vielleicht wird man um uns seltene letzte Exemplare einmal einen Naturschutzpark anlegen, um uns zu erhalten und als Kuriosa der Zeit respektvoll zu bewahren, aber wir müssen uns klar sein darüber, daß uns längst jede Macht fehlt, gegen diese zunehmende Gleichmäßigkeit der Welt das mindeste zu versuchen. Wir können nur in den Schatten jenes grellen Jahrmarktslichtes treten und wie die Mönche in den Klöstern während der großen Kriege und Umstürze in Chroniken und Beschreibungen einen Zustand aufzeichnend schildern, den wir wie jene für eine Verwirrung des Geistes halten. Aber wir können nichts tun, nichts hindern und nichts ändern: jeder Aufruf zum Individualismus an die Massen, an die Menschheit wäre Überheblichkeit und Anmaßung.
Rettung: so bleibt nur eines für uns, da wir den Kampf für vergeblich halten: Flucht, Flucht in uns selbst. Man kann nicht das Individuelle in

der Welt retten, man kann nur das Individuum verteidigen in sich selbst. Des geistigen Menschen höchste Leistung ist immer Freiheit, Freiheit von den Menschen, von den Meinungen, von den Dingen, Freiheit zu sich selbst. Und das ist unsere Aufgabe: immer freier werden, je mehr sich die anderen freiwillig binden! Immer vielfältiger die Interessen ausweiten in alle Himmel des Geistes hinein, je mehr die Neigung der anderen eintöniger, eingleisiger, maschineller wird! Und alles dieses ohne Ostentation! Nicht prahlerisch zeigen: wir sind anders! Keine Verachtung affichieren für alle diese Dinge, in denen vielleicht doch ein höherer Sinn liegt, den wir nicht verstehen. Uns innen absondern, aber nicht außen: dieselben Kleider tragen, von der Technik alle Bequemlichkeiten übernehmen, sich nicht vergeuden in prahlerischen Distanzierungen, in einem dummen ohnmächtigen Widerstand gegen die Welt. Still, aber frei leben, sich lautlos und unscheinbar einfügen in den äußeren Mechanismus der Gesellschaft, aber innen einzig ureigenster Neigung leben, sich seinen eigenen Takt und Rhythmus des Lebens bewahren! Nicht hochmütig wegsehen, nicht frech sich weghalten, sondern *zusehen,* zu erkennen suchen und dann wissend ablehnen, was uns nicht zugehört, und wissend erhalten, was uns notwendig erscheint. Denn wenn wir uns der wachsenden Gleichförmigkeit dieser Welt auch mit der Seele verweigern, so wohnen wir doch dankbar treu im Unzerstörbaren dieser Welt, das immer jenseits aller Wandlungen bleibt. Noch wirken Mächte, die aller Zerteilung und Nivellierung spotten. Noch bleibt die Natur wandelhaft in ihren Formen und schenkt sich Gebirge und Meer im Umschwung der Jahreszeiten ewig gestaltend neu. Noch spielt Eros sein ewig vielfältiges Spiel, noch lebt die Kunst im Gestalten unaufhörlich vielfachen Seins, noch strömt Musik in immer anders tönender Quelle aus einzelner Menschen aufgeschlossener Brust, noch dringt aus Büchern und Bild Unzahl der Erscheinung und Erschütterung. Mag all das, was man unsere Kultur nennt, mit einem widrigen und künstlichen Wort immer mehr parzelliert und vernüchtert werden – das »Urgut der Menschheit«, wie Emil Lucka die Elemente des Geistes und der Natur in seinem wunderbaren Buche nennt, ist nicht ausmünzbar an die Massen, es liegt zu tief unten in den Schächten des Geistes, in den Minengängen des Gefühls, es liegt zu weit von den Straßen, zu weit von der Bequemlichkeit. Hier im ewig umgestalteten, immer wieder neu zu gestaltenden Element erwartet den Willigen unendliche Vielfalt: hier ist unsere Werkstatt, unsere ureigenste, niemals zu monotonisierende Welt.

IM SCHNEE

Eine kleine deutsche Stadt aus dem Mittelalter, hart an der Grenze von Polen, mit der vierschrötigen Behäbigkeit, wie sie die Baulichkeiten des vierzehnten Jahrhunderts in sich tragen. Das farbige, bewegliche Bild, das sonst die Stadt bietet, ist zu einem einzigen Eindrucke herabgestimmt, zu einem blendenden, schimmernden Weiß, das hoch über den breiten Stadtmauern liegt und auch auf den Spitzen der Türme lastet, um die schon die Nacht die matten Nebelschleier gezogen hat.
Es dunkelt rasch. Das laute, wirre Straßentreiben, die Tätigkeit vieler schaffender Menschen dämpft sich zu einem verrinnenden, wie aus weiter Ferne klingenden Geräusche, das nur der monotone Sang der Abendglocken in rhythmischen Absätzen durchbricht. Der Feierabend tritt seine Herrschaft an über die abgemüdeten, schlafersehnenden Handwerker, die Lichter werden immer vereinzelter und spärlicher, um dann ganz zu verschwinden. Die Stadt liegt wie ein einziges, mächtiges Wesen im tiefen Schlafe.
Jeder Laut ist gestorben, auch die zitternde Stimme des Heidewindes ist in einem linden Schlafliede ausgeklungen; man hört das leise Lispeln der stäubenden Schneeflocken, wenn ihre Wanderung ein Ziel gefunden.
Plötzlich wird ein leiser Schall vernehmbar. Es ist wie ein ferner, eiliger Hufschlag, der näher kommt. Der erstaunte schlaftrunkene Wächter der Tore geht überrascht ans Fenster, um hinauszuhorchen. Und wirklich nähert sich ein Reiter in vollem Galopp, lenkt gerade auf die Pforte zu, und eine Minute später fordert eine rauhe, durch die Kälte eingerostete Stimme Einlaß. Das Tor wird geöffnet, ein Mann tritt ein, der ein dampfendes Pferd zur Seite führt, das er sogleich dem Pförtner übergibt; und dessen Bedenken beschwichtigt er rasch durch wenige Worte und eine größere Geldsumme, dann eilt er mit hastigen Schritten, die durch ihre Sicherheit die Bekanntschaft mit der Lokalität verraten, über den vereinsamten weißschimmernden Marktplatz hinweg, durch stille Gas-

sen und verschneite Wege, dem entgegengesetzten Ende des Städtchens zu.
Dort stehen einige kleine Häuser, knapp aneinander gedrängt, gleichsam als ob sie der gegenseitigen Stütze bedürften. Alle sind sie schmucklos, unauffällig, verraucht und schief, und alle stehen sie in ewiger Lautlosigkeit in den verborgenen Gassen. Es ist, als hätten sie nie eine frohe, in Lust überschäumende Festlichkeit gekannt, als hätte nie eine jubelnde Freude diese erblindeten, versteckten Fenster erbeben gemacht, nie ein leuchtender Sonnenschein sein schimmerndes Gold in den Scheiben gespiegelt. Einsam, wie verschüchterte Kinder, die sich vor den andern fürchten, drücken sie sich zusammen in dem engen Komplexe der Judenstadt.
Vor einem dieser Häuser, dem größten und verhältnismäßig ansehnlichsten, macht der Fremde halt. Es gehört dem Reichsten der kleinen Gemeinde und dient zugleich als Synagoge.
Aus den Ritzen der vorgeschobenen Vorhänge dringt ein heller Lichtschimmer, und aus dem erleuchteten Gemache klingen Stimmen im religiösen Gesang. Es ist das Chanukafest, das friedlich begangen wird, das Fest des Jubels und des errungenen Sieges der Makkabäer, ein Tag, der das vertriebene, schicksalgeknechtete Volk an seine einstige Kraftfülle erinnert, einer der wenigen freudigen Tage, die ihnen das Gesetz und das Leben gewährt hat. Aber die Gesänge klingen wehmütig und sehnsuchtsvoll, und das blanke Metall der Stimmen ist rostig durch die tausend vergossenen Tränen; wie ein hoffnungsloses Klagelied tönt der Sang auf die einsame Gasse und verweht.
Der Fremde bleibt einige Zeit untätig vor dem Hause, in Gedanken und Träume verloren, und schwere, quellende Tränen schluchzen in seiner Kehle, die unwillkürlich die uralten heiligen Melodien mitsingt, die tief aus seinem Herzen emporfließen. Seine Seele ist voll tiefer Andacht.
Dann rafft er sich auf. Mit zögernden Schritten geht er auf das verschlossene Tor zu, und der Türklopfer fällt mit wuchtigem Schlage auf die Türe nieder, die dumpf erzittert. Und das Erzittern vibriert durch das ganze Gebäude fort.
Augenblicklich verstummt oben der Gesang, wie auf ein gegebenes, verabredetes Zeichen. Alle sind blaß geworden und sehen sich mit verstörtem Blick an. Mit einemmale ist die Feststimmung verflogen, die Träume von der siegenden Kraft eines Juda Makkabi, dem sie im Geiste

alle begeistert zur Seite standen, sind versunken, das glänzende Reich der Juden, das vor ihren Augen war, ist dahin, sie sind wieder arme, zitternde, hilflose Juden. Die Wirklichkeit ist wieder auferstanden.
Furchtbare Stille. Der bebenden Hand des Vorbetenden ist das Gebetbuch entsunken, keinem gehorchen die bleichen Lippen. Eine entsetzliche Beklemmung hat sich im Zimmer erhoben und hält alle Kehlen mit eiserner Faust umkrampft.
Sie wissen wohl, warum. Ein furchtbares Wort war zu ihnen gedrungen, ein neues, unerhörtes Wort, dessen blutige Bedeutung sie an ihrem eigenen Volke fühlen mußten. Die Flagellanten waren in Deutschland erschienen, die wilden gotteseifrigen Männer, die in korybantischer Lust und Verzückung ihren eigenen Leib mit Geißelhieben zerfleischten, trunkene, wahnsinnswütende Scharen, die Tausende von Juden hingeschlachtet und gemartert hatten, die ihnen ihr heiligstes Palladium, den alten Glauben der Väter, gewaltsam entreißen wollten. Und das war ihre schwerste Furcht. Gestoßen, geschlagen, beraubt zu werden, Sklaven zu sein, alles hatten sie hingenommen mit einer blinden, fatalistischen Geduld; Überfälle in später Nacht mit Brand und Plünderung hatte jeder erlebt, und immer wieder lief ein Schauder durch ihre Glieder, wenn sie solcher Zeiten gedachten.
Und vor einigen Tagen war erst das Gerücht gekommen, auch gegen ihr Land, das bisher die Geißler nur dem Namen nach gekannt, sei eine Schar aufgebrochen und sollte nicht mehr ferne sein. Vielleicht waren sie schon hier?
Ein furchtbarer Schrecken, der den Herzschlag hemmte, hat jeden erfaßt. Sie sehen schon wieder die blutgierigen Scharen mit den weinberauschten Gesichtern mit wilden Schritten in die Häuser stürmen, lodernde Fackeln in der Hand, in ihren Ohren klingt schon der erstickte Hilferuf ihrer Frauen, die die wilde Lust der Mörder büßen, sie fühlen schon die blitzenden Waffen. Alles ist wie ein Traum, so deutlich und lebendig.
Der Fremde horcht hinauf, und als ihm kein Einlaß gewährt wird, wiederholt er den Schlag, der wiederum dumpf und dröhnend durch das verstummte, verstörte Haus zittert.
Inzwischen hat der Herr des Hauses, der Vorbeter, dem der weiß herabwallende Bart und das hohe Alter das Ansehen eines Patriarchen gibt, als erster ein wenig Fassung gewonnen. Mit leiser Stimme murmelt er: »Wie Gott will.« Und dann beugt er sich zu seiner Enkelin hin, einem

schönen Mädchen, das in ihrer Angst an ein Reh erinnert, welches sich mit flehenden großen Augen dem Verfolger entgegenwendet: »Sieh' hinaus, wer es ist, Lea!«

Das Mädchen, auf dessen Miene sich die Blicke aller konzentrieren, geht mit scheuen Schritten zum Fenster hin, wo sie den Vorhang mit zitternden, blassen Fingern hinwegschiebt. Und dann ein Ruf, der aus tiefster Seele kommt: »Gottlob, ein einzelner Mann.«

»Gott sei gelobt«, klingt es wie ein Seufzer der Erleichterung von allen Seiten wieder. Und nun kommt auch Bewegung in die starren Gestalten, auf denen der furchtbare Alp gelastet hat, einzelne Gruppen bilden sich, die teils in stummem Gebete stehen, andere besprechen voll Angst und Ungewißheit die unerwartete Ankunft des Fremden, der jetzt zum Tore eingelassen wird.

Das ganze Zimmer ist von einem schwülen, drückenden Duft von Scheiten und der Anwesenheit so vieler Menschen erfüllt, die alle um den reichbedeckten Festtisch versammelt gewesen waren, auf dem das Wahrzeichen und Symbol des heiligen Abends, der siebenarmige Leuchter, steht, dessen einzelne Kerzen matt durch den schwelenden Dunst brennen. Die Frauen sind in reichen, schmuckbesetzten Gewändern, die Männer in den wallenden Kleidern mit weißen Gebetbinden angetan. Und das enge Gemach ist von einer tiefen Feierlichkeit durchweht, wie sie nur die echte Frömmigkeit zu verleihen vermag.

Nun kommen schon die raschen Schritte des Fremden die Treppe herauf, und jetzt tritt er ein.

Zugleich dringt ein fürchterlicher, scharfer Windstoß in das warme Gemach, den das geöffnete Tor hereinleitet. Und eisige Kälte strömt mit der Schneeluft herein und umfröstelt alle. Der Zugwind löscht die flackernden Kerzen am Leuchter, nur eine zuckt noch ersterbend hin und her. Plötzlich ist dadurch das Zimmer in ein schweres, ungemütliches Dämmerlicht gehüllt, es ist, als ob sich jäh eine kalte Nacht von den Wänden herabsenken möchte. Mit einem Schlage ist das Behagliche, Friedliche verflogen, jeder fühlt die üble Vorbedeutung, die in dem Verlöschen der heiligen Kerzen liegt, und der Aberglaube macht sie wieder von neuem erschaudern. Aber keiner wagt ein Wort zu sprechen.

An der Türe steht ein hochgewachsener, schwarzbärtiger Mann, der kaum älter sein dürfte als dreißig Jahre, und entledigt sich rasch der Tücher und Decken, mit denen er sich gegen die Kälte vermummt hatte.

Und im Augenblicke, wo seine Züge im Dämmerschein der flackernden letzten Kerzenflamme sichtbar werden, eilt Lea auf ihn zu und umfängt ihn. Es ist Josua, ihr Bräutigam aus der benachbarten Stadt.
Auch die andern drängen sich lebhaft um ihn herum und begrüßen ihn freudig, um aber bald zu verstummen, denn er wehrt seine Braut mit ernster, trauriger Miene ab, und ein schweres sorgenvolles Wissen hat breite Furchen in seine Stirn gegraben. Alle Blicke sind ängstlich auf ihn gerichtet, der seine Worte gegen die strömende Flut seiner Empfindungen nicht verteidigen kann. Er faßt die Hände der Zunächststehenden, und leise entringt sich das schwere Geheimnis seinen Lippen: »Die Flagellanten sind da!«
Die Blicke, die sich auf ihn fragend gerichtet haben, sind erstarrt, und er fühlt, wie die Pulse der Hände, die er hält, plötzlich stocken. Mit zitternden Händen hält sich der Vorbeter an dem schweren Tische an, daß die Kristalle der Gläser leise zu singen beginnen und zitternde Töne entschwingen. Wieder hält die Angst die verzagten Herzen umkrallt und preßt den letzten Blutstropfen aus den erschreckten Gesichtern, die auf den Boten starren.
Die letzte Kerze flackert noch einmal und verlöscht. Nur die Ampel beleuchtet noch matt die verstörten, vernichteten Menschen, die das Wort wie ein Blitzstrahl getroffen hat.
Eine Stimme murmelt leise das schicksalsgewohnte, resignierte »Gott hat es gewollt!« Aber die übrigen sind noch fassungslos.
Doch der Fremde spricht weiter, abgerissen, heftig, als ob er selbst seine Worte nicht hören wollte. »Sie kommen, viele, Hunderte. Und vieles Volk mit ihnen. Blut klebt an ihren Händen, sie haben gemordet, Tausende, alle von uns, im Osten. Sie waren schon in meiner Stadt.«
Ein furchtbarer Schrei einer Frauenstimme, dessen Kraft die herabstürzenden Tränen nicht mildern können, unterbricht ihn. Ein Weib, noch jung, erst kurz verheiratet, stürzt vor ihn hin. »Sie sind dort?! Und meine Eltern, meine Geschwister? Ist ihnen ein Leid geschehen?«
Er beugt sich zu ihr nieder und seine Stimme schluchzt, wie er leise zu ihr sagt, daß es wie eine Tröstung klingt: »Sie kennen kein menschliches Leid mehr.«
Und wieder ist es still geworden, ganz still. Das furchtbare Gespenst der Todesfurcht steht unter ihnen und macht sie erzittern. Es ist keiner von ihnen, der nicht dort in der Stadt einen lieben Toten gehabt hätte.
Und da beginnt der Vorbeter, dem Tränen in den silbernen Bart

hinabrinnen und dem die spröde Stimme nicht gehorchen will, mit abgerissenen Worten das uralte, feierliche Totengebet zu singen. Und alle stimmen ein. Sie wissen es selbst nicht, daß sie singen, sie wissen nicht von Wort und Melodie, die sie mechanisch nachsprechen, jeder denkt nur an seine Lieben. Und immer mächtiger wird der Gesang, immer tiefer die Atemzüge, immer mühsamer das Zurückdrängen der emporquellenden Gefühle, immer verworrener die Worte, und schließlich schluchzen alle in wildem, fassungslosem Leid. Ein unendlicher Schmerz hat sie alle brüderlich umfangen, für den es keine Worte mehr gibt.

Tiefe Stille. Nur ab und zu ein tiefes Schluchzen, das sich nicht unterdrücken lassen will. Und dann wieder die schwere, betäubende Stimme des Erzählenden: »Sie ruhen alle bei Gott. Keiner ist ihnen entkommen. Ich allein entfloh durch Gottes Fügung.«

»Sein Name sei gelobt«, murmelt der ganze Kreis in instinktivem Frömmigkeitsgefühl. Wie eine abgebrauchte Formel klingen die Worte aus dem Munde der gebrochenen, zitternden Menschen.

»Ich kam spät in die Stadt, von einer Reise zurück; die Judenstadt war schon erfüllt von den Plünderern. Man erkannte mich nicht, ich hätte flüchten können, aber es trieb mich hin, unwillkürlich an meinen Platz, zu meinem Volke, mitten unter sie, die unter den geschwungenen Fäusten fielen. Plötzlich reitet einer auf mich zu, schlägt aus nach mir, er fehlt und schwankt im Sattel. Und da plötzlich faßt mich der Trieb zum Leben, eine Leidenschaft gibt mir Kraft und Mut, ich reiße ihn vom Pferde und stürme selbst auf seinem Roß in die Weite, in die dunkle Nacht, zu euch her; einen Tag und eine Nacht bin ich geritten.«

Er hält einen Augenblick inne. Dann sagt er mit festerer Stimme: »Genug jetzt von dem allen! Zunächst was tun?«

Und von allen Seiten die Antwort: »Flucht!« – »Wir müssen fliehen!« – »Nach Polen hinüber!«

Es ist das einzige Hilfsmittel, das alle wissen, die abgebrauchte, schmähliche und doch unersetzliche Kampfesart des Schwächeren gegen den Starken. An Widerstand denkt keiner. Ein Jude sollte kämpfen oder sich verteidigen? Das ist in ihren Augen etwas Lächerliches und Undenkbares, sie leben nicht mehr in der Zeit der Makkabäer, es sind wieder die Tage der Knechtschaft, der Ägypter gekommen, die dem Volke den ewigen Stempel der Schwäche und Dienstbarkeit aufgedrückt haben, den nicht Jahrhunderte mit den Fluten der Jahre verwaschen können.

Also Flucht!
Einer hatte die schüchterne Ansicht geltend machen wollen, man möge den Schutz der Bürger in Anspruch nehmen, aber ein verächtliches Lächeln war die Antwort gewesen. Ihr Schicksal hatte die Geknechteten immer wieder zu sich selbst und zu ihrem Gotte zurückgeführt. Ein Vertrauen auf einen Dritten kannten sie nicht mehr.
Man besprach nun alle näheren Umstände. Alle diese Männer, die immer so sehr darauf aus gewesen waren, Geld zusammenzuscharren, stimmten jetzt überein, daß man kein Opfer scheuen müßte, um die Flucht zu beschleunigen. Jedes Besitztum mußte zu barem Gelde gemacht werden, wenn auch unter den ungünstigsten Umständen, Wagen waren zu beschaffen, Gespann und das Notdürftigste zum Schutze gegen die Kälte. Mit einem Schlage hatte die Todesfurcht ihre Ghetto-Eigenschaft verwischt, ebenso wie sie die einzelnen Charaktere zu einem einzigen Willen zusammengeschmiedet. In all den bleichen, abgemüdeten Gesichtern arbeiten die Gedanken einem Ziele zu.
Und als der Morgen seine lohenden Fackeln entflammte, da war schon alles beraten und beschlossen. Mit der Beweglichkeit ihres Volkes, das die Welt durchwandert hatte, fügte sie sich dem schweren Banne der Situation, und ihre letzten Beschlüsse und Verfügungen klangen wieder in ein Gebet aus.
Jeder ging, seinen Teil am Werke zu vollbringen. Und im leisen Singen der Schneeflocken, die schon hohe Wellen in den schimmernden Straßen getürmt hatten, starb mancher Seufzer dahin.

Dröhnend fiel hinter dem letzten Wagen der Flüchtenden das große Stadttor zu.
Am Himmel leuchtete der Mond nur als schwacher Schein, aber sein Glanz versilberte die Myriaden Flocken, die übermütige Figuren tanzten, sich in den Kleidern versteckten, um die schnaubenden Nüstern der Pferde flitterten und an den Rädern knirschten, die sich nur mühsam den Weg durch die dicken Schneemassen bahnten.
In den Wagen flüsterten leise Stimmen. Frauen, die ihre Erinnerungen an die Heimatstadt, die in sicherer, selbstbewußter Größe noch knapp vor ihren Augen lag, mit wehmütigen, leise singenden Worten austauschten, helle Kinderstimmen, die nach tausend Dingen fragten und forschten, die aber immer stiller und seltsamer wurden und endlich mit einem gleichmäßigen Atem wechselten, klangen melodisch von dem

sonoren Tone der Männer ab, die sorgenvoll die Zukunft berieten und leise Gebete murmelten. Alle waren eng aneinandergeschmiegt durch das Bewußtsein ihrer Zusammengehörigkeit und aus instinktiver Furcht vor der Kälte, die aus allen Lücken und Löchern wie mit eisigem Atem hereinblies und die Finger der Lenker erstarren machte.
Der erste Wagen hielt an. Sofort blieb die ganze Reihe der übrigen stehen. Aus allen den wandernden Zelten sahen blasse Köpfe nach der Ursache des Stockens. Aus dem ersten Wagen war der Älteste gestiegen, und sämtliche folgten seinem Beispiele, denn sie hatten den Grund der Rast erkannt.
Sie waren noch nicht weit von der Stadt; durch das weiße Geriesel konnte man noch undeutlich den Turm erkennen, der sich wie eine drohende Hand aus der weiten Ebene erhebt und von dessen Spitze ein Schimmer ausgeht, wie der eines Edelsteines an einer beringten Hand.
Hier war alles glatt und weiß, wie die erstarrte Oberfläche eines Sees. Nur hie und da zeigten sich in einem abgegrenzten Raum kleine, gleichmäßige Erhöhungen, unter denen sie ihre Lieben wußten, die hier ausgestoßen und einsam, wie das ganze Volk, fern von ihrer Heimatstatt ein stilles, ewiges Bett gefunden hatten.
Tiefe Stille, die nur das leise Schluchzen durchbricht. Und heiße Tränen rinnen über die erstarrten, leiderfahrenen Gesichter herab und werden im Schnee zu blanken Eistropfen.
Vergangen und vergessen ist alle Todesfurcht, wie sie den tiefen, stummen Frieden sehen. Und alle überkommt mit einemmale eine unendliche, tränenschwere, wilde Sehnsucht nach dieser ewigen, stillen Ruhe am »guten Ort«, zusammen mit ihren Lieben. Es schläft so viel von ihrer Kindheit unter dieser weißen Decke, so viele selige Erinnerungen, so unendlich viel Glück, wie sie es nie mehr wieder erleben werden. Das fühlt jeder, und jeden faßt die Sehnsucht nach dem »guten Ort.«
Aber die Zeit drängt zum Aufbruch. Sie kriechen wieder in die Wagen hinein, eng und fest gegeneinander, denn während sie im Freien die schneidende Kälte nicht verspürt, schleicht jetzt wieder das eisige Frösteln ihre bebenden, zitternden Körper hinauf und schlägt die Zähne gegeneinander. Und im Dunkeln des Wagens finden sich die Blicke mit dem Ausdrucke einer unsagbaren Angst und eines unendlichen Leides. Ihre Gedanken aber ziehen immer wieder den Weg zurück, den die breiten Furchen der Gespanne in den Schnee eingezwängt, zurück zum Orte ihrer Sehnsucht, zum »guten Ort.«

Es ist Mitternacht vorbeigezogen. Die Wagen sind schon weit weg von der Stadt, mitten in der gewaltigen Ebene, die der Mond hell überflutet und die von den schimmernden Reflexen des Schnees wie mit weißen, wallenden Schleiern umwoben ist. Mühsam stapfen die starken Rosse durch die dicke Schichte, die sich an den Rädern zäh anheftet, langsam, fast unmerklich holpern die Gefährte weiter; es ist, als ob sie jeden Augenblick stehen bleiben würden.
Die Kälte ist furchtbar geworden und schneidet wie mit eisigen Messern in die Glieder, die schon viel von ihrer Beweglichkeit eingebüßt haben. Und nach und nach ist auch ein starker Wind erwacht, der wilde Lieder singt und an den Wagen rasselt. Wie mit gierigen Händen, die sich nach den Opfern ausrecken, reißt es an den Zeltdecken, die unablässig geschüttelt werden und nur mit Mühe von den starren Händen stärker befestigt werden können.
Und immer lauter singt der Sturm und in seinem Lied verklingen die betenden, leise lispelnden Stimmen der Männer, deren eiserstarrte Lippen nur mehr mit Anstrengung die Worte formen können. Unter dem schrillen Pfeifen erstirbt das fassungslose, zukunftsbange Schluchzen der Frauen und das eigensinnige Weinen der Kinder, denen die Kälte den Druck der Müdigkeit genommen.
Ächzend rollen die Räder durch den Schnee.
Im letzten Wagen schmiegt sich Lea an ihren Bräutigam an, der ihr mit trauriger, monotoner Stimme von dem großen Leide erzählt. Und er schlingt den starren Arm fest um ihren mädchenhaften, schmalen Körper, als wollte er sie gegen die Angriffe der Kälte und gegen jeden Schmerz behüten. Und sie sieht ihn mit dankbaren Blicken an, und in das Gewirre von Klagen und Stürmen verrinnen einige sehnsuchtszärtliche Worte, die beide an Tod und Gefahr vergessen machen.
Plötzlich ein harter Ruck, der alle zum Schwanken bringt. Und dann bleibt der Wagen stehen.
Undeutlich vernimmt man von den vorderen Gespannen her durch die tosende Flut des Sturmes laute Worte, Peitschenknall und Gemurmel von erregten Stimmen, das nicht verstummen will. Man verläßt die Wagen, eilt durch die schneidende Kälte nach vorne, wo ein Pferd des Gespannes gestürzt ist und das zweite mit sich gerissen hat. Um die Rosse herum die Männer, die helfen wollen, aber nicht können, denn der Wind stößt sie wie schwache Puppen, und die Flocken blenden ihre Augen, und die Hände sind erstarrt, kraftlos, wie Holz liegen die Finger

aneinander. Und weithin keine Hilfe, nur die Ebene, die im stolzen Bewußtsein ihrer Unendlichkeit sich ohne Linie in dem Schneedämmer verliert, und der Sturm, der ihre Rufe achtlos verschlingt.
Da wird das traurige, volle Bewußtsein ihrer Lage in ihnen wach. In neuer, furchtbarer Gestalt greift der Tod wieder nach ihnen, die hilflos zusammenstehen in ihrer Wehrlosigkeit gegen die unbekämpfbaren, unbesiegbaren Kräfte der Natur, gegen die unabwendbare Waffe des Frostes.
Immer wieder posaunt der Sturm ihnen das Wort ins Ohr: Hier mußt du sterben – sterben. Und die Todesfurcht wird in ihnen zu resignierter, hoffnungsloser Ergebenheit.
Keiner hat es laut ausgesprochen, allen kam der Gedanke zugleich. Sie klettern unbeholfen, wie es die steifen Glieder gestatten, in die Wagen hinein, eng aneinander, um zu sterben. Auf Hilfe hoffen sie nicht mehr.
Sie schmiegen sich zusammen, jeder zu seinen Liebsten, um im Tode beisammen zu sein. Draußen singt der Sturm, ihr ewiger Begleiter, ein Sterbelied, und die Flocken bauen um die Wagen einen großen, schimmernden Sarg.
Und langsam kommt der Tod. Durch alle Ecken und Poren fließt die eisige, stechende Kälte herein, wie ein Gift, das behutsam, seines Erfolges sicher, Glied auf Glied ergreift.
Langsam rinnen die Minuten, als wollten sie dem Tode Zeit geben, sein großes Werk der Erlösung zu vollführen.
Schwere, lange Stunden ziehen vorbei, deren jede verzagte Seelen in die Ewigkeit trägt.
Der Sturm singt fröhlich und lacht in wildem Hohn über dieses Drama der Alltäglichkeit. Und achtlos streut der Mond sein Silber über Leben und Tod.
Im letzten Wagen ist tiefe Stille. Einige sind schon tot, andere in dem halluzinatorischen Bann, mit dem das Erfrieren den Tod verschönt. Aber alle sind sie still und leblos, nur die Gedanken schießen noch wie heiße Blitze wirr durcheinander.
Josua hält seine Braut mit kalten Fingern umspannt. Sie ist schon tot, aber er weiß es nicht. Er träumt – Er sitzt mit ihr in dem duftdurchwärmten Gemach; der goldene Leuchter flammt mit seinen sieben Kerzen, und alle sitzen sie wieder beisammen wie einstmals. Der Abglanz des Freudenfestes ruht auf den lächelnden Gesichtern, die freundliche

Worte und Gebete sprechen. Und längst gestorbene Personen kommen zur großen Türe herein, auch seine toten Eltern, aber es wundert ihn nicht mehr. Und sie küssen sich zärtlich und sprechen vertraute Worte. Und immer mehr nahen, Juden in altväterlichen, verblichenen Trachten und Gewändern, und es kommen die Helden, Juda Makkabi und alle die andern; sie setzen sich zu ihnen und sprechen und sind fröhlich. Und immer mehr nahen. Das Zimmer ist voll von Gestalten, seine Augen werden müde vom Wechsel der Personen, die immer rascher wandeln und durcheinander jagen, sein Ohr dröhnt von dem Wirren der Geräusche. Es hämmert und dröhnt in seinen Pulsen, heißer, immer heißer –

Und plötzlich ist alles still, vorbei.

Nun ist die Sonne aufgegangen, und die Schneeflocken, die noch immer niederhasten, schimmern wie Diamanten. Und wie von Edelsteinen schimmert es auf dem breiten Hügel, der, über und über mit Schnee bedeckt, sich über Nacht aus der Ebene erhoben hat.

Es ist eine frohe, starke Sonne, beinahe eine Lenzsonne, die plötzlich zu leuchten begonnen hat. Und wirklich ist auch der Frühling nicht mehr fern. Bald wird er alles wieder knospen und grünen lassen und wird das weiße Linnen nehmen von dem Grabe der armen, verirrten, erfrorenen Juden, die in ihrem Leben einen Frühling nie gekannt.

DIE AUGEN DES EWIGEN BRUDERS

Nicht durch Vermeidung jeder Tat wird wahrhaft man vom Tun befreit,
Nie kann man frei von allem Tun auch einen Augenblick nur sein.
Bhagavad-Gita, 3. Gesang

Was ist denn Tat? was ist Nichttun? – Das ist's, was Weise selbst verwirrt.
Denn achten muß man auf die Tat, achten auf unerlaubtes Tun.
Muß achten auf das Nichttun auch – der Tat Wesen ist abgrundtief.
Bhagavad-Gita, 4. Gesang

Dieses ist die Geschichte Viratas,
den sein Volk rühmte mit den vier Namen der Tugend, von dem aber nicht geschrieben ist in den Chroniken der Herrscher noch in den Büchern der Weisen und dessen Andenken die Menschen vergaßen.

In den Jahren, ehe noch der erhabene Buddha auf Erden weilte und die Erleuchtung der Erkenntnis eingoß in seine Diener, lebte im Land der Birwagher bei einem König Rajputas ein Edler, Virata, den sie den Blitz des Schwertes nannten, weil er ein Krieger war, kühn vor allen andern, und ein Jäger, dessen Pfeile nie fehlten, dessen Lanze nie sich vergeblich schwang und dessen Arm niederfiel wie ein Donner über den Schwung seines Schwertes. Seine Stirne war hell, aufrecht standen seine Augen vor der Frage der Menschen: nie ward seine Hand gekrümmt gesehen zum bösen Knollen der Faust, nie seine Stimme gehört im Schreie des Zorns. Er diente als ein Treuer dem Könige, und seine Sklaven dienten ihm in Ehrfurcht, denn keiner war als rechtlicher gekannt an den fünf Strömungen des Flusses: vor seinem Hause beugten sich die Frommen, wenn sie vorübergingen, und die Kinder lächelten in den Stern seines Auges, wo sie ihn erblickten.
Es geschah aber, daß Unheil fiel über den König, dem er diente. Seines Weibes Bruder, den er zum Verwalter gesetzt über die Hälfte seines

Reiches, gelüstete es nach der Gänze, und er hatte heimlich die besten Krieger des Königs mit Geschenken verlockt, daß sie ihm dienten. Und er hatte die Priester beredet, daß sie nächtens die heiligen Reiher des Sees ihm brachten, die ein Zeichen der Herrschaft waren seit tausend und tausend Jahren in dem Geschlecht der Birwagher. Elefanten und Reiher rüstete der Feindliche im Felde, sammelte die Unzufriedenen der Berge zu einem Kriegsheer und zog drohend gegen die Stadt.
Der König ließ von morgens bis abends die kupfernen Becken schlagen und aus den weißen Hörnern von Elfenbein blasen; nachts zündeten sie Feuer auf den Türmen und warfen die zerriebenen Schuppen der Fische in die Lohe, daß sie gelb aufglühten unter den Sternen als Zeichen der Not. Aber wenige nur kamen; die Kunde vom Raube der heiligen Reiher war schwer auf die Herzen der Führer gefallen und machte sie zag: der oberste der Krieger und der Hüter der Elefanten, die bewährtesten unter den Feldherren, weilten schon im Lager des Feindes, vergebens blickte der Verlassene nach Freunden (denn er war ein harter Herr gewesen, streng im Gericht und ein grausamer Eintreiber der Fron). Und er sah keinen von den bewährten unter den Hauptleuten und keinen der Anführer des Feldes vor seinem Palaste, nur ratlose Schar von Sklaven und Knechten.
In dieser seiner Not gedachte der König Viratas, der ihm Botschaft der Treue gesandt bei dem ersten Ruf der Hörner. Er ließ die Sänfte von Ebenholz rüsten und sie hintragen vor sein Haus. Virata neigte sich zur Erde nieder, da der König der Trage entstieg, aber der König umfing ihn wie ein Flehender und bat ihn, das Heer zu führen wider den Feind. Virata neigte sich und sprach: »Ich will es tun, Herr, und nicht wiederkehren in dies Haus, ehe die Flamme des Aufruhrs erstickt ist unter dem Fuß deiner Knechte.«
Und er sammelte seine Söhne, seine Sippen und Sklaven, stieß mit ihnen zu dem Haufen der Getreuen und reihte ihn zum Kriegszuge. Den ganzen Tag wanderten sie durch das Dickicht bis zum Flusse, auf dessen anderem Ufer die Feinde in unendlicher Zahl gesammelt waren, prahlend ihrer Menge und Bäume fällend für eine Brücke, daß sie des Morgens kämen und, selbst eine Flut, das Land mit Blut überschwemmten. Aber Virata kannte von der Jagd des Tigers eine Furt oberhalb der Brücke, und als das Dunkel gesunken war, führte er Mann für Mann die Getreuen durch das Wasser, und nachts fielen sie unversehens über den schlafenden Feind. Sie schwangen Pechfackeln, daß die Elefanten und

Büffel scheu wurden und die Schlafenden auf ihrer Flucht zerstampften und die Lohe weiß in die Zelte sprang. Virata aber war als erster in das Zelt des Widerkönigs gestürmt, und ehe die Schlafenden aufschreckten, hatte er schon zwei mit dem Schwerte geschlagen und den dritten, als er eben auffuhr und nach dem seinen griff. Den vierten und den fünften aber schlug er Mann wider Mann im Dunkel, dem einen die Stirn, dem andern in die noch nackte Brust. Sobald sie aber lautlos lagen, Schatten zwischen Schatten, stellte er sich quer vor den Eingang des Zeltes, jedem zu wehren, der eindringen wollte, das Zeichen des Gottes, die weißen Reiher, zu retten. Doch es kamen der Feinde nicht mehr, sie jagten hin in sinnlosem Schrecken und hinter ihnen mit Jubelschreien die siegreichen Knechte. Flucht fuhr vorüber und ward ferner und ferner. Da setzte sich Virata gequerten Knies vor das Zelt beruhigt nieder, das blutige Schwert in Händen, und wartete, bis die Gefährten wiederkämen von ihrer brennenden Jagd.
Es dauerte aber nur ein geringes, da ward Gottes Tag wach hinter dem Walde, die Palmen brannten im goldenen Rot der Frühe und funkelten wie Fackeln in den Strom. Blutig brach die Sonne auf, die feurige Wunde im Osten. Da erhob sich Virata, legte das Gewand ab, trat zum Strome, die Hände über dem Haupte erhoben, und neigte sich betend vor Gottes leuchtendem Auge; dann stieg er nieder in den Strom zur heiligen Waschung, und das Blut floß ab von seinen Händen. Nun aber das Licht in weißer Welle sein Haupt anrührte, trat er zurück an das Ufer, hüllte sich in sein Gewand und ging hellen Antlitzes wieder zum Zelte, die Taten der Nacht im Morgen zu beschauen. Schreck in den Zügen starr bewahrend, aufgesperrten Auges und zerrissener Gebärde lagen die Toten: mit gespellter Stirne der Widerkönig und mit aufgestoßener Brust der Ungetreue, der vordem Heerführer gewesen im Lande der Birwagher. Virata schloß ihnen die Augen und schritt weiter, die andern zu sehen, die er im Schlafe geschlagen. Sie lagen noch halb verhüllt von ihren Matten, zweier Antlitz ließ ihn fremd, es waren Sklaven des Verführers aus dem Südland mit wolligem Haar und von schwarzem Gesicht. Da er aber des letzten Antlitz zu sich wandte, ward es ihm dunkel vor den Blicken, denn sein älterer Bruder Belangur, der Fürst der Gebirge, war dies, den jener zur Hilfe gezogen und den er nächtens unwissend erschlagen mit eigener Hand. Zuckend beugte er sich nieder zu des Hingekrümmten Herzen. Aber es schlug nicht mehr, starr standen die offenen Augen des Erschlagenen, und ihre schwarzen

Kugeln bohrten sich ihm bis ins Herz. Da ward Viratas Atem ganz klein, und wie ein Abgestorbener saß er zwischen den Toten, abgewandten Blicks, daß nicht das starre Auge jenes, den seine Mutter vor ihm geboren, ihn anklage um seiner Tat willen.
Bald doch flog Rufen her; wie die wilden Vögel jauchzten von der Verfolgung die Knechte sich heran zum Zelt, reich bebeutet und heiteren Sinns. Da sie den Widerkönig geschlagen fanden in der Mitte der Seinen und geborgen die heiligen Reiher, tanzten sie und sprangen, küßten Virata, der achtlos zwischen ihnen saß, das niederhangende Gewand und rühmten ihn mit neuem Namen als den Blitz des Schwertes. Und immer mehr kamen, sie luden die Beute auf Karren, doch so tief sanken die Räder unter der Last, daß sie mit Dornen die Büffel schlagen mußten und die Barken zu sinken drohten. Ein Bote sprang in den Fluß und eilte voraus, Kunde dem Könige zu bringen, die andern aber säumten bei der Beute und jubelten ihres Sieges. Schweigend indes und wie ein Träumender saß Virata. Nur einmal erhob er die Stimme, als sie den Toten das Gewand rauben wollten vom Leibe. Dann stand er auf, befahl, Balken zu raffen und die Leichname auf die Scheiter zu schichten, damit sie verbrannt würden und ihre Seelen rein eingingen in die Verwandlung. Die Knechte wunderten sich, daß er so tat an Verschwörern, deren Leiber zerrissen werden sollten von den Schakalen des Walds und deren Gebeine verbleichen im Grimm der Sonne; doch sie taten nach seinem Geheiß. Als die Scheiterhaufen geschichtet waren, entzündete Virata selber die Flamme und warf Wohlgeruch und Sandel in das glimmende Holz – dann wandte er sein Antlitz und stand in Schweigen, bis die Hölzer rot stürzten und in Asche die Glut zu Boden sank.
Inzwischen hatten die Sklaven die Brücken geendigt, die gestern prahlend die Knechte des Widerkönigs begonnen, voran zogen die Krieger, gekränzt mit Pisangblüten, dann folgten die Knechte und zu Pferde die Fürsten. Virata ließ sie voran, denn ihr Singen und Schreien gellte ihm in der Seele, und als er ging, war ein Abstand zwischen jenen und ihm nach seinem Willen. In der Mitte der Brücke hielt er inne und sah lange hinab in das fließende Wasser zur Rechten und zur Linken – vor ihm aber und hinter ihm hielten, daß sie den Raum wahrten, staunend die Krieger. Und sie sahen, wie er den Arm hob mit dem Schwerte, als wollte er es schwingen wider den Himmel, doch im Sinken ließ er den Griff lässig gleiten, und das Schwert sank in die Flut. Von beiden Ufern sprangen nackte Knaben ins Wasser, um es wieder emporzutauchen,

vermeinend, es sei ihm versehentlich entglitten, doch Virata wies sie strenge zurück und schritt weiter, unbewegten Gesichtes und dunkelnder Stirne, zwischen den verwunderten Knechten. Kein Wort bog mehr seine Lippe, indes sie Stunde um Stunde die gelbe Straße der Heimat entgegenzogen.

Noch waren sie ferne den Jaspistoren und zackigen Türmen Birwaghas, da stieg schon eine Wolke weiß in den Himmel, und die Wolke rollte heran, Läufer und Reiter, den Staub überjagend. Und sie hielten inne, da sie den Heerzug sahen, und breiteten Teppiche auf die Straße zum Zeichen, daß der König ihnen entgegenkäme, dessen Sohle irdischen Staub nie berührt von der Stunde der Geburt bis zum Tode, da die Flamme seinen geläuterten Leib umfängt. Und schon nahte von ferne auf dem uralten Elefanten der König, umringt von seinen Knaben. Der Elefant sank, dem Stachel gehorchend, in die Knie, und der König stieg nieder auf den gebreiteten Teppich. Virata wollte sich beugen vor seinem Herrn, aber der König schritt auf ihn zu und umfing ihn mit beiden Armen, eine Ehrung an einem Geringeren, wie sie noch nicht erhört war in der Zeit oder verzeichnet in den Büchern. Virata ließ die Reiher bringen, und als sie die weißen Flügel schlugen, brach Jubel aus, daß die Rosse sich bäumten und die Führer mit dem Stachel die Elefanten zähmen mußten. Der König umarmte, da er die Zeichen des Sieges erschaute, Virata zum andernmal und winkte einem Knechte. Der brachte das Schwert des Heldenvaters der Rajputas, das seit siebenmal siebenhundert Jahren in der Schatzkammer der Könige gelegen, ein Schwert, dessen Griff weiß war von Edelsteinen und in dessen Klinge mit goldenen Zeichen geheime Worte des Sieges geschrieben standen in der Vorväter Schrift, die selbst die Weisen nicht mehr wußten und die Priester des großen Tempels. Und der König reichte Virata das Schwert der Schwerter als die Gabe seines Dankes und zum Wahrbild, daß er von nun ab der oberste seiner Krieger sei und der Heerführer seiner Völker.

Aber Virata beugte sein Antlitz zur Erde und hub es nicht auf, indem er sagte:

»Darf ich eine Gnade erbitten von dem gnädigsten und eine Bitte von dem großmütigsten der Könige?«

Der König sah nieder zu ihm und sagte:

»Sie ist gewährt, noch ehe du dein Auge aufschlägst zu mir. Und fordertest du die Hälfte meines Reiches, so ist sie dein eigen, sobald du die Lippe rührst.«

Da sprach Virata:
»So gestatte, mein König, daß dies Schwert im Schatzhause bleibe, denn ich habe ein Gelöbnis getan in meinem Herzen, kein Schwert mehr anzufassen, seit ich heute meinen Bruder erschlug, den einzigen, der mit mir aus einem Schoß wuchs und der mit mir spielte auf meiner Mutter Händen.«
Erstaunt blickte ihn der König an. Dann sprach er: »So sei ohne Schwert der oberste meiner Krieger, damit ich mein Reich sicher wisse vor jedem Feind, denn nie hat einer der Helden besser ein Heer geführt gegen die Übermacht: nimm meinen Gurt als Zeichen der Macht und dies mein Roß, daß dich alle erkennen als höchsten meiner Krieger.«
Aber Virata beugte noch einmal sein Antlitz zur Erde und erwiderte:
»Der Unsichtbare hat mir ein Zeichen gesandt, und mein Herz hat es verstanden. Ich erschlug meinen Bruder, auf daß ich nun wisse, daß jeder, der einen Menschen erschlägt, seinen Bruder tötet. Ich kann nicht Führer sein im Kriege, denn im Schwerte ist Gewalt, und Gewalt befeindet das Recht. Wer teilhat an der Sünde der Tötung, ist selbst ein Toter. Ich aber will, daß nicht Furcht ausgehe von mir, und lieber das Brot des Bettlers essen, denn unrecht tun wider dies Zeichen, das ich erkannte. Ein kurzes ist das Leben in der ewigen Verwandlung, laß mein Teil mich leben als ein Gerechter.«
Des Königs Antlitz ward dunkel eine Weile, und solche Stille des Schreckens stand um ihn, wie vordem Fülle des Lärmes gewesen, denn noch nie ward es erhört in den Zeiten der Väter und Urväter, daß ein Freier des Königs sich gewehrt und ein Fürst ein Geschenk nicht nahm von seinem Könige. Dann aber blickte der Herrscher auf zu den heiligen Reihern, den Zeichen des Sieges, die jener erbeutet, und sein Antlitz erhellte sich von neuem, da er sagte:
»Als tapfer habe ich dich von je erkannt wider meine Feinde, Virata, und als einen Gerechten vor allen Dienern meines Reiches. Muß ich dich missen im Kriege, so will ich dich nicht entbehren in meinem Dienste. Da du Schuld kennst und Schuld wägst als ein Gerechter, sollst du der oberste meiner Richter sein und Urteil sprechen auf der Treppe meines Palastes, damit die Wahrheit gewahrt sei in meinen Mauern und das Recht gehütet im Lande.«
Virata neigte sich vor dem König und faßte sein Knie zum Zeichen des Dankes. Der König hieß ihn den Elefanten besteigen zu seiner Seite, und

sie zogen ein in die sechzigtürmige Stadt, deren Jubel wider sie schlug wie ein stürmendes Meer.

Von der Höhe der rosafarbenen Treppe, im Schatten des Palastes sprach nun Virata im Namen des Königs Recht von Sonnenaufgang bis Sonnenuntergang. Sein Wort aber war gleich einer Waage, die lange zittert, ehe sie eine Schwere mißt; klar ging sein Blick in die Seele des Schuldigen und seine Fragen drangen in die Tiefe der Verbrechen beharrlich hinab wie ein Dachs in das Dunkel der Erde. Strenge war sein Spruch, doch nie fällte er gleichen Tages das Urteil, immer legte er die kühle Spanne der Nacht zwischen Verhör und Bannung: die langen Stunden bis Sonnenaufgang hörten ihn die Seinen dann auf dem Dache des Hauses oft ruhelos schreiten, nachsinnend über Recht und Unrecht. Ehe er aber ein Urteil sprach, tauchte er die Hände und die Stirne in das Wasser, daß sein Spruch lauter sei von der Hitze der Leidenschaft. Und immer, da er ihn gesprochen, fragte er den Missetäter, ob sein Wort ihm Irrtum dünke; doch selten nur geschah es, daß einer dawider redete; stumm küßten sie die Schwelle seines Sitzes und nahmen gesenkten Hauptes die Strafe wie von Gottes Mund.
Niemals aber sprach Viratas Mund Botschaft des Todes auch über den Schuldigsten und wehrte denen, die ihn mahnten. Denn er scheute das Blut. Den runden Brunnen der Urväter Rajputas, über dessen Rand der Henker die Häupter zum Hiebe beugte und dessen Steine schwarz waren von geronnenem Blute, wusch der Regen wieder weiß in den Jahren. Und doch ward im Lande des Unheils nicht mehr. Er verschloß die Missetäter in den felsenen Kerker oder tat sie in die Berge, wo sie Steine brechen mußten für die Mauern der Gärten, und in die Reismühlen am Flusse, wo sie die Räder mit den Elefanten drehten. Aber er ehrte das Leben, und die Menschen ehrten ihn, denn nie war ein Fehl ermessen an seinem Spruche, nie Lässigkeit in seiner Frage, nie Zorn in seinem Worte. Weit vom Lande kamen die Bauern im Wagen der Büffel mit ihrem Streit, daß er ihn schlichte, die Priester horchten seiner Rede und der König seinem Rat. Sein Ruhm wuchs, wie der junge Bambus wächst, aufrecht und hell in einer Nacht, und die Menschen vergaßen seines Namens von einst, da sie ihn als Blitz des Schwertes priesen, und nannten ihn weithin im Lande Rajputas die Quelle der Gerechtigkeit.
Im sechsten Jahre nun, da Virata Recht sprach von der Stufe des Vorhofs,

geschah es, daß Kläger einen Jüngling vom Stamme der Kazaren brachten, der Wilden, die über den Felsen hausen und andern Göttern dienen. Seine Füße waren wund, so viele Tagereisen hatten sie ihn hergetrieben, und vierfach umschlangen Fesseln seine mächtigen Arme, daß er niemandem Gewalt anhaben konnte, wie es sein Auge drohend verhieß, das zornig rollte unter den verfinsterten Brauen. Sie stellten ihn an die Treppe und warfen den Gebundenen gewaltsam ins Knie vor dem Richter, dann neigten sie sich selbst und hoben die Hände zum Zeichen der Klage.

Virata sah staunend auf die Fremden: »Wer seid ihr, Brüder, die ihr von ferne kommt, und wer ist dieser, den ihr in Fesseln vor mich bringt?«

Es neigte sich der Älteste unter ihnen und sprach: »Hirten sind wir, Herr, friedlich wohnende im östlichen Lande, dieser aber ist der Böseste des bösen Stammes, ein Untier, das mehr Menschen geschlagen, als Finger sind an seiner Hand. Ein Mann unseres Dorfes hat ihm die Tochter verweigert zum Weibe, weil jene von unfrommen Sitten sind, Hundeesser und Kuhtöter, und sie einem Kaufmann des Tales zur Gattin gegeben. Da ist er in seinem Zorne als Räuber in unsere Herde gefahren, er hat den Vater geschlagen und seine drei Söhne des Nachts, und wann immer ein Mann jenes Mannes Vieh trieb an die Grenzen des Gebirges, hat er ihn getötet. Elf aus unserem Dorfe hat er so vom Leben zum Tode gebracht, bis wir uns zusammentaten und den Bösen jagten wie ein Wild und ihn herbrachten zu dem gerechtesten aller Richter, damit du das Land erlösest von dem Gewalttäter.«

Virata hob das Antlitz dem Gefesselten entgegen:

»Ist es wahr, was jene sprechen?«

»Wer bist du? Bist du der König?«

»Ich bin Virata, sein Diener und der Diener des Rechts, da ich um Sühne sorge für Schuld und das Wahre sondere vom Falschen.«

Der Gefesselte schwieg lange. Dann gab er strengen Blick:

»Wie kannst du wissen, was wahr ist und was falsch, aus der Ferne, da dein Wissen sich nur tränkt von der Rede der Menschen!«

»Gegen ihre Rede möge deine Widerrede streiten, damit ich die Wahrheit erkenne.«

Verächtlich hob der Gefesselte die Brauen:

»Ich streite nicht mit jenen. Wie kannst du wissen, was ich tat, da ich selbst nicht weiß, was meine Hände tun, wenn Zorn über mich fällt. Ich habe recht getan an jenem, der ein Weib verkaufte um Geld, recht getan

an seinen Kindern und Knechten. Mögen sie klagen wider mich. Ich verachte sie und ich verachte deinen Spruch.«
Wie ein Sturm fuhr Zorn durch die andern, da sie hörten, daß der Verstockte den gerechten Richter schmähte, und der Knecht des Gerichtes hob den dornigen Stock schon zum Schlage. Aber Virata winkte ihren Zorn nieder und wiederholte noch einmal Frage um Frage. Immer wenn ihm Antwort ward von den Klägern, fragte er von neuem den Gefesselten. Doch der preßte die Zähne in ein böses Lachen zusammen und sprach nur noch einmal:
»Wie willst du die Wahrheit wissen aus den Worten der andern?«
Die Sonne stand steil über ihren Häuptern im Mittag, da Viratas Fragen zu Ende war. Und er erhob sich und wollte, wie es sein Brauch war, heimgehen und den Spruch erst künden am nächsten Tage. Aber die Kläger hoben die Hände. »Herr«, sagten sie, »sieben Tage sind wir gewandert vor dein Antlitz, und sieben Tage heimwärts will unsere Reise. Wir können nicht warten bis morgen, denn das Vieh verdurstet ohne Tränke und der Acker will unseren Pflug. Herr, wir flehen, sprich deinen Spruch!«
Da setzte sich Virata wieder nieder auf die Stufe und sann. Sein Antlitz war gespannt wie das eines, der schwere Last trägt auf seinem Haupte, denn nie war es ihm geschehen, Urteil wider einen zu sprechen, der nicht Gnade erbat und sich wehrte im Wort. Lange sann er, und die Schatten wuchsen auf mit den Stunden. Dann trat er zum Brunnen, wusch Antlitz und Hände in der Kühle des Wassers, damit sein Wort frei sei von der Hitze der Leidenschaft, und sagte: »Möge mein Spruch gerecht sein, den ich spreche. Todschuld hat dieser auf sich geladen, elf Lebendige gejagt aus ihrem warmen Leib in die Welt der Verwandlung. Ein Jahr reift das Leben des Menschen verschlossen im Schoße der Mutter, so sei dieser für jeden, den er getötet, verschlossen ein Jahr im Dunkel der Erde. Und weil er Blut gestoßen elfmal aus der Menschen Leib, sei er elfmal des Jahres gegeißelt, bis das Blut aus ihm springe, damit er zahle mit der Zahl seiner Opfer. Seines Lebens aber sei er nicht gestraft, denn von den Göttern ist das Leben, und nicht darf der Mensch an Göttliches rühren. Möge der Spruch gerecht sein, den ich sprach keinem zu Willen als der großen Vergeltung.« Und wiederum setzte sich Virata auf die Stufe, die Kläger küßten die Treppe zum Zeichen der Ehrfurcht. Der Gefesselte aber starrte finster in des Richters Blick, der ihm fragend entgegenkam. Da sagte Virata:

»Ich habe dich gerufen, daß du mich zur Milde mahnest und mir helfest wider deine Kläger, doch deine Lippen blieben verschlossen. Ist ein Irrtum in meinem Spruch, so klage vor dem Ewigen mich nicht an, sondern dein Schweigen. Ich wollte dir milde sein.«
Der Gefesselte fuhr auf: »Ich will deine Milde nicht. Was ist deine Milde, die du gibst, gegen das Leben, das du mir nimmst in einem Atemzuge?«
»Ich nehme dir dein Leben nicht.«
»Du nimmst mir mein Leben und nimmst es grausamer, als es die Häuptlinge unseres Stammes tun, den sie den wilden nennen. Warum tötest du mich nicht? Ich habe getötet, Mann gegen Mann, du aber läßt mich einscharren wie ein Aas im Dunkel der Erde, daß ich faule an den Jahren, weil dein Herz feig ist vor dem Blute und dein Eingeweide ohne Kraft. Willkür ist dein Gesetz und Marter dein Spruch. Töte mich, denn ich habe getötet.«
»Ich habe deine Strafe gerecht gemessen ...«
»Gerecht gemessen? Wo aber ist dein Maß, du Richter, nach dem du missest? Wer hat dich gegeißelt, daß du die Geißel kennst, wie zählst du die Jahre spielerisch an den Fingern, als ob sie ein gleiches wären, wie Stunden im Licht und die verschütteten im Dunkel der Erde? Hast du im Kerker gesessen, daß du weißt, wie viele Frühlinge du nimmst von meinen Tagen? Ein Unwissender bist du und kein Gerechter, denn nur wer ihn fühlt, weiß um den Schlag, nicht wer ihn führt; nur wer gelitten hat, darf Leid messen. Schuldige vermißt sich dein Hochmut zu strafen, und bist selbst der Schuldigste aller, denn ich habe im Zorn Leben genommen, im Zwange meiner Leidenschaft, du aber tust kalten Blutes mein Leben von mir und mißt mir ein Maß, das deine Hand nicht gewogen und dessen Wucht sie nie geprüft. Steh weg von der Stufe der Gerechtigkeit, du Richter, daß du nicht herabgleitest! Weh dem, der mißt mit dem Maße der Willkür, weh dem Unwissenden, der meint, er wisse um das Recht. Steh weg von der Stufe, unwissender Richter, und richte nicht lebendige Menschen mit dem Tode deines Wortes!«
Bleich fuhr dem Schreienden Haß vom Munde, und wieder fielen die andern zornig über ihn. Aber Virata wehrte ihnen nochmals, wandte sein Haupt vorbei von dem Wilden und sagte leise: »Ich kann den Spruch nicht zerbrechen, der auf dieser Schwelle getan wird! Möge er ein gerechter gewesen sein.«

Dann ging Virata, indes sie jenen faßten, der sich wehrte in seinen Fesseln. Aber noch einmal hielt der Richter inne und wandte sich zurück: da standen starr und böse ihm des Hingeschleppten Augen entgegen. Und mit einem Schauer fuhr es Virata ins Herz, wie ähnlich sie seines toten Bruders Augen waren in jener Stunde, da er damals von seiner eigenen Hand erschlagen lag im Zelte des Widerkönigs...
An jenem Abend sprach Virata kein Wort mehr zu Menschen. Des Fremden Blick stak in seiner Seele wie ein brennender Pfeil. Und die Seinen hörten ihn die ganze Nacht, Stunde um Stunde, schlaflos auf dem Dach seines Hauses schreiten, bis der Morgen rot zwischen den Palmen aufbrach.

In dem heiligen Teiche des Tempels nahm Virata das Bad der Frühe und betete gen Osten, dann trat er wieder in sein Haus, wählte das gelbe Gewand des Festes, grüßte ernst die Seinen, die staunend und doch ohne Frage sein feierlich Tun betrachteten, und ging allein zu dem Palaste des Königs, der ihm offenstand zu jeder Stunde des Tages und der Nacht. Virata neigte sich vor dem Könige und berührte den Saum seines Kleides zum Zeichen der Bitte.
Der König sah hell zu ihm nieder und sagte: »Dein Wunsch hat mein Kleid berührt. Er ist erfüllt, ehe du ihm Worte gibst, Virata.«
»Du hast mich zum obersten deiner Richter gesetzt. Sieben Jahre richte ich in deinem Namen und weiß nicht, ob ich recht gerichtet habe. Gönne mir einen Mond lang Stille, damit ich einen Weg zur Wahrheit gehe, und gönne mir, daß ich den Weg verschweige vor dir und allen andern. Ich will eine Tat tun ohne Unrecht und leben ohne Schuld.«
Der König staunte:
»Arm wird mein Reich sein an Gerechtigkeit von diesem Monde zum andern. Doch ich frage dich nicht nach deinem Wege. Möge er dich zur Wahrheit führen.«
Virata küßte die Schwelle zum Zeichen des Dankes, neigte nochmals das Haupt und ging.
Aus der Helle trat er in sein Haus, rief Weib und Kinder zusammen: »Einen runden Mond lang werdet ihr mich nicht schauen. Nehmt Abschied von mir und fraget nicht.«
Scheu blickte die Frau, fromm blickten die Söhne. Zu jedem beugte er sich und küßte ihn zwischen die Augen. »Nun geht in eure Räume, schließt euch ein, daß keiner mir nachsehe in meinen Rücken, wohin ich

gehe, wenn ich aus der Türe trete. Und fraget nicht nach mir, ehe der Mond sich erneut.«

Und sie wandten sich, jeder in Schweigen.

Virata tat ab das festliche Kleid und tat ein dunkles an, betete vor den Bildnissen des tausendgestaltigen Gottes, ritzte in Palmblätter viele Schrift, die er rollte zu einem Brief. Mit dem Dunkel machte er sich dann auf aus seinem schweigenden Hause und ging zum Felsen vor der Stadt, wo die Erzgruben der Tiefe waren und die Gefängnisse. Er schlug an des Pförtners Tür, bis von der Matte der Schlafende aufstand und rief, wer ihn fordere: »Virata bin ich, der oberste der Richter. Ich bin gekommen, nach jenem zu sehen, den sie gestern brachten.«

»In der Tiefe ist er verschlossen, Herr, im untersten Raume der Dunkelheit. Soll ich dich führen, Herr?«

»Ich kenne den Raum. Gib mir den Schlüssel und lege dich zur Ruhe. Morgens wirst du den Schlüssel finden vor deiner Tür. Und schweige zu jedem, daß du mich heute gesehen.«

Der Pförtner neigte sich, brachte den Schlüssel und eine Leuchte. Virata winkte ihm, stumm trat der Dienende zurück und warf sich auf die Matte. Er aber tat das kupferne Tor auf, das die Höhlung des Felsens verschloß, und stieg nieder in die Tiefe des Kerkers. Vor hundert Jahren schon hatten die Könige Rajputas in diese Felsen ihre Gefangenen zu verschließen begonnen, und jeder der Verschlossenen höhlte Tag für Tag tiefer den Berg hinab und schuf neue Gelasse in dem kalten Gestein für neue Knechte des Kerkers nach ihm.

Einen Blick noch warf Virata, ehe er nun die Türe zutat, nach dem aufgetanen Viereck des Himmels mit den weißen, springenden Sternen, dann schloß er die Pforte, und Dunkel schwoll ihm feucht entgegen, über das unsicher der Schein seiner Leuchte sprang wie ein suchendes Tier. Noch hörte er das weiche Rauschen des Windes in den Bäumen und die gellen Schreie der Affen: in der ersten Tiefe war aber dies nur mehr ein leises Brausen von weit, in der zweiten Tiefe stand schon Stille wie unter dem Spiegel des Meeres, reglos und kalt. Von Steinen wehte nur Feuchte und nicht mehr Duft irdischer Erde, und je tiefer er stieg, desto härter hallte sein Schritt in dem Starren der Stille.

Im fünften Gelaß, tiefer unter der Erde, als die höchsten Palmen aufgreifen zum Himmel, war des Gefangenen Zelle. Virata trat ein und hob die Leuchte wider den dunklen Klumpen, der kaum sich regte, bis Licht über ihn strich. Eine Kette klirrte.

Virata beugte sich über ihn: »Erkennst du mich?« »Ich erkenne dich. Du bist der, den sie zum Herrn setzten über mein Schicksal und der es zertreten unter seinem Fuß.«
»Ich bin keines Herr. Ein Diener bin ich des Königs und der Gerechtigkeit. Ich bin gekommen, ihr zu dienen.«
Finster sah der Gefangene auf und starrte in des Richters Gesicht: »Was willst du von mir?«
Virata schwieg lange, dann sagte er:
»Ich habe dir wehe getan mit meinem Wort, aber auch du hast mir ein Weh getan mit deinen Worten. Ich weiß nicht, ob mein Spruch gerecht gewesen, aber eine Wahrheit war in deinem Wort: es darf keiner messen mit einem Maße, das er nicht kennt. Ein Unwissender war ich und will wissend werden. Hunderte habe ich gesandt in diese Nacht, vielen habe ich vieles getan und weiß nicht um meine Tat. Nun will ich es erfahren, will lernen, um gerecht zu sein und ohne Schuld einzugehen in die Verwandlung.«
Der Gefangene starrte noch immer. Leise klirrte die Kette.
»Ich will wissen, was ich dir zusprach, den Biß der Geißel will ich kennen am eigenen Leib und die gefesselte Zeit in meiner Seele. Für einen Mond will ich an deine Stelle treten, damit ich wisse, wieviel ich dir zugezählt an Sühne. Dann erneuere ich den Spruch von der Schwelle, wissend um seine Wucht und Schwere. Du gehe inzwischen frei. Ich will dir den Schlüssel geben, der dich ins Licht führt, und dir einen Mond lang dein Leben frei lassen, so du mir Wiederkehr gelobst – dann wird von dem Dunkel dieser Tiefe Licht sein in meinem Wissen.«
Wie Stein stand der Gefangene. Die Kette klirrte nicht mehr.
»Schwöre mir bei der unbarmherzigen Göttin der Rache, die jeden erreicht, daß du schweigst wider alle diesen Mond lang, und ich will dir den Schlüssel geben und mein eigenes Kleid. Den Schlüssel legst du vor des Pförtners Gelaß und gehst frei. Doch mit deinem Eide bleibst du gebunden vor dem tausendförmigen Gotte, daß du nach des Mondes Umkreis dieses Schreiben hinbringst dem Könige, damit ich gelöst werde und nochmals richte nach Gerechtigkeit. Schwörst du, dies zu tun, beim tausendförmigen Gotte?«
»Ich schwöre« – wie aus der Tiefe der Erde brach es dem Bebenden von der Lippe.
Virata löste die Kette und streifte sein eigen Kleid von der Schulter.
»Hier, nimm dies Kleid, gib mir das deine und verdecke dein Antlitz, daß

kein Wächter dich erkenne. Und nun fasse dies Schermesser und schere mir Haar und Bart, daß auch ich jenen nicht kenntlich sei.«
Der Gefangene nahm das Schermesser, doch bebend sank ihm die Hand. Gebietend aber drang des andern Blick in ihn ein, und er tat, wie ihm geheißen. Lange schwieg er. Dann warf er sich hin, und schreiend sprang ihm das Wort aus dem Munde:
»Herr, ich dulde nicht, daß du leidest um meinetwillen. Ich habe getötet, habe Blut vergossen mit heißer Hand. Gerecht war dein Spruch.«
»Nicht du kannst es wägen und nicht ich, doch bald werde ich erleuchtet sein. Geh nun hin, wie du geschworen, und tritt am Tage des gerundeten Monds vor den König, daß er mich löse: dann werde ich wissend sein um die Taten, die ich tue, und mein Wort für immer ohne Unrecht. Geh!«
Der Gefangene beugte sich und küßte die Erde ... Schwer fiel die Türe in das Dunkel, noch einmal sprang Licht von der Leuchte gegen die Wände, dann stürzte die Nacht über die Stunden.
Am nächsten Morgen wurde Virata, den niemand erkannte, auf das Feld vor die Stadt geführt und dort gegeißelt. Als ihm der zuckende Hieb zum erstenmal auf den nackten Rücken sprang, schrie Virata auf. Dann preßte er die Zähne zusammen. Bei dem siebzigsten Streich aber ward es dunkel vor seinen Sinnen, und sie trugen ihn fort wie ein totes Tier.
In der Zelle hingestreckt erwachte er wieder, und ihm war, als läge er mit dem Rücken über brennendem Feuer. Um seine Stirn aber war Kühle, Duft von wilden Kräutern sog er ein mit dem Atem: er fühlte, daß eine Hand war über seinem Haar und daß Lindes von ihr niederträufelte. Leise öffnete er den Spalt der Lider und sah: die Frau des Pförtners stand neben ihm und wusch ihm sorgend die Stirne. Und als er jetzt das Auge voll aufschlug zu ihr, strahlte der Stern des Mitleids ihm aus ihrem Blick entgegen. Und durch den Brand seines Leibes erkannte er den Sinn alles Leidens in der Gnade der Güte. Leise lächelte er auf zu ihr und spürte nicht mehr seine Qual.
Am zweiten Tage konnte er sich schon erheben und sein kaltes Geviert abtasten mit den Händen. Er fühlte, wie eine Welt neu wuchs mit jedem Schritt, den er tat, und am dritten Tage narbten die Wunden. Sinn und Kraft kehrten zurück. Nun saß er still und spürte die Stunden an den Tropfen nur, die niederfielen von der Wand und das große Schweigen teilten in viele kleine Zeiten, die still wuchsen zu Tag und Nacht, wie ein Leben aus Tausenden von Tagen selbst wieder wächst zu Mannheit und Alter. Niemand sprach auf ihn ein, Dunkel stand starr in seinem Blut,

aber von innen stieg nun bunt Erinnerung in leisem Quell, floß mählich zusammen in einen ruhenden Teich der Schau, darin sein ganzes Leben gespiegelt war. Was er verteilt erlebt, rann nun in eines, und kühle Klarheit ohne Wellenschlag hielt das gereinigte Bild in der Schwebe des Herzens. Nie war sein Sinn so rein gewesen wie in diesem Gefühl reglosen Schauens in gespiegelte Welt.
Mit jedem Tage nun ward Viratas Auge heller, aus dem Dunkel hoben sich die Dinge ihm entgegen und vertrauten seinem Spüren die Formen. Und auch innen ward alles heller in gelassener Schau: die lindere Lust der Betrachtung, wunschlos hinschwellend über den Schein eines Scheines, die Erinnerung, spielte mit den Formen der Verwandlung wie die Hände des Gefesselten mit den zerstreuten Kieseln der Tiefe. Selbst sich entschwunden, reglos gebannt, unkund der Formen eigenen Wesens im Dunkel, spürte er stärker des tausendförmigen Gottes Gewalt und sich selbst hinwandern durch die Gestalten, keiner anhängend, klar gelöst von der Knechtschaft des Willens, tot im Lebendigen und lebendig im Tode... Alle Angst der Vergängnis ging hin in sanfte Lust der Erlösung vom Leibe. Ihm war, als sänke er mit jeder Stunde tiefer ins Dunkel hinab, zu Stein und schwarzer Wurzel der Erde, und doch trächtig neuen Keims, Wurm vielleicht, dumpf wühlend in der Scholle oder Pflanze, aufstrebend mit stoßendem Schaft, oder Fels nur, kühl ruhend in seliger Unbewußtheit des Seins.
Achtzehn Nächte genoß Virata das göttliche Geheimnis hingegebenen Schauens, losgelöst von eigenem Willen und ledig des Stachels zum Leben. Seligkeit schien ihm, was er als Sühne getan, und schon fühlte er in sich Schuld und Verhängnis nur wie Traumbilder über dem ewigen Wachen des Wissens. In der neunzehnten Nacht aber fuhr er auf aus dem Schlaf: ein irdischer Gedanke hatte ihn angerührt. Wie glühende Nadel bohrte er sich ein in sein Hirn. Schreck schüttelte ihm graß seinen Leib, und die Finger zitterten an seiner Hand wie Blätter am Holze. Dies aber war der Gedanke des Schreckens: der Gefangene könnte untreu werden an seinem Schwur und ihn vergessen, und er müsse hier liegenbleiben tausend und tausend und tausend Tage, bis das Fleisch ihm von den Knochen fiele und die Zunge erstarrte im Schweigen. Noch einmal sprang der Wille zum Leben wie ein Panther auf in seinem Leibe und zerriß die Hülle: Zeit strömte ein in seine Seele und Angst und Hoffen, die Wirrnis des Menschen. Er konnte nicht mehr denken an den tausendförmigen Gott des ewigen Lebens, sondern nur an sich, seine

Augen hungerten nach Licht, seine Beine, die sich scheuerten am harten Stein, wollten Weite, wollten Sprung und Lauf. An Weib und Söhne, an Haus und Habe, an die heiße Versuchung der Welt mußte er denken, die mit Sinnen getrunken wird und gefühlt mit der wachen Wärme des Blutes.

Von diesem Tage des Erinnerns schwoll die Zeit, die bisher zu seinen Füßen stumm gelegen wie ein schwarzer, spiegelnder Teich, empor in sein Denken; wie ein Strom schoß sie her, aber immer wieder wider ihn. Er wollte, daß sie ihn mitreiße und hinschwemme wie einen springenden Balken zu der erstarrten Stunde der Befreiung. Aber gegen ihn strömte sie: mit ringendem Atem quälte er, ein verzweifelter Schwimmer, ihr Stunde um Stunde ab. Und ihm war, als zögerten mit einemmal die Tropfen des Wassers an der Wand im Falle, so weit schwoll die Spanne der Zeit zwischen ihnen. Er konnte nicht mehr länger verweilen auf seinem Lager. Der Gedanke, jener würde seiner vergessen und er müsse hier faulen im Keller des Schweigens, trieb ihn wie einen Kreisel zwischen den Wänden. Die Stille würgte ihn: er schrie die Steine an mit Worten des Schimpfens und der Klage, er fluchte sich und den Göttern und dem Könige. Mit blutenden Nägeln krallte er am spottenden Felsen und rannte mit dem Schädel gegen die Türe, bis er sinnlos zu Boden fiel, um wachend wieder aufzuspringen und, eine rasende Ratte, auf und ab durch das Viereck zu rennen.

In diesen Tagen, vom achtzehnten der Abgeschiedenheit bis zum neuen Monde, durchlebte Virata Welten des Entsetzens. Ihn widerte Speise und Trank, denn Angst füllte seinen Leib. Keinen Gedanken mehr konnte er halten, nur seine Lippen zählten die Tropfen, die niederfielen, um die Zeit, die unendliche, zu zerteilen von einem Tage zum andern. Und ohne daß er es wußte, war das Haupt grau geworden über seinen hämmernden Schläfen.

Am dreißigsten Tag aber erhob sich ein Lärmen vor der Türe und fiel zurück in eine Stille. Dann hallten Schritte, auf sprang die Tür, Licht brach ein, und vor dem Begrabenen des Dunkels stand der König. Und er umfaßte ihn liebend, da er sprach: »Ich habe von deiner Tat vernommen, die größer ist als eine, die je vernommen ward in den Schriften der Väter. Wie ein Stern wird sie hoch glänzen über dem Niedern unseres Lebens. Tritt heraus, daß das Feuer Gottes dich beglänze und das Volk seligen Auges einen Gerechten schaue.«

Virata hob die Hand vor das Auge, denn das Licht stach dem Entwöhnten

zu grell den Blick, und innen wogte purpurn das Blut. Wie ein Trunkener stieg er auf, und die Knechte mußten ihn stützen. Ehe er aber vor das Tor trat, sprach er:
»Du hast mich, König, einen Gerechten genannt, ich aber weiß nun, daß jeder, der Recht spricht, unrecht tut und sich anfüllt mit Schuld. Noch sind Menschen in dieser Tiefe, die leiden durch mein Wort, und nun erst weiß ich um ihr Leiden und weiß: nichts darf mit nichts vergolten werden. Laß, König, jene frei und scheuche das Volk vor meinem Schritt, denn ich schäme mich seines Rühmens.«
Der König tat einen Wink, und die Knechte scheuchten das Volk. Es war wieder Stille um sie. Dann sagte der König:
»Auf der obersten Stufe des Palastes saßest du, um Recht zu sprechen. Nun aber, da du weiser warst, als je ein Richter gewesen, durch wissendes Leiden, sollst du neben mir sitzen, daß ich deinem Worte lausche und selber wissend werde an deiner Gerechtigkeit.«
Virata aber faßte sein Knie zum Zeichen der Bitte: »Laß mich ledig sein meines Amtes! Ich kann nicht mehr wahrsprechen, seit ich weiß: keiner kann keines Richter sein. Es ist Gottes, zu strafen, und nicht der Menschen, denn wer an Schicksal rührt, fällt in Schuld. Und ich will mein Leben leben ohne Schuld.«
»So sei«, antwortete der König, »nicht Richter im Reiche, sondern Ratgeber meines Tuns, daß du mir weisest Krieg und Frieden, Steuer und Zins in Gerechtigkeit und ich nicht irre im Entschluß.«
Nochmals umfaßte Virata des Königs Knie:
»Nicht Macht gib mir, König, denn Macht reizt zur Tat, und welche Tat, mein König, ist gerecht und nicht wider ein Schicksal? Rate ich Krieg, so säe ich Tod, und was ich rede, wächst zu Taten, und jede Tat zeugt einen Sinn, den ich nicht weiß. Gerecht kann nur sein, der nicht teilhat an keines Geschick und Werk, der einsam lebt: nie war ich näher der Erkenntnis, als da ich einsam war, ohne der Menschen Wort, und nie freier von Schuld. Laß mich friedsam leben in meinem Hause, ohne andern Dienst als den des Opfers vor den Göttern, daß ich rein bleibe aller Schuld.«
»Ungern lasse ich dich«, sagte der König, »aber wer darf einem Weisen widerreden und eines Gerechten Willen verderben? Lebe nach deinem Willen, es ist Ehre meines Reiches, daß einer in seinen Grenzen lebt und wirkt ohne Schuld.«
Sie traten vor das Tor, dann ließ ihn der König. Allein ging Virata und

sog die süße Luft der Sonne, leicht war ihm die Seele wie nie, da er heimging, ein Freier alles Dienstes, in sein Haus. Hinter ihm klang leise ein fliehender Tritt nackten Fußes, und als er sich wandte, war es der Verurteilte, dessen Qual er genommen. Er küßte den Staub seiner Spur, beugte sich scheu und entschwand. Da lächelte Virata seit jener Stunde, da er seines Bruders starres Auge gesehen, wieder zum erstenmal und ging froh in sein Haus.

In seinem Hause lebte Virata Tage des Lichts. Sein Erwachen war dankbares Gebet, daß er die Helle des Himmels sehen durfte statt der Finsternis, daß er Farbe und Duft der heiligen Erde spürte und die klare Musik, die im Morgen wirkt. Täglich nahm er wie ein großes Geschenk das Wunder des Atems und den Zauber der freien Glieder, fromm fühlte er den eigenen Leib, den weichen seines Weibes, den starken seiner Söhne, allüberall der Gegenwart des tausendförmigen Gottes beseligt gewahr, beflügelt die Seele von lindem Stolz, daß er nirgends über sein Leben hinaus an fremdes Schicksal griff und niemals feindlich rührte an eine der tausend Formen des unsichtbaren Gottes. Von morgens bis abends las er in den Büchern der Weisheit und übte sich in den Arten der Andacht, die da sind: das Schweigen der Versenkung, die liebende Vertiefung im Geiste, das Wohltun an den Armen und das opfernde Gebet. Sein Sinn aber war heiter geworden, milde seine Rede auch zum geringsten seiner Knechte, und die Seinen liebten ihn mehr, als sie ihn jemals geliebt. Den Armen war er ein Helfer und den Unglücklichen ein Tröster. Vieler Menschen Gebet schwebte um seinen Schlaf, und sie nannten ihn nicht mehr wie einst den »Blitz des Schwertes« und »die Quelle der Gerechtigkeit«, sondern »den Acker des Rats«. Denn nicht nur die Nachbarn kamen von der Straße, sondern von ferne auch zogen die Fremden vor ihn, daß er ihren Streit schlichte, obwohl er nicht mehr Richter im Lande war, und fügten sich ohne Zögern seinem Wort. Virata war des glücklich, denn er fühlte, daß Raten besser sei als Befehlen, und Schlichten besser als Richten: ohne Schuld empfand er sein Leben, seit er kein Schicksal mehr zwang und doch an vieler Menschen Schicksal schaltend rührte. Und er liebte den Mittag seines Lebens mit aufgeheiterten Sinnen.

So gingen drei Jahre und noch drei dahin wie ein heller Tag. Immer linder ward Viratas Gemüt: wenn ein Streit vor ihn kam, verstand er kaum mehr in seiner Seele, daß so viel Unruhe war auf Erden und die Menschen sich drängten mit der kleinen Eifersucht des Eigenen, da sie doch das weite Leben hatten und den süßen Duft des Seins. Er beneidete keinen, und keiner beneidete ihn. Wie eine Insel des Friedens stand sein Haus im geebneten Leben, unberührt von den Sturzbächen der Leidenschaft und dem Strom der Begier.

Eines Abends, im sechsten Jahr seiner Stille, war Virata schon zur Ruhe gegangen, als er plötzlich gelles Schreien hörte und das nasse Geräusch von Schlägen. Er sprang von seinem Lager und sah, daß seine Söhne einen Sklaven in die Knie geworfen hatten und mit der Nilpferdpeitsche über den Rücken schlugen, daß Blut aufsprang. Und die Augen des Sklaven, in gepreßter Qual aufgerissen, starrten ihn an: wieder sah er des gemordeten Bruders Blick von einst in seiner Seele. Virata eilte zu, hielt ihren Arm an und fragte, was hier geschehen.

Es ergab sich aus der Rede und Widerrede, daß jener Sklave, dessen Dienst es war, das Wasser aus dem Felsenbrunnen zu schöpfen und in hölzernen Kufen zum Hause zu bringen, mehrmals schon in der Hitze des Mittags, Erschöpfung vorgebend, zu spät mit seiner Last angelangt und wiederholt gezüchtigt ward, bis er gestern, nach einer sonderlich harten Bestrafung, entlaufen war. Die Söhne Viratas hatten ihm zu Pferde nachgesetzt und ihn schon jenseits des Flusses in einem Dorf erreicht, mit einem Seil an den Sattel des Rosses gebunden, so daß er, halb gezerrt, halb laufend, mit zerrissenen Füßen wieder heim mußte, wo ihm eben noch unerbittlichere Züchtigung zur eigenen Warnung und jener der andern Sklaven (die schauernd, mit zitternden Knien den Hingestreckten betrachteten) verabreicht wurde, bis Virata durch sein Kommen die gewalttätige Peinigung unterbrach.

Virata blickte hinab auf den Sklaven. Der Sand unter seinen Sohlen war gefeuchtet von Blut. Die Augen des Verschreckten standen offen wie die eines Tieres, das geschlachtet werden sollte, und Virata sah hinter ihrer schwarzen Starre das Grauen, das einst in seiner eigenen Nacht gewesen.

»Laßt ihn los«, sagte er zu den Söhnen, »sein Vergehen ist gesühnt.«

Der Sklave küßte den Staub vor seinen Schuhen. Zum erstenmal traten die Söhne verdrossen von des Vaters Seite. Virata kehrte in seinen Raum zurück. Unbewußt, was er tat, wusch er sich Stirn und Hände, um bei der Berührung plötzlich erschreckt zu erkennen, was sein wacher Sinn vergessen: daß er zum erstenmal wieder Richter gewesen und Spruch gesprochen in ein Schicksal. Und zum erstenmal seit sechs Jahren floh ihn wieder der Schlaf.

Da er aber schlaflos im Dunkel lag, kamen die Augen, die erschreckten,

des Sklaven auf ihn zu (oder waren es jene des gemordeten Bruders?) und die zornigen seiner Söhne, und er fragte und fragte sich, ob nicht ein Unrecht geschehen sei von seinen Kindern an diesem Knecht. Blut hatte um geringer Lässigkeit willen den Sand seines Hauses genetzt, Geißel war in lebendigen Leib gefahren für kleinliche Versäumnis, und diese Schuld brannte ihn mehr als die Geißelschläge, die er selbst dereinst aufspringen gefühlt wie heiße Nattern über seinen Rücken. Keinem Freien freilich war diese Züchtigung geschehen, sondern einem Sklaven, dessen Leib sein eigen war vom Mutterschoß an nach dem Gesetz des Königs. War aber dies Gesetz des Königs auch ein Recht vor dem tausendförmigen Gotte, daß eines Menschen Leib ganz in fremdem Willen floß, frei jeder Willkür, und jeder schuldlos sei wider ihn, ob er ihm auch dies Leben zerriß oder verstörte?
Virata stand auf von seinem Lager und entzündete ein Licht, um in den Büchern der Unterweisung ein Zeichen zu finden. Nirgends traf sein Blick Unterscheidung zwischen Mensch und Menschen als in der Ordnung der Kasten und Stände, nirgends aber war im tausendförmigen Sein Unterschied und Abstand in der Forderung der Liebe. Immer durstiger trank er Wissen in sich ein, denn nie war seine Seele aufgespannter gewesen in der Frage; da warf sich die Flamme am Span des Lichts noch einmal hoch und erlosch.
Wie aber jetzt Dunkel von den Wänden stürzte, überkam es Virata geheimnisvoll: nicht sein Raum sei dies mehr, den er blinden Blickes umtaste, sondern der Kerker von einst, in dem er damals schreckfühlend erkannt, daß Freiheit das tiefste Anrecht des Menschen sei und keiner keinen verschließen dürfe, nicht auf ein Leben und nicht auf ein Jahr. Diesen Sklaven aber, so erkannte er, hatte er eingeschlossen in den unsichtbaren Kreis seines Willens und gekettet an den Zufall seiner Entschließung, daß kein eigener Schritt seines Lebens ihm mehr frei war. Klarheit kam in ihn, indes er still saß und fühlte, wie die Gedanken seine Brust so aufweiteten, bis von unsichtbarer Höhe Licht in ihn eindrang. Nun ward ihm bewußt, daß auch hier noch Schuld in ihm gewesen, solange er Menschen in seinen Willen tat und Sklaven nannte nach einem Gesetz, das nur jenes brüchige der Menschen war und nicht jenes ewige des tausendförmigen Gottes. Und er neigte sich im Gebet: »Dank dir, Tausendförmiger, der du mir Boten sendest aus allen deinen Formen, daß sie mich aufjagen aus meiner Schuld, immer näher dir entgegen auf dem unsichtbaren Wege deines Willens! Gib, daß ich sie

erkenne in den ewig anklagenden Augen des ewigen Bruders, der allorts mir begegnet, der aus meinen Blicken sieht und dessen Leiden ich leide, damit ich mein Leben rein wandle und atme ohne Schuld.«

Viratas Antlitz war wieder heiter geworden, hellen Auges trat er in die Nacht, trank den weißen Gruß der Sterne, das schwellende Sausen des Frühwinds tiefatmend in sich und ging durch die Gärten zum Flusse. Als die Sonne sich von Osten erhob, tauchte er nieder in die heilige Flut und kehrte heim zu den Seinen, die versammelt waren zum Gebet des Morgens.

Er trat in ihren Kreis, grüßte mit gutem Lächeln, winkte die Frauen in ihre Gemächer zurück, dann sprach er zu seinen Söhnen:

»Ihr wißt, daß seit Jahren nur eine Sorge meine Seele bewegt: ein Gerechter zu sein und ohne Schuld zu leben auf Erden; nun ist es gestern geschehen, daß Blut floß in die Scholle meines Hauses, Blut eines lebendigen Menschen, und ich will frei sein dieses Blutes und Sühne tun für das Vergehen im Schatten meines Daches. Der Sklave, der um ein Geringes zu hart gebüßt ward, soll Freiheit haben von dieser Stunde und gehen, wohin es ihn gelüstet, damit er nicht vor dem letzten Richter einst klage wider euch und mich.«

Schweigend standen die Söhne, und Virata fühlte ein Feindliches in diesem Verstummen.

»Ich spüre ein Schweigen wider mein Wort. Auch wider euch will ich nichts tun, ohne euch zu hören.«

»Einem Schuldigen, der sich verging, willst du Freiheit schenken, Belohnung statt Bestrafung«, begann der älteste Sohn. »Viele Diener haben wir im Haus, und es zählte nicht dieser eine. Aber jede Tat wirkt über sich hinaus und ist verknüpft mit der Kette. Lässest du diesen ledig, wie darfst du die andern, die dein eigen sind, dann halten, wenn sie fortbegehren?«

»Wenn sie fortbegehren aus meinem Leben, so muß ich sie lassen. Keines Lebendigen Schicksal will ich halten, denn wer Schicksale formt, fällt in Schuld.«

»Aber du lösest das Zeichen des Rechts«, hub der zweite Sohn an, »diese Sklaven sind unser eigen wie die Erde und der Baum dieser Erde und die Frucht dieses Baumes. So sie dir dienen, sind sie gebunden an dich und du gebunden an sie. An eine Reihe rührst du, die seit Jahrtausenden wächst durch die Zeiten: der Sklave ist nicht Herr seines Lebens, sondern Diener seines Herrn.«

»Es gibt nur ein Recht vom Gotte, und dies Recht ist das Leben, das jedem eingetan ward mit dem Atem seines Mundes. Zum Guten mahnst du mich, der ich verblendet war und frei zu sein meinte von Schuld: fremdes Leben habe ich genommen seit Jahren. Nun aber sehe ich klar und weiß: ein Gerechter darf nicht Menschen zum Tiere machen. Ich will allen die Freiheit geben, damit ich ohne Schuld sei wider sie auf Erden.«

Trotz stand auf den Stirnen der Söhne. Und hart antwortete der Älteste:

»Wer wird die Felder tränken mit Wasser, daß der Reis nicht verschmachte, wer die Büffel führen im Felde? Sollen wir Knechte werden um deines Wahns willen? Du selbst hast die Hände nicht gemüht mit Arbeit ein Leben lang und nie dich bekümmert, daß dein Leben wuchs auf fremdem Dienst. Und ist doch auch fremder Schweiß in der geflochtenen Matte, darauf du lagst, und über deinem Schlaf wachte der Wedel der Diener. Und mit einmal willst du sie von dir jagen, daß niemand sich mühe als wir, dein eigenes Blut? Sollen wir vielleicht noch die Büffel lösen vom Pfluge und die Stränge ziehen an ihrer Statt, damit sie die Geißel nicht treffe? Denn auch ihnen fließt des Tausendförmigen Atem vom Munde. Nicht rühre, Vater, an das Bestehende, denn auch dies ist von dem Gotte. Nicht willig tut die Erde sich auf, Gewalt muß ihr getan werden, damit Frucht ihr entquelle, Gewalt ist Gesetz unter den Sternen, nicht können wir ihrer entbehren.«

»Ich aber will ihrer entbehren, denn Macht ist selten im Recht, und ich will ohne Unrecht leben auf Erden.«

»Macht ist in allem Haben, sei es Mensch oder Tier oder die geduldige Erde. Wo du Herr bist, mußt du auch Herrscher sein: wer besitzt, ist gebunden an das Schicksal der Menschen.«

»Ich aber will mich lösen von allem, was mich in Schuld bringt. So befehle ich euch, die Knechte freizugeben im Hause und selbst zu schaffen für unsere Notdurft.«

Zorn schwoll in den Blicken der Söhne, kaum konnten sie ihr Murren verhalten. Dann sagte der Älteste: »Du hast gesagt, keines Menschen Willen wollest du beugen. Nicht befehlen magst du deinen Sklaven, damit du nicht fallest in Schuld; uns aber befiehlst du und stößt in unser Leben. Wo ist, ich frage dich, hier Recht vor Gott und den Menschen?«

Virata schwieg lange. Als er den Blick hob, sah er die Flamme der

Habgier in ihren Blicken, und Grauen kam über seine Seele. Dann sagte er leise:
»Ihr habt mich recht belehrt. Ich will nicht Gewalt tun wider euch. Nehmt das Haus und teilt es nach eurem Willen, ich habe nicht teil mehr an der Habe und nicht an der Schuld. Wohl hast du gesprochen: wer herrscht, macht unfrei die andern, doch seine Seele vor allem. Wer leben will ohne Schuld, darf nicht teilhaben an Haus und fremdem Geschick, darf sich nicht nähren von fremder Mühe, nicht trinken von anderer Schweiß, darf nicht hängen an der Wollust des Weibes und der Trägheit des Sattseins: nur wer allein lebt, lebt seinem Gotte, nur der Tätige fühlt ihn, nur die Armut hat ihn ganz. Ich aber will dem Unsichtbaren näher sein als der eigenen Erde, ich will leben ohne Schuld. Nehmt das Haus und teilt es in Frieden.«
Virata wandte sich und ging. Seine Söhne standen erstaunt; die gesättigte Habsucht brannte ihnen süß im Leibe, und doch waren sie beschämt in ihrer Seele.

Virata aber schloß sich ein in seine Kammer, hörte auf Ruf nicht und Mahnung. Erst als die Schatten in die Nacht fielen, rüstete er sich zum Wege, nahm einen Stab, die Almosenschale, ein Beil zum Werk, eine Handvoll Früchte zur Zehrung und die Palmblätter mit den Schriften der Weisheit zur Andacht, schürzte sein Gewand über die Knie hoch und ließ schweigend sein Haus, ohne sich noch einmal umzuwenden nach Weib, Kindern und aller Gemeinschaft seiner Habe. Die ganze Nacht wanderte er bis zu dem Flusse, in den er einst in bitterer Stunde des Erwachens sein Schwert gesenkt, überquerte die Furt und zog dann stromaufwärts am andern Ufer, wo nirgends Bebautes war und die Erde den Pflug noch nicht kannte.
Um die Morgenröte kam er an eine Stelle, wo der Blitz in einen uralten Mangobaum gefahren und eine Lichtung in das Dickicht gebrannt. Der Fluß strich lind im Bogen vorbei, und ein Schwarm von Vögeln umschwärmte das niedere Wasser, um furchtlos zu trinken. Helle war hier vom offenen Strom und Schatten im Rücken von den Bäumen. Zersplittert vom Schlage lag noch Holz umher und geknicktes Gesträuch. Virata besah das einsam lichte Geviert inmitten des Waldes. Und er beschloß, hier eine Hütte zu bauen und sein Leben ganz der Betrachtung zu leben, abseits von den Menschen und ohne Schuld.
Fünf Tage zimmerte er an der Hütte, denn seine Hände waren der Arbeit

entwöhnt. Und auch dann noch war sein Tagewerk voll Mühe, denn er mußte sich Früchte suchen für seine Nahrung, das Dickicht von seiner Hütte wehren, das gewaltsam wieder heranwuchs, und einen Raum roden im Kreise mit spitzen Pflöcken, damit die Tiger, die hungrig im Dunkel brüllten, nicht herankämen des Nachts. Kein Laut von Menschen aber drang in sein Leben und verstörte ihm die Seele, still strömten die Tage vorbei wie das Wasser im Strome, sanft erneuert von unendlicher Quelle.

Nur die Vögel kamen noch immer, der ruhende Mann ängstigte sie nicht, und bald nisteten sie an seiner Hütte. Er streute ihnen Samen der großen Blumen und harte Früchte hin. Willig sprangen sie zu und scheuten nicht mehr seine Hände, sie flogen von den Palmen nieder, wenn er sie lockte, er spielte mit ihnen, und sie ließen sich vertraut von ihm berühren. Einmal fand er in dem Walde einen jungen Affen, der, ein Bein gebrochen und kindisch schreiend, auf dem Boden lag. Er nahm ihn zu sich und zog ihn auf, bis er gelehrig wurde und ihm in spielhafter Weise nachahmerisch diente wie ein Knecht. So war er sanft umgeben von Lebendigem, aber er wußte immer, daß auch in den Tieren die Gewalt schlummerte und das Böse wie im Menschen. Er sah, wie die Alligatoren einander bissen und jagten im Zorne, wie Vögel Fische mit spitzem Schnabel aus der Flut rissen und wiederum wie Schlangen die Vögel plötzlich ringelnd umpreßten: die ungeheure Kette der Vernichtung, die jene feindliche Göttin um die Welt geschlungen, ward ihm offenbar als Gesetz, dagegen das Wissen sich nicht weigern konnte. Doch dies tat wohl, nur als Schauender über diesen Kämpfen zu sein, unteilhaft jeder Schuld am wachsenden Kreise der Vernichtung und Befreiung.

Ein Jahr und manche Monde hatte er keinen Menschen gesehn. Einmal aber geschah es, daß ein Jäger eines Elefanten Spur folgte zur Tränke und vom jenseitigen Ufer seltsames Bild erschaute. Da saß, umleuchtet vom gelben Schimmer des Abends, vor schmaler Hütte ein Weißbart, Vögel nisteten friedlich in seinem Haar, ein Affe schlug mit hellen Schlägen ihm Nüsse vor den Füßen entzwei. Er aber sah auf zu den Wipfeln, wo blau und bunt die Papageien schaukelten, und als er mit einmal die Hand erhob, rauschten sie, eine goldene Wolke, herab und flogen in seine Hände. Dem Jäger aber dünkte, er hätte den Heiligen gesehen, von dem verheißen war, »die Tiere werden zu ihm sprechen mit der Stimme von Menschen, und die Blumen wachsen unter seinen Schritten. Er kann die

Sterne pflücken mit den Lippen und weghauchen den Mond mit einem Atem seines Mundes.« Und der Jäger ließ seine Jagd und eilte heimwärts, das Erschaute zu berichten.
Am nächsten Tage schon drängten Neugierige her, das Wunder vom andern Ufer zu erspähen, immer mehr wurden der Erstaunten, bis einer unter ihnen Virata erkannte, den Verschollenen seiner Heimat, der Haus und Erbe gelassen um der großen Gerechtigkeit willen. Weiter flog die Kunde, und sie erreichte den König, der schmerzlich den Getreuen vermißte, und er ließ eine Barke rüsten mit viermal sieben Ruderknechten. Und sie schlugen die Ruder, bis das Boot stromaufwärts kam an die Stelle von Viratas Hütte, dann warfen sie Teppiche vor des Königs Fuß, der dem Weisen entgegenschritt. Es waren aber ein Jahr und sechs Monde, daß Virata die Stimme von Menschen nicht mehr gehört; scheu stand er und zögernd vor seinen Gästen, vergaß die Beugung des Dieners vor dem Gebieter und sagte nur: »Gesegnet sei dein Kommen, mein König.«
Der König umfing ihn:
»Seit Jahren sehe ich deinen Weg entgegengehen der Vollendung, und ich bin gekommen, das Seltene zu schauen, wie ein Gerechter lebt, auf daß ich von ihm lerne.«
Virata neigte sich:
»Mein Wissen ist einzig dies, daß ich verlernte, mit Menschen zu sein, um ledig zu bleiben aller Schuld. Nur sich selbst kann der Einsame belehren. Nicht weiß ich, ob es Weisheit ist, was ich tue, nicht weiß ich, ob es Glück ist, was ich fühle – nichts weiß ich zu raten und nichts zu lehren. Die Weisheit des Einsamen ist eine andere denn die der Welt, das Gesetz der Betrachtung ein anderes denn das der Tat.«
»Aber schon Schauen, wie ein Gerechter lebt, ist Lernen«, antwortete der König. »Seit ich dein Auge gesehn, fühle ich schuldlose Freude. Mehr begehre ich nicht.«
Virata neigte sich abermals. Und abermals umfaßte ihn der König:
»Kann ich dir einen Wunsch erfüllen in meinem Reiche oder ein Wort bringen an die Deinen?«
»Nichts ist mein mehr, mein König, oder alles auf dieser Erde. Ich habe vergessen, daß mir einst ein Haus war unter andern Häusern und Kinder unter andern Kindern. Der Heimatlose hat die Welt, der Abgelöste die Gänze des Lebens, der Schuldlose den Frieden. Ich habe keinen Wunsch, denn schuldlos zu bleiben auf Erden.«

»So lebe wohl und gedenke mein in dieser Andacht.«
»Ich gedenke des Gottes, und so gedenke ich auch dein und aller auf dieser Erde, die sein Teil sind und sein Atem.«
Virata beugte sich. Das Boot des Königs glitt wieder abwärts den Strom, und viele Monde hörte der Einsame keines Menschen Stimme mehr.
Noch einmal hob der Ruhm Viratas die Flügel auf und flog wie ein weißer Falke über das Land. Bis in die fernsten Dörfer und an die Hütten des Meeres ging die Kunde von jenem, der Haus und Erbe gelassen, um das wahre Leben der Andacht zu leben, und die Menschen nannten den Gottfürchtigen mit dem vierten Namen der Tugend, den »Stern der Einsamkeit«. Die Priester rühmten seine Entsagung in den Tempeln und der König vor seinen Dienern; sprach aber ein Richter im Lande einen Spruch, so fügte er bei: »Möge mein Wort gerecht sein, wie jenes Viratas gewesen, der nun dem Gotte lebt und um alle Weisheit weiß.«
Es geschah nun manchmal und immer öfter mit den Jahren, daß ein Mann, wenn er das Unrecht seines Tuns und den dumpfen Sinn seines Lebens erkannte, Haus und Heimat ließ, sein Eigen verschenkte und in den Wald wanderte, sich wie jener eine Hütte zu zimmern und dem Gotte zu leben. Denn das Beispiel ist das stärkste Band auf Erden, das die Menschen bindet; jede Tat weckt in andern den Willen zum Rechten, daß er aufspringt vom Schlummer seines Träumens und tätig die Stunden erfüllt. Und diese Erwachten wurden inne ihres leeren Lebens, sie sahen das Blut an ihren Händen und die Schuld in ihren Seelen; so huben sie sich auf und gingen ins Abseits, sich eine Hütte zu zimmern wie jener, nur noch der nackten Notdurft des Körpers zu leben und der unendlichen Andacht. Wenn sie einander begegneten beim Früchtesuchen am Wege, sprachen sie kein Wort, um nicht neue Gemeinschaft zu schließen, aber ihre Augen lächelten einander freudig zu und ihre Seelen boten sich Frieden. Das Volk aber nannte jenen Wald die Siedlung der Frommen. Und kein Jäger streifte durch seine Wildnis, um die Heiligkeit nicht durch Mord zu verstören.
Einmal nun, als Virata morgens im Walde schritt, sah er einen der Einsiedler reglos auf die Erde hingestreckt, und als er sich über ihn beugte, um den Gesunkenen aufzurichten, merkte er, daß kein Leben mehr in seinem Leibe war. Virata schloß dem Toten die Augen, sprach ein Gebet und suchte die entseelte Hülle aus dem Dickicht zu tragen, damit er einen Scheiterhaufen rüste und der Leib dieses Bruders rein eingehen könne in die Verwandlung. Aber die Last ward seinen Armen

zu schwer, die sich entkräftet hatten in der kärglichen Nahrung der Früchte. So ging er, um Hilfe zu erbitten, über die Furt des Stromes zum nächsten Dorf.
Als die Bewohner des Dorfes den Erhabenen ihre Straße wandeln sahen, kamen sie, ehrfürchtig seinen Willen zu hören, und gingen sogleich, Bäume zu fällen und den Toten zu bestatten. Wo aber Virata ging, beugten sich die Frauen, die Kinder blieben stehen und sahen ihm staunend nach, der schweigend schritt, und mancher Mann trat aus seinem Hause, des erhabenen Gastes Kleid zu küssen und den Segen des Heiligen zu empfangen. Virata aber ging lächelnd durch diese blinde Welle und fühlte, wie sehr und wie rein er die Menschen wieder zu lieben vermochte, seit er ihnen nicht mehr verbunden war.
Als er aber an dem letzten niedern Hause des Dorfes vorbeischritt, überall heiter den guten Gruß der Nahenden erwidernd, sah er dort die zwei Augen eines Weibes voll Haß auf sich gerichtet – er schrak zurück, denn ihm war, als hätte er wieder die starren, seit Jahren vergessenen Augen seines gemordeten Bruders gesehen. Jach fuhr er zurück, so entwöhnt war seine Seele aller Feindlichkeit in der Zeit der Abkehr geworden. Und er beredete sich, es möge ein Irrtum gewesen sein seiner Augen. Aber die Blicke standen noch immer schwarz und starr gegen ihn. Und als er, wieder Herr seiner Ruhe, den Schritt löste, um auf das Haus zuzutreten, fuhr die Frau feindselig in den Gang zurück, aus dessen dunkler Tiefe er aber das Glimmern jenes Blickes noch auf sich brennen fühlte wie das Auge eines Tigers im reglosen Dickicht.
Virata ermannte sich. »Wie kann ich in Schuld sein wider jene, die ich niemals gesehen, daß ihr Haß gegen mich springt«, sagte er sich. »Es muß ein Irrtum sein, ich will ihn klären.« Ruhig trat er hin an das Haus und klopfte mit dem Knöchel an die Tür. Nur der nackte Schall schlug zurück, und doch fühlte er die haßerfüllte Nähe des fremden Weibes. Geduldig pochte er weiter, wartete und pochte wie ein Bettler. Endlich trat die Zögernde vor, finster und feindlich den Blick gegen ihn gewandt.
»Was willst du noch von mir?« fuhr sie ihn fauchend an. Und er sah, sie mußte sich an den Pfosten halten, so schüttelte sie der Zorn.
Virata aber sah nur in ihr Antlitz, und sein Herz ward leicht, da er gewiß ward, daß er sie niemals zuvor gesehen. Denn sie war jung und er war seit Jahren aus dem Wege der Menschen; nie konnte er ihren Pfad gekreuzt haben und etwas wider ihr Leben getan.

»Ich wollte dir den Gruß des Friedens geben, fremde Frau«, antwortete Virata, »und dich fragen, weshalb du im Zorne auf mich blickst. War ich dir etwa feind, habe ich etwas wider dich getan?«
»Was du mir getan hast« – ein böses Lachen ging ihr um den Mund –»was du mir getan hast? Ein Geringes nur, ein ganz Geringes: mein Haus hast du von Fülle zu Leere getan, mir Liebstes geraubt und mein Leben zum Tode geworfen. Geh, daß ich dein Antlitz nicht mehr sehe, sonst verschließt sich nicht länger mehr mein Zorn.«
Virata sah sie an. So irr war ihr Auge, daß er meinte, Wahnwitz hätte die Fremde erfaßt. Schon wandte er sich, weiterzugehen, und sagte: »Ich bin nicht der, den du meinst. Ich lebe abseits von den Menschen und trage keines Schicksals Schuld. Dein Auge verkennt mich.«
Aber ihr Haß fuhr hinter ihm her:
»Wohl erkenne ich dich, den alle kennen! Virata bist du, den sie den Stern der Einsamkeit nennen, den sie rühmen mit den vier Namen der Tugend. Aber ich werde dich nicht rühmen, mein Mund wird schreien wider dich, bis er den letzten Richter der Lebendigen erreicht. So komm, da du fragst, und sieh, was du an mir getan.«
Und sie faßte den Erstaunten und riß ihn in das Haus, stieß eine Türe auf zu jenem Raum, der nieder und dunkel war. Und sie zog ihn zur Ecke, wo auf dem Boden etwas auf einer Matte reglos lag. Virata beugte sich nieder, und schauernd fuhr er zurück: ein Knabe lag dort tot, und seine Augen starrten zu ihm auf wie einst die Augen des Bruders in der ewigen Klage. Neben ihm aber schrie, geschüttelt von Schmerz, das Weib: »Der dritte, der letzte war es meines Schoßes, und auch ihn hast du gemordet, du, den sie den Heiligen nennen und den Diener der Götter.«
Und als Virata fragend das Wort aufheben wollte zur Abwehr, riß sie ihn weiter: »Hier, sieh den Webstuhl, den leeren! Hier stand Paratika, mein Mann, des Tages und webte weißes Linnen, kein besserer Weber war im Lande. Von ferne kamen sie und brachten ihm Arbeit, und die Arbeit brachte uns Leben. Hell waren unsere Tage, denn ein Gütiger war Paratika und sein Fleiß ohne Abbruch. Er mied die Verworfenen und mied die Gasse, drei Kinder weckte er meinem Schoß, und wir zogen sie auf, daß sie Männer würden nach seinem Ebenbilde, gütig und gerecht. Da vernahm er – wollte Gott, nie wäre der Fremde gekommen – von einem Jäger, daß einer wäre im Lande, der hätte Haus und Habe gelassen, um einzugehen als Irdischer in den Gott, und hätte ein Haus gebaut mit den Händen. Da wurde der Sinn Paratikas dunkler und

dunkler, er sann viel des Abends, und selten sprach er ein Wort. Und eines Nachts, da ich erwachte, war er von meiner Seite gegangen in den Wald, den sie den Wald der Frommen nennen und wo du weiltest, um Gottes gedenk zu sein. Aber da er sein gedachte, vergaß er unser und vergaß, daß wir lebten von seiner Kraft. Armut kam in das Haus, es fehlte den Kindern an Brot, eines starb hin nach dem andern, und heute ist dies, das letzte, gestorben um deinetwillen. Denn du hast ihn verführt. Darum, daß du näher seist dem wahren Wesen des Gottes, sind drei Kinder meines Leibes in die harte Erde gefahren. Wie willst du dies sühnen, Hochmütiger, wenn ich dich anrufe vor dem Richter der Toten und Lebendigen, daß ihr kleiner Leib sich krümmte in tausend Qualen, ehe er verging, indes du Krumen den Vögeln hinwarfst und fern warst von allem Leid? Wie willst du dies sühnen, daß du einen Gerechten verlockt, die Arbeit zu lassen, die ihn nährte und die unschuldigen Knaben, mit dem törichten Wahne, er sei im Abseits näher dem Gott als im lebendigen Leben?«
Virata stand blaß mit bebender Lippe:
»Ich habe dies nicht gewußt, daß ich andern ein Anstoß war. Allein meinte ich zu tun.«
»Wo ist dann deine Weisheit, du Weiser, wenn du dies nicht weißt, was Knaben schon wissen, daß alles Tun von Gott getan ist, daß keiner sich mit Willen ihm entwindet und dem Gesetz der Schuld. Nichts denn ein Hochmütiger bist du gewesen, der du meintest, Herr zu sein deines Tuns und andere zu belehren: was dir Süße war, ist nun meine Bitternis, und dein Leben ist dieses Kindes Tod.«
Virata sann eine Weile. Dann neigte er sich:
»Du sprichst wahr, und ich sehe: immer ist in einem Schmerz mehr Wissen um Wahrheit als in aller Weisen Gelassenheit. Was ich weiß, habe ich gelernt von den Unglücklichen, und was ich schaute, das sah ich durch den Blick der Gequälten, den Blick des ewigen Bruders. Nicht ein Demütiger des Gottes, wie ich meinte, ein Hochmütiger bin ich gewesen: dies weiß ich durch dein Leid, das ich nun leide. Verzeihe mir darum, daß ich es bekenne: ich trage an dir Schuld, und an vielem anderen Schicksal wohl auch, das ich nicht ahne. Denn auch der Untätige tut eine Tat, die ihn schuldig macht auf Erden, auch der Einsame lebt in allen seinen Brüdern. Verzeih mir, Frau. Ich will wiederkehren aus dem Walde, auf daß auch Paratika wiederkehre und neues Leben dir wecke im Schoß für das vergangene.«

Er beugte sich nochmals und rührte den Saum ihres Kleides mit der Lippe. Da fiel aller Zorn von ihr ab, staunend sah sie dem Schreitenden nach.

Eine Nacht noch verbrachte Virata in seiner Hütte, sah den Sternen zu, wie sie weiß aus der Tiefe des Himmels brachen und wieder erloschen im Morgen, noch einmal rief er die Vögel zum Futter und liebkoste sie. Dann nahm er Stab und Schale, wie er gekommen war vor Jahr und Jahr, und ging zurück in die Stadt.

Kaum verbreitete sich die Kunde, daß der Heilige seine Einsamkeit verlassen habe und wieder in den Mauern weile, so strömte das Volk aus den Gassen, selig, den selten Erschauten zu sehen, manche aber auch in geheimer Angst, sein Nahen aus dem Gotte möge Verkündigung eines Unheils bedeuten. Wie durch einen winkenden Wall voll Ehrfurcht schritt Virata dahin und versuchte, mit dem heitern Lächeln, das sonst lind auf seinen Lippen saß, die Menschen zu grüßen, aber zum erstenmal vermochte er es nicht mehr, sein Auge blieb ernst und sein Mund verschlossen.

So gelangte er in den Hof des Palastes. Es war die Stunde des Rates vorüber und der König allein. Virata ging auf ihn zu, der aufstand, ihn in seine Arme zu schließen. Aber Virata beugte sich zu Boden und faßte den Saum von des Königs Kleide im Zeichen der Bitte.

»Sie ist erfüllt, deine Bitte«, sagte der König, »ehe sie noch Wort war auf deiner Lippe. Ehre über mich, daß mir Macht gegeben ist, einem Frommen zu dienen und eine Hilfe zu sein für den Weisen.«

»Nicht nenne mich einen Weisen«, antwortete Virata, »denn mein Weg war nicht der rechte. Ich bin im Kreise gegangen und stehe, ein Bittender, vor deiner Schwelle, wo ich einstens stand, daß du mich meines Dienstes entbändest. Ich wollte frei sein von Schuld und mied alles Tun, aber auch ich ward verstrickt in das Netz, das den Irdischen gespannt ist von den Göttern.«

»Fern sei mir, dies von dir zu glauben«, antwortete der König. »Wie konntest du unrecht tun an den Menschen, der du sie miedest, wie in Schuld fallen, da du im Gotte lebtest?«

»Nicht mit Wissen habe ich unrecht getan, ich habe die Schuld geflohen, doch unser Fuß ist an die Erde gefesselt und unser Tun an der Ewigen Gesetze. Auch die Tatenlosigkeit ist eine Tat, nicht konnte ich den Augen des ewigen Bruders entrinnen, an dem wir ewig tun Gutes und

Böses, wider unseren Willen. Doch siebenfach bin ich schuldig, denn ich floh vor dem Gott und wehrte dem Leben den Dienst, ein Nutzloser war ich, denn ich nährte nur mein Leben und diente keinem andern. Nun will ich wieder dienen.«
»Fremd ist mir deine Rede, Virata, ich verstehe dich nicht. Sag mir deinen Wunsch, daß ich ihn erfülle.«
»Ich will nicht mehr frei sein meines Willens. Denn der Freie ist nicht frei und der Untätige nicht ohne Schuld. Nur wer dient, ist frei, wer seinen Willen gibt an einen andern, seine Kraft an ein Werk und tut, ohne zu fragen. Nur die Mitte der Tat ist unser Werk – ihr Anfang und Ende, ihre Ursache und ihr Wirken steht bei den Göttern. Mache mich frei von meinem Willen – denn alles Wollen ist Wirrnis, alles Dienen ist Weisheit –, daß ich dir danke, mein König.«
»Ich verstehe dich nicht. Ich soll dich frei machen, forderst du, und bittest in einem um Dienst. So ist nur frei, wer eines andern Dienst übernimmt, und jener nicht, der ihm den Dienst befiehlt? Ich verstehe das nicht.«
»Es ist gut, mein König, daß du dieses nicht verstehst in deinem Herzen. Denn wie könntest du noch König sein und gebieten, wenn du es verstündest?«
Des Königs Antlitz wurde dunkel im Zorne:
»So meinest du, daß der Gebieter geringer sei vor dem Gotte als der Knecht?«
»Es ist keiner geringer und keiner größer vor dem Gotte. Wer nur dient und seinen Willen hingibt, ohne zu fragen, der hat die Schuld von sich getan und rückgegeben an den Gott. Wer aber will und meint, er könne mit Weisheit das Feindliche meiden, der fällt in Versuchung und fällt in Schuld.«
Das Antlitz des Königs blieb dunkel:
»So ist auch ein Dienst gleich dem andern, und keiner größer und keiner geringer vor dem Gotte und vor den Menschen?«
»Es mag sein, daß manches größer scheine vor den Menschen, mein König, doch eins ist alles Dienen vor dem Gotte.«
Der König sah lange und finster Virata an. Böse krümmte sich der Stolz in seiner Seele. Als er aber sein verschüttetes Antlitz gewahrte und das weiße Haar über der faltigen Stirne, meinte er, der Alte sei kindisch geworden vor der Zeit, und sagte spottend, um ihn zu versuchen:

»Würdest du Aufseher der Hunde sein wollen in meinem Palast?« Virata neigte sich und küßte die Stufe zum Zeichen des Dankes.

Von jenem Tage an war der Greis, den das Land einst gepriesen mit den vier Namen der Tugend, Hüter der Hunde in der Scheune vor dem Palast und wohnte mit den Knechten im untern Gelasse. Seine Söhne schämten sich seiner, in feigem Kreise umgingen sie das Haus, damit sie seiner nicht gewahr würden und sich nicht müßten seines Blutes bekennen vor den andern, die Priester kehrten sich von dem Unwürdigen ab. Nur das Volk stand und staunte noch einige Tage, wenn der greise Mann, der einst der Erste des Reiches gewesen, als Diener mit der Koppel der Hunde kam. Aber er achtete ihrer nicht, und so verliefen sie sich bald und dachten seiner nicht mehr.

Virata tat getreulich seinen Dienst von der Röte des Morgens bis zur Röte des Abends. Er wusch den Tieren die Lefzen und kratzte die Räude von ihrem Fell, er trug ihnen Speise und bettete ihr Lager und kehrte ihren Unrat. Bald liebten die Hunde ihn mehr denn irgendeinen des Palastes, und er war dessen froh; sein alter zerfalteter Mund, der selten zu Menschen sprach, lächelte immer bei ihrer Freude, und er liebte seine Jahre, die lange waren und ohne großes Geschehen. Der König ging vor ihm in den Tod, ein neuer kam, der seiner nicht achtete und ihn einmal mit dem Stocke schlug, weil ein Hund knurrte, da er vorüberging. Und auch die andern Menschen vergaßen allmählich seines Lebens.

Als aber auch seine Jahre erfüllt waren und Virata starb und eingescharrt ward in der Kehrichtgrube der Knechte, besann sich keiner im Volke mehr dessen, den das Land einst gerühmt mit den vier Namen der Tugend. Seine Söhne verbargen sich, und kein Priester sang den Sang des Todes an seinem abgelebten Leibe. Nur die Hunde heulten zwei Tage und zwei Nächte lang, dann vergaßen auch sie Viratas, dessen Namen nicht eingeschrieben ist in die Chroniken der Herrscher und nicht verzeichnet in den Büchern der Weisen.

EPISODE AM GENFER SEE

Am Ufer des Genfer Sees, in der Nähe des kleinen Schweizer Ortes Villeneuve, wurde in einer Sommernacht des Jahres 1918 ein Fischer, der sein Boot auf den See hinausgerudert hatte, eines merkwürdigen Gegenstandes mitten auf dem Wasser gewahr, und näherkommend erkannte er ein Gefährt aus lose zusammengefügten Balken, das ein nackter Mann in ungeschickten Bewegungen mit einem als Ruder verwendeten Brett vorwärts zu treiben suchte. Staunend steuerte der Fischer heran, half dem Erschöpften in sein Boot, deckte seine Blöße notdürftig mit Netzen und versuchte dann, mit dem frostzitternden, scheu in den Winkel des Bootes gedrückten Menschen zu sprechen; der aber antwortete in einer fremdartigen Sprache, von der nicht ein einziges Wort der seinen glich. Bald gab der Hilfreiche jede weitere Mühe auf, raffte seine Netze empor und ruderte mit rascheren Schlägen dem Ufer zu.

In dem Maße, als im frühen Licht die Umrisse des Ufers aufglänzten, begann sich auch das Antlitz des nackten Menschen zu erhellen; ein kindliches Lachen schälte sich aus dem Bartgewühl seines breiten Mundes, die eine Hand hob sich deutend hinüber, und immer wieder fragend und halb schon gewiß, stammelte er ein Wort, das wie »Rossiya« klang und immer glückseliger tönte, je näher der Kiel sich dem Ufer entgegenstieß. Endlich knirschte das Boot auf den Strand; des Fischers weibliche Anverwandte, die auf nasse Beute harrten, stoben kreischend, wie einst die Mägde Nausikaas, auseinander, da sie des nackten Mannes im Fischernetz ansichtig wurden; allmählich erst, von der seltsamen Kunde angelockt, sammelten sich verschiedene Männer des Dorfes, denen sich alsbald würdebewußt und amtseifrig der wackere Weibel des Ortes zugesellte. Ihm war es aus mancher Instruktion und der reichen Erfahrung der Kriegszeit sofort gewiß, daß dies ein Deserteur sein müsse, vom französischen Ufer herübergeschwommen, und schon

rüstete er sich zu amtlichem Verhör, aber dieser umständliche Versuch verlor baldigst an Würde und Wert durch die Tatsache, daß der nackte Mensch (dem inzwischen einige der Bewohner eine Jacke und eine Zwilchhose zugeworfen) auf alle Fragen nichts als immer ängstlicher und unsicherer seinen fragenden Ausruf »Rossiya? Rossiya?« wiederholte. Ein wenig ärgerlich über seinen Mißerfolg, befahl der Weibel dem Fremden durch nicht mißzuverstehende Gebärden, ihm zu folgen, und, umjohlt von der inzwischen erwachten Gemeindejugend, wurde der nasse, nacktbeinige Mensch in seiner schlotternden Hose und Jacke auf das Amtshaus gebracht und dort in Verwahr genommen. Er wehrte sich nicht, sprach kein Wort, nur seine hellen Augen waren dunkel geworden vor Enttäuschung, und seine hohen Schultern duckten sich wie unter gefürchtetem Schlage.
Die Kunde von dem menschlichen Fischfang hatte sich inzwischen bis zu den nahen Hotels verbreitet, und einer ergötzlichen Episode in der Eintönigkeit des Tages froh, kamen einige Damen und Herren herüber, den wilden Menschen zu betrachten. Eine Dame schenkte ihm Konfekt, das er mißtrauisch wie ein Affe liegen ließ; ein Herr machte eine photographische Aufnahme, alle schwatzten und sprachen lustig um ihn herum, bis endlich der Manager eines großen Gasthofes, der lange im Ausland gelebt hatte und mehrerer Sprachen mächtig war, an den schon ganz Verängstigten nacheinander auf deutsch, italienisch, englisch und schließlich russisch das Wort richtete. Kaum hatte er den ersten Laut seiner heimischen Sprache vernommen, zuckte der Verängstigte auf, ein breites Lachen teilte sein gutmütiges Gesicht von einem Ohr zum andern, und plötzlich sicher und freimütig erzählte er seine ganze Geschichte. Sie war sehr lang und sehr verworren, in ihren Einzelberichten auch nicht immer dem zufälligen Dolmetsch verständlich, doch war im wesentlichen das Schicksal dieses Menschen das folgende:
Er hatte in Rußland gekämpft, war dann eines Tages mit tausend anderen in Waggons verpackt worden und sehr weit gefahren, dann wieder in Schiffe verladen und noch länger mit ihnen gefahren durch Gegenden, wo es so heiß war, daß, wie er sich ausdrückte, einem die Knochen im Fleisch weichgebraten wurden. Schließlich waren sie irgendwo wieder gelandet und in Waggons verpackt worden und hatten dann mit einemmal einen Hügel zu stürmen, worüber er nichts Näheres wußte, weil ihn gleich zu Anfang eine Kugel ins Bein getroffen habe. Den Zuhörern, denen der Dolmetsch Rede und Antwort übersetzte, war

sofort klar, daß dieser Flüchtling ein Angehöriger jener russischen Divisionen in Frankreich war, die man über die halbe Erde, über Sibirien und Wladiwostok an die französische Front geschickt hatte, und es regte sich mit einem gewissen Mitleid bei allen gleichzeitig die Neugier, was ihn vermocht habe, diese seltsame Flucht zu versuchen. Mit halb gutmütigem, halb listigem Lächeln erzählte bereitwillig der Russe, kaum genesen, habe er die Pfleger gefragt, wo Rußland sei, und sie hätten ihm die Richtung gedeutet, die er durch die Stellung der Sonne und der Sterne sich ungefähr bewahrt hatte, und so sei er heimlich entwichen, nachts wandernd, tagsüber vor den Patrouillen in Heuschobern sich versteckend. Gegessen habe er Früchte und gebetteltes Brot, zehn Tage lang, bis er endlich an diesen See gekommen. Nun wurden seine Erklärungen undeutlicher; es schien, daß er, aus der Nähe des Baikalsees stammend, vermeint hatte, am andern Ufer, dessen bewegte Linien er im Abendlicht erblickte, müsse Rußland liegen. Jedenfalls hatte er sich aus einer Hütte zwei Balken gestohlen und war auf ihnen, bäuchlings liegend, mit Hilfe eines als Ruder benützten Brettes weit in den See hinausgekommen, wo ihn der Fischer auffand. Die ängstliche Frage, mit der er seine unklare Erzählung beschloß, ob er schon morgen daheim sein könne, erweckte, kaum übersetzt, durch ihre Unbelehrtheit erst lautes Gelächter, das aber bald gerührtem Mitleid wich, und jeder steckte dem unsicher und kläglich um sich Blickenden ein paar Geldmünzen oder Banknoten zu.

Inzwischen war auf telephonische Verständigung aus Montreux ein höherer Polizeioffizier erschienen, der mit nicht geringer Mühe ein Protokoll über den Vorfall aufnahm. Denn nicht nur, daß der zufällige Dolmetsch sich als unzulänglich erwies, bald wurde auch die für Westländer gar nicht faßbare Unbildung dieses Menschen klar, dessen Wissen um sich selbst kaum den eigenen Vornamen Boris überschritt und der von seinem Heimatdorf nur äußerst verworrene Darstellungen zu geben vermochte, etwa, daß sie Leibeigene des Fürsten Metschersky seien (er sagte Leibeigene, obwohl doch seit einem Menschenalter diese Fron abgeschafft war) und daß er fünfzig Werst vom großen See entfernt mit seiner Frau und drei Kindern wohne. Nun begann die Beratung über sein Schicksal, indes er mit stumpfem Blick geduckt inmitten der Streitenden stand: die einen meinten, man müsse ihn der russischen Gesandtschaft nach Bern überweisen, andere befürchteten von solcher Maßnahme eine Rücksendung nach Frankreich; der Polizeibeamte erläuterte die ganze Schwierigkeit der Frage, ob er als Deserteur oder als dokumentenloser Ausländer behandelt werden solle; der Gemeindeschreiber des Ortes wehrte gleich von vornherein die Möglichkeit ab, daß man gerade hier den fremden Esser zu ernähren und zu beherbergen hätte. Ein Franzose schrie erregt, man solle mit dem elenden Durchbrenner nicht so viel Geschichten machen, er solle arbeiten oder zurückspediert werden; zwei Frauen wandten heftig ein, er sei nicht schuld an seinem Unglück, es sei ein Verbrechen, Menschen aus ihrer Heimat in ein fremdes Land zu verschicken. Schon drohte sich aus dem zufälligen Anlaß ein politischer Zwist zu entspinnen, als plötzlich ein alter Herr, ein Däne, dazwischenfuhr und energisch erklärte, er bezahle den Unterhalt dieses Menschen für acht Tage, inzwischen sollten die Behörden mit der Gesandtschaft ein Übereinkommen treffen; eine unerwartete Lösung, welche sowohl die amtlichen als auch die privaten Parteien zufriedenstellte.

Während der immer erregter werdenden Diskussion hatte sich der scheue Blick des Flüchtlings allmählich erhoben und hing unverwandt an den Lippen des Managers, des einzigen innerhalb dieses Getümmels, von dem er wußte, daß er ihm verständlich sein Schicksal sagen könne. Dumpf schien er den Wirbel zu spüren, den seine Gegenwart erregte, und ganz unbewußt hob er, als jetzt der Wortlärm abschwoll, durch die Stille beide Hände flehentlich gegen ihn auf, wie Frauen vor einem heiligen Bild. Das Rührende dieser Gebärde ergriff unwiderstehlich jeden einzelnen. Der Manager trat herzlich auf ihn zu und beruhigte ihn, er möge ohne Angst sein, er könne unbehelligt hier verweilen, im Gasthof würde die nächste Zeit über für ihn gesorgt werden. Der Russe wollte ihm die Hand küssen, die ihm jedoch der andere rücktretend rasch entzog. Dann wies er ihm noch das Nachbarhaus, eine kleine Dorfwirtschaft, wo er Bett und Nahrung finden würde, sprach nochmals zu ihm einige herzliche Worte der Beruhigung und ging dann, ihm noch einmal freundlich zuwinkend die Straße zu seinem Hotel empor.

Unbeweglich starrte der Flüchtling ihm nach, und in dem Maße, wie der einzige, der seine Sprache verstand, sich entfernte, verdüsterte sich wieder sein schon erhellteres Gesicht. Mit zehrenden Blicken folgte er dem Entschwindenden bis hinauf zu dem hochgelegenen Hotel, ohne die anderen Menschen zu beachten, die sein seltsames Gehaben bestaunten und belachten. Als ihn dann einer mitleidig anrührte und in den Gasthof wies, fielen seine schweren Schultern gleichsam in sich zusammen, und gesenkten Hauptes trat er in die Tür. Man öffnete ihm das Schankzimmer. Er drückte sich an den Tisch, auf den die Magd zum Gruß ein Glas Branntwein stellte, und blieb dort verhangenen Blicks den ganzen Vormittag unbeweglich sitzen. Unablässig spähten vom Fenster die Dorfkinder herein, lachten und schrien ihm etwas zu – er hob den Kopf nicht. Eintretende betrachteten ihn neugierig, er blieb, den Blick auf den Tisch gebannt, mit krummem Rücken sitzen, schamhaft und scheu. Und als mittags zur Essenszeit ein Schwarm Leute den Raum mit Lachen füllte, Hunderte Worte um ihn schwirrten, die er nicht verstand, und er, seiner Fremdheit entsetzlich gewahr, taub und stumm inmitten einer allgemeinen Bewegtheit saß, zitterten ihm die Hände so sehr, daß er kaum den Löffel aus der Suppe heben konnte. Plötzlich lief eine dicke Träne die Wange herunter und tropfte schwer auf den Tisch. Scheu sah er sich um. Die andern hatten sie bemerkt und schwiegen mit einemmal. Und er schämte sich: immer tiefer beugte sich sein schwerer, struppiger Kopf gegen das schwarze Holz.

Bis gegen Abend blieb er so sitzen. Menschen gingen und kamen, er fühlte sie nicht und sie nicht mehr ihn: ein Stück Schatten, saß er im Schatten des Ofens, die Hände schwer auf den Tisch gestützt. Alle vergaßen ihn, und keiner merkte darauf, daß er sich in der Dämmerung plötzlich erhob und, dumpf wie ein Tier, den Weg zum Hotel hinaufschritt. Eine Stunde und zwei stand er dort vor der Tür, die Mütze devot in der Hand ohne jemanden mit dem Blick anzurühren: endlich fiel diese seltsame Gestalt, die starr und schwarz wie ein Baumstrunk vor dem lichtfunkelnden Eingang des Hotels im Boden wurzelte, einem der Laufburschen auf, und er holte den Manager. Wieder stieg eine kleine Helligkeit in dem verdüsterten Gesicht auf, als seine Sprache ihn grüßte.

»Was willst du, Boris?« fragte der Manager gütig.

»Ihr wollt verzeihen«, stammelte der Flüchtling, »ich wollte nur wissen ... ob ich nach Hause darf.«

»Gewiß, Boris, du darfst nach Hause«, lächelte der Gefragte.

»Morgen schon?«

Nun ward auch der andere ernst. Das Lächeln verflog auf seinem Gesicht, so flehentlich waren die Worte gesagt.

»Nein, Boris ... jetzt noch nicht. Bis der Krieg vorbei ist.«

»Und wann? Wann ist der Krieg vorbei?«

»Das weiß Gott. Wir Menschen wissen es nicht.«

»Und früher? Kann ich nicht früher gehen?«
»Nein, Boris.«
»Ist es so weit?«
»Ja.«
»Viele Tage noch?«
»Viele Tage.«
»Ich werde doch gehen, Herr! Ich bin stark. Ich werde nicht müde.«
»Aber du kannst nicht, Boris. Es ist noch eine Grenze dazwischen.«
»Eine Grenze?« Er blickte stumpf. Das Wort war ihm fremd. Dann sagte er wieder mit seiner merkwürdigen Hartnäckigkeit: »Ich werde hinüberschwimmen.«
Der Manager lächelte beinahe. Aber es tat ihm doch weh, und er erläuterte sanft: »Nein, Boris, das geht nicht. Eine Grenze, das ist fremdes Land. Die Menschen lassen dich nicht durch.«
»Aber ich tue ihnen doch nichts! Ich habe mein Gewehr weggeworfen. Warum sollen sie mich nicht zu meiner Frau lassen, wenn ich sie bitte um Christi willen?«
Dem Manager wurde immer ernster zumute. Bitterkeit stieg in ihm auf. »Nein«, sagte er, »sie werden dich nicht hinüberlassen, Boris. Die Menschen hören jetzt nicht mehr auf Christi Wort.«
»Aber was soll ich tun, Herr? Ich kann doch hier nicht bleiben! Die Menschen verstehen mich hier nicht, und ich verstehe sie nicht.«
»Du wirst es schon lernen, Boris.«
»Nein, Herr«, tief bog der Russe den Kopf, »ich kann nichts lernen. Ich kann nur auf dem Feld arbeiten, sonst kann ich nichts. Was soll ich hier tun? Ich will nach Hause! Zeige mir den Weg!«
»Es gibt jetzt keinen Weg, Boris.«
»Aber, Herr, sie können mir doch nicht verbieten, zu meiner Frau heimzukehren und zu meinen Kindern! Ich bin doch nicht mehr Soldat!«
»Sie können es, Boris.«
»Und der Zar?« Er fragte es ganz plötzlich, zitternd vor Erwartung und Ehrfurcht.
»Es gibt keinen Zaren mehr, Boris. Die Menschen haben ihn abgesetzt.«
»Es gibt keinen Zaren mehr?« Dumpf starrte er den andern an. Ein letztes Licht erlosch in seinen Blicken, dann sagte er ganz müde: »Ich kann also nicht nach Hause?«

»Jetzt noch nicht. Du mußt warten, Boris.«
»Lange?«
»Ich weiß nicht.«
Immer düsterer wurde das Gesicht im Dunkel: »Ich habe schon so lange gewartet! Ich kann nicht mehr warten. Zeig mir den Weg! Ich will es versuchen!«
»Es gibt keinen Weg, Boris. An der Grenze nehmen sie dich fest. Bleib hier, wir werden dir Arbeit finden!«
»Die Menschen verstehen mich hier nicht, und ich verstehe sie nicht«, wiederholte er hartnäckig. »Ich kann hier nicht leben! Hilf mir, Herr!«
»Ich kann nicht, Boris.«
»Hilf mir um Christi willen, Herr! Hilf mir, ich ertrage es nicht mehr!«
»Ich kann nicht, Boris. Kein Mensch kann jetzt dem andern helfen.«
Sie standen stumm einander gegenüber. Boris drehte die Mütze in den Händen. »Warum haben sie mich dann aus dem Haus geholt? Sie sagten, ich müsse Rußland verteidigen und den Zaren. Aber Rußland ist doch weit von hier, und du sagst, sie haben den Zaren ... wie sagst du?«
»Abgesetzt.«
»Abgesetzt.« Verständnislos wiederholte er das Wort. »Was soll ich jetzt tun, Herr? Ich muß nach Hause! Meine Kinder schreien nach mir. Ich kann hier nicht leben! Hilf mir, Herr! Hilf mir!«
»Ich kann nicht, Boris.«
»Und kann niemand mir helfen?«
»Jetzt niemand.«
Der Russe beugte immer tiefer das Haupt, dann sagte er plötzlich dumpf: »Ich danke dir, Herr«, und wandte sich um.
Ganz langsam ging er den Weg hinunter. Der Manager sah ihm lange nach und wunderte sich noch, daß er nicht dem Gasthof zuschritt, sondern die Stufen hinab zum See. Er seufzte tief auf und ging wieder an seine Arbeit im Hotel.
Ein Zufall wollte es, daß derselbe Fischer am nächsten Morgen den nackten Leichnam des Ertrunkenen auffand. Er hatte sorgsam die geschenkte Hose, Mütze und Jacke an das Ufer gelegt und war ins Wasser gegangen, wie er aus ihm gekommen. Ein Protokoll wurde über den Vorfall aufgenommen und, da man den Namen des Fremden nicht kannte, ein billiges Holzkreuz auf sein Grab gestellt, eines jener kleinen Kreuze über namenlosem Schicksal, mit denen jetzt unser Europa bedeckt ist von einem bis zum andern Ende.

WORTE AM SARGE SIGMUND FREUDS

Gesprochen am 26. September 1939 im Krematorium London

Erlauben Sie mir angesichts dieses ruhmreichen Sarges einige Worte erschütterten Dankes im Namen seiner Wiener, seiner österreichischen, seiner Weltfreunde in jener Sprache zu sagen, die Sigmund Freud durch sein Werk so großartig bereichert und geadelt hat. Lassen Sie sich vor allem ins Bewußtsein rufen, daß wir, die wir hier in gemeinsamer Trauer versammelt sind, einen historischen Augenblick durchleben, wie er keinem von uns wohl ein zweitesmal vom Schicksal verstattet sein wird. Erinnern wir uns – bei andern Sterblichen, bei fast allen, ist innerhalb der knappen Minute, da der Leib erkaltet, ihr Dasein, ihr Mitunssein für immer beendet. Bei diesem einen dagegen, an dessen Bahre wir stehen, bei diesem Einen und Einzigen innerhalb unserer trostlosen Zeit bedeutet Tod nur eine flüchtige und fast wesenlose Erscheinung. Hier ist das Vonunsgehen kein Ende, kein harter Abschluß, sondern bloß linder Übergang von Sterblichkeit in Unsterblichkeit. Für das körperlich Vergängliche, das wir heute schmerzvoll verlieren, ist das Unvergängliche seines Werks, seines Wesens gerettet – wir alle in diesem Raume, die noch atmen und leben und sprechen und lauschen, wir alle hier sind im geistigen Sinne nicht ein tausendstel Teil so lebendig wie dieser große Tote hier in seinem engen irdischen Sarg.

Erwarten Sie nicht, daß ich Sigmund Freuds Lebenstat vor Ihnen rühme. Sie kennen seine Leistung, und wer kennt sie nicht? Wen unserer Generation hat sie nicht innerlich durchformt und verwandelt? Sie lebt, diese herrliche Entdeckertat der menschlichen Seele, als unvergängliche Legende in allen Sprachen und dies im wörtlichsten Sinne, denn wo ist eine Sprache, welche die Begriffe, die Vokabeln, die er der Dämmerung des Halbbewußten entrungen, nun wieder missen und entbehren könnte? Sitte, Erziehung, Philosophie, Dichtkunst, Psychologie, alle und alle Formen geistigen und künstlerischen Schaffens und seelischer Verständigung sind seit zwei, seit drei Generationen durch ihn wie durch keinen zweiten unserer Zeit bereichert und umgewertet worden – selbst die von seinem Werk nicht wissen oder gegen seine Erkenntnisse sich wehren, selbst jene, die niemals seinen Namen vernommen, sind ihm unbewußt pflichtig und seinem geistigen Willen untertan. Jeder von uns Menschen des zwanzigsten Jahrhunderts wäre anders ohne ihn in seinem Denken und Verstehen, jeder von uns dächte, urteilte, fühlte enger, unfreier, ungerechter ohne sein uns Vorausdenken, ohne jenen mächtigen Antrieb nach innen, den er uns gegeben. Und wo immer wir versuchen werden, in das Labyrinth des menschlichen Herzens vorzudringen, wird sein geistiges Licht weiterhin auf unserem Wege sein. – Alles, was Sigmund Freud geschaffen und vorausgedeutet als Finder und Führer, wird auch in Hinkunft mit uns sein; nur eines und einer hat uns verlassen – der Mann selbst, der kostbare und unersetzliche Freund. Ich glaube, wir alle haben ohne Unterschied, so verschieden wir sein mögen, in unserer Jugend nichts so sehr ersehnt, als einmal in Fleisch und Blut vor uns gestaltet zu sehen, was Schopenhauer die höchste Form des Daseins nennt – eine moralische Existenz: einen heroischen Lebenslauf. Alle haben wir als Knaben geträumt, einmal einem solchen geistigen Heros zu begegnen, an dem wir uns formen und steigern könnten, einem Mann, gleichgültig gegen die Versuchungen des Ruhms und der Eitelkeit, einem Mann mit voller und verantwortlicher Seele einzig seiner Aufgabe hingegeben, einer Aufgabe, die wiederum nicht sich selbst, sondern der ganzen Menschheit dient. Diesen enthusiastischen Traum unserer Knabenzeit, dieses immer strengere Postulat unserer Mannesjahre hat dieser Tote mit seinem Leben unvergeßbar erfüllt und uns damit ein geistiges Glück ohnegleichen geschenkt. Hier war er endlich inmitten einer eitlen und vergeßlichen Zeit: der Unbeirrbare, der reine Wahrheitssucher, dem nichts in dieser Welt wichtig war als das Absolute, das dauernd Gültige. Hier war er endlich vor unseren Augen, vor unserem ehrfürchtigen Herzen, der edelste, der vollendetste Typus des Forschers mit seinem ewigen Zwiespalt – vorsichtig einerseits, sorgsam prüfend, siebenfach überlegend und sich selber bezweifelnd, solange er einer Erkenntnis nicht sicher war, dann aber, sobald er eine Überzeugung erkämpft, sie verteidigend gegen den Widerstand einer ganzen Welt. An ihm haben wir, hat die Zeit wieder einmal vorbildlich erfahren, daß es keinen herrlicheren Mut auf Erden gibt als den freien, den unabhängigen, des geistigen Menschen; unvergeßlich wird uns dieser sein Mut sein, Erkenntnisse zu finden, die andere nicht entdeck-

ten, weil sie nicht *wagten* sie zu finden oder gar auszusprechen und zu bekennen. Er aber hat gewagt und gewagt, immer wieder und allein gegen alle, sich vorausgewagt in das Unbetretene bis zum letzten Tage seines Lebens; welch ein Vorbild hat er uns gegeben mit dieser seiner geistigen Tapferkeit im ewigen Erkenntniskriege der Menschheit!
Aber wir, die wir ihn kannten, wissen auch, welche rührende persönliche Bescheidenheit diesem Mute zum Absoluten nachbarlich wohnte, und wie er, dieser wundervoll Seelenstarke, gleichzeitig der Verstehendste aller seelischen Schwächen bei anderen war. Dieser tiefe Zweiklang – die Strenge des Geistes, die Güte des Herzens – ergab am Ende seines Lebens die vollendetste Harmonie, welche innerhalb der geistigen Welt errungen werden kann: eine reine, klare, eine herbstliche Weisheit. Wer ihn erlebt in diesen seinen letzten Jahren, war getröstet in einer Stunde vertrauten Gesprächs über den Widersinn und Wahnsinn unserer Welt, und oft habe ich mir in solchen Stunden gewünscht, sie seien auch jungen, werdenden Menschen mitgegönnt, damit sie in einer Zeit, wenn wir für die seelische Größe dieses Mannes nicht mehr werden zeugen können, noch stolz sagen könnten –: ich habe einen wahrhaft Weisen gesehen, ich habe Sigmund Freud gekannt.
Dies mag unser Trost sein in dieser Stunde: er hatte sein Werk vollendet und sich innerlich selbst vollendet. Meister selbst über den Urfeind des Lebens, über den physischen Schmerz durch Festigkeit des Geistes, durch Duldsamkeit der Seele, Meister nicht minder im Kampf gegen das eigene Leiden, wie er es zeitlebens im Kampf gegen das fremde gewesen, und somit vorbildlich als Arzt, als Philosoph, als Selbsterkenner bis zum letzten bitteren Augenblick. Dank für ein solches Vorbild, geliebter, verehrter Freund, und Dank für Dein großes schöpferisches Leben, Dank für jede Deiner Taten und Werke, Dank für das, was Du gewesen und was Du von Dir in unsere eigenen Seelen gesenkt – Dank für die Welten, die Du uns erschlossen und die wir jetzt allein ohne Führung durchwandeln, immer Dir treu, immer Deiner in Ehrfurcht gedenkend, Du kostbarster Freund, Du geliebtester Meister, Sigmund Freud.

DANK AN BRASILIEN

Vortrag. Rio de Janeiro
1936

Dankbar sein ist leicht. Aber Danken ist eine große Kunst und schwer wie jede Kunst zu meistern. Sie fordert eine Unbefangenheit des Herzens, die ich in Eurem illustren Kreise nicht in mir finde, denn ich fühle mich innerlich zu beunruhigt von der Frage, ob mir eine Ehrung, wie sie mir die Academia de Brazil erwiesen hat, wirklich gebührt. Ich gestehe Euch, meinen verehrten Kollegen, diese Unsicherheit ohne Scham ein, denn Ihr kennt sie gewiß selbst aus jenen tragischen Stunden des Zweifels, die wie schwarze Wolken oft tagelang über unserer Arbeit schatten und uns die Herzen lähmen; wir wissen überdies auch alle, wie arg wir unsere Leser meist enttäuschen, wenn wir in persona vor ihnen erscheinen. Sie erwarten von uns eine funkelnde Meisterschaft der Rede, eine flirrende Florettkunst blendender Hiebe und geschickten Ripostierens, sie vermuten bei jedem von uns eine autoritäre Sicherheit der Haltung, ein – wie sie in ihrer Güte meinen – berechtigtes Selbstgefühl. In Wirklichkeit ist der Künstler in dem Maße gehemmter und ungewisser, als er aufrichtig gegen sich selber ist; der Zweifel und die Unzufriedenheit mit der eigenen Leistung sind beinahe sein normaler Seelenzustand. Er fühlt sich befangen, wenn andere von seinen Werken sprechen, weil nur er allein den unsichtbaren Abstand von dem, was er erreichte, zu dem was er eigentlich wollte, kennt, und sobald er sie mit den wirklichen großen Werken der Meister vergleicht, ergreift ihn das Gefühl seiner eigenen Unzulänglichkeit oft dermaßen heftig, daß er in einer heiligen Scham vor jedem Blick entfliehen möchte.
Gegen diese ständige und tragische Unsicherheit hält den Künstler nur eines aufrecht: die Bestätigung, die er von außen erfährt, und vor allem jene, die von Männern stammt, die er selbst als Meister und Kenner ehrt und verehrt. Es ist ein wunderbares Gefühl für jeden Menschen dieser Erde, sich verstanden zu fühlen und sogar geliebt; jede Frau kennt dies Gefühl in ihrem Wesen, jeder Mann in seiner Leistung, und wie keiner

kennt es der schaffende Künstler, denn Schaffen heißt doch im tiefsten: für andere schaffen, etwas aus sich herausstellen, das nun anderen und möglichst allen gehören soll. Es ist ein wunderbarer Augenblick, der uns für allen Zweifel, den wir sonst erleiden, entschädigt, wenn wir sehen, daß etwas, was einst in uns lebte, nun außen ein selbständiges Leben lebt, daß, was früher uns bewegte, nun anderes fremdes Gefühl erregt und wir über unsere eigene enge Existenz hinaus in einem Raume wirken, den wir selbst nicht mehr überschauen. Einen Augenblick lang will ich von mir selbst sprechen und dankbar des wunderbaren Erlebnisses gedenken, das mir hier widerfahren ist. Brasilien war für mich von je eine magische Ferne. Als Kind hatte ich stolz die schönen Briefmarken in mein Album geklebt; ich hatte als Knabe mit heißen Wangen von den Wundern des Amazonenstroms gelesen, ich hatte als Erwachsener immer Begeistertes gehört von der Schönheit dieser Stadt, von der besonderen und unvergleichlichen Kultur und Eigenart dieses Landes. Und in Jahren und Jahren wuchs unbändiger mein Wunsch, die weite Reise zu wagen. Endlich ward er erfüllt. Eine Woche glitt das Schiff über das riesige Meer und eine zweite –, beinahe ein Dritteil des Erdballs hatte ich durchmessen. Endlich war ich da – und nun erlebte ich das Wunder: ein Teil von mir, lebendige abgesprengte Partikel meines Wesens waren schon *vor* mir hier, ehe ich mit meinem eigenen Körper diese neue Erde betrat. Meine Bücher, da waren sie, in anderer Sprache und anderem Gewand, in den Auslagen der Buchhandlungen und mehr noch, tausendmal mehr: in den Herzen der Menschen. Hier in dieser Stunde durfte ich an der liebevollen Rede Musso Leão's mein eigenes Leben, all die abgelebten Jahre, als eine Einheit erfahren. Ich erlebte mich vervielfacht und gespiegelt, ich genoß in wenigen Tagen soviel Güte und Freundschaft wie sonst in Jahren. Wie sollte ich nicht restlos glücklich sein?
Und doch, es liegt ein leiser Schatten über meinem Glück. Ich fühle mich – warum nicht die Wahrheit sagen vor Freunden? – in Eurem Kreise leise beschämt. Ich fühle eine Schuld wider Euch – es ist nicht die meine, sondern die große Schuld, die wir alle in Europa Euch gegenüber haben. Ihr habt Euch wundervoll die Generosität des Herzens bewahrt. Ihr nehmt auch in der Kunst den Fremden auf wie einen gern gesehenen Gast, ihr drängt ihn nicht beiseite, ihr seid noch nicht von jener widerlichen Xenophobie, jener Fremdenfeindschaft und Fremdenfurcht befleckt, die heute die Länder Europas so moralisch häßlich macht. Und wir? Was wissen wir von Euch? Was haben wir für Euch getan?

Schmerzlich es zu sagen, aber ich wüßte in Europa kaum jemanden, der mit gleicher Eindringlichkeit und gleichem Wissen über einen von Euch sprechen *könnte*, wie es Musso Leão für mich getan hat und, wichtiger noch, der es tun *wollte*! Noch immer ist bei uns der alte europäische Hochmut nicht abgetan, der alle außereuropäischen Länder gewissermaßen als geistige Kolonien betrachtet, deren Huldigungen man gelassen hinnimmt, ohne daran zu denken, sie würdig zu erwidern; noch immer kann und will man nicht begreifen, daß die Weltuhr nicht im achtzehnten Jahrhundert stehen geblieben ist und das Schwergewicht längst sich von Europa weg verschoben hat. Ich könnte es begreifen, wenn Euch manchmal eine geheime Bitterkeit ergreift über diese Ungleichheit und Ungerechtigkeit, daß Ihr immer die willig Gebenden gegen die fremden Künstler seid, daß Ihr großmütig die Werke der ganzen Welt in Eure Sprache und in Eure Liebe nehmt, indes Eure Bücher, nicht geringer im Wert als die unsern, uns, die wir Eurer Sprache nicht mächtig sind, nur selten zugänglich werden! Ich könnte es verstehen, wenn Ihr Eure Generosität schlecht entgolten glaubtet, denn ich selbst fühle mich von dieser Disparität so bedrückt, als hätte ich Teil an dieser Schuld, und was in meinen kleinen Kräften liegt, sie wettzumachen, will ich von nun ab erfüllen wie eine Pflicht.
Ich sagte, meine verehrten Freunde, ich könnte es mitfühlen, wenn Ihr manchmal mit Bitternis empfindet, daß Eure Wirkung bei gleicher Leistung so ungerechterweise in engeren Raum verschlossen bleibt als die der andern Sprachen. Aber doch, welch einen Stolz und welch ein Glücksgefühl müßt Ihr manchmal empfinden, gerade brasilianische Schriftsteller und Künstler zu sein! Denn nichts Herrlicheres als in einer Sprache, in einem Lande, in einem Volke zu schaffen, das die Zukunft für sich hat! In jedem Augenblicke um sich zu spüren, wie die Kraft, der Reichtum Eurer Nation sich mehrt; ich hatte hier in Rio manchmal das Gefühl: wäre die Brandung vor den Fenstern nicht so stark und würde es einen Augenblick still, man könnte es geradezu hören, wie die Stadt wächst. Für Euch, mit Euch schafft die Zeit! Für jedes Tausend Leser werdet Ihr eines Tages schon zweitausend haben und wieder eines Tages zehntausend, eine Zukunft ist Euch gegeben wie kaum einer Nation dieser Welt, und Ihr werdet ihre Wegbereiter, ihre geistigen Führer, ihre Erzieher gewesen sein. Wäre Neid nicht ein niedriges Gefühl, dem jeder geistige Mensch sich ehern verschließen soll, wir müßten Euch beneiden um dies herrliche Bewußtsein, vom Schwung und Aufschwung

einer ganzen Nation einer wunderbaren Zukunft entgegengetragen zu sein!
Aber noch ein besonderes ist Euch und gerade Euch gegeben in der Kunst: Ihr seid ein neues, ein junges Volk und habt als Instrument eine alte, eine erprobte, in Tradition gehärtete Sprache, und es kann nichts glücklicheres geben als diese Mischung. Ihr müßt die Waffe, mit der Ihr die ganze geistige Welt erobern werdet, nicht erst schmieden, aber Ihr werdet ihr einen neuen Schwung und eine neue Schärfe geben. Eine Sprache ist ein Organismus von äußerster Feinheit, er verändert sich bei jedem Druck der Luft: alles was hier an Weiche, an Süße, an hellerem und schärferem Licht in der Atmosphäre liegt, was an Duft von den weiten Wäldern her schwebt, alles was an Geheimnis und Magie in Euren unentdeckten Zonen waltet, wird schöpferisch eingehen in Euer Gedicht – einen *anderen* Rhythmus werdet Ihr Eurer Prosa geben als die portugiesische Sprache ihn bislang kannte, denn immer weitet sich die Seele eines Volkes, einer Sprache an der Weite ihres Landes. Auch in der Kunst habt Ihr noch unermeßlich viel unbekannten, unverbrauchten Bodens vor Euch – nicht in alten Traditionen werdet Ihr schaffen müssen, belastet von Erinnerungen, sondern eine eigene erschaffen. Wie viel liegt vor Euch! Wie voll ist dieses Land noch von Romantik, wie lebendig und dynamisch erfüllt sich Eure Geschichte, wie schön, wie einzig schön und in unerfaßbarer Vielfalt lebt Eure Landschaft, vergleichbar den herrlichsten auf Erden – ja, Ihr habt noch, um ein kommerzielles Wort zu gebrauchen, Rohstoff in Fülle, in einer Fülle sogar wie kein anderes Land dieser Erde! Welche Lust, hier an das Werk zu gehen! Fühlt mit ganzer Seele doch den Reichtum über Euch, Kameraden, und gestaltet aus dieser Fülle für Euch, für Eure Nation und für uns alle!
Diese Fülle, diese Kraft, diese Schönheit Eures Landes, die besondere Güte und Gastlichkeit Eures Volkes, sie dringt auf jeden, der hier rasten darf, unwiderstehlich ein – ich spreche die Wahrheit, wenn ich sage, daß es schwer ist, hier nicht glücklich zu sein. Schönheit erheitert die Sinne, Güte beselıgt die Seele, heller scheint dem Gast hier das Leben mit der helleren Sonne, und als ein großes, als ein unvergeßliches Geschenk nimmt man die Erinnerung an diese Tage mit.
Vielleicht findet Ihr, daß ich Euch nicht richtig und nicht genug gedankt habe, meine verehrten Kameraden. Aber meine Worte sind nicht mein ganzer Dank. Ich will aufrichtig sein und Euch gestehen – ich *will* gar nicht meine ganze Dankbarkeit bei Euch in Eurem Lande lassen und

dann zurückgehen, leeren und vergeßlichen Herzens. Nein, ich will diese Dankbarkeit in mir bewahren, sie hüten und pflegen, und ich weiß, sie wird eine immer wachsende und fruchtbare sein. Und wenn ich mir vom Leben noch etwas Schönes wünschen darf zu dem unerschöpflich Schönen, das ich hier gesehen und empfangen habe, so wäre es: – wiederkehren zu dürfen in dieses wunderbare Land!

DAS BUCH ALS EINGANG ZUR WELT

Alle Bewegung auf Erden beruht im wesentlichen auf zwei Erfindungen des menschlichen Geistes: die Bewegung im Raume auf der Erfindung des rollenden, seine Achse heiß umschwingenden Rades, die geistige Bewegung auf der Entdeckung der Schrift. Jener namenlose Mensch, der irgendwo und irgendwann als erster das harte Holz rund zur Felge bog, hat die ganze Menschheit die Ferne zwischen Ländern und Völkern überwinden gelehrt. Verbindung war durch den Wagen mit einmal möglich, wandernde Fracht, kenntnisschaffende Reise, aufgehoben der begrenzende Wille der Natur, der bestimmten Früchten, Erzen, Steinen und Produkten eine enge klimatische Heimat zuwies. Jedes Land lebte nicht mehr allein, sondern in Beziehung zur ganzen Welt; Orient und Okzident, Süd und Nord, Ost und West waren durch das neuersonnene Vehikel einander nahegebracht. Und genau wie das Rad in allen seinen technisch gesteigerten Formen – unter der Lokomotive rollend, das Automobil vorwärtsschnellend, im Propeller umschwingend – die Schwerkraft des Raumes, so überwindet die Schrift, gleichfalls längst fortgeschritten von der beschriebenen Rolle, vom Einblatt zum Buch, die tragische Erlebnis- und Erfahrungsbegrenztheit der irdischen Einzelseele: durch das Buch ist keiner mehr ganz mit sich allein in sein eigenes Blickfeld eingemauert, sondern kann teilhaft werden alles gegenwärtigen und gewesenen Geschehens, des ganzen Denkens und Fühlens der ganzen Menschheit. Alle oder fast alle geistige Bewegung unserer geistigen Welt ist heute auf das Buch gegründet, und jene einverständliche, über das Materielle erhobene Lebensgestaltung, die wir Kultur nennen, wäre undenkbar ohne seine Gegenwart. Diese seelenausweitende, diese weltaufbauende Gewalt des Buches in unserem privaten und persönlichen Leben, sie wird uns eigentlich höchst selten bewußt und fast immer nur in ausgesparten Augenblicken. Denn das Buch ist längst zu selbstverständlich innerhalb unseres Tagwerkes, als daß wir das

jedesmal Neu-Wunderbare seines Wesens neu und neu dankbar bemerkten. So wie wir uns gar nicht besinnen, daß wir bei jedem Atemzug Sauerstoff in uns ziehen und unser Blut durch diese unsichtbare Nahrung geheimnisvolle chemische Erfrischung erfährt, so merken wir kaum, daß wir unablässig durch das lesende Auge seelischen Stoff empfangen und damit unseren geistigen Organismus auffrischen oder ermüden. Lesen ist für uns Söhne und Enkel von Jahrhunderten der Schrift eine beinahe schon körperliche Funktion, ein Automatismus geworden, und das Buch, weil es uns seit der ersten Schulklasse nah der Hand bleibt, längst ein dermaßen selbstverständlich Mit-uns-Seiendes, Um-uns-Seiendes, daß wir zu einem Buche meist so lässig gleichgültig greifen wie zu unserem Rock, zu unserem Handschuh, zu einer Zigarette, zu irgendeinem dieser serienhaft produzierten Massenfabrikate. Immer hebt ja das leicht Erreichbare eines Wertes die Ehrfurcht vor ihm auf, und nur in den wahrhaft produktiven, in den nachdenklichen und von innen her betrachtenden Augenblicken unseres Daseins verwandelt sich das Gewohnte und Gewöhnliche wieder ins Wunderbare zurück. Einzig in solchen besinnenden Stunden werden wir dann der magischen und seelenbewegenden Kraft ehrfürchtig gewahr, die vom Buche in unser Leben übergeht und es uns so wichtig macht, daß wir heute im zwanzigsten Jahrhundert unsere innere Existenz nicht mehr denken können ohne das Wunder seiner Gegenwart.
Solche Augenblicke sind selten, aber eben, weil sie selten sind, bleibt dann der einzelne lange und oft über Jahre hinaus erinnerlich. So weiß ich noch genau den Tag, den Ort und die Stunde, wo mir in entscheidender Weise aufging, in wie tiefer und schöpferischer Art unsere innere private Welt mit jener anderen sichtbaren und zugleich unsichtbaren der Bücher verflochten ist. Ich glaube, diesen geistigen Erkenntnismoment ohne Unbescheidenheit erzählen zu dürfen, denn obschon persönlich, reicht diese Erlebnis- und Erkenntnisminute weit über meine zufällige Person hinaus. Ich war damals etwa sechsundzwanzig Jahre alt, hatte selbst schon Bücher geschrieben, wußte also schon einigermaßen um die geheimnisvolle Verwandlung, die irgendein dumpf Vorgestelltes, ein Traum, eine Phantasie erfährt, und die vielen Phasen, die sie durchschreiten muß, bis sie sich dank der merkwürdigen Verdichtungen und Sublimierungen endlich in ein solches kartoniertes Rechteck verwandelt, das wir Buch nennen, in ein solches Wesen, das verkäuflich, preisgestempelt und scheinbar willenlos wie eine Ware im Schauladen

hinter Glas liegt, und gleichzeitig doch wach, beseelt jedes einzelne Exemplar, obwohl käuflich, doch sich gehörig, und zugleich dem anderen, der es neugierig anblättern will, und noch stärker dem, der es liest, und schließlich ganz und eigentlich jenem letzten, der es nicht nur liest, sondern auch genießt. Ich hatte also schon selbst etwas erfahren von diesem unbeschreibbaren Prozeß der Transfusion, wo gewissermaßen Tropfen der eigenen Substanz übergeführt werden in fremde Adern, Schicksal in Schicksal, Gefühl in Gefühl, Geist in Geist: aber doch, die volle Magie, die Weite und Vehemenz der Wesenswirkung des Gedruckten, sie war mir noch nicht bewußt geworden, ich hatte nur vage um sie herumgesonnen und sie nicht ganz und entscheidend zu Ende gedacht. Dies geschah mir nun an jenem Tag, in jener Stunde, die ich erzählen will.

Ich reiste damals auf einem Schiff, es war ein italienisches, im Mittelmeer, von Genua nach Neapel, von Neapel nach Tunis und von dort nach Algier. Es sollte tagelang dauern, und das Schiff war fast leer. So kam es, daß ich oftmals mit einem jungen Italiener von der Mannschaft sprach, der, eine Art Unterkellner des eigentlichen Stewards, die Kabinen fegte, das Verdeck schrubbte und allerhand ähnliche Dienstleistungen zu leisten verpflichtet war, die innerhalb der menschlichen Rangordnung als untergeordnete gelten. Es war eine rechte Lust, ihn anzusehen, diesen prächtigen, braunen, schwarzäugigen Burschen, dem die Zähne blank aus den Lippen leuchteten, wenn er lachte. Und er lachte gern, er liebte sein singendes flinkes Italienisch und vergaß nie, diese Musik mit lebendigen Gestikulationen zu begleiten. Mit einem mimischen Genie fing er die Gesten jedes Menschen auf und gab sie karikaturistisch wieder, den Kapitän, wie er zahnlos redete, den alten Engländer, wie er steif, mit vorgeschobener linker Schulter, über das Verdeck ging, den Koch, wie er würdevoll nach dem Diner vor den Passagieren stolzierte und den Leuten kennerisch auf die von ihm gefüllten Bäuche sah. Heiter war es, mit dem braunen Wildling zu plaudern, denn dieser Bursch mit der blanken Stirn und den tätowierten Armen, der, wie er mir erzählte, auf den Liparischen Inseln – seiner Heimat – jahrelang Schafe gehütet hatte, besaß die gutmütige Zutraulichkeit eines jungen Tieres. Er spürte gleich, daß ich ihn gern hatte und mit niemand anderem auf dem Schiff lieber sprach als mit ihm. So erzählte er mir alles, was er von sich wußte, frank und frei, und wir waren nach zwei Tagen Fahrt auf irgendeine Weise schon etwas wie Freunde oder Kameraden.

Da plötzlich baute sich über Nacht zwischen mir und ihm eine unsichtbare Wand. Wir waren in Neapel gelandet, das Schiff hatte Kohle, Passagiere, Gemüse und Post, seine übliche Hafennahrung, eingenommen und machte sich neuerdings auf den Weg. Schon duckte sich wieder der stolze Posilip zu einem kleinen Hügelchen, und die Wolken über dem Vesuv kringelten sich klein wie blasser Zigarettenrauch, da schob er plötzlich scharf an mich heran, das Lachen breit über den Zähnen, zeigte mir stolz einen zerknitterten Brief, den er soeben empfangen, und bat mich, ihm den Brief vorzulesen.
Ich verstand zuerst nicht gleich. Ich meinte, Giovanni habe einen Brief in einer fremden Sprache erhalten, französisch oder deutsch, wahrscheinlich von einem Mädchen – ich verstand, daß dieser Bursch den Mädchen gefallen mußte –, und nun wollte er wahrscheinlich, daß ich ihm die Botschaft ins Italienische übersetzte. Aber nein, der Brief war italienisch. Was wollte er also? Daß ich ihn lesen sollte? Nein, wiederholte er wieder und beinahe heftig, vorlesen sollte ich ihm den Brief, vorlesen. Und plötzlich war mir alles klar: dieser bildhübsche, kluge, mit natürlichem Takt und einer wirklichen Grazie begabte Bursche gehörte zu jenen statistisch festgestellten sieben oder acht Prozent seiner Nation, die nicht lesen konnten. Er war ein Analphabet. Und ich konnte mich im Augenblick nicht erinnern, jemals mit einem dieses aussterbenden Geschlechts in Europa gesprochen zu haben. Dieser Giovanni war der erste des Lesens nicht kundige Europäer, dem ich begegnete, und ich sah ihn wahrscheinlich verwundert an, nicht mehr als Freund, nicht mehr als Kamerad, sondern als Kuriosum. Aber dann las ich ihm natürlich seinen Brief vor, einen Brief, den irgendeine Näherin Maria oder Carolina geschrieben hatte und in dem eben das stand, was in allen Ländern, allen Sprachen junge Mädchen jungen Burschen schreiben. Er blickte mir scharf auf den Mund, während ich las, und ich merkte die Anspannung, jedes Wort zu behalten. Über seinen Augenbrauen buckelte sich die Haut, so quälte ihm die Anstrengung des Zuhörens, des Genaubehalten-Wollens das Gesicht zusammen. Ich las den Brief zweimal vor, langsam, deutlich, er horchte jedes Wort in sich hinein, wurde immer mehr zufrieden, bekam strahlende Augen, der Mund blühte breit auf wie eine rote Rose im Sommer. Dann kam von der Reling her ein Schiffsoffizier, und er paschte rasch weg.
Das war alles, der ganze Anlaß. Aber das eigentliche Erlebnis, nun erst begann es in mir. Ich legte mich hin in einen Liegestuhl, sah hinauf in die

weiche Nacht. Die merkwürdige Entdeckung ließ mir keine Ruhe. Ich hatte zum erstenmal einen Analphabeten gesehen, einen europäischen Menschen dazu, den ich klug wußte und mit dem ich wie mit einem Kameraden gesprochen hatte, und nun beschäftigte, ja quälte mich das Phänomen, wie sich die Welt in einem solchen der Schrift verrammelten Gehirn spiegeln möge. Ich versuchte mir die Situation auszudenken, wie das sein mußte, nicht lesen zu können; ich versuchte, mich in diesen Menschen hineinzudenken. Er nimmt eine Zeitung und versteht sie nicht. Er nimmt ein Buch, und es liegt ihm in der Hand, etwas leichter als Holz oder Eisen, viereckig, kantig, ein farbiges zweckloses Ding, und er legt es wieder weg, er weiß nicht, was damit anfangen. Er bleibt vor einer Buchhandlung stehen, und diese schönen, gelben, grünen, roten, weißen, rechteckigen Dinge mit ihren goldgepreßten Rücken sind für ihn gemalte Früchte oder verschlossene Parfümflaschen, hinter deren Glas man den Duft nicht spüren kann. Man nennt vor ihm die heiligen Namen Goethe, Dante, Shelley, und sie sagen ihm nichts, bleiben tote Silben, leerer, sinnloser Schall. Er ahnt nichts, der Arme, von den großen Entzückungen, die plötzlich aus einer einzigen Buchzeile brechen können wie der silberne Mond aus dem toten Gewölk, er kennt nicht die tiefen Erschütterungen, mit denen ein geschildertes Schicksal plötzlich in einem selbst zu leben beginnt. Er lebt völlig in sich vermauert, weil er das Buch nicht kennt, ein dumpfes troglodytisches Dasein, und – so fragte ich mich – wie erträgt man dieses Leben, abgespalten von der Beziehung zum Ganzen, ohne zu ersticken, ohne zu verarmen? Wie erträgt man es, nichts anderes zu kennen als das, was bloß das Auge, das Ohr zufällig faßt, wie kann man atmen ohne die Weltluft, die aus den Büchern strömt? Immer intensiver versuchte ich, mir die Situation des Nicht-lesen-Könnenden, des von der geistigen Welt Ausgesperrten vorzustellen, ich bemühte mich, seine Lebensform mir so künstlich aufzubauen, wie etwa ein Gelehrter aus den Resten eines Pfahlbaues sich die Existenz eines Brachyzephalen oder eines Steinzeitmenschen zu rekonstruieren sucht. Doch ich konnte mich nicht zurückschrauben in das Gehirn eines Menschen, in eine Denkweise eines Europäers, der nie ein Buch gelesen, ich konnte es so wenig, wie ein Tauber sich eine Vorstellung von Musik aus Beschreibungen erzaubern kann.

Aber da ich ihn innerlich nicht verstand, den Analphabeten, versuchte ich nun, zur Denkhilfe mir mein eigenes Leben ohne Bücher vorzustellen. Ich versuchte also zuerst einmal, aus meinem Lebenskreis all das für eine Stunde wegzudenken, was ich von schriftlicher Übermittlung, vor allem von Büchern empfangen hatte. Aber schon dies gelang mir nicht. Denn das, was ich als mein Ich empfand, es löste sich gleichsam vollkommen auf, wenn ich versuchte, ihm zu nehmen, was ich an Wissen, an Erfahrung, an Gefühlskraft über mein Eigenerleben hinaus an Weltgfühl und Selbstgefühl von Büchern und Bildung empfangen hatte. An welches Ding, an welchen Gegenstand ich zu denken versuchte, überall banden sich Erinnerungen und Erfahrungen, die ich Büchern verdankte, und jedes einzelne Wort löste unzählige Assoziationen aus an ein Gelesenes oder Gelerntes. Wenn ich mich zum Beispiel erinnerte, daß ich jetzt nach Algier und Tunis fuhr, so schossen schon blitzartig, ohne daß ich es wollte, hundert Assoziationen sich kristallisch an das Wort »Algier« an – Karthago, der Baalsdienst, Salammbo, jene Szenen aus dem Livius, da Punier und Römer, Scipio und Hannibal einander bei Zama begegnen, und gleichzeitig dieselbe Szene in dem dramatischen Fragment von Grillparzer; ein Gemälde von Delacroix fuhr farbig dazwischen und eine Landschaftsschilderung Flauberts. Daß Cervantes bei dem Sturm auf Algier unter Kaiser Karl V. verwundet worden war, und tausend andere Einzelheiten, sie waren mir mit dem Aussprechen oder dem Bloßdenken der Worte Algier und Tunis magisch lebendig; zwei Jahrtausende Kämpfe und Geschichte im Mittelalter und unzählige andere Bindungen drängten sich aus dem Gedächtnis, all das seit meinen Kindertagen Gelesene und Gelernte bereicherte dieses eine hingeträumte Wort. Und ich verstand, daß die Gabe oder die Gnade, weiträumig zu denken und in vielen Verbindungen, daß diese herrliche und einzig richtige Art, gleichsam von vielen Flächen her die Welt anzuschauen, nur dem zuteil wird, der über seine eigene Erfahrung hinaus die in den Büchern aufbewahrte aus vielen Ländern, Menschen und Zeiten einmal in sich aufgenommen hat, und war erschüttert, wie eng jeder die Welt empfinden muß, der sich dem Buch versagt. Aber auch, daß ich all dies durchdachte, daß ich so vehement fühlen konnte, was diesem armen Giovanni fehlte an gesteigerter Weltlust, diese Gabe, erschüttert werden zu können von einem fremden, zufälligen Schicksal, dankte ich dies nicht der Beschäftigung mit dem Dichterischen? Denn wenn wir lesen, was tun wir anders, als fremde Menschen von innen heraus mitzuleben, mit ihren Augen zu schauen, mit ihrem Hirn zu denken? Und nun erinnerte ich mich immer lebhafter und erkenntlicher aus diesem einen belebten und dankbaren Augenblick an die unzähligen Beglückungen, die ich von Büchern empfangen; ein Beispiel nach dem anderen reihte sich innen, wie oben am Himmel Stern an Stern, ich besann mich auf einzelne, die mein Leben aus der Enge der Unwissenheit erweitert, mir die Werte gestuft hatten und dem Knaben schon Erregungen und Erfahrungen gegeben, die mächtiger waren als ein damals noch schmaler und unreifer Leib. Darum, jetzt verstand ich's, hatte sich auch so übermächtig dem Kinde die Seele gespannt, wenn es Plutarch las oder die Seeabenteuer des Midshipman oder die Jagden Lederstrumpfs, denn eine wildere und heißere Welt brach damals in die bürgerlichen Wohnungswände und riß gleichzeitig aus ihnen heraus: zum erstenmal aus Büchern hatte ich die Weite, die unausmeßbare, unserer Welt geahnt und die Lust, mich an sie zu verlieren. Einen Großteil all unserer Spannungen, jenes Über-uns-Hinausbegehrens, diesen besten Teil unseres Wesens, all diesen heiligen Durst, ihn danken wir dem Salz der Bücher, das uns zwingt, immer wieder neues Erlebnis in uns einzutrinken. Ich erinnerte mich an wichtige Entscheidungen, die mir von Büchern kamen, an Begegnungen mit längst abgestorbenen Dichtern, die mir wichtiger waren als manche mit Freunden und Frauen, an Liebesnächte mit Büchern, wo man wie in jenen anderen den Schlaf selig im Genuß versäumte; und je mehr ich nachdachte, um so mehr erkannte ich, daß unsere geistige Welt aus Millionen Monaden einzelner Eindrükke besteht, deren geringste Zahl nur aus Geschautem und Erfahrenem stammt – alles andere aber, die wesentliche verflochtene Masse, sie danken wir Büchern, dem Gelesenen, dem Übermittelten, dem Erlernten.

Es war wunderbar, all dem nachzusinnen. Langvergessene Beglückungen, die ich durch Bücher erfahren, fielen mir wieder ein, eine erinnerte mich an die andere, und so wie in dem nachtsamtenen Himmel über mir, wenn ich versuchte, die Sterne zu zählen, immer neue und unbemerkte auftauchten und mir das Zählen verwirrten, so wurde ich auch bei dieser Tiefschau in die innere Sphäre gewahr, daß auch dieser unser anderer Sternenhimmel überleuchtet ist von unerrechenbar vielen einzelnen Lichtflammen und daß wir durch das Genießenkönnen des Geistigen noch ein zweites Weltall haben, das um uns leuchtend kreist, gleichfalls von geheimer Musik erfüllt. Nie war ich den Büchern so nah gewesen wie in dieser Stunde, da ich keines in Händen hielt und nur an sie dachte, aber mit der gesammelten Erkenntlichkeit einer aufgetanen Seele. An

dem kleinen Erlebnis mit dem Analphabeten, diesem armen Eunuchen des Geistes, der, ebenso gestaltet wie wir, infolge dieses einen Defektes nicht vermochte, liebend und schöpferisch in die höhere Welt einzudringen, empfand ich die ganze Magie des Buches, in dem jedem Wissenden das Universum täglich offen aufgeschlagen ist.
Wer aber einmal so den Wert des Geschriebenen, Gedruckten, der geistigen Sprachübermittlung in seiner ganzen unausmeßbaren Weite erlebt, ob an einem einzelnen Buch, ob an ihrem Gesamtdasein, der lächelt dann mitleidig über die Kleinmütigkeit, die heute so viele und selbst Kluge ergreift. Die Zeit des Buches sei zu Ende, die Technik habe jetzt das Wort, so klagen sie, das Grammophon, der Kinematograph, das Radio als raffiniertere und bequemere Übermittlungsleiter des Wortes und des Gedankens begännen schon das Buch zu verdrängen, und bald würde seine kulturhistorische Mission der Vergangenheit angehören. Aber wie eng ist das gesehen, wie kurz gedacht! Denn wo wäre jemals der Technik ein Wunderbares gelungen, das jenes tausendjahralte des Buches überträfe, ja auch nur erreichte! Kein Explosivmittel hat die Chemie entdeckt, das so weitreichend und welterschütternd wirkte, keine Stahlplatte, keinen Eisenzement hat sie gehämmert, der an Beständigkeit diese kleinen Bündel bedruckten Papiers überdauerte. Noch hat keine elektrische Lichtquelle solche Erleuchtung geschaffen, wie sie von manchem dünnen Bändchen ausgeht, noch immer ist kein künstlicher Kraftstrom jenem vergleichbar, der die Seele bei der Berührung mit dem gedruckten Wort erfüllt. Alterslos und unzerstörbar, unveränderlich in den Zeiten, komprimierteste Kraft in winzigster und wandelhaftester Form, hat das Buch nichts von der Technik zu fürchten, denn sie selbst, wie anders erlernt und verbessert sie sich denn aus Büchern? Überall, nicht nur in unserem eigenen Leben, ist das Buch Alpha und Omega alles Wissens und jeder Wissenschaft Anfang. Und je inniger man mit Büchern lebt, desto tiefer erlebt man die Gesamtheit des Lebens, denn wunderbar vervielfacht, nicht nur mit dem eigenen Auge, sondern mit dem Seelenblick Unzähliger sieht und durchdringt dank ihrer herrlichen Hilfe der Liebende die Welt.

DIE AUTOGRAPHENSAMMLUNG ALS KUNSTWERK

Sammeln im höheren Sinne als dem eines beliebigen Sportes betrieben, kann durch Phantasie, Leidenschaft und Geschmack zu einem Begriff gesteigert werden, der dem künstlerischen schon sehr nahe kommt. Eine Sammlung ebenso wie ein Kunstwerk will in sich eine gechlossene Abbreviatur des Universums darstellen, und wenn Sammeln mehr bedeutet als Anhäufen und Zusammenraffen, wenn ein höherer Wille in seiner Absicht waltet, so mag es gelingen, hier durch eine geheimnisvolle Architektonik aus totem Stoff ein Lebendiges zu gestalten. Will eine Sammlung mehr sein als Anhäufung, so muß sie trachten, Organismus zu werden, eine persönliche Form zu haben und eine eigene Seele, Organismus, wie das Kunstwerk, mit dem die Sammlung noch jenes letzte gemeinsam hat, daß auch sie Vollendungen immer nur nahe kommt, ohne sie jemals gänzlich zu erreichen. Nähert sich so der Sinn des Sammlers dem des Kunstwerkes in Ursprung und Ziel, so sind beide noch verwandter durch ihre Gefahren, denn die beiden Feinde der Kunst sind auch die der Sammlung: der Dilettantismus und das Geschäft. Der Dilettantismus droht ebenso den Sammler lächerlich zu machen wie den wirklichen Dichter der reimende Jüngling, aber vielleicht ist er noch der bessere der Feinde, denn er vermindert nur einen Wert, während der zweite, das Geschäft, ihn geradezu umfälscht, indem er einem ideellen Wert noch einen materiellen beigesellt und irgendeinen lebendigen Besitz, der durch Leidenschaft, Wissen und Mühe zusammengetragen ist, durch ein paar Striche in einen Zahlenwert verwandeln will. Nur Ernst und Leidenschaft steigern den Dilettanten zum wirklichen Sammler, nur Persönlichkeit der Wahl und des Geschmacks unterscheidet ihn vom Händler. Ist der Sammler eine Persönlichkeit, so trägt die Sammlung seine individuellen Züge, ist er leer und flach, so wird sie ein Katalog.

Keine Art des Sammelns nun ist durch den Dilettantismus so diskreditiert wie die der Autographen. Die jungen Mädchen, die eine Unterschrift auf ihrem Fächer haben wollen, im Künstlerzimmer den Virtuosen überfallen, Gymnasiasten, die sich mit der bloßen Unterschrift des Dichters begnügen, machen es einem ernsten und erwachsenen Menschen manchmal schwer, sich als Autographensammler zu deklarieren, weil bei vielen ihm nur ein mitleidiges Lächeln antwortet. Und es wäre schwer, solchen Mißtrauischen zu erklären, daß diese beiden Arten des Sammelns nicht nur nicht verwandt, sondern geradezu ein Gegenteiliges sind, denn diesen Dilettanten ist ein Schriftzug, die bloße Unterschrift alles und das Wichtigste, die dem wahren Sammler beinahe das Wesenloseste wird, weil ja auch bekanntlich die Unterschrift bei jedem Menschen unter seinen Schriftzügen der automatischeste ist. Ihnen genügt ein Zentigramm Tinte von irgendeiner berühmten Feder auf ihr Papier gespritzt als Besitz, während es dem wahren Sammler doch darum zu tun ist, durch den Besitz des Blattes in die Wesenheit dieses Mannes tiefer einzudringen. Der wirkliche Sammler verachtet jene ersten Autographensammler, die die Unterschriften berühmter Männer von den Briefen abschnitten, um die Briefe dann selbst zu vernichten, ungefähr so, wie der gesittete Europäer den Kannibalen, und für ihn ist Schillers Witwe, die, um gelegentlichen Besuchern eine Freude zu machen, mit der Schere ein paar Zeilen aus dem Manuskript des ›Wilhelm Tell‹ aufs geratewohl herausschnitt, eine Art moderner Herostrat. Der wahre Autographensammler will von einer anderen Seite als der Philologe, aber mit der gleichen Leidenschaft, in das Wesen des schaffenden Menschen eindringen, und zwar in eben jenen geheimnisvollsten Augenblick aller Augenblicke, den der Schöpfung. Und so wie der Philologe sich durch Nachweise analytisch das Entstehen einer künstlerischen Idee und die Form ihrer Durchbildung faßlich zu machen sucht, so spürt der Handschriften-Liebhaber intuitiv aus dem Manuskript den Widerstand des Schaffenden, sieht hier den feurigen Fluß der Produktion und auf der nächsten Seite ihn erlahmen und an den Klippen zahlloser Korrekturen zerschellen. In dieser geheimnisvollen Atmosphäre zu leben, verlockt es den Sammler der Handschrift; sie zu besitzen, reizt ihn der allgemeine Sammeltrieb, der Eigenes zehnfach mehr besitzt und genießt als Geborgtes und Geliehenes. Verbrüdert mit der Philologie, ist die Handschriftenkunde der Graphologie verschwistert, die von einem anderen Ursprung her das Geheimnis des Charakters sich zu entschleiern bemüht, wie jene den Mythos der Schöpfung. Diese Atmosphäre der Handschrift ist eine, die nur Ehrfurcht zu

erfühlen, Pietät schauernd zu empfinden vermag. Was es dem einen an Unendlichem bedeutet, eine Symphonie Beethovens in den Händen zu halten, dieses unsichtbare Tönen, dieses Ausstrahlen seines Wesens in eine Form, die zwar nicht die wesenhafteste seines Werkes ist, aber doch eine ihrer stärksten Materialisationen, dies mag andern freilich nur ein Schock beschriebenen Papieres sein. Aber ich sagte ja, daß fast immer ein Künstler vonnöten ist, um den Reiz des Sammelns zu verstehen, dieses Zurücktreten eines Seins in sein Werden, eines Geschaffenen in sein Entstehen.
Von diesen geheimen Werten weiß der Händler fast ebensowenig wie der Dilettant oder eigentlich, um aufrichtig zu sein, er wußte es lange nicht und beginnt es zu wissen, denn die jetzige Generation der Kunsthändler ist eine wesentlich verschiedene von den ungebildeten Antiquaren von einst. Aber lange war das schön geschriebene reine Manuskript, die schon erstarrte Reinschrift höher bewertet als die zuckende, heiße, chaotische Urschrift, lange die äußere Form des Briefes kostbarer als seine innere Aussage. Heute, da die Händler selbst meist Männer von künstlerischer und wissenschaftlicher Ausbildung sind, ist da Wandel geschaffen, aber in einem gewissen Sinne bleibt der Händler doch Feind des Sammlers, weil er jene Werte materialisiert und eine Liebhaberei, die am liebsten die Magie des eigenen Findens und Aufspürens dem Reiz des Sammelns beifügte, doch dem Markte ausliefert. Nicht die Schönheit des Sammelns, sondern einzig seine Romantik geht im modernen Zeitalter zugrunde, und auch die entlegensten Werke geraten langsam unter das fortrollende Rad der allgemeinen Katalogisierung.
Dies und gleichzeitig die Preissteigerung aller Werte kann eine wahrhafte Sammlung heute wohl nur mehr erstehen lassen durch strengste Konzentrierung. So wie im allgemeinen heute der Künstler nicht mehr die Möglichkeit hat, enzyklopädisch zu sein (er wäre denn ein Genie wie Goethe), so kann der Sammler unmöglich universelle Komplettierung erreichen (er wäre denn ein Milliardär wie Morgan). Will er mit beschränkten Mitteln doch Hohes erzielen, so muß er den Rahmen kleiner nehmen, um jenen höchsten Reiz des Sammelns zu erreichen, den Schein oder die Nähe der Vollständigkeit, obzwar es ihm wie dem Künstler immer unmöglich ist, sie gänzlich zu erlangen. Immer wird zwischen der absoluten Vollständigkeit und dem Erreichten eine kleine Spanne Sehnsucht bleiben, Sehnsucht, die mit den Erfüllungen nur

wächst und alle Kräfte, statt sie mit einem flachen Genügen abflauen zu lassen, immer aufs neue anspannt. Allen Ruhm in der Handschrift zu sammeln, ist auch dem Reichsten, dem Glücklichsten versagt, denn der Ruhm ist breit geworden in unseren Tagen und von zwei Händen nicht mehr zu umfassen. Soll eine Sammlung ein Kunstwerk werden, so muß sie Maß haben und sich selber ihr Ziel setzen. Sie muß mit einer Einschränkung beginnen, um sich dank dieses Verzichts vollenden zu können.

Soll ich nun von dem Versuch meiner eigenen Sammlung sprechen, so möchte ich ihr verhältnismäßig außerordentliches Gelingen bei den geringen Mitteln, die ich dafür verausgaben konnte, hauptsächlich darauf zurückführen, daß sie nach einigen kurzen Versuchen ins Ziellose sich ganz auf den Begriff des literarischen Manuskripts beschränkt hat. Ich sammle nur Handschriften literarischer Werke und vor allem nach meinem eigenen literarischen Geschmack, so daß ich mich durchaus nicht dem momentanen Marktwert unterordne, sondern ein Manuskript, das mir von besonderer literarischer Dauerhaftigkeit zu sein scheint, gerne überzahle, um andere, die momentan sehr gesucht sind, ohne Bedauern an mir vorübergehen zu lassen. Briefe, Stammbuchblätter, Unterschriften, all dies ist sehr strenge von meiner Sammlung weggehalten wie Fächer und Tabakdosen, und selbst die verführerischeste Gelegenheit vermag mich da nicht umzustimmen, weil ich im Innersten doch weiß, daß nur die strengste Reinheit der Gattung die Einheit der Sammlung verbürgt und die materielle Zersplitterung verhütet. Nicht also der Preis bestimmt mich und nicht auch der momentane Ruhm, sondern im letzten mein eigenes literarisches Urteil, so daß ich zum Beispiel in der Wahl eines großen Manuskripts von Edmond Rostand, das heute mit tausenden Francs bezahlt würde, und einem Paul Claudels, das vielleicht nicht mit fünfzig Francs bewertet ist, unbedenklich bei gleichem Preise das Claudels erwerben würde nur aus dem Gefühle, daß mir der eine Dichter unendlich viel und der andere gar nichts bedeutet. Durch solche Auswahl hoffe ich eben meine Sammlung nicht vom Zufall der Auktion formen zu lassen, sondern von meinem literarischen Weltbild. Schließlich sammelt man ja für sich und nicht für seine Auktion.
Den Grundstein zu meiner Sammlung habe ich schon vor vielen Jahren, noch im Gymnasium, gelegt, und zwar mit einem Manuskript Hebbels,

das ich zu einem ganz lächerlich niedrigen Preise auf einer Wiener Auktion erstand, und habe sie dann energisch fortgeführt mit jenem »frischen, jugendlichen Trieb«, von dem Goethe klagte, daß er für eine Sammlung von Handschriften unumgänglich notwendig sei, als er seine eigenen verhältnismäßig sehr schlechten Resultate überblickte. Durchschaue ich meine Sammlung, so muß ich mit Zufriedenheit sagen, daß ich doch in zehn oder zwölf Jahren vieles bei sehr beschränkten Mitteln erwerben konnte, was Fragment der ewigen Weltliteratur ist, Werke oder Bruchstücke vollkommener Werke, die zum Stolz der deutschen Nationalliteratur oder der Weltliteratur gehören und ganz besonders darunter Gedichte, von denen manche zum eisernen Bestand der deutschen Lyrik zählen. So besitze ich unter anderem von Balzac die herrliche Novelle ›Die Messe des Atheisten‹, von Bauernfeld ein Lustspiel, von Dostojewski drei Kapitel aus seinem Roman ›Die Erniedrigten und Beleidigten‹ (ein Unikum im Privatbesitz), von Fichte philosophische Studien, von Flaubert die Novelle ›Bibliomanie‹, Fragmente aus dem ›Don Juan‹ von Grabbe, einen Essay von Gautier, die Novelle ›Schnock‹ von Hebbel und außerdem den handschriftlichen endgültigen Schluß des Vorspiels der ›Nibelungen‹, der im Originalmanuskript in Weimar nicht enthalten ist, von E. T. A. Hoffmann die ›Leiden des Kapellmeisters Kreisler‹, von Jens Peter Jacobsen die herrliche Novelle ›Zwei Welten‹, von Novalis sehr wichtige Bruchstücke und den Schluß des ›Heinrich von Ofterdingen‹, von Kant philosophische Vorarbeiten, von Theodor Körner ein Lustspiel, von Otto Ludwig einen Dramenentwurf, von Lichtenberg Aphorismen, von Alfred de Musset und Mistral Dramenfragmente, von Nietzsche den sehr kuriosen Anfang einer Novelle ›Euphorion‹ aus seiner Jugendzeit, sowie einen Zyklus Jugendgedichte, von Schopenhauer ein sehr wichtiges Fragment aus der ›Welt als Wille und Vorstellung‹, von Schiller ein Blatt aus dem ›Phädra‹-Manuskript, von Stendhal das berühmte Testament mit seiner Grabinschrift sowie zwei Manuskripte, von Paul Verlaine das Manuskript seiner unsterblichen ›Fêtes galantes‹, von Wagner die schöne Festrede auf Friedrich Schneider (1846) und von Zola einen Essay. Dazu kommen nun von Gedichten G. A. Bürger mit seinem ›Hohen Lied‹, Chamisso, Eichendorff, Emerson mit schönen Versen, Fontane mit dem ›Alten Derfflinger‹, Freiligrath mit dem ›Trompeter von Gravelotte‹, Goethe mit dem kleinen Mailied (›Zwischen Weizen und Korn‹) und dem herrlichen Altersgedicht, dem vorletzten, das er geschrieben hat, datiert vom 28. August 1831, seinem letzten Geburtstag, dann Gottsched mit einem sehr seltsamen Poem, Grillparzer mit seinem allerherrlichsten, ferner Hartleben, Heine, Herder, Hölty (das ›Mailied‹), Hölderlin (ein Gedicht aus dem Wahnsinn), Victor Hugo, Kleist (die beiden unsterblichen Gedichte ›Sonett an die Königin Luise‹ und das Gedicht an König Friedrich Wilhelm), Klopstock mit einer Ode, Lenau (der ›Crucifixus‹), Liliencron mit einer Ballade, Conrad Ferdinand Meyer mit seinem ›Lenz, wer kann dir widerstehen‹, Adam Mickiewicz' berühmtes vierzehntes Krim-Sonett, Ada Negri, Platen, Rosetti, Seume, Theodor Storm mit dem Zyklus ›Die rote Rose Leidenschaft‹, Uhland, Walt Whitman (mehrere Gedichte) und Oscar Wilde. Zu diesen Manuskripten, die fast alle käuflich erworben sind, kommen nun alle jene zeitgenössischen, die ich größtenteils von den Autoren selbst, zum andern Teil durch Vermittlung von Verlegern oder Freunden bekommen habe und die vielfach Wichtiges unserer zeitgenössischen Literatur darstellen. Ich besitze von Auernheimer ›Die große Leidenschaft‹, von Bartsch die ›Zwölf aus der Steiermark‹, von Max Brod ›Das tschechische Dienstmädchen‹, von Brjussof einen russischen Roman, von Paul Claudel das Drama ›L'annonce faite a Marie‹, von Dehmel kostbare Gedichte, von Eulenberg das Drama ›Ullrich, Fürst von Waldeck‹, von Ginzkey ›Die Geschichte der stillen Frau‹, von Heyse die Novelle ›Einer von Hunderten‹, von Hermann Hesse eine Novelle ›Heumond‹, von Hofmannsthal Gedichte, von J. V. Jensen eine Novelle, von Rudolf Kassner und Ellen Key essayistische Manuskripte, von Camille Lemonnier und Emil Lucka je einen Roman, von Heinrich Mann den ›Weg zum Hades‹, von Rainer Maria Rilke ›Die Weise von Liebe und Tod‹, von Rosegger eine Novelle, von Romain Rolland den zehnten Band des ›Jean Christophe‹, von Spitteler einen Gesang aus dem ›Olympischen Frühling‹, von Stucken den ›Lanzelot‹, von Johannes Schlaf das Drama ›Die Feindliche‹, von Arthur Schnitzler den ›Ruf des Lebens‹, von Schmidtbonn den ›Zorn des Achilles‹, von Verhaeren sein berühmtestes Werk ›La multiple splendeur‹, von Wassermann ›Die Gefangenen auf der Plassenburg‹, von Wedekind den ›Marquis von Keith‹ und zwei korrigierte Revisionsexemplare von Gerhart Hauptmann. Diese Sammlung, von der ich nur die wichtigsten Stücke erwähnte, rahmen noch vier Manuskripte von Musikern ein, je eines von Johann Sebastian Bach, Beethoven, Mozart und Schubert, sowie drei Zeichnungen von Dichtern, die gleichzeitig Maler waren: eine Landschaft Goethes, ein Porträt William Blakes und eine Karikatur E. T. A. Hoffmanns. Außerdem besitze ich eine Sammlung von Autographenkatalogen bis zum Jahre 1830, die ein fast einziges dokumentarisches Material darstellen.

Habe ich hier etwas ausführlich von meiner Sammlung erzählt, so war es wohl zum Teile – ich sage es lieber selbst, ehe die andern es merken – aus Sammlereitelkeit, jedoch nicht aus dem Bestreben, meine Art der Handschriftensammlung als die einzig mögliche gelten zu lassen. Wie jeder rechte Künstler muß auch jeder Sammler seine eigene Form sich selber finden. Ich könnte mir noch viele Arten einer geschlossenen Handschriftensammlung denken, etwa einen, der ausschließlich Liebesbriefe sammeln würde, die feurigen Blätter, die zärtlichen und verliebten, oder einen anderen, der sich auf eine bestimmte Zeit beschränkte, etwa auf die Romantik oder auf die Französische Revolution, oder auf Stammbuchblätter oder ausschließlich Kindheitsdokumente. Je enger die Beschränkung ist, desto reicher die Möglichkeit zu relativer Vollendung, ganz wie bei einem Künstler, denn es ist leichter, Persönlichkeit im engen Kreise zu sein als in der universalen Fülle.
Eine Sammlung zum Kunstwerk zu steigern, bedarf es also der beiden Tugenden des Künstlers: Leidenschaft und Geduld. Man muß sich ganz hingeben und doch wieder nicht zuviel, denn je stärker die Leidenschaft wird, desto stärker muß immer auch der Trieb sein, sie zu bändigen. Goethe hat einmal das schöne Wort gesagt, man würde durch vieles Lesen und Schreiben allmählich selber zum Buch, und so, glaube ich, kann man durch zu vieles Sammeln selber zum Kuriosum werden. Die Sammlung zu einer Welt zu gestalten und doch die wirkliche nicht zu verlieren, ist die höchste Aufgabe, und dieses Gleichgewicht unbedingt vonnöten, um das Sammeln über den Dilettantismus hinaus zu erheben und doch andererseits von der Manie fernzuhalten in jener lichten und reinen Sphäre, die ich hier versuchte, mit dem Edelsten, mit dem Kunstwerk, zu vergleichen.

BRIEFE AUS DEN JAHREN 1938 bis 1942

An René Schickele

49, Hallam Street, London
22. April 1938

Lieber René Schickele,
Eben kommt Ihr Brief, da ich Ihnen für die Novelle danken wollte. Leider kann ich Ihnen nichts so sehr Erfreuliches über die englische Situation berichten. Wir sind, sowohl Sie als ich, durch unsre ganze Einstellung dem englischen Geschmack äußerst fremd, und meine Einflußkraft hier eine kläglich geringe. Ein Vorwort müßte hier unbedingt von einem englischen Schriftsteller geschrieben sein, um irgendwelche Wirkung zu haben und nicht eher Mißtrauen zu erregen. Dagegen will ich Hübsch sofort schreiben, daß Thomas Mann ein Vorwort für Sie geschrieben hat, obwohl er es nicht mit einer Ausgabe bringen könnte. (Vielleicht den Schlußsatz ein wenig verändert.) Seine Autorität ist drüben ja jetzt sehr groß, leider herrscht drüben auch die Bücherpleite. Unser Unglück ist ja, daß unsre persönliche Krise mit einer Weltkrise zusammenfällt.
Wir stehen vor einer moralisch auch sehr verantwortungsvollen Situation. Da wir unsern »Markt« verloren haben, unser Publikum uns gestohlen worden ist, materiell nur der englische Markt gilt, müßte man versuchen, sich dem angelsächsischen Geschmack bewußt anzupassen, was ich nicht kann, und Sie wahrscheinlich ebenso wenig. Mich haben einigermaßen die biographischen Bücher über Wasser gehalten, aber wie es mit dem Roman werden wird, an dem ich arbeite, scheint mir mehr als dubios. Vielleicht wird es für Sie notwendig sein, irgendein Buch neben der dichterischen Produktion zu schreiben, ich dachte damals an Jaurès als Symbol des Untergangs der Internationale, als Zerstörung der letzten europäischen Einheit (oder vielleicht ein andres Thema, das Ihnen gelegen ist, ließe sich vielleicht fruktifizieren.)

Aber eine innere Umstellung unsers literarischen Habitus wird und soll uns nicht mehr gelingen. Hier müssen wir resignieren und vielleicht auf zwei Geleisen versuchen weiterzukommen, auf einem, das nur dem Güterverkehr dient, und dem anderen, das unsre eigentliche geistige Bewegung darstellt.
Verzeihen Sie mir, lieber Freund, den Pessimismus, der vielleicht aus diesen Zeilen spricht. Aber die österreichische Sache hat mich doch sehr getroffen. Nicht nur, daß ich meine Mutter dort habe und Freunde, nicht nur, daß das ganze Opus noch einmal eingestampft wird und noch einmal von neuem angefangen werden soll – es ist auch der Verlust des beinahe letzten Wirkungskreises, der Sturz ins Leere. Hieße es nur »durer«, wie Sie sagen, man brächte dazu noch die Kraft auf. Aber dazu noch das immerwährende Neuanfangen mit einem von tausend dreckigen Äußerlichkeiten verschmutzten Kopf, Paßfragen, Heimatszugehörigkeitsfragen, Familienproblemen, Lebensproblemen. Man wird manchmal schon recht müde.
[...]
Herzliche Grüße Ihres Stefan Zweig

An Joseph Roth

[undatiert; vermutlich Sommer 1938]

Lieber Freund, Sie schweigen mich hartnäckig an, ich aber denke oft und herzlich an Sie. Mein Leben ist in letzter Zeit arg überhäuft, ich habe das Buch glücklich auscorrigiert (was bei mir beinahe: Nocheinmalschreiben heißt), dann Material gesammelt zu einer Novelle (oder Art symbolischer Novelle), an der ich jetzt schon schreibe, nur immer wieder verstört. Ich muß bei der Arbeit allein sein (bei der conceptiven zumindest) und wollte seit 10 Tagen nach Boulogne flüchten, aber das Wetter ist erbarmungslos. In Deutschland hat »Castellio« seinen Schatten vorausgeworfen, auch die Auslieferung nach Ungarn, Polen, etc. die – Österreich hat kein Clearing mit diesen Staaten – bisher über dieses edle Land ging, ist unmöglich, und auch sonst kommt viel an kleiner Ärgerlichkeit zusammen – ich wundere mich, daß wir dabei noch arbeiten können. Hier lebe ich wie in einer Höhle, kenne ein Zehntel der Leute wie vor zwei Jahren, auch sonst fällt und raschelt viel Laub von alten Herzensbanden. Nun, man hat aber auch kräftig mit der germanischen Axt auf uns losgedroschen!

[...] Roth, halten Sie sich jetzt zusammen, wir brauchen Sie. Es gibt so wenig Menschen, so wenig Bücher auf dieser überfüllten Welt!!
Herzlichst Ihr Stefan Zweig

An Felix Braun

[undatiert; vermutlich Frühjahr 1939]

Lieber Felix, ich freue mich sehr Deines Briefes. Wir sind ja nur in unwesentlichen Punkten verschiedenen Gefühls – Dich beschäftigt mehr das »deutsche«, mich das allmenschliche Schicksal, die fünf Millionen gemordeter Chinesen, die zwei Millionen Spanier sind mir wichtiger als unsere persönlich-literarische Vernichtung, die doch nur eine zeitweilige sein kann. Du weißt, daß ich nie den Kriegshetzern zur Seite stand und wo ich konnte, habe ich zu rechtzeitigem Nachgeben geraten – einer der wenigen, der in Spanien zur Einigung, in Frankreich zu einer Concession an Italien vor zwei Jahren riet. Alles wäre mit Vernunft und Concilianz vor zwei Jahren möglich gewesen; jetzt ist H[itler] von Erfolg betrunken und *will* den Krieg.
Ich lese so wenig als möglich Zeitungen. Furchtbar ist, was mir durch die Briefe auferlegt ist. Ich helfe materiell soviel ich kann, habe die ganzen Newyorker Tantièmen für Jeremias dem Refugeefond dort gespendet, aber wie soll ich hier Garantien und Permits schaffen – ein Gang nach dem Woburnhaus nimmt hier einen Tag! Felix, wenn Du diese Schicksale, die aus den Briefen aufschreien, lesen würdest, käme Dir unser ganzes Dichten entsetzlich phantasielos vor! Und dabei weiß ich, daß das ganz Böse erst kommt (ich schrieb dasselbe Dir vor einem halben Jahr in die Schweiz). Ich weiß mehr, als Ihr wißt. Ich weiß, daß die Hilfsfonds bald versiegen werden. Jeder Jude hier hat jetzt fünf, sechs Leute auf dem Rücken zu tragen, Verwandte, Freunde, dazu ein Rückgang in den Einnahmen und Erhöhung der Steuern – nach dem Vertriebensein kommt das Verhungern von Hunderttausenden! Mich hat das Schicksal mit einem unbestechlichen Auge, einem harten Auge und einem weichen Herzen geschlagen – diese Mischung ist entsetzlich, lieber Freund.
Ich billige sehr Deine Ansicht, Stunden oder ähnliches hier zu suchen (falls das Concentrations-Camp uns nicht all dieser Sorgen enthebt). Von Literatur ist nichts zu erwarten, ich habe meinen Roman hier zurückhalten lassen, denn wer kauft jetzt Bücher! [...] Ich bin jetzt tief in den Vorarbeiten für ein Buch literarhistorischer Art, ein Portrait

(nicht Biografie) ganz großen Stils, auf zwei Bände angelegt und mindestens zwei Jahre erfordernd – ich brauchte eine *Welt*, um mich der anderen zu entziehen, die mich bedrückt und von der ich mich nicht zerdrücken lassen will. Aus Selbstverteidigung habe ich mir das Allerschwerste gesucht, um mich abzulenken.

Ich lebe hier so zurückgezogen wie möglich, gehe nie in Gesellschaft (was ein Fehler ist) – meine Naturalisierung wird, weil ich sie nicht mit Protectionen betreibe, wohl noch ein Jahr dauern, wichtig ist nur für mich das Opium der Arbeit.

Von Fr[iderike] aus Paris höre ich oft, sie lebt genau so geschäftig wie früher, sammelt von früh bis abends Leute um sich, beide Töchter sind da und beide ohne Beruf – Sie verstehen nicht den Ernst der Zeit und ich, dessen Verlangen nach Zurückgezogenheit und Arbeit immer ernster wird, bin froh, daß ich nicht noch diese häusliche Unruhe um mich habe – ich kämpfe schon ohnedies wie ein Verzweifelter um die vier bis fünf Stunden Arbeit im Tag.

Laß dich auch bald sehen. Ich bleibe hier – vielleicht gehe ich einmal nach Holland, aber höchstens auf einen knappen Tag. Ich darf im letzten englischen Jahr nicht viel reisen [...].

Falls mein Freund Fuchs nach dort auf Besuch kommen kann, hier konnte ich für ihn als Arier nicht einmal ein Besuchsvisum erreichen. Entsetzlich das Gefühl unserer Ohnmacht – nie ist der Mensch seit den Sclavenzeiten so erniedrigt worden, wie in diesem Jahrhundert, das in der Wissenschaft (ich sah es in America) in jedem Jahr die unerhörtesten Wunder erschafft. Die Menschheit steigt auf, der Mensch wird erniedrigt – dem Wahn der Rotte, der Herde, des Staats wird unser Leben als Futter hingeworfen.

Lebwohl mein Lieber Herzlich S.

An Hermann Broch

Adresse London, nur über Weekend hier
und ohne Maschine

Grand Pump Room Hotel, Bath
7. V. 39

Lieber Freund!

Ich danke Ihnen sehr für Ihren lieben und ausführlichen Brief und daß Sie mir in so überzeugender Weise den Plan Ihres Überstaats anvertrauen. Denn darin scheint mir der Kern des Problems zu stecken. Uns ist etwas verlorengegangen. Ursprünglich stand über dem Staate noch eine höhere Instanz, zuerst die Kirche, dann im liberalistischen Zeitalter die Moralphilosophie und der weltbürgerliche Idealismus, Mächte, unsichtbare, an die eine Appellation möglich war und die Übergriffe im Binnenraum durch ihre Autorität verhüteten. Es gab eine Weltmeinung (Fall Dreyfus, türkische Massaker), vor der die would-be-Diktatoren sich fürchteten.

Diese Instanz ist im Kriege vernichtet worden durch die Teilung der Welt in zwei Gruppen, und diese Gruppenteilung hat sich abermals erneuert durch die politisch-revolutionären Aktionen (Faschismus, Nationalsozialismus). Es müßte also neu aufgebaut werden, und ich weiß nicht, ob es genügt, *innerhalb* der alten Demokratien die Organisation zu erneuern, weil doch die Demokratien, die früher die Weltmeinung ausdrückten, nunmehr im organischen Widerstand gegen die andere Hälfte der Welt stehen. Forderungen, die einseitig von den demokratischen Staaten erhoben werden, würden von der anderen Seite schon aus Princip abgelehnt werden, und für mich ist es die Frage, ob dieser Aufbau der *Über*instanz nicht jenseits der Demokratien und von ihnen unabhängig erfolgen sollte. Ein solches Programm scheint mir heute das Wichtigste zu entwerfen: Einige Punkte haben Sie ja *endgiltig* schon fixiert.

Damit sei aber nicht das Mindeste, lieber Freund, gegen Ihren Plan gesagt, gleichzeitig einen Umbau der Demokratien theoretisch und agitatorisch zu fundieren. Das Wichtigste an Ihrer Idee scheint mir zu sein, daß sie eigentlich nur die Formulierung und Organisierung einer schon unsichtbar im Gang befindlichen Bewegung darstellt – Chamberlain, Daladier, Roosevelt – sind ja in einem gewissen Sinn schon Machthaber – und es wäre jetzt nur – diese Distanzierung scheint mir wichtig – notwendig, hier einer Mißdeutung den Weg zu verlegen und einen dicken Strich zu ziehen zwischen den beiden Begriffen »Diktatur« und »Tyrannei«. Was *Sie* fordern, ist Diktatur, was die faschistischen und nationalsozialistischen Staaten haben, eine Tyrannei. Und so wie jene uns den Begriff »Freiheit« und »sozial« weggenommen haben, müßte man jetzt ihnen das brauchbare Wort »Diktatur« einfach stehlen, und es gewissermaßen chemisch gereinigt der Tatsache der *Tyrannei* entgegenstellen. Ich frage mich sogar, ob nicht der richtige Titel oder Untertitel jener kommenden Untersuchung wäre »Diktatur contra oder statt tyrannis« und auszuführen, daß tyrannis immer an einen einzelnen

Menschen gebunden ist, Diktatur aber ein überpersönliches System bleiben kann, dessen Träger zeitweilig ersetzt werden muß, also »Führer« nicht auf Lebenszeit, nicht angeblich von Gott eingesetzt, sondern vom Volke, nicht unkontrolliert aus privaten Stimmungen und Ressentiments handelnd, sondern unter Kontrolle – ja, ich würde es für nötig halten, daß jeder dieser zeitweiligen Diktatoren der Demokratie nach einer bestimmten Zeit vor einem Senat oder einem Parlament sich rechtfertigen muß und für Fehler und Übergriffe verantwortlich gemacht werden kann. Wenn es Ihnen nützlich sein könnte, daß ich in Ihrem geplanten Buche zum Beispiel diesen Unterschied breiter ausführe, so bin ich gerne bereit.
An die Muirs schreibe ich sofort wegen Ihres Romans, denn es gehen in nächster Zeit verläßliche Bekannte von mir hinüber. Daß ich so eilfertig bin, es zu besorgen, hat natürlich auch den egoistischen Grund, daß ich inzwischen den Roman lesen will. Hier ist eben gleichzeitig mit meinem Buch, das hier erstaunlich gut aufgenommen wird, der neue Joyce erschienen, an den ich mich noch nicht gewagt habe.
Lassen Sie sich dadurch nicht zu lange von Ihrer Arbeit ablenken und töten Sie Vergil um seiner Auferstehung willen. Über die Weltereignisse wissen wir alle gleich wenig. Ihr Traum von einer totalitären Demokratie ist insoweit schon erfüllt, als die Zeitungen hier längst auf verstopften Hörnern blasen, jede Kritik erstickt, jede wirkliche Information unmöglich ist, und dabei unter einem »Führer«, an den niemand mehr glaubt und der wahrhaftig den historischen Weltrekord an Unverstand geschlagen hat.
Alles Herzliche von Ihrem Stefan Zweig

Ich bin manchmal schon ganz gleichgiltig gegen das Politische. Die Nerven reagieren nicht mehr auf Überschriften, auf Reden und Ankündigungen. Schon glaube ich glücklich das Organ wie einen bösen Zahnnerv abgestorben – da eine Nachricht wie Litwinows Sturz, und sofort zuckt es mich durch. Daß für uns als Productive dieses Angekoppeltsein an den Weltdraht ein Verhängnis ist, fühle ich immer deutlicher, man müßte lernen, sich zu »désolidariser!« Lang können wir diese Spannungen nicht ohne Lädierung unserer empfindlichsten Substanzen durchstehen – hoffentlich ist drüben, infolge der langen Leitung, die elektrische Schlagkraft dieser Ereignisse schwächer in den Nerven fühlbar. Ich habe manchmal Lust, systematisch zu versuchen,

Zeitung so zu lesen wie Geschichte von vor 100 Jahren. Der Begriff, daß etwas Wahres und Wichtiges ist, weil es heute geschieht, müßte zerstört werden – *das* scheint mir unsere innerste Rettung, oder die Geschehnisse in eine Formel fassen, sie mathematisch und methodisch anzusehen statt als Actualitäten (und dies versuchen Sie ja) – gewissermaßen wie bei einem Erdbeben der Wissenschaftler Schwingungen mißt, statt auf die Toten zu blicken.

An Felix Braun

[undatiert, vermutlich 1939]

Lieber Felix, ich habe keine Zeile von Dir und bin in solcher Sorge um Euch alle, daß ihr nur rechtzeitig Vorkehrungen trefft – ich erlebe es von Tag zu Tag (ich habe doch eine Art Büro mit hundert Anfragen), wie es schwerer wird mit den Bewilligungen. Ich fürchte, auch in England wird bald der eiserne Vorhang niedergehen. Auch Südamerika ist jetzt zu Ende – dazu kommen jetzt die Flüchtlinge aus Sudetendeutschland. Daß Schreiben immer unnützer wird, wo uns abermals ein Stück deutscher Wirkungsmöglichkeit in Böhmen geraubt wird, macht einen verzweifelt. Und daß man sonst so wenig helfen kann, so schauerlich machtlos ist mit grauen Haaren und nach vierzig Jahren Arbeit. Ich war die letzten zwei Wochen unfähig, auch nur das Geringste zu tun als Correcturenlesen oder ähnliche Kärrnerarbeit.
Wofür all dieser Wahnsinn der Welt? All das wäre mit ein ganz klein wenig Einsicht und Einigkeit zu verhindern gewesen; jetzt ist die Lawine im Rollen. Hätte sie einen nur schon mitgerissen!
Felix, ich bitte Dich, laß Dich nicht vom falschen Wahn betören, daß was man in dieser Verwirrung macht, wichtig wäre für die deutsche Literatur, wichtig ist jetzt vor allem, Existenzen zu retten, sogar sich selber. Versäume keinen Tag, versuchs auch nicht mit Verlängerungen in der Schweiz, die halten nicht lange – man muß jetzt von Grund auf sich neuen Boden unter den Füßen suchen, und der Raum wird von Tag zu Tag schmaler! Ich habe Angst für Robert, auch er hat viel Zeit vertan, indem er durchaus nach Schweden wollte (als hätte man heute noch Wahl). Ich sehe von hier alles – leider – viel klarer und illusionsloser (welche Qual, es so sehen zu müssen)

Herz. S.

An Max Herrmann-Neiße

Bath
25. Sept. 1939

Lieber Macke,
Ich war heute ein paar Stunden in London nach einer gespenstischen Fahrt durch die Dunkelheit – die Stationen wie Städte in einem Nebelsee ertrunken, mit kleinen blauen ängstlichen Flammen, die Menschen grau und geisterhaft, schleichende Schatten, jedes Coupé ein Sarg. Nein, fühlte ich, das *kann* nicht lange dauern, das zerdrückt die Seele auch des gelassensten Volkes. Ich konnte Dich nicht aufsuchen und nicht einmal anrufen. Mich bannte eine trübe Pflicht. Ich hatte als einer der ältesten und innigsten Freunde die bittere und verantwortliche Aufgabe, am Sarge Sigmund Freuds zu sprechen, ehe man seinen Leib den Flammen übergab – zum zweitenmal Totenredner eines Freundes innerhalb eines Vierteljahrs. Ich hatte vor diesem Mann eine reine Ehrfurcht um der geistigen Strenge willen, die sich bei ihm mit einer rührenden Güte des Herzens paarte – er war der Mann auf dieser Insel, der am tiefsten die geistige Welt verändert hatte, und sie merkten es nicht, mit A.R.P.und Alienstribunalen befaßt.
An diesem Kriege ist so furchtbar, daß er nicht ehrlich ist. Daß er vorläufig (außer in Polen) nur gespielt wird, und hier hakt meine Hoffnung ein, daß es nicht lange dauern wird. Aber das faulste Compromiß ist redlicher, als daß Tausende Menschen an Gasdämpfen verfaulen – lösen wir uns doch endgiltig los, wir Freien, von allen Vaterländern. Es gibt eine Heimat, aber es gibt keinen »Staat«, und ich wehre mich, dieser überreizten Ideologie zu verfallen, die in drei Jahrzehnten einer andern wieder weichen wird. Humanität hat keine Schulterklappen, sie ist überall und überall selten, aber, wo immer, ist sie und sei sie unser wahres Vaterland.
Deine Gedichte haben mich tief ergriffen. Welcher Trost ist Dir gegeben, das Unmittelbare gleichsam entkleidet seiner Gemeinheit darzustellen. Selten hast Du schönere Strophen geschrieben, und auch wenn sie jetzt nicht erscheinen, möchte ich doch Deiner stillen Tat einmal öffentlich gedenken – bisher erscheinen sie mir als das reinste dichterische Document dieser Zeit. Wäre die »Propaganda« hier nicht so gottverlassen, man müßte sie Dich deutsch im Radio lesen lassen statt der durchsichtig-dummen Hinterfrontmeldungen. Nur so könnten wir auf die Deutschen wirken, wenn sie fühlen, daß wir, die Ausgestoßenen,

menschlicher sind als ihre Führer und Verführer. Aber ich beginne zu träumen, und um uns ist noch gräßliche Wirklichkeit. Ich danke Dir innig für

»Immer steht ein Ausweg offen
wenn die Not am höchsten war«

Du weißt, ich glaube an diese Erfüllung.
Alles Innige Euch beiden! Euch dreien

Dein Stefan Z.

An Max Herrmann-Neiße

29. Sept. 1939

Mein lieber Macke,
wie gut wäre es, jetzt mit Dir ein redliches Gespräch zu haben; von Anfang an haben wir einander immer in allen entscheidenden Dingen verstanden. Mein Herz ist schwer. Ich kann nicht aufjubeln, daß es jetzt endlich gegen die Nazis »losgeht«. Gewiß, ich verstehe, nostra res agitur, und wenn die Bestie jetzt erledigt wird, so werden Deine Verse wieder in Deutschland leben – vielleicht nicht wir selber, aber doch die Bücher. Diese Hoffnung sollte mich und Dich beglücken, aber, mein Lieber, ich mag keine Vorteile, die andere mit Bauchschüssen und Gasvergiftungen bezahlen. Und dann: für die Freiheit, welche die Deutschen gewinnen, wird hier viel Freiheit verloren. Es wird hier und überall nach [ein] paar Monaten Zwangswirtschaft, Beamtenallmacht geben, und diese schlimmen Dinge *bleiben*. Wir sind in eine jener Katastrophenzeiten gekommen, in denen früher die Weisen und Geistigen in Klosterzellen flüchteten, aber die gibt es nicht mehr.
Ich habe mich gerüstet, soweit ich kann. Ich habe mir hier ein kleines Haus mit großem Garten gesichert, Hallamstreet aufgegeben und will den Krieg hier zu überstehen suchen. Die Arbeit weigert sich mir bisher hartnäckig, der Hammerschlag auf den Kopf war zu hart. So ist es beinahe ein Glück, jetzt mit Einrichten, Herrichten zu tun zu haben; ich hoffe, wenn es in 8 oder 10 Wochen soweit ist, kommt Ihr einmal herüber. Ein Gastzimmer wird immer bereit sein. – Mein Lieber, ich glaube, Du bist einer der ganz Wenigen, mit denen ich jetzt sprechen kann. Von den wilden »Activisten« hat sich gewiß kein Einziger an die Front gemeldet und alle ins Propagandabüro.

Wir, die Friedlichen, haben im letzten immer mehr Mut gehabt als all die Schreier – den Mut, uns zum Abscheu vor allen Gewaltsamkeiten zu bekennen. Bleiben wir fest, selbst in unserer Trauer!

Dein getreuer Stefan Zweig

Gruß an Lene und So.

An Felix Braun

[undatiert; vermutlich Herbst 1939]

Lieber Felix, ich bin in Bath und recht zwecklos wie wir alle. Im letzten Kriege konnte ich sprechen – gegen den Krieg sprechen, weil ich meine Sprache hatte, Zeitungen, Zeitschriften, die Möglichkeit der Bindung. Alles dies haben unsere Freunde in neutralen Ländern und in Frankreich. Hier sind wir nutzlos. Wahrscheinlich wird mich das B.B.C. eines Tages entdecken wollen, aber ich bin trotz aller Erbitterung gegen Hitler zu keiner Kriegspropaganda geeignet. Meine Arbeit über Balzac ist abgebrochen – ich habe keine Bücher hier, kein Material und es scheint mir sinnlos. Alles was ich tue, sind Versuche, mein *privates* Leben in Ordnung zu bringen inmitten einer chaotischen Welt. Ich habe mir hier ein Haus mit Kartoffeln und Gemüse im Garten gesichert. Ob ich »erlaubt« werde, es zu bewohnen ist eine andere Frage, jedenfalls habe ich meine Wohnung in London aufgegeben – ich tat es schon früher, ehe noch an Bomben gedacht wurde. Ich mag die Stadt nicht mehr; besonders London, wo man nicht spazierengehen kann, ist mir allmählich unerträglich geworden. Geschrieben habe ich nichts außer mein Tagebuch (wie im andern Kriege) und eine Sternstunde über den Tod des Cicero bereite ich ein bißchen vor: auch einer, der der Diktatur erlag, der von Ordnung träumte und auf dem Recht beharrte. Wenn ich nur meine Bücher hier hätte, wäre mir alles leichter; die Stadtbibliothek hilft nur einigermaßen, aber es sind nicht die Bücher, die ich innerlich suche.

Felix, laß die Astrologie und Horoscopiererei! Wie oft hast Du mir Hitlers Ende auf Grund solchen Altweibergeschwätzes schon versprochen, für 1936, 1937. Laß doch den Vorwitz, wissen und raten zu wollen. Geduld, sie ist es, die wir brauchen, unendliche, demütige Geduld. Ich habe sie, weil mir das Leben und mein Leben schon im wesentlichen weggelebt erscheint; ich fühle mich als Zuschauer und zu meiner Schande bringe ich nicht mehr genug Mitgefühl auf: ich habe zu viel verbraucht in diesen Jahren. Ich kann nicht an die gehetzten polnischen

Juden denken, an die drei Millionen, die jetzt langsam verhungern werden unter diesen viehischen Eroberern. Nur an die Freunde kann ich denken [...] Die Freunde in Frankreich haben nicht die geistige Einsamkeit um sich wie wir hier. Etwas berührt mich hier immer wieder fremd – gerade jetzt in höchster Bewunderung: wie ruhig die Menschen sind, wie unerschütterlich und verhalten! Ich war hier zufällig im Amt, da kam ein Clerk herein, sagte »Deutschland ist in Polen eingebrochen. Das ist der Krieg.« Der Beamte mit dem ich sprach, hob gar nicht den Kopf und sprach amtlich weiter, während mir die Ohren dröhnten. Wie sie weggehen zur Armee. Wie zu einem Match – es ist großartig und doch, ich schauere dabei; denn dieser Krieg kann bei solcher ruhigen Entschlossenheit zehn Jahre dauern. Ich hörte einen sehr hohen Mann vor zwölf Leuten in einem Zimmer sagen »Natürlich wird ein beträchtlicher Teil Londons zerstört werden, wenn Hitler lange durchhält« – er sagte es mit einer solchen Ruhe und niemand widersprach. Das ist römisch im alten Sinne, ist spartanisch. Ich verstehe es und verstehe es nicht. Jedenfalls ahnen die Verbrecher [...] nicht im entferntesten, was sie herausgefordert haben. Denk Dir, was für ein Heros Hitler geworden wäre, hätte er sich mit Danzig und einem Stück des Corridors friedlich begnügt. Nun wird er die Hybris büßen. Aber wie viele, wie viele mit ihm!
Laß Dich nicht entmutigen. Der Gedanke, daß Du so verschlagen bist in Einsamkeit, bedrückt mich. Aber es geht uns allen so. Unser Leben ist zertrümmert. Retten wir die Reste.

Dein Stefan

An Frans Masereel

Lyncombe Hill, Bath
20. II. 1940

Mein lieber Alter,
Ich habe Dir lange nicht geschrieben, aber ich schreibe nicht gern über Grenzen hinweg, und überdies hoffe ich im April für eine Vorlesung in Frankreich zu sein. Natürlich wird es eine Menge von Schwierigkeiten zu überwinden geben – eine Reise nach Frankreich heute ist viel komplizierter als eine zum Nordpol früher, und dazu kommt noch eine Charakterschwierigkeit – es liegt mir nicht zu bitten, Behörden zu bestürmen und Freunde zu mobilisieren; aber ich tue was ich kann. Ich

brauche eine freundschaftliche Atmosphäre so nötig wie ein Anregungsmittel. Ich habe hier wenige wirkliche Freunde, eben Freunde von früher wie Fleischer und Friedenthal, aber wenig intimen Kontakt mit Schriftstellern – die Künstler haben weder die Gabe noch den Willen für freundschaftliche Mitteilsamkeit. Ich habe große Sehnsucht nach Frankreich.
Mein Freund, nach diesem Krieg werden wir eine andere Welt sehen. Ich weiß nicht, ob es eine bessere Welt sein wird, und ob wir, die wir immer Vergleiche mit der alten anstellen, in ihr glücklich sein werden; aber es geht jetzt nicht mehr um Glück und sich Wohlfühlen; man muß dieses kleine innere Gebiet verteidigen, unsere persönliche Freiheit, wie schwer es immer sein mag, auch nur einen Zoll davon zu bewahren. Ich arbeite, ich habe (aus Verzweiflung) ein großes Gemälde angefangen – einen »Balzac« in zwei dicken Bänden, einen über sein Leben, den anderen über sein Werk. Es wird das erste vollständige Buch über Balzac sein, vorausgesetzt daß ich am Leben bleibe und daß ich die nötige Kraft und Ausdauer habe. Ich werde noch anderthalb oder zwei Jahre dazu brauchen und wir wollen hoffen, daß es seiner würdig sein wird und Deines Freundes

Stefan Zweig

An Felix Braun

[undatiert; vermutlich 1940]

Lieber Felix [...]
Ich habe noch lange über Deine Lage nachgedacht. Erwarte Dir um Himmelswillen nichts Materielles von einem Vortrag in der »Österr. Academie«; das ist vom guten Guido gut gemeint und rührend geplant, aber wer hat Zeit, wer Geld für Vorträge, und nur Kinder können an die Märchen von einer Wiederherstellung Österreichs glauben. Aber in dieser Einöde und unter ständiger Controlle darfst Du nicht bleiben; an literarisches Unterkommen ist mit Arbeiten kaum zu denken, die wie Gedichte und Dramen ganz in der eigenen Sprache gebunden sind. Entweder müßte eine Lehrtätigkeit gelingen (Dein Englisch ist meinem wohl schon vorausgekommen dank ständigen Umgangs, den ich vermeide) oder ein Buch jener Art wie ich es oft von Dir wünschte, das auch an Engländer und selbst in Übertragung appelliert. Ich leide sehr an dem Gedanken, wie Du dort leben magst und bitte Dich zu glauben, daß Du

bei einem Übergang jederzeit auf mich materiell zählen kannst – was ich Dir rate, ist nur im voraus genau zu planen, ehe Du Dich zu einem definitiven Aufbruch des Nomadenzeltes entschließt. Wichtig ist jetzt, sich innerlich gewahr zu sein, daß die alte österreichische Welt, in der wir wuchsen und lebten, vom Erdbeben verschüttet ist und *endgiltig* dahin; daß wir leben, wirken müssen ohne sie und nicht mit Gespenstern hausen, um nicht selbst Lemuren und Schatten zu werden. Es ist nicht leicht, wer weiß es besser als ich, der ich recht müde bin und zu einer Arbeit die vierfache Zeit brauche als vordem. Aber dennoch und dennoch!

Und bitte, keine Briefe mehr ins Ausland und womöglich wenige in neutrale Länder in *deutscher Sprache!* Die Situation wird bedrohlicher werden; ich weiß, Du nennst mich einen Schwarzseher, aber habe ich nicht noch immer zu hell gesehen? Denk Dir, aus Deutschland würde heute jemand englische Briefe ins Ausland schreiben!! Das Böse geht jetzt von Land zu Land durch die Welt, in manchen Nächten höre ich es, halb im Traum, schon hier an unsere Türen klopfen. Lassen wir nicht einen Fuß breit offen durch Leichtsinn oder Verwegenheit!

Ich weiß nicht wann und ob ich reisen kann. Wer vermag Ämter zu bestimmen, präcises Ja oder Nein zu verlautbaren? Und hier sind etwa 14 Instanzen im Spiel, der doppelte Dantekreis. Leb wohl, Lieber, und sag mir, wenn Deine Entschlüsse reifen, ein Wort Dein Stefan

An Max Herrmann-Neiße

»Rosemount«
Lyncombe Hill, Bath
18. V. 40

Lieber Macke, ja, ich war in Frankreich, drei Wochen, und es war – vor der Offensive – wie eine Wiederkehr vergangener Zeit. Die Stadt heiter und sorglos, interessiert in Theater und Kunst, ich selbst, der Verschollene, war auf einmal wieder ein Autor und las vor 1600 Leuten im Theater und dann mehrmals im Radio (das im »Tagebuch« war eine unzulängliche Rückübersetzung meines Radio-Vortrages aus dem Französischen), ich sah Freunde und speiste und trank vortrefflich – man *vergaß* für einen Augenblick das Grauen. Und dann *dieses* Erwachen, der Krieg gräßlicher und weltumfassender. Was soll aus Europa [werden], wenn die freien Länder wie Holland (und schließlich auch die Schweiz)

uns verloren sind! Wohin sind wir geraten! Selbst ich alter Schwarzseher hatte nicht von solchen Abgründen geträumt. Aus Verzweiflung schreibe ich die Geschichte meines Lebens. Ich kann nicht concentriert arbeiten. So will ich wenigstens ein Document hinterlassen, was wir geglaubt, wofür wir gelebt haben; ein Zeugnis ist heute vielleicht wichtiger als ein Kunstwerk. Nie ist eine Generation so geprüft, so gepeinigt worden wie die unsere. Sagen wir es der nächsten zur Warnung. Vorläufig ist alles fragmentarisch. Aber diese Arbeit tröstet, bald da, bald dort ein Blatt seines Lebens aufzuschlagen.
Deine Koffer werden, sobald sie eintreffen, sorglich behütet. Momentan ist Victor Fleischer bei uns, leider als schwerer Patient (nach einer noch nicht ausgeheilten Operation). Sonst sehe ich niemanden. Ich hüte mich, wenn ich »schwarzer Leber« bin, mich zu zeigen. Aber wenn ich wieder nach London komme, rufe ich Dich gleich an.
Dabei ist es bezaubernd schön hier, im Mai, wie man ihn nur bei den französischen Impressionisten sah, hell jedes Blatt, der Ausblick rein in den Himmel, aber auf daß man sich nicht zu sehr seiner freue, rasseln immer wieder übende Flugzeuge vorbei und erinnern einen, daß die Menschheit wahnsinnig ist.
Grüße Deine Frau und Sondheimer. Ich denke oft und innig an Euch!

Dein Stefan Zweig

An Max Herrmann-Neiße

[undatiert; vermutlich Ende Juni 1940]

Liebster Macke, ich muß Deine schönen Gedichte mit einer schlimmen Nachricht erwidern – wir werden einander lange nicht sehen. Ich soll schon lang zu einer Vortragsreise nach Südamerica, habe immer gezögert, aber jetzt ist es mir sogar nahegelegt worden, weil man dort unten etwas für unsere Sache leisten kann, während man hier doch keinerlei Möglichkeit besitzt, fähig und wirksam zu sein. Es ist, wie Du Dir denken kannst, kein leichter Entschluß, ich meine damit nicht die Gefahr einer solchen weiten Reise, Gefahr ist ja überall. Aber ich verlasse meine Arbeit damit, unterbreche sie für Monate, verlasse mein Haus, meine Bücher, meine Freunde und dann – ich bin eigentlich müde, und es wird eine furchtbare Anstrengung sein. Aber was wir auch tun oder nicht tun, es ist und bleibt freudlos, solange der Antichrist triumphiert, und wir sind verdammt, unbehaust, ungesichert unbedankt

unser Leben zu Ende zu sterben – denn so ist es geworden, ein Sichweiterzerren mehr und ein Herunterrutschen statt eines Geradeaus-seinen-Weg-Gehen. Ich hoffe, Ende Oktober, Anfang November zurück zu sein, denn bleiben kann und will ich dort nicht. Solange es Europa gibt (es wird immer kleiner), möchte ich mich daran ankrallen. Ich bin zu nahe dem sechzigsten Jahr, 58¾, und alte Bäume verdorren, wenn man sie umpflanzt. Mein Lieber, wie oft denke ich an Dich. Es war hoffentlich keine Strafe für Dich, das Radio abzuliefern, dieser teuflische Mund hat in der letzten Zeit ja nur mehr Grauen ausgespien. Sei tapfer, ich will versuchen es gleichfalls zu sein – ich bin nur in einem stärker als Du, nämlich daß ich das Leben nicht mehr so liebe und gegen eine rauhe Abfahrt von diesem verschobenen Lastzug nichts einzuwenden hätte.
Ich schreibe Dir knapp vor der Abfahrt. Du hörst von mir, sobald ich kann, und wenn überhaupt nicht mehr, dann schenke mir eine Zähre und ein schönes Nachrufgedicht.
Alles Gute an Leni und Sondheimer — Dein Stefan

An Frans Masereel

Editora Guanabara
Rua do Ouvidor 132
Rio de Janeiro, 23. November 1940

Mein lieber Freund,
Endlich habe ich Deine Adresse auf dem Umweg über New York erfahren. Du kannst Dir vorstellen, wie sehr ich mich gefreut habe, Nachricht von Dir zu erhalten. Ich selbst habe England Ende Juni nach den üblichen Schwierigkeiten verlassen und ich weiß jetzt nicht, was aus meinem Haus, meinen Büchern und meinen angefangenen Arbeiten geworden ist. Im Unterschied zu Anderen bin ich für einige Zeit hierher nach Brasilien gegangen, dann habe ich Literaturvorträge in Argentinien gehalten, was sogar sehr vorteilhaft war, da ich dort ein großes Publikum habe, und nun bin ich nach Brasilien zurückgekehrt, das ich leidenschaftlich liebe. Es hat die schönste und abwechslungsreichste Landschaft mit den herrlichsten lokalen Farben, die man sich vorstellen kann, und ich fühle mich so wohl hier wie es in diesen schrecklichen Zeiten möglich ist. Ich habe vor, im Februar, wenn es hier zu heiß wird, für einige Zeit in die Vereinigten Staaten zu gehen und dann, wenn der Krieg noch nicht beendet ist, hierher zurückzukehren. Ich mag New York nicht sehr, wo

jetzt die ganze Emigration sich trifft und wo das Leben teuer und kommerziell ist. Für Dich als Maler ist das anders. Hier würdest Du Dich wundervoll inspiriert fühlen, Du würdest das Land lieben und die Leute, die charmant sind. Nur fürchte ich, daß die Möglichkeiten, Geld zu verdienen, hier sehr beschränkt sind, ausgenommen in Argentinien, wo ich immer eine Ausstellung für Dich arrangieren könnte. Auf alle Fälle wüßte ich einen Buchhändler in Buenos Aires und eine Galerie für Deine Holzschnittbücher, wenn Du sie noch zu Deiner Verfügung hast. Ich glaube, man bemüht sich um Dich in New York und ich bezweifle nicht, daß man Erfolg haben wird. Wenn Du dennoch vorziehst, hierher nach Brasilien zu kommen, schreib mir und gib mir alle notwendigen persönlichen Angaben über Dich selbst und Deine Frau. Obwohl es im allgemeinen sehr schwierig ist ein Visum zu erhalten, glaube ich sicher, es arrangieren zu können für eine Person von Deiner Bedeutung [...]
Verzeih die anscheinende Kühle dieses Briefs. Du kennst meine Gefühle für Dich, aber es war nötig klar zu sein, und alle anderen Dinge lassen wir bis zu unserem Wiedersehen.
Von ganzem Herzen

Dein alter Stefan

An Friderike Zweig

17. September 1941

L. F.
heute glücklich übersiedelt. Es ist ein winziges Häuschen, aber mit großer gedeckter Terrasse und wunderbarem Blick, jetzt im Winter reichlich kühl und der Ort so schön verlassen wie Ischl im Oktober. Aber endlich ein Ruhepunkt für Monate und die Koffer verstaut. Es wird kleine Schwierigkeiten geben, da man sich mit der portugiesisch-braunen Dienerschaft nicht immer wird ganz verständigen können, aber sie sind rührend hilfswillig, und ich bezahle für zwei Mädchen und Gärtner, der die Wege macht, 5 Dollar Lohn im Monat! Das Haus ist freilich relativ nicht billig, weil Petropolis im Sommer der einzige Ort von Rio aus ist, aber das ganze Leben hier doch paradiesisch bequem; eben haben wir gegenüber im ländlichen Café einen göttlichen Kaffee getrunken und dafür zwei Cent bezahlt. Wenn es mir gelingt, hier Europa zu vergessen, allen Besitz, Haus, Bücher als verloren zu betrachten, gleichgültig gegen »Ruhm« und Erfolg zu sein und nur

dankbar, daß man in einer göttlichen Landschaft leben darf, während Europa Hunger und Elend verheert, will ich zufrieden sein – Du kannst Dir nicht denken, welche Tröstung von der Natur ausgeht, wo alles farbig ist und die Menschen kindlich rührend. Ich bin wieder tagelang durch die Straßen von Rio gewandert. Sehr herzlich war ich mit Ferro und dem Sekretär Pereira de Lavalho beisammen, die von Portugal hier sind. Mein Buch hat hier viel Aufsehen gemacht, auch Diskussionen hervorgerufen, einige glaubten, es sei von der hiesigen Propaganda bestellt und bezahlt. Von Masereel habe ich Nachricht, er möchte lieber nach Brasilien als nach Columbien, aber ich hoffe, er zögert nicht lange, denn in Frankreich wird man ihm das Leben schwer machen. Dir wünsche ich um so mehr, zur Ruhe zu kommen, als ich selbst hoffe, hier für Monate jene innere Abseitigkeit zu finden – ich sehe auch schon viel besser aus. Die Nachrichten aus Europa sind grauenhaft. Es wird ein Winter des Schreckens werden, wie ihn die Welt noch nicht gekannt.
Ich will hier in diesem Monat die Autobiographie korrigieren und intensivieren, auch plane ich eine kleine abseitige Novelle, und so wird es mir, sofern die Ruhe bleibt, an Arbeit nicht fehlen. Hätte ich nur die amerikanischen Bibliotheken zur Hand! Ich werde allenfalls aber nur in großen Zügen den Grundriß machen und einfügen, sobald mir einmal wieder Gelegenheit geboten ist. Im ganzen kann ich meinen Entschluß, Amerika zu verlassen, nicht genug preisen, man lebt hier näher sich selber und im Herzen der Natur, man hört nichts von Politik und, soviel Egoismus darin sein mag, es ist doch Selbsterhaltung im physischen wie im seelischen Sinn. Wir können nicht ein Leben lang büßen für die Torheiten der Politik, die uns nie etwas gegeben und immer nur genommen hat, und ich bin bereit, mich auf den engsten Raum zu beschränken, wenn er mir nur Arbeitsruhe läßt. Ich hoffe, Deine Kinder haben bereits Gelegenheit gefunden, wieder zu wirken, und hoffentlich kommt endlich die erwünschte Botschaft, die Euch das Definitivum gibt.
Mit vielen Grüßen S.

An Friderike Zweig

Petropolis, 27. Oktober 1941

L. F.
Dank für Deine beiden Briefe, die mich prompt erreichten. Es ist jetzt schön sonnig hier und noch ganz still; ich könnte mir nicht denken, wie

Du mit Deinem Tätigkeitstrieb ein so absolut abgesondertes und ereignisloses Leben ertragen könntest. Mir tut es zunächst sehr gut. Ich fühle mich körperlich viel besser, die persönlichen Sorgen beschäftigen mich nicht mehr wie dort, aber andererseits wächst das Grauen über die Zeit ins Ungemessene. Wir stehen doch erst am Anfang oder in der Mitte des Krieges, der wahrhaft erst mit dem Eingreifen der letzten neutralen Mächte beginnt, und dann kommen noch die chaotischen Jahre des Nachkriegs. Ich fühle mich gehemmt in meinem Wirken in jedem Sinne – in dem Original werden die Bücher vermutlich kaum mehr erscheinen, und mein ganzes Denken und Betrachten ist an europäische, ja sogar lateinische Mentalität gebunden; außerdem fehlt mir überall Material. Das Manuskript meines »Balzac« ist noch immer nicht gekommen, und auch dann hätte ich es schwer. Ich träume von einer Art österreichischem Roman, aber dazu müßte ich zehn Jahrgänge Zeitungen durchlesen, um die Einzelheiten zu bekommen – das ginge nur in New York, und dahin will ich auf absehbare Zeit nicht zurück. Dazu noch der Gedanke, daß man nie mehr Haus, Heimat, Verlag haben wird und seinen Freunden nicht mehr mit dem Kleinsten helfen kann, da alles gebunden ist. Hier ist das Gute, daß man zum Leben so wenig braucht und deshalb Zeitungsschreiberei zurückstellen kann. Aber ich fühle immer Sorge um die Produktion, die ohne Zufuhr auslöschen muß, wie ein Licht ohne Sauerstoff. – Wegen Masereel habe ich wieder geschrieben, ich glaube, es liegt nur an ihm, sich zu entschließen, nach Columbien zu gehen, denn alles war für ihn geordnet. Wegen Lucka kann ich hier nichts tun, es werden keine Visa mehr ausgegeben. Freilich, was aus ihnen allen, den Ehrensteins etc., werden soll, die unübersetzbar sind und ohne produktive Kraft, mag ich mir gar nicht vorstellen. Ich bin froh, daß ich jetzt die Autobiographie abschließe, sie ist teils belebter, teils konziser geworden – wie und wo sie erscheint, ist freilich noch die Frage. Hoffentlich sind Deine Sachen bald erledigt, und ich freue mich, daß Du in Deinem eigenen Zimmer wohnst – niemand weiß besser, wie das Provisorische auf einem lastet. Was kann das Alter noch Gutes bringen, früher Sammlung, Rast, Rückblick und Ehre, heute Hetzjagd, Wegblick, Gehässigkeit. Ich bin schon recht verzagt, und es ist wirklich nur die wunderbare Stille und Abgeschiedenheit, die mich noch in Schwebe hält. Könnte ich eine neue große Arbeit beginnen, so wäre vieles besser, aber für jede steht das Hemmnis mangelnder Dokumentierung entgegen. Mich lockte sehr, über Montaigne zu schreiben, den ich jetzt viel und mit großem Genuß lese, ein anderer (besserer) Erasmus, ganz ein tröstlicher Geist. Aber hier gibt es so gut wie nichts über ihn, und ich weiß nicht einmal, ob ich in Amerika die Bücher würde anschaffen können – man braucht doch die ganze Sphäre einer Zeit, um den Menschen darin zu verstehen. Ich sagte mir zuerst immer: den Krieg überdauern und dann neu beginnen. Aber ehe es zu Ende ist und ich wieder irgendwo seßhaft werden kann, werden zwei, drei, vier Jahre mindestens hingehen, unersetzliche, und andererseits sind die materiellen Sicherungen dahin; dieser Krieg vernichtet, glaube ich, bis ins letzte alles, was die vorige Generation aufgebaut. Das Einzige ist das einfache, abseitige Leben hier, ohne Zeitungsnotizen und Besuche. Ich lese viel, zum erstenmal eigentlich genau »Wilhelm Meister« und ähnliches. Aber wird diese kontemplative Pause noch lange möglich sein? Ich bin froh, daß das Radio nur die brasilianischen Nachrichten gibt. Journale lese ich in drei Minuten – es ist zu grauenhaft, an all das Elend zu denken; Montaigne spricht von der Klasse der Menschen, die das Mitleiden in der Phantasie besitzen, mit innigem Bedauern und rät ihnen Rückzug und Abseitigkeit. Ein paar Prozent Egoismus und Phantasielosigkeit hätten mir im Leben viel geholfen; jetzt ändert man sich nicht mehr. Nebenbei, ich flehe Dich an, sage niemandem von meinem Geburtstag, ich liebe jeden, der mich nicht daran erinnert, als aufrichtigen Freund. Alles Gute Stefan

An Richard Friedenthal

[Aus dem Englischen]

[undatiert; vermutlich Januar 1942]

Lieber Friedenthal,

ich bin so dankbar für Ihre Briefe, die mir – wenn dafür noch ein Beweis nötig war – zeigen, wie gut und echt unsere alte Freundschaft ist. Im gleichen Sinne wollen wir fortfahren, wir brauchen mehr denn je in dieser erschütterten Welt ein wenig Stabilität und Sicherheit und die finde ich nur noch in den wenigen Freunden, die verblieben sind. Wir leben hier sehr isoliert und ich lese viel, Balzac, Shakespeare, Goethe (besonders den Wilhelm Meister, der ein Beispiel dafür ist, daß man bei der Komposition eines Werkes nicht einen zu großen Abstand lassen sollte, der Roman ist gewissermaßen von zwei Meistern in sehr verschiedenem Stil und Aufbau geschrieben). Bei meiner eignen Arbeit bin ich ziemlich behindert durch das unbewußte Gefühl, daß ich kein richtiges Publikum mehr besitze. Wenn ich bei meiner Autobiographie zum Beispiel über Hofmannsthal oder Beer-Hofmann etwas sagen wollte, so mußte ich mich daran erinnern, daß in dem Sprachbereich, in dem das Buch erscheinen soll, niemand von den Beiden etwas weiß. Und so kritzele ich nun an einem Montaigne – Sie sollten ihn wieder lesen. Er gibt uns eine gute Lehre mit seiner Hartnäckigkeit, frei zu bleiben in allem Aufruhr. Aber Sie werden es begreifen: da ist etwas, was meinen »élan« beim Schreiben beeinträchtigt. Mir fehlt die Erwartung der Leserschaft, mir fehlt ein Verleger, der früher mich stimulierte, oder die Buchhändler, die mich alle fragten: »und wann kommt Ihr nächstes Buch heraus?« Darin war eine angesammelte Energie aus tausend Fragen, und ich hatte zu antworten. Jetzt schreibe ich ohne diese Spannung, der Übersetzer übersetzt und der Verleger publiziert in der gleichen Stimmung. Für Sie ist das anders – Sie können, wenn Sie Ihr Buch fertigmachen, sich den Weg freisprengen! Ich hoffe auf Ihr Buch, ich erwarte es! Zögern Sie nicht!

Ihr alter Freund Stefan Zweig

An Berthold Viertel
[Aus dem Englischen]

Petropolis, 30. 1. 1942

Mein lieber Freund,
[...] Sie wissen, wie ich immer den bequemen und selbstgefälligen Optimismus gehaßt habe, und wir, die wir wissen wie hart der Kampf noch sein wird, und wieviel von unserem eigenen Leben und Werk aufgebraucht werden wird in diesen bitteren Jahren, müssen aufrecht bleiben; die Hoffnung, Hitler niedergeworfen zu sehen ist der einzige Lohn, den diese Welt uns noch geben kann und das einzige Ereignis, das ich noch ersehne.
Ich hörte, daß sie »Nora« inszenieren – meine besten Wünsche! Und nebenbei: ich las zufällig ein vergessenes Stück von Jacinto Benavente, dem großen spanischen Dramatiker: ›La malquerida«, und war überrascht durch seine dramatische Kraft. Es hat etwas von den großen Linien und dem Ungestüm des griechischen Dramas, und ist auch Freud vor Freud; Sie sollten versuchen, sich ein Exemplar durch irgendeinen Theateragenten zu beschaffen. Es würde ein erstaunlicher Erfolg werden, eine Neuaufführung nach zwanzig oder 30 Jahren! Es enthält die schönsten Rollen – es würde eine wirkliche Wiederentdeckung sein!

Ich selber schreibe an einem Buch über Montaigne, den »homme libre« – den Vorkämpfer für die innere Freiheit in einer Zeit wie der unseren, der an der gleichen Verzweiflung leidet, weil er gerecht und weise bleiben will durch seinen fanatischen Freiheitssinn (unter Beiseitelassen und Verachtung für allen zeitigen äußeren Erfolg). Dann habe ich eine aktuelle längere Erzählung geschrieben; meine Autobiographie wird in Schweden bei Bermann-Fischer herauskommen und in U.S.A. bei unserem Freunde Hübsch. Aber alles, was ich tue, geschieht ohne »pep« – ich arbeite nur, um nicht melancholisch oder irrsinnig zu werden. Mein Unglück in diesen Zeiten besteht in dem, was früher meine Stärke war: klar und sehr weit voraus zu sehen, nicht mich selbst zu belügen und mich und andere durch Illusionen und Phrasen zu betrügen. Das Leben unserer Generation ist besiegelt, wir haben keine Macht, den Gang der Ereignisse zu beeinflussen, und kein Recht, der nächsten Generation Ratschläge zu geben, nachdem wir in der unsern versagt haben. Sicher erinnern Sie sich noch an unsere Gespräche: alles, was jetzt geschieht wird vielleicht für den Rest der übernächsten Generation von Hilfe sein, nicht aber mehr für die unsere, und diejenigen von uns, die still ein Ende machten, waren vielleicht die weisesten; sie hatten ein abgerundetes Leben, während wir noch an dem Schatten unserer selbst weiter hängen. In der Kunst spielen Mut und Glauben eine enorm wichtige Rolle; diejenigen die nicht vor Überzeugung brennen haben nicht die Macht, andere zu begeistern. Sie können ausgezeichnete Kritiker und weise Betrachter sein, sie mögen vielleicht wertvolle Anmerkungen an den Rand des Lebensbuches schreiben – das wahre Buch wird von Andern geschrieben.
Nun über unser Leben hier. Meine persönliche Existenz ist so einsam und anonym wie nur denkbar. Ich lese eine ganze Menge, und meist Klassiker, ich arbeite etwas und habe auch einen Roman angefangen, aber liegengelassen; ich fühle zur Zeit die Unvereinbarkeit, isolierte Ereignisse zu schildern, die nur teilweise mit unserer Zeit etwas zu tun haben. Ich wollte ich könnte Gedichte schreiben wie Sie – aber wer kann volles Maß geben, während seine Gedanken von Singapur nach Libyen und Rußland wandern? Und, lieber Freund, bedenken Sie, daß ich nicht lebe wie Sie, mit der Nahrung von Gesprächen und freundschaftlichen Diskussionen, daß Briefe in einem brasilianischen Dorfe noch etwas bedeuten, wo das Erscheinen des Postboten »das Ereignis des Tages« ist. Es ist wie in den ersten Tagen meiner Jugend, und alles erinnert mich

hier an die Zeit der Väter und Großväter, der Küchenherd, der mit Holz geheizt wird und durch die schwarze Bedienerin mit dem Blasebalg angefacht wird, das Bad, das mit heißem Wasser vorbereitet wird. Die Liebenswürdigkeit und Naivität des Volkes, die Einfachheit in allen Dingen – das ist für mich ein seltsames Abenteuer, nachdem ich durch alle Städte gegangen bin, um nun zu dieser Lebensform zurückzukehren. Wir beide lieben es, und es gibt kein angenehmeres Land als Brasilien. Was uns fehlt, sind Bücher, Freunde unseres geistigen Kalibers, ein Konzert und der Kontakt mit den Ereignissen der Literatur. Ich hoffe, Ihre Familie ist in Hollywood zusammen, ich hörte etwas von einem Erfolg Ihres Sohnes – Sie haben wenigstens die Befriedigung, in ihrem eignen Fleisch und Blut weiterzuleben, und nicht das Gefühl wie ich, daß eigentlich nichts mich hier zurückhält als Unentschlossenheit und »laisser aller«. In einem gewissen Alter muß man zahlen für den Luxus, keine Kinder gehabt zu haben – und meine anderen Kinder, die Bücher, wo sind sie nun? Manche sind schon vor mir gestorben, andere sind unzugänglich und sprechen eine andere Sprache als ich. Und nun habe ich drei Seiten geschreiben (was mir früher eine ganze Menge Geld eingetragen hätte) und hoffe von Ihnen zu hören und endlich Ihren Gedichtband zu bekommen.

Ihr alter und aufrichtiger Freund Stefan Zweig

An Friderike Zweig
[Aus dem Englischen]

Petropolis, 22. Februar 1942

Liebe Friderike,
wenn Du diesen Brief erhältst, werde ich mich viel besser fühlen als zuvor. Du hast mich in Ossining gesehen, und nach einer guten und ruhigen Zeit verschärfte sich meine Depression – ich litt so sehr, daß ich mich nicht mehr konzentrieren konnte. Und dann die Gewißheit – die einzige die wir hatten – daß dieser Krieg noch Jahre dauern wird, daß es endlose Zeit brauchen wird, ehe wir, in unserer besonderen Lage, wieder in unserem Haus uns niederlassen können, war zu bedrückend. Petropolis gefiel mir sehr gut, aber ich hatte nicht die Bücher, die ich brauchte, und die Einsamkeit, die erst so beruhigend wirkte, fing an niederschlagend zu wirken – der Geanke, daß mein Hauptwerk, der Balzac, nie fertig werden könnte ohne zwei Jahre in ruhigem Leben und mit allen

Büchern, war sehr hart, und dann dieser Krieg, der seinen Höhepunkt noch nicht erreicht hat. Ich war für all das zu müde. Du hast Deine Kinder und damit eine Pflicht zu erfüllen, Du hast weitreichende Interessen und eine ungebrochene Aktivität. Ich bin sicher, Du wirst die bessere Zeit noch erleben und Du wirst mir recht geben, daß ich mit meiner »schwarzen Leber« nicht mehr länger gewartet habe. Ich schicke Dir diese Zeilen in den letzten Stunden, Du kannst Dir nicht vorstellen, wie froh ich mich fühle, seit ich diesen Entschluß gefaßt habe. Gib den Kindern meine lieben Grüße und beklage mich nicht – denke an den guten Joseph Roth und Rieger, wie froh ich immer war, daß sie diese Prüfungen nicht zu überstehen hatten.
Alles Liebe und Freundschaftliche und sei guten Mutes, weißt Du doch daß ich ruhig und glücklich bin.

Stefan

Declaracão

Ehe ich aus freiem Willen und mit klaren Sinnen aus dem Leben scheide, drängt es mich eine letzte Pflicht zu erfüllen: diesem wundervollen Lande Brasilien innig zu danken, das mir und meiner Arbeit so gute und gastliche Rast gegeben. Mit jedem Tage habe ich dies Land mehr lieben gelernt und nirgends hätte ich mir mein Leben lieber vom Grunde aus neu aufgebaut, nachdem die Welt meiner eigenen Sprache für mich untergegangen ist und meine geistige Heimat Europa sich selber vernichtet.
Aber nach dem sechzigsten Jahre bedurfte es besonderer Kräfte um noch einmal völlig neu zu beginnen. Und die meinen sind durch die langen Jahre heimatlosen Wanderns erschöpft. So halte ich es für besser, rechtzeitig und in aufrechter Haltung ein Leben abzuschließen, dem geistige Arbeit immer die lauterste Freude und persönliche Freiheit das höchste Gut dieser Erde gewesen.
Ich grüße alle meine Freunde! Mögen sie die Morgenröte noch sehen nach der langen Nacht! Ich, allzu Ungeduldiger, gehe ihnen voraus.

Stefan Zweig
Petropolis. 22. II 1942

SCHACHNOVELLE

Auf dem großen Passagierdampfer, der um Mitternacht von New York nach Buenos Aires abgehen sollte, herrschte die übliche Geschäftigkeit und Bewegung der letzten Stunde. Gäste vom Land drängten durcheinander, um ihren Freunden das Geleit zu geben, Telegraphenboys mit schiefen Mützen schossen Namen ausrufend durch die Gesellschaftsräume, Koffer und Blumen wurden geschleppt, Kinder liefen neugierig treppauf und treppab, während das Orchester unerschütterlich zur Deck-show spielte. Ich stand im Gespräch mit einem Bekannten etwas abseits von diesem Getümmel auf dem Promenadendeck, als neben uns zwei- oder dreimal Blitzlicht scharf aufsprühte – anscheinend war irgendein Prominenter knapp vor der Abfahrt noch rasch von Reportern interviewt und photographiert worden. Mein Freund blickte hin und lächelte. »Sie haben da einen raren Vogel an Bord, den Czentovic.« Und da ich offenbar ein ziemlich verständnisloses Gesicht zu dieser Mitteilung machte, fügte er erklärend bei: »Mirko Czentovic, der Weltschachmeister. Er hat ganz Amerika von Ost nach West mit Turnierspielen abgeklappert und fährt jetzt zu neuen Triumphen nach Argentinien.«
In der Tat erinnerte ich mich nun dieses jungen Weltmeisters und sogar einiger Einzelheiten im Zusammenhang mit seiner raketenhaften Karriere; mein Freund, ein aufmerksamerer Zeitungsleser als ich, konnte sie mit einer ganzen Reihe von Anekdoten ergänzen. Czentovic hatte sich vor etwa einem Jahr mit einem Schlage neben die bewährtesten Altmeister der Schachkunst, wie Aljechin, Capablanca, Tartakower, Lasker, Bogoljubow, gestellt. Seit dem Auftreten des siebenjährigen Wunderkindes Rzecewski bei dem Schachturnier 1922 in New York hatte noch nie der Einbruch eines völlig Unbekannten in die ruhmreiche Gilde derart allgemeines Aufsehen erregt. Denn Czentovics intellektuelle Eigenschaften schienen ihm keineswegs solch eine blendende Karriere von vornherein zu weissagen. Bald sickerte das Geheimnis durch,

daß dieser Schachmeister in seinem Privatleben außerstande war, in irgendeiner Sprache einen Satz ohne orthographischen Fehler zu schreiben, und wie einer seiner verärgerten Kollegen ingrimmig spottete, »seine Unbildung war auf allen Gebieten gleich universell«. Sohn eines blutarmen südslawischen Donauschiffers, dessen winzige Barke eines Nachts von einem Getreidedampfer überrannt wurde, war der damals Zwölfjährige nach dem Tode seines Vaters vom Pfarrer des abgelegenen Ortes aus Mitleid aufgenommen worden, und der gute Pater bemühte sich redlich, durch häusliche Nachhilfe wettzumachen, was das maulfaule, dumpfe, breitstirnige Kind in der Dorfschule nicht zu erlernen vermochte.
Aber die Anstrengungen blieben vergeblich. Mirko starrte die ihm schon hundertmal erklärten Schriftzeichen immer wieder fremd an; auch für die simpelsten Unterrichtsgegenstände fehlte seinem schwerfällig arbeitenden Gehirn jede festhaltende Kraft. Wenn er rechnen sollte, mußte er noch mit vierzehn Jahren die Finger zu Hilfe nehmen, und ein Buch oder eine Zeitung zu lesen, bedeutete für den schon halbwüchsigen Jungen noch besondere Anstrengung. Dabei konnte man Mirko keineswegs unwillig oder widerspenstig nennen. Er tat gehorsam, was man ihm gebot, holte Wasser, spaltete Holz, arbeitete mit auf dem Felde, räumte die Küche auf und erledigte verläßlich, wenn auch mit verärgernder Langsamkeit, jeden geforderten Dienst. Was den guten Pfarrer aber an dem querköpfigen Knaben am meisten verdroß, war seine totale Teilnahmslosigkeit. Er tat nichts ohne besondere Aufforderung, stellte nie eine Frage, spielte nicht mit anderen Burschen und suchte von selbst keine Beschäftigung, sofern man sie nicht ausdrücklich anordnete; sobald Mirko die Verrichtungen des Haushalts erledigt hatte, saß er stur im Zimmer herum mit jenem leeren Blick, wie ihn Schafe auf der Weide haben, ohne an den Geschehnissen rings um ihn den geringsten Anteil zu nehmen. Während der Pfarrer abends, die lange Bauernpfeife schmauchend, mit dem Gendarmeriewachtmeister seine üblichen drei Schachpartien spielte, hockte der blondsträhnige Bursche stumm daneben und starrte unter seinen schweren Lidern anscheinend schläfrig und gleichgültig auf das karierte Brett.
Eines Winterabends klingelten, während die beiden Partner in ihre tägliche Partie vertieft waren, von der Dorfstraße her die Glöckchen eines Schlittens rasch und immer rascher heran. Ein Bauer, die Mütze mit Schnee überstäubt, stapfte hastig herein, seine alte Mutter läge im

Sterben, und der Pfarrer möge eilen, ihr noch rechtzeitig die letzte Ölung zu erteilen. Ohne zu zögern folgte ihm der Priester. Der Gendarmeriewachtmeister, der sein Glas noch nicht ausgetrunken hatte, zündete sich zum Abschied eine neue Pfeife an und bereitete sich eben vor, die schweren Schaftstiefel anzuziehen, als ihm auffiel, wie unentwegt der Blick Mirkos auf dem Schachbrett mit der angefangenen Partie haftete.

»Na, willst du sie zu Ende spielen?« spaßte er, vollkommen überzeugt, daß der schläfrige Junge nicht einen einzigen Stein auf dem Brett richtig zu rücken verstünde. Der Knabe starrte scheu auf, nickte dann und setzte sich auf den Platz des Pfarrers. Nach vierzehn Zügen war der Gendarmeriewachtmeister geschlagen und mußte zudem eingestehen, daß keineswegs ein versehentlicher nachlässiger Zug seine Niederlage verschuldet habe. Die zweite Partie fiel nicht anders aus.

»Bileams Esel!« rief erstaunt bei seiner Rückkehr der Pfarrer aus, dem weniger bibelfesten Gendarmeriewachtmeister erklärend, schon vor zweitausend Jahren hätte sich ein ähnliches Wunder ereignet, daß ein stummes Wesen plötzlich die Sprache der Weisheit gefunden habe. Trotz der vorgerückten Stunde konnte der Pfarrer sich nicht enthalten, seinen halb analphabetischen Famulus zu einem Zweikampf herauszufordern. Mirko schlug auch ihn mit Leichtigkeit. Er spielte zäh, langsam, unerschütterlich, ohne ein einziges Mal die gesenkte breite Stirn vom Brette aufzuheben. Aber er spielte mit unwiderlegbarer Sicherheit; weder der Gendarmeriewachtmeister noch der Pfarrer waren in den nächsten Tagen imstande, eine Partie gegen ihn zu gewinnen. Der Pfarrer, besser als irgend jemand befähigt, die sonstige Rückständigkeit seines Zöglings zu beurteilen, wurde nun ernstlich neugierig, wieweit diese einseitige sonderbare Begabung einer strengeren Prüfung standhalten würde. Nachdem er Mirko bei dem Dorfbarbier die struppigen strohblonden Haare hatte schneiden lassen, um ihn einigermaßen präsentabel zu machen, nahm er ihn in seinem Schlitten mit in die kleine Nachbarstadt, wo er im Café des Hauptplatzes eine Ecke mit enragierten Schachspielern wußte, denen er selbst erfahrungsgemäß nicht gewachsen war. Es erregte bei der ansässigen Runde nicht geringes Staunen, als der Pfarrer den fünfzehnjährigen strohblonden und rotbackigen Burschen in seinem nach innen getragenen Schafspelz und schweren, hohen Schaftstiefeln in das Kaffeehaus schob, wo der Junge befremdet mit scheu niedergeschlagenen Augen in einer Ecke stehenblieb, bis man ihn zu einem der Schachtische hinrief. In der ersten Partie wurde Mirko geschlagen, da er die sogenannte Sizilianische Eröffnung bei dem guten Pfarrer nie gesehen hatte. In der zweiten Partie kam er schon gegen den besten Spieler auf Remis. Von der dritten und vierten an schlug er sie alle, einen nach dem andern.

Nun ereignen sich in einer kleinen südslawischen Provinzstadt höchst selten aufregende Dinge; so wurde das erste Auftreten dieses bäuerlichen Champions für die versammelten Honoratioren unverzüglich zur Sensation. Einstimmig wurde beschlossen, der Wunderknabe müßte unbedingt noch bis zum nächsten Tage in der Stadt bleiben, damit man die anderen Mitglieder des Schachklubs zusammenrufen und vor allem den alten Grafen Simczic, einen Fanatiker des Schachspiels, auf seinem Schlosse verständigen könne. Der Pfarrer, der mit einem ganz neuen Stolz auf seinen Pflegling blickte, aber über seiner Entdeckerfreude doch seinen pflichtgemäßen Sonntagsgottesdienst nicht versäumen wollte, erklärte sich bereit, Mirko für eine weitere Probe zurückzulassen. Der junge Czentovic wurde auf Kosten der Schachecke im Hotel einquartiert und sah an diesem Abend zum erstenmal ein Wasserklosett. Am folgenden Sonntagnachmittag war der Schachraum überfüllt. Mirko, unbeweglich vier Stunden vor dem Brett sitzend, besiegte, ohne ein Wort zu sprechen oder auch nur aufzuschauen, einen Spieler nach dem andern; schließlich wurde eine Simultanpartie vorgeschlagen. Es dauerte eine Weile, ehe man dem Unbelehrten begreiflich machen konnte, daß bei einer Simultanpartie er allein gegen die verschiedenen Spieler zu kämpfen hätte. Aber sobald Mirko diesen Usus begriffen, fand er sich rasch in die Aufgabe, ging mit seinen schweren, knarrenden Schuhen langsam von Tisch zu Tisch und gewann schließlich sieben von den acht Partien.

Nun begannen große Beratungen. Obwohl dieser neue Champion im strengen Sinne nicht zur Stadt gehörte, war doch der heimische Nationalstolz lebhaft entzündet. Vielleicht konnte endlich die kleine Stadt, deren Vorhandensein auf der Landkarte kaum jemand bisher wahrgenommen, zum erstenmal sich die Ehre erwerben, einen berühmten Mann in die Welt zu schicken. Ein Agent namens Koller, sonst nur Chansonetten und Sängerinnen für das Kabarett der Garnison vermittelnd, erklärte sich bereit, sofern man den Zuschuß für ein Jahr leiste, den jungen Menschen in Wien von einem ihm bekannten ausgezeichneten kleinen Meister fachmäßig in der Schachkunst ausbilden zu lassen.

Graf Simczic, dem in sechzig Jahren täglichen Schachspieles nie ein so merkwürdiger Gegner entgegengetreten war, zeichnete sofort den Betrag. Mit diesem Tage begann die erstaunliche Karriere des Schiffersohnes.
Nach einem halben Jahre beherrschte Mirko sämtliche Geheimnisse der Schachtechnik, allerdings mit einer seltsamen Einschränkung, die später in den Fachkreisen viel beobachtet und bespöttelt wurde. Denn Czentovic brachte es nie dazu, auch nur eine einzige Schachpartie auswendig – oder wie man fachgemäß sagt: blind – zu spielen. Ihm fehlte vollkommen die Fähigkeit, das Schlachtfeld in den unbegrenzten Raum der Phantasie zu stellen. Er mußte immer das schwarzweiße Karree mit den vierundsechzig Feldern und zweiunddreißig Figuren handgreiflich vor sich haben; noch zur Zeit seines Weltruhmes führte er ständig ein zusammenlegbares Taschenschach mit sich, um, wenn er eine Meisterpartie rekonstruieren oder ein Problem für sich lösen wollte, sich die Stellung optisch vor Augen zu führen. Dieser an sich unbeträchtliche Defekt verriet einen Mangel an imaginativer Kraft und wurde in dem engen Kreise ebenso lebhaft diskutiert, wie wenn unter Musikern ein hervorragender Virtuose oder Dirigent sich unfähig gezeigt hätte, ohne aufgeschlagene Partitur zu spielen oder zu dirigieren. Aber diese merkwürdige Eigenheit verzögerte keineswegs Mirkos stupenden Aufstieg. Mit siebzehn Jahren hatte er schon ein Dutzend Schachpreise gewonnen, mit achtzehn sich die ungarische Meisterschaft, mit zwanzig endlich die Weltmeisterschaft erobert. Die verwegensten Champions, jeder einzelne an intellektueller Begabung, an Phantasie und Kühnheit ihm unermeßlich überlegen, erlagen ebenso seiner zähen und kalten Logik wie Napoleon dem schwerfälligen Kutusow, wie Hannibal dem Fabius Cunctator, von dem Livius berichtet, daß er gleichfalls in seiner Kindheit derart auffällige Züge von Phlegma und Imbezillität gezeigt habe. So geschah es, daß in die illustre Galerie der Schachmeister, die in ihren Reihen die verschiedensten Typen intellektueller Überlegenheit vereinigt – Philosophen, Mathematiker, kalkulierende, imaginierende und oft schöpferische Naturen –, zum erstenmal ein völliger Outsider der geistigen Welt einbrach, ein schwerer, maulfauler Bauernbursche, aus dem auch nur ein einziges publizistisch brauchbares Wort herauszulocken selbst den gerissensten Journalisten nie gelang. Freilich, was Czentovic den Zeitungen an geschliffenen Sentenzen vorenthielt, ersetzte er bald reichlich durch Anekdoten über seine Person. Denn

rettungslos wurde mit der Sekunde, da er vom Schachbrette aufstand, wo er Meister ohnegleichen war, Czentovic zu einer grotesken und beinahe komischen Figur; trotz seines feierlichen schwarzen Anzuges, seiner pompösen Krawatte mit der etwas aufdringlichen Perlennadel und seiner mühsam manikürten Finger blieb er in seinem Gehaben und seinen Manieren derselbe beschränkte Bauernjunge, der im Dorf die Stube des Pfarrers gefegt. Ungeschickt und geradezu schamlos plump suchte er zum Gaudium und zum Ärger seiner Fachkollegen aus seiner Begabung und seinem Ruhm mit einer kleinlichen und sogar oft ordinären Habgier herauszuholen, was an Geld herauszuholen war. Er reiste von Stadt zu Stadt, immer in den billigsten Hotels wohnend, er spielte in den kläglichsten Vereinen, sofern man ihm sein Honorar bewilligte, er ließ sich abbilden auf Seifenreklamen und verkaufte sogar, ohne auf den Spott seiner Konkurrenten zu achten, die genau wußten, daß er nicht imstande war, drei Sätze richtig zu schreiben, seinen Namen für eine ›Philosophie des Schachs‹, die in Wirklichkeit ein kleiner galizischer Student für den geschäftstüchtigen Verleger geschrieben. Wie allen zähen Naturen fehlte ihm jeder Sinn für das Lächerliche; seit seinem Siege im Weltturnier hielt er sich für den wichtigsten Mann der Welt, und das Bewußtsein, all diese gescheiten, intellektuellen, blendenden Sprecher und Schreiber auf ihrem eigenen Feld geschlagen zu haben, und vor allem die handgreifliche Tatsache, mehr als sie zu verdienen, verwandelte die ursprüngliche Unsicherheit in einen kalten und meist plump zur Schau getragenen Stolz.

»Aber wie sollte ein so rascher Ruhm nicht einen so leeren Kopf beduseln?« schloß mein Freund, der mir gerade einige klassische Proben von Czentovics kindischer Präpotenz anvertraut hatte. »Wie sollte ein einundzwanzigjähriger Bauernbursche aus dem Banat nicht den Eitelkeitskoller kriegen, wenn er plötzlich mit ein bißchen Figurenherumschieben auf einem Holzbrett in einer Woche mehr verdient als sein ganzes Dorf daheim mit Holzfällen und den bittersten Abrackereien in einem ganzen Jahr? Und dann, ist es nicht eigentlich verflucht leicht, sich für einen großen Menschen zu halten, wenn man nicht mit der leisesten Ahnung belastet ist, daß ein Rembrandt, ein Beethoven, ein Dante, ein Napoleon je gelebt haben? Dieser Bursche weiß in seinem vermauerten Gehirn nur das eine, daß er seit Monaten nicht eine einzige Schachpartie verloren hat, und da er eben nicht ahnt, daß es außer

Schach und Geld noch andere Werte auf unserer Erde gibt, hat er allen Grund, von sich begeistert zu sein.«

Diese Mitteilungen meines Freundes verfehlten nicht, meine besondere Neugierde zu erregen. Alle Arten von monomanischen, in eine einzige Idee verschossenen Menschen haben mich zeitlebens angereizt, denn je mehr sich einer begrenzt, um so mehr ist er andererseits dem Unendlichen nahe; gerade solche scheinbar Weltabseitigen bauen in ihrer besonderen Materie sich termitenhaft eine merkwürdige und durchaus einmalige Abbreviatur der Welt. So machte ich aus meiner Absicht, dieses sonderbare Spezimen intellektueller Eingleisigkeit auf der zwölftägigen Fahrt bis Rio näher unter die Lupe zu nehmen, kein Hehl.

Jedoch: »Da werden Sie wenig Glück haben«, warnte mein Freund. »Soviel ich weiß, ist es noch keinem gelungen, aus Czentovic das geringste an psychologischem Material herauszuholen. Hinter all seiner abgründigen Beschränktheit verbirgt dieser gerissene Bauer die große Klugheit, sich keine Blößen zu geben, und zwar dank der simplen Technik, daß er außer mit Landsleuten seiner eigenen Sphäre, die er sich in kleinen Gasthäusern zusammensucht, jedes Gespräch vermeidet. Wo er einen gebildeten Menschen spürt, kriecht er in sein Schneckenhaus; so kann niemand sich rühmen, je ein dummes Wort von ihm gehört oder die angeblich unbegrenzte Tiefe seiner Unbildung ausgemessen zu haben.« Mein Freund sollte in der Tat recht behalten. Während der ersten Tage der Reise erwies es sich als vollkommen unmöglich, an Czentovic ohne grobe Zudringlichkeit, die schließlich nicht meine Sache ist, heranzukommen. Manchmal schritt er zwar über das Promenadendeck, aber dann immer die Hände auf dem Rücken verschränkt mit jener stolz in sich versenkten Haltung, wie Napoleon auf dem bekannten Bilde; außerdem erledigte er immer so eilig und stoßhaft seine peripatetische Deckrunde, daß man ihm hätte im Trab nachlaufen müssen, um ihn ansprechen zu können. In den Gesellschaftsräumen wiederum, in der Bar, im Rauchzimmer zeigte er sich niemals; wie mir der Steward auf vertrauliche Erkundigung hin mitteilte, verbrachte er den Großteil des Tages in seiner Kabine, um auf einem mächtigen Brett Schachpartien einzuüben oder zu rekapitulieren.

Nach drei Tagen begann ich mich tatsächlich zu ärgern, daß seine geschickte Abwehrtechnik geschickter war als mein Wille, an ihn heranzukommen. Ich hatte in meinem Leben noch nie Gelegenheit gehabt, die persönliche Bekanntschaft eines Schachmeisters zu machen, und je mehr ich mich jetzt bemühte, mir einen solchen Typus zu personifzieren, um so unvorstellbarer schien mir eine Gehirntätigkeit, die ein ganzes Leben lang ausschließlich um einen Raum von vierundsechzig schwarzen und weißen Feldern rotiert. Ich wußte wohl aus eigener Erfahrung um die geheimnisvolle Attraktion des ›königlichen Spiels‹, dieses einzigen unter allen Spielen, die der Mensch ersonnen, das sich souverän jeder Tyrannis des Zufalls entzieht und seine Siegespalmen einzig dem Geist oder vielmehr einer bestimmten Form geistiger Begabung zuteilt. Aber macht man sich nicht bereits einer beleidigenden Einschränkung schuldig, indem man Schach ein Spiel nennt? Ist es nicht auch eine Wissenschaft, eine Kunst, schwebend zwischen diesen Kategorien wie der Sarg Mohammeds zwischen Himmel und Erde, eine einmalige Bindung aller Gegensatzpaare; uralt und doch ewig neu, mechanisch in der Anlage und doch nur wirksam durch Phantasie, begrenzt in geometrisch starrem Raum und dabei unbegrenzt in seinen Kombinationen, ständig sich entwickelnd und doch steril, ein Denken, das zu nichts führt, eine Mathematik, die nichts errechnet, eine Kunst ohne Werke, eine Architektur ohne Substanz und nichtsdestominder erwiesenermaßen dauerhafter in seinem Sein und Dasein als alle Bücher und Werke, das einzige Spiel, das allen Völkern und allen Zeiten zugehört und von dem niemand weiß, welcher Gott es auf die Erde gebracht, um die Langeweile zu töten, die Sinne zu schärfen, die Seele zu spannen. Wo ist bei ihm Anfang und wo das Ende? Jedes Kind kann seine ersten Regeln erlernen, jeder Stümper sich in ihm versuchen, und doch vermag es innerhalb dieses unveränderbar engen Quadrats eine besondere Spezies von Meistern zu erzeugen, unvergleichbar allen anderen, Menschen mit einer einzig dem Schach zubestimmten Begabung, spezifische Genies, in denen Vision, Geduld und Technik in einer ebenso genau bestimmten Verteilung wirksam sind wie im Mathematiker, im Dichter, im Musiker, und nur in anderer Schichtung und Bindung. In früheren Zeiten physiognomischer Leidenschaft hätte ein Gall vielleicht die Gehirne solcher Schachmeister seziert, um festzustellen, ob bei solchen Schachgenies eine besondere Windung in der grauen Masse des Gehirns, eine Art Schachmuskel oder Schachhöcker sich intensiver eingezeichnet fände als in anderen Schädeln. Und wie hätte einen solchen Physiognomiker erst der Fall eines Czentovic angereizt, wo dies spezifische Genie eingesprengt erscheint in eine absolute intellektuelle Trägheit wie ein einzelner Faden Gold in einem Zentner tauben

Gesteins! Im Prinzip war mir die Tatsache von jeher verständlich, daß ein derart einmaliges, ein solches geniales Spiel sich spezifische Matadore schaffen mußte, aber wie schwer, wie unmöglich doch, sich das Leben eines geistig regsamen Menschen vorzustellen, dem sich die Welt einzig auf die enge Einbahn zwischen Schwarz und Weiß reduziert, der in einem bloßen Hin und Her, Vor und Zurück von zweiunddreißig Figuren seine Lebenstriumphe sucht, einen Menschen, dem bei einer neuen Eröffnung, den Springer vorzuziehen statt des Bauern, schon Großtat und sein ärmliches Eckchen Unsterblichkeit im Winkel eines Schachbuches bedeutet – einen Menschen, einen geistigen Menschen, der, ohne wahnsinnig zu werden, zehn, zwanzig, dreißig, vierzig Jahre lang die ganze Spannkraft seines Denkens immer und immer wieder an den lächerlichen Einsatz wendet, einen hölzernen König auf einem hölzernen Brett in den Winkel zu drängen!

Und nun war ein solches Phänomen, ein solches sonderbares Genie oder ein solcher rätselhafter Narr mir räumlich zum erstenmal ganz nahe, sechs Kabinen weit auf demselben Schiff, und ich Unseliger, für den Neugier in geistigen Dingen immer zu einer Art Passion ausartet, sollte nicht imstande sein, mich ihm zu nähern. Ich begann mir die absurdesten Listen auszudenken: etwa, ihn in seiner Eitelkeit zu kitzeln, indem ich ihm ein angebliches Interview für eine wichtige Zeitung vortäuschte, oder bei seiner Habgier zu packen, dadurch, daß ich ihm ein einträgliches Turnier in Schottland proponierte. Aber schließlich erinnerte ich mich, daß die bewährteste Technik der Jäger, den Auerhahn an sich heranzulocken, darin besteht, daß sie seinen Balzschrei nachahmen; was konnte eigentlich wirksamer sein, um die Aufmerksamkeit eines Schachmeisters auf sich zu ziehen, als indem man selber Schach spielte?

Nun bin ich zeitlebens nie ein ernstlicher Schachkünstler gewesen, und zwar aus dem einfachen Grunde, weil ich mich mit Schach immer bloß leichtfertig und ausschließlich zu meinem Vergnügen befaßte; wenn ich mich für eine Stunde vor das Brett setze, geschieht dies keineswegs, um mich anzustrengen, sondern im Gegenteil, um mich von geistiger Anspannung zu entlasten. Ich ›spiele‹ Schach im wahrsten Sinne des Wortes, während die anderen, die wirklichen Schachspieler, Schach ›ernsten‹, um ein verwegenes neues Wort in die deutsche Sprache einzuführen. Für Schach ist nun, wie für die Liebe, ein Partner unentbehrlich, und ich wußte zur Stunde noch nicht, ob sich außer uns andere Schachliebhaber an Bord befanden. Um sie aus ihren Höhlen herauszulocken, stellte ich im Smoking Room eine primitive Falle auf, indem ich mich mit meiner Frau, obwohl sie noch schwächer spielt als ich, vogelstellerisch vor ein Schachbrett setzte. Und tatsächlich, wir hatten noch nicht sechs Züge getan, so blieb schon jemand im Vorübergehen stehen, ein zweiter erbat die Erlaubnis, zusehen zu dürfen; schließlich fand sich auch der erwünschte Partner, der mich zu einer Partie herausforderte. Er hieß McConnor und war ein schottischer Tiefbauingenieur, der, wie ich hörte, bei Ölbohrungen in Kalifornien sich ein großes Vermögen gemacht hatte, von äußerem Ansehen ein stämmiger Mensch mit starken, fast quadratisch harten Kinnbacken, kräftigen Zähnen und einer satten Gesichtsfarbe, deren prononcierte Rötlichkeit wahrscheinlich, zumindest teilweise, reichlichem Genuß von Whisky zu verdanken war. Die auffällig breiten, fast athletisch vehementen Schultern machten sich leider auch im Spiel charaktermäßig bemerkbar, denn dieser Mister McConnor gehörte zu jener Sorte selbstbesessener Erfolgsmenschen, die auch im belanglosesten Spiel eine Niederlage schon als Herabsetzung ihres Persönlichkeitsbewußtseins empfinden. Gewöhnt, sich im Leben rücksichtslos durchzusetzen, und verwöhnt vom faktischen Erfolg, war dieser massive Selfmademan derart unerschütterlich von seiner Überlegenheit durchdrungen, daß jeder Widerstand ihn als ungebührliche Auflehnung und beinahe Beleidigung erregte. Als er die erste Partie verlor, wurde er mürrisch und begann umständlich und diktatorisch zu erklären, dies könne nur durch eine momentane Unaufmerksamkeit geschehen sein, bei der dritten machte er den Lärm im Nachbarraum für sein Versagen verantwortlich; nie war er gewillt, eine Partie zu verlieren, ohne sofort Revanche zu fordern. Anfangs amüsierte mich diese ehrgeizige Verbissenheit; schließlich nahm ich sie nur mehr als unvermeidliche Begleiterscheinung für meine eigentliche Absicht hin, den Weltmeister an unseren Tisch zu locken.

Am dritten Tag gelang es und gelang doch nur halb. Sei es, daß Czentovic uns vom Promenadendeck aus durch das Bordfenster vor dem Schachbrett beobachtet oder daß er nur zufälligerweise den Smoking Room mit seiner Anwesenheit beehrte – jedenfalls trat er, sobald er uns Unberufene seine Kunst ausüben sah, unwillkürlich einen Schritt näher und warf aus dieser gemessenen Distanz einen prüfenden Blick auf unser Brett. McConnor war gerade am Zuge. Und schon dieser eine Zug schien ausreichend, um Czentovic zu belehren, wie wenig ein weiteres Verfolgen unserer dilettantischen Bemühungen seines meisterlichen Interesses würdig sei. Mit derselben selbstverständlichen Geste, mit der unsereiner in einer Buchhandlung einen angebotenen schlechten Detektivroman weglegt, ohne ihn auch nur anzublättern, trat er von unserem Tische fort und verließ den Smoking Room. ›Gewogen und zu leicht befunden‹, dachte ich mir, ein bißchen verärgert durch diesen kühlen, verächtlichen Blick, und um meinem Unmut irgendwie Luft zu machen, äußerte ich zu McConnor:

»Ihr Zug scheint den Meister nicht sehr begeistert zu haben.«

»Welchen Meister?«

Ich erklärte ihm, jener Herr, der eben an uns vorübergegangen und mit mißbilligendem Blick auf unser Spiel gesehen, sei der Schachmeister Czentovic gewesen. Nun, fügte ich hinzu, wir beide würden es überstehen und ohne Herzeleid uns mit seiner illustren Verachtung abfinden; arme Leute müßten eben mit Wasser kochen. Aber zu meiner Überraschung übte auf McConnor meine lässige Mitteilung eine völlig unerwartete Wirkung. Er wurde sofort erregt, vergaß unsere Partie, und sein Ehrgeiz begann geradezu hörbar zu pochen. Er habe keine Ahnung gehabt, daß Czentovic an Bord sei, und Czentovic müsse unbedingt gegen ihn spielen. Er habe noch nie im Leben gegen einen Weltmeister gespielt außer einmal bei einer Simultanpartie mit vierzig anderen; schon das sei furchtbar spannend gewesen, und er habe damals beinahe gewonnen. Ob ich den Schachmeister persönlich kenne? Ich verneinte. Ob ich ihn nicht ansprechen wolle und zu uns bitten? Ich lehnte ab mit der Begründung, Czentovic sei meines Wissens für neue Bekanntschaften nicht sehr zugänglich. Außerdem, was für einen Reiz sollte es einem Weltmeister bieten, mit uns drittklassigen Spielern sich abzugeben?

Nun, das mit den drittklassigen Spielern hätte ich zu einem derart ehrgeizigen Manne wie McConnor lieber nicht äußern sollen. Er lehnte sich verärgert zurück und erklärte schroff, er für seinen Teil könne nicht glauben, daß Czentovic die höfliche Aufforderung eines Gentlemans ablehnen werde, dafür werde er schon sorgen. Auf seinen Wunsch gab ich ihm eine kurze Personsbeschreibung des Weltmeisters, und schon stürmte er, unser Schachbrett gleichgültig im Stich lassend, in unbeherrschter Ungeduld Czentovic auf das Promenadendeck nach. Wieder spürte ich, daß der Besitzer dermaßen breiter Schultern nicht zu halten war, sobald er einmal seinen Willen in eine Sache geworfen.

Ich wartete ziemlich gespannt. Nach zehn Minuten kehrte McConnor zurück, nicht sehr aufgeräumt, wie mir schien.

»Nun?« fragte ich.
»Sie haben recht gehabt«, antwortete er etwas verärgert. »Kein sehr angenehmer Herr. Ich stellte mich vor, erklärte ihm, wer ich sei. Er reichte mir nicht einmal die Hand. Ich versuchte, ihm auseinanderzusetzen, wie stolz und geehrt wir alle an Bord sein würden, wenn er eine Simultanpartie gegen uns spielen wollte. Aber er hielt seinen Rücken verflucht steif; es täte ihm leid, aber er habe kontraktliche Verpflichtungen gegen seinen Agenten, die ihm ausdrücklich untersagten, während seiner ganzen Tournee ohne Honorar zu spielen. Sein Minimum sei zweihundertfünfzig Dollar pro Partie.«
Ich lachte. »Auf diesen Gedanken wäre ich eigentlich nie geraten, daß Figuren von Schwarz auf Weiß zu schieben ein derart einträgliches Geschäft sein kann. Nun, ich hoffe, Sie haben sich ebenso höflich empfohlen.«
Aber McConnor blieb vollkommen ernst. »Die Partie ist für morgen nachmittag drei Uhr angesetzt. Hier im Rauchsalon. Ich hoffe, wir werden uns nicht so leicht zu Brei schlagen lassen.«
»Wie? Sie haben ihm die zweihundertfünfzig Dollar bewilligt?« rief ich ganz betroffen aus.
»Warum nicht? C'est son métier. Wenn ich Zahnschmerzen hätte und es wäre zufällig ein Zahnarzt an Bord, würde ich auch nicht verlangen, daß er mir den Zahn umsonst ziehen soll. Der Mann hat ganz recht, dicke Preise zu machen; in jedem Fach sind die wirklichen Könner auch die besten Geschäftsleute. Und was mich betrifft: je klarer ein Geschäft, um so besser. Ich zahle lieber in Cash, als mir von einem Herrn Czentovic Gnaden erweisen zu lassen und mich am Ende noch bei ihm bedanken zu müssen. Schließlich habe ich in unserem Klub schon mehr an einem Abend verloren als zweihundertfünfzig Dollar und dabei mit keinem Weltmeister gespielt. Für ›drittklassige‹ Spieler ist es keine Schande, von einem Czentovic umgelegt zu werden.«
Es amüsierte mich, zu bemerken, wie tief ich McConnors Selbstgefühl mit dem einen unschuldigen Wort ›drittklassiger Spieler‹ gekränkt hatte. Aber da er den teuren Spaß zu bezahlen gesonnen war, hatte ich nichts einzuwenden gegen seinen deplacierten Ehrgeiz, der mir endlich die Bekanntschaft meines Kuriosums vermitteln sollte. Wir verständigten eiligst die vier oder fünf Herren, die sich bisher als Schachspieler deklariert hatten, von dem bevorstehenden Ereignis und ließen, um von durchgehenden Passanten möglichst wenig gestört zu werden, nicht nur

unseren Tisch, sondern auch die Nachbartische für das bevorstehende Match im voraus reservieren.
Am nächsten Tage war unsere kleine Gruppe zur vereinbarten Stunde vollzählig erschienen. Der Mittelplatz gegenüber dem Meister blieb selbstverständlich McConnor zugeteilt, der seine Nervosität entlud, indem er eine schwere Zigarre nach der andern anzündete und immer wieder unruhig auf die Uhr blickte. Aber der Weltmeister ließ – ich hatte nach den Erzählungen meines Freundes derlei schon geahnt – gute zehn Minuten auf sich warten, wodurch allerdings sein Erscheinen dann erhöhten Aplomb erhielt. Er trat ruhig und gelassen auf den Tisch zu. Ohne sich vorzustellen – ›Ihr wißt, wer ich bin, und wer ihr seid, interessiert mich nicht‹, schien diese Unhöflichkeit zu besagen –, begann er mit fachmännischer Trockenheit die sachlichen Anordnungen. Da eine Simultanpartie hier an Bord mangels verfügbarer Schachbretter unmöglich sei, schlage er vor, daß wir alle gemeinsam gegen ihn spielen sollten. Nach jedem Zug werde er, um unsere Beratungen nicht zu stören, sich zu einem anderen Tisch am Ende des Raumes verfügen. Sobald wir unseren Gegenzug getan, sollten wir, da bedauerlicherweise keine Tischglocke zur Hand sei, mit dem Löffel gegen ein Glas klopfen. Als maximale Zugzeit schlage er zehn Minuten vor, falls wir keine andere Einteilung wünschten. Wir pflichteten selbstverständlich wie schüchterne Schüler jedem Vorschlage bei. Die Farbenwahl teile Czentovic Schwarz zu; noch im Stehen tat er den ersten Gegenzug und wandte sich dann gleich dem von ihm vorgeschlagenen Warteplatz zu, wo er lässig hingelehnt eine illustrierte Zeitschrift durchblätterte.
Es hat wenig Sinn, über die Partie zu berichten. Sie endete selbstverständlich, wie sie enden mußte: mit unserer totalen Niederlage, und zwar bereits beim vierundzwanzigsten Zuge. Daß nun ein Weltschachmeister ein halbes Dutzend mittlerer oder untermittlerer Spieler mit der linken Hand niederfegt, war an sich wenig erstaunlich; verdrießlich wirkte eigentlich auf uns alle nur die präpotente Art, mit der Czentovic es uns allzu deutlich fühlen ließ, daß er uns mit der linken Hand erledigte. Er warf jedesmal nur einen scheinbar flüchtigen Blick auf das Brett, sah an uns so lässig vorbei, als ob wir selbst tote Holzfiguren wären, und diese impertinente Geste erinnerte unwillkürlich an die, mit der man einem räudigen Hund abgewendeten Blicks einen Brocken zuwirft. Bei einiger Feinfühligkeit hätte er meiner Meinung nach uns auf Fehler aufmerksam machen können oder durch ein freundliches

Wort aufmuntern. Aber auch nach Beendigung der Partie äußerte dieser unmenschliche Schachautomat keine Silbe, sondern wartete, nachdem er »Matt« gesagt, regunglos vor dem Tische, ob man noch eine zweite Partie von ihm wünsche. Schon war ich aufgestanden, um hilflos, wie man immer gegen dickfellige Grobheit bleibt, durch eine Geste anzudeuten, daß mit diesem erledigten Dollargeschäft wenigstens meinerseits das Vergnügen unserer Bekanntschaft beendet sei, als zu meinem Ärger neben mir McConnor mit ganz heiserer Stimme sagte: »Revanche!«

Ich erschrak geradezu über den herausfordernden Ton; tatsächlich bot McConnor in diesem Augenblick eher den Eindruck eines Boxers vor dem Losschlagen als den eines höflichen Gentlemans. War es die unangenehme Art der Behandlung, die uns Czentovic hatte zuteil werden lassen, oder nur sein pathologisch reizbarer Ehrgeiz – jedenfalls war McConnors Wesen vollkommen verändert. Rot im Gesicht bis hoch hinauf an das Stirnhaar, die Nüstern von innerem Druck stark aufgespannt, transpirierte er sichtlich, und von den verbissenen Lippen schnitt sich scharf eine Falte gegen sein kämpferisch vorgerecktes Kinn. Ich erkannte beunruhigt in seinem Auge jenes Flackern unbeherrschter Leidenschaft, wie sie sonst Menschen nur am Roulettetische ergreift, wenn zum sechsten- oder siebtenmal bei immer verdoppeltem Einsatz nicht die richtige Farbe kommt. In diesem Augenblick wußte ich, dieser fanatisch Ehrgeizige würde, und sollte es ihn sein ganzes Vermögen kosten, gegen Czentovic so lange spielen und spielen und spielen, einfach oder doubliert, bis er wenigstens ein einziges Mal eine Partie gewonnen. Wenn Czentovic durchhielt, so hatte er an McConnor eine Goldgrube gefunden, aus der er bis Buenos Aires ein paar tausend Dollar schaufeln konnte.

Czentovic blieb unbewegt. »Bitte«, antwortete er höflich. »Die Herren spielen jetzt Schwarz.«

Auch die zweite Partie bot kein verändertes Bild, außer daß durch einige Neugierige unser Kreis nicht nur größer, sondern auch lebhafter geworden war. McConnor blickte so starr auf das Brett, als wollte er die Figuren mit seinem Willen, zu gewinnen, magnetisieren; ich spürte ihm an, daß er auch tausend Dollar begeistert geopfert hätte für den Lustschrei ›Matt!‹ gegen den kaltschnauzigen Gegner. Merkwürdigerweise ging etwas von seiner verbissenen Erregung unbewußt in uns über. Jeder einzelne Zug wurde ungleich leidenschaftlicher diskutiert als vordem, immer hielten wir noch im letzten Moment einer den andern zurück, ehe wir uns einigten, das Zeichen zu geben, das Czentovic an unseren Tisch zurückrief. Allmählich waren wir beim siebzehnten Zuge angelangt, und zu unserer eigenen Überraschung war eine Konstellation eingetreten, die verblüffend vorteilhaft schien, weil es uns gelungen war, den Bauern der c-Linie bis auf das vorletzte Feld c2 zu bringen; wir brauchten ihn nur vorzuschieben auf c1, um eine neue Dame zu gewinnen. Ganz behaglich war uns freilich nicht bei dieser allzu offenkundigen Chance; wir argwöhnten einmütig, dieser scheinbar von uns errungene Vorteil müsse von Czentovic, der doch die Situation viel weitblickender übersah, mit Absicht uns als Angelhaken zugeschoben sein. Aber trotz angestrengtem gemeinsamem Suchen und Diskutieren vermochten wir die versteckte Finte nicht wahrzunehmen. Schließlich, schon knapp am Rande der verstatteten Überlegungsfrist, entschlossen wir uns, den Zug zu wagen. Schon rührte McConnor den Bauern an, um ihn auf das letzte Feld zu schieben, als er sich jäh am Arm gepackt fühlte und jemand leise und heftig flüsterte: »Um Gottes willen! Nicht!«

Unwillkürlich wandten wir uns alle um. Ein Herr von etwa fünfundvierzig Jahren, dessen schmales, scharfes Gesicht mir schon vordem auf der Deckpromenade durch seine merkwürdige, fast kreidige Blässe aufgefallen war, mußte in den letzten Minuten, indes wir unsere ganze Aufmerksamkeit dem Problem zuwandten, zu uns getreten sein. Hastig fügte er, unseren Blick spürend, hinzu:

»Wenn Sie jetzt eine Dame machen, schlägt er sie sofort mit dem Läufer c1, Sie nehmen mit dem Springer zurück. Aber inzwischen geht er mit seinem Freibauern auf d7, bedroht Ihren Turm, und auch wenn Sie mit dem Springer Schach sagen, verlieren Sie und sind nach neun bis zehn Zügen erledigt. Es ist beinahe dieselbe Konstellation, wie sie Aljechin gegen Bogoljubow 1922 im Pistyaner Großturnier initiiert hat.«

McConnor ließ erstaunt die Hand von der Figur und starrte nicht minder verwundert als wir alle auf den Mann, der wie ein unvermuteter Engel helfend vom Himmel kam. Jemand, der auf neun Züge im voraus ein Matt berechnen konnte, mußte ein Fachmann ersten Ranges sein, vielleicht sogar ein Konkurrent um die Meisterschaft, der zum gleichen Turnier reiste, und sein plötzliches Kommen und Eingreifen gerade in einem so kritischen Moment hatte etwas fast Übernatürliches. Als erster faßte sich McConnor.

»Was würden Sie raten?« flüsterte er aufgeregt.
»Nicht gleich vorziehen, sondern zunächst ausweichen! Vor allem mit dem König abrücken aus der gefährdeten Linie von g8 auf h7. Er wird wahrscheinlich den Angriff dann auf die andere Flanke hinüberwerfen. Aber das parieren Sie mit Turm c8-c4; das kostet ihm zwei Tempi, einen Bauern und damit die Überlegenheit. Dann steht Freibauer gegen Freibauer, und wenn Sie sich richtig defensiv halten, kommen Sie noch auf Remis. Mehr ist nicht herauszuholen.«
Wir staunten abermals. Die Präzision nicht minder als die Raschheit seiner Berechnung hatte etwas Verwirrendes; es war, als ob er die Züge aus einem gedruckten Buch ablesen würde. Immerhin wirkte die unvermutete Chance, dank seines Eingreifens unsere Partie gegen einen Weltmeister auf Remis zu bringen, zauberisch. Einmütig rückten wir zur Seite, um ihm freieren Blick auf das Brett zu gewähren. Noch einmal fragte McConnor:
»Also König g8 auf h7?«
»Jawohl! Ausweichen vor allem!«
McConnor gehorchte, und wir klopften an das Glas. Czentovic trat mit seinem gewohnt gleichmütigen Schritt an unseren Tisch und maß mit einem einzigen Blick den Gegenzug. Dann zog er auf dem Königsflügel den Bauern h2-h4, genau wie es unser unbekannter Helfer vorausgesagt. Und schon flüsterte dieser aufgeregt:
»Turm vor, Turm vor, c8 auf c4, er muß dann zuerst den Bauern decken. Aber das wird ihm nichts helfen! Sie schlagen, ohne sich um seinen Freibauern zu kümmern, mit dem Springer c3-d5, und das Gleichgewicht ist wieder hergestellt. Den ganzen Druck vorwärts, statt zu verteidigen!«
Wir verstanden nicht, was er meinte. Für uns war, was er sagte, Chinesisch. Aber schon einmal in seinem Bann, zog McConnor, ohne zu überlegen, wie jener geboten. Wir schlugen abermals an das Glas, um Czentovic zurückzurufen. Zum erstenmal entschied er sich nicht rasch, sondern blickte gespannt auf das Brett. Dann tat er genau den Zug, den der Fremde uns angekündigt, und wandte sich zum Gehen. Jedoch ehe er zurücktrat, geschah etwas Neues und Unerwartetes. Czentovic hob den Blick und musterte unsere Reihen; offenbar wollte er herausfinden, wer ihm mit einemmal so energischen Widerstand leistete.
Von diesem Augenblick an wuchs unsere Erregung ins Ungemessene. Bisher hatten wir ohne ernstliche Hoffnung gespielt, nun aber trieb der

Gedanke, den kalten Hochmut Czentovics zu brechen, uns eine fliegende Hitze durch alle Pulse. Schon aber hatte unser neuer Freund den nächsten Zug angeordnet, und wir konnten – die Finger zitterten mir, als ich den Löffel an das Glas schlug – Czentovic zurückrufen. Und nun kam unser erster Triumph. Czentovic, der bisher immer nur im Stehen gespielt, zögerte, zögerte und setzte sich schließlich nieder. Er setzte sich langsam und schwerfällig; damit aber war schon rein körperlich das bisherige Von-oben-herab zwischen ihm und uns aufgehoben. Wir hatten ihn genötigt, sich wenigstens räumlich auf eine Ebene mit uns zu begeben. Er überlegte lange, die Augen unbeweglich auf das Brett gesenkt, so daß man kaum mehr die Pupillen unter den schwarzen Lidern wahrnehmen konnte, und im angestrengten Nachdenken öffnete sich ihm allmählich der Mund, was seinem runden Gesicht einen etwas einfältigen Ausdruck gab. Czentovic überlegte einige Minuten, dann tat er einen Zug und stand auf. Und schon flüsterte unser Freund: »Ein Hinhaltezug! Gut gedacht! Aber nicht darauf eingehen! Abtausch forcieren, unbedingt Abtausch, dann können wir auf Remis, und kein Gott kann ihm helfen.«

McConnor gehorchte. Es begann in den nächsten Zügen zwischen den beiden – wir anderen waren längst zu leeren Statisten herabgesunken – ein uns unverständliches Hin und Her. Nach etwa sieben Zügen sah Czentovic nach längerem Nachdenken auf und erklärte: »Remis.«

Einen Augenblick herrschte totale Stille. Man hörte plötzlich die Wellen rauschen und das Radio aus dem Salon herüberjazzen, man vernahm jeden Schritt vom Promenadendeck und das leise, feine Sausen des Windes, der durch die Fugen der Fenster fuhr. Keiner von uns atmete, es war zu plötzlich gekommen und wir alle noch geradezu erschrocken über das Unwahrscheinliche, daß dieser Unbekannte dem Weltmeister in einer schon halb verlorenen Partie seinen Willen aufgezwungen haben sollte. McConnor lehnte sich mit einem Ruck zurück, der zurückgehaltene Atem fuhr ihm hörbar in einem beglückten »Ah!« von den Lippen. Ich wiederum beobachtete Czentovic. Schon bei den letzten Zügen hatte mir geschienen, als ob er blässer geworden sei. Aber er verstand sich gut zusammenzuhalten. Er verharrte in seiner scheinbar gleichmütigen Starre und fragte nur in lässiger Weise, während er die Figuren mit ruhiger Hand vom Brette schob:

»Wünschen die Herren noch eine dritte Partie?«

Er stellte die Frage rein sachlich, rein geschäftlich. Aber das Merkwürdige war, er hatte dabei nicht McConnor angeblickt, sondern scharf und gerade das Auge gegen unseren Retter erhoben. Wie ein Pferd am festeren Sitz einen neuen, einen besseren Reiter, mußte er an den letzten Zügen seinen wirklichen, seinen eigentlichen Gegner erkannt haben. Unwillkürlich folgten wir seinem Blick und sahen gespannt auf den Fremden. Jedoch ehe dieser sich besinnen oder gar antworten konnte, hatte in seiner ehrgeizigen Erregung McConnor schon triumphierend ihm zugerufen:

»Selbstverständlich! Aber jetzt müssen Sie allein gegen ihn spielen! Sie allein gegen Czentovic!«

Doch nun ereignete sich etwas Unvorhergesehenes. Der Fremde, der merkwürdigerweise noch immer angestrengt auf das schon abgeräumte Schachbrett starrte, schrak auf, da er alle Blicke auf sich gerichtet und sich so begeistert angesprochen fühlte. Seine Züge verwirrten sich.

»Auf keinen Fall, meine Herren«, stammelte er sichtlich betroffen. »Das ist völlig ausgeschlossen ... ich komme gar nicht in Betracht ... ich habe seit zwanzig, nein, fünfundzwanzig Jahren vor keinem Schachbrett gesessen ... und ich sehe erst jetzt, wie ungehörig ich mich betragen habe, indem ich mich ohne Ihre Verstattung in Ihr Spiel einmengte ... Bitte, entschuldigen Sie meine Vordringlichkeit ... ich will gewiß nicht weiter stören.« Und noch ehe wir uns von unserer Überraschung zurechtfanden, hatte er sich bereits zurückgezogen und das Zimmer verlassen.

»Aber das ist doch ganz unmöglich!« dröhnte der temperamentvolle McConnor, mit der Faust aufschlagend. »Völlig ausgeschlossen, daß dieser Mann fünfundzwanzig Jahre nicht Schach gespielt haben soll! Er hat doch jeden Zug, jede Gegenpointe auf fünf, auf sechs Züge vorausberechnet. So etwas kann niemand aus dem Handgelenk. Das ist doch völlig ausgeschlossen – nicht wahr?«

Mit der letzten Frage hatte sich McConnor unwillkürlich an Czentovic gewandt. Aber der Weltmeister blieb unerschütterlich kühl.

»Ich vermag darüber kein Urteil abzugeben. Jedenfalls hat der Herr etwas befremdlich und interessant gespielt; deshalb habe ich ihm auch absichtlich eine Chance gelassen.« Gleichzeitig lässig aufstehend, fügte er in seiner sachlichen Art hinzu: »Sollte der Herr oder die Herren morgen eine abermalige Partie wünschen, so stehe ich von drei Uhr ab zur Verfügung.«

Wir konnten ein leises Lächeln nicht unterdrücken. Jeder von uns wußte, daß Czentovic unserem unbekannten Helfer keineswegs großmütig eine Chance gelassen und diese Bemerkung nichts anderes als eine naive Ausflucht war, um sein eigenes Versagen zu maskieren. Um so heftiger wuchs unser Verlangen, einen derart unerschütterlichen Hochmut gedemütigt zu sehen. Mit einemmal war über uns friedliche, lässige Bordbewohner eine wilde, ehrgeizige Kampflust gekommen, denn der Gedanke, daß gerade auf unserem Schiff mitten auf dem Ozean dem Schachmeister die Palme entrungen werden könnte – ein Rekord, der dann von allen Telegraphenbüros über die ganze Welt hingeblitzt würde –, faszinierte uns in herausforderndster Weise. Dazu kam noch der Reiz des Mysteriösen, der von dem unerwarteten Eingreifen unseres Retters gerade im kritischen Moment ausging, und der Kontrast seiner fast ängstlichen Bescheidenheit mit dem unerschütterlichen Selbstbewußtsein des Professionellen. Wer war dieser Unbekannte? Hatte hier der Zufall ein noch unentdecktes Schachgenie zutage gefördert? Oder verbarg uns aus einem unerforschlichen Grunde ein berühmter Meister seinen Namen? Alle diese Möglichkeiten erörterten wir in aufgeregtester Weise, selbst die verwegensten Hypothesen waren uns nicht verwegen genug, um die rätselhafte Scheu und das überraschende Bekenntnis des Fremden mit seiner doch unverkennbaren Spielkunst in Einklang zu bringen. In einer Hinsicht jedoch blieben wir alle einig: keinesfalls auf das Schauspiel eines neuerlichen Kampfes zu verzichten. Wir beschlossen, alles zu versuchen, damit unser Helfer am nächsten Tage eine Partie gegen Czentovic spiele, für deren materielles Risiko McConnor aufzukommen sich verpflichtete. Da sich inzwischen durch Umfrage beim Steward herausgestellt hatte, daß der Unbekannte ein Österreicher sei, wurde mir als seinem Landsmann der Auftrag zugeteilt, ihm unsere Bitte zu unterbreiten.

Ich benötigte nicht lange, um auf dem Promenadendeck den so eilig Entflüchteten aufzufinden. Er lag auf seinem Deckchair und las. Ehe ich auf ihn zutrat, nahm ich die Gelegenheit wahr, ihn zu betrachten. Der scharfgeschnittene Kopf ruhte in der Haltung leichter Ermüdung auf dem Kissen; abermals fiel mir die merkwürdige Blässe des verhältnismäßig jungen Gesichtes besonders auf, dem die Haare blendend weiß die Schläfen rahmten; ich hatte, ich weiß nicht warum, den Eindruck, dieser Mann müsse plötzlich gealtert sein. Kaum ich auf ihn zutrat, erhob er sich höflich und stellte sich mit einem Namen vor, der mir sofort vertraut war als der einer hochangesehenen altösterreichischen Familie.

Ich erinnerte mich, daß ein Träger dieses Namens zu dem engsten Freundeskreise Schuberts gehört hatte und auch einer der Leibärzte des alten Kaisers dieser Familie entstammte. Als ich Dr. B. unsere Bitte übermittelte, die Herausforderung Czentovics anzunehmen, war er sichtlich verblüfft. Es erwies sich, daß er keine Ahnung gehabt hatte, bei jener Partie einen Weltmeister, und gar den zur Zeit erfolgreichsten, ruhmreich bestanden zu haben. Aus irgendeinem Grunde schien diese Mitteilung auf ihn besonderen Eindruck zu machen, denn er erkundigte sich immer und immer wieder von neuem, ob ich dessen gewiß sei, daß sein Gegner tatsächlich ein anerkannter Weltmeister gewesen. Ich merkte bald, daß dieser Umstand meinen Auftrag erleichterte, und hielt es nur, seine Feinfühligkeit spürend, für ratsam, ihm zu verschweigen, daß das materielle Risiko einer allfälligen Niederlage zu Lasten von McConnors Kasse ginge. Nach längerem Zögern erklärte sich Dr. B. schließlich zu einem Match bereit, doch nicht ohne ausdrücklich gebeten zu haben, die anderen Herren nochmals zu warnen, sie möchten keineswegs auf sein Können übertriebene Hoffnungen setzen.

»Denn«, fügte er mit einem versonnenen Lächeln hinzu, »ich weiß wahrhaftig nicht, ob ich fähig bin, eine Schachpartie nach allen Regeln richtig zu spielen. Bitte glauben Sie mir, daß es keineswegs falsche Bescheidenheit war, wenn ich sagte, daß ich seit meiner Gymnasialzeit, also seit mehr als zwanzig Jahren, keine Schachfigur mehr berührt habe. Und selbst zu jener Zeit galt ich bloß als Spieler ohne sonderliche Begabung.«

Er sagte dies in einer so natürlichen Weise, daß ich nicht den leisesten Zweifel an seiner Aufrichtigkeit hegen durfte. Dennoch konnte ich nicht umhin, meiner Verwunderung Ausdruck zu geben, wie genau er an jede einzelne Kombination der verschiedensten Meister sich erinnern könne; immerhin müsse er sich doch wenigstens theoretisch mit Schach viel beschäftigt haben. Dr. B. lächelte abermals in jener merkwürdig traumhaften Art.

»Viel beschäftigt! – Weiß Gott, das kann man wohl sagen, daß ich mich mit Schach viel beschäftigt habe. Aber das geschah unter ganz besonderen, ja völlig einmaligen Umständen. Es war dies eine ziemlich komplizierte Geschichte, und sie könnte allenfalls als kleiner Beitrag gelten zu unserer lieblichen großen Zeit. Wenn Sie eine halbe Stunde Geduld haben ...«

Er hatte auf den Deckchair neben sich gedeutet. Gerne folgte ich seiner

Einladung. Wir waren ohne Nachbarn. Dr. B. nahm die Lesebrille von den Augen, legte sie zur Seite und begann:
»Sie waren so freundlich, zu äußern, daß Sie sich als Wiener des Namens meiner Familie erinnerten. Aber ich vermute, Sie werden kaum von der Rechtsanwaltskanzlei gehört haben, die ich gemeinsam mit meinem Vater und späterhin allein leitete, denn wir führten keine Causen, die publizistisch in der Zeitung abgehandelt wurden, und vermieden aus Prinzip neue Klienten. In Wirklichkeit hatten wir eigentlich gar keine richtige Anwaltspraxis mehr, sondern beschränkten uns ausschließlich auf die Rechtsberatung und vor allem Vermögensverwaltung der großen Klöster, denen mein Vater als früherer Abgeordneter der klerikalen Partei nahestand. Außerdem war uns – heute, da die Monarchie der Geschichte angehört, darf man wohl schon darüber sprechen – die Verwaltung der Fonds einiger Mitglieder der kaiserlichen Familie anvertraut. Diese Verbindung zum Hof und zum Klerus – mein Onkel war Leibarzt des Kaisers, ein anderer Abt in Seitenstetten – reichte schon zwei Generationen zurück; wir hatten sie nur zu erhalten, und es war eine stille, eine, möchte ich sagen, lautlose Tätigkeit, die uns durch dies ererbte Vertrauen zugeteilt war, eigentlich nicht viel mehr erfordernd als strengste Diskretion und Verläßlichkeit, zwei Eigenschaften, die mein verstorbener Vater im höchsten Maße besaß; ihm ist es tatsächlich gelungen, sowohl in den Inflationsjahren als in jenen des Umsturzes durch seine Umsicht seinen Klienten beträchtliche Vermögenswerte zu erhalten. Als dann Hitler in Deutschland ans Ruder kam und gegen den Besitz der Kirche und der Klöster seine Raubzüge begann, gingen auch von jenseits der Grenze mancherlei Verhandlungen und Transaktionen, um wenigstens den mobilen Besitz vor Beschlagnahme zu retten, durch unsere Hände, und von gewissen geheimen politischen Verhandlungen der Kurie und des Kaiserhauses wußten wir beide mehr, als die Öffentlichkeit je erfahren wird. Aber gerade die Unauffälligkeit unserer Kanzlei – wir führten nicht einmal ein Schild an der Tür – sowie die Vorsicht, daß wir beide alle Monarchistenkreise ostentativ mieden, bot sichersten Schutz vor unberufenen Nachforschungen. De facto hat in all diesen Jahren keine Behörde in Österreich jemals vermutet, daß die geheimen Kuriere des Kaiserhauses ihre wichtigste Post immer gerade in unserer unscheinbaren Kanzlei im vierten Stock abholten oder abgaben.
Nun hatten die Nationalsozialisten, längst ehe sie ihre Armeen gegen die

Welt aufrüsteten, eine andere ebenso gefährliche und geschulte Armee in allen Nachbarländern zu organisieren begonnen, die Legion der Benachteiligten, der Zurückgesetzten, der Gekränkten. In jedem Amt, in jedem Betrieb waren ihre sogenannten ›Zellen‹ eingenistet, an jeder Stelle bis hinauf in die Privatzimmer von Dollfuß und Schuschnigg saßen ihre Horchposten und Spione. Selbst in unserer unscheinbaren Kanzlei hatten sie, wie ich leider erst zu spät erfuhr, ihren Mann. Es war freilich nicht mehr als ein jämmerlicher und talentloser Kanzlist, den ich auf Empfehlung eines Pfarrers einzig deshalb angestellt hatte, um der Kanzlei nach außen hin den Anschein eines regulären Betriebes zu geben; in Wirklichkeit verwendeten wir ihn zu nichts anderem als zu unschuldigen Botengängen, ließen ihn das Telephon bedienen und die Akten ordnen, das heißt jene Akten, die völlig gleichgültig und unbedenklich waren. Die Post durfte er niemals öffnen, alle wichtigen Briefe schrieb ich, ohne Kopien zu hinterlegen, eigenhändig mit der Maschine, jedes wesentliche Dokument nahm ich selbst nach Hause und verlegte geheime Besprechungen ausschließlich in die Priorei des Klosters oder in das Ordinationszimmer meines Onkels. Dank dieser Vorsichtsmaßnahmen bekam dieser Horchposten von den wesentlichen Vorgängen nichts zu sehen; aber durch einen unglücklichen Zufall mußte der ehrgeizige und eitle Bursche bemerkt haben, daß man ihm mißtraute und hinter seinem Rücken allerlei Interessantes geschah. Vielleicht hat einmal in meiner Abwesenheit einer der Kuriere unvorsichtigerweise von ›Seiner Majestät‹ gesprochen, statt, wie vereinbart, vom ›Baron Bern‹, oder der Lump mußte Briefe widerrechtlich geöffnet haben – jedenfalls holte er sich, ehe ich Verdacht schöpfen konnte, von München oder Berlin Auftrag, uns zu überwachen. Erst viel später, als ich längst in Haft saß, erinnerte ich mich, daß seine anfängliche Lässigkeit im Dienst sich in den letzten Monaten in plötzlichen Eifer verwandelt und er sich mehrfach beinahe zudringlich angeboten hatte, meine Korrespondenz zur Post zu bringen. Ich kann mich von einer gewissen Unvorsichtigkeit also nicht freisprechen, aber sind schließlich nicht auch die größten Diplomaten und Militärs von der Hitlerei heimtückisch überspielt worden? Wie genau und liebevoll die Gestapo mir längst ihre Aufmerksamkeit zugewandt hatte, erwies dann äußerst handgreiflich der Umstand, daß noch am selben Abend, da Schuschnigg seine Abdankung bekanntgab, und einen Tag, ehe Hitler in Wien einzog, ich bereits von SS-Leuten festgenommen war. Es war mir glücklicherweise noch gelungen, die allerwichtigsten Papiere zu verbrennen, kaum ich die Abschiedsrede Schuschniggs gehört, und den Rest der Dokumente mit den unentbehrlichen Belegen für die im Ausland deponierten Vermögenswerte der Klöster und zweier Erzherzöge schickte ich – wirklich in der letzten Minute, ehe die Burschen mir die Tür einhämmerten – in einem Wäschekorb versteckt durch meine alte, verläßliche Haushälterin zu meinem Onkel hinüber.«

Dr. B. unterbrach, um sich eine Zigarre anzuzünden. Bei dem aufflakkernden Licht bemerkte ich, daß ein nervöses Zucken um seinen rechten Mundwinkel lief, das mir schon vorher aufgefallen war und, wie ich beobachten konnte, sich jede paar Minuten wiederholte. Es war nur eine flüchtige Bewegung, kaum stärker als ein Hauch, aber sie gab dem ganzen Gesicht eine merkwürdige Unruhe.

»Sie vermuten nun wahrscheinlich, daß ich Ihnen jetzt vom Konzentrationslager erzählen werde, in das doch alle jene übergeführt wurden, die unserem alten Österreich die Treue gehalten, von den Erniedrigungen, Martern, Torturen, die ich dort erlitten. Aber nichts dergleichen geschah. Ich kam in eine andere Kategorie. Ich wurde nicht zu jenen Unglücklichen getrieben, an denen man mit körperlichen und seelischen Erniedrigungen ein lang aufgespartes Ressentiment austobte, sondern jener anderen, ganz kleinen Gruppe zugeteilt, aus der die Nationalsozialisten entweder Geld oder wichtige Informationen herauszupressen hofften. An sich war meine bescheidene Person natürlich der Gestapo völlig uninteressant.

Sie mußte aber erfahren haben, daß wir die Strohmänner, die Verwalter und Vertrauten ihrer erbittertsten Gegner gewesen, und was sie von mir zu erpressen hofften, war belastendes Material: Material gegen die Klöster, denen sie Vermögensschiebungen nachweisen wollten, Material gegen die kaiserliche Familie und all jene, die in Österreich sich aufopfernd für die Monarchie eingesetzt. Sie vermuteten – und wahrhaftig nicht zu Unrecht –, daß von jenen Fonds, die durch unsere Hände gegangen waren, wesentliche Bestände sich noch, ihrer Raublust unzugänglich, versteckten; sie holten mich darum gleich am ersten Tag heran, um mit ihren bewährten Methoden mir diese Geheimnisse abzuzwingen. Leute meiner Kategorie, aus denen wichtiges Material oder Geld herausgepreßt werden sollte, wurden deshalb nicht in Konzentrationslager abgeschoben, sondern für eine besondere Behandlung aufgespart. Sie erinnern sich vielleicht, daß unser Kanzler und anderseits der Baron Rothschild, dessen Verwandten sie Millionen abzunötigen hofften, keineswegs hinter Stacheldraht in ein Gefangenenlager gesetzt wurden, sondern unter scheinbarer Bevorzugung in ein Hotel, das Hotel Metropole, das zugleich Hauptquartier der Gestapo war, übergeführt, wo jeder ein abgesondertes Zimmer erhielt. Auch mir unscheinbarem Mann wurde diese Auszeichnung erwiesen.

Ein eigenes Zimmer in einem Hotel – nicht wahr, das klingt an sich äußerst human? Aber Sie dürfen mir glauben, daß man uns keineswegs eine humanere, sondern nur eine raffiniertere Methode zudachte, wenn man uns ›Prominente‹ nicht zu zwanzig in eine eiskalte Baracke stopfte, sondern in einem leidlich geheizten und separaten Hotelzimmer behauste. Denn die Pression, mit der man uns das benötigte ›Material‹ abzwingen wollte, sollte auf subtilere Weise funktionieren als durch rohe Prügel oder körperliche Folterung: durch die denkbar raffinierteste Isolierung. Man tat uns nichts – man stellte uns nur in das vollkommene Nichts, denn bekanntlich erzeugt kein Ding auf Erden einen solchen Druck auf die menschliche Seele wie das Nichts. Indem man uns jeden einzeln in ein völliges Vakuum sperrte, in ein Zimmer, das hermetisch von der Außenwelt abgeschlossen war, sollte, statt von außen durch Prügel und Kälte, jener Druck von innen erzeugt werden, der uns schließlich die Lippen aufsprengte. Auf den ersten Blick sah das mir angewiesene Zimmer durchaus nicht unbehaglich aus. Es hatte eine Tür, ein Bett, einen Sessel, eine Waschschüssel, ein vergittertes Fenster. Aber die Tür blieb Tag und Nacht verschlossen, auf dem Tisch durfte kein Buch, keine Zeitung, kein Blatt Papier, kein Bleistift liegen, das Fenster starrte eine Feuermauer an; rings um mein Ich und selbst an meinem eigenen Körper war das vollkommene Nichts konstruiert. Man hatte mir jeden Gegenstand abgenommen, die Uhr, damit ich nicht wisse um die Zeit, den Bleistift, daß ich nicht etwa schreiben könne, das Messer, damit ich mir nicht die Adern öffnen könne; selbst die kleinste Betäubung wie eine Zigarette wurde mir versagt. Nie sah ich außer dem Wärter, der kein Wort sprechen und auf keine Frage antworten durfte, ein menschliches Gesicht, nie hörte ich eine menschliche Stimme; Auge, Ohr, alle Sinne bekamen von morgens bis nachts und von nachts bis morgens nicht die geringste Nahrung, man blieb mit sich, mit seinem Körper und den vier oder fünf stummen Gegenständen Tisch, Bett, Fenster, Waschschüssel rettungslos allein; man lebte wie ein Taucher unter der Glasglocke im schwarzen Ozean dieses Schweigens und wie ein Taucher

sogar, der schon ahnt, daß das Seil nach der Außenwelt abgerissen ist und er nie zurückgeholt werden wird aus der lautlosen Tiefe. Es gab nichts zu tun, nichts zu hören, nichts zu sehen, überall und ununterbrochen war um einen das Nichts, die völlig raumlose und zeitlose Leere. Man ging auf und ab, und mit einem gingen die Gedanken auf und ab, auf und ab, immer wieder. Aber selbst Gedanken, so substanzlos sie scheinen, brauchen einen Stützpunkt, sonst beginnen sie zu rotieren und sinnlos um sich selbst zu kreisen; auch sie ertragen nicht das Nichts. Man wartete auf etwas, von morgens bis abends, und es geschah nichts. Man wartete wieder und wieder. Es geschah nichts. Man wartete, wartete, wartete, man dachte, dachte, man dachte, bis einem die Schläfen schmerzten. Nichts geschah. Man blieb allein. Allein. Allein.
Das dauerte vierzehn Tage, die ich außerhalb der Zeit, außerhalb der Welt lebte. Wäre damals ein Krieg ausgebrochen, ich hätte es nicht erfahren; meine Welt bestand doch nur aus Tisch, Tür, Bett, Waschschüssel, Sessel, Fenster und Wand, und immer starrte ich auf dieselbe Tapete an derselben Wand; jede Linie ihres gezackten Musters hat sich wie mit ehernem Stichel eingegraben bis in die innerste Falte meines Gehirns, so oft habe ich sie angestarrt. Dann endlich begannen die Verhöre. Man wurde plötzlich abgerufen, ohne recht zu wissen, ob es Tag war oder Nacht. Man wurde gerufen und durch ein paar Gänge geführt, man wußte nicht wohin; dann wartete man irgendwo und wußte nicht wo und stand plötzlich vor einem Tisch, um den ein paar uniformierte Leute saßen. Auf dem Tisch lag ein Stoß Papier: die Akten, von denen man nicht wußte, was sie enthielten, und dann begannen die Fragen, die echten und die falschen, die klaren und die tückischen, die Deckfragen und Fangfragen, und während man antwortete, blätterten fremde, böse Finger in den Papieren, von denen man nicht wußte, was sie enthielten, und fremde, böse Finger schrieben etwas in ein Protokoll, und man wußte nicht, was sie schrieben. Aber das Fürchterlichste bei diesen Verhören für mich war, daß ich nie erraten und errechnen konnte, was die Gestapoleute von den Vorgängen in meiner Kanzlei tatsächlich wußten und was sie erst aus mir herausholen wollten. Wie ich Ihnen bereits sagte, hatte ich die eigentlich belastenden Papiere meinem Onkel in letzter Stunde durch die Haushälterin geschickt. Aber hatte er sie erhalten? Hatte er sie nicht erhalten? Und wieviel hatte jener Kanzlist verraten? Wieviel hatten sie an Briefen aufgefangen, wieviel inzwischen in den deutschen Klöstern, die wir vertraten, einem unge-

schickten Geistlichen vielleicht schon abgepreßt? Und sie fragten und fragten. Welche Papiere ich für jenes Kloster gekauft, mit welchen Banken ich korrespondiert, ob ich einen Herrn Soundso kenne oder nicht, ob ich Briefe aus der Schweiz erhalten und aus Steenookerzeel? Und da ich nie errechnen konnte, wieviel sie schon ausgekundschaftet hatten, wurde jede Antwort zur ungeheuersten Verantwortung. Gab ich etwas zu, was ihnen nicht bekannt war, so lieferte ich vielleicht unnötig jemanden ans Messer. Leugnete ich zuviel ab, so schädigte ich mich selbst.

Aber das Verhör war noch nicht das Schlimmste. Das Schlimmste war das Zurückkommen nach dem Verhör in mein Nichts, in dasselbe Zimmer mit demselben Tisch, demselben Bett, derselben Waschschüssel, derselben Tapete. Denn kaum allein mit mir, versuchte ich zu rekonstruieren, was ich am klügsten hätte antworten sollen und was ich das nächste Mal sagen müßte, um den Verdacht wieder abzulenken, den ich vielleicht mit einer unbedachten Bemerkung heraufbeschworen. Ich überlegte, ich durchdachte, ich durchforschte, ich überprüfte meine eigene Aussage auf jedes Wort, das ich dem Untersuchungsrichter gesagt, ich rekapitulierte jede Frage, die sie gestellt, jede Antwort, die ich gegeben, ich versuchte zu erwägen, was sie davon protokolliert haben könnten, und wußte doch, daß ich das nie errechnen und erfahren könnte. Aber diese Gedanken, einmal angekurbelt im leeren Raum, hörten nicht auf, im Kopf zu rotieren, immer wieder von neuem, in immer anderen Kombinationen, und das ging hinein bis in den Schlaf; jedesmal nach einer Vernehmung durch die Gestapo übernahmen ebenso unerbittlich meine eigenen Gedanken die Marter des Fragens und Forschens und Quälens, und vielleicht noch grausamer sogar, denn jene Vernehmungen endeten doch immerhin nach einer Stunde, und diese nie, dank der tückischen Tortur dieser Einsamkeit. Und immer um mich nur der Tisch, der Schrank, das Bett, die Tapete, das Fenster, keine Ablenkung, kein Buch, keine Zeitung, kein fremdes Gesicht, kein Bleistift, um etwas zu notieren, kein Zündholz, um damit zu spielen, nichts, nichts, nichts. Jetzt erst gewahrte ich, wie teuflisch sinnvoll, wie psychologisch mörderisch erdacht dieses System des Hotelzimmers war. Im Konzentrationslager hätte man vielleicht Steine karren müssen, bis einem die Hände bluteten und die Füße in den Schuhen abfroren, man wäre zusammengepackt gelegen mit zwei Dutzend Menschen in Stank und Kälte. Aber man hätte Gesichter gesehen, man hätte ein Feld, einen

Karren, einen Baum, einen Stern, irgend, irgend etwas anstarren können, indes hier immer dasselbe um einen stand, immer dasselbe, das entsetzliche Dasselbe. Hier war nichts, was mich ablenken konnte von meinen Gedanken, von meinen Wahnvorstellungen, von meinem krankhaften Rekapitulieren. Und gerade das beabsichtigten sie – ich sollte doch würgen und würgen an meinen Gedanken, bis sie mich erstickten und ich nicht anders konnte, als sie schließlich ausspeien, als auszusagen, alles auszusagen, was sie wollten, endlich das Material und die Menschen auszuliefern. Allmählich spürte ich, wie meine Nerven unter diesem gräßlichen Druck des Nichts sich zu lockern begannen, und ich spannte, der Gefahr bewußt, bis zum Zerreißen meine Nerven, irgendeine Ablenkung zu finden oder zu erfinden. Um mich zu beschäftigen, versuchte ich alles, was ich jemals auswendig gelernt, zu rezitieren und zu rekonstruieren, die Volkshymne und die Spielreime der Kinderzeit, den Homer des Gymnasiums, die Paragraphen des Bürgerlichen Gesetzbuches. Dann versuchte ich zu rechnen, beliebige Zahlen zu addieren, zu dividieren, aber mein Gedächtnis hatte im Leeren keine festhaltende Kraft. Ich konnte mich auf nichts konzentrieren. Immer fuhr und flackerte derselbe Gedanke dazwischen: Was wissen sie? Was habe ich gestern gesagt, was muß ich das nächste Mal sagen?
Dieser eigentlich unbeschreibbare Zustand dauerte vier Monate. Nun – vier Monate, das schreibt sich leicht hin: nicht mehr als ein Buchstabe! Das spricht sich leicht aus: vier Monate – vier Silben. In einer Viertelsekunde hat die Lippe rasch so einen Laut artikuliert: vier Monate! Aber niemand kann schildern, kann messen, kann veranschaulichen, nicht einem andern, nicht sich selbst, wie lange eine Zeit im Raumlosen, im Zeitlosen währt, und keinem kann man erklären, wie es einen zerfrißt und zerstört, dieses Nichts und Nichts und Nichts um einen, dies immer nur Tisch und Bett und Waschschüssel und Tapete, und immer das Schweigen, immer derselbe Wärter, der, ohne einen anzusehen, das Essen hereinschiebt, immer dieselben Gedanken, die im Nichts um das eine kreisen, bis man irre wird. An kleinen Zeichen wurde ich beunruhigt gewahr, daß mein Gehirn in Unordnung geriet. Im Anfang war ich bei den Vernehmungen noch innerlich klar gewesen, ich hatte ruhig und überlegt ausgesagt; jenes Doppeldenken, was ich sagen sollte und was nicht, hatte noch funktioniert. Jetzt konnte ich schon die einfachsten Sätze nur mehr stammelnd artikulieren, denn während ich aussagte,

starrte ich hypnotisiert auf die Feder, die protokollierend über das Papier lief, als wollte ich meinen eigenen Worten nachlaufen. Ich spürte, meine Kraft ließ nach, ich spürte, immer näher rückte der Augenblick, in dem ich, um mich zu retten, alles sagen würde, was ich wußte und vielleicht noch mehr, in dem ich, um dem Würgen dieses Nichts zu entkommen, zwölf Menschen und ihre Geheimnisse verraten würde, ohne mir selbst damit mehr zu schaffen als einen Atemzug Rast. An einem Abend war es wirklich schon so weit: als der Wärter zufällig in diesem Augenblick des Erstickens mir das Essen brachte, schrie ich ihm plötzlich nach: ›Führen Sie mich zur Vernehmung! Ich will alles sagen! Ich will alles aussagen! Ich will sagen, wo die Papiere sind, wo das Geld liegt! Alles werde ich sagen, alles!‹ Glücklicherweise hörte er mich nicht mehr. Vielleicht wollte er mich auch nicht hören.
In dieser äußersten Not ereignete sich nun etwas Unvorhergesehenes, was Rettung bot, Rettung zum mindesten für eine gewisse Zeit. Es war Ende Juli, ein dunkler, verhangener, regnerischer Tag: ich erinnere mich an diese Einzelheit deshalb ganz genau, weil der Regen gegen die Scheiben im Gang trommelte, durch den ich zur Vernehmung geführt wurde. Im Vorzimmer des Untersuchungsrichters mußte ich warten. Immer mußte man bei jeder Vorführung warten: auch dieses Wartenlassen gehörte zur Technik. Erst riß man einem die Nerven auf durch den Anruf, durch das plötzliche Abholen aus der Zelle mitten in der Nacht, und dann, wenn man schon eingestellt war auf die Vernehmung, schon Verstand und Willen gespannt hatte zum Widerstand, ließen sie einen warten, sinnlos, sinnlos warten, eine Stunde, zwei Stunden, drei Stunden vor der Vernehmung, um den Körper müde und die Seele mürbe zu machen. Und man ließ mich besonders lange warten an diesem Donnerstag, dem 27. Juli, zwei geschlagene Stunden im Vorzimmer stehend warten; ich erinnere mich auch an dieses Datum aus einem bestimmten Grunde so genau, denn in diesem Vorzimmer, wo ich – selbstverständlich, ohne mich niedersetzen zu dürfen – zwei Stunden mir die Beine in den Leib stehen mußte, hing ein Kalender, und ich vermag Ihnen nicht zu erklären, wie in meinem Hunger nach Gedrucktem, nach Geschriebenem ich diese eine Zahl, diese wenigen Worte ›27. Juli‹ an der Wand anstarrte und anstarrte; ich fraß sie gleichsam in mein Gehirn hinein. Und dann wartete ich wieder und wartete und starrte auf die Tür, wann sie sich endlich öffnen würde, und überlegte zugleich, was die Inquisitoren mich diesmal fragen könnten, und wußte doch, daß sie

mich etwas ganz anderes fragen würden, als worauf ich mich vorbereitete. Aber trotz alledem war die Qual dieses Wartens und Stehens zugleich eine Wohltat, eine Lust, weil dieser Raum immerhin ein anderes Zimmer war als das meine, etwas größer und mit zwei Fenstern statt einem, und ohne das Bett und ohne die Waschschüssel und ohne den bestimmten Riß am Fensterbrett, den ich millionenmal betrachtet. Die Tür war anders gestrichen, ein anderer Sessel stand an der Wand und links ein Registerschrank mit Akten sowie eine Garderobe mit Aufhängern, an denen drei oder vier nasse Militärmäntel, die Mäntel meiner Folterknechte, hingen. Ich hatte also etwas Neues, etwas anderes zu betrachten, endlich einmal etwas anderes mit meinen ausgehungerten Augen, und sie krallten sich gierig an jede Einzelheit. Ich beobachtete an diesen Mänteln jede Falte, ich bemerkte zum Beispiel einen Tropfen, der von einem der nassen Kragen niederhing, und so lächerlich es für Sie klingen mag, ich wartete mit einer unsinnigen Erregung, ob dieser Tropfen endlich abrinnen wollte, die Falte entlang, oder ob er noch gegen die Schwerkraft sich wehren und länger haften bleiben würde – ja, ich starrte und starrte minutenlang atemlos auf diesen Tropfen, als hinge mein Leben daran. Dann, als er endlich niedergerollt war, zählte ich wieder die Knöpfe auf den Mänteln nach, acht an dem einen Rock, acht an dem andern, zehn an dem dritten, dann wieder verglich ich die Aufschläge; alle diese lächerlichen, unwichtigen Kleinigkeiten betasteten, umspielten, umgriffen meine verhungerten Augen mit einer Gier, die ich nicht zu beschreiben vermag. Und plötzlich blieb mein Blick starr an etwas haften. Ich hatte entdeckt, daß an einem der Mäntel die Seitentasche etwas aufgebauscht war. Ich trat näher heran und glaubte an der rechteckigen Form der Ausbuchtung zu erkennen, was diese etwas geschwellte Tasche in sich barg: ein Buch! Mir begannen die Knie zu zittern: ein BUCH! Vier Monate lang hatte ich kein Buch in der Hand gehabt, und schon die bloße Vorstellung eines Buches, in dem man aneinandergereihte Worte sehen konnte, Zeilen, Seiten und Blätter, eines Buches, aus dem man andere, neue, fremde, ablenkende Gedanken lesen, verfolgen, sich ins Hirn nehmen könnte, hatte etwas Berauschendes und gleichzeitig Betäubendes. Hypnotisiert starrten meine Augen auf die kleine Wölbung, die jenes Buch innerhalb der Tasche formte, sie glühten diese eine unscheinbare Stelle an, als ob sie ein Loch in den Mantel brennen wollten. Schließlich konnte ich meine Gier nicht verhalten; unwillkürlich schob ich mich näher heran. Schon der Gedanke, ein Buch durch den Stoff mit den Händen wenigstens antasten zu können, machte mir die Nerven in den Fingern bis zu den Nägeln glühen. Fast ohne es zu wissen, drückte ich mich immer näher heran. Glücklicherweise achtete der Wärter nicht auf mein gewiß sonderbares Gehaben; vielleicht auch schien es ihm nur natürlich, daß ein Mensch nach zwei Stunden aufrechten Stehens sich ein wenig an die Wand lehnen wollte. Schließlich stand ich schon ganz nahe bei dem Mantel, und mit Absicht hatte ich die Hände hinter mich auf den Rücken gelegt, damit sie unauffällig den Mantel berühren könnten. Ich tastete den Stoff an und fühlte tatsächlich durch den Stoff etwas Rechteckiges, etwas, das biegsam war und leise knisterte – ein Buch! Ein Buch! Und wie ein Schuß durchzuckte mich der Gedanke: stiehl dir das Buch! Vielleicht gelingt es, und du kannst dir's in der Zelle verstecken und dann lesen, lesen, lesen, endlich wieder einmal lesen! Der Gedanke, kaum in mich gedrungen, wirkte wie ein starkes Gift; mit einemmal begannen mir die Ohren zu brausen und das Herz zu hämmern, meine Hände wurden eiskalt und gehorchten nicht mehr. Aber nach der ersten Betäubung drängte ich mich leise und listig noch näher an den Mantel, ich drückte, immer dabei den Wächter fixierend, mit den hinter dem Rücken versteckten Händen das Buch von unten aus der Tasche höher und höher. Und dann: ein Griff, ein leichter, vorsichtiger Zug, und plötzlich hatte ich das kleine, nicht sehr umfangreiche Buch in der Hand. Jetzt erst erschrak ich vor meiner Tat. Aber ich konnte nicht mehr zurück. Jedoch wohin damit? Ich schob den Band hinter meinem Rücken unter die Hose an die Stelle, wo sie der Gürtel hielt, und von dort allmählich hinüber an die Hüfte, damit ich es beim Gehen mit der Hand militärisch an der Hosennaht festhalten könnte. Nun galt es die erste Probe. Ich trat von der Garderobe weg, einen Schritt, zwei Schritte, drei Schritte. Es ging. Es war möglich, das Buch im Gehen festzuhalten, wenn ich nur die Hand fest an den Gürtel preßte.

Dann kam die Vernehmung. Sie erforderte meinerseits mehr Anstrengung als je, denn eigentlich konzentrierte ich meine ganze Kraft, während ich antwortete, nicht auf meine Aussage, sondern vor allem darauf, das Buch unauffällig festzuhalten. Glücklicherweise fiel das Verhör diesmal kurz aus, und ich brachte das Buch heil in mein Zimmer – ich will Sie nicht aufhalten mit all den Einzelheiten, denn einmal rutschte es von der Hose gefährlich ab mitten im Gang, und ich mußte einen schweren Hustenanfall simulieren, um mich niederzubücken und

es wieder heil unter den Gürtel zurückzuschieben. Aber welch eine Sekunde dafür, als ich damit in meine Hölle zurücktrat, endlich allein und doch nie mehr allein!
Nun vermuten Sie wahrscheinlich, ich hätte sofort das Buch gepackt, betrachtet, gelesen. Keineswegs! Erst wollte ich die Vorlust auskosten, daß ich ein Buch bei mir hatte, die künstlich verzögernde und meine Nerven wunderbar erregende Lust, mir auszuträumen, welche Art Buch dies gestohlene am liebsten sein sollte: sehr eng gedruckt vor allem, viele viele Lettern enthaltend, viele, viele dünne Blätter, damit ich länger daran zu lesen hätte. Und dann wünschte ich mir, es sollte ein Werk sein, das mich geistig anstrengte, nichts Flaches, nichts Leichtes, sondern etwas, das man lernen, auswendig lernen konnte, Gedichte und am besten – welcher verwegene Traum! – Goethe oder Homer. Aber schließlich konnte ich meine Gier, meine Neugier nicht länger verhalten. Hingestreckt auf das Bett, so daß der Wärter, wenn er plötzlich die Tür aufmachen sollte, mich nicht ertappen könnte, zog ich zitternd unter dem Gürtel den Band heraus.
Der erste Blick war eine Enttäuschung und sogar eine Art erbitterter Ärger: dieses mit so ungeheurer Gefahr erbeutete, mit so glühender Erwartung aufgesparte Buch war nichts anderes als ein Schachrepetitorium, eine Sammlung von hundertfünfzig Meisterpartien. Wäre ich nicht verriegelt, verschlossen gewesen, ich hätte im ersten Zorn das Buch durch ein offenes Fenster geschleudert, denn was sollte, was konnte ich mit diesem Nonsens beginnen? Ich hatte als Knabe im Gymnasium wie die meisten anderen mich ab und zu aus Langeweile vor einem Schachbrett versucht. Aber was sollte mir dieses theoretische Zeug? Schach kann man doch nicht spielen ohne einen Partner und schon gar nicht ohne Steine, ohne Brett. Verdrossen blätterte ich die Seiten durch, um vielleicht dennoch etwas Lesbares zu entdecken, eine Einleitung, eine Anleitung; aber ich fand nichts als die nackten quadratischen Diagramme der einzelnen Meisterpartien und darunter mir zunächst unverständliche Zeichen, a2-a3, Sf1-g3 und so weiter. Alles das schien mir eine Art Algebra, zu der ich keinen Schlüssel fand. Erst allmählich enträtselte ich, daß die Buchstaben a, b, c für die Längsreihen, die Ziffern 1 bis 8 für die Querreihen eingesetzt waren und den jeweiligen Stand jeder einzelnen Figur bestimmten; damit bekamen die rein graphischen Diagramme immerhin eine Sprache. Vielleicht, überlegte ich, könnte ich mir in meiner Zelle eine Art Schachbrett konstruieren und dann versuchen,

diese Partien nachzuspielen; wie ein himmlischer Wink erschien es mir, daß mein Bettuch sich zufällig als grob kariert erwies. Richtig zusammengefaltet, ließ es sich am Ende so legen, um vierundsechzig Felder zusammenzubekommen. Ich versteckte also zunächst das Buch unter der Matratze und riß die erste Seite heraus. Dann begann ich aus kleinen Krümeln, die ich mir von meinem Brot absparte, in selbstverständlich lächerlich unvollkommener Weise die Figuren des Schachs, König, Königin und so weiter, zurechtzumodeln; nach endlosem Bemühen konnte ich es schließlich unternehmen, auf dem karierten Bettuch die im Schachbuch abgebildeten Positionen zu rekonstruieren. Als ich aber versuchte, die ganze Partie nachzuspielen, mißlang es zunächst vollkommen mit meinen lächerlichen Krümelfiguren, von denen ich zur Unterscheidung die eine Hälfte mit Staub dunkler gefärbt hatte. Ich verwirrte mich in den ersten Tagen unablässig; fünfmal, zehnmal, zwanzigmal mußte ich diese eine Partie immer wieder von Anfang beginnen. Aber wer auf Erden verfügte über so viel ungenutzte und nutzlose Zeit wie ich, der Sklave des Nichts, wem stand so viel unermeßliche Gier und Geduld zu Gebot? Nach sechs Tagen spielte ich schon die Partie tadellos zu Ende, nach weiteren acht Tagen benötigte ich nicht einmal die Krümel auf dem Bettuch mehr, um mir die Positionen aus dem Schachbuch zu vergegenständlichen, und nach weiteren acht Tagen wurde auch das karierte Bettuch entbehrlich; automatisch verwandelten sich die anfangs abstrakten Zeichen des Buches a1, a2, c7, c8 hinter meiner Stirn zu visuellen, zu plastischen Positionen. Die Umstellung war restlos gelungen: ich hatte das Schachbrett mit seinen Figuren nach innen projiziert und überblickte auch dank der bloßen Formeln die jeweilige Position, so wie einem geübten Musiker der bloße Anblick der Partitur schon genügt, um alle Stimmen und ihren Zusammenklang zu hören. Nach weiteren vierzehn Tagen war ich mühelos imstande, jede Partie aus dem Buch auswendig – oder, wie der Fachausdruck lautet: blind – nachzuspielen; jetzt erst begann ich zu verstehen, welche unermeßliche Wohltat mein frecher Diebstahl mir eroberte. Denn ich hatte mit einemmal Tätigkeit – eine sinnlose, eine zwecklose, wenn Sie wollen, aber doch eine, die das Nichts um mich zunichte machte, ich besaß mit den hundertfünzig Turnierpartien eine wunderbare Waffe gegen die erdrückende Monotonie des Raumes und der Zeit. Um mir den Reiz der neuen Beschäftigung ungebrochen zu bewahren, teilte ich mir von nun ab jeden Tag genau ein: zwei Partien morgens, zwei Partien nachmittags, abends dann noch eine

rasche Wiederholung. Damit war mein Tag, der sich sonst wie Gallert formlos dehnte, ausgefüllt, ich war beschäftigt, ohne mich zu ermüden, denn das Schachspiel besitzt den wunderbaren Vorzug, durch Bannung der geistigen Energien auf ein engbegrenztes Feld selbst bei anstrengendster Denkleistung das Gehirn nicht zu erschlaffen, sondern eher seine Agilität und Spannkraft zu schärfen. Allmählich begann bei dem zuerst bloß mechanischen Nachspielen der Meisterpartien ein künstlerisches, ein lusthaftes Verständnis in mir zu erwachen. Ich lernte die Feinheiten, die Tücken und Schärfen in Angriff und Verteidigung verstehen, ich erfaßte die Technik des Vorausdenkens, Kombinierens, Ripostierens und erkannte bald die persönliche Note jedes einzelnen Schachmeisters in seiner individuellen Führung so unfehlbar, wie man Verse eines Dichters schon aus wenigen Zeilen feststellt; was als bloß zeitfüllende Beschäftigung begonnen, wurde Genuß, und die Gestalten der großen Schachstrategen, wie Aljechin, Lasker, Bogoljubow, Tartakower, traten als geliebte Kameraden in meine Einsamkeit. Unendliche Abwechslung beseelte täglich die stumme Zelle, und gerade die Regelmäßigkeit meiner Exerzitien gab meiner Denkfähigkeit die schon erschütterte Sicherheit zurück; ich empfand mein Gehirn aufgefrischt und durch die ständige Denkdisziplin sogar noch gleichsam neu geschliffen. Daß ich klarer und konzentrierter dachte, erwies sich vor allem bei den Vernehmungen; unbewußt hatte ich mich auf dem Schachbrett in der Verteidigung gegen falsche Drohungen und verdeckte Winkelzüge vervollkommnet; von diesem Zeitpunkt an gab ich mir bei den Vernehmungen keine Blöße mehr, und mir dünkte sogar, daß die Gestapoleute mich allmählich mit einem gewissen Respekt zu betrachten begannen. Vielleicht fragten sie sich im stillen, da sie alle anderen zusammenbrechen sahen, aus welchen geheimen Quellen ich allein die Kraft solch unerschütterlichen Widerstandes schöpfte.
Diese meine Glückszeit, da ich die huntertfünfzig Partien jenes Buches Tag für Tag systematisch nachspielte, dauerte etwa zweieinhalb bis drei Monate. Dann geriet ich unvermuteterweise an einen toten Punkt. Plötzlich stand ich neuerdings vor dem Nichts. Denn sobald ich jede einzelne Partie zwanzig- oder dreißigmal durchgespielt hatte, verlor sie den Reiz der Neuheit, der Überraschung, ihre vordem so aufregende, so anregende Kraft war erschöpft. Welchen Sinn hatte es, nochmals und nochmals Partien zu wiederholen, die ich Zug um Zug längst auswendig kannte? Kaum hatte ich die erste Eröffnung getan, klöppelte sich ihr

Ablauf gleichsam automatisch in mir ab, es gab keine Überraschung mehr, keine Spannungen, keine Probleme. Um mich zu beschäftigen, um mir die schon unentbehrlich gewordene Anstrengung und Ablenkung zu schaffen, hätte ich eigentlich ein anderes Buch mit anderen Partien gebraucht. Da dies aber vollkommen unmöglich war, gab es nur einen Weg auf dieser sonderbaren Irrbahn; ich mußte mir statt der alten Partien neue erfinden. Ich mußte versuchen, mit mir selbst oder vielmehr gegen mich selbst zu spielen.

Ich weiß nun nicht, bis zu welchem Grade Sie über die geistige Situation bei diesem Spiel der Spiele nachgedacht haben. Aber schon die flüchtigste Überlegung dürfte ausreichen, um klarzumachen, daß beim Schach als einem reinen, vom Zufall abgelösten Denkspiel es logischerweise eine Absurdität bedeutet, gegen sich selbst spielen zu wollen. Das Attraktive des Schachs beruht doch im Grunde einzig darin, daß sich seine Strategie in zwei verschiedenen Gehirnen verschieden entwickelt, daß in diesem geistigen Kriege Schwarz die jeweiligen Manöver von Weiß nicht kennt und ständig zu erraten und zu durchkreuzen sucht, während seinerseits wiederum Weiß die geheimen Absichten von Schwarz zu überholen und parieren strebt. Bildeten nun Schwarz und Weiß ein und dieselbe Person, so ergäbe sich der widersinnige Zustand, daß ein und dasselbe Gehirn gleichzeitig etwas wissen und doch nicht wissen sollte, daß es als Partner Weiß funktionierend, auf Kommando völlig vergessen könnte, was es eine Minute vorher als Partner Schwarz gewollt und beabsichtigt. Ein solches Doppeldenken setzt eigentlich eine vollkommene Spaltung des Bewußtseins voraus, ein beliebiges Auf- und Abblendenkönnen der Gehirnfunktion wie bei einem mechanischen Apparat; gegen sich selbst spielen zu wollen, bedeutet also im Schach eine solche Paradoxie, wie über seinen eigenen Schatten zu springen.

Nun, um mich kurz zu fassen, diese Unmöglichkeit, diese Absurdität habe ich in meiner Verzweiflung monatelang versucht. Aber ich hatte keine Wahl als diesen Widersinn, um nicht dem puren Irrsinn oder einem völligen geistigen Marasmus zu verfallen. Ich war durch meine fürchterliche Situation gezwungen, diese Spaltung in ein Ich Schwarz und ein Ich Weiß zumindest zu versuchen, um nicht erdrückt zu werden von dem grauenhaften Nichts um mich.«

Dr. B. lehnte sich zurück in den Liegestuhl und schloß für eine Minute die Augen. Es war, als ob er eine verstörende Erinnerung gewaltsam unterdrücken wollte. Wieder lief das merkwürdige Zucken, das er nicht

zu beherrschen wußte, um den linken Mundwinkel. Dann richtete er sich in seinem Lehnstuhl etwas höher auf.
»So – bis zu diesem Punkte hoffe ich, Ihnen alles ziemlich verständlich erklärt zu haben. Aber ich bin leider keineswegs gewiß, ob ich das Weitere Ihnen noch ähnlich deutlich veranschaulichen kann. Denn diese neue Beschäftigung erforderte eine so unbedingte Anspannung des Gehirns, daß sie jede gleichzeitige Selbstkontrolle unmöglich machte. Ich deutete Ihnen schon an, daß meiner Meinung nach es an sich schon Nonsens bedeutet, Schach gegen sich selber spielen zu wollen; aber selbst diese Absurdität hätte immerhin noch eine minimale Chance mit einem realen Schachbrett vor sich, weil das Schachbrett durch seine Realität immerhin noch eine gewisse Distanz, eine materielle Exterritorialisierung erlaubt. Vor einem wirklichen Schachbrett mit wirklichen Figuren kann man Überlegungspausen einschalten, man kann sich rein körperlich bald auf die eine Seite, bald auf die andere Seite des Tisches stellen und damit die Situation bald vom Standpunkt Schwarz, bald vom Standpunkt Weiß ins Auge fassen. Aber genötigt, wie ich war, diese Kämpfe gegen mich selbst oder, wenn Sie wollen, mit mir selbst in einen imaginären Raum zu projizieren, war ich gezwungen, in meinem Bewußtsein die jeweilige Stellung auf den vierundsechzig Feldern deutlich festzuhalten und außerdem nicht nur die momentane Figuration, sondern auch schon die möglichen weiteren Züge von beiden Partnern mir auszukalkulieren, und zwar – ich weiß, wie absurd dies alles klingt – mir doppelt und dreifach zu imaginieren, nein, sechsfach, achtfach, zwölffach, für jedes meiner Ich, für Schwarz und Weiß immer schon vier und fünf Züge voraus. Ich mußte – verzeihen Sie, daß ich Ihnen zumute, diesen Irrsinn durchzudenken – bei diesem Spiel im abstrakten Raum der Phantasie als Spieler Weiß vier oder fünf Züge vorausberechnen und ebenso als Spieler Schwarz, also alle sich in der Entwicklung ergebenden Situationen gewissermaßen mit zwei Gehirnen vorauskombinieren, mit dem Gehirn Weiß und dem Gehirn Schwarz. Aber selbst diese Selbstzerteilung war noch nicht das Gefährlichste an meinem abstrusen Experiment, sondern daß ich durch das selbständige Ersinnen von Partien mit einemmal den Boden unter den Füßen verlor und ins Bodenlose geriet. Das bloße Nachspielen der Meisterpartien, wie ich es in den vorhergehenden Wochen geübt, war schließlich nichts als eine reproduktive Leistung gewesen, ein reines Rekapitulieren einer gegebenen Materie und als solches nicht anstrengender, als wenn ich

Gedichte auswendig gelernt hätte oder Gesetzesparagraphen memoriert, es war eine begrenzte, eine disziplinierte Tätigkeit und darum ein ausgezeichnetes Exercitium mentale. Meine zwei Partien, die ich morgens, die zwei, die ich nachmittags probte, stellten ein bestimmtes Pensum dar, das ich ohne jeden Einsatz von Erregung erledigte; sie ersetzten mir eine normale Beschäftigung, und überdies hatte ich, wenn ich mich im Ablauf einer Partie irrte oder nicht weiter wußte, an dem Buch noch immer einen Halt. Nur darum war diese Tätigkeit für meine erschütterten Nerven eine so heilsame und eher beruhigende gewesen, weil ein Nachspielen fremder Partien nicht mich selber ins Spiel brachte; ob Schwarz oder Weiß siegte, blieb mir gleichgültig, es waren doch Aljechin oder Bogoljubow, die um die Palme des Champions kämpften, und meine eigene Person, mein Verstand, meine Seele genossen einzig als Zuschauer, als Kenner die Peripetien und Schönheiten jener Partien. Von dem Augenblick an, da ich aber gegen mich zu spielen versuchte, begann ich mich unbewußt herauszufordern. Jedes meiner beiden Ich, mein Ich Schwarz und mein Ich Weiß, hatten zu wetteifern gegeneinander und gerieten jedes für sein Teil in einen Ehrgeiz, in eine Ungeduld, zu siegen, zu gewinnen; ich fieberte als Ich Schwarz nach jedem Zuge, was das Ich Weiß tun würde. Jedes meiner beiden Ich triumphierte, wenn das andere einen Fehler machte, und erbitterte sich gleichzeitig über sein eigenes Ungeschick.

Das alles scheint sinnlos, und in der Tat wäre ja eine solche künstliche Schizophrenie, eine solche Bewußtseinsspaltung mit ihrem Einschuß an gefährlicher Erregtheit bei einem normalen Menschen in normalem Zustand undenkbar. Aber vergessen Sie nicht, daß ich aus aller Normalität gewaltsam gerissen war, ein Häftling, unschuldig eingesperrt, seit Monaten raffiniert mit Einsamkeit gemartert, ein Mensch, der seine aufgehäufte Wut längst gegen irgend etwas entladen wollte. Und da ich nichts anderes hatte als dies unsinnige Spiel gegen mich selbst, fuhr meine Wut, meine Rachelust fanatisch in dieses Spiel hinein. Etwas in mir wollte recht behalten, und ich hatte doch nur dieses andere Ich in mir, das ich bekämpfen konnte; so steigerte ich mich während des Spieles in eine fast manische Erregung. Im Anfang hatte ich noch ruhig überlegt und gedacht, ich hatte Pausen eingeschaltet zwischen einer und der anderen Partie, um mich von der Anstrengung zu erholen; aber allmählich erlaubten meine gereizten Nerven mir kein Warten mehr. Kaum hatte mein Ich Weiß einen Zug getan, stieß schon mein Ich

Schwarz fiebrig vor; kaum war eine Partie beendigt, so forderte ich mich schon zur nächsten heraus, denn jedesmal war doch eines der beiden Schach-Ich von dem andern besiegt und verlangte Revanche. Nie werde ich auch nur annähernd sagen können, wie viele Partien ich infolge dieser irrwitzigen Unersättlichkeit während dieser letzten Monate in meiner Zelle gegen mich selbst gespielt – vielleicht tausend, vielleicht mehr. Es war eine Besessenheit, deren ich mich nicht erwehren konnte; von früh bis nachts dachte ich an nichts als an Läufer und Bauern und Turm und König und a und b und c und Matt und Rochade, mit meinem ganzen Sein und Fühlen stieß es mich in das karierte Quadrat. Aus der Spielfreude war eine Spiellust geworden, aus der Spiellust ein Spielzwang, eine Manie, eine frenetische Wut, die nicht nur meine wachen Stunden, sondern allmählich auch meinen Schlaf durchdrang. Ich konnte nur Schach denken, nur in Schachbewegungen, Schachproblemen; manchmal wachte ich mit feuchter Stirn auf und erkannte, daß ich sogar im Schlaf unbewußt weitergespielt haben mußte, und wenn ich von Menschen träumte, so geschah es ausschließlich in den Bewegungen des Läufers, des Turms, im Vor- und Zurück des Rösselsprungs. Selbst wenn ich zum Verhör gerufen wurde, konnte ich nicht mehr konzis an meine Verantwortung denken; ich habe die Empfindung, daß bei den letzten Vernehmungen ich mich ziemlich konfus ausgedrückt haben muß, denn die Verhörenden blickten sich manchmal befremdet an. Aber in Wirklichkeit wartete ich, während sie fragten und berieten, in meiner unseligen Gier doch nur darauf, wieder zurückgeführt zu werden in meine Zelle, um mein Spiel, mein irres Spiel, fortzusetzen, eine neue Partie und noch eine und noch eine. Jede Unterbrechung wurde mir zur Störung; selbst die Viertelstunde, da der Wärter die Gefängniszelle aufräumte, die zwei Minuten, da er mir das Essen brachte, quälten meine fiebrige Ungeduld; manchmal stand abends der Napf mit der Mahlzeit noch unberührt, ich hatte über dem Spiel vergessen zu essen. Das einzige, was ich körperlich empfand, war ein fürchterlicher Durst; es muß wohl schon das Fieber dieses ständigen Denkens und Spielens gewesen sein; ich trank die Flasche leer in zwei Zügen und quälte den Wärter um mehr und fühlte dennoch im nächsten Augenblick die Zunge schon wieder trocken im Munde. Schließlich steigerte sich meine Erregung während des Spielens – und ich tat nichts anderes mehr von morgens bis nachts – zu solchem Grade, daß ich nicht einen Augenblick mehr stillzusitzen vermochte; ununterbrochen ging ich, während ich die

Partien überlegte, auf und ab, immer schneller und schneller und schneller auf und ab, auf und ab, und immer hitziger, je mehr sich die Entscheidung der Partie näherte; die Gier, zu gewinnen, zu siegen, mich selbst zu besiegen, wurde allmählich zu einer Art Wut, ich zitterte vor Ungeduld, denn immer war dem einen Schach-Ich in mir das andere zu langsam. Das eine trieb das andere an; so lächerlich es Ihnen vielleicht scheint, ich begann mich zu beschimpfen – ›schneller, schneller!‹ oder ›vorwärts, vorwärts!‹ –, wenn das eine Ich in mir mit dem andern nicht rasch genug ripostierte. Selbstverständlich bin ich mir heute ganz im klaren, daß dieser mein Zustand schon eine durchaus pathologische Form geistiger Überreizung war, für die ich eben keinen anderen Namen finde als den bisher medizinisch unbekannten: eine Schachvergiftung. Schließlich begann diese monomanische Besessenheit nicht nur mein Gehirn, sondern auch meinen Körper zu attackieren. Ich magerte ab, schlief unruhig und verstört, ich brauchte beim Erwachen jedesmal eine besondere Anstrengung, die bleiernen Augenlider aufzuzwingen; manchmal fühlte ich mich derart schwach, daß, wenn ich ein Trinkglas anfaßte, ich es nur mit Mühe bis zu den Lippen brachte, so zitterten mir die Hände; aber kaum das Spiel begann, überkam mich eine wilde Kraft: ich lief auf und ab mit geballten Fäusten, und wie durch einen roten Nebel hörte ich manchmal meine eigene Stimme, wie sie heiser und böse ›Schach‹ oder ›Matt‹ sich selber zuschrie.
Wie dieser grauenhafte, dieser unbeschreibbare Zustand zur Krise kam, vermag ich selbst nicht zu berichten. Alles, was ich darüber weiß, ist, daß ich eines Morgens aufwachte, und es war ein anderes Erwachen als sonst. Mein Körper war gleichsam abgelöst von mir, ich ruhte weich und wohlig. Eine dichte, gute Müdigkeit, wie ich sie seit Monaten nicht gekannt, lag auf meinen Lidern, lag so warm und wohltätig auf ihnen, daß ich mich zuerst gar nicht entschließen konnte, die Augen aufzutun. Minuten lag ich schon wach und genoß noch diese schwere Dumpfheit, dies laue Liegen mit wollüstig betäubten Sinnen. Auf einmal war mir, als ob ich hinter mir Stimmen hörte, lebendige menschliche Stimmen, die Worte sprachen, und Sie können sich mein Entzücken nicht ausdenken, denn ich hatte doch seit Monaten, seit bald einem Jahr keine anderen Worte gehört als die harten, scharfen und bösen von der Richterbank. ›Du träumst‹, sagte ich mir. ›Du träumst! Tu keinesfalls die Augen auf! Laß ihn noch dauern, diesen Traum, sonst siehst du wieder die verfluchte Zelle um dich, den Stuhl und den Waschtisch und den Tisch

und die Tapete mit dem ewig gleichen Muster. Du träumst – träume weiter!‹

Aber die Neugier behielt die Oberhand. Ich schlug langsam und vorsichtig die Lider auf. Und Wunder: es war ein anderes Zimmer, in dem ich mich befand, ein Zimmer, breiter, geräumiger als meine Hotelzelle. Ein ungegittertes Fenster ließ freies Licht herein und einen Blick auf die Bäume, grüne, im Wind wogende Bäume statt meiner starren Feuermauer, weiß und glatt glänzten die Wände, weiß und hoch hob sich über mir die Decke – wahrhaftig, ich lag in einem neuen, einem fremden Bett, und wirklich, es war kein Traum, hinter mir flüsterten leise menschliche Stimmen. Unwillkürlich muß ich mich in meiner Überraschung heftig geregt haben, denn schon hörte ich hinter mir einen nahenden Schritt. Eine Frau kam weichen Gelenks heran, eine Frau mit weißer Haube über dem Haar, eine Pflegerin, eine Schwester. Ein Schauer des Entzückens fiel über mich: ich hatte seit einem Jahr keine Frau gesehen. Ich starrte die holde Erscheinung an, und es muß ein wilder, ekstatischer Aufblick gewesen sein, denn ›Ruhig! Bleiben Sie ruhig!‹ beschwichtigte mich dringlich die Nahende. Ich aber lauschte nur auf ihre Stimme – war das nicht ein Mensch, der sprach? Gab es wirklich noch auf Erden einen Menschen, der mich nicht verhörte, nicht quälte? Und dazu noch – unfaßbares Wunder! – eine weiche, warme, eine fast zärtliche Frauenstimme. Gierig starrte ich auf ihren Mund, denn es war mir in diesem Höllenjahr unwahrscheinlich geworden, daß ein Mensch gütig zu einem andern sprechen könnte. Sie lächelte mir zu – ja, sie lächelte, es gab noch Menschen, die gütig lächeln konnten –, dann legte sie den Finger mahnend auf die Lippen und ging leise weiter. Aber ich konnte ihrem Gebot nicht gehorchen. Ich hatte mich noch nicht sattgesehen an dem Wunder. Gewaltsam versuchte ich mich in dem Bette aufzurichten, um ihr nachzublicken, diesem Wunder eines menschlichen Wesens nachzublicken, das gütig war. Aber wie ich mich am Bettrande aufstützen wollte, gelang es mir nicht. Wo sonst meine rechte Hand gewesen, Finger und Gelenk, spürte ich etwas Fremdes, einen dicken, großen, weißen Bausch, offenbar einen umfangreichen Verband. Ich staunte dieses Weiße, Dicke, Fremde an meiner Hand zuerst verständnislos an, dann begann ich langsam zu begreifen, wo ich war, und zu überlegen, was mit mir geschehen sein mochte. Man mußte mich verwundet haben, oder ich hatte mich selbst an der Hand verletzt. Ich befand mich in einem Hospital.

Mittags kam der Arzt, ein freundlicher älterer Herr. Er kannte den Namen meiner Familie und erwähnte derart respektvoll meinen Onkel, den kaiserlichen Leibarzt, daß mich sofort das Gefühl überkam, er meine es gut mit mir. Im weiteren Verlauf richtete er allerhand Fragen an mich, vor allem eine, die mich erstaunte – ob ich Mathematiker sei oder Chemiker. Ich verneinte.
›Sonderbar‹, murmelte er. ›Im Fieber haben Sie immer so sonderbare Formeln geschrien – c3, c4. Wir haben uns alle nicht ausgekannt.‹
Ich erkundigte mich, was mit mir vorgegangen sei. Er lächelte merkwürdig.
›Nichts Ernstliches. Eine akute Irritation der Nerven‹, und fügte, nachdem er sich zuvor vorsichtig umgeblickt hatte, leise bei: ›Schließlich eine recht verständliche. Seit dem 13. März, nicht wahr?‹
Ich nickte.
›Kein Wunder bei dieser Methode‹, murmelte er. ›Sie sind nicht der erste. Aber sorgen Sie sich nicht.‹
An der Art, wie er mir dies beruhigend zuflüsterte, und dank seines begütigenden Blickes wußte ich, daß ich bei ihm gut geborgen war.
Zwei Tage später erklärte mir der gütige Doktor ziemlich freimütig, was vorgefallen war. Der Wärter hatte mich in meiner Zelle laut schreien gehört und zunächst geglaubt, daß jemand eingedrungen sei, mit dem ich streite. Kaum er sich aber an der Tür gezeigt, hatte ich mich auf ihn gestürzt und ihn mit wilden Ausrufen angeschrien, die ähnlich klangen wie: ›Zieh schon einmal, du Schuft, du Feigling!‹, ihn bei der Gurgel zu fassen gesucht und schließlich so wild angefallen, daß er um Hilfe rufen mußte. Als man mich in meinem tollwütigen Zustand dann zur ärztlichen Untersuchung schleppte, hätte ich mich plötzlich losgerissen, auf das Fenster im Gang gestürzt, die Scheibe eingeschlagen und mir dabei die Hand zerschnitten – Sie sehen noch die tiefe Narbe hier. Die ersten Nächte im Hospital hatte ich in einer Art Gehirnfieber verbracht, aber jetzt finde er mein Sensorium völlig klar. ›Freilich‹, fügte er leise bei, ›werde ich das lieber nicht den Herrschaften melden, sonst holt man Sie am Ende noch einmal dorthin zurück. Verlassen Sie sich auf mich, ich werde mein Bestes tun.‹
Was dieser hilfreiche Arzt meinen Peinigern über mich berichtet hat, entzieht sich meiner Kenntnis. Jedenfalls erreichte er, was er erreichen wollte: meine Entlassung. Mag sein, daß er mich als unzurechnungsfähig erklärt hat, oder vielleicht war ich inzwischen schon der Gestapo

unwichtig geworden, denn Hitler hatte seitdem Böhmen besetzt, und damit war der Fall Österreich für ihn erledigt. So brauchte ich nur die Verpflichtung zu unterzeichnen, unsere Heimat innerhalb von vierzehn Tagen zu verlassen, und diese vierzehn Tage waren dermaßen erfüllt mit all den tausend Formalitäten, die heutzutage der einstmalige Weltbürger zu einer Ausreise benötigt – Militärpapiere, Polizei, Steuer, Paß, Visum, Gesundheitszeugnis –, daß ich keine Zeit hatte, über das Vergangene viel nachzusinnen. Anscheinend wirken in unserem Gehirn geheimnisvoll regulierende Kräfte, die, was der Seele lästig und gefährlich werden kann, selbsttätig ausschalten, denn immer, wenn ich zurückdenken wollte an meine Zellenzeit, erlosch gewissermaßen in meinem Gehirn das Licht; erst nach Wochen und Wochen, eigentlich erst hier auf dem Schiff, fand ich wieder den Mut, mich zu besinnen, was mir geschehen war.

Und nun werden Sie begreifen, warum ich mich so ungehörig und wahrscheinlich unverständlich Ihren Freunden gegenüber benommen. Ich schlenderte doch nur ganz zufällig durch den Rauchsalon, als ich Ihre Freunde vor dem Schachbrett sitzen sah; unwillkürlich fühlte ich den Fuß angewurzelt vor Staunen und Schrecken. Denn ich hatte total vergessen, daß man Schach spielen kann an einem wirklichen Schachbrett und mit wirklichen Figuren, vergessen, daß bei diesem Spiel zwei völlig verschiedene Menschen einander leibhaftig gegenübersitzen. Ich brauchte wahrhaftig ein paar Minuten, um mich zu erinnern, daß, was die Spieler dort taten, im Grunde dasselbe Spiel war, das ich in meiner Hilflosigkeit monatelang gegen mich selbst versucht. Die Chiffren, mit denen ich mich beholfen während meiner grimmigen Exerzitien, waren doch nur Ersatz gewesen und Symbol für diese beinernen Figuren; meine Überraschung, daß dieses Figurenrücken auf dem Brett dasselbe sei wie mein imaginäres Phantasieren im Denkraum, mochte vielleicht der eines Astronomen ähnlich sein, der sich mit den komplizierten Methoden auf dem Papier einen neuen Planeten errechnet hat und ihn dann wirklich am Himmel erblickt als einen weißen, klaren, substantiellen Stern. Wie magnetisch festgehalten starrte ich auf das Brett und sah dort meine Diagramme – Pferd, Turm, König, Königin und Bauern als reale Figuren, aus Holz geschnitzt; um die Stellung der Partie zu überblicken, mußte ich sie unwillkürlich erst zurückmutieren aus meiner abstrakten Ziffernwelt in die der bewegten Steine. Allmählich überkam mich die Neugier, ein solches reales Spiel zwischen zwei

Partnern zu beobachten. Und da passierte das Peinliche, daß ich, alle Höflichkeit vergessend, mich einmengte in Ihre Partie. Aber dieser falsche Zug Ihres Freundes traf mich wie ein Stich ins Herz. Es war eine reine Instinkthandlung, daß ich ihn zurückhielt, ein impulsiver Zugriff, wie man, ohne zu überlegen, ein Kind faßt, das sich über ein Geländer beugt. Erst später wurde mir die grobe Ungehörigkeit klar, deren ich mich durch meine Vordringlichkeit schuldig gemacht.«

Ich beeilte mich, Dr. B. zu versichern, wie sehr wir alle uns freuten, diesem Zufall seine Bekanntschaft zu verdanken, und daß es für mich nach all dem, was er mir anvertraut, nun doppelt interessant sein werde, ihm morgen bei dem improvisierten Turnier zusehen zu dürfen. Dr. B. machte eine unruhige Bewegung.

»Nein, erwarten Sie wirklich nicht zu viel. Es soll nichts als eine Probe für mich sein ... eine Probe, ob ich ... ob ich überhaupt fähig bin, eine normale Schachpartie zu spielen, eine Partie auf einem wirklichen Schachbrett mit faktischen Figuren und einem lebendigen Partner ... denn ich zweifle jetzt immer mehr daran, ob jene Hunderte und vielleicht Tausende Partien, die ich gespielt habe, tatsächlich regelrechte Schachpartien waren und nicht bloß eine Art Traumschach, ein Fieberschach, ein Fieberspiel, in dem wie immer im Traum Zwischenstufen übersprungen wurden. Sie werden mir doch hoffentlich nicht im Ernst zumuten, daß ich mir anmaße, einem Schachmeister, und gar dem ersten der Welt, Paroli bieten zu können. Was mich interessiert und intrigiert, ist einzig die posthume Neugier, festzustellen, ob das in der Zelle damals noch Schachspiel oder schon Wahnsinn gewesen, ob ich damals noch knapp vor oder schon jenseits der gefährlichen Klippe mich befand – nur dies, nur dies allein.«

Vom Schiffsende tönte in diesem Augenblick der Gong, der zum Abendessen rief. Wir mußten – Dr. B. hatte mir alles viel ausführlicher berichtet, als ich es hier zusammenfasse – fast zwei Stunden verplaudert haben. Ich dankte ihm herzlich und verabschiedete mich. Aber noch war ich nicht das Deck entlang, so kam er mir schon nach und fügte sichtlich nervös und sogar etwas stottrig bei:

»Noch eines! Wollen Sie den Herren gleich im voraus ausrichten, damit ich nachträglich nicht unhöflich erscheine; ich spiele nur eine einzige Partie ... sie soll nichts als der Schlußstrich unter eine alte Rechnung sein – eine endgültige Erledigung und nicht ein neuer Anfang ... Ich möchte nicht ein zweites Mal in dieses leidenschaftliche Spielfieber geraten, an das ich nur mit Grauen zurückdenken kann ... und übrigens ... übrigens hat mich damals auch der Arzt gewarnt ... ausdrücklich gewarnt. Jeder, der einer Manie verfallen war, bleibt für immer gefährdet, und mit einer – wenn auch ausgeheilten – Schachvergiftung soll man besser keinem Schachbrett nahekommen ... Also Sie verstehen – nur diese eine Probepartie für mich selbst und nicht mehr.«

Pünktlich um die vereinbarte Stunde, drei Uhr, waren wir am nächsten Tag im Rauchsalon versammelt. Unsere Runde hatte sich noch um zwei Liebhaber der königlichen Kunst vermehrt, zwei Schiffsoffiziere, die sich eigens Urlaub vom Borddienst erbaten, um dem Turnier zusehen zu können. Auch Czentovic ließ nicht wie am vorhergehenden Tag auf sich warten, und nach der obligaten Wahl der Farben begann die denkwürdige Partie dieses Homo obscurissimus gegen den berühmten Weltmeister. Es tut mir leid, daß sie nur für uns durchaus unkompetente Zuschauer gespielt wurde und ihr Ablauf für die Annalen der Schachkunde ebenso verloren ist wie Beethovens Klavierimprovisationen für die Musik. Zwar haben wir an den nächsten Nachmittagen versucht, die Partie gemeinsam aus dem Gedächtnis zu rekonstruieren, aber vergeblich; wahrscheinlich hatten wir alle während des Spiels zu passioniert auf die beiden Spieler statt auf den Gang des Spiels geachtet. Denn der geistige Gegensatz im Habitus der beiden Partner wurde im Verlauf der Partie immer mehr körperlich plastisch. Czentovic, der Routinier, blieb während der ganzen Zeit unbeweglich wie ein Block, die Augen streng und starr auf das Schachbrett gesenkt; Nachdenken schien bei ihm eine geradezu physische Anstrengung, die alle seine Organe zu äußerster Konzentration nötigte. Dr. B. dagegen bewegte sich vollkommen locker und unbefangen. Als der rechte Dilettant im schönsten Sinne des Wortes, dem im Spiel nur das Spiel, das ›diletto‹ Freude macht, ließ er seinen Körper völlig entspannt, plauderte während der ersten Pausen erklärend mit uns, zündete sich mit leichter Hand eine Zigarette an und blickte immer nur gerade, wenn an ihn die Reihe kam, eine Minute auf das Brett. Jedesmal hatte es den Anschein, als hätte er den Zug des Gegners schon im voraus erwartet.

Die obligaten Eröffnungszüge ergaben sich ziemlich rasch. Erst beim siebenten oder achten schien sich etwas wie ein bestimmter Plan zu entwickeln. Czentovic verlängerte seine Überlegungspausen; daran spürten wir, daß der eigentliche Kampf um die Vorhand einzusetzen begann. Aber um der Wahrheit die Ehre zu geben, bedeutete die allmähliche Entwicklung der Situation wie jede richtige Turnierpartie für uns Laien eine ziemliche Enttäuschung. Denn je mehr sich die Figuren zu einem sonderbaren Ornament ineinander verflochten, um so undurchdringlicher wurde für uns der eigentliche Stand. Wir konnten weder wahrnehmen, was der eine Gegner noch was der andere beabsichtigte, und wer von den beiden sich eigentlich im Vorteil befand. Wir merkten bloß, daß sich einzelne Figuren wie Hebel verschoben, um die feindliche Front aufzusprengen, aber wir vermochten nicht – da bei diesen überlegenen Spielern jede Bewegung immer auf mehrere Züge vorauskombiniert war –, die strategische Absicht in diesem Hin und Wider zu erfassen. Dazu gesellte sich allmählich eine lähmende Ermüdung, die hauptsächlich durch die endlosen Überlegungspausen Czentovics verschuldet war, die auch unseren Freund sichtlich zu irritieren begannen. Ich beobachtete beunruhigt, wie er, je länger die Partie sich hinzog, immer unruhiger auf seinem Sessel herumzurutschen begann, bald aus Nervosität eine Zigarette nach der anderen anzündend, bald nach dem Bleistift greifend, um etwas zu notieren. Dann wieder bestellte er ein Mineralwasser, das er Glas um Glas hastig hinabstürzte; es war offenbar, daß er hundertmal schneller kombinierte als Czentovic. Jedesmal, wenn dieser nach endlosem Überlegen sich entschloß, mit seiner schweren Hand eine Figur vorwärtszurücken, lächelte unser Freund nur wie jemand, der etwas lang Erwartetes eintreffen sieht, und ripostierte bereits. Er mußte mit seinem rapid arbeitenden Verstand im Kopf alle Möglichkeiten des Gegners vorausberechnet haben; je länger darum Czentovics Entschließung sich verzögerte, um so mehr wuchs seine Ungeduld, und um seine Lippen preßte sich während des Wartens ein ärgerlicher und fast feindseliger Zug. Aber Czentovic ließ sich keineswegs drängen. Er überlegte stur und stumm und pausierte immer länger, je mehr sich das Feld von Figuren entblößte. Beim zweiundvierzigsten Zuge, nach geschlagenen zweidreiviertel Stunden, saßen wir schon alle ermüdet und beinahe teilnahmslos um den Turniertisch. Einer der Schiffsoffiziere hatte sich bereits entfernt, ein anderer ein Buch zur Lektüre genommen und blickte nur bei jeder Veränderung für einen Augenblick auf. Aber da geschah plötzlich bei einem Zuge Czentovics das Unerwartete. Sobald Dr. B. merkte, daß Czentovic den Springer faßte, um ihn vorzuziehen, duckte er sich zusammen wie eine Katze vor dem Ansprung. Sein ganzer Körper begann zu zittern, und kaum hatte Czentovic den Springerzug getan, schob er scharf die Dame vor, sagte

laut triumphierend: »So! Erledigt!«, lehnte sich zurück, kreuzte die Arme über der Brust und sah mit herausforderndem Blick auf Czentovic. Ein heißes Licht glomm plötzlich in seiner Pupille.
Unwillkürlich beugten wir uns über das Brett, um den so triumphierend angekündigten Zug zu verstehen. Auf den ersten Blick war keine direkte Bedrohung sichtbar. Die Äußerung unseres Freundes mußte sich also auf eine Entwicklung beziehen, die wir kurzdenkenden Dilettanten noch nicht errechnen konnten. Czentovic war der einzige unter uns, der sich bei jener herausfordernden Ankündigung nicht gerührt hatte; er saß so unerschütterlich, als ob er das beleidigende ›Erledigt!‹ völlig überhört hätte. Nichts geschah. Man hörte, da wir alle unwillkürlich den Atem anhielten, mit einemmal das Ticken der Uhr, die man zur Feststellung der Zugzeit auf den Tisch gelegt hatte. Es wurden drei Minuten, sieben Minuten, acht Minuten – Czentovic rührte sich nicht, aber mir war, als ob sich von einer inneren Anstrengung seine dicken Nüstern noch breiter dehnten. Unserem Freunde schien dieses stumme Warten ebenso unerträglich wie uns selbst. Mit einem Ruck stand er plötzlich auf und begann im Rauchzimmer auf und ab zu gehen, erst langsam, dann schneller und immer schneller. Alle blickten wir ihm etwas verwundert zu, aber keiner beunruhigter als ich, denn mir fiel auf, daß seine Schritte trotz aller Heftigkeit dieses Auf und Ab immer nur die gleiche Spanne im Raum ausmaßen; es war, als ob er jedesmal mitten im leeren Zimmer an eine unsichtbare Schranke stieße, die ihn nötigte umzukehren. Und schaudernd erkannte ich, es reproduzierte unbewußt dieses Auf und Ab das Ausmaß seiner einstmaligen Zelle: genau so mußte er in den Monaten des Eingesperrtseins auf und ab gerannt sein wie ein eingesperrtes Tier im Käfig, genau so die Hände verkrampft und die Schultern eingeduckt; so und nur so mußte er dort tausendmal auf und nieder gelaufen sein, die roten Lichter des Wahnsinns im starren und doch fiebernden Blick. Aber noch schien sein Denkvermögen völlig intakt, denn von Zeit zu Zeit wandte er sich ungeduldig dem Tisch zu, ob Czentovic sich inzwischen schon entschieden hätte. Aber es wurden neun, es wurden zehn Minuten. Dann endlich geschah, was niemand von uns erwartet hatte. Czentovic hob langsam seine schwere Hand, die bisher unbeweglich auf dem Tisch gelegen. Gespannt blickten wir alle auf seine Entscheidung. Aber Czentovic tat keinen Zug, sondern sein gewendeter Handrücken schob mit einem entschiedenen Ruck alle Figuren langsam vom Brett. Erst im nächsten Augenblick verstanden

wir: Czentovic hatte die Partie aufgegeben. Er hatte kapituliert, um nicht vor uns sichtbar mattgesetzt zu werden. Das Unwahrscheinliche hatte sich ereignet, der Weltmeister, der Champion zahlloser Turniere hatte die Fahne gestrichen vor einem Unbekannten, einem Manne, der zwanzig oder fünfundzwanzig Jahre kein Schachbrett angerührt. Unser Freund, der Anonymus, der Ignotus, hatte den stärksten Schachspieler der Erde in offenem Kampfe besiegt!

Ohne es zu merken, waren wir in unserer Erregung einer nach dem anderen aufgestanden. Jeder von uns hatte das Gefühl, er müßte etwas sagen oder tun, um unserem freudigen Schrecken Luft zu machen. Der einzige, der unbeweglich in seiner Ruhe verharrte, war Czentovic. Erst nach einer gemessenen Pause hob er den Kopf und blickte unseren Freund mit steinernem Blick an.

»Noch eine Partie?« fragte er.

»Selbstverständlich«, antwortete Dr. B. mit einer mir unangenehmen Begeisterung und setzte sich, noch ehe ich ihn an seinen Vorsatz mahnen konnte, es bei einer Partie bewenden zu lassen, sofort nieder und begann mit fiebriger Hast die Figuren neu aufzustellen. Er rückte sie mit solcher Hitzigkeit zusammen, daß zweimal ein Bauer durch die zitternden Finger zu Boden glitt; mein schon früher peinliches Unbehagen angesichts seiner unnatürlichen Erregtheit wuchs zu einer Art Angst. Denn eine sichtbare Exaltiertheit war über den vorher so stillen und ruhigen Menschen gekommen; das Zucken fuhr immer öfter um seinen Mund, und sein Körper zitterte wie von einem jähen Fieber geschüttelt.

»Nicht!« flüsterte ich ihm leise zu. »Nicht jetzt! Lassen Sie's für heute genug sein! Es ist für Sie zu anstrengend.«

»Anstrengend! Ha!« lachte er laut und boshaft. »Siebzehn Partien hätte ich unterdessen spielen können statt dieser Bummelei! Anstrengend ist für mich einzig bei diesem Tempo nicht einzuschlafen! – Nun! Fangen Sie schon einmal an!«

Diese letzten Worte hatte er in heftigem, beinahe grobem Ton zu Czentovic gesagt. Dieser blickte ihn ruhig und gemessen an, aber sein steinerner Blick hatte etwas von einer geballten Faust. Mit einemmal stand etwas Neues zwischen den beiden Spielern; eine gefährliche Spannung, ein leidenschaftlicher Haß. Es waren nicht zwei Partner mehr, die ihr Können spielhaft aneinander proben wollten, es waren zwei Feinde, die sich gegenseitig zu vernichten geschworen. Czentovic zögerte lange, ehe er den ersten Zug tat, und mich überkam das deutliche

Gefühl, er zögerte mit Absicht so lange. Offenbar hatte der geschulte Taktiker schon herausgefunden, daß er gerade durch seine Langsamkeit den Gegner ermüdete und irritierte. So setzte er nicht weniger als vier Minuten aus, ehe er die normalste, die simpelste aller Eröffnungen machte, indem er den Königsbauern die üblichen zwei Felder vorschob. Sofort fuhr unser Freund mit seinem Königsbauern ihm entgegen, aber wieder machte Czentovic eine endlose, kaum zu ertragende Pause; es war, wie wenn ein starker Blitz niederfährt und man pochenden Herzens auf den Donner wartet, und der Donner kommt und kommt nicht. Czentovic rührte sich nicht. Er überlegte still, langsam und, wie ich immer gewisser fühlte, boshaft langsam; damit gab er mir reichlich Zeit, Dr. B. zu beobachten. Er hatte eben das dritte Glas Wasser hinabgestürzt; unwillkürlich erinnerte ich mich, daß er mir von seinem fiebrigen Durst in der Zelle erzählte. Alle Symptome einer anomalen Erregung zeichneten sich deutlich ab; ich sah seine Stirn feucht werden und die Narbe auf seiner Hand röter und schärfer als zuvor. Aber noch beherrschte er sich. Erst als beim vierten Zug Czentovic wieder endlos überlegte, verließ ihn die Haltung, und er fauchte ihn plötzlich an:
»So spielen Sie doch schon einmal!«
Czentovic blickte kühl auf. »Wir haben meines Wissens zehn Minuten Zugzeit vereinbart. Ich spiele prinzipiell nicht mit kürzerer Zeit.«
Dr. B. biß sich die Lippe; ich merkte, wie unter dem Tisch seine Sohle unruhig und immer unruhiger gegen den Boden wippte, und wurde selbst unaufhaltsam nervöser durch das drückende Vorgefühl, daß sich irgend etwas Unsinniges in ihm vorbereitete. In der Tat ereignete sich bei dem achten Zug ein weiterer Zwischenfall. Dr. B., der immer unbeherrschter gewartet hatte, konnte seine Spannung nicht mehr verhalten; er rückte hin und her und begann unbewußt mit den Fingern auf dem Tisch zu trommeln. Abermals hob Czentovic seinen schweren bäurischen Kopf.
»Darf ich Sie bitten, nicht zu trommeln? Es stört mich. Ich kann so nicht spielen.«
»Ha!« lachte Dr. B. kurz. »Das sieht man.«
Czentovics Stirn wurde rot. »Was wollen Sie damit sagen?« fragte er scharf und böse.
Dr. B. lachte abermals knapp und boshaft. »Nichts. Nur daß Sie offenbar sehr nervös sind.«
Czentovic schwieg und beugte seinen Kopf nieder.

Erst nach sieben Minuten tat er den nächsten Zug, und in diesem tödlichen Tempo schleppte sich die Partie fort. Czentovic versteinte gleichsam immer mehr; schließlich schaltete er immer das Maximum der vereinbarten Überlegungspause ein, ehe er sich zu einem Zug entschloß, und von einem Intervall zum andern wurde das Benehmen unseres Freundes sonderbarer. Es hatte den Anschein, als ob er an der Partie gar keinen Anteil mehr nehme, sondern mit etwas ganz anderem beschäftigt sei. Er ließ sein hitziges Aufundniederlaufen und blieb an seinem Platz regungslos sitzen. Mit einem stieren und fast irren Blick ins Leere vor sich starrend, murmelte er ununterbrochen unverständliche Worte vor sich hin; entweder verlor er sich in endlosen Kombinationen, oder er arbeitete – dies war mein innerster Verdacht – sich ganz andere Partien aus, denn jedesmal, wenn Czentovic endlich gezogen hatte, mußte man ihn aus seiner Geistesabwesenheit zurückmahnen. Dann brauchte er immer eine einzige Minute, um sich in der Situation wieder zurechtzufinden; immer mehr beschlich mich der Verdacht, er habe eigentlich Czentovic und uns alle längst vergessen in dieser kalten Form des Wahnsinns, der sich plötzlich in irgendeiner Heftigkeit entladen konnte. Und tatsächlich, bei dem neunzehnten Zug brach die Krise aus. Kaum daß Czentovic seine Figur bewegt, stieß Dr. B. plötzlich, ohne recht auf das Brett zu blicken, seinen Läufer drei Felder vor und schrie derart laut, daß wir alle zusammenfuhren:
»Schach! Schach dem König!«
Wir blickten in der Erwartung eines besonderen Zuges sofort auf das Brett. Aber nach einer Minute geschah, was keiner von uns erwartet. Czentovic hob ganz, ganz langsam den Kopf und blickte – was er bisher nie getan – in unserem Kreise von einem zum andern. Er schien irgend etwas unermeßlich zu genießen, denn allmählich begann auf seinen Lippen ein zufriedenes und deutlich höhnisches Lächeln. Erst nachdem er diesen seinen uns noch unverständlichen Triumph bis zur Neige genossen, wandte er sich mit falscher Höflichkeit unserer Runde zu.
»Bedaure – aber ich sehe kein Schach. Sieht vielleicht einer von den Herren ein Schach gegen meinen König?«
Wir blickten auf das Brett und dann beunruhigt zu Dr. B. hinüber. Czentovics Königsfeld war tatsächlich – ein Kind konnte das erkennen – durch einen Bauern gegen den Läufer völlig gedeckt, also kein Schach dem König möglich. Wir wurden unruhig. Sollte unser Freund in seiner Hitzigkeit eine Figur danebengestoßen haben, ein Feld zu weit oder zu

nah? Durch unser Schweigen aufmerksam gemacht, starrte jetzt auch Dr. B. auf das Brett und begann heftig zu stammeln:
»Aber der König gehört doch auf f7 ... er steht falsch, ganz falsch. Sie haben falsch gezogen! Alles steht ganz falsch auf diesem Brett ... der Bauer gehört doch auf g5 und nicht auf g4 ... das ist doch eine ganz andere Partie ... Das ist ...«
Er stockte plötzlich. Ich hatte ihn heftig am Arm gepackt oder vielmehr ihn so hart in den Arm gekniffen, daß er selbst in seiner fiebrigen Verwirrtheit meinen Griff spüren mußte. Er wandte sich um und starrte mich wie ein Traumwandler an.
»Was ... wollen Sie?«
Ich sage nichts als »Remember!« und fuhr ihm gleichzeitig mit dem Finger über die Narbe seiner Hand. Er folgte unwillkürlich meiner Bewegung, sein Auge starrte glasig auf den blutroten Strich. Dann begann er plötzlich zu zittern, und ein Schauer lief über seinen ganzen Körper.
»Um Gottes willen«, flüsterte er mit blassen Lippen. »Habe ich etwas Unsinniges gesagt oder getan ... bin ich am Ende wieder ...?«
»Nein«, flüsterte ich leise. »Aber Sie müssen sofort die Partie abbrechen, es ist höchste Zeit. Erinnern Sie sich, was der Arzt Ihnen gesagt hat!«
Dr. B. stand mit einem Ruck auf. »Ich bitte um Entschuldigung für meinen dummen Irrtum«, sagte er mit seiner alten höflichen Stimme und verbeugte sich vor Czentovic. »Es ist natürlich purer Unsinn, was ich gesagt habe. Selbstverständlich bleibt es Ihre Partie.« Dann wandte er sich zu uns. »Auch die Herren muß ich um Entschuldigung bitten. Aber ich hatte Sie gleich im voraus gewarnt, Sie sollten von mir nicht zuviel erwarten. Verzeihen Sie die Blamage – es war das letztemal, daß ich mich im Schach versucht habe.«
Er verbeugte sich und ging, in der gleichen bescheidenen und geheimnisvollen Weise, mit der er zuerst erschienen. Nur ich wußte, warum dieser Mann nie mehr ein Schachbrett berühren würde, indes die anderen ein wenig verwirrt zurückblieben mit dem ungewissen Gefühl, mit knapper Not etwas Unbehaglichem und Gefährlichem entgangen zu sein. »Damned fool!« knurrte McConnor in seiner Enttäuschung. Als letzter erhob sich Czentovic von seinem Sessel und warf noch einen Blick auf die halbbeendete Partie.
»Schade«, sagte er großmütig. »Der Angriff war gar nicht so übel disponiert. Für einen Dilettanten ist dieser Herr eigentlich ungewöhnlich begabt.«

BIBLIOGRAPHISCHER NACHWEIS

Das Wien von gestern. Vortrag. Paris 1940. Aufgenommen in ›Zeit und Welt‹, Stockholm, Bermann-Fischer Verlag 1943

Brennendes Geheimnis. Erstmals in ›Erstes Erlebnis. Vier Geschichten aus Kinderland‹, Leipzig, Insel-Verlag 1911. Aufgenommen in ›Brennendes Geheimnis und andere Erzählungen‹, Frankfurt am Main, S. Fischer Verlag 1954

Anton. 1939 (?). Aus einer nicht identifizierten Anthologie.

Die Frau und die Landschaft. Erstmals in ›Amok. Novellen einer Leidenschaft‹, Leipzig, Insel-Verlag 1922. Aufgenommen in ›Brennendes Geheimnis und andere Erzählungen‹, Frankfurt am Main, S. Fischer Verlag 1954

Unvermutete Bekanntschaft mit einem Handwerk. Erstmals in ›Kaleidoskop‹, Wien–Leipzig–Zürich, Herbert Reichner Verlag 1936; Frankfurt am Main: S. Fischer Verlag 1955. Aufgenommen in ›Brennendes Geheimnis und andere Erzählungen‹, Frankfurt am Main, S. Fischer Verlag 1954

Das Genie einer Nacht. Erstmals in ›Sternstunden der Menschheit. Zwölf historische Miniaturen‹, Stockholm, Bermann-Fischer Verlag 1945; Frankfurt am Main, S. Fischer Verlag 1951

Die Weltminute von Waterloo. Erstmals in ›Sternstunden der Menschheit. Fünf historische Miniaturen‹, Leipzig, Insel-Verlag 1927. Aufgenommen in ›Sternstunden der Menschheit. Zwölf historische Miniaturen‹, Stockholm, Bermann-Fischer Verlag 1945; Frankfurt am Main, S. Fischer Verlag 1951

Heroischer Augenblick. Erstmals in ›Sternstunden der Menschheit. Fünf historische Miniaturen‹, Leipzig, Insel-Verlag 1927. Aufgenommen in ›Sternstunden der Menschheit. Zwölf historische Miniaturen‹, Stockholm, Bermann-Fischer Verlag 1945; Frankfurt am Main, S. Fischer Verlag 1951

Fragment einer Novelle. Wien, Verlag der Internationalen Stefan Zweig Gesellschaft 1961 (= Zweite Sonderpublikation)

Der Zwang. Eine Novelle. (Mit 10 Holzschnitten von Frans Masereel.) Leipzig, Insel-Verlag 1920. Aufgenommen in ›Verwirrung der Gefühle‹, Frankfurt am Main, S. Fischer Verlag 1960

Die Mondscheingasse. Erstmals in ›Amok. Novellen einer Leidenschaft‹, Leipzig, Insel-Verlag 1922. Aufgenommen in ›Ausgewählte Novellen‹, Stockholm, Bermann-Fischer Verlag 1946, und in ›Brennendes Geheimnis und andere Erzählungen‹, Frankfurt am Main, S. Fischer Verlag 1954

Die unterirdischen Bücher Balzacs. 1916. Aufgenommen in ›Begegnungen mit Menschen, Büchern, Städten‹, Wien–Leipzig–Zürich, Herbert Reichner Verlag 1936; Frankfurt am Main, S. Fischer Verlag 1955

Hydepark. Erstmals in ›Fahrten. Landschaften und Städte‹, Leipzig–Wien–Zürich, E. P. Tal Verlag 1919

Die Monotonisierung der Welt. Erstmals in ›Neue Freie Presse‹, Wien, 31. 1. 1925. Aufgenommen in ›Begegnungen mit Menschen, Büchern, Städten‹, Wien–Leipzig–Zürich, Herbert Reichner Verlag 1937; Frankfurt am Main, S. Fischer Verlag 1955

Im Schnee. Erstmals in ›Jüdischer Almanach‹, Berlin 1902

Die Augen des ewigen Bruders. Eine Legende. Leipzig, Insel-Verlag 1922 (= Insel Bücherei 349). Aufgenommen in ›Legenden‹, Stockholm, Bermann-Fischer Verlag 1945; Frankfurt am Main, S. Fischer Verlag 1959

Episode am Genfer See. Erstmals in ›Kleine Chronik‹, Leipzig, Insel-Verlag 1929 (= Insel Bücherei 408). Aufgenommen in ›Amok. Novellen einer Leidenschaft‹, Stockholm, Bermann-Fischer Verlag 1946; Frankfurt am Main, S. Fischer Verlag 1950

Worte am Sarge Sigmund Freuds. Aufgenommen in ›Zeit und Welt. Gesammelte Aufsätze und Vorträge 1904–1940‹, Stockholm, Bermann-Fischer Verlag 1943

Dank an Brasilien. Vortrag. Rio de Janeiro 1936. Aufgenommen in ›Zeit und Welt‹, Stockholm, Bermann-Fischer Verlag 1943

Das Buch als Eingang zur Welt. Aufgenommen in ›Begegnungen mit Menschen, Büchern und Städten‹, Wien-Leipzig-Zürich, Herbert Reichner Verlag 1937; Frankfurt am Main, S. Fischer Verlag 1955

Die Autographensammlung als Kunstwerk. Erstmals in ›Deutscher Bibliophilen-Kalender‹, Wien 1914

Briefe aus den Jahren 1939 bis 1945. Aus ›Briefe an Freunde‹, Herausgegeben von Richard Friedenthal, Frankfurt am Main, S. Fischer Verlag 1978

Schachnovelle. Erstmals als auf 250 Exemplare limitierte Vorzugsausgabe im Verlag Pigmalion, Buenos Aires 1942. Erste öffentliche Ausgabe: Stockholm, Bermann-Fischer Verlag 1943

NACHWORT

Wenn man älter wird und die Erinnerung die Gegenwart beherrscht, ist es aufregend, den Büchern nachzuspüren, die mit dazu beigetragen haben, so zu werden, wie man ist.

Seit nunmehr vierzig Jahren gehöre ich zu Stefan Zweigs Lesergemeinde, meine Verehrung für ihn ist ungebrochen. Ich kann ihn nicht abschütteln, so wie ein Volk seine Geschichte nicht abschütteln kann. Das hat seine Ursache in meiner eigenen Biographie: Durch ein Buch von Stefan Zweig bin ich zum Lesen, bin ich zur Literatur gekommen.

Es war 1939, zu Beginn des Zweiten Weltkrieges, ich war dreizehneinhalb Jahre alt, da ging eines Tages mein Deutschlehrer mit mir zusammen nach dem Unterricht nach Hause, weil wir in der gleichen Straße wohnten. Vor dem Gartentor am Haus meiner Großeltern, bei denen ich aufwuchs, reichte er mir ein in Zeitungspapier gewickeltes Päckchen und sagte leise und beschwörend, ich dürfe es niemandem zeigen, mit niemandem darüber sprechen. Ich war erstaunt, ich war verwirrt. Auf meinem Zimmer entfernte ich – man kann sich vorstellen, wie aufgeregt ich war – das Papier; zum Vorschein kam ein Buch. Sein Titel war ›Sternstunden der Menschheit‹, sein Verfasser Stefan Zweig. Darum also die Vorsicht: Mein Lehrer hatte Kopf und Kragen riskiert. Wenn nämlich bekannt geworden wäre, daß er mir verbotene Literatur gegeben hatte, Schmutz und Schund, wie die Nazis sagten, noch dazu von einem Juden, wäre das Konzentrationslager ihm sicher gewesen. Ich weiß heute noch genau, daß ich das Buch in einem einzigen Anlauf durchgelesen habe; ich weiß, daß mich diese historischen Miniaturen so sehr fesselten, daß ich einfach nicht mehr aufhören konnte zu lesen. Wenn ich mein Zimmer verließ, versteckte ich es unter der Matratze, damit es weder meiner Großmutter noch einer meiner Tanten, die mit im Haus wohnten, in die Hände fallen und unangenehme Fragen auslösen konnte.

Mein Lehrer lieh mir nach und nach noch viele Bücher, die im Dritten Reich verboten waren. Da ihr Besitz lebensgefährlich war, hatte er sie im Keller hinter den Stößen des Winterholzes versteckt. Ich kann mich nicht mehr erinnern, ob unter ihnen ein weiteres von Stefan Zweig war, aber dieses eine allein, dieses erste hatte in mir schon die Liebe zur Literatur geweckt. Später, in Amerika, in einem Kriegsgefangenenlager, habe ich alles gelesen, was auf deutsch von Zweig zu haben war, und das war nicht wenig. Stefan Zweigs ›Fouché‹, seinen ›Magellan‹ und seine ›Marie Antoinette‹ habe ich wieder und wieder gelesen. Damals habe ich begonnen, mich für historische Ereignisse zu interessieren, Geschichte nicht mehr als Ergebnis hinzunehmen, sondern nach ihren Ursachen zu fragen und nach Parallelen in der Gegenwart zu suchen.
Aber Stefan Zweig machte mich auch neugierig auf andere Autoren, denn er hat sich viel mit den Werken der Zeitgenossen und vor allem auch, wie kaum ein deutscher Schriftsteller, mit der Literatur fremder Nationen befaßt. Durch Stefan Zweig fand ich zu Balzac, James Joyce, Maxim Gorki, Dostojewskij, Casanova, Hölderlin, Kleist; er hat mir den Schlüssel gegeben, Zugang zu ihrem Werk zu finden, und sie haben mich – zusammen mit ihm – ein Leben lang begleitet. So ist dies ein ganz persönliches Bekenntnis zu einem Autor, der für mich zur entscheidenden Literatur- und Leseerfahrung schlechthin wurde.
Es gibt wohl keine veröffentlichte Zeile von Stefan Zweig, die ich nicht gelesen habe. Zunächst waren es – neben den genannten historischen Biographien – seine einfühlsamen, von psychoanalytischen Erkenntnissen beeinflußten Novellen, die mich berührten, erregten, beunruhigten, wie ›Amok‹, ›Vierundzwanzig Stunden aus dem Leben einer Frau‹, ›Phantastische Nacht‹, ›Brief einer Unbekannten‹ und, natürlich, ›Ungeduld des Herzens‹, sein einziger Roman. Die Bewunderung der sprachlichen Meisterschaft, des psychologischen Einfühlungsvermögens hierin, hält auch heute noch an. Jedoch erst als ich seine Monographien las, zunächst ›Baumeister der Welt‹, begriff ich seine eigentliche große Begabung, die auch in den ›Sternstunden‹ so deutlich zu spüren ist: an einem unscheinbaren Detail, an einem auf den ersten Blick uninteressanten Vorfall Geschichte sinnlich faßbar, für den Lesenden aufs neue Realität werden zu lassen. Stefan Zweig war unermüdlich im Aufspüren von Figuren am Rande historischen Geschehens, sezierte ihre »Seele«, so daß ihm manche geschichtliche Episode fast zu einem Psychogramm geriet – denn er war ein Menschenfreund, dem »nichts Menschliches fremd« war.

Es ist recht aufschlußreich, im nachhinein zu sehen, wie man zu einem Autor kommt und was dieser in einem auszulösen vermag: ich für meinen Teil habe z. B. durch Stefan Zweig das Schachspielen gelernt. Als ich 1948 seine ›Schachnovelle‹ las, dämmerte mir, daß dieses Spiel wohl etwas mehr sein mußte als nur das Herumschieben von Figuren. Vom Leseeindruck fasziniert, setzte ich mich einfach an ein Brett und sagte zu meinem Gegenüber: Bring es mir bei.
Ich weiß noch genau, wie ich mich dabei in den Häftling der Novelle hineindachte und fortan mit einer Begeisterung Schach spielte, daß ich wie dieser Zeit, Raum und Menschen vergaß. Diese Meisternovelle wird bleiben und weiter wirken.
Doch verschreckt und hilflos stehe ich, der ich so intensive Leseerlebnisse hatte, manchmal vor der Aussage junger Leute – meist Schüler und Studenten –, Lesen sei langweilig, es bringe nichts, es sei vertane Zeit. Ich kann nur erwidern: Vielleicht habt ihr für euch noch keinen Schriftsteller entdeckt, der euch informiert und Freude am Lesen vermittelt. Ich selbst kann mir kein spannenderes Abenteuerbuch – im besten Sinne des Wortes – vorstellen als Zweigs ›Magellan‹. Es beginnt mit dem Satz: »Am Anfang war das Gewürz.« Damit ist die Tür für den Leser aufgestoßen, ein Abenteuer mitzuerleben, wie es faszinierender nicht sein kann. Er kann die Gründe miterleben, warum Ozeane überbrückt wurden, nämlich nicht allein aus purer Abenteuerlust, sondern um die kostbaren Spezereien aufzufinden, mit denen sich Geschäfte machen ließen; denn Pfeffer wog in jener Zeit schwerer als Gold, Weihrauch war wertvoller als ein Herzogtum, Rosenöl zu besitzen war rühmlicher als ein gewonnener Krieg. Ich empfehle, ergibt sich die Gelegenheit, gerade dieses Buch jungen Menschen, damit sie begreifen, daß gute Literatur nicht langweilig sein muß, daß gute Literatur spannend sein kann bis zur letzten Zeile. Nur Neugierde und Interesse muß man mitbringen.
Viele schreiben mir hernach, daß sie nicht aufhören mochten zu lesen, daß es bei ihnen den Wunsch geweckt hat, mehr über Geographie und Geschichte zu erfahren, tiefer einzudringen. In diesen Zusammenhang gehört auch jene Episode, in der Stefan Zweig von einer Mittelmeerreise erzählt, auf der er einen Hilfssteward kennenlernt; dieser bringt ihm eines Tages einen Brief seiner Geliebten aus Neapel und bittet ihn, ihm diesen vorzulesen. Er ist zunächst erstaunt, denn der Brief ist italienisch geschrieben, und der Steward ist Italiener – bis er begreift, daß

er einen des Lesens und Schreibens Unkundigen vor sich hat. In der Folge des Essays, der mit dieser Episode beginnt, reflektiert Stefan Zweig dann, was diesem Mann verlorengeht, nur weil er nicht lesen kann; denn das Buch bedeutet für Zweig den Eingang zur Welt, und eben der bleibt diesem Hilfssteward verschlossen. Dieser Mann wird ein Buch nur betrachten, wie man einen Ziegelstein betrachtet, für ihn ist es nicht »Alpha und Omega allen Wissens«; aber »je inniger man mit Büchern lebt, desto tiefer erlebt man die Gesamtheit des Lebens«. Dieser Satz ist sehr aufschlußreich, er weist in Stefan Zweigs geistige Welt. »Noch hat keine elektrische Lichtquelle solche Erleuchtung geschaffen, wie sie von manchem dünnen Bändchen ausgeht...«, schrieb Stefan Zweig, aber er hat nicht bedacht, daß der, der lesen und schreiben gelernt hat, noch lange kein Leser ist und Bücher ihn durchaus mehr schrecken als locken können. Er würde sich wundern, könnte er heute einmal Professoren an unseren Hochschulen hören, Lehrer an unseren Gymnasien, was sie zu berichten haben; und sie immerhin haben doch Schüler und Studenten vor sich, die Lesen und Schreiben beherrschen; allerdings *lesen* im Sinne Stefan Zweigs können sie deswegen noch lange nicht; das Buch ist ihnen nicht Eingang zur Welt, bestenfalls ein Hilfsmittel, ein spezielles Fachwissen zu erweitern.

Zweigs Essays waren es – ich deutete es schon an –, die mich zu neuen Autoren wiesen, zu neuen menschlichen Dimensionen oder, wie er es ausdrückte, zu neuen Welten. Dieser Fährtensucher, dieser immens fleißige Analytiker schrieb in seiner historischen Miniatur über die Entstehung der »Marseillaise«: »Aber nie läßt sich die eingeborene Kraft eines Werkes auf die Dauer verbergen oder verschließen. Ein Kunstwerk kann vergessen werden von der Zeit, es kann verboten werden und versargt, immer aber erzwingt sich das Elementare den Sieg über das Ephemere....« Dieser Satz sollte jenen auf die Stirn geschrieben werden, die sich zum Zensor geistiger Werte aufschwingen, sitzen sie nun in Rundfunkhäusern oder in den Amtsstuben eines Bürgermeisteramtes; nichts hat Stefan Zweig mehr verachtet als den Dünkel derer, die durch ein Amt oder durch eine Robe Macht oder Gewalt erhielten über andere; nichts hat Zweig mehr gehaßt (falls er zum Haß überhaupt fähig war) als Mittelmäßigkeit – vor allem aber das Vulgäre.

Er erstrebte die absolute Harmonie, darum auch seine Liebe zur Musik und somit zu der Stadt, in der er geboren wurde: Wien. Er trauerte dieser Stadt nach und damit einer Epoche, die unwiederbringlich vorbei war, nachdem braune Horden sie zertrampelt hatten. »Aber das ist ja immer das wahre Geheimnis Wiens gewesen: annehmen, aufnehmen, durch geistige Konzilianz verbinden und das Dissonierende lösen in Harmonie. Deshalb und nicht durch einen bloßen Zufall ist Wien die klassische Stadt der Musik geworden.« Den Stellenwert, den die Musik in dieser Stadt besaß, in allen Gesellschaftskreisen, demonstriert Zweig mit einer Episode: »Als Beethoven den ›Fidelio‹ vor der Aufführung zurückziehen will, wirft sich die Fürstin Lichnowski vor ihm auf die Knie, und man kann sich heute nicht mehr vorstellen, was dies bedeutet, wenn damals eine Fürstin sich auf die Knie wirft vor dem Sohn eines trunksüchtigen Provinzkapellmeisters.«

In seiner posthum erschienenen Autobiographie ›Die Welt von Gestern‹, die ich persönlich für eine der besten und lebendigsten ihrer Art halte, die ein Schriftsteller gegeben hat, schreibt Zweig über jene Zeit: »Man lebte gut, man lebte leicht und unbesorgt in jenem alten Wien, und die Deutschen im Norden sahen ärgerlich und verächtlich auf uns Nachbarn an der Donau herab, die statt tüchtig zu sein und straffe Ordnung zu halten, sich genießerisch leben ließen, gut aßen, sich an Festen und Theatern freuten und dazu vortreffliche Musik machten. Statt der deutschen Tüchtigkeit, die schließlich allen anderen Völkern die Existenz verbittert und verstört hat, statt dieses gierigen Allen-anderen-vorankommen-Wollens und Vorwärtsjagens liebte man in Wien gemütlich zu plaudern, pflegte ein behagliches Zusammensein und ließ in seiner gutmütigen und vielleicht laxen Konzilianz jedem ohne Mißgunst sein Teil. Leben und leben lassen war der berühmte Wiener Grundsatz, ein Grundsatz, der mir heute noch humaner erscheint, als alle kategorischen Imperative...« Man könnte meinen, Zweig wäre ein Jahrhundert zu spät geboren worden.

Geboren wurde er in Wien am 28. November 1881. Seine Familie war wohlhabend, wenn nicht gar reich, sein Vater war Textilfabrikant. Die Werke der Firma Moritz Zweig Erben lagen in Böhmen, Mähren und in der Slowakei. Als jüdischer Besitz wurden sie nach Hitlers Einfall enteignet. Heute sind sie tschechischer Staatsbesitz, oder anders gesagt: Volkseigene Betriebe.

Wenn heute noch dann und wann zu hören ist, seine Generosität habe ihm nicht wehgetan, da er doch einem reichen Haus entstammte, muß dieser Äußerung hinzugefügt werden, daß er bereits sehr früh von den Honoraren seiner Bücher leben konnte, finanziell nicht auf das Eltern-

haus angewiesen war. Ein Wunderkind? Schon der Primaner veröffentlichte vereinzelt Gedichte, der Zwanzigjährige legte seinen ersten Gedichtband vor, ›Silberne Saiten‹, der Sechsundzwanzigjährige den zweiten, ›Frühe Kränze‹, und der Dreißigjährige hatte bereits Einnahmen, von denen heutige Schriftsteller nur zu träumen wagen. Es ist erstaunlich: die gebildete Welt, die bürgerliche, las damals sehr häufig auch (und gerade) Gedichte sehr junger Autoren.
Stefan Zweig studierte Philosophie, Germanistik und Romanistik, alte und neue Sprachen, bereiste in jungen Jahren die halbe Welt, war in Indien, Afrika, Amerika, suchte Kontakte zu den geistigen Größen seiner Zeit, Albert Schweitzer etwa und Sigmund Freud, dem er dann, 1939, im Londoner Exil die Totenrede halten sollte.

1919 siedelte er nach Salzburg über, wo er auf dem Kapuzinerberg ein großes Haus führte mit Köchin, Dienstmädchen und Diener und wo ein- und ausging, was Rang und Namen hatte; unter ihnen – und durchaus nicht zufällig bei Zweigs Liebe zur Musik – Arturo Toscanini und Bruno Walter.
An der deutschen Kulturgeschichte des letzten Jahrhunderts läßt sich ablesen, wie besonders während dieser Zeit viele Söhne wohlhabender Familien aufgrund des Geldes, das sie relativ unabhängig machte, zu intellektuellen Berufen fanden. Es waren zumeist kompromißlose Pazifisten – wie Stefan Zweig –, die jede Form von Gewalt peinigte. So verwundert es nicht, daß er mitten im Ersten Weltkrieg einen ›Jeremias‹ schrieb, ein Theaterstück, das 1917 in der Schweiz uraufgeführt wurde. Hier zeigt sich bereits der ganze Stefan Zweig: Mahner gegen den Krieg und gegen jede Aggression, wollte er nicht nur als Österreicher oder Deutscher verstanden werden, sondern als Europäer. Die politischen Umstände zwangen ihn, in einem anderen Sinn Weltbürger zu werden: als Emigrant, immer unterwegs und unstet. Er selbst sagte darüber: »Am Tage, da ich meinen Paß verlor, entdeckte ich, daß man mit seiner Heimat mehr verliert als einen Fleck umgrenzter Erde.«
Diese seine Erfahrung haben alle Emigranten machen müssen, die zu den unliebsamen, »un-deutschen«, nichtarischen Schriftstellern gehörten, deren Bücher am 10. Mai 1933 auf dem Opernplatz in Berlin verbrannt und die selbst von der Herrenmenschideologie in die Fremde getrieben worden waren, ins »Elent«, wie das altdeutsche Wort für Fremde heißt.

Romain Rolland, ein naher Freund Stefan Zweigs, schrieb am 15. Mai 1933, fünf Tage nach dem Wahnsinnsspektakel, an den Chefredakteur der ›Kölnischen Zeitung‹: »... es ist wahr: ich liebe Deutschland und habe es immer gegen Ungerechtigkeiten und Unverständnis des Auslandes verteidigt... Sehen Sie denn nicht, daß dieses national-faschistische Deutschland der schlimmste Feind jenes wahren Deutschlands ist, das es gerade verneint. Eine solche Politik ist ein Verbrechen nicht nur gegen die Humanität, sondern gegen Euer eigenes Volk.«

Stefan Zweig hatte ein Gespür für Menschen, für Situationen und aufziehendes Unheil; er wußte, bevor andere den Nationalsozialismus überhaupt wahrnahmen, zu was dieser Rassenwahn führen würde. Wie klar er künftige politische Entwicklungen gesehen und an historischen revolutionären Umwälzungen aufgezeigt hat, wird am Beispiel seiner Darstellung der Französischen Revolution in der 1932 geschriebenen Monographie ›Marie Antoinette‹ besonders deutlich: »Denn der Begriff Revolution ist an sich schon ein weites Wort: es reicht in einer Skala unablässiger Übergänge von der höchsten Idealität bis zur tatsächlichen Brutalität, von der Größe zur Grausamkeit, vom Geist bis in sein Gegenspiel, die Gewalt; er schillert und wandelt sich, weil er seine Farbe immer von den Menschen und den Umständen erhält. In der Französischen Revolution – wie in jeder – zeichnen sich deutlich zwei Typen von Revolutionären ab: die Revolutionäre aus Idealität und die aus Ressentiment; die einen, die es besser hatten als die Masse, wollen diese zu sich emporheben, ihre Bildung, ihre Kultur, ihre Freiheit, die Lebensform steigern. Die anderen, die es selber lange schlecht gehabt, wollen Rache nehmen an denen, die es besser hatten, sie suchen ihre neue Macht auszutoben an den vormals Mächtigen. Diese Einstellung, weil in der Zwiefalt der menschlichen Natur begründet, gilt für alle Zeiten. In der Französischen Revolution hatte vorerst die Idealität die Oberhand: die Nationalversammlung, die aus Adligen und Bürgern, aus den Angesehenen des Landes bestand, wollte dem Volke helfen, die Massen befreien, aber die befreite Masse, die entfesselte Gewalt wendet sich bald gegen die Befreier: in der zweiten Phase bekommen die radikalen Elemente, die Revolutionäre des Ressentiments, die Oberhand, und denen ist die Macht zu neu, als daß sie der Lust widerstehen könnten, sie ausgiebig zu genießen. Jene Gestalten kleiner Geistigkeit und endlich erlöster Gedrücktheit kommen ans Ruder, deren Ehrgeiz es ist, die Revolution auf ihr eigenes Maß, auf ihre eigene seelische Mittelmäßigkeit hinabzuziehen.« Seinem Wahlspruch getreu: »Lieber ein Jahr zu früh als einen Tag zu spät«, nahm er sich 1935 in London eine Zweitwohnung, Jahre bevor die Nazis in Österreich einmarschierten und SA-Stiefel durch sein Haus in Salzburg auf dem Kapuzinerberg polterten.

Wie aber muß Stefan Zweig die Emigration dann doch getroffen haben, da er zurücklassen mußte, was er ein Leben lang um sich aufgebaut hatte, Gegenstände, die ihm das Leben zum Genuß werden ließen; in den Briefen, die er in dieser Zeit an seine Freunde und an seine erste Frau Friderike schreibt, bricht die Wehmut des Menschen und des Sammlers durch, daß er von all dem nichts mehr besitzt, was er so liebt, nicht mehr die Möbel, die Bilder, die Briefe und die Bücher – die er seine Kinder nennt. Bereits in seinem englischen Domizil, in Bath, wo er eigentlich seßhaft werden sollte, steigern sich diese Rufe zu verzweifelten Schreien. Er, der Weltbürger, der Weltläufige, der Humanist wollte in den letzten Jahren seines Lebens nur das sein dürfen, was er von Herkommen und Bildung war: Europäer. Aber das Europa, das er meinte, das er liebte, war ihm verschlossen, seine geistigen Quellen versiegt oder verschüttet. Die blonden Herrenmenschen in braunen Uniformen und schwarzen Stiefeln waren dabei, die Welt zu unterjochen mit ihrem Glaubenssatz: Es gibt lebenswertes Leben, und es gibt lebensunwertes Leben. Stefan Zweig gehörte für sie zur zweiten Rubrik.

Er fürchtete ein Übergreifen des Faschismus auf Amerika, er fürchtete den totalen Sieg der Nazis im Bündnis mit den Japanern. Die deutschen Heere standen weit in Rußland und in Nordafrika, Singapur, die »uneinnehmbarste« Festung der Welt, war von den Japanern praktisch im Handstreich erobert worden, sie beherrschten den Luftraum und kontrollierten die Seewege im Indischen und im Pazifischen Ozean.

Gab es noch Hoffnung auf eine humane Welt? Stefan Zweig glaubte nicht mehr daran. Er war am Ende seiner Tage vom Untergang der Menschlichkeit überzeugt; er hatte Angst, obwohl er niemals mit der brutalen Gewalt, die sich in Europa ausbreitete, direkt konfrontiert worden war; er hatte Österreich verlassen, bevor Hitler kam; er hatte England verlassen, bevor die Bomben fielen; er verließ die USA wenige Wochen vor dem Überfall der Japaner auf Pearl Harbour, also bevor die Vereinigten Staaten in den Krieg hineingezogen wurden und eine Fremdenhetze ohnegleichen einsetzte, die alle Nichtamerikaner in Verdacht brachte, für Deutschland zu spionieren, auch wenn sie bereits

jahrelang in den USA lebten. Die Einladung zu einer Vortragstournee diente Stefan Zweig als Vorwand, sich in das damals friedliche und noch humane Lateinamerika abzusetzen. Das Einleben wurde ihm nicht einmal schwer; als Romanist konnte er sich in den Landessprachen unterhalten und in ihnen schreiben. Das Glückskind hätte sich hier zu Hause fühlen können, auch wenn es nicht zu Hause war. Aber wie intensiv er diese Zeit seit der ersten Ahnung durchlebte, wird in einem einzigen Satz deutlich: »Es ist mir, als hätten wir nicht eine, sondern drei Generationen durchstehen müssen.«
Stefan Zweigs Freitod mit seiner um zwanzig Jahre jüngeren Frau am 22. Februar 1942 in Petrópolis bei Rio de Janeiro war für die deutschen Emigranten ein heute kaum noch vorstellbarer Schock: die einen waren fassungslos, weil sie es nie für möglich gehalten hätten, daß ein so erfolgreicher Mann freiwillig aus der Welt gehen könnte. Carl Zuckmayer, der in den USA jahrelang als Farmer lebte, rief auf diese Nachricht hin aus: »Das ist doch nicht möglich, er hat uns doch den Ofen und die Hunde geschenkt.« Andere wiederum sahen in seinem Schritt einen Verrat an der Sache des anderen Deutschlands, des humanen Deutschlands eines Goethe, Heine und Humboldt, und sie fürchteten – nicht zu Unrecht –, sein Freitod werde vom Nazi-Deutschland gefeiert werden, als hätten U-Boote das größte Schlachtschiff der Engländer versenkt. Endlich war man diesen Juden los, endlich hatte er aufgegeben, kapituliert vor dem »gesunden Volksempfinden«; nun konnte er nicht mehr gegen Deutschland hetzen, er, dessen Wort in der ganzen Welt gehört und beherzigt wurde, denn er hatte zu den Wenigen gehört, die sich schon vor Hitlers Machtantritt als eindringliche Warner weithin Gehör verschafft hatten: Wer Hitler wählt, wählt den Untergang der abendländischen Kultur, wählt den Untergang der Zivilisation.
Für uns Nachgeborene ist es heute kaum noch nachzuempfinden, wie der Tod eines einzelnen – wo zur gleichen Zeit in der Welt doch tausendfach gestorben wurde, Tag und Nacht – sich auf andere lähmend niederschlagen konnte, die außerhalb des uniformierten Deutschland leben mußten, dazu oft in bitterster Not: anerkannte Autoren und Künstler arbeiteten als Straßenfeger und Tellerwäscher. Und da stiehlt sich dieser Millionär Zweig einfach fort aus Angst vor den Nazis.
Man muß die Berichte jener Zeit lesen: es muß gewesen sein, als ob die Sonne untergegangen wäre, um nie wieder aufzugehen am nächsten

Tag. Nun hatte der, zu dem sie alle aufsahen, vor dem Terror kapituliert.

Franz Werfel sah es so: »Hunderttausende scheiden jährlich freiwillig aus dem Leben. Niemand billigt darum ihrem furchtbaren Entschluß irgendeine Größe zu. Im Falle Stefan Zweigs ist es anders. Ich wenigstens, als ich die erschütternde Nachricht hörte, hatte das dunkle Gefühl, daß in diesem Tod eine heimliche Größe verborgen sei ...« Hermann Kesten, der Freund, in seinem Buch ›Meine Freunde die Poeten‹: »Das war nun ein glücklicher Mensch. Nach sechzig Jahren bringt er sich um ... Mit dem Wort Freiheit auf den Lippen verließ er eine Welt, die erst anfängt, barbarisch zu werden ...«

Es ist geradezu bestürzend, zu verfolgen, wie ausführlich Zweigs Freitod kommentiert wurde, wie darüber gerätselt wurde. Er, der Sohn des Glücks, der ein sanftes Herz hatte, der »ein Freund des Friedens und der Dichter« war (Kesten), er, der sich jeden Wunsch erfüllen konnte – auch noch in einer Zeit, wo mehr als die Hälfte der Welt in einen der grausamsten Kriege verwickelt war –, ist dennoch freiwillig abgetreten; der österreichische Jude, der Entdecker großer Talente, der Helfer und Ratgeber, der Mäzen, der seinesgleichen sucht, war ein Mann ohne Land geworden, obwohl er in der ganzen Welt hätte zu Hause sein können und von der ganzen Welt gelesen wurde, verehrt, geliebt.

Wie soll es weitergehen, haben sich die Emigranten damals ratlos gefragt, wenn er schon nicht mehr ... Und nicht wenige, auch Thomas Mann, haben ihn im ersten Schmerz und Schrecken einen »Fahnenflüchtigen« genannt.

Von all diesen Vorgängen wußte ich nichts, als ich Zweigs Bücher in den Jahren 1944 bis 1948 in Amerika las. Nach Deutschland zurückgekehrt, kaufte ich mir die ersten deutschen Ausgaben, und erst dann erfuhr ich mehr von seinem Leben und seinem Tod.

Meine Generation kehrte nicht mehr so gläubig und naiv aus dem Krieg zurück, wie sie hineinbefohlen worden war. Von Auschwitz hatten wir inzwischen gehört, doch viele meiner Altersgenossen hielten die Nachricht vom Konzentrationslager für eine Erfindung der feindlichen Propaganda – über das Kriegsende hinaus. Der Rassenwahn der Nazis war an ihnen nicht spurlos vorübergegangen, das tägliche Leben in Schule und Beruf, die rassistische Erziehung ließen sie tatsächlich glauben, daß allein die Juden für das Unglück der germanischen Rasse verantwortlich seien. Die Juden »sind unser Unglück«, so war es täglich im ›Stürmer‹ zu lesen, in Schulen zu hören gewesen; das saß tief in ihnen. Ein Beispiel: Ich lag auf meinem Bett – es war in Monroe in Louisiana – und las ein Buch von Stefan Zweig; da trat ein Mitgefangener an mein Bett, sah, was ich las, und sagte: Wie kann man nur das Buch eines Juden lesen. (Der dies sagte, war fünfzig Jahre alt, beim Militär Hauptfeldwebel und im Zivilberuf Studienrat eines humanistischen Gymnasiums in Hannover gewesen.) Damals habe ich mich einfach mit dem Satz zur Wehr gesetzt: Ja, er war Jude und Mensch – und er hat gute Bücher geschrieben.

Wie tief das jüdische Element in Stefan Zweig verwurzelt war, sein Mittlertum, sein kompromißloser Pazifismus, den viele Zeitgenossen als zu abstrakt abtaten, drückt sich eindringlich in seinen Büchern aus, vor allem in den ›Legenden‹, die für mich heute noch zu den ergreifendsten Geschichten deutscher Sprache gehören.

Ich bin Gott sei Dank noch Menschen begegnet, die Stefan Zweig persönlich kannten, jahrelang mit ihm zu tun hatten, die ihm Freund waren, Hermann Kesten und Robert Neumann. In Neumanns Haus in Locarno habe ich viele schöne Stunden verbracht, und immer wenn ich ihn fragte, wie Stefan Zweig eigentlich war, kam ohne Zögern die Antwort: Klug und gut.

Ich habe Ende der sechziger Jahre das Aufbegehren unserer studentischen Jugend an den Hochschulen hautnah miterlebt. An der FU in Berlin, ich glaube, es war 1969, wurde ich einmal minutenlang ausgepfiffen, weil ich mich im Verlauf der Diskussion zu Stefan Zweig bekannte. Ich wurde als Reaktionär verspottet, als versumpfter Bürgerlicher verlacht. Was war plötzlich los in Deutschland? Galt nur noch das stupide und plakative Bekenntnis zu einer politischen Gruppierung, war Literatur nur noch headline, zählte nicht mehr Kunst des Erzählens, war Abstempelung wichtiger geworden als Aufspüren menschlicher Urgründe, waren Parolen nun wichtiger geworden als die Sensibilisierung der Sprache, war ich plötzlich inhuman, weil ich mich zu einem Humanisten bekannte, weil ich mich aus Mißtrauen opportunistischen Parolen widersetzte? Zeit meines Lebens bin ich mißtrauisch gegenüber denen gewesen, die sich immer sicher sind, die, haben sie einmal eine Doktrin gefunden, sie sogleich als Wahrheit verkaufen.

Stefan Zweig, dem Sensiblen, dem mit der »Seele« Suchenden, entspricht es, daß er auf einem Gebiet tätig war, das nur scheinbar mit Schreiben zu tun hat: Er war einer der eifrigsten und fundiertesten

Autographensammler, er investierte Geld und Zeit, um bestimmte Manuskripte auf Auktionen zu ersteigern. Ihn interessierte auch und gerade, wie ein Text entstanden ist, wie ein Gedicht, wie eine Komposition. Mit fünfzehn Jahren hatte er zu sammeln begonnen, fast wahllos erst und laienhaft; später ordnete er und, um ein gängiges Wort zu gebrauchen, spezialisierte er sich. Er schreibt: »Ich sammle niemals bloß die Schrift, nicht Zufallsbriefe und Albumblätter von Künstlern, sondern nur Schriften, die den schöpferischen Geist im schöpferischen Zustande zeigen, also ausschließlich Handschriften von oder aus künstlerischen Werken.« Ich weiß noch, wie erregt ich war, als ich im Britischen Museum in London unter Glasvitrinen zum ersten Mal Blätter und Korrekturfahnen mit der Handschrift Balzacs sah. Zweig schreibt darüber: »Ein Korrekturblatt Balzacs, wo fast jeder Satz zerrissen, jede Zeile umgeackert, der weiße Rand mit Strichen, Zeichen, Worten schwarz zernagt ist, versinnlicht mir den Ausbruch eines menschlichen Vesuvs, und irgendein Gedicht, das ich jahrzehntelang liebte, zum ersten Mal in der Urschrift zu sehen, in seiner ersten Irdischheit, erregte in mir ehrfürchtig religiöses Gefühl ...«
Auch heute bleibt es immer wieder eine zentrale Frage von Schülern und Studenten an den Autor: Wie entsteht so etwas? Also die Frage nach dem schöpferischen Prozeß – und der ist nicht zu erklären. Ich rate dann: Wenn sich euch eine Gelegenheit bietet, irgendwo Manuskripte einzusehen, dann nehmt diese Gelegenheit wahr, denn nur so könnt ihr in etwa erfahren, wie der Autor mit sich und der Sprache gerungen hat.
Es ist mir nicht möglich, eine kritisch-distanzierte Arbeit über Stefan Zweig zu schreiben; zu viel meiner eigenen Biographie spielt da mit hinein, viel wurde durch ihn ausgelöst. Das vergißt man nicht, das bleibt, weil es ein Teil der menschlichen und geistigen Entwicklung ist, ohne die man verarmt wäre.
Selbstverständlich verliert durch die Jahre hindurch der Glorienschein über einem verehrten und geliebten Autor mit der Zeit etwas von seinem Glanz, man beginnt die Dinge nüchterner zu sehen. Wenn, was wahrscheinlich ist, nicht alle seine Bücher bleiben werden, so glaube ich, daß in der Literaturgeschichte vor allem seine Essays und seine Monographien Bestand haben werden, denn sie sind, in meinen Augen, sein eigentliches literarisches Feld. Sie werden auch kommenden Generationen etwas zu sagen haben, sie werden immer wieder neu und mit neuen Augen gelesen werden.

Ein Franzose, ein anderer großer Europäer und Freund Stefan Zweigs, Romain Rolland, schrieb über ihn: »... kann ich nicht anders als feststellen, daß von den Menschen, die ich in der ganzen Welt kennengelernt habe, er einer von denen ist, die ich am häufigsten und regelmäßigsten Richtiges und Weises, Richtiges und Menschliches habe aussprechen hören; er verstand von der Gegenwart, der Vergangenheit und der Zukunft mit Einsicht und Überlegung zu reden...«
»Stefan Zweig war weltberühmt«, erklärte Franz Werfel. »Die Universalität des Namens teilte er nur mit ganz wenigen, und ich wüßte niemanden, mit dem er die Universalität eines breiten und andauernden Erfolges geteilt hätte. Das Publikum liebte nicht nur eines, sondern die meisten seiner Werke und blieb ihm nicht nur ein Jahr lang treu, sondern nun schon zwei Jahrzehnte. Ob man nach Kairo kam oder nach Kapstadt, nach Lissabon oder Shanghai, nach Batavia oder Mexico City, es gab keine Buchhandlung, in der die Bücher Stefan Zweigs nicht in der vordersten Reihe prangten, und zwar fast ohne Unterbrechung...«
Diese wenigen Sätze mögen ahnen lassen, welche Wirkung Stefan Zweig – neben Thomas Mann der erfolgreichste und bekannteste Schriftsteller vor der Naziherrschaft in Deutschland – mit seinem Werk auch später im Ausland hatte und welchen Erfolg er noch heute hat – im Jahr der hundertsten Wiederkehr seines Geburtstags, vierzig Jahre nach seinem Freitod.
Hanns Arens ergänzt die Worte Werfels: »Stefan Zweig ist bis zum Jahre 1933 der lebendigste und fleißigste Schriftsteller gewesen, den vielleicht unsere Gegenwart gekannt hat.«
Kein Wunder, daß so ein produktiver Mensch, ein so souveräner Geist seine Neider hatte, die nicht eben zimperlich mit ihm umsprangen: Er sei ein Vielschreiber, er sei oberflächlich, intellektuell anmaßend, und er stehle sich seine Stoffe zusammen, die andere schon literarisch aufbereitet haben, er bringe nichts Eigenes. So unterschiedlich das Urteil der Zeitgenossen über seine Bücher auch sein mochte, in einem waren sich alle, die mit ihm persönlich oder aber auch nur aus der Distanz zu tun hatten, einig. Thomas Mann hat es anläßlich von Stefan Zweigs zehntem Todestag für sie alle formuliert: »Sein literarischer Ruhm wird zur Sage werden, wie der jenes anderen großen Pazifisten, des Rotterdamers. Aber Liebe wird dem Andenken dieses Sanften, Grundgütigen bleiben.«
Zweig war mit fast allen großen Denkern seiner Zeit befreundet,

zumindest bekannt; viele, die in Not waren oder in der Emigration in Not gerieten, hat er materiell und finanziell unterstützt, junge Talente hat er in Österreich und in Deutschland gefördert, Verzagende in den schweren Jahren nach 1933 ermuntert, hat Kollegen an Verlage und an Zeitungsredaktionen vermittelt: selbstlos ebnete er anderen Emigranten den Weg und erleichterte ihnen den Einstieg in ein anderes geistiges Klima, in eine fremde Sprache. Ich habe viel über Stefan Zweig gelesen; alle, die sich über ihn äußerten, berichten übereinstimmend: Er war ein Freund im besten Sinne des Wortes, er hat nie für sich um Hilfe gebeten, immer nur für andere. Als er in Argentinien geehrt wurde, erbat er vom argentinischen Außenminister Roca Visen für Emigranten.
Stefan Zweig verstand sich als Mittler zwischen den Kulturen, Mittler zwischen den Völkern. Er hat Dichtungen und Aufsätze aus mehreren Sprachen übertragen und im deutschen Sprachraum bekannt gemacht, zu einer Zeit, als noch niemand sonst ihren Rang sah.
Seine Anteilnahme am Schicksal der Freunde war die eines aktiv Helfenden, ohne Dank zu erwarten, ohne Dank zu fordern; er war selbstlos, er lebte das vor, was er in seinem Roman ›Ungeduld des Herzens‹ definierte: »Es gibt eben zweierlei Mitleid. Das eine, das schwachmütige und sentimentale, das eigentlich nur Ungeduld des Herzens ist, sich möglichst schnell frei zu machen von der peinlichen Ergriffenheit vor einem fremden Unglück, jenes Mitleid, das gar nicht Mitleiden ist, sondern nur instinktive Abwehr des fremden Leidens von der eigenen Seele. Und das andere, das einzig zählt – das unsentimentale, aber das schöpferische Mitleid, das weiß, was es will, und entschlossen ist, geduldig und mitduldend alles durchzustehen bis zum letzten seiner Kraft und noch über dies Letzte hinaus ...«
Stefan Zweig hat so gelebt, wie es ein anderer großer Deutscher, Lichtenberg, von sich gesagt hat: »Es tun mir viele Dinge weh, die anderen nur leid tun.«

Max von der Grün